Counseling
A Comprehensive Profession

FIFTH EDITION

SAMUEL T. GLADDING

教育科学精品教材译丛

Counseling

A Comprehensive Profession

心理咨询——一个综合的职业（第五版）

[美] 塞缪尔·T.格拉丁 著

陶新华 等 主译

徐凯文 钱铭怡 审校

Counseling

A Comprehensive Profession

FIFTH EDITION

SAMUEL T. GLADDING

凤凰出版传媒集团

江苏教育出版社

著作权合同登记图字：10－2004－159号
图书在版编目(CIP)数据

心理咨询：一个综合的职业：第5版/(美)格拉丁(Gladding，S. T.)著；陶新华等译．—南京：江苏教育出版社，2007.6
(教育科学精品教材译丛)
ISBN 978－7－5343－8195－9

Ⅰ．心…　Ⅱ．①格…②陶…　Ⅲ．咨询心理学—教材　Ⅳ．C932

中国版本图书馆CIP数据核字(2007)第095870号

教育科学精品教材译丛

心理咨询
——一个综合的职业(第五版)
Counseling　A Comprehensive Profession

[美]塞缪尔·T.格拉丁　**著**
陶新华　等　**主译**　　徐凯文　钱铭怡　**审校**
责任编辑　陈爱芳

出版　江苏教育出版社
(南京市马家街31号，邮政编码：210009　网址：www.1088.com.cn)
发行　江苏省新华书店
照排　南京展望文化发展有限公司
印刷　江苏淮阴新华印刷厂
开本　787×1092　1/16　　印张29.75　　字数595 000
2007年7月第1版　2007年7月第1次印刷
印数　1－3 000册
ISBN 978－7－5343－8195－9/G·7832
定价　52.00元
批发电话 025－83260760，83260768
邮购电话 025－85400774，8008289797
短信咨询 10602585420909
E-mail　jsep@vip.163.com
盗版举报 025－83204538
苏教版图书若有印装错误，可向承印厂调换。
提供盗版线索者给予重奖。

《教育科学精品教材译丛》总序

教育科学精品教材译丛

总序

作为高校教师，我们中的许多人常常为教育科学教材的陈旧落后而痛心疾首；作为教育学人，我们中的许多人也常常对经济学、社会学等显学学科教材建设的突飞猛进而称羡不已。

于是，我们坐卧不安，我们摩拳擦掌，我们立志超越，我们走到了一起。经过几年的努力，涵盖当代高等学校教育学专业的全部主干课程的大型海外教材《教育科学精品教材译丛》（下面简称《译丛》）终于呈现在读者面前。

许多年来，我国高等师范教育和高等学校教育学专业课程改革的步伐极为缓慢，师范教育的教育学、心理学、教材教法这三门课程多年不变，教育学专业的课程内容陈旧，课程的选择空间相当狭小。可以说，改变高等师范教育课程和高等学校教育学课程的落后状况，是《译丛》最为基本的宗旨。

另一方面，随着教育事业改革的深化，教育实践中产生的问题日益复杂，解决这些问题需要极为丰富的教育科学知识和能力。《译丛》追求的另一宗旨正是通过奉献世界上最先进的教育科学知识体系，促进我国教育事业改革的深化。

在过去的几年中，高等学校课程改革已经取得了相当明显的成效。深化课程改革的一条重要途径是引进国外尤其是发达国家的高校教材，借此提高教育质量和增进学生的学习能力。《译丛》的宗旨和思路与我国高校教材改革的这种方向是一致的，而且是高校教材改革过程的组成部分。

促进学术交流，是《译丛》向往的又一宗旨。学术沟通的障碍，表征是交际语言，而深层原因则是学术语言与学术规范。《译丛》希望通过引进国外的教育科学知识体系和贯穿其中的研究方法与表达方式，促进我国教育科学学术事业的进步，并为其走向世界奠定基础和开辟道路。

《译丛》是建国以来从海外引进的规模最大、门类最全的教育学科教材，被国内媒体称为“又一次重要的拿来主义”。在科教兴国的基本国策背景下，它所蕴涵的巨大社会意义已经超出教材本身。因此，《译丛》的编委会和出版者——江苏教育出版社对此高度重视，并为此做了大量的细致而扎实的工作。第一，组建了强大的编委会和翻译队伍。《译丛》的编委会阵容整齐，有各师范大学的博士生导师、教授以及一批海外教育专家；主要翻译人员和审校者均是教育科学专业的博士或教育科学领域的教授，其中一些译者长期旅居国外，并从事教育科学专业的研究和教学工作，他们均在教育科学领域具有相当深厚的积累，可以确保《译丛》的翻译质量。第二，精心筛选选题。《译丛》的入选图书品质上乘，所有选题皆经中、日、美等国专家反复磋商论证，精选而成。其中一些书目为国外学术机构所推荐，在国外大学拥有广泛的学术声誉。许多教材一版再版，最多的已达十五版。

我们希望，这套教材能成为国内教育科学的替代课本或重要参考书，同时也能作为各地教师继续教育的重要资料。

我们期待，这套教材能给中国教育理论界带来一些观念和方法上的启示，为我国的教育科学的教学和研究，尤其是教材编写工作提供一定的借鉴。

我们相信，这套教材会得到许多中小学教师、校长、教育行政机关干部、教育科学研究人员、教育专业的研究生以及高校在校学生的关注和选用。

当然，我们更希望、更期待的是创新和超越。希望和期待我国的教育科学工作者编写出高水平的、具有中国特色的教材。站得更高才能看得更远，看得更远才能做得更佳，希望我们这套教材能使中国教育理论界有一个更高的起点，使中国的教师和师范学生有一个开阔的视野。需要说明的是，原书附有大量的索引，但为降低图书成本，减轻读者负担，我们只好割爱，敬请诸君谅解。

我们欢迎各种形式的参与和合作，欢迎专家和读者随时为我们荐书，随时提出各种建议和评论。

《教育科学精品教材译丛》编委会

二〇〇二年四月

作者介绍

塞缪尔·T.格拉丁是一位教育咨询的教授，同时也是美国北卡罗莱纳州温斯顿-塞勒姆的韦克福雷斯特大学教育咨询中心的主任。从1971年开始，他一直在公立和私人机构从事心理咨询实践工作。他是教育咨询和监督协会(ACES)、小组作业专家协会(ASGW)、契·西格马·伊奥塔协会以及美国心理咨询协会(ACA)的主席。

格拉丁是《团体工作专家刊物》(*Journal for Specialists in Group Work*)的前任主编，他公开发表了一百多篇专业文章。1999年，他被提名为在1978～1993年15年间对《心理咨询和发展杂志》(*Journal of Counseling and Development*)刊物贡献最大的100位专家之一。格拉丁最近的其他一些书有：《团体和机构咨询服务》(*Community and Agency Counseling*)(和德比·纽瑟姆合著)(2004年第二版)、《团体工作：一种特殊的咨询服务》(*Group Work: A Counseling Specialty*)(2003年第四版)、《家庭治疗：传统理论和进展》(*Family Therapy: History, Theory, & Process*)(2002年第三版)、《成为一名心理咨询师：如同点亮的一盏灯，是一种辉煌也是相当严肃的事情》(*Becoming a Counselor: The Light, The Bright, and the Serious*)(2002)、《咨询手册》(*The Counseling Dictionary*)(2001)，以及《关于咨询的创造性艺术》(*The Creative Arts in Counseling*)(1998年第2版)。

格拉丁最先任职于美国伯明翰的亚拉巴马州大学和美国康涅狄格州的费尔菲尔德大学。他在耶鲁韦克福雷斯特大学和美国北卡罗莱纳州的格林斯博罗大学获得了学位。他是一位国家认证心理咨询师(NCC)和临床认证心理健康咨询师(CCMHC),他还拥有美国北卡罗来纳州的心理咨询师执照。格拉丁是前任的亚拉巴马州咨询主考官,还是咨询研究和评估社团(RACC)的前任会员。他还是下任小组作业专家协会特别会员。

格拉丁和克莱尔·蒂尔森(Claire Tillson)结了婚,并已是三个孩子——本(Ben)、内特(Nate)和蒂姆(Tim)——的父亲。除了咨询以外,他还喜欢网球、游泳和幽默。

前 言

心理咨询是一个动态的、不断发展的、令人兴奋的专业，用一种强烈的针对个人的人道的方法来处理人类的悲剧和各种可能性。它是一种职业，致力于预防、发展、探索、加强、改变和纠正这个越来越复杂和无秩序的世界。在过去，咨询强调通过辅导帮助人做出正确选择。现在辅导仅仅是这个多维专业方法的一个部分。

这本书广泛地介绍了心理咨询，涉及它的历史、理论、特性和趋势。另外，这本书集中强调了心理咨询师人格的重要性以及心理咨询师起作用的多元文化的、道德伦理的、法律的环境。通过讨论心理咨询的过程和背景，这本书为心理咨询师要做些什么以及如何做提供了较好的理念。

关于《心理咨询——一个综合的职业》(第五版)的素材，可以分成四个主要部分。第一部分是心理咨询的历史及其职业基础，这些章节阐述了关于咨询发展的总体的观点以及当代心理咨询师的重要能力。专门的章节将引导你进入心理咨询行业的过去和现在：

- 心理咨询的历史和发展趋势
- 心理咨询的人格与职业形态
- 心理咨询的伦理与法律形态
- 多元文化与多元社会中的心理咨询

第二部分，心理咨询的过程和理论，强调了主要的心理咨询过程、阶段和心理咨询的专业理论。这个部分涉及心理咨询常见的几个方面，有常用的心理咨询方法、特殊理论的基本内容和处理来访者一般方法：

- 建立咨询关系
- 在咨询关系中工作
- 咨询关系的终止
- 精神分析、阿德勒学派和人本主义心理咨询理论
- 心理咨询的行为、认知、系统、短程和危机理论

第三部分，不同背景中的核心咨询活动，强调几乎所有咨询环境中都需要的一般技巧。心理咨询师在不同的领域运用团体咨询、会商、研究和诊断技巧。这部分有以下章节：

- 团体咨询
- 会商
- 评估和研究
- 测试、评估和诊断在心理咨询中的运用

最后，第四部分，特殊心理咨询，包括六章内容，分别集中在心理咨询师工作和专业实践活动中的特殊人群。具体章节如下：

- 职业生涯发展心理咨询
- 婚姻与家庭心理咨询
- 小学、初中和高中的心理咨询
- 大学心理咨询和学生生活服务
- 物质滥用及残疾人心理咨询
- 心理健康咨询与社区心理咨询

贯穿在这本书中的一个共同的主题是心理咨询在助人领域中不仅是一般的也是特殊的职业。虽然这个职业是历史的产物，但是它还在成长中。专业组织中最好的代表是美国心理咨询协会(ACA)和美国心理咨询协会的第十七分会(咨询心理学)。也有其他大量的专业群体——社会工作者、精神病治疗的护士、精神病学家、婚姻和家庭治疗师和牧师职务的心理咨询师，他们在日常生活中运用和实践心理咨询程序和理论。从本质上来说，没有一个职业能够拥有整个的助人过程。

这本书是花费我人生大部分时间去努力理解心理咨询职业的结果，它探索了心理咨询过去是什么，现在是什么，将来会是什么。我的经历广泛，包括一些不同的经验——在临床上与不同年龄和阶段的来访者共事，与那些有兴趣学习更多心理咨询工作本质内容的学生共事，以及研究、观察、对话、吸收消化和学习等等，这些都使得本书的内容不断提升。

致谢

我特别受益于我最初的导师们，威克森林大学的托马斯·M. 埃尔莫尔(Thomas M. Elmore)和韦斯利·D. 胡德(Wesley D. Hood)，北卡罗莱纳大学格林斯博罗的

W. 拉里·奥斯本(W. Larry Osborne)。另外一些对我的咨询观点有影响的重要的合作者包括C. W. 昂丝(C. W. Yonce)、佩格·卡罗尔(Peg Carroll)、艾伦·威尔科克森(Allen Wilcoxon)、吉姆·科顿(Jim Cotton)、罗宾·麦克英特夫(Robin McInturff)、米丽亚姆·科斯伯(Miriam Cosper)、查尔斯·亚历山大(Charles Alexander)、迈克尔·哈蒙兹(Michael Hammonds)、查克·卡蒙斯基(Chuck Kormanski)、罗齐·摩根内特(Rosie Morganett)、简·迈尔斯(Jane Myers)、黛安娜·赫尔斯-基莱基(Diana Hulse-Killacky)、特德·拉姆雷(Ted Remley)、杰里·多尼根(Jerry Donigian)、唐娜·亨德森(Donna Henderson)、阿特·勒纳(Art Lerner)、托马斯·斯威尼(Thomas Sweeney)。当然,研究生也尽了很大的力,特别是雪莉·拉特利夫(Shirley Ratliff)、玛丽安妮·德里斯普林(Marianne Dreyspring)、汉克·佩因(Hank Paine)、唐·诺曼(Don Norman)、汤姆·麦克卢尔(Tom McClure)、保罗·迈尔斯(Paul Myers)、弗吉尼亚·佩里(Virginia Perry)、帕梅拉·卡尔(Pamela Karr)、吉姆·韦斯(Jim Weiss)、蒂姆·兰博(Tim Rambo)。我还特别要感谢我的研究生助教谢瑞·哈珀(Shery Harper)和布兰迪·韦兰纳里(Brandi Flannery),因为他们努力地把最后两个版本合成了现在这本书。

同时也要感谢对于先前版本价值进行评价的评论家们:詹姆斯·S. 德洛(James S. DeLo),西弗吉尼亚大学;迈克尔·达菲(Michael Duffy),得克萨斯州农工大学;托马斯·M. 埃尔莫尔(Thomas M. Elmore),威克森林大学;斯蒂芬·菲特(Stephen Feit),爱达荷州立大学;戴维·L. 芬内尔(David L. Fenell),科罗拉多大学;贾尼斯·霍尔登(Janice Holden),北得克萨斯大学;罗杰·L. 哈奇森(Roger L. Hutchinson),博尔大学;罗伯特·莱文森(Robert Levison),布莱克·希尔斯州立大学;迈克尔·福里斯特·马尔(Michael Forrest Maher),萨姆·休斯顿州立大学;A. 斯科特·麦克高恩(A. Scott McGowan),长岛大学;西米恩·史洛斯伯格(Simeon Schlossberg),西马里兰学院;霍利·A. 斯塔德勒(Holly A. Stadler),密苏里堪萨斯大学;亚瑟·托马斯(Arthur Thomas),堪萨斯大学;乔安娜·怀特(JoAnna White),佐治亚州立大学;马克·E. 扬(Mark E. Young),史丹森大学和斯科特·扬(Scott Young),密西西比州立大学。他们的反馈和极好的意见对于怎样改进我的书是无价的。我也感激我以前的和现在的编辑,包括维基·奈特(Vicki Knight)、琳达·沙利文(Linda Sullivan)和凯文·戴维斯(Kevin Davis)。

最后,我感激我的父母,罗塞尔(Russell)和格特鲁德(Gertrude),他们给我机会,支持我接受一个很好的教育,并且让我注意到服务他人的重要性。他们的影响持续在我的生命里发挥作用。另外,我感激我的妻子克莱尔(Claire),她多年来支持我写书并帮我不断提炼修改,甚至在三次怀孕和三次迁居之际同样支持我。她可以作为婚姻中支持者应该怎样的一个例证。她的出现照亮了我的生活,使所有艰难的工作变成一种乐事。

塞缪尔·T. 格拉丁

目 录

目　录

第一部分 心理咨询的历史及其职业基础

咨询是从20世纪初期开始以不同方式发展的一个独特的职业。本书的第一章对咨询进行了定义,并以每十年为一个单位对心理咨询的历史进行了回顾,探讨了心理咨询在21世纪的发展趋势。第二章探讨了关于咨询的人格和职业形态,并讨论了提升从业者能力的方式。第三章集中在咨询的伦理和法规,特别是心理咨询师对求助者和对社会的责任。最后,第四章突出了对待来自不同文化、不同性别、不同年龄,以及对性取向和宗教有特殊看法的求助者时敏感和负责的重要性。

当你阅读这四章内容时,希望你能够从表面和内在细节两方面去了解心理咨询,包括它区别于其他心理健康学科的方面和它在历史发展过程中的一些主要事件。这部分能帮助你理解作为一位心理咨询师的人格特点和所接受的训练的重要性,以及强调对于不同的求助者能够符合伦理并且合法地工作所必须具备的知识。

第一章 心理咨询的历史和发展趋势

职业的成立需具备以下几点：专门的知识系统，经过认定的培训体系，有组织的专业人员，这包括获取职业认证、职业伦理守则、法律认可以及其他方面标准在内的从业人员的认定体系（Myers & Sweeney，2002；VanZandt，1990）。心理咨询作为一种职业，完全满足以上几点。从其研究重点和发展历史来说，心理咨询和其他研究心理健康的学科有相联系的地方，又有其独特之处。除“疗伤”之外，心理咨询也强调人的心理的健康发展。心理咨询师的工作对象是那些有偶发或长期心理问题的个人、群体、家庭和组织系统。心理咨询着重心理的健康发展和心理问题的防治，因而吸引了那些正在努力摆脱困扰，希望过上富有生机的生活的人们（Romano，1992）。

心理咨询并不是一开始就是一项综合性的职业。它是从多种学科慢慢发展而来的，这些学科包括（但是并不限于）人类学、教育学、人种学、历史学、法律、医学、哲学、心理学及社会学（Smith，2001，p. 570）。很多人把心理咨询和学校联系起来，或者把“辅导”一词与心理咨询等同起来，这是因为他们并不清楚心理咨询的发展过程。其结果就是，和现实不符的陈旧观念还在他们头脑中占有一席之地，他们对心理咨询这一行业存在认识上的误区。其实即使是在心理咨询师中间，那些并不能跟上行业发展的人也有可能解释不清。正如心理咨询的先驱 C. H. 帕特森（C. H. Patterson）曾经说过的那样，“有些心理咨询期刊的作者似乎对这一职业的历史并不清楚，（所以）跳不出 20 世纪五六十年代期刊的那些旧套套”（Goodyear & Watkins，1983，p. 594）。

因此，了解心理咨询的历史是很重要的，因为一个知晓本行业发展历程的心理咨询师就有可能产生一种强烈的职业认同感，从而对这一领域做出真正的贡献。本章内容包括那些对现代心理咨询形成及其目前发展方向起了决定作用的重要人物、事件和环境。了解过去，才能更好地理解这一行业的现状和未来。

心理咨询的定义

“心理咨询师”一直以来都存在着，它指的是那些倾听并帮助他人解决困难的人，但是这一个词实际上多年来一直遭到误用，人们把它和那些用于推销的形容词联系起来。所以，你会听说有地毯心理咨询师、调色心理咨询师、害虫控制心理咨询师、理财心理咨询师等等。这些人大多数只是被美化了的销售人员或是辅导者。他们与专业心理咨询师的关系就如家具维修人员与药品的关系那样“风马牛不相及”。

与传统心理治疗不一样，作为一种职业的心理咨询是在“辅导”运动的基础上形成的。然而，现在从事专业心理咨询实践的临床医师不仅要强调成长与健康，还要关注心理障碍的治疗。要了解当前的心理咨询业，首先有必要了解“辅导”和心理治疗的概念以及这一职业的历史。

辅导

辅导是一个帮助人们做出影响他们生活的重要决定的过程，比如如何选择一种合适的生活方式。尽管作为辅导的一个方面，“做决定”一直以来都在咨询过程中扮演着重要的角色，但是这个概念本身作为心理咨询中的一个词“已经和医学中的‘痨病’一样，在科学上不再被使用”(Tyler, 1986, p. 153)。其历史意义要大于它现在的实际使用价值。然而，有时候它却成为与广义的“心理咨询”不一样的一种有特色的助人方法。

“辅导”和“咨询”的区别之一是辅导着重于帮助个人做出最佳选择，而咨询则强调帮助他们做出改变。“辅导”的早期工作大多是在学校和职业中心，由成人辅导学生做决定，比如说要学什么课程，或是从事什么职业。这种关系的双方是不平等的，它的益处在于可以帮助那些经验较少的人找到生活的方向。同样，儿童一直以来都接受着家长、老师、童子军辅导员或是教练的辅导，他们在这个过程中获取对自身及这个世界的了解 (Shertzer & Stone, 1981)。此类辅导永远不会过时，不管年龄有多大或处于人生的哪个阶段，人在做决定的时候总是需要帮助的。但是，这种辅导只是专业心理咨询所提供的整套服务中的一部分。

心理治疗

传统意义上的心理治疗关注与内在心灵、心理、个人问题及冲突相关的严重问题，它要解决的是“痊愈”的问题 (Casey, 1996, p. 175)。就其本身来说，心理治疗，特别是以精神分析为基础的疗法，注重以下几点：(1) 过去比现在重要；(2) 洞察比改变更为重要；(3) 治疗师要保持节制；(4) 治疗师的专家身份。此外，历来认为心理治疗是要建立一种着眼于引起建设性变化的长期关系（半年至两年之内的二十至四十次治疗），而非一种较短期的关系（少于半年的八至十二次治疗）。而且心理治疗的实施途径更多的是住院环境（如精神病院之类的住院治疗机构）而非门诊环境（如社区诊所之类的非住院设施）。

但是，现在的情况是，心理治疗和心理咨询之间的界限已经模糊不清，从事临床治疗的专业人员经常决定来访者应该接受心理咨询还是心理治疗。心理咨询中的有些理论也常被用来和心理治疗相提并论，同样应用于心理咨询和心理治疗。因此，两者的相似点常有所重复。

心理咨询

心理咨询这一个词的定义多年来一直含糊不清。但是，美国心理咨询人员最大的专业组织“美国心理咨询学会”（ACA）在1997年10月份给出了一个“专业心理咨询实践的定义”（Smith，2001）。根据ACA采用的定义，专业的心理咨询是：

> 通过认知、情感、行为或系统的干预和策略，应用心理健康、心理学和人类发展的原则，致力于推进人的身心健康、个人成长以及职业发展。

这一定义包含了以下一些明显和隐藏的含义，对心理咨询师以及消费者来说，了解这些含义相当重要。

● 心理咨询针对的是精神健康、个人成长、职业发展及病理方面的问题。换言之，心理咨询师的工作领域涉及各种关系（Casey，1996）。这些领域涉及在诸如学校、家庭及职业环境下寻求意义并进行调整的内心与人际关系问题。

● 心理咨询的对象是那些社会功能良好，以及那些有更严重问题的人。心理咨询服务的人群范围很广。在心理咨询师的眼里，这些人通常存在情景性或发展性的问题，他们需要帮助，需要接受相应的调整和补救措施。他们的这些问题常常只需要短期干预，但是偶尔治疗的范围也会扩大到美国精神病学协会1994年制定的《精神疾病的诊断和统计手册》（*Diagnostic and Statistical Manual of Mental Disorders*）中所包括的一些精神疾病。

● 心理咨询是建立在理论基础之上的。心理咨询师们吸取了包括认知、情感、行为和系统方面的理论成果。这些理论适用于个人、群体和家庭。

● 心理咨询是一个发展性或干预性的过程。心理咨询师要关注咨询的目标，因此心理咨询同时涉及选择和改变。在一些案例中，“心理咨询是一种行为的预演”（Casey，1996，p.176）。

除了对心理咨询下的笼统定义以外，美国心理咨询协会还定义了一个专业的“专科心理咨询”，即咨询行业内“更加细分的，需要这一领域高级知识”的一种咨询服务（http://counseling.org）。咨询业的诸多专科中包括中小学与大学咨询、婚姻与家庭咨询、心理健康咨询、老龄人咨询、康复咨询、成瘾与犯罪咨询以及职业咨询。美国心理咨询协会认为成为一个专业心理咨询师的前提是“所有的专科心理咨询师首先必须能提供全科专业咨询”（http：//counseling.org）。

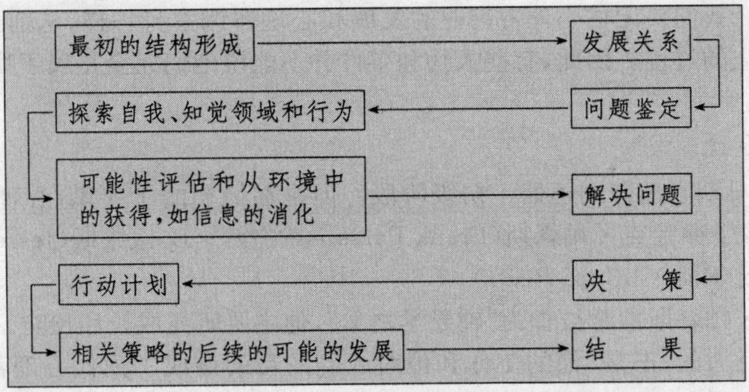

图 1－1　心理咨询师和心理治疗师的工作有相似的过程

资料来源：Pietrofesa, John J., Alan Heffman, and Howard H. Splete. *Counseling: An Introduction*, second edition. Copyright © 1984 by Houghton Mifflin.

心理咨询的历史

1900 年之前

相对而言，心理咨询还是一个较新的职业（Aubrey, 1977/1982），它是在 19 世纪 90 年代末和 20 世纪初发展起来的，而且一开始就是一个跨学科的体系（Hollis, 2000）。“心理咨询师的作用不论是以前还是现在都有其他行业的人在同时担当着”（Herr & Fabian, 1993, p. 3）。在 20 世纪之前，心理咨询主要是提供辅导或信息。在美国，心理咨询的发展是源于一种人本主义关怀，人们想以此来改善那些深受 19 世纪中晚期工业革命打击的人们的生活（Aubrey, 1983）。社会福利改革运动、公共教育的普及以及人口构成的各种变化（比如说移民的大量涌入）等都对这个新兴职业的发展产生了影响（Aubrey, 1977; Goodyear, 1984）。总之，“心理咨询业在一个社会激荡时期出现，跨越新旧两个世纪，这个时期中所发生的变革使个人如何看待自身及他人产生了一次重要转变”（Ginter, 2002, p. 220）。

心理咨询先驱们都把自己看做教师和社会改良者。他们专注于教儿童及青年认识自身、他人以及所处的世界。最初，这些人的工作主要涉及儿童福利、教育或职业辅导以及法律改革。他们的工作主要是通过诸如与人为善的道德教育，提供具体信息与课程，并致力于处理人的内心与人际关系（Nugent, 2000）。他们看到了美国社会需要的是什么，然后采取行动去满足这些需要。但是，“在 1931 年之前没有任何专业文献提到过心理咨询”（Aubrey, 1983, p. 78）。课堂里的教师和行政管理人员是这一行业主要的从业者。

另外一种了解心理咨询发展的方法是追溯整个 20 世纪发生的重要事件以及重要

人物的影响。我们要记住心理咨询业的发展和心理咨询本身一样，从前是，现在仍然是一个不停止的过程。因此，有些人物和事件并不能说他们完全是属于哪个年代的。

1900～1910年

20世纪早期心理咨询还处于初级阶段。但是在最初的十年里，心理咨询出现了三位领军人物：弗兰克·帕森斯(Frank Parsons)、杰西·B. 戴维斯(Jesse B. Davis)、克利福德·比尔斯(Clifford Beers)。

弗兰克·帕森斯常常被誉为“辅导学之父”，他主要研究成长和预防。他对那个时代的影响是巨大的，正是“他的工作和他对人们的帮助构成了现代心理咨询的轴心”(Ginter, 2002, p. 221)。帕森斯是一个“文艺复兴式的人物”，在诸多学科均有建树，在最终成为一名社会改良者并和青年一起工作之前，他还当过律师、工程师、大学老师和社会工作者(Hartung & Blustein, 2002; Sweeney, 2001)。他被描绘成一个知识渊博的学者，循循善诱的作家，不知疲倦的活动家和伟大的知识分子 (Davis, 1988; Zytowski, 1985)。然而，他最为人知的是在1908年创立了波士顿职业辅导局，这是职业辅导迈向制度化的重要一步。

在该辅导局，帕森斯帮助年轻人做出职业选择。他“设想一种基于理智与理性的服务，以关注他人、合作与社会公正为核心价值观的职业辅导模式”(Hartung & Blustein, 2002, p. 41)。他提出选择一项职业涉及三种因素：工作所需的知识、对自身的认知，以及通过“真正的思考”把这两者联系起来(Drummond & Ryan, 1995)。因此，帕森斯设计了一些程序来协助其客户更好地了解他们自己和他们的工作领域。其中有一份详尽的调查问卷，问题包括：经历（你上星期每天晚上是怎么过的），爱好（在一个世界博览会上，你首先想看什么？其次呢？再次呢），道德（你何时为了行事无愧而牺牲过自己的利益）(Gummere, 1988, p. 404)。

帕森斯的著作《职业的选择》(*Choosing a Vacation*, 1909)在他逝世后一年出版，该书产生了广泛影响，尤其在波士顿地区。例如波士顿学校督学斯特拉顿·布鲁克斯(Stratton Brooks)指定了117名小学和中学教师担任学生的职业辅导员(Nugent, 2000)。这一“波士顿现象”随着各学校人事部门逐步认识到职业辅导的重要性而迅速扩展到其他大中城市。到1910年，有35个城市都在效仿波士顿 (Lee, 1966)。

杰西·B. 戴维斯是在公立学校建立系统性辅导计划的第一人(Aubrey, 1977; Brewer, 1942)。作为密歇根州大急流分校(Grand Rapids)的校长，戴维斯在1907年建议教授英文写作课的老师每周给学生开展一次辅导方面的课程，以陶冶情操，预防问题的发生。受贺拉斯·曼(Horace Mann)和约翰·杜威(John Dewey)等美国进步教育家的影响，戴维斯认为恰当的辅导有助于医治美国社会的各种弊病 (Davis, 1914)。他和其他一些进步主义教育家所倡导的并不是现代意义上的心理咨询，但是他们的观点确实是心理咨询的先驱：学校辅导（一种教学生如何有效处理生活中发生的各项事件的预防教育措施)。

克利福德·比尔斯曾在耶鲁求学,在他一生中多次因为抑郁症而入院治疗(Kiselica & Robinson, 2001)。他发现精神病院的条件非常恶劣,就把这一切在他的《发现自我的心灵》(*A Mind That Found Itself*)一书中加以披露,这本书后来成为一本畅销书。克利福德·比尔斯以这本书为平台,结识了福特家族以及洛克菲勒家族等有影响的人物,请求他们募捐基金,呼吁建立更好的精神病治疗设施以及改革精神疾病的治疗方法。他的所作所为对精神病学和临床心理学都有相当重要的影响。"这一领域中的很多人把他们的工作称为心理咨询",这是一种"帮助人们调整自身适应社会的方法"(Hansen, Rossberg, & Cramer, 1994, p. 5)。克利福德·比尔斯的工作推动了美国心理健康运动的发展,同时也促进了包括今天的国家精神健康协会和国家精神疾病联盟在内的倡导团体的成立。他可以被看做心理健康咨询的先驱。

1910～1920年

在这十年间有三个事件对心理咨询的发展起到了相当大的影响。首先1913年美国职业辅导协会(NVGA)成立,该协会于1915年开始发行简报(Goodyear, 1984)。1921年《美国职业辅导协会简报》(*National Vocational Guidance Bulletin*)开始正式发行。几年后这份简报发展为《国家职业辅导协会杂志》(*National Vocational Guidance Magazine*)(1924～1933年),《职业:职业辅导杂志》(*Occupations: The Vocational Guidance Magazine*)(1933～1944年),《职业:职业辅导期刊》(*Occupations: The Vocational Guidance Journal*)(1944～1952年),《人事和辅导期刊》(*Personel and Guidance Journal*)(1952～1984年),并最终发展为从1984年至今的《心理咨询和发展期刊》(*Journal of Counseling and Development*)。该协会的重要性在于它的成立提供了关于"辅导"方面的文献资料,并第一次把那些对职业辅导和咨询感兴趣的人联合在一起。

为了表彰NVGA的成立,美国国会于1917年通过了《史密斯-休斯法案》(Smith-Hughes Act),该项法案规定向公立学校提供资金以支持职业教育的发展。

这十年中发生的第三个重要事件是第一次世界大战。战争期间,"由于军方开始对部队人员广泛使用测试及摸底方法,心理咨询由此进一步得到承认"(Hollis, 2000, p. 45)。在这一过程中美国陆军部队委托开发了大量的心理测试系统,包括陆军甲种测验及陆军乙种测验。战后军方的一些人员筛选机制也被作为民用,随之心理测量学(心理测验)开始流行,并为心理咨询奠定了早期的一些基础。

奥布里(Aubrey)于1977年指出,由于职业辅导运动是在没有明确辅导思想的条件下发展起来的,所以它很快就接受了心理测量学,以此在心理学体系中获得一席之地。然而对心理测量学的依赖有利有弊:它给职业辅导师们披上了更为强有力的科学的外衣,却导致专业人员忽视了对其他诸如社会学、生物学以及人类学等行为科学的关注。

1920～1930年

咨询业在20世纪20年代的发展相对平缓。这是一个巩固阶段，自1911年哈佛大学开设心理咨询教育课程开始，整个20年代几乎只关注职业辅导。对这一新兴职业的主要影响来自于教育进步理论以及联邦政府向退伍军人提供的职业辅导服务。

值得注意的是，20年代中期波士顿和纽约对心理咨询师进行了资格认定（Lee, 1966）。另一个转折点是出现了职业材料的准备及评估的标准。随着这些标准的出台，一些新的心理学方面的工具也相继出现，比如1927由爱德华·斯特朗（Edward Strong）编的"斯特朗职业兴趣量表"。这一工具的发布为咨询评估的发展方向奠定了基础（Strong, 1943）。

最后一个值得关注的事件是亚伯拉罕（Abraham）和汉娜·斯通（Hananh Stone）于1929年在纽约创办了第一个婚姻与家庭咨询中心。之后全美各地纷纷效仿，从而标志着婚姻与家庭咨询专业的建立。

在这十年期间，职业辅导运动得到了美国社会的认同。同时，由于它仅关注职业兴趣，这一狭窄视野开始受到挑战。心理咨询师们开始扩大他们的咨询范围，把诸如与家庭相关的一些性格与发展问题也包括进来。

1930～1940年

20世纪30年代不像20年代那么平静，一方面经济大萧条期间对和就业相关的帮助政策及咨询方法的关注，影响了心理咨询的研究人员和从业人员，尤其是那些在大学和职业辅导机构里就职的人员（Ohlsen, 1983）。这十年中的一个亮点是明尼苏达大学的威廉森（E. G. Williamson）及其同事，其中包括约翰·达利（John Darley）和唐纳德·帕特森（Donald Paterson），发展出了首个关于心理咨询的理论。威廉森改进了帕特森的理论并将其应用于学生和失业人员。他强调一种直接的以心理咨询师为主体的方法，这一理论有好几个名称，如"明尼苏达观点"、"明尼苏达多项人格测验"和"特质-因素咨询理论"。他这一实用主义的方法强调心理咨询师的教育、辅导以及影响技巧（Williamson, 1939）。

威廉森理论的前提之一是人拥有的各种特质（如天赋、兴趣、性格以及成就），能以不同的方式组合成各种因素（即人的人格特征组合）。心理咨询建立在科学的基础上，立足于问题的解决，根据个人情况的不同来帮助他们摆脱不利于自身发展的思维模式和行为，从而使他们的决策能力有所提高（Lynch & Maki, 1981）。威廉森认为心理咨询师的任务在于发现来访者的问题症结所在，比如说缺乏某一方面的知识或技能，然后对症下药解决问题。威廉森的理论主导了随后二十年间心理咨询的发展，他对这一理论的论述也一直持续到20世纪70年代（Williamson & Biggs, 1979）。

另一重要事件是咨询的范围拓展到职业辅导以外的领域。这一发展实际上萌芽于20世纪20年代,当时爱德华·桑代克(Edward Thorndike)和其他的一些心理学家对以职业辅导为中心的辅导运动发起挑战(Lee,1966)。而约翰·布鲁尔(John Brewer)完成了这一转变。布鲁尔于1932年发表的《辅导的教育》(*Education as Guidance*)一书中提出要让每一位教师都成为心理咨询师,并把辅导作为一门课程,纳入学校的课程设置。布鲁尔认为所有的教育都应该帮助学生为校园外的生活做准备。从而使得心理咨询师把职业决策作为他们职责的一部分,而不是全部。

在这十年间,美国政府对于辅导和咨询越来越关注。例如,1938年国会通过了《乔治-迪安法案》(George-Dean Act),创建了美国教育部职业指导分会以及职业信息和辅导服务中心(Sweeney,2001)。依据该法案在全美各州教育部门设立了职业辅导主管这一职位。由此,在30年代仍然被称为是辅导的学校咨询开始在全美普及。此外,美国政府在30年代设立了美国就业服务处。该机构于1939年发行了第一版《职业大辞典》(*Dictionary of Occupational Titles*)。该辞典对美国现有的职业做了描述和编码,成为职业辅导人员帮助学生以及失业者的主要职业信息来源。

1940～1950年

20世纪40年代发生的三大事件巨大地影响了咨询业:卡尔·罗杰斯(Carl Rogers)的理论、第二次世界大战以及美国政府在战后对咨询业的关注。

随着1942年《咨询和心理治疗》(*Counseling and Psychoherapy*)一书的出版,卡尔·罗杰斯(Carl Rogers)声名鹊起。该书对威廉森以心理咨询师为主导的咨询方法以及弗洛伊德精神分析法的主要原则提出了挑战。罗杰斯强调来访者的重要性,强调非辅导性咨询。他的观点毁誉参半。罗杰斯提倡让来访者自己对自己负责。他认为如果来访者有机会被倾听、被接受,他们就会开始提高对自己的认识,变得更为一致(真诚)。他把专业心理咨询师描述为一个中立、包容的角色。所以,心理咨询师相当于一面镜子,反映来访者的言语及情绪表现。

奥布里在罗杰斯之前就指出,职业辅导和心理咨询的文献资料是非常具有实践性的,主要是关于测试、递加记分法、适应性培训程序、职业、工作安排功能等等。除此以外,这份早期文献对于职业辅导的目标和目的做了广泛的阐述。从罗杰斯开始,心理咨询的技巧和方法、相关研究、咨询技巧的优化、未来心理咨询师的选择和培训以及心理咨询的目标等成了新的关注点。职业辅导实际上突然在大部分的文献中失去了主要地位,在接下来的十年多的时间内被心理咨询所取代。罗杰斯引起的这场革命对心理咨询以及心理学都产生了重要影响。罗杰斯的观点走到了这一领域的前沿。与此同时也出现了其他心理治疗理论系统(Corsini,2000)。

随着第二次世界大战的打响,美国政府需要心理咨询师和心理学家协助挑选和培训军事和工业方面的人才(Ohlsen,1983)。战争同时也使人们对男性和女性职业的看法有了新的认识。战争期间很多妇女走出家门去工作,她们中的一个代表人物就是"铆钉工人"罗齐。在战争的危急时期,女性为工作以及国家福祉所做出的贡献产生了持久的影响。传统的工作性别角色开始受到质疑,人们更多地关注个人自由。

战后,美国政府进一步推广心理咨询,1946 年通过的《乔治-巴登法案》(George-Barden Act of 1946)规定美国教育办公室为心理咨询师的培养机构提供了职业教育经费(Sweeney,2001)。此外,美国退伍军人管理局(VA)为攻读研究生的学生提供津贴和实习工资以培养心理咨询师及心理学家。该局"改写了职业心理咨询师规范,并创造了'咨询心理学家'一词"(Nugent,1981,p. 25)。美国退伍军人管理局和 G1 提案(为退伍军人提供福利)提供的资金对研究生水平的职业教育产生了很大的影响,他们更加准确地定义他们的课程设置。咨询心理学作为一项职业开始与它长期相连的职业辅导分离。

1950~1960 年

"如果要从历史上选出一个对心理咨询师影响最大的年代的话,那就是 20 世纪 50 年代"(Aubrey,1977,p. 292)。确实在这十年中至少有四件事显著地改变了心理咨询的发展历程:

1. 美国人事及职业辅导协会(APGA)的成立;
2. 美国心理学协会(APA)机构中第十七分会(即咨询心理学会)的设立;
3. 国防教育法案(NDEA)的通过;
4. 导入职业辅导和心理咨询的新理论。

美国人事及职业辅导协会 该协会是从松散的职业辅导及人事联合会(CGPA)发展而来,"旨在关注教育及职业辅导及其他人事活动"(Harold,1985,p. 4)。CGPA 存在于 1934 至 1951 年间,其缺陷在于缺乏强有力的领导,无力促使其成员有所作为。1952 年美国成立人事及职业辅导协会,以便把那些对职业辅导、咨询以及人事感兴趣的团体组织起来。最初该协会有四个分会:美国大学人事协会(第一分会)、国家职业辅导主管及咨询培训师协会(第二分会)、美国职业辅导协会(NVGA)(第三分会),以及师范教育学生人事协会(第四分会)(Sheeley,2002)。1953 年,美国学校心理咨询师协会并入了美国人事及职业辅导协会,从而使这个伞形组织成员总数达到了 6 089 人(Romano,1992)。早期的美国人事及职业辅导协会只是一个自发团体,而不是一个有组织的专业机构,它不制定也不实施任何会员准则。

第十七分会 1952 年美国心理学协会正式成立了咨询心理学会(第十七分会),把原来的咨询及职业指导分会中的"职业指导"一词去掉了。该分会成立的一部分原因来自退伍军人管理局,但是主要是由于 APA 的成员希望为比临床心理学家眼中的病人更"正常"些的人群服务(Whiteley,1984)。

在成立伊始,第十七分会的定位就更为清晰了。苏伯(Super)在 1955 年区分了咨询心理学和临床心理学的不同，他认为咨询心理学的研究重点是正常的人类生长和发展，其使用的方法主要受到职业咨询和人本心理疗法的影响。尽管苏伯一直在努力，咨询心理学要想在 APA 中获得一席之地，还是经历了重重困难(Whiteley, 1984)。但是该分会的存在对于咨询这一职业的成长和发展还是产生了巨大的影响。事实上，一些咨询界的权威人士如吉尔伯特·雷恩(Gilbert Wrenn)和唐纳德·苏伯(Donald Super)常年在第十七分会和美国人事及职业辅导协会同时拥有办公室，并在两家机构发行的杂志中都发表过文章。

国防教育法案 第三个重要事件就是 1958 年《国防教育法案》(NDEA)的通过，在苏联发射第一个人造卫星“波尼克 1 号”(Sputnik 1)后该法案正式实行。该法案旨在发现并培养在科学和学术研究领域有天赋的学生。它通过 V－A 计划来提供基金，促进学校咨询项目的发展。V－B 计划用于建立咨询及辅导机构，并提供资金和津贴，以培训心理咨询师。1964 年，初级学校咨询也被纳入国防教育法案，效果相当显著。1908 年至 1958 年期间，学校心理咨询师人数达到了 12 000 人。“在不到 10 年的时间里，学校心理咨询师的人数增加了 4 倍，心理咨询师和学生的比例由 1958 年的 1∶960下降到 1966 至 1967 年间的 1∶450”(Bradley & Cox, 2001, p. 34)。确实，由于冷战和战后生育高峰出生的人其时已到了上学的年龄，到 20 世纪 50 年代末期学校咨询开始蓬勃发展，并一直延续到 60 年代(Baker, 1996)。

新的理论 这十年间的最后一个重要事件是关于职业辅导和咨询的新兴理论的出现。1950 年之前，影响咨询界的主要有四个理论：(1) 精神分析法和洞察理论(Sigmund Freud)；(2) 特质-因素论，即辅导理论(E. G. Williamson)；(3) 人本主义及来访者中心理论(Carl Rogers)以及非主流的理论；(4) 行为主义理论(B. F. Skinner)。心理咨询师之间争论的焦点通常是到底是辅导性还是非辅导性的咨询方法最有效，但是几乎所有的心理咨询师都认为精神分析法的一些观点是正确的(比如说自我防御机制)。

50 年代期间，随着新咨询理论的出现，争论的焦点逐渐有所转移。应用行为主义理论，约瑟夫·沃尔普(Joseph Wolpe)的系统脱敏法开始流行。认知理论如艾伯特·埃利斯(Albert Ellis)的理性情绪疗法和埃里克·伯恩(Eric Berne)的人际交流分析等也开始出现。学习理论、自我概念、唐纳德·苏伯在职业发展方面的工作，以及发展心理学的进展都具有一定的影响力(Aubrey, 1977)。到 50 年代末期，和咨询相关的理论数量大为增加，也越来越复杂了。

1960～1970 年

20 世纪 60 年代最初关注的焦点是把咨询作为一个研究发展问题的职业看待。吉尔伯特·雷恩在他的那本影响深远的《变迁世界中的心理咨询师》(*The Counselor in a Changing World*)(1962)一书中为 60 年代研究咨询业奠定了基调。他强调与他人合作来解决发展中的问题，这一点也得到了其他一些名家，如莉昂娜·泰勒(Leona Tyler)和唐纳德·布洛切(Donald Blocher)的响应，并得到加强巩固。雷恩的著作在整个60年代都非常有影响，他和泰勒两人成了美国咨询业最强有力的倡导者。

然而随着时间的推移，发展模式的影响力开始减弱，这主要是由于以下几个原因：越战、民权运动和女权运动。这三个事件在民众中间引起了极大的反响，反映了当时社会的需要。很多心理咨询师尝试通过致力于探讨由这些事件产生的特殊需要来解决问题。

这期间出现的其他一些影响来自于杜格尔德·阿巴克尔(Dugald Arbuckle)，亚伯拉罕·马斯洛 (Abraham Maslow) 和西德尼·乔拉德(Sidney Jourard)的人本主义心理咨询理论。此外团体运动也得到了相当显著的发展(Gladding, 2003)。咨询的重点从原来的一对一的交流转变为小组交流。随着约翰·克伦伯特兹(John Krumboltz)《心理咨询的革命》(*Revolution in Counseling*)一书的出版，行为咨询的重要性日益上升。该书认为学习(超越了洞察力)是产生变化的根源。这个阶段的初期对发展的关注逐步变得次要了。正如奥布里所说的，“摆在心理咨询师面前的咨询理论百家争鸣，在60年代后期达到了前所未有的高度”(1977, p. 293)。

另外值得一提的是在1963年通过了社区心理健康中心法案，该法案授权建立社区心理健康中心。这些中心的成立为心理咨询师创造了教育之外的就业机会。例如，60年代在心理健康中心出现了关于酗酒及成瘾问题的咨询服务(以前被称为滥用毒品咨询)，并在心理健康中心设立了该项服务。同时，关于婚姻及家庭问题的咨询由于离婚率的上升也在这些中心出现(Hollis, 2000)。

APGA在60年代越来越专业化，第十七分会也同样如此。1961年，APGA出版了《心理咨询师职业伦理》(Nugent, 1981, p. 28)。同时期，罗瑞(Loughary)、斯特普林(Stripling)以及菲茨杰尔德(Fitzgerald)(1965)编辑了一份APGA报告，对学校心理咨询师的角色定义和培训标准做了一个总结。第十七分会在1964年的格里斯顿大会上进一步阐释了咨询心理学家的定义，并于1969年开始发行专业期刊《咨询心理学家》(*The Counseling Psychologist*)，由吉尔伯特·雷恩担任第一任编辑。

这一时期最后一个里程碑事件是美国国家教育信息资源中心(ERIC)的咨询及人事服务信息交换库 (CAPS)在密歇根大学建立。该数据库于1966年由加里·沃尔茨(Garry Walz)创办，并由美国教育部下属的教育研究及促进办公室提供经费，这是政府对咨询发展产生影响的又一例证。此后，ERIC/CAPS(现名：ERIC/CASS，网址：http：//ericcassuncg. edu/)成为美国乃至全世界最大的、了解咨询活动及其发展的引用最为广泛的资源之一。该组织还邀请全美的相关负责人就心理咨询热点问题举行会议。

1970～1980年

1970～1980年出现了好几个趋势。其中比较重要的一些包括非教育机构咨询业迅速发展；建立了助人技能课程；开始进行心理咨询师资格认证；APGA 作为心理咨询师的职业组织得到了进一步的发展。

咨询环境开始多样化 70 年代心理健康中心和社区心理机构开始聘用心理咨询师，咨询开始走出教育机构，得到了迅速发展。在此之前，几乎所有的心理咨询师都是在教育机构任职，且这些机构多为公立学校。但是随着几次经济衰退，加上学龄儿童数量减少，对于学校心理咨询师的需求也开始减少。和 60 年代每年 6%至 10%的增长率相比，学校心理咨询师的人数从 70 年代直至 80 年代中期，每年的增长率仅在 1%到 3%之间(Shertzer & Stone,1981)。此外，心理咨询师培训项目从 1964 年的 327 个增加到了 1980 年的 475 个。这个数量的迅速上升说明有越来越多的心理咨询师为求职而竞争(Steinhauser,1985)。

咨询的多样化表明心理咨询师的教育计划中开始提供专业训练。同时它也表明新的咨询理论的发展。例如，刘易斯(Lewis)提出了“社区心理咨询师”的说法，用来指那些不论在何种聘用机构中都能完成多种任务的新型心理咨询师。很多社区咨询机构建立起来了，在一些如心理健康诊所、收容机构、员工资助机构、精神病院以及戒酒中心的机构中心理咨询师也越来越普及。同样值得注意的是，APGA 又成立了美国心理健康咨询师协会，该协会的发展甚至更为迅速。它于 1976 年成立，很快就成了 APGA 中最大的分会之一，它把心理健康咨询师联合起来，组成了一个专业组织，使得他们能够明确自己的地位，确定自己的目标。

助人技能培训项目 70 年代，以人际关系和交际技能为中心的帮助性机能培训项目得以展开和发展。这一由杜亚士(Truax)、卡库夫(Carkhuff)、艾维(Ivey)发起的项目向专业人士和非专业人士传授基本的咨询技巧。人道主义和折中主义是其重点。其培训的目的是使心理咨询师掌握一些基本技能，从而形成一种良好的人际互动。对受训的心理咨询师来说，他们从中得到的益处是可以很方便地将此再传授给他人。因此，心理咨询师可以通过向他们的来访者(主要是教师和专业人士)的助手传授技能。这一趋势在很大程度上是布鲁尔(Brewer)的教育辅导理念的新表现形式。

州认证制度 到了 70 年代中期，各州的心理学家的审查机构已经变得非常严格。他们施行的一些限制性政策，诸如禁止教育系咨询培训项目的毕业生参加心理学家资格认证考试，这不仅在 APA 和 APGA 之间，而且在 APA 成员之间造成了相当紧张的气氛(Ohlsen,1983)。这也导致了 APGA 转而进行州立的和全国性的心理咨询师资格认证。APGA 资格认证委员会的第一任主席托马斯·斯威尼(Thomas J. Sweeney)和他的继任者们在这方面取得了很大的成功。弗吉尼亚州首开先河，于 1976 年就颁布了专业心理咨询师资格认证的法律。到 1980 年，阿肯色州和亚拉巴马州也相继通过此类法律。在资格认证方面必须提及加利福尼亚州，它在 1962 年就通过了婚姻、家庭和儿童心理咨询师法。但是，加利福尼亚州早期对“心理咨询师”这一词的界定宽泛，后来改用严格界定的“治疗师”一词，这最终使得心理咨询师名存实亡。

强大的 APGA 70 年代 APGA 作为一个专业性机构，其作用和影响力变得越来越强大。一系列的变化改变了 APGA 的形象和功能。其中之一就是位于弗吉尼亚州亚历山大市的 APGA 总部大楼落成。与此同时，由于把辅导和人事作为该机构的重点似乎显得有些落伍，APGA 也开始重新审视它的专业定位。

1973 年，APGA 的一个分会，心理咨询师教育与辅导协会(ACES)制定出了心理咨询硕士学位的专业教育标准，佛罗里达大学的罗伯特·斯特普林(Robert Stripling)在这一过程中起到了先锋作用。1977 年，ACES 通过了攻读心理咨询师博士学位的教学大纲(Stripling，1978)。APGA 会员数在整个 70 年代增加到将近四万。(除 AMHCA 以外)APGA 还成立了四个新分会：宗教和价值问题咨询协会、小组辅导专家协会、非白种人人事及辅导协会、公共场合犯罪心理咨询师协会。

1980～1990 年

整个 80 年代心理咨询业保持了其发展的势头，这体现为 APGA 和第十七分会的心理咨询师提出了很多积极举措。心理咨询师的培训和资格认证标准化，心理咨询作为行业得到认可，心理咨询师专业方向的细化和对人类成长和发展的重点关注是这十年间取得的具有价值的成就。

心理咨询师培训和资格认证的标准化 80 年代初，培训与认证走向标准化并逐年发展。1981 年 APGA 的成员组织“咨询及相关教育项目资格认定委员会”(CACREP)成立后，修订了 ACES 在 70 年代末提出的标准，认证了四个项目并把已获加利福尼亚州心理咨询师协会及 ACES 认证的几个项目纳入其体系(Steinhauser & Bradley，1983)。1987 年 CACREP 获得美国高等教育认证委员会(COPA)会员资格，从而使其“认证权力达到了”美国专业认证机构(如 APA)的地位(Herr，1985，p. 399)。CACREP 还规范了学校、社区、心理健康、婚姻与家庭咨询以及在校大学生个人咨询服务等领域的硕士与博士心理咨询师培养计划。

作为对咨询及相关教育项目资格认定委员会工作的补充，1983 年美国心理咨询师认证审理委员会(NBCC)成立，并对心理咨询师进行国家级认证。NBCC 设计了一套标准化的测试并且规定了心理咨询师必须通晓的八门主要课程，它们是：(1) 人的成长与发展；(2) 社会和文化基础；(3) 助人关系；(4) 团队；(5) 生活方式和职业发展；(6) 评估；(7) 研究和评价；(8) 职业取向。要成为一名国家认证的心理咨询师(NCC)，应试者必须通过标准化测试，同时必须具备相关经验以及合适的性格条件。1984 年 NBCC 制定了认证职业心理咨询师的标准，之后很多人成为国家认证的职业心理咨询师(NCCC)(Herr，1985)。到 80 年代末，NCC 和 NCCC 专业人数约为 17 000人。

AMHCA 的分支机构“国家认证临床心理健康咨询师协会”(NACCMHC)与

CACREP合作，继续规范心理健康咨询师的培训标准，同时继续对70年代末业已展开的心理健康咨询师进行认证（Seile, Brooks, & Beck, 1978; Wilmarth, 1985）。NACCMHC同时从1988年开始对心理健康咨询师的督导师进行培训。这两项计划吸引了成千上万的新人进入咨询行业，并提高了原咨询业界人士的资质等级。

心理咨询业，一个独特的职业 心理咨询业作为独特的助人事业在80年代的发展是APGA内外一系列事件、议题及力量作用的结果（Heppner，1990）。在APGA内部，其领导逐渐意识到“人事”和“辅导”一词已不能描述APGA成员的工作（Sheeley，2002）。于是1983年APGA在经过相当的争论之后改名为美国心理咨询与发展协会（AACD），以“反映其不断变化的会员构成和工作环境”（Herr，1985）。更名本身体现了APGA在经历培训、资格认证和标准设立等政策实施过程中的迅猛改变。促使APGA更名并导致其重心改变的外部因素包括立法，尤其是联邦立法，承认了心理健康服务人员以及其他心理健康服务组织的行为。

此外，AACD会员的职业奉献精神也焕然一新。1985年，托马斯·J.斯威尼（Thomas J. Sweeney）成立了一个国际性的学术和专业荣誉组织“契·西格马·伊奥塔协会”（Chi Sigma Iota），旨在提升心理咨询业品质。到80年代末，它已发展到100多个分支机构，会员数达5 000多人（Sweeney，1989）。此外，AACD的全国总部还为其成员提供了责任保险政策、新的咨询业刊物、法律辩护基金、立法提案和其他各种会员服务（Myers，1990）。截至1989年，AACD的成员已达58 000人，十年内人数增长了18 000人。

第十七分会也在稳步地发展（Woody, Hansen, & Rossberg, 1989）。1987年，第十七分会主席乔治·盖兹达（George Gazda）召开了一次职业标准大会，进一步界定了咨询心理学以及普遍意义上的心理咨询的独特性。

心理咨询业的多样化发展 80年代，心理咨询师日益多样化。大量的心理咨询师仍受聘于小学、中学和大学，为学生提供个人服务。心理健康咨询师和社区或机构心理咨询师是教育系统之外人数最多的专业群体。此外，为商业人士、老年人、已婚夫妇和家庭提供心理健康咨询的心理咨询师人数不断增长。成人发展及老龄协会（AADA）和国际婚姻及家庭心理咨询师协会（IAMFC）的成立，并分别于1987和1990年成为AACD分会机构，标志着心理咨询业的迅速发展。

AACD各会员机构的成员积极投身于团队活动、心理咨询师教育、人本主义教育、评估和发展、宗教和价值问题、就业和职场发展、康复、多元文化关注、吸毒和犯罪工作和军队人事等工作。这一切进一步体现了80年代咨询业多样化的蓬勃发展。AACD有几期特刊关注了暴力（《心理咨询和发展杂志》，1987. 3）、天赋（《心理咨询和发展杂志》，1986. 5）、艺术（《心理健康咨询杂志》，1985. 1）和预防（《小学辅导与心理咨询》，1989. 10）等话题。这些期刊拓宽了咨询服务的领域，加深了公众对于心理咨询师的认识。

对人类成长和发展的日益关注 80年代咨询业对人类成长和发展的关注在多方面得以体现。例如人一生中的发展咨询成了新的关注焦点(Gladstein & Apfel, 1987)。埃里克·埃里克森(Erik Erikson)新提出的人一生发展中最初的五个阶段的新行为主义表达也得到了阐述(Hamachek, 1988)。此外,对成人和老年人发展的日益重视,促成了衰老与发展协会(AAAD)的建立。

关注人类成长和发展的体现之二是对性别问题和性倾向的日益关注。卡罗尔·吉里根(Carol Gilligan)对女性价值观发展的研究具有里程碑性的意义,这一研究将女性主义理论引入了咨询领域,促使人类发展专家去审视性别差异。

关注人类成长和发展的体现之三是强调道德发展(Colangelo, 1985; Lapsley & Quintana, 1985)。业界重新强调道德发展模型,如劳伦斯·科尔伯格(Lawrence Kohlberg)的理论,同时对促进道德发展领域的研究日益加强。在心理咨询师教育方面,人们发现道德发展与认知能力和共情紧密相关(Bowman & Reeves, 1987)。

最后,关于与不同种族及文化群体共事所面临的挑战不断成为讨论话题(Ponterotto & Casas, 1987)。在对多元文化议题的关注方面,多元文化咨询与发展协会(AMCD)独执牛耳。但多元文化的议题如"差异的重要性"则成为各个组织的中心议题,这主要是因为80年代种族主义重新抬头。

1990～2000年

90年代咨询行业继续在变化中发展,其中一些变化是象征性的,另一些是结构性的。AACD在1992年的一个重要变化就是更名为"美国心理咨询协会"(ACA)。新的名称更恰当地反映了ACA会员的构成及协会的使命。

90年代值得一提的第二件事件也发生在1992年。在这一年,心理咨询业作为心理健康的主要职业首次被纳入由心理健康服务中心和国家心理健康研究所共编的心理健康人力资源数据库(Manderscheid & Sonnenschein, 1992)。这就表明心理咨询业被提升到了和其他的心理健康专业,如心理学、社会工作和心理治疗同等重要的地位。到21世纪初,据估计,美国的心理咨询师大约有十万人(Wedding, 2000)。

咨询业的第三件重大的事也发生在1992年,即由苏(Sue)、亚瑞唐多(Arredondo)和麦克戴维斯(McDavis)共同制定了"跨文化心理咨询资格及标准"。尽管这些资格、标准主要是针对有色人种的心理咨询,但它使人们在更大范围内讨论多元文化心理咨询的性质,例如,是否应该把残障人士纳入到"其他团体"的定义范围中。为此,90年代对于在一个多元化的社会里应有怎样不同的心理咨询展开了热烈的讨论(Weinrach & Thomas, 1998)。

90年代第四个方面的问题是对健康医疗的关注以及私人管理的医疗机构日渐增多。集团性机构开始出现,大量的心理咨询师受雇于这些新式的服务机构,从而导致独立心理咨询师数量减少。此外在健康医疗管理计划中,心理咨询师所提供的咨询会谈时间也减少了。与这些机构相关的立法迫使心理咨询师必须保持信息灵通并积极支持立法(Barstow, 1998)。

此外,90年代的咨询议题又重新关注人的整体性。心理咨询师愈加意识到社会因素对心理障碍及心理健康形成与保持的重要性,包括"有机体情境交互(即情境论)"(Thomas, 1996)的重要性。这些社会因素包括精神、家庭环境、社会经济考量、团体及团体工作的影响以及预防等(Bemak, 1998)。

90年代其他的发展包括:

- 全国临床心理健康咨询师学会与NBCC合并以认证心理咨询师;
- CACREP及APA认证计划中博士、硕士学位心理咨询师教育及咨询心理学的发展;
- ACA、APA、商业出版机构及ERIC/CASS出版的咨询类出版物的增加;
- "契·西格玛·伊奥塔协会"会员机构超过200个,会员数超过20 000人。

新世纪 新趋势

2002年,心理咨询业作为ACA名下的一种职业正式迎来了五十周年纪念。然而喜庆之中,人们也意识到心理咨询业正在不断地发展变化着,随着来访者及社会要求的变化,人们在本世纪初所关心的话题、事件的重点极有可能发生改变。男女性别角色变化、媒体及科技的创新、贫困问题、无家可归、创伤、寂寞、衰老以及其他种种问题,随着新世纪的到来而进入咨询业所关注的领域(Bass & Yep, 2002; Hackney & Wrenn, 1990; Lee & Walz, 1998)。其中最紧急的任务就是要解决暴力、创伤、各类危机、管理型医疗、身心健康、科技、领导能力以及身份等问题。

应对暴力、创伤和危机

冲突是大多数社会都有的现象,即便那些总体而言较安定的社会也难免。"当某人认为他人有干预或阻止行为,妨碍了其重要目标的达成,危机就发生了。"(Corcoran & Mallinckrodt, 2000, p. 474)。当一方或多方抱着非赢即输的想法来解决争端的时候,则导致暴力。美国90年代频发的校园枪击事件以及导致众多无辜民众丧生的俄克拉何马城爆炸促使人们开始从预防与治疗的立场来考虑冲突及安全问题(Daniels, 2002)。然而,关系冲突和暴力问题的一个决定性的时刻是2001年9月11日,那天恐怖分子驾驶数架客机撞上了纽约的世界贸易中心大楼以及华盛顿五角大楼。这些事件预示着咨询工作开始积极并重点关注如何使人们对创伤及危机有所准备以及如何应对(Bass & Yep, 2002; Walz & Kirkman, 2002)。方法上也比较务实,比如针对从青年到老年不同年龄阶段群体制定相应危机处理计划和策略。

在处理创伤方面,近年来人们开始重新关注如何缓解压力以及对于"急性应激障碍”(ASD)和“创伤后应激障碍”(PTSD)的治疗问题(Jordan,2002; Marotta, 2000)。ASD 和 PTSD 的产生是由于受到了导致创伤的事件,从而造成了实际或潜在的伤害(American Psychiatric Association,1994)。这一类事件包括身体虐待、自然灾害和事故。由此造成的危险包括极度忧虑、无助感和恐惧。ASD 相比较而言更为短暂。当事人在事件发生四周之内出现相关症状,然后又用四周时间来恢复(Jordan,2002)。然而,PTSD 与之不同的是事件发生后一个月左右的时间内会出现症状,但这些症状如果不加以治疗则可能持续数月或者若干年。患 PTSD 的人可能会表现出很多症状,包括以闪回的方式重新体验当时的创伤事件,逃避与该创伤有关的任何活动,情绪麻木以及其他症状,如药物滥用、强迫症、惊恐障碍等。

那些受聘治疗 ASD 以及 PTSD 患者的心理咨询师需要专业的培训来帮助他们。即使事件过去了很久,危机对人心理的影响经常还会持续很长时间。因此,患者——尤其是 PTSD 患者——经常需要危机咨询以及长期咨询服务。“只有认识 PTSD 并进行相关治疗才能使创伤受害者克服坎坷,过上健康的生活(Grosse, 2002, p. 25)。”

医疗管理服务带来的挑战

“医疗管理服务是指由心理健康专业人员与第三方,即医疗管理服务公司签订合约,内容是关于对第一方,即来访者的照料和治疗”(Marphy,1998, p. 3)。医疗管理服务将在 21 世纪成为咨询人员关注的主要问题,它也确已成为了心理健康业的新的把关者(Lawless,Ginter, & Kelly,1999)。医疗管理服务业中虽只有为数不多的几个主要公司,但它们却影响巨大。它们决定健康医疗服务提供者,包括心理咨询师如何提供服务,以及消费者必须获得何种医疗的权利与资源。参加医疗管理服务的来访者必须首先在一位把关医师处就诊,然后才能到专科医生,如心理咨询师那里。这种限制,加之有限的经济补偿和管理医疗服务允许的时限,已引起了多重后果。

通过使心理咨询师既加入医疗管理理事会又作为服务的提供者,医疗管理服务推动了咨询业的发展(Goetz,1998)。但是,医疗管理服务也对该职业产生了负面影响(Daniels,2001)。心理咨询师作为一个群体没有从医疗管理体系中得到很好的补偿,而另一方面,来访者所需的服务常受到限制,同样,心理咨询师也无法提供充分的治疗。此外,心理咨询师提供给来访者的医疗管理服务还涉及伦理问题,主要围绕知情同意、保密、记录保留、能力、诚实、社会福利、利益冲突以及雇佣条款等(Daniels,2001)。

心理咨询师在未来面临的挑战是如何寻找出路,与医疗管理公司进行更加有效的合作,或者不与这些公司合作,但仍然保持在心理健康界的主体地位。如果心理咨询师继续参与医疗管理服务,对他们而言日益重要的是加入医疗管理提供者管理委员会,因为正是这些委员会最终决定谁可以获得授权资格以及与医疗管理公司可以有哪些合作。

促进身心健康

近年来，咨询业内促进身心健康这一观念业已兴起（Myers, Sweeney, & Witmer, 2001; Witmer & Sweeney, 1999）。身心健康涵盖了生活的多个方面，包括身体、智力、社会、心理、情感及环境。迈尔斯（Myers）、斯威尼（Sweeney）和威特玛（Witmer）将身心健康定义为一种面向最佳健康、幸福状态的生活方式，个人的身心、精神更加充分地融入人类与自然群体中。"理想地说，它是个人所能达到的健康与幸福的最佳状态（p. 252）。"

迈尔斯等人已经开发出一个促进身心健康的模式。该模式在五项生活任务中循环：精神性、自我取向、工作与休闲、友谊和情爱。任务中的一些，如自我取向，进一步分成若干子任务，如价值观、控制感、问题解决、创造性、幽默感以及自我照顾等。该模式的前提是健康机能连续发展，而且生命过程中一时的健康行为影响后续的发展和机能。

更为关注科技的应用

科技在心理咨询和其他领域的应用得到了迅速的发展。过去被认为是有可能实现的科技已经成为现实，而科技"正深深影响着生活的方方面面，包括教育、商业、科学、宗教、政府、医学和农业"（Hohenshil, 2000, p. 365）。

科技在心理咨询中最初应用于记录保存、数据操作和文字处理。现在人们更加关注影响科技和来访者互动的因素，尤其关注互联网（Sampson, 2000）。"咨询业中基于网络工作的计算机数量一直在快速增长"（Sampson, Kolodinsky, & Greeno, 1997, p. 203）。目录服务器和电子布告栏系统（BBS）越来越广泛地使用于发布信息、鼓励心理咨询师之间进行对话。电子邮件也用于心理咨询师之间的交流以及心理咨询师与来访者的交谈。心理咨询机构、心理咨询师教育计划和心理咨询师都加入了网站建设（Pachis, Rettman, & Gotthoffer, 2001）。甚至还有在线的专业心理咨询期刊，如《咨询科技期刊》。

科技的某些应用（如电脑）与为来访者服务有很显著的相似之处（比如，建立一种关系，了解来访者的语言，了解来访者的思维过程，设置目标及采取措施达到目标）。尽管对科技的应用尚有争议，但是许多心理咨询师和助人专家在互联网上提供服务，"公众已经通过互联网在选择职业和寻找工作方面获取帮助"（Sampson et al., 1997, p. 204）。此外，公众通过浏览互联网获取心理健康和药理学信息，如"鲍勃医生的精神药理学建议"（http://uhs.bsd.uchicago.edu/dr-bob/tips/tips.html）（Ingram, 1998）。因此，心理咨询师可以使用互联网获得与心理咨询主题相关的大量信息，包括网络心理咨询（Wilson, 1994）。他们同时也受到了大量新型电脑程序尤其是心理测试方面的程序的冲击和影响（Sampson, 2000）。

在将来，心理咨询师们必须决定他们如何共同使用科技来提升所提供的服务质量以满足来访者的需求。心理咨询师教育与发展协会在弗吉尼亚理工大学的托马斯·侯恒希(Thomas Hohenshil)的领导下，提出了学习心理咨询的学生应具备的技术能力，包括会使用文字处理程序、视听设备、电子邮件、互联网、目录服务器和光盘资料库等。心理咨询师应当认识到互联网的伦理与法律准则(如 NBCC，1997)，并了解通过互联网提供心理咨询服务的优劣。

领导、规划和倡导

随着社会和心理咨询的迅速变化，心理咨询师更需要发展他们的领导、规划和倡导能力。这样可以使他们成为社会中更积极、更强大的一支力量。“现在心理咨询师面临新的机遇，需要他们在扮演预言家和向导角色的同时，起到领导的作用(Stephenson，1996，p. 91)。”ACA 与各地区协作开展领导活动。ACA 内的各分会也主要集中在领导力的发展问题上。契·西格马·伊奥塔协会(国际心理咨询学术和专业荣誉协会)尤其强于通过讨论会和专题研讨会向心理咨询师提供领导能力的培训和服务。

战略规划作为领导能力的一部分，包括了对未来的构想和为实现预想做出准备。它与心理咨询领导技能相似，以团体的形式实现目标，包括硬数据以及预想和希望(C. Kormanski，Personal Interview，June 20，1994)。促进咨询业发展尤其需要此项技能。

除了领导能力与战略规划之外，倡导正成为心理咨询的一大发展趋势(Kiselica & Robinson，2001)。倡导咨询是指“帮助来访者挑战那些阻碍学术、职业、个人和社会发展的制度与社会障碍”(Lee，1998)。目的是为了“增进来访者的个人能力意识，促进更多符合来访者个人需要的社会政治变化”(Kiselica & Robinson，2001，p. 387)。

为了更有效地倡导，心理咨询师需要有“献身精神和理解人类痛苦的能力，非言语和言语交流的技巧，保持多系统视角的能力，个体、组织和机构干预能力，使用媒体、科技和互联网的技能，以及评估和研究能力”(p. 391)。倡导者同时必须在社交方面较为机敏，了解自己、他人和身边的体系。同样地，他们必须懂得何时稍施手腕而何时对抗。此外，他们必须对所倡导的事业有了解和激情，并且愿意能屈能伸，愿意妥协以达到实际的目标。

在美国咨询学会，社会公正心理咨询师(CSJ)和 ACES 是领导倡导的组织，契·西格马·伊奥塔协会和 NBCC 是 ACA 组织之外的倡导领导组织。

身份

自 1952 年起美国大部分的心理咨询师和其他国家部分心理咨询师已成为 ACA 会员。ACA 的组成是混合的，“就像一团彩色纺纱”，在 ACA 内部有时候某些专业也强调自己与心理咨询职业的不同(Bradley & Cox，2001，p. 39)。在医学等其他行业中，人们在实践中有不止一种的职业选择，这些行业已成功消除了由此引起的分歧，但是 ACA 却没有这么走运。

然后，随着咨询业发展壮大并受到公众更广泛的接受，对“心理咨询师”前面修饰形容词的强调已经开始消失(Myers & Sweeney，2001)。显然，所有心理咨询师都会随 ACA 的强大而获益。下列机构都隶属于 ACA：

1. 国家职业发展协会(NCDA)——成立于 1913 年，前身是国家职业辅导协会。

2. 人文教育和发展咨询协会(CAHEAD)——成立于 1931 年，前身是教师教育学生人事协会。

3. 心理咨询师教育与辅导协会(ACES)——成立于 1938 年，前身是国家辅导管理与心理咨询师培训员协会。

4. 美国学校心理咨询师协会(ASCA)——成立于 1953 年。

5. 美国康复心理咨询师协会(ARCA)——成立于 1958 年，前身是康复咨询部。

6. 咨询测量协会(AAC)——成立于 1965 年，前身是辅导测量及评估协会。

7. 美国职业心理咨询师协会(NECA)——成立于 1966 年。

8. 多元文化咨询及发展协会(AMCD)——成立于 1972 年，前身是非白种人人事及辅导协会。

9. 国际吸毒及犯罪心理咨询师协会(IAAOC)——成立于 1972 年，前身是犯罪心理咨询师公共协会。

10. 团体工作专家协会(ASGW)——成立于 1973 年。

11. 精神、伦理及宗教价值观咨询协会(ASERVIC)——成立于 1974 年，前身是美国国家天主教辅导大会。

12. 美国心理健康咨询师协会(AMHCA)——成立于 1976 年。

13. 政府心理咨询师及教育者协会(ACEG)——成立于 1984 年。

14. 成人发展及老龄协会(AADA)——成立于 1986 年。

15. 国际婚姻及家庭心理咨询师协会(IAMFC)——成立于 1989 年。

16. 美国大学心理咨询协会(ACCA)——成立于 1991 年。

17. 同性恋及双性恋问题咨询协会——成立于 1996 年。

18. 社会公正心理咨询师协会——成立于 1999 年。

总结与结论

心理咨询是一种与众不同的职业，它关注人的身心健康、发展和情境性，并向功能障碍患者提供帮助。心理咨询的建构基础原则和心理咨询的定义都是长期以来发展演进慢慢形成的。心理咨询职业中还包含了若干子专业。

考察心理咨询的发展历史可以发现这一职业的跨学科基础。它的发端几乎同时得益于以下几位人物：弗兰克·帕森斯、杰西·B.戴维斯、克利福德·皮尔斯，他们几乎同时开始关注如何提供、改革并提高在职辅导、学校学生性格发展以及心理疾病治疗方面的服务水平。在其发展早期，心理咨询与心理测量学、心理学、人类学、伦理学、法学、哲学以及社会学都有关联。心理咨询发展中的重要事件除了其理论的发展及针对个人的实际操作方法的发展以外，还包括在第一次世界大战期间及战后政府涉足的心理咨询领域、经济大萧条、第二次世界大战以及前苏联人造卫星的发射。

弗兰克·帕森斯、E.G.威廉森、卡尔·罗杰斯、吉尔伯特·雷恩、唐纳德·苏伯、莉昂娜·泰勒以及托马斯·J.斯威尼等创始人的观点对于该职业的发展以及其视野的拓展有着重要作用。美国咨询学会(其根基来源于1913年成立的国家职业辅导协会)以及美国心理学协会第十七分会的成立和发展是心理咨询发展中的主要因素。21世纪心理咨询面临的挑战包括如何解决暴力、创伤、危机问题；如何通过医疗管理机构更好地与人交往，促进身心健康；如何明智有效地利用科技成果；如何提高领导能力；如何为心理咨询这一职业更好地定位等等。以下一览表重点突出了心理咨询历史中的重要事件以及当前及未来所面临的主要任务。

心理咨询历史一览表

1900～1910年

被誉为“辅导学说之父”的弗兰克·帕森斯建立了波士顿职业辅导局，以帮助年轻人做职业选择；他撰写了《职业的选择》。

杰西·B.戴维斯在公立学校(密歇根州大急流分校)设立了第一个系统的辅导课程。

曾患过精神疾病的克利福德·比尔斯提倡为精神病人提供更好的治疗；他出版了一本非常有影响的著作：《发现自我的心灵》。

弗洛伊德的精神分析法成为治疗精神病人的理论基础。

1910～1920年

美国职业辅导协会(NVGA)成立，该协会是美国心理咨询协会的前身。

《史密斯-休斯法案》通过，该法案为公立学校支持职业教育提供了资金。

第一次世界大战之后心理测验受到职业辅导运动的欢迎。

1920～1930年

波士顿和纽约首先开始对心理咨询师的认证。

“斯特朗职业兴趣量表”出版。

亚伯拉罕和汉娜·斯通在纽约成立了第一个婚姻与家庭咨询中心。

心理咨询师开始关注职业兴趣以外的领域。

1930～1940年

E.G.威廉森和他的同事发展了以心理咨询师为主导的特质-因素理论来帮助学生以及失业人员。这是咨询业的第一个理论，通常被称为“明尼苏达视角”。

约翰·布鲁尔提倡把教育视为辅导,其部分内容包括职业选择。

出版了《职业大辞典》,这是政府第一次系统地对职业进行编码。

1940～1950 年

卡尔·罗杰斯提出了以咨询者为中心的咨询方法,出版了《咨询和心理治疗》。

随着第二次世界大战的来临,人们公开质疑传统的职业角色。个人自由超过权威而受到重视。

美国退伍军人管理局出资培训心理咨询师和心理学家;出现了"咨询心理学家"一词,并成为一项职业。

1950～1960 年

美国人事及职业辅导协会成立,成为美国心理咨询协会的前身。

美国心理学协会成立了第十七分会(咨询心理学分会)。

《国防教育法案》开始实行。V-B 计划开始为心理咨询师提供培训。

新兴理论(交往分析、理智-情感疗法等)被提出来,对旧的理论(精神分析、行为主义、特质-因素理论以及来访者中心理论等)提出了挑战。

1960～1970 年

咨询业开始强调发展问题。吉尔伯特·雷恩出版了《变迁世界中的心理咨询师》。

莉昂娜·泰勒在咨询以及咨询心理学方面著述甚丰。

由约翰·克伦伯特兹在《心理咨询的革命》中发起,行为主义心理咨询成为一个重要的咨询理论。

民权运动、女权运动以及越南战争造成社会动荡。咨询开始偏离原来对人的发展问题的关注。心理咨询师越来越关注如何解决社会及危机事件。

《社区心理健康中心法案》通过;成立了社区心理健康中心。

团体组织作为解决个人问题的方法开始流行。

APGA 出版了它的第一个职业伦理准则。

ERIC/CAPS 成立;开始建立心理咨询研究数据库。

提出了学校心理咨询师的角色定位以及培训标准。

格里斯顿会议促进了对咨询心理学的定义。

《咨询心理学家》期刊首次发行。

1970～1980 年

咨询开始在教育领域之外多元化发展。"社区心理咨询师"一词由此产生,指那些熟悉许多领域的心理咨询师。

《人事及辅导期刊》的编辑戴拉德·苏(Derald Sue)开始关注跨文化事件。

美国心理健康咨询师协会成立。

罗伯特·卡库夫、艾伦·艾维和他们的同事设立了一些基础帮助性机能项目。

弗吉尼亚州成为第一个开始认证州立心理咨询师执照的州。

APGA 成为一个重要的行业协会。

1980～1990 年

咨询及相关教育项目资格认定委员会(CACREP)成立。

美国心理咨询师认证审理委员会(NBCC)成立。

契·西格马·伊奥塔协会成立。

心理咨询协会的成员数继续增加。AACD 建立了新的总部大楼。

人的发展问题受到咨询业的关注。卡罗尔·吉里根(Carol Gilligan)的《不一样的声音》(*In a Different Voice*)把关注的焦点转向对女性及女性问题咨询的研究。

1990～2000 年

AACD 于 1992 年改名为美国心理咨询协会(ACA)。

咨询中的文化多元问题受到重视。

咨询中的宗教问题得以更加公开地讨论。

心理咨询师的管理条例越来越受到重视。

国家认证临床心理健康咨询师协会和 NBCC 合并。

全国医疗改革开始进行讨论、实施,心理咨询师寻求作为主要的一方加入其进程。

21 世纪

随着学校暴力事件及恐怖袭击事件增加,心理咨询师开始关注危机、创伤及悲剧等的处理。

心理咨询师更关注医疗管理机构在资格认证和行医方面的作用。

身心健康越来越受到重视。

科技在咨询中的应用得到发展。

领导、规划和倡导在咨询中更加普遍。

心理咨询师更加认同美国心理咨询协会作为他们依附的主要机构。该协会作为职业机构越来越强大。

课堂活动

1. 你如何区分咨询、辅导和心理治疗?你认为公众是如何理解这三种助人技能之间的异同的?请展开课堂讨论。

2. 你认为咨询业发展历史过程中最重要的是哪一个年代?你认为哪一个年代是最不重要的?请给出理由支持你的观点。

3. 读完这一章,你对心理咨询了解了多少?请描述你所得到的信息与你的预期相同与不同的地方。关于这一行业你发现了什么?请给出充分的解释。

4. 请对心理咨询中历史中一位重要人物的生平及他对咨询的影响做详细的调查。

5. 你认为咨询未来面临的主要问题是什么?你认为心理咨询师应该怎样解决这些问题?看看在某些问题及解决办法上班级里是否有一致的看法。

第二章 心理咨询的人格与职业形态

心理咨询是"一项高尚的利他职业"。很大程度上,"它吸引有关爱之心、热情、友好而敏感的人(加入)"(Myrick,1997,p.4)。但是,立志做心理咨询师的人则出于多种动机。有的动机与本人一样可能较之其他动机更为纯洁,如同有些教育项目、理论及咨询系统优于他者。因此那些有志于投身这一职业的人有必要认真审视自己。无论是否选择心理咨询作为自己的职业,人们总是会从研究自己及学习心理咨询中受益。他们会深入地了解自己的生命,学习如何与人相处,并理解心理咨询过程是如何发挥作用的(Cavanagh,1990)。他们还会进一步发展自己的道德推理与共情能力(Bowman & Reeves,1987)。

心理咨询师和心理咨询过程本身的效能取决于多种变量,它们包括:

- 心理咨询师的个性与背景;
- 心理咨询师所受的正规教育;
- 心理咨询师参与心理咨询相关活动的能力,如继续教育、督导、倡导及制作资料夹。

心理咨询师和心理咨询过程能对他人产生动态影响:如果无益,那就很可能有害(Carkbuff,1969;Ellis,1984;Mays & Franks,1980)。本章将讨论影响心理咨询职业的个人与职业因素。

心理咨询师的人格与背景

有时候心理咨询师的个性是心理咨询过程中的一个关键因素。心理咨询师必须拥有成熟、共情及热情等个人品质。必须在精神上无私、不易沮丧或消沉。但遗憾的是,情况并不总是如此。

成为心理咨询师的负性动机

并非所有想成为心理咨询师或申请心理咨询师教育课程的人都应该进入该领域。这是因为追求这一职业的动机以及本人个性不符合心理咨询的实际需要。

很多学生"被吸引到职业心理咨询领域……但他们在个性及调节能力方面却有严重问题"(Witmer & Young,1996,p.142)。很多人尚未修完心理咨询师预备课程就被淘汰或决定改行。还有一些入门级学生虽然动机不纯却被录取进入研究生层次的学习并从事这一职业。盖伊(Guy)认为成为一名心理咨询师的负性的动机包括：

- 情绪悲痛——个人有尚未解决的心理创伤；
- 替代应对——依附于他人的生活，而不是寻求自身有意义的生活；
- 孤单与孤立——本人有因缺少朋友而诉诸心理咨询的体验；
- 渴求权力——本人在生活中有恐惧感、无能感，因而寻求对他人的控制；
- 爱的需求——有自恋和夸大癖，相信爱与关怀能解决所有问题；
- 各种反叛——本人有未解的愤怒，因而通过来访者的挑衅行为来将他们的思想和感情付诸实施。

幸运的是，多数最后成为心理咨询师并坚持这一职业的人是出于健康的职业追求，有的甚至视其职业为“天意”(Foster，1996)。心理咨询师及准心理咨询师应经常思考自己的身份及其工作。比如检视自身的发展历程、自身品质的优劣以及个人、职业的追求与目标(Faiver，Eisengart，& Colonna，1995)。

作为一名有效的心理咨询师应具备的个人品质

福斯特(Foster)及盖伊描述了促使个人追求心理咨询这一职业，并使他们更好地适应这一职业的功能性和正性动机。尽管这一清单并非详尽无遗，但它突出了个人生活中有利于或不利于从事心理咨询师职业的若干侧面。

- 好奇心与求知欲——天生的对人的兴趣；
- 倾听的能力——发现倾听能使其兴奋的能力；
- 交谈轻松——乐于口头交谈；
- 共情与理解——具有换位思考能力，即便对方与自己性别或文化背景相异；
- 情绪洞察力——对从愤怒至快乐等各种情绪把握自如；
- 内省——从内心去观察或体验的能力；
- 克己能力——能忘记自身需要而首先倾听和关注他人需求；
- 对亲密的忍受力——保持情感亲近的能力；
- 平静对待权力——对待权力保持一定程度的超然；
- 笑的能力——能看到生活中的悲喜幽默。

除了与进入心理咨询职业相关的个人品质之外，还有很多影响个体成为一名持续有效的心理咨询师的性格特征(Patterson & Weifel，2000)。它们包括稳定、和谐、坚定及目的性。整体而言，心理咨询的效果与心理咨询师个人的亲和力有关(Carkhuff & Berenson，1967；Kottler，1993)。较之心理咨询师的知识、技能或技术，其个性即使不是更关键，也至少同样重要。教育不能改变一个人的基本性格。有效的心理咨询师本人在成长的同时也在个人及普遍意义上帮助他人成长(Lee & Sirch，1994)。换言之，有效的心理咨询师对自己和他人具有同样的敏感性。他们监控自己的偏见，倾听，寻求澄清，并以一种积极开放的方式探索种族与文化差异(Ford, Harris, & Schuerger, 1993)。

有效的心理咨询师身上的这种敏感、促进成长的品质体现为他们恰当地运用自己并把自己作为(咨询的)工具使用(Brammer & MacDonald, 1999; Combs, 1982)。有效的心理咨询师具有自发性、创造力和共情心。"心理咨询干预的选择与时间是一种艺术"(Wilcox-Matthew, Ottens, & Minor, 1997, p. 288)。有效的心理咨询师凭直觉选择其行动及时间,并采用研究证明有效的工作方式。心理咨询师自身复杂的生活经历将有助于他们理解来访者正经历的事情,从而能够意识到来访者的问题并采取恰当的措施。

本人情感问题已经得到解决的体验有助于心理咨询师保持对自己和他人的敏感,罗洛·梅(Rollo May)称之为"负过伤的医者"(May, Remen, Young, & Berland, 1985)。这一现象是个悖论。个人在经历伤害后超越了痛苦并加深了对自身及所处世界的认识,这将有助于帮助那些正努力克服情感问题的人(Miller, Wagner, Britton, & Gridley, 1998)。他们经历过来访者目前的处境。因此,"有过痛苦生活经历并积极调整适应过来的心理咨询师通常能与身处不幸的来访者真诚沟通"(Foster, 1996, p. 21)。

有效的心理咨询师还是那种能够成功地把科学知识与技能融入他们生活的人。这就是说他们已经达到了人际关系能力与技术能力之间的平衡(Cormier & Cormier, 1998)。有效的心理咨询师除了前述的品质之外还包括:

- 智力能力——快速、创造性地学习和思考的愿望和能力;
- 精力——在整个咨询时段保持活跃,即使看到来访者已排成了长队;
- 适应能力——调整自己的行为以满足来访者的需要的能力;
- 支持——在促成希望的同时鼓励来访者自己做出决定的能力;
- 善意——以伦理上推动独立的建设性的方式为来访者谋求福祉的愿望;
- 自我意识——了解自己,包括态度、价值与情感,并能够确定哪些因素以何种方式影响自己。

霍兰德(Holland, 1997)认为特定的职业环境会吸引特定的性格类型并使其取得最佳效果。心理咨询师能有效工作的环境是面向社会和问题的,它要求人际关系及创造力方面的技巧。创造力需要勇气(May, 1975),推广能促进内部及人际关系的新理念与新工作方法的出现。心理咨询师愈能使自己的个性适应所处环境,他们的工作就愈有效和令人满意。

威金斯(Wiggins)与威斯兰德(Weslander)为霍兰德的假设找到了实证支持。他们研究了美国4个州共320名心理咨询师的个性特征并对他们的工作表现进行分级。总体而言,被评为"相当有效"的心理咨询师在"职业兴趣量表"的社交(社交、服务型)及艺术(创造性、想像力)级得分最高(Holland, 1977)。被评为"无效"的心理咨询师通常在现实(具体的、技术的)与传统(有组织的、操作的)级得分最高。其他如性别、年龄、教育水平等因素对预测效能水平不具备统计学意义。这项研究证实了心理咨询师的个性与职业效能相关。但是个人与环境的关系很复杂,不同个性类型者可以在心理咨询的广阔领域中找到自己的一席之地，并对这一职业做出巨大贡献。

保持心理咨询师的效能

心理咨询师会经历他人同样的困难。他们必须处理衰老、疾病、死亡、婚姻、生育、工作变动以及大量的日常琐事。有些事件，如晚婚或者孩子早夭被视为成长过程中的“不合时宜”或“失序”，甚至是“悲剧”(Skovholt & McCartthy，1988)。还有其他并非刻意的而是纯属偶遇的事件，比如遇上某人并与之建立了终身的友谊(Bandura，1982)。

无论是创伤抑或幸运的经历都会产生问题，因为它们都会自然产生压力。关键在于心理咨询师如何处理生活中的这些事件。正如罗尔克(Roehlke)所言，卡尔·荣格(Carl Jung)“定义的两个同时发生的事件巧合性地导致某种有意义的关联”的“共现性”观点，或许是心理咨询师观察和处理未预见人生经历的最有效途径。

心理咨询师处理危机情境的策略除了从那些有潜在问题的地方发掘意义之外，还包括保持客观，接受并面对各种情境，维护他们自己的意愿，参与良好的生活方式以及分担他人的忧伤(Lenhardt，1997；Witmer & Young，1996)。那些生活方式健康且能从自己的成与败中总结教训的心理咨询师在治疗水平方面会比别人进步快，并能充分、敏感地关注来访者的问题(Cormier，1988)。因此，心理咨询师以及有志于从事该职业的人需要适应得与失，并尽量不受家人尤其是父母的那种破坏性三角模式的影响。这种理性的态度能使他们培养并保持理想的亲密而又独立的关系(Gaushell & Lawson，1994)。

有效的心理咨询师要保持健康和幸福还包括采取预防性措施以避免问题行为如“职业倦怠”的产生(Grosch & Olsen，1994)。“职业倦怠”是指情绪或生理消耗到无法正常行使其功能的程度。而这正是从事心理咨询师工作最常见的问题(Emerson & Markos，1996；Korrler，1993)。心理咨询师如走不出自己的职业角色就无法正常发挥其功能，他们必须培养心理咨询以外的兴趣，无论是精神上还是体力上都应避免把工作带回家。他们还应该采取一些小而效果显著的步骤来恢复自己的活力，比如每隔几年重新装饰自己的办公室；清理、精简并创作新的资料；评估新的材料；撰写或提供自己满意的资料，为心理咨询业做点贡献(McCormick，1998)。许多研究人员还提出了其他帮助心理咨询师避免或解决“职业倦怠”的办法(Boy & Pine，1980；Pines & Aronson，1981；Savicki & Cooley，1982；Watkins，1983)：

- 与健康的人为伍；
- 与有使命感的同事及机构一起工作；
- 理性地运用某种心理咨询理论；
- 做减压运动；
- 缓解导致环境压力的因素；
- 进行自我评估(如确认压力源和放松源)；
- 定期检视并明确心理咨询角色、期待及信念(如巧妙地避免长时间地工作)；

● 努力形成个性化的治疗；
● 留足自由的私人时间(即平衡个人的生活方式)；
● 在心理咨询中保持关切的同时要有超然的心态；
● 始终充满信心。

在总结以上有关心理咨询师的个性、品质及兴趣的研究时，奥文襄(Auvenshine)与诺夫辛格(Noffsinger)得出结论：“有效的心理咨询师在感情上必须成熟、稳定且不带偏见。他们必须具有自我表现意识并在这种意识中有安全感，能现实地把自己的优点和缺点结合起来(p. 151)。”

心理咨询的职业形态

助人关系的层次

助人关系包括三个层次：非专业人员、半专业人员及专业人员。各个层次上的实践者应具备该层次所需要的技能(见图 2-1)

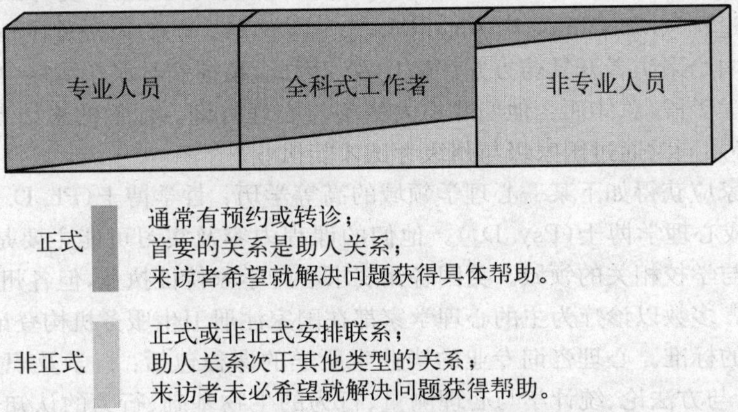

图 2-1 助人关系的种类

资料来源：From *Effective Helping: Interviewing and Counseling Techniques*, 5th edition by Barbara R. Okun. © 1997. Reprinted with permission of Wadsworth, a division of Thomson Learning: www.thomsonrights.com. Fax: 800-730-2215.

第一层次的助人关系包括“非专业人员”。他们可能是以各种可能的方式，尽可能给有需要者提供帮助的朋友、同事、未经训练的志愿者或管理者。此类人员的智慧和技能各不相同，对他们也没有专门的教育要求，因而这个群体中的助人水平差异很大。

第二层次要求较高，其助人关系包括“全科式工作者”。他们通常是社会服务工作者，并在人际关系方面受过一定的正规训练，但更多是作为一个(助人)团队的成员提供帮助而非独立工作。该层次上的工作人员经常以心理健康医师、保育员、代理人、青少年心理咨询师等身份出现。如果加以适当训练与指导，此类全科式助人工作者，如居民楼管理员能在推动积极的人际关系以改进社会心理健康上发挥主要影响（Waldo，1989）。

最后就是专业人员。这些人受过教育培训，在预防和治疗方面能提供帮助。该群体包括心理咨询师、心理学家、心理治疗师、社会工作者、精神科护士以及婚姻与家庭治疗师。这一层次的工作人员拥有专业的高级学位、有过受指导的实习经历，能处理各种情况。

关于后两个层次工作者的教育，鲁滨逊（Robinson）与金纳（Kinnier）发现自我辅导和传统的课堂培训在技能教育方面效果相当。

职业助人专业

每一项助人职业均有相关的教育与实践要求。心理咨询师应熟悉其他职业的教育背景以利用他们的服务，顺利与他们进行沟通，并与他们在共同关注的问题上展开合作。心理咨询师经常需要交往的三类人包括：精神科医师、心理学家和社会工作者。

精神科医生拥有医学学位（M. D.）并完成了精神病学住院医师培训。他们是治疗精神疾病的专家，接受过生物医学模式的训练，“该模式关注公认为导致心理及情感障碍的生理过程”（MacClukie & Ingersoll，2001，p. 8）。他们通常是在心理健康诊所之类的机构内给来访者开具药方并评估疗效。因此，精神病学家在治疗中几乎完全采用生物心理学手段，总体而言他们并不大量参与心理咨询。他们的来访者被称为“病人”。他们必须同时通过国家级与州级考试才能执业。

心理学家应获得如下某一心理学领域的高等学历：哲学博士（Ph. D.）、教育学博士（Ed. D.）或心理学博士（Psy. D.）。他们的课程内容及实习可能主要是临床的、心理咨询的或与学校相关的领域。美国各州要求心理学家持证执业，但各州对发证的要求都不一样。多数以诊疗为主的心理学家都在国家注册卫生服务机构登记，该机构对会员有统一的标准。心理咨询专业的毕业生所学的课程包括：科学及职业伦理与标准、研究设计与方法论、统计学与心理测量、行为的生物基础、行为的认知-情感基础、行为的社会基础、个体行为以及其他专业课程。咨询心理学与心理咨询师教育学有许多共同的基础、内容及历史名家（Elmore，1984）。

社会工作者一般拥有社会工作学硕士学位（M. S. W.），但也有的大学授予社会工作学学士学位，当然也有高层次的博士学位教育。不管他们的教育背景如何，各层次的社会工作者都曾在社会公共服务机构内实习。根据职责差异他们也各有不同。有的社会工作者从事政府管理工作，负责针对社会弱势群体及被剥夺公民权者的项目，还有的参与心理咨询活动。“社会工作在使命上区别于心理咨询、心理学及精神病学，包括接受委任协商社会体系并倡导变革、理解来访者的大环境（即文化背景下的生理及社会环境）与小环境（即社区内的地位与角色），并提供社会服务”（MacCluskie & Ingersoll，2001，p. 13）。全美社会工作者协会（NASW）向那些有高级临床及培训素质的会员出具资质证书。

职业心理咨询师的教育

很少有人能够不接受人类发展及心理咨询等领域的正规教育而可以从事有效的心理咨询(Kurpius, 1986)。一个人所需的教育水平直接与其从事工作的强度、专长及工作重点相关。职业"心理咨询师"应拥有心理咨询教育或相关专业的硕士或博士学位,并完成了专业领域,如学校心理咨询、社区/诊所心理咨询、心理健康咨询、职业心理咨询、老年心理咨询、成瘾心理咨询或婚姻与家庭心理咨询的实习。通常他们应获得美国心理咨询师认证审理委员会(NBCC)认证或由州授予执业执照,或两者兼具。

硕士或博士阶段有"认证心理咨询师教育计划",这些培养计划的认证机构是美国咨询及相关教育项目资格认定委员会(CACREP)。美国心理咨询师教育与辅导协会(ACES)及美国心理咨询协会(ACA)为使心理咨询独立于美国国家师范教育鉴定委员会(NCATE)而共同创立了心理咨询标准与辅导方针,从而形成了 CACREP 这一独立的机构。

CACREP 的硕士教育认证项目包括职业心理咨询、社区心理咨询、心理健康咨询、学校心理咨询、婚姻/夫妻与家庭心理咨询与治疗、学生事务以及大学心理咨询。获得认证的毕业生较之于未获认证的毕业生有如下优势:(1) 获得申请认证博士心理咨询教育计划的资格;(2) 达到心理咨询师执业及资质的要求;(3) 应聘担任心理咨询师。

以下是认证心理咨询师硕士教育的强制标准(CACREP, 2001):

- 初级教育至少达到两学年,所有学生至少须修满 48 个学时。初级教育的心理健康咨询应修满 60 个学时,婚姻与家庭咨询也应修满 60 个学时。
- 所有学生都必须修过如下 8 个共同领域的课程并达到一定知识与技能要求:(1) 人的成长与发展;(2) 社会与文化基础;(3) 助人关系;(4) 团队;(5) 生活方式与职业发展;(6) 评估;(7) 研究与测评;(8) 职业取向。
- 必须在督导的指导下参加临床实践并达到特定要求。学生必须在督导指导下完成 100 小时的实习课,且每周必须有 1 小时的个别督导指导下的实习及 1.5 小时与其他学生在同一项目上的小组督导指导下的实习。
- 该课程计划必须要求每名学生在顺利完成实习课后参加 600 小时的督导指导下的临床实践。
- 在心理咨询师教育的学术机构里必须至少有三名全职的教导员。

CACREP 同样认证心理咨询师教育与指导的博士课程(Ed. D. 及 Ph. D.)。2000 年全美有 54 个心理咨询师博士课程计划,其中 39 个获得 CACREP 认证(Hollis, 2000)。博士阶段的标准规定入学者必须具备心理咨询专业硕士学位。博士阶段的课程计划要求进行更深入的研究,有受督导的现场实践经历且必须更加专业化。由于 CACREP 的鉴定所带来的好处及认可度,越来越多的博士毕业生申请其认证。总体上，由于认证标准及程序的实行，心理咨询师教育课程计划所提供的课程内容日益深入，发展范围日益广泛。

心理咨询师资格证明

心理咨询被视为一门独立的职业实体，因此应积极处理随之产生的职业问题，而资格证明是最重要的问题之一。取得合适的资格——证书、执照两者之一或两者兼具——对于心理咨询职业有重要的意义（Glosoff，1992；Romano，1992）。“拥有资格证明的心理咨询师更具吸引力和可信度（Clawson & Wildermuth，1992，p. 1）。”

职业资格证明基本上包括四类，其中证书与执照具有相当的权威性。以往多数资格证明由州发放，但现在专业组织美国心理咨询师认证审理委员会（NBCC）也具有颁发证书的职能。在决定要取得何种资格证明之前，心理咨询师应了解其执业的法律要求以及何种资格证明会增强其可信度，并促进其发展（Anderson & Swanson，1994）。

认证程序分四个步骤（Swanson，1983b）：审查、注册、认证、发证。

审查

在此过程中“由某一州级机构定期检查某职业从业者所从事的活动以了解从业者的工作是否符合公共安全、健康及福利”（Swanson，1983，p. 28）。很多聘用心理咨询师的州立机构，如心理健康中心的职员及项目必须接受定期检查，内容可能包括审核特定时期内的治疗记录，检查该机构的工作程序并与职员面谈。

注册

此项计划要求从业者向州级机构提供关于其从业性质方面的信息。通常是由某一职业组织如 ACA 的州级分部负责确定注册人应达到的标准，并保存那些自觉达到标准者的名单，这是使用“注册职业心理咨询师”职衔的心理咨询师获得法律认可的一种途径。

认证

认证是指“由某一机构或协会在个人达到一定的预设职业资格后向其授予认可的职业的、法令的或非法令的过程。简单地说，认证……是一种‘有限执照’，仅是对职衔的保护”（Fretz & Mills，1980，p. 7）。因此由州或国家委员会或部门给个人颁发某一专业领域的证书。通过认证仅意味着某人达到了从事该职业的最低技能要求且无任何已知的会干扰其执业的性格缺陷。各州通常要求参加认证者通过一项能力测试并提交若干封推荐信。学校心理咨询师是首批得到认证的心理咨询人员。

NBCC 是美国主要的全国性心理咨询师认证机构，它提供的专业认证包括学校心理咨询、心理健康咨询及成瘾心理咨询（见图 2-2）。

NBCC 概况

美国心理咨询师认证审理委员会、注册公司及附属机构(NBCC®)是一个面向心理咨询师的独立非赢利机构。NBCC 于 1982 年组建成为注册公司以创建并监测一个全国性的认证体系,对自愿申请并获得证书的心理咨询师予以确认并保存这些心理咨询师的官方记录。

NBCC 认证旨在对那些在全国心理咨询师执照及证明考试(NCE)中达到预定的训练、经历及能力标准的心理咨询师予以确认,NCE 是心理咨询领域最便捷的认证类考试。NBCC 拥有超过 31 000 个认证心理咨询师,他们在美国以及其他 50 多个国家生活、工作。超过 40 个州、哥伦比亚特区及关岛均采用它们的考试实行州级心理咨询师认证。

NBCC 最初由美国心理咨询协会(ACA)的一个委员会创立。该委员会创立 NBCC,并使之成为一个独立的认证机构。NBCC 与 ACA 具有深厚的历史渊源,两者协同工作以推进心理咨询业的发展。但是这两个机构是相互独立的实体并有着不同的目标。

- ACA 侧重成员协会活动,如会议、职业发展、出版物及政府关系;
- NBCC 关注通过认证推动心理咨询的质量的提高。它们向私营企业及政府机构推广职业心理咨询。

NBCC 的标志性认证是"国家认证心理咨询师"(NCC)。NBCC 还提供如下领域的专业认证:

- 学校心理咨询——国家认证学校心理咨询师(NCSC)
- 临床心理健康咨询——认证临床心理健康咨询师(CCMHC)
- 成瘾心理咨询——成瘾心理咨询师硕士(MAC)

NCC 是获得专业认证的一项必备条件或共同条件。

图 2-2 关于 NBCC

资料来源:Reprinted with permission of National Board for Certified Counselors, Inc.

如果希望成为国家认证心理咨询师,心理咨询师必须有心理咨询或相关领域 48 学期时或 72 个学季时的研究生学习,并拥有地区认可的高等教育机构的心理咨询硕士学位。他们的学习课程必须涵盖人的成长与发展、小组工作、研究与项目评估、心理咨询理论/助人关系、职业取向、职业与生活方式发展、伦理、社会/文化基础以及评估。他们还必须有心理咨询环境下至少两个学期的督导指导下的实践,此外,他们还必须通过国家心理咨询师考试(NCE)。对于那些非 CACREP 计划的毕业生,则要求必须硕士毕业后有 2 年实习经验,其中包括 3 000 小时与来访者接触时间及 100 小时的每周定期由一名 NCC 或类似人员当面指导的时间。

心理咨询师应获取 NBCC 证书及州执照有四方面的原因(Clawson & Wildermuth, 1992):首先,国家证书的适用范围大于州执照,且发证的人口基数更大;第二,州执照较之国家证书更易受国家政策影响;第三,国家证书较之州执照显然能提供更多州际转诊资源及网络资源;第四,不同于国家证书,多数州级心理咨询执照不认可专业领域。

许可证的颁发

弗莱茨与米勒(1980)把许可证的颁发定义为"(通常是州级)政府的某一机构对一名符合预定资格、可以从事特定职业,并/或使用某一特定职衔且执行特定职能者予以认可的法定程序”(p. 7)。发证在目的性上有别于认证，但在教育及能力测试等程序上要求相当(Shimberg, 1981)。从法律意义上看，一旦设置了发证条款，个人在未获得执照前不得执业(Anderson & Swanson, 1994)。发证几乎全部由州管理，而且发证的州均设有相关委员会以监督执照的发放。“执照持有者一旦违反管理委员会通过的执业法律或伦理规则将受到该委员会的纪律处分。受处分的心理健康服务者如未被撤销或吊销执照则可以在如下一种或几种条件下继续执业：参加矫正教育、接受治疗、同意接受监管、限制执业范围以及接受指定同行督导其执业”(Cobia & Pipes, 2002, p. 140)。

总体上，职业助人者的执照总是接受公众、其他职业及州立法机构的监督。70 年代及 80 年代对心理咨询师颁发执照的进程加快，这类似于 60 年代及 70 年代对心理学家颁发执照的情况。2002 年，美国已有 46 个州以及哥伦比亚特区立法对心理咨询进行管理(参见图 2 - 3)。

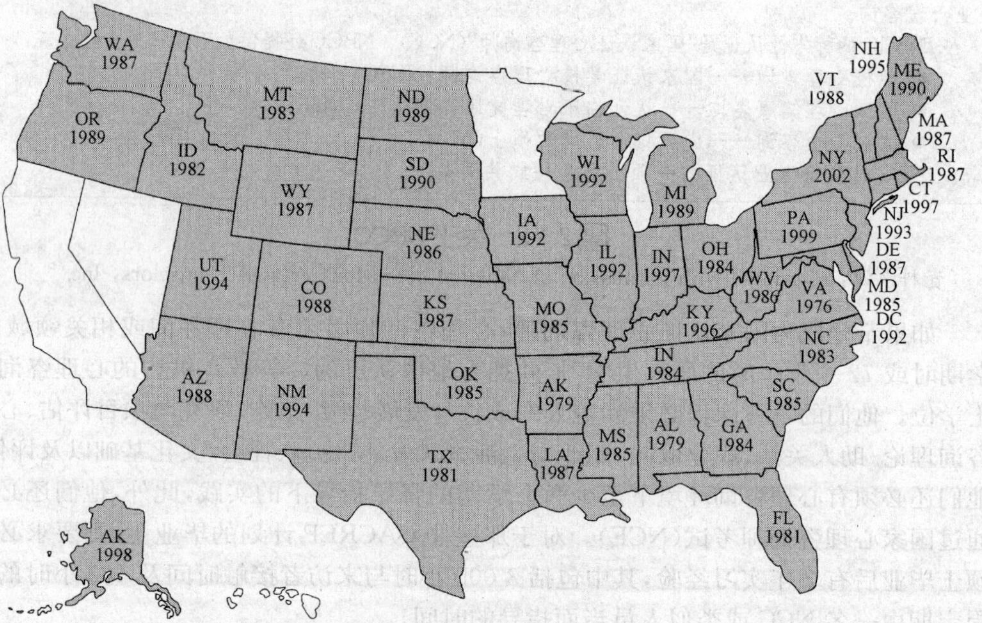

图 2 - 3 立法管理心理咨询师的州(阴影部分), 2003

说明：WA(华盛顿), OR(俄勒冈), MT(蒙大拿), ID(爱达荷), UT(犹他), AZ(亚利桑那), AK(阿拉斯加), WY(怀俄明), CO(科罗拉多), NM(新墨西哥), ND(北达科他), SD(南达科他), NE(内布拉斯加), KS(堪萨斯), OK(俄克拉何马), TX(得克萨斯), IA(爱荷华), MO(密苏里), AR(阿肯色, *原表上误作 AK, 应为 AR), LA(路易斯安那), WI(威斯康星), IL(伊利诺伊), TN(田纳西), MS(密西西比), MI(密歇根), IN(印第安纳), KY(肯塔基), AL(亚拉巴马), OH(俄亥俄), GA(佐治亚), FL(佛罗里达), ME(缅因), NH(新罕布什尔), VT(佛蒙特), MA(马萨诸塞), NY(纽约), RI(罗得岛), CT(康涅狄格), NJ(新泽西), PA(宾夕法尼亚), DE(特拉华), WV(西弗吉尼亚), VA(弗吉尼亚), MD(马里兰), NC(北卡罗来纳), DC(哥伦比亚特区), SC(南卡罗来纳)——(译者注)

1986 年成立了"州心理咨询委员会全美联合会(AASCB)以协调心理咨询的一致性及发展"(Dingman, 1990)。

心理咨询师的归因及体系

心理咨询师的归因及体系对于心理咨询师做什么以及效率如何都很重要。归因指心理咨询师把来访者的问题归因于何处(如是外部环境还是内部的个性缺陷)。而体系指一套统一、有组织的思想、原则及行为。与心理咨询相关的体系关注心理咨询师如何与来访者沟通,它与各种归因及理论相互关联。下文将讨论两大体系:基于发展问题的体系及基于障碍诊断的体系。心理咨询人员正是从这两大体系出发进行工作的。

归因

心理咨询师与来访者的关系开始时,双方对于导致问题的原因会各有假设。通常他们这些个人的想法之间相去甚远。但是,"心理咨询师对来访者当前问题的解释能够(而且经常能够)影响诊断决策、症状辨识以及对治疗反应与结果的预测"(Kernes & McWhirter, 2001, p. 304)。比如,若来访者被认为应对其问题负责——如错误的决定——他们就可能受到责备;而在问题的原因被认为超出来访者的控制范围时——如意外死亡导致的心理创伤——就可能怀有同情心对其进行治疗。

心理咨询师有意或无意运用的主要有四个归因模式(Kernes & McWhirter, 2001),它们包括:

医疗模式——"这一模式下,来访者无须对问题的原因及解决负责"(p. 305)。采用这一模式的心理咨询师基本上是以专家的角色工作,提供能促成变化的必要服务。虽然来访者不会受到责备,但他们可能形成依赖。

道德模式——这一模式以自助运动为典型代表,它基本上与医疗模式相反。"来访者被视为对其问题的形成及解决均有责任"(p. 305)。心理咨询师主要被视为教练或激发者。该模式的缺点是,那些可能的环境受害者或许被认为应对其所受的伤害负责。

补偿模式——在补偿模式中,来访者被认为"对解决其问题负责而无须对导致问题的原因负责"(p. 304)。本质上说,来访者被视为"因其所处社会环境未能满足其需求而遭受痛苦"(p. 304)。因此心理咨询师与来访者形成一种伙伴关系以克服困难,在此过程中心理咨询师起从属作用,担任教师的功能,为来访者提供教育、技能与机会。此模式的缺点是来访者可能"因为必须持续解决并非由他们所造成的问题而感觉到过多的压力"。

启发模式——这一模式认为"来访者应对导致他们问题的原因而非解决问题负

责"(p. 304)。来访者被视为"怀有负罪感,生活已然失控"(p. 304)。他们需要心理咨询师在问题的本质上给予启发并提供解决问题的途径。这一模式下的来访者可能会得到安慰,但它的缺陷是来访者会对扮演权威角色的心理咨询师产生依赖,或者在心理咨询结束后,来访者可能会依赖外部权威来建构自己的生活。

心理咨询的体系

有效的心理咨询师遵循特定的心理咨询体系及理论。事实上,心理咨询的效果最终取决于持续的咨询过程。

从其历史发展的角度看,心理咨询并未由某一体系方法主导不足为奇。心理咨询开始之初就如一个人跨上马后信马由缰,没有特定目的或方向(Ungersma, 1961)。

早在20世纪40年代后期,职业人士就已注意到心理咨询体系的缺乏。罗伯特·马修森(Robert Mathewson,1949)认为心理咨询正在"寻求一个体系……以脱离其借用的、并不合适的框架,如传统哲学与教育、心理学、民主政府的政治结构、物理学等"(p. 73)。

至20世纪40年代晚期,心理咨询仍使用多种体系。由于该职业缺乏一个组织基础,各个派别根据最适合它们的体系来定义各自的工作。不同观点——尤其是那些与理论有些关联的观点——之间的竞争经常相当激烈。一些心理咨询师意识到该学科应有统一的系统方法,可是散漫的发展变成了障碍。但90年代心理咨询领域出现了若干体系,其中最主要的是发展/福祉模式及医疗/病理模式。

发展/福祉模式

心理咨询的发展/福祉视角的基础是各派人格理论家所勾勒的人类发展一般会经历的各个阶段。根据这一视角,心理咨询要关注来访者的问题是否源于生命中的发展任务。生命中此一阶段恰当的行为在彼一阶段就未必健康。

艾伦·艾维并非是认为心理咨询应建立在发展视角的基础上的第一人。但他把发展性成长融入心理咨询,成为该视角最为独特的表达方式。艾维主要提出把皮亚杰的认知层次理论(即:感知-运动、具体运演、形式运演及后形式运演)应用到临床与成人、儿童的面谈中。这样如果来访者最初未能识别其情感,心理咨询师就可以从感知-运动层次上唤起其情绪。同样,如果来访者希望通过策略规划谋求变化则可以借助于思维的形式运演模式。《发展心理咨询与疗法》(*Developmental Counseling and Therapy*)一书"专门介绍了(与来访者)面谈的自然语言中所出现的发展次序与过程"(Ivey & Ivey,1990,p. 299)。

在强调人类的积极本性与健康方面,福祉较之发展更进一步(Myers,1992)。"心理咨询师历来一直帮助他们的来访者识别其能力并在其基础上发展"(Pak & Patterson, 1996, p. 368)。这一视角认为个人拥有能以切实、即时的方式来解决自身问题的资源。"问题并非潜在病状的证据"(Mostert, Johnson, & Mostert, 1997, p. 21)。事实上,就如拉克(Rak)与帕特森(Patterson)所指出的那样,即使是最有危险的儿童也具有适应力,能成长为有应变能力的成人。

强调解决方案理论是基于福祉模式心理咨询手段的一个例子。适用于学校和成人的主动的心理教育干预手段:"压力免疫训练"(SIT)(Meichenbaum, 1993),是另一强调当前及未来福祉的例子(Israelashvili,1998)。该模式协助个体理解他们的困境,获取解决问题的技能,并通过运用意象或模拟操练把这种知识应用到现在甚至未来事件上。

发展/福祉模式的基础是强调预防与教育(Kleist & White,1997)。如果心理咨询师及来访者能熟悉人类生活的精神、生物及社会领域,他们就能发挥最好的作用。在这一过程中他们知道如何避免或使自然环境中内部或外部的破坏性力量最小化。

医疗/病理模式

与心理咨询发展/福祉模式形成对照的是关于人类本性的医疗/病理模式,该模式的治疗计划是依据《精神疾病的诊断和统计手册》(DSM)(美国精神病学会,2000)。DSM 在精神障碍的编撰方面与世界健康组织出版的《国际疾病分类手册》(ICD-10)一致。美国精神病学会手册的第四版修订本(DSM-IV-TR)包括 400 种不同类别的已经定义的障碍,该修订版较之前几版更具文化敏感性。例如,"16 个主要诊断类别中有 14 个(如情绪障碍、焦虑障碍)就有对文化问题的讨论"(Smart & Smart, 1997, p. 393)。

1980 年以后 DSM 系统呈现出一大特色,它运用五个轴描述对来访者的诊断。轴 I 包括"可能成为临床关注重点的临床症状及其他状况",通常认为来访者现在表现出的问题及主要诊断出现于轴 I(Hinkle, 1994, p. 38)。轴 II 仅包括人格障碍及精神发育迟滞的诊断信息。轴 III 指来访者的常规医疗状况方面的信息,如慢性疼痛。轴 IV 包含了可能影响精神障碍诊断、治疗及预后的心理社会与环境问题方面的信息,如缺少朋友及足够的住房。轴 V 根据"相关功能的全局评估量表"(GARF)对来访者进行 0 到 100 分的分级(在量表中得分高意味着更好的功能水平)。该评估可能与过去或现在产生关联。当所有的轴综合起来可能会形成如下的结果:

轴 I:305.00;酗酒,中度

轴 II:317.00;轻度精神发育迟滞

轴 III:慢性疼痛

轴 IV:离婚,失业,缺少朋友

轴 V:GARF=40(现在)

总的来说,DSM 系统模式受到极度关注却又争议不断(Denton, 1990; Hinkle, 1994)。它是一个非理论系统,且仅涉及个人诊断,其中多数情况已经很严重。因此,它对于群体工作者、婚姻与家庭心理咨询师，以及那些咨询对象不属于严重困扰人群或那些从事人道主义工作的职业人员而言价值有限。但是，DSM-IV-TR包含对来访者诊断及治疗的多元文化考量以及性别、年龄等信息。而且，这是一套逻辑组织完整、网络完善的决策树。

对于一名心理咨询师，无论其所处环境或专业如何，都应掌握DSM术语，原因如下(Geroski, Rodgers, & Breen, 1997; Seligman, 1997/1999)：

1. DSM系统广泛应用于其他助人职业，并已成为心理咨询人员与其他心理健康专业人士对话的基础；

2. DSM系统有助于心理咨询师诊断来访者的精神障碍类型，以将其转诊至其他心理健康专家处或接受某种治疗方式；

3. 通过学习DSM系统，心理咨询师能建立责任感、可信度，学会统一记录保存、知情治疗计划、研究及质量保障。

参与同职业心理咨询相关的活动

心理咨询师是终身的历程。它不仅仅包括通过正规教育获取硕士或博士学位，还包括参与同职业心理咨询相关的活动。心理咨询师必须获得继续教育学分(CEUs)以更新知识，获得必要的督导并保证治疗品质，使来访者及自身的心理咨询职业受益。

继续教育

对于所有心理咨询师来说，即使是接受过设计优良的教育课程，也有必要接受继续教育。因为在对来访者进行治疗与执业过程中，新理念不断演变，需要对它们进行评估、吸收，在必要时甚至要掌握。如果停止阅读专业期刊或不参加在职研讨会及会议，心理咨询师在技能方面会迅速落伍。因此，心理咨询师必须每年获得特定数量的CEUs，从而保持与最新、最好的工作方式同步。

CEUs由地方、州、地区及全国性有资质的职业心理咨询组织提供。他们可以通过函授课程或研讨会获得CEUs，甚至于通过阅读一些心理咨询期刊及ACA简报《今日心理咨询》(*Counseling Today*)也可以获得CEUs。获取执照或认证的心理咨询师必须取得一定数量的CEUs以保持他们的资质(Dingman, 1990)。当然这种持续性的努力从时间及金钱上来说有时会代价高昂，但是如果不能在职业上保持与时俱进(即能力下降或过时)，其成本会更高。

督导

督导是另一种增进职业技能的途径。督导指职业能力较强者对知识与技能较低者进行督促以增进其职业功能，它是一个互动和评估的过程(Bernard & Goodyear，1998)。最佳状态的督导是一种促进经历，它在一种发展关系下融合说教式与经验式学习模式。它能以无法取代的方式使学习者获取理论及实践上的专业才能(Borders & Leddick，1998)。

在所有 CACREP 认证的博士课程中，督导属于必修内容(CACREP，2001)。此外，心理咨询师可能接受业已接受过高级训练、正在申请督导资格的同行的督导。心理咨询督导的标准已经确立，现在 NBCC 还提供专业督导认证。通常，已获得心理咨询执照的心理咨询师可以将其接受督导的经历计入 CEUs。

为使督导更加有效，必须在发展层次上实施，并帮助新心理咨询师更好地形成心理咨询的概念。刚毕业的学生在理论知识和实践之间存在明显差距，因此如果督导者采取一种高度结构化的教学方式，则会取得最佳效果(Ronnestad & Skovholt，1993)。例如，督导者在督导中与新心理咨询师互动时可能表现得更具命令性、说教性及支持性。这样，督导者通过运用普里托与希尔(Prieto and Scheel)模式(2002)提高受训心理咨询师的个案概念化的能力，这一关于组织化和结构化的思维模式使用首字母缩写词 STIPS 表示，各字母含义如下：

S=迹象与症状(signs and symptoms)

T=心理咨询过程中讨论的主题(sopics discussed in counseling)

I= 所运用的心理咨询干预手段(counseling interventions used)

P=来访者的进展及心理咨询师治疗的下一步计划(clients' progress and counselors' continuing plan for treatment)

S=涉及来访者的任何重要因素(any special issues of importance regarding clients)

受训的心理咨询师通过这一模式能增进他们“获取关于来访者相关事实的能力，更好地理解来访者所呈现的问题，更好地监控心理咨询过程并更好地评估及调整治疗干预的能力”(p. 11)。他们还能够在监控咨询过程的相关要素，如诊断及治疗计划等方面增强其系统性技能。这些技能将使他们在与督导者互动时更善于沟通、更加机敏。

但是这种教学形态如果应用在高级研究生或经验丰富的心理咨询师身上通常就不大适当。相反，督导者会更具面质性及咨询性。督导从本质上说与心理咨询一样，可以增进自我意识。但是，这一过程侧重于职业的而非个人的成长(Ronnestad & Skovholt，1993)。

建立督导场景应处理好几种神话和现实。神话是指那些极端观点，比如，“一名督导能担当所有的督导角色”，“一对一督导是最佳模式”，或“任何人无须培训即可从事督导”(McCarthy，DeBell，Kanuha，& McLeod，1988)。现实则包括下列事实：

- 督导不止有一种理论模式，有若干种(如行为模式、促进模式、动态模式、系统模式等)(Landis & Young，1994)；

● 在建立一种有效的督导关系之前，应确认受督导者的发展水平并确定现实目标、制定书面规划(Borders & Leddick，1987)；

● 督导的信誉，如可靠度与受督导者的表现之间有重要关联(Carey，Williams，& Wells，1988)。

总体上，心理咨询业的文献资料及督导技巧的复杂性均与日俱增(Dye & Boarders，1990)。比如，"反省团队模型"就是团队(尤其是夫妇或家庭)督导的一种创新方法(Landies & Young，1994)。这一模型要求研究生进行合作，集体讨论，在提出关于来访者行为的假设时换位思考，从来访者的角度看待形势并协同工作。

心理咨询师利用督导机会，尤其是同辈督导(即同辈之间的督导)将有助于他们获取并给予关于自身及其临床能力的信息。这种意识的增强是建立其他积极职业经历的基石。

倡导

除了与心理咨询过程相关联的特征与品质之外，有效的心理咨询师还从事倡导。"倡导可以定义为通过公共关系宣传某种观点或事业，它涉及沟通与教育"(Tysl，1997，p. 16)。心理咨询师应该支持并积极拥护来访者所关切的内容及心理咨询职业。这样他们可以为个人或群体伸张正义、改善处境(Osborne et al.，1998)。这一过程可以通过多种途径实现，如为俱乐部或市民团体举办专题报告，为报纸撰文，为社区议题付出时间与努力等。尤其重要的是唤起对贫困人群的社会关注，因为这些群体通常没有话语权，得不到认可。有时候，倡导还涉及为这些群体代言，宣传某些措施以保证通过社会行动使他们的权利受到尊重、他们的需求受到重视(McClute & Russo，1996)。

另外一种倡导的模式是政治途径。心理咨询师不仅应熟悉社会问题，还应在形势不利于他们的来访者或心理咨询这一职业时影响法律的通过。心理咨询师通过与立法者书信或面谈沟通的形式实现其目的。倡导对社会起促进作用的法案，比如学校-工作立法或立法提案的重新授权，再如康复法案等，这些对于心理咨询师及其选民的健康而言具有重要意义。

倡导存在于多种层次，如郡、州或联邦(Goetz，1998)。心理咨询师应通过多种途径积极影响法律的通过。首先应保持信息通畅，知晓列入议程的法案。ACA 公共政策与信息办公室是一个涉及联邦立法提案的优秀资源，可以通过其网站获取有关信息。

熟悉与议员沟通的规则是倡导的第二种途径。胡诌、夸大或不切正题等都会影响心理咨询师的陈述。因此，心理咨询师在为特定行为进行倡导时必须做到条理清晰、言简意赅、立意具体。保持灵活性并对相反观点有所预期是成功的关键。

最后一点是坚持。在心理咨询业，处理立法问题的关键是后续跟进。一项提案可能需要通过多年游说才能进入立法。比如，心理咨询师执照制度于 1998 年在马里兰州获得立法支持，但这是经过 20 年努力的结果。

资料夹

资料夹是一种沟通的形式，它记录“个人的培训、工作及相关的生活经历”（James & Greenwalt，2001，p. 161）。心理咨询师需要保存资料夹以备他们需要关于发证、医疗管理机构、雇主评估，甚至新的工作等相关文件时能快速调取。

心理咨询师资料夹可能是“工作资料夹”或者“报告资料夹”。工作资料夹是心理咨询师执业时可以使用的持续收集的完整资料。此类资料夹主要包括以下类型的信息：简历、心理咨询课程记录以及学位学习的实践课程与实习、本科督导、工作经历、职业认证、继续教育、报告、出版物以及职业服务。报告资料夹相比之下范围更小，通常包括某一特定项目所需的材料，比如在法庭上担任专家证人等。

心理咨询师无论需要使用何种资料夹，都必须保持更新。这是一个定期的过程，比如按月或按季度更新。

总结与结论

随着心理咨询这一职业的不断发展，成为一名有效的心理咨询师的必备品质可能会增加。但有一些是所有心理咨询师都必备的基本品质。

其一是心理咨询师的核心人格。兴趣、背景及能力促使一名心理咨询师对其工作环境感觉舒适。多数有效的心理咨询师均有社交及艺术兴趣并乐意通过各种解决问题的途径与发展方法为他人提供服务。有效的心理咨询师一般具有的特点包括：热情、友好、坦率、敏感、耐心、富有创造力。他们持续致力于稳定自身的心理健康，努力避免使自己精神枯竭、工作效能衰退。

与心理咨询师效能相关的第二个品质是教育。有效的心理咨询师接受过硕士或博士认证心理咨询师课程或相当的教育。很多还获得了在特定心理咨询领域工作必须的技能与经验。

第三个方面是理论与体系。有效的心理咨询师知道理论是其咨询技巧及实践的支持，最可行的途径是掌握主要的心理咨询理论模式。这些心理咨询师在执业过程中运用理论与方法时并非不成体系或随意为之。很多心理咨询师在工作中合理地综合运用各种理论。他们系统地运用发展/福祉模式、医疗/病理模式或某种综合模式。无论如何，有效的心理咨询师通晓个人一生如何发展，熟悉最新《精神疾病的诊断和统计手册》上的各种术语。

最后，有效的心理咨询师积极参与同各种心理咨询相关的活动。他们知道应参加继续教育课程以及督导活动以保持知识更新。而且，他们不仅倡导来访者的需求，也倡导心理咨询这一职业。此外，他们通过运用资料夹或其他的重要文件及证书保管形式，使自己的认证证书随时备查。

课堂活动

1. 研究表明某些性格类型较之其他类型更适合于从事心理咨询师职业。假设你不具备这些必须的理想性格（如社交的、艺术的及事业的），你认为自己可以通过哪些途径弥补？可以三人一组讨论那些与有效心理咨询相关的个性。

2. 复习一名理想心理咨询师具有的个人、理论及教育品质。讨论如果你在美国之外的某国从事心理咨询，比如印度、瑞典、以色列、澳大利亚或阿根廷，这些品质会有哪些差异。把你的观点告诉班上的同学。

3. 与同学讨论如果你在能力上达不到职业心理咨询师的要求，你们可以怎样互相帮助以实现职业上的进步。把清单列好后，与另一组同学交流，再与班上其他同学交流。在班上讨论你制定的策略对于你从事心理咨询师这一终身职业会起到何种作用。

4. 与另一名同学讨论你们分别采用发展/福祉模式及医疗/病理模式接待来访者时会有哪些差异与相似之处。把讨论结果告诉班上其他同学。

5. 调查心理咨询协会或心理咨询师如何倡导他们的来访者的需求及心理咨询这一职业。你可以从美国心理咨询协会网站上的公共政策部分着手。

第三章 心理咨询的伦理与法律形态

咨询不是一种价值中立的活动(Cottone & Tarvydas, 2003; Schulte, 1990),相反,它是一项建立在各种价值观基础上的积极职业,它"引导善的信念……以及如何实现善的目标"(Bergin, 1985, p. 99)。价值观是咨询关系的核心,心理咨询中的所有目标,"不论为了缓解症状,还是调整生活方式,都蕴涵于价值体系之内"(Bergin, 1992, p. 9)。此外,由于心理咨询是如此复杂、多层面的职业,心理咨询师必须同时依赖伦理及法律(DePauw, 1986; McGovern, 1994)。

如果心理咨询师不清楚其职业价值观、伦理、法律责任及他们的来访者,不论他们的意图多好,都可能导致伤害(Gladding, Remley, & Huber, 2001; Remley, 1991)。因此,心理咨询师不仅应了解与其职业相关的伦理与法律,还应对自身非常熟悉。

本章将考察心理咨询师工作中应遵循的伦理标准与应受的法律约束。对于心理咨询师的工作、福祉以及心理咨询的过程而言,伦理与法律的作用至关重要,它们直接和间接地推动咨询的职业化。有时候,伦理与法律因素会出现交叉(Wilcoxon, 1993),但是,心理咨询与法律之间也会迥然相异,其基础互不相同(Rowley & MacDonald, 2001)。

定义:伦理、道德与法律

伦理是指"对社会中的人以及人与人之间的交往做出道德上的决定"(Kitchener, 1986, p. 306)。这一术语经常被当做道德的同义词使用。在某些情况下它们互相重合,两者均涉及"何为善,何为恶,或对人类行为与价值观的研究"(Van Hoose & Kottler, 1985, p. 2),但它们的涵义并不相同。

"伦理通常被定义为一套关于人类行为及道德决定的哲学规则"(Van Hoose & Kottler, 1985, p. 3)。本质上,伦理是一套规范,它强调个体之间关系的原则与标准,比如心理咨询师与来访者之间的关系。而道德则涉及对行为的评判,与之相关的字眼有好、坏、对、错、应该、必须等(Brandt, 1959; Grant, 1992)。心理咨询师有其道德观,他们运用的理论包含对于人类本性的道德假设,这些道德假设或显或隐地质疑“何为人？人应该如何做人”(Christopher，1996，p. 18)。

法律是为保障法律及道德正义而设立的强制标准的精确汇编(Hummell, Talbutt, & Alexander, 1985)。法律由立法机构、法庭判决及传统而立，比如英国的习惯法(Anderson，1996)。法律不裁决在特定情境下什么符合伦理，而仅裁决什么合法。有时候，在特定阶段(如涉及种族、年龄、性别的问题)，合法的行为在某些特定的社会群体内则被视为有悖于伦理或不道德。法律与伦理产生冲突的一个典型例子是1994年《初级与中级教育法案》(ESEA)的“赫尔姆斯/史密斯修正案”(Helms/Smith Amendment)，该修正案试图终止向那些为同性恋者提供心理咨询服务的学校提供资金。

伦理与心理咨询

作为一个群体，职业心理咨询师需要关注伦理与价值观。事实上，许多心理咨询师用同样的态度对待伦理诉讼及法律诉讼(Chauvin & Remley, 1996)。但是有些心理咨询师则更通晓或更适应此类问题。帕特森(Patterson,1971)注意到心理咨询师的职业身份与他们的伦理知识及实践相关。韦尔弗(Welfel,1998)进一步认为心理咨询师的水平与其伦理知识及行为有关。

心理咨询实践中不符合伦理规范的行为可有很多表现形式。对于公众而言常见的诱惑同样存在于心理咨询师身上，比如“身体的亲密接触、搬弄是非的快感或是提升其事业的机会”(Welfel & Lipsitz, 1983b, p. 328)。有些不符合伦理规范的行为是显而易见、有意为之的，而有些则是更微妙、无意识的。但无论怎样，危害性的后果是相同的。下面列出了一些心理咨询中最常见的违背伦理的行为(Levenson, 1986; Pope & Vetter, 1992; Swanson, 1983a)：

- 违反保密内容；
- 超越本人职业能力的服务；
- 玩忽职守；
- 宣传自己并不具备的专长；
- 将自己的价值观强加于来访者；
- 有意使来访者对自己形成依赖；
- 与来访者发生性行为；
- 特定利益冲突，如双重关系；
- 可疑财务安排，如收取额外费用；
- 不恰当的广告。

美国心理咨询协会(ACA)下属的“精神、伦理及宗教价值观咨询协会”(ASERVIC)尤其关注职业心理咨询师的价值观及伦理(Bartlett, Lee, & Doyle, 1985)。该分会的常规工作就是处理伦理问题，在老年心理咨询、价值观教育及女权主义等议题尚未被心理咨询师普遍关注之前该分会就已展开了研究。ASERVIC 甚至专门为职业心理咨询机构的管理者出版了伦理指南。除了在伦理及价值观方面起到的引导作用之外，ASERVIC 还发行期刊《心理咨询与价值观》(*Counseling and Values*)，刊载伦理方面的论文。

职业伦理准则与规范

针对各种伦理状况，心理咨询人员"根据业已认可的一套价值观"，建立了职业伦理准则与行为规范(Hansen，Rossberg，& Cramer，1994，p. 362)。心理咨询职业工作者出于多种原因自愿遵守这些准则。"职业伦理行为准则旨在明确陈述对来访者权利的保护，同时确定执业者的预期"(Wilcoxon，1987，p. 510)。另外，"如果缺乏确定的伦理准则，则不能把利益相似的群体视为一个职业组织"(Allen，1986，p. 293)。职业伦理不仅有助于从整体上促进一个组织的职业化，而且"为执业者提供职业行为指南"(Swanson，1983a，p. 53)。范·霍思(Van Hoose)与科特勒(Kottler)认为，职业伦理准则还有三重作用：

1. 伦理准则能使一种职业独立于政府，促使该职业进行自我约束并自主发挥功能，而不受立法控制；
2. 伦理准则有助于控制组织内部的失调与纷争，从而促进职业的稳定性；
3. 伦理准则保护执业者。尤其在玩忽职守的诉讼案件中，如果心理咨询职业者遵守职业原则，则其行为就被认为是符合心理咨询行业认可的标准的。

此外，伦理准则有助于增进公众对职业操守的信任，帮助他们免受江湖庸医或不合格的心理咨询师之害(Swanson，1983a；Vacc，Juhnke，& Nilsen，2001)。来访者也会像心理咨询师那样，把伦理准则与规范标准作为指南来评判他们心存疑虑的治疗。

心理咨询师伦理准则的发展

ACA(之后又有美国人事及职业辅导协会)根据美国心理学协会(APA)最初的伦理标准制定了心理咨询的第一套伦理准则(Allen，1986)。ACA 准则由唐纳德·苏伯(Donald Super)发起，并于 1961 年通过(Callis，Pope，& DePauw，1982)，此后定期进行修订(1974、1981、1988、1995)[1]。ACA 还制定了"执业者伦理决策指南"(Forester-Miller & Davis，1996)，召开电视会议研讨解决最新出现的伦理困境(Salo，Forester-Miller，& Hamilton，1996)，并出版了《伦理标准案例汇编》(*Ethical Standards Casebook*)(Herlihy & Corey，1996)。

---

〔1〕 2005 年 ACA 又出版了最新版的伦理准则，参见本书附录 A。——译者注

ACA 最新发布的伦理准则是一种伦理准则与实践操作标准。此类准则的发布是心理咨询成为一种成熟职业的主要标志，因为它说明了这一职业的特征：需要专门的知识与伦理准则。

ACA 伦理准则分为八个部分，包含的材料类似于其他伦理准则(Allen, Sampson, & Herlihy, 1988)，但 ACA 准则是专门针对职业心理咨询的。

第一部分是关于心理咨询关系的本质，包括心理咨询师对于来访者及其福祉(如对其多样性的尊重及来访者的权利)的职业责任。这一部分还讨论了心理咨询师的个人需求以及如何处置一些棘手问题，如双重关系、收费和关系终止等。比如，ACA 在这一部分明确指出心理咨询师与来访者之间的性亲密行为不符合伦理规则；它还讨论了为来访者提供服务的职业能力，如在咨询过程中计算机的运用。

第二部分涵盖咨询过程中的保密，包括隐私权、记录、少数族裔或生理机能不健全的来访者，以及案例讨论、研究与培训。

第三部分关注与职业责任相关的议题，如职业能力、广告、资质证明以及公共责任。

第四部分涉及心理咨询与其他职业的关系，包括雇佣与受雇、转介费(违背伦理)，以及分包商安排。

第五部分涉及测查、评估及解释。在常规信息之外，这一部分还包括对心理测试的运用和解释的能力、知情同意、向专业人员提供有关信息、精神疾患的准确诊断、测试环境、测试安全、测试成绩及其解析。

第六部分侧重与教学、培训、督导相关的议题，包括心理咨询员培训师及教员应达到的标准、心理咨询师课程以及学员与被督导者。

第七部分涉及研究与出版，描述了研究责任，知情同意实务以及对咨询结果的报告(包括出版)。

最后第八部分探讨解决伦理问题的途径，包括如何处理可疑违规以及如何与伦理委员会合作。

伦理准则的局限

拉姆雷(Remley, 1985)指出伦理准则宽泛而理想化，很少回答特定的问题。他还指出这些条文也没有解决“可以预见的职业困境”(Remley, 1985, p. 181)。它们基于经验与价值观，对心理咨询师的行为举止提供一些指导原则。在很多方面，伦理规范代表某职业在特定时期的集体智慧。

任何伦理规则中都有很多具体局限，常见的包括(Beymer, 1971; Corey, Corey, & Callanan, 2003; Mabe & Rollin, 1986; Talbutt, 1981)：

- 有些问题无法依据某一个伦理准则而解决；
- 难以强制实行伦理准则；

● 伦理准则规定的标准之间会出现冲突；
● 伦理准则不能涵盖有些法律及伦理议题；
● 伦理准则属于历史性文件，因而，此一时可以接受的临床实践，彼一时可能被视为违背伦理；
● 伦理准则与法律之间会产生冲突；
● 伦理准则未能触及跨文化问题；
● 伦理准则不能涵盖所有可能的情境；
● 在伦理冲突中，很难系统地兼顾冲突各方的利益；
● 伦理准则不是前瞻性文件，无法帮助心理咨询师处理新的情境。

因此，伦理准则具有多方面的作用，但又确有其局限性。心理咨询师应清楚，在查阅这些条文时，他们不会始终都能找到所需要的指导。但是，心理咨询过程中一旦出现伦理问题，心理咨询师都应考虑该问题是否有相应的伦理标准参照。

伦理准则的内部与外部冲突

伴随着心理咨询的日益职业化，伦理准则越来越被重视（Stude & Mckelvey, 1979）。但这样的伦理标准的存在使许多心理咨询师处在了一种潜在的两难境地，这表现在如下三个方面：

首先，如斯达德勒（Stadler，1986）所述，若执业要符合伦理准则，心理咨询师则必须知道伦理规范，能够区分伦理难题与其他类型的难题，但这种区分并非总是那么容易。例如，在类似同性恋这么一个具有争议的问题上，某人似乎从伦理原则上是采取了一种支持的立场，但事实上其行为真正依据的是个人信念甚至偏见。

其次，有时候同一准则中不同的伦理原则会对在特定情境下应该如何做提出相互冲突的指导（Stadler，1986）。比如，当来访者透露出自己将伤害他人或自己时，在保密原则与为来访者最大利益服务原则之间就形成了潜在冲突。在此情形下，如果心理咨询师对该信息保密，就可能在实际上与来访者以及来访者所居住的社区的最大利益相背。

再次，当心理咨询师加入了两个或多个职业组织而它们各自的伦理准则不同时，也会产生冲突，例如 APA 和 ACA 之间的伦理准则相异。这样的心理咨询师可能会产生伦理行为模糊。例如，梅布（Mabe）与罗林（Rollin）指出，APA 伦理准则只有六个段落涉及评估，而 ACA 对此的伦理规范要详尽得多。如果一名职业人员从属于两个机构，那么他在运用评估工具时究竟应遵循哪套伦理准则呢？

伦理决策

伦理决策有时很困难，但它是心理咨询师职业的一部分。伦理决策不仅需要知识，还需要“性格、正直及道德上的勇气”(Welfel，1998，p. 9)。有的心理咨询师仅凭个人的伦理标准，而不参照职业心理咨询组织制定的伦理指南。通常他们都能够应付，除非遇上棘手的事，“没有明显的好或最好的解决途径”(Swanson，1983a，p. 57)。这就导致伦理问题的出现，心理咨询师在做出决策时就会经历焦虑、怀疑、犹豫与困惑。遗憾的是，由于没有任何伦理准则作为决策的基础，一旦他们做出伦理决定，就可能不符合伦理。

纽约的一项研究证实了这一点(Hayman & Covert，1996)。研究人员通过调查发现在大学工作的心理咨询师经常遭遇的五类伦理难题：(1) 保密；(2) 角色冲突；(3) 心理咨询师的能力；(4) 与雇主或机构的冲突；(5) 危险程度。涉及危险的难题最难解决，但涉及职业者能力与保密的难题最棘手。令人惊讶的是，这项研究发现仅有不足三分之一的被调查者表示他们依据已出版的职业伦理准则处理难题。相反，多数人依赖“常识”，有时候这可能是不符合职业伦理的不明智的策略。

正是在这些情况下，心理咨询师需要知晓依靠哪些资源以做出伦理决策，尤其是涉及有争议的行为的时候，如确定或收取费用、双重关系等(Gibson & Pope，1993)。此外，伦理论证(reasoning)，即“确定涉及何种伦理原则并根据职业要求及信念优先考虑该伦理原则”也至关重要。

进行伦理决策时，心理咨询师应对特定情境下他们认为正确的反应先进行“细致、审慎的思考”，再采取行动(Tennyson & Strom，1986)。以下是与心理咨询师的活动及伦理选择相关的伦理准则：

- 善行原则(行事正确并防止伤害)；
- 无害原则(不造成伤害)；
- 自主原则(尊重选择与自我决定的自由)；
- 公正原则(公平)；
- 诚实原则(忠于承诺)(Herlihy，1996；Stadler，1986)。

所有这些原则包括了贯穿在整个咨询过程中心理咨询师有意识的决策。部分专家认为“无害原则”是心理咨询领域的首要伦理职责，它不仅涉及“消除当前危害”，还包括“预防未来的危害以及被动避免危害”(Thompson，1990，p. 105)。当来访者可能危及自身或他人时，该原则是心理咨询师应对此类问题的基础，同时它还是心理咨询师应对同行违背伦理行为的基础(Daniluk & Haverkamp，1993)。

其他伦理行为指南

斯汪森(Swanson，1983a)也就心理咨询师是否遵照伦理准则负责任地执业列出了一份指南清单。

首先是个人及职业诚实。心理咨询师无论对自己还是同事都应坦率。隐瞒工作议程或隐藏在治疗关系后的未被接受的情感都会动摇心理咨询师的伦理基础。克服个人或职业诚实问题的途径是接受督导(Kitchener, 1994)。

其次是为来访者的最大利益服务。这一点说起来容易做起来难。有时候,心理咨询师会将个人价值观强加于来访者身上而忽略他们真正的需求(Gladding & Hood, 1974)。有时候,心理咨询师未能察觉危机而认为已服务于来访者的最大利益。

再次是心理咨询师工作时应不存恶念或个人利益。有些来访者不讨人喜欢或很难对付,心理咨询师要格外小心地对待这些人。同时,心理咨询师也必须避免因个人及职业偏好与讨人喜欢的来访者形成不恰当的关系。一旦心理咨询师的个人利益卷入与来访者关系之中,就极可能导致判断上的失误(St. Germaine, 1993)。

最后一点关于心理咨询师是否确认某种行为是"基于该职业的当前状况所能做出的最佳判断"(Swanson, 1983a, p. 59)。要做到这一点,心理咨询师必须不断更新知识,比如阅读专业文献,参加在职研讨会及会议,并积极参与地方、州与国家的咨询活动。

ACA《伦理标准案例汇编》(Herlihy & Corey, 1996)有很多案例,它们向心理咨询师提供两难伦理情境下的议题及案例研究,并提供了问题及解决指南供心理咨询师思考应采取何种伦理决策。每种情形包含一种伦理准则的规范。

该案例汇编虽然与许多案例书一样对心理咨询师有所帮助,但在很多咨询情境中,什么是恰当行为却并不清晰可辨(Gladding et al., 2001)。例如,在平衡艾滋病患者的个人隐私权和保护社会不被其传染这一社会权利时涉及的保密问题就困扰了很多心理咨询师(Harding, Gray, & Neal, 1993)。同样,在为乱伦的成人提供心理咨询时也有多重伦理困境,包括保密及报告虐待的决定等(Daniluk & Haverkamp, 1993)。因此,在特定情境下,如果心理咨询师存在疑虑,除了运用各种原则、指南、案例汇编以及职业伦理准则,心理咨询师有必要咨询其同事并共同探讨解决途径。

心理咨询师的伦理决策教育

有多种途径可以促进心理咨询中的伦理决策,但最好的途径是参加课程学习,现在多数心理咨询的研究生课程都有要求,它们都提供继续教育学分。通过这些课程的学习,学生及职业人士都会出现显著的态度变化,增进各种知识,如自我觉察、双重关系、伤害、多元文化等(Coll, 1993)。伦理态度上的变化会促成伦理行为上的变化,任何层次的伦理课程都具有价值。

范·霍思与佩拉德斯(Paradise, 1979)提出了心理咨询师的伦理行为的五阶段发展理论:

1. 避罚取向阶段:在这一层次上,心理咨询师相信外部社会准则是判定行为的基础。如果心理咨询师或来访者违反某社会规则,他们应受惩罚。

2. 机构取向阶段:在这一层次上,心理咨询师相信并遵守他们所工作的机构制定的制度。他们不会质疑这些规则，并根据它们做出决策。

3. 社会取向阶段：在这一层次上，心理咨询师依据社会标准做出决定。在（来访者）个人需要与社会需要之间，后者总是被优先考虑。

4. 个人取向阶段：在这一层次上，（来访者）个人需求处于绝对优先地位。心理咨询师知道社会的需求，也考虑法律，但是他们关注个体的最大利益。

5. 原则（良知）取向阶段：在这一层次上，首要关注的是个体，心理咨询师的伦理决策是基于内在伦理标准，而非外在的考虑。

韦尔弗与利普西兹（Lipsitz，1983a）认为范·霍思与佩拉德斯的工作具有不同寻常的意义，因为它"是心理咨询文献中第一个尝试解释心理咨询师如何对伦理问题进行推理的概念模式"（p. 36）。这一启发式（如可研究的或面向研究）能够成为推动伦理行为经验性研究的基础。

此外，还有若干涉及培训心理咨询师进行伦理决策的模式。例如，格默（Gumaer）与斯科特（Scott）根据美国团体工作专家协会（ASGW）的伦理指南提出了一种团体工作人员的训练模式。这一模式运用案例简述以及卡库夫（Carkhuff）的助人三目标模式，即自我探索、自我理解与行动。基奇纳（Kitchener，1986）根据道德行为及应用伦理学思潮的心理过程研究成果，为伦理教育设计了包括教育目标及教学内容的综合模式。这一课程规划包括"增强心理咨询师对伦理问题的敏感度，提高他们的伦理判断能力，鼓励负责任的伦理行为，提高对伦理决策模糊性的忍受力"（Kitchener，1986，p. 306）。基奇纳模式与佩尔斯玛（Pelsma）模式、博格斯（Borgers）模式均是指向心理咨询的过程，并假定心理咨询师不会主动学习伦理决策。佩尔斯玛与博格斯特别强调与伦理内容对立的方式——即如何在一个不断变化的领域进行合乎伦理的论证。其他伦理决策的应用指南包括一篇基于专业文献综述的七级决策模式（Forester-Miller & Davis，1996）、一个依据批评-评估判断设计的九级伦理决策模式（Welfel，1998），以及其他创立于 1984 年至 1988 年间的七个模式（Cottone & Claus，2000）。这些伦理决策模式均包含明确的步骤或阶段，通常应用于特定的咨询领域（参见表 3 - 1）。"尚难确定哪一种模式优于另一种模式"（p. 281）。但是，或许只有通过经验的比对与不断的学术讨论和交流，才可以验证这些模式的有效性。

除上文提及的模式之外，ACA 伦理委员会还提供大量的教育体验。例如，委员会成员在国家及地区 ACA 会议上提供学习机会。此外，他们还可以在 ACA 的新闻通讯《今日心理咨询》（*Counseling Today*）上发表文章。最后，为了推进负责任的咨询实践，该委员会通过 ACA 出版了来访者指南《门外汉的心理咨询师伦理指南：您应该了解的职业心理咨询师伦理实务》（*The Layperson's Guide to Counselor Ethics: What You Should Know about the Ethical Practice of Professional Counselors*），该指南登在 ACA 网站上，同时也有影印本发行（Williams & Freeman，2002）。

表 3-1 基于实践的伦理决策模式的步骤或阶段概要

科里、科里及卡拉兰模式(Corey, Corey, & Callanan, 2003)	福里斯科-米勒及戴维斯模式(Forester-Miller & Davis, 1996)	基思-史必格及库龇模式(Keith-Spiegel, & Koocher, 1985)	雷、福尼亚及罗伯兹模式(Rae, Fournier, & Roberts, 待出版)	斯达德勒模式(Stadler, 1986)
1. 明确问题	1. 确认问题	1. 列出相关要素		1. 明确竞争原则
2. 明确潜在问题		2. 确定可能的问题	1. 收集信息	2. 获取其他的信息
3. 检视相关伦理指南	2. 运用 ACA 伦理准则	3. 咨询法律及伦理指南	2. 咨询法律及伦理指南	3. 咨询同事
4. 获取咨询	3. 判断困境的实质	4. 评估所有方面的权利、责任及福祉		4. 明确所期望结果
5. 考虑可能后果，确定行动步骤	4. 制定可能的行动步骤	5. 做出预案	3. 生成可能的决定	5. 通过头脑风暴找到达到期望结果的可能的做法
6. 列举各种决定的后果	5. 考虑可能及可行的行动步骤	6. 列举各种决定的后果	4. 检视既定情境下可能的后果	6. 评估行动效果
		7. 评估各种行动的可能结果		7. 明确各种相互冲突的非道德价值观
7. 决定最佳行动方案		8. 做出决定		8. 选择一种行动
	6. 评估选择的行动过程			9. 检验该行动
	7. 执行		5. 执行最佳决定并评估	10. 确认步骤，采取行动，评估行动结果
			6. 根据实践的结果进行修正以避免未来的问题	

斯坦曼、里察森及麦克恩罗模式(Steinman, Richardson, & McEnroe, 1998)	塔维达斯模式(Tarvydas, 1998)	蒂姆查克模式(Tymchuk, 1986)	韦尔弗模式(Welfel, 1998)
1. 明确问题	1. 阐释情境	1. 确定利益攸关方	1. 培养伦理敏感性
2. 明确潜在问题	2. 检视问题或困境		2. 界定困境及可做的选择
3. 检视相关伦理指南	3. 决定解决困境所涉准则		3. 参考职业准则
4. 获取咨询			4. 搜寻相关的伦理学知识
5. 考虑可能后果，确定行动步骤	4. 制定可能及可行的行动步骤	2. 考虑各种方案	5. 应用伦理理论于案例情境
6. 列举各种决定的后果	5. 考虑每一行动步骤的后果	3. 考虑各种方案的后果	
	6. 咨询土管及同行		6. 咨询主管及同行
7. 决定最佳行动方案	7. 权衡价值观、形势等后确定行动方案	4. 权衡利弊并做出决定	7. 认真权衡并做出决定
		5. 做出决策	
	8. 规划并执行既定方案	6. 执行	8. 向主管汇报并行动
	9. 评估	7. 监控行动及结果	9. 在执行行动中检视和反省

资料来源：Cottone, R. R., & Claus, R. E. (2000), Ethical decision-making models: A review of the literature. *Journal of Counseling and Development*, *78*, p. 279.

特定咨询情境下的伦理

伦理行为尤其会受到所在工作环境中主流态度的影响，如同事以及心理咨询师面临的任务等。因此，心理咨询过程中的伦理决策及行为有时会涉及“具体的个人以及职业的风险与不适”(Faiver, Eisengart, & Colonna, 1995, p. 121)。这有多方面的原因，但是拉德(Ladd,1971)认为，伦理决策的困难有时可能源于心理咨询师的工作环境。“多数聘用心理咨询师的机构与大学没有建立联系或缺乏职业性，相反，这些组织是等级式的。在一个分等级的机构中，行政管理者或执行官决定哪些特权是行政管理方面的，哪些特权是职业方面的(Ladd,1971,p. 262)。”

心理咨询师在受雇之前，应全面考察该机构的总体政策及原则，因为受雇于特定情境即意味着接受该机构的政策、准则及伦理。当心理咨询师发现其服务被滥用，未能服务于来访者的最大利益时，就应通过教育或说服的手段改变该机构，抑或另谋高就。

学校咨询与伦理

很多情况下，学校内的心理咨询师与雇主之间也可能出现严重伦理危机(Davis & Ritchie, 1993)。通常，学校行政管理人员会把心理咨询师当做工具使用(Boy & Pine, 1968)。一旦心理咨询师在为雇主尽责与为来访者尽责之间可能产生冲突时，“心理咨询师应始终努力寻求解决途径以保护来访者权益。伦理责任首先应针对来访者，其次才是学校(或其他机构)”(Huey, 1986, p. 321)。学校心理咨询师对于合理的伦理计划应明确的一点是，他们在为学生、家长及教师服务时会遭遇各种困境。因此，在与这些不同的群体打交道之前，学校心理咨询师应熟悉美国学校心理咨询师协会制定的伦理准则，这些准则界定了学校心理咨询师对所服务群体的责任(Henderson, 2003)。

计算机咨询与伦理

心理咨询的又一潜在伦理难题是计算机及技术的运用。职业心理咨询师运用计算机传输信息时，可能会违反对来访者的信息保密这一原则。其他伦理敏感领域还包括来访者及心理咨询师在通过计算机联系过程中对资料的误用，以及信息能否通过计算机有效地传递(Sampson, Kolodinsky, & Greeno, 1997)。此外，心理咨询师与来访者通过网络远隔千里进行的网络咨询(cyber counseling 或 webcounseling)同样充满了伦理困境。因此，美国心理咨询师认证审理委员会已经就此类行为发布了伦理指南。

婚姻/家庭咨询与伦理

另一种容易出现伦理危机的咨询情境是婚姻与家庭咨询(Corey et al.,2003; Gladding

et al.，2001；Margolin，1982)。这是因为心理咨询师要把诸多个体视为一个系统来对待，但这一系统之内的各个成员的目标又不可能保持一致(Wilcoxon，1986)。为克服潜在的问题，托马斯(Thomas，1994)设计了一个动态的、面向咨询过程的框架，供心理咨询师在家庭咨询时使用。该模型涉及六种会影响心理咨询师、来访者及心理咨询过程的价值观，包括：(1) 责任；(2) 诚实；(3) 义务；(4) 选择自由；(5) 授权；(6) 哀伤的权利。

其他情境与相关伦理

其他会导致重大潜在伦理困境的心理咨询情境包括老年咨询(Myers，1998)、多元文化心理咨询(Sue，Ivey，& Pedersen，1996)、与医疗管理机构合作(Murphy，1998)、来访者的诊断(Rueth，Demmitt，& Burger，1998)，以及心理咨询研究(Jencius & Rotter，1998)。心理咨询师在以上所有领域中均会面临新的情境，而其中一部分没有 ACA 的伦理准则可以参照。例如，在老年人心理咨询中，心理咨询师必须根据那些患有认知障碍、不治之症或遭受过虐待的老年人的特殊需求做出伦理决策(Schwiebert，Myers，& Dice，2000)。要做到这一点，心理咨询师可以针对这些伦理情境运用伦理准则，这些伦理情境的基础是，咨询应在社会及历史角度上寻求“我应该怎么办”这一问题最合适的答案的责任(Corey et al.，2003)。换言之，“这样做合乎伦理吗?”他们还可以运用美德伦理，关注“心理咨询师的性格特质以及职业人员期望的非强制性的理想的做法”(p. 13)。美德伦理关注“我是否在为来访者的最大利益服务”，而非解决某一特定的伦理问题。如果心理咨询师希望做出最佳的决策，就应充分结合两种形式的伦理论证。

在缺乏伦理指南的情况下进行伦理决策时，心理咨询师必须熟悉与案例情境相关的最新情况、趋势甚至立法情况。同时，心理咨询师必须注意避免使自己的咨询程式化从而削弱其职业敏感性。例如，“研究伦理的首要观点是应该保护作为研究的被试”(Parker & Szymanski，1996，p. 182)。在具体的研究领域中，必须解决四类主要的伦理问题：(1) 知情同意；(2) 强迫与欺骗；(3) 保密与隐私；(4) 报告结论(Robinson & Gross，1986，p. 331)。研究人员涉及的所有人群均与这些领域相关。关键是要对问题有所预期并致力于促成人道、公正的结果。

双重关系

把双重关系纳入伦理关注是相对较新的做法，它源于 70 年代关于心理咨询师与来访者性关系伦理性质的争论。当职业团体认为心理咨询师与来访者之间的性关系不道德时，随之而来的问题是心理咨询师与来访者之间应形成其他什么关系，如商业关系或友谊。但是由于存在既往的接受治疗的经历，这种关系并非是平等一致的。换言之，一方(来访者)比另一方(心理咨询师)更易受到伤害。

职业团体的讨论结果是应避免非性关系的双重关系，因为“无论这种双重关系看上去是如何无害，总是会存在利益冲突，而且任何一个职业心理咨询师的判断均可能受到影响”(St. Germaine, 1993, p. 27)。由于心理咨询师失去了客观性，且来访者被置于一种无法要求权利，无法维护自己的境地，随之总是来访者受到损害。例如，在来访者和心理咨询师之间进行咨询的过程中发生一笔商业交易，一旦交易不顺或结果没达到一方预期时，某一方就会受到消极影响。这种受到影响的想法或情感必然对心理咨询双方的咨询关系产生影响。因此，从伦理角度看，心理咨询师应避免与现在或从前的来访者有社交或生意往来，或接受他们的礼物；且应避免与亲密的朋友、家人、学生、爱人或雇员形成心理咨询关系。

尽管有关双重关系的准则看起来很清楚明了，但有时候却很难实现。例如，很多物质滥用的心理咨询师自身还在恢复中。“对他们来说，现有的伦理准则不能具体或恰当地针对他们周期性遭遇的处境”(Doyle, 1997, p. 428)。存在问题并需要细致考虑的情况包括：保密与匿名、与来访者参加自助小组、自助小组成员之间的社会关系、雇佣以及自助小组中的发起人等。

与可能不遵循伦理准则的心理咨询师共事

尽管大多数心理咨询师遵循职业伦理，但也有例外。因此，心理咨询师必须采取一些行动。如果心理咨询师对某一情境采取宽容或忽视的态度，就会逐渐磨蚀自身的道德意识从而逐渐对之后的伦理违规采取容忍态度，这种现象被称作“滑坡效应”。赫利希(Herlihy, 1996)针对潜在伦理困境——尤其是对于有困扰的专业人员——提出了若干行动计划。第一步是尽可能客观地确认问题以及心理咨询师与问题的关系。这一步最好用书面形式以梳理思路。第二步是心理咨询师应用现行的 ACA 伦理准则。与此同时，进一步的行动指导也可能浮现出来。接下来，心理咨询师必须考虑本章前面讨论过的助人职业的伦理准则，如善行、公正和自由。同样，咨询同行也是一个选择。

一旦确定要采取行动，首先应非正式接触与问题有关的同行。这种接触主要是在一种关爱的情境下进行，这样可以有效地引导存在问题行为的有关心理咨询师主动寻求帮助。否则，参与接触的心理咨询师就必须考虑其他选择会导致的结果并决定如何行动。这可能包括向 ACA、州级认证机构或全国认证理事会进行伦理投诉。该投诉可以由专业人员在咨询同事后进行，也可在来访者认为接受了违背伦理准则的服务后进行(Piercy, 2000)。

在检视行动过程时，心理咨询师必须评估每一个潜在行为可能导致的结果。判断的标准包括：(1) 宣传(即心理咨询师的有关行为是否为媒体报道)；(2) 公正(即公平)；(3) 道德(即是否存在无法摆脱的疑惑)；(4) 普遍性(即我可以让别人介入此过程吗)。

最后,确定行动过程并执行。这样,心理咨询师必须意识到不会得到所有人的同意。因此,他就必须准备好接受褒扬或批评。

法律与心理咨询

心理咨询业同样有法律的规范。所谓"法律的"(legal)是指"法律规则或合法的状态",而"法律"(law)是指"一组由州或社会认可的约束其成员的规则"(Shertzer & Stone, 1980, p. 386)。与传统观点相反的是,"法律并非呆板的、已成定局的、明确限制的,抑或清晰精确的条律"(Van Hoose & Kottler, 1985, p. 44)。事实上,法律通常是寻求个人与群体的妥协,它很少提供明确的答案,而且任何法律判例均有值得注意的特例。

尚没有"涵盖助人职业的整套法律"(Van Hoose & Kottler, 1985, p. 45)。但有很多法院判决及法令对心理咨询的法律观点产生影响,因此心理咨询师也必须不断更新知识,及时了解这些判决及法令。1993 年加利福尼亚州拿帕县凯里 · 拉蒙娜(Cary Ramona)案就是一例。在这一广受关注的审判中,拉蒙娜指控其女儿的治疗师"向她女儿灌输了性侵害的错误记忆并摧毁了她的生活"(Butler, 1994, p. 10)。在陪审团"认为治疗师过失性强化了拉蒙娜的错误记忆"之后,拉蒙娜获得了赔偿(Butler, 1994, p. 11)。案件裁决的法律观点是关爱的义务,也就是说健康提供者具有不得玩忽职守的法律义务。

近年来另外一起著名的案例是 1996 年美国最高法院对杰非诉雷德蒙德案(Jaffee v. Redmond)的判决,即注册心理治疗师与来访者之间的交流内容享有特许保密通讯权,无须向联邦法庭披露交流内容(Remley, Herlihy, & Herlihy, 1997)。该案对于心理咨询的重要性在于对硕士水平的治疗师(此案中是一名社会工作者)与其来访者之间的保密确定了一个先例。该案还对包括心理咨询在内的心理健康服务带来了积极的影响。

对心理咨询师产生影响的另外一个案例是 1997 年提请美国最高法院辩论的"法官顾问纲要"(Amicus Curiae Brief),该纲要涉及"医生协助完成的自杀"事件中的心理健康问题(Werth & Gordon, 2002)。在这起诉讼中,ACA 与其他几家精神健康组织一起呼吁在涉及促成死亡加速的案件中保护心理咨询师及其他助人专家的权益,尤其是保护受到伤害者、其重要他人以及整个社会不受"协助死亡"带来的影响。

在多数情况下,该法对于职业伦理准则及心理咨询业"总体而言是起支持作用或保持中立的"(Stude & Mckelvey, 1979, p. 454)。该法支持获取了证书或执照作为一种保证,保证从事该职业者至少符合最基本的标准以及对"来访者在治疗过程中提供的陈述及记录保密"(p. 454)。此外,该法对于"允许该职业实行自我约束"以及管理心理咨询师与来访者关系及与同行关系等问题上保持中立的立场(p. 454)。该法惟

——处超越职业伦理准则的规定是针对必须"保护公众健康、安全及福祉"的情况(p. 454)。该法律规定的必要性在有关保密的情境下更好地体现出来,即对于会导致伤害的信息情况应予披露。在这种情况下,心理咨询师有义务警告潜在的受害者可能面临的来访者暴力行为(Costa & Altekruse,1994)。

心理咨询的法律认可

斯汪森认为心理咨询从一定程度上通过法律体系获得了职业认可与接纳。直至1960年,心理咨询都尚未具备足够的职业身份以获得法律的认可。在那一年的博格斯特诉艾弗森(Bogust v. Iverson)案例中,一名在教育系接受培训而获得博士学位的心理咨询师,"仅仅是教师",所以无须为该案中一名自杀的来访者负责。

直至1971年,《爱荷华法律评论备忘录》(Iowa Law Review Note)才从法律上把心理咨询师认定为提供个人、职业及教育咨询的专业人员。1974年的弗尔登诉弗吉尼亚州心理学家考试委员会案(Weldon v. Virginia State Board of Psychologist Examiners)的判例进一步定义了心理咨询这一职业。该判决裁定心理咨询与心理学是截然不同的职业。美国众议院在H. R3270(1976年第94次国会)法案中进一步将心理咨询认定为一项职业并进行了定义:心理咨询是"由一名受过训练的心理咨询师协助个人或群体做出有关个人、教育或职业发展等方面有利而负责任之决定的过程"。

斯汪森指出州级法律在规范心理咨询时(如1976年在弗吉尼亚州通过了第一部将心理咨询完全视为一项职业的法律),把心理咨询视为"职业范畴",它包括各种具体的专业,如职业心理咨询等(p. 29)。专业机构如CACREP于20世纪70年代后期采纳并执行心理咨询的最低入门标准进一步推动了心理咨询作为一项职业的发展。

心理咨询关系中的法律问题

心理咨询师为特定人群进行心理咨询必须遵循特定的法律。例如,PL94-142号法案(即1975年通过的《全美残障儿童法案》)规定学校必须为所有儿童的免费、适当的公共教育提供最大限度、不受约束的环境。其中一项工作就是为每一名儿童制订"个人教育计划"(IEP),提供实施程序,记录并予以存档(Humes,1978)。为残障儿童提供咨询的人员必须遵守该法案。

同样,依据儿童虐待法律,心理咨询师有向有关当局(通常是州社会福利处专门人员)举报可疑的儿童受虐事件的法律义务(Henderson,2003)。如果心理咨询师直接服务的家庭存在可疑的儿童虐待案情,则其工作可能会特别困难(Stevens-Smith & Hughes,1993)。此外,1974年的《家庭教育权和隐私权法案》(Family Educational Rights and Privacy Act)(又称作"巴克莱修正案")对心理咨询师的法律义务进行了明确的界定。该法案保障学生可以接触他们所在的教育机构保存的有关他们自己的记录。

当法律界定模糊或法律条文与职业伦理准则之间出现冲突时，心理咨询师就会面临很大的困难。尽管如此，心理健康服务人员有必要熟悉法律允许与禁止的行为。这些情境通常包括来访者、心理咨询师以及法院系统之间对信息的共享。

信息共享共有保密、隐私及保密对话三个部分。保密是“履行对于来访者在治疗过程中披露的信息在未经授权情况下不得泄露的合约或承诺应承担的伦理义务”(Arthur & Swanson，1993，p. 7)。不论是有意或无意泄露信息，都将导致法律及伦理上的问题。ACA 伦理委员会每年接受的咨询中最多的是涉及道德及伦理关系，包括“隐私权的问题、来访者的隐私权，以及心理咨询师避免非法及无保证的泄密(法院要求披露的信息及记录例外)”(Williams & Freeman，2002，pp. 253～254)。

“隐私是一个不断演进的法律概念，它承认个人有权选择希望分享或保留其信息的时间、环境及程度”(Herlihy & Sheeley，1987，p. 479)。当来访者认为他们被迫暴露不愿意公开的信息时，就可以将心理咨询师诉诸法律。

保密对话是一个相对更狭义的概念。它通过使来访者的保密对话在未经本人同意的情况下免于在法庭披露来保护其隐私与秘密。它被定义为“来访者源于治疗关系的保密信息受法律保护的法律权利”(Arthur & Swanson，1993，p. 7)。多数州均承认并保护咨询关系中的保密对话(Glosoff，Herlihy，& Spence，2000)。但有九种例外：

(1) 如果心理咨询师与来访者之间出现纠纷；
(2) 如果来访者在法律诉讼中提出精神状况的问题；
(3) 如果来访者的状况对本人或他人形成威胁；
(4) 在虐待或忽视儿童的案例中(除法律授权报道之外)；
(5) 当心理咨询师知道来访者正谋划犯罪；
(6) 在法庭要求的心理评估中；
(7) 出于强制住院治疗的目的；
(8) 当心理咨询师知道来访者曾是犯罪受害人；
(9) 伤害脆弱成人的情况(p. 455)。

与个体情况相反，“保密对话这一法律概念通常不适用团体咨询或家庭心理咨询”(Anderson，1996，p. 35)。但是，心理咨询师在保护团体及家庭成员秘密时应考虑特定的伦理问题。

任何约束来访者与心理咨询师交流信息的法律都面临一个共同的难题：各州法律各有差异。心理咨询师必须清楚并告知来访者可能会出现保密信息泄露的情况(Glosoff et. al.，2000；Woody，1988)。

限制保密信息的重要性在 1976 年著名的塔拉索夫诉加利福尼亚大学董事会案(Tarasoff v. Board of Regents of the University of California)中得以体现。在该案中，加利福尼亚大学伯克莱分校学生健康服务处一名自愿接受治疗的门诊病人普罗桑济·波达(Prosenjit Poddar)告诉其心理治疗师，他准备待其前女友塔拉索夫返校后即将其杀害。该心理学家随即通知校警，校警拘留了这名学生并询问了其杀人意图。该学生否认了任何谋杀动机，表现得很有理性，于是被释放。之后波达拒绝继续接受治疗，校方也未就其杀人动机采取进一步干预措施。两个月后，他杀害了塔拉索夫。塔拉索夫父母将加利福尼亚大学董事会诉上法庭，认为后者未能将蓄谋犯罪的意图告知他们的女儿。加利福尼亚高级法院做出了对塔拉索夫父母有利的判决，该判决认为治疗师保护公民的义务优先于保守来访者秘密。

因此，对于心理咨询师能够或应保守多少秘密存在限制。一旦有迹象表明来访者对本人或他人构成危险时，各州法律均要求向有关当局报告。但是，纳普(Knapp)与范得克里克(Vandecreek)认为由于各州法律各有差异，因而报告此类信息通常显得很困难。他们建议一旦当来访者露出暴力苗头时，心理咨询师应努力进行化解，这同时也是在履行其法律责任。他们建议心理咨询从业人员向有经验的同行咨询并记录有关的行动步骤。

民事与刑事责任

塔拉索夫案凸显了心理咨询师的责任与失职问题。从根本上说，心理咨询过程中的责任关乎心理咨询师是否对来访者造成伤害(Wittmer & Loesch, 1986)。而责任的概念又直接与失职相关。心理咨询中失职的定义是“由于职业的疏忽导致对来访者造成伤害”，这里的疏忽则指“背离公认的职业准则”(Hummell et al., 1985, p. 70)。到目前为止，有关心理咨询师的失职诉讼案相对较少。但是，随着注册心理咨询师，拥有执业许可的心理咨询师以及执业心理咨询师群体的日益扩大，失职诉讼也日渐普遍。因此，职业心理咨询师必须尽量避免卷入法律诉讼。

有两种途径使心理咨询师避免失职：(1) 遵守职业准则；(2) 遵守常规执业标准(Hopkins & Anderson, 1990)。但是，无论心理咨询师如何谨小慎微，失职诉讼案还是会发生的。因此，心理咨询师有必要投责任保险(Bullis, 1993)。《避免心理咨询师失职》(*Avoiding Counselor Malpractice*)(Crawford, 1994)是本很好的书，它解释了失职的性质与范围，并列举了免受诉讼牵连的合理途径。

责任包括两个大的范畴：民事与刑事。民事责任“指某人对他人在有认定义务时错误地行为或不作为而可能被提起诉讼”(Hopkins & Anderson, 1990, p. 21)。但刑事责任则针对心理咨询师以违法的方式为来访者提供服务(Burgum & Anderson, 1975)。

民事责任概念的核心是民事侵权，即“需要通过法律途径予以纠正的侵权行为”(Hopkins & Anderson, 1990, p. 21)。这种法律侵权可以是针对人、财产，甚至人的声誉，并可能是无意却造成了直接的侵害。通常在下列情况下，心理咨询师可能面临失职导致的民事诉讼：(1) 特殊情况中的失职(避孕、堕胎、开具药方或服用药物、治疗)；(2) 违法调查；(3) 诽谤；(4) 侵犯隐私；(5) 违约(Hopkins & Anderson, 1990)。心理咨询师可能遭遇刑事责任的三种情况是：(1) 同谋犯罪；(2) 公民抗命(civil disobedience)；(3) 导致未成年人犯罪(Burgum & Anderson, 1975; Hopkins & Anderson, 1990)。

未成年人心理咨询的法律问题

未成年人是指未满 18 岁的青少年。众多学校心理咨询师服务于这个年龄的青少年群体。还有一些心理咨询师服务于社区机构。教育机构内外的青少年心理咨询涉及不同的法律问题(Lawrence & Kurpius, 2000)。例如，由于"来访者-心理咨询师是一种信托关系，就自然属于合同法的范畴。青少年一般通过以下三种途径形成治疗的合同关系：(1) 父母同意；(2) 非自愿而由父母坚持；(3) 由青少年法庭训令要求"(p. 133)。法庭训令的治疗无须征得父母同意，但是在另外两种情况下即使由法庭训令都必须告知父母或监护人。"如果心理咨询师未能得到父母或监护人同意，就可能因殴打、未能获取同意及诱惑青少年等面临起诉"(p. 133)。无论是在学校还是其他机构内的心理咨询，如果父母离异，就应获取监护人的同意。此外，了解非监护父母一方对哪些信息拥有权利既是必要也是明智的措施。

为青少年及其家庭服务时，劳伦斯(Lawrence)与科毕斯(Kurpius)给出许多建议，诸如：

- 完全熟悉州的法令，尤其是涉及特许交流的法律；
- 在治疗关系建立之初即向青少年及其父母说明保密政策并请求他们合作，准备有关政策的书面文件供各方签署；
- 准确、客观地记录并保存所有的咨询会谈记录；
- 购买适当的责任保险，该保险应在最低限度之上；
- 如果需要帮助，则与同事协商并尽可能寻求专业法律援助。

来访者的权利与记录

来访者有两类权利：默认权利与明示权利(Hansen et al., 1994)。两者均与合法程序有关。默认权利与独立存在的人的合法程序有关。法规一旦限制个体权利(如剥夺某人宪法权)，他就被剥夺了独立存在的人的合法程序。明示权利侧重程序性的合法程序(如果违反明示法律则采取程序性合法程序)。如果违反明示法律且该人未被告知如何进行补救，则将破坏其个体程序性的合法程序。无论何种权利受到侵害，来访者都有权知道应享有何种追索权。

除特殊情况，来访者的全部记录均须依法保存。比如，根据《巴克利修正案》(Buckley Amendment)，在某些情况下个人有权查阅其记录。此外在其他一些情况下，第三方有权在未经学生本人或其父母同意下查阅其记录。多数情况下，心理咨询师必须依法用锁具保护所有年龄来访者的记录，并与其他商业记录分开存放。在未经来访者书面同意的情况下不得披露其任何信息（Mitchell，2001）。要满足信息公开，最好的方式是使用信息公开表，信息表可以由律师制作（Rosenthal，1998）。心理咨询师不得公开非第一手的信息。

由于保存记录是心理咨询师应负的五大主要法律责任之一（Snider，1987），经常产生的问题是应记录哪些信息。基本上，记录应该包含“所有与来访者治疗有关的信息”（Piazza & Baruth，1990，p. 313）。服务机构与从业者不同，记录表格的数量与形式也有差异，但均应包括如下六类资料：

1. 人口信息：姓名、地址、电话、出生日期、性别、职业等；
2. 评估信息：心理测验、社会/家庭背景、健康史等；
3. 治疗计划：呈现的问题、治疗计划、实现预定目标的步骤等；
4. 个案记录：例如，为实现目标的各个阶段的文件资料；
5. 最终总结：治疗结果、最终诊断（如果有）、治疗后计划等；
6. 其他数据：来访者签署的同意接受治疗的协议、通讯复本、对来访者进行的非常规干预的记录、管理问题等。

心理咨询师必须查阅州有关记录保存方面的法规。接受第三方付费的心理咨询师必须保证其来访者的记录与治疗方案及诊断进度一致（Hinkle，1994）。然而，在任何情况下都不得通过电话披露机密信息。无论是从伦理还是法律角度，心理咨询师均不得在公共场所讨论心理咨询案例，以保护来访者权利。

法庭上的心理咨询师

美国的法院系统分为联邦法院和州法院。两者在建制上相似，包括“初审法院、中级上诉法院及高级法院”（Anderson，1996，p. 7）。出席联邦法院审理联邦法律管辖的案件以及跨州案件的心理咨询师，其费用多数超过5万美元。

大多数心理咨询师以两种方式参与法院案件审理：一种是志愿而专业的。即心理咨询师以专家证人的身份出庭。“专家证人指客观、无任何偏见者，具有专业知识、技能或信息，可以协助法官或陪审团做出适当的法律裁决”（Remley，1922，p. 33）。担任专家证人的心理咨询师可以因耗费的时间获得经济补偿。

心理咨询师出席法庭的另一种情况是法院传讯（传唤心理咨询师在特定时间就特定案件出庭）。这种法院传讯旨在要求心理咨询师就其当前或既往来访者的利益作证。由于法律体系具有对抗性，心理咨询师在应对法庭作证之前咨询律师是明智的做法（Remley，1991）。这样，心理咨询师会逐渐熟悉法律、法院程序，以及在应对法庭质询时做出选择。在出席法庭之前进行角色扮演也能帮助心理咨询师更好地发挥作用。

总之，在准备出席法庭之前，建议阅读 ACA《法律文丛》（全 12 册）的部分或全部。西奥多・P. 拉姆雷（Theodore P. Remley）主编的这套丛书的作者都是心理咨询领域拥有法律学位或在重要法律事务上拥有专业知识的专家，这些重要法律事务包括如何准备出庭，咨询记录文件整理，未成年人心理咨询，理解保密及保密交流，接受第三方的酬劳以及心理咨询机构管理等。

伦理与法律：两种思维模式

在结束本章时，显而易见的一点是律师与心理咨询师倾向于以不同的方式思考问题。这些领域的专业人士大多生活在两种不同的文化中，各自的实践则基于不同的世界观。因此，“亟待一种从跨文化视角看待心理咨询与法律体系的理论模式”（Rowley & MacDonald，2001，p. 423）。表 3－2 描述了心理咨询师与律师在文化上的相对差异。必须指出，考虑这些差异时应注意例外。

表 3－2 心理咨询与法律在文化上的相对差异

心理咨询	法律
系统及线性推理	线性推理
艺术、主-客观理解	客观、公正理解
优先考虑成长与治疗	优先考虑秩序、保护
关注个体或小组	关注社会
优先考虑变化	优先考虑稳定
相对性、语境理解	标准的二分法理解
关注合作、相关性重点	关注对抗性、探求事实
关注建议、咨询重点	关注法律条文及指南
以伦理、实验及教育为基础	以法律推理为基础
接受决定论或未知论世界观或两者兼收	决定论世界观

资料来源：Reprinted from “Counseling and The Law：A cross-cultural perspective”，（p. 424）by W. J. Rowley & D. MacDonald in the *Journal for Counseling and Development*（2001），79，422～429. © ACA. Reprinted with permission. No further reproduction authorized without written permission of The American Psychological Association.

要在一个诉讼社会取得成功，作为少数（minority）文化一部分的心理咨询师必须适应多数文化以及法律。实现这一目标有多种途径：

- 精通心理健康与法律共有的内容；
- 理解并准备“与不同的文化和心理健康的法律因素打交道”，比如在未经恰当的法律许可情况下向心理咨询师探询信息；
- 每年都复习 ACA《伦理准则与职业规范》（*Code of Ethics and Professional Standards*）以及其他相关的伦理规则；

● 参加继续教育课程，熟悉与心理咨询业相关的法律；

● “从那些结合心理健康与法律体系的组织机构及出版物”中学习更多法律体系的知识（如《美国心理学-法学学会新闻》或《法学检视》）；

● 与律师、法官或其他法律工作者建立合作关系；

● 结交精通法律事务的心理咨询师；

● 遭遇伦理-法律难题时，就可能做出的决定进行咨询或接受反馈（Rowley & MacDonald，2001，pp. 427～428）。

总结与结论

与其他任何职业一样，心理咨询师有既定的伦理准则指导他们的助人工作。心理咨询师在面临伦理困境时，ACA 伦理准则是主要的参考。心理咨询师要使自己的工作符合伦理准则不总是那么容易、愉快或明晰的。

在进行伦理决策时，心理咨询师的依据是个人价值观、伦理准则以及法律先例。他们还要咨询同行、参考案例汇编以及伦理原则。为保护自己和来访者的权益，心理咨询师应熟悉伦理领域。心理咨询师仅拥有伦理准则的书本知识是不够的，他们必须拥有实践知识，能够确定自己与同事的工作处于何种发展层次上。

此外，心理咨询师还应熟悉州与国家法律以及法院判决。这些都将对心理咨询师的工作方式产生影响。如果心理咨询师侵犯来访者权利或社会规则，他们将可能因失职承担民事及刑事责任。心理咨询师从法律角度保护自己的方法之一是遵守所属职业机构的伦理准则并按公认的职业规范行事。心理咨询师必须能够证明其所作所为的正当性。心理咨询师还应投失职保险。

伦理准则与法律条文反映当前的情况，而且自身也不断演变。它们不能涵盖所有的情况，但对处于心理咨询师个人信念及价值观之外的情况能够提供帮助。随着心理咨询日益发展，成为一门职业，其伦理与法律形态将日渐复杂，执行程序也将愈加严格。心理咨询师必须意识到，尽管有显著的例外，他们与律师存在思维上的差异。因此，作为一个少数文化群体，他们必须主动学习如何处理法律事务以及如何与律师打交道。

课堂活动

1. 找来 ACA 的早期伦理规则，并对照最近出版的规则。你注意到有什么不同？与班上同学讨论你观察的结果。

2. 四人一组，根据 ACA《伦理标准案例汇编》重现特定伦理困境。其他小组根据所演的伦理困境制定至少两种解决途径，并解释其个人及职业缘由。与全班同学及指导教师共同讨论这些情境。

3. 邀请三至四位职业心理咨询师就他们所遇到的特定伦理或法律问题进行讨论。请教他们认为最难处理的领域。听完他们的陈述后，请他们解答伦理与法律在未来心理咨询中的地位。

4. 找来尽可能多的对心理咨询师进行认证的州所制定的心理咨询法律，在开始之前先浏览 NBCC 网站。比较这些法律条款的异同。你认为有哪些领域尚未涉及、应进行立法？

5. 假定自己是一名职业心理咨询师，写下你认为自己能够对心理咨询伦理及法律的发展产生影响的途径，并与同学交流你的想法。

第四章 多元文化与多元社会中的心理咨询

心理咨询的有效性取决于许多因素，其中最重要的是心理咨询师与来访者要能够相互理解和建立关系。如果心理咨询师和来访者在年龄、文化、教育水平、民族、性别、语言、体格、种族、宗教信仰、性取向和社会经济等多种因素上比较接近，那么这种咨询关系通常比较容易达成(Weinrach & Thomas, 1996)。因为在任何时刻在上述所有方面都具有共性是很罕见的，所以心理咨询师对待他们来访者的背景和特殊需要必须保持高度的敏感，并使之与他们自身的价值、偏见和能力协调一致(Brinson, 1996; Holiday, Leach, & Davidson, 1994)。理解这些差异并正确对待这些差异是发展自我认知(由内而外)的过程，同时也是认知他人的过程(由外而内)(Okun, Fried, & Okun, 1999)。心理咨询师和来访者之间的差异不应成为影响咨询进程的消极因素。

本章讲述的是在多元文化的世界中影响心理咨询的特殊人群及其他因素。"在文化上中立的心理咨询是不存在的"(Coleman, 1998, p. 153)。这里所涵盖的主题包括：与以下人群建立咨询关系——特殊文化与民族的来访者、老年人、女性、男性、同性恋者、双性恋者、变性人以及宗教信徒。心理咨询师在工作中遇到的来访者的种类几乎是无法穷尽的。对于某个问题或人群来说某种心理咨询方法是最佳的，但对于其他的问题或人群来说则未必合适。因此，心理咨询者必须坚持终身学习，并积极实施有效的新心理咨询方法。

跨文化和跨种族的心理咨询

在美国，存在着许多截然不同的文化群体和种族群体。欧裔是其中最大的一个群体(约占总人口数的75%)，而非裔美国人、美国土著印第安人、亚裔美国人和拉美裔/拉丁美洲人则构成了余下人口的主体(约占25%)(Baruth & Manning, 1999)。然而，少数文化群体和种族群体在21世纪有望在数量上突飞猛进并在全美人口中占到相当比例。

一些因素影响着文化群体和种族群体的心理咨询，例如了解来访者的身份、教育、年龄、宗教、社会经济地位以及种族经历(Brinson, 1996)。如果提供帮助的心理咨询师所处的环境与来访者不同，那么对上述因素的了解就显得尤其重要了。在心理咨询中，系统地思考复杂的文化影响的方式之一即是ADRESSING模型（Hayes，1996；见表4－1）。这个模型中的字母分别表示年龄和代际影响（age and generational infulences）、残疾（disability）、宗教信仰（religion）、种族划分（ethnicity）、社会地位（social status）、性取向（sexual orientation）、本土传统（indigenous heritage）、民族出身（national origin）、性别（gender）（p. 332）。这个模型有着跨文化的特殊性，而且“对有关少数群体文化特性的专家意见给予了高度评价”，还对跨文化的诸多事件进行了思考（p. 334）。

首次使用心理健康资源的人中约有四分之一来自少数文化群体和种族（Cheung，1991）。然而研究者们不约而同地发现：整体而言，美国的这些群体对于他们所接受的此类服务并不非常满意。有50％的少数文化群体的成员在开始接受心理咨询一阶段后即终止了，相比而言主要文化群体的来访者只有30％的人选择终止咨询（Sue & Sue，1999）。这一统计数据表明，少数文化群体的来访者在心理咨询中存在负面体验似乎成了一条规律。作为一个群体而言，少数群体并没有充分享受心理咨询服务。其结果是给这些来访者、他们的家庭和社会都带来了不良的影响。

表4－1 ADRESSING模型：与少数群体相关的九种文化因素及压迫形式

文化因素	少数群体	偏见力量
年龄/代	老年人	对老年人的歧视
残疾	残疾人	——a
宗教信仰	宗教方面的少数群体	——b
种族划分/种族	种族方面的少数群体	种族主义
社会地位	底层人群	阶层主义
性取向	性取向方面的少数群体	异性恋主义
本土传统	土著民族	种族主义
民族出身	难民、移民和留学生	种族主义和殖民主义
性别	妇女	男性至上主义

a——对残疾人的偏见与歧视

b——宗教排异性，包括反犹太主义（如反犹太人和穆斯林）以及对其他宗教信仰少数群体的迫害（如佛教徒、印度教徒和摩门教徒）

资料来源：Reprinted from “Addressing the Complexities of Culture and Gender in Counseling”, by P. A. Hayes, 1996, *Journal of Counseling and Development*, *74*, p. 334. © ACA. Reprinted with permission. No further reproduction authorized without written permission of the American Counseling Association.

对文化和多元文化心理咨询的定义

文化可以通过多种方式进行定义。这些方式包括种族、国籍、宗教和语言等人种统计变量，年龄、性别、居住地等人口统计变量，社会背景、经济背景、教育背景以及在一个大范围内的正式的和非正式的成员关系和从属关系等地位变量（Pedersen，1990，p. 550；emphasis added）。文化“塑造着我们的行为、思想、感知、价值观、目标、道德和认知过程”（Cohen，1998，p. B4）。在无意识或意识层面上，它都在发挥着作用。

一种对文化较普遍的、全面且准确的定义是“某个群体的成员在一定的共同目标、需求或相似背景的基础上的彼此间的识别和联系”（Axelson，1993，p. 2）。文化的共同要素包括习得的经验、信仰和价值观。文化的这些方面称得上是“重要的网络”，正是它赋予生命以一致性和意义（Geertz，1973）。然而，一些文化在定义时可能仅片面地着眼于类似的物理特征，而另外一些则着眼于共同的历史和哲学方面，还有一些文化则是上述两者的综合。通常，人们所宣称的其文化和遗产的某些方面往往并不是显而易见的。

正如文化一词是多维度的，多元文化也有着若干种不同的定义。尽管一些诸如CACREP的评估群体对其进行了宽泛的定义，但对于多元文化的内涵却没有形成一个统一的意见。“对多元文化缺乏明确的定义已经成为一个持久的问题”（Middleton，Flowers，& Zawaiza，1996，p. 19）。多元文化最引人注目的焦点是不同群体的独特性及其关注个体差异的观念（Locke，1998）。

因此，多元文化心理咨询往往被视做“心理咨询师和来访者相异”（Locke，1990，p. 18）的心理咨询。这些差异可能是源于独特的文化环境、成长过程或者生活创伤，或是在特定的种族环境中成长的产物。多元文化心理咨询领域的争论集中在如何规定这种差异的范围。一方面，文化主位观的提倡者认为，心理咨询中存在着可适用于各种文化的通用特征；另一方面，文化客位观则认为心理咨询中必须正视文化的特殊性。

“文化主位观由于忽略了重要的文化差异而遭到质疑。而文化客位观则因过于强调咨询方式根据来访者的变化而变化而遭到批评”（Fisher，Jome，& Atkinson，1998，p. 578）。一些专业人士试图找到这两种观点的共性。例如，费希尔（Fisher）等人提出了四项存在于任何心理咨询治疗过程中的因素：治疗关系、来访者和心理咨询者在世界观方面的共识、来访者对积极变化的期望以及来访者和心理咨询师共同信赖的干预措施（p. 531）。然而，支持这种观点的论据却寥寥无几。因此，在21世纪，对多元文化心理咨询的争论仍将继续。

多元文化心理咨询的历史

在美国，为不同文化人口提供心理咨询的历史相当简短且不均衡（Arredondo，1998）。例如，在对该领域专家的一项调查中，庞特罗托（Ponterotto）和萨布那尼（Sabnani）发现“该领域中引用最多的书中，只有8.5%的比例是在1970年前出版的”（p. 35）。的确，多元文化心理咨询经历了一个从强调来访者到重视心理咨询师（20世纪60年代），直到关注整个心理咨询进程本身的转变（从20世纪70年代至今）。20世纪80年代末期，多元文化心理咨询成了“心理咨询领域最热门的话题”（Lee，1989，

p. 165)，而且在整个 90 年代也一直如此。

尽管不少学者已经指出心理咨询中的文化局限，但吉尔伯特·雷恩（Gilbert Wrenn）无疑是其中最卓越的一位，正是他首次唤起了对不同文化下心理咨询这一独特视角的关注（Ivey，1990）。在他的一项具有里程碑性质的工作中，他将“文化忽略（encapsulate）心理咨询师”描述为：无视文化差异，认为一种心理咨询理论和技术可以无差别地在所有人身上加以运用。这些心理咨询师对于来自不同文化、种族和传统背景的来访者的实际经历缺乏敏锐的觉察，从而可能由于对他们采取了和其他人一样的治疗方式而在实际上歧视了这类人群。克莱蒙特·冯特伦斯（Clemmont Vontress）也是定义文化的早期积极先锋，他指出了文化是如何影响咨询关系的。1973 年，保罗·佩德森（Paul Pedersen）在美国心理学会的年会上主持了一个关于多元文化咨询的研究组，并在会后和他的同事们一起出版了关于多元文化的首部论著《跨文化心理咨询》（*Counseling Across Cultures*）（Pedersen，Lonner，& Draguns，1976）。从那时起，涉及多元文化心理咨询诸多方面的各类出版物和工作坊开始纷纷涌现。

多元文化心理咨询及发展协会（AMCD），作为美国心理咨询协会（ACA）的一个组成部分，在界定和处理美国境内有关跨文化心理咨询的事务和问题上不遗余力地做出了贡献。它早先以非白人职业指导协会（ANWC）的名义存在，并于 1927 年成为美国心理咨询协会的一个分支（McFadden & Lipscomb，1985）。它创办了一份名为《多元文化心理咨询与发展杂志》（*Journal of Multicultural Counseling and Development*）的季刊，主要探讨在多元文化社会中与咨询相关的一些问题。多元文化心理咨询及发展协会还主动尝试，帮助提升心理咨询师了解在面对非欧洲文化背景的来访者时所需的各项能力，并不断提高标准（Sue，Arredondo，& McDavis，1992）。

在与美国心理咨询协会的合作中，多元文化心理咨询及发展协会定期召开会议，讨论在文化背景相异的来访者和心理咨询师所建立的咨询关系中存在的或可能存在的各种问题。这类培训旨在帮助心理咨询师获得文化专长（在多元文化中的有效性）和文化意识（对各文化中个体差异的觉知）（Ivey，1977/1987）。许多专业人士反映在他们的学位教育中有关多元文化下心理咨询的内容极为有限，所以对这类教育工作的需求仍将是巨大的（Allison，Crawford，Echemendia，Robinson，& Knepp，1994）。

多元文化心理咨询中的困难

史密斯（Smith）和瓦斯奎兹（Vasquez）指出，区分因文化背景造成的差异与因贫困或地位低下造成的差异非常重要。不能很好地区分这种差异会导致文化过渡——即“将人们对贫困和偏见的反应错误地当成他们的文化模式”（p. 53）。在美国，很多少数文化群体的成员生活在贫困中（Hodgkinson，1992）。这一问题又总是和第二语言模式相伴随，即当来访者的母语并非英语时。非语言行为，特别是在移民人口中，常常会引起问题，因为这些行为往往无法被来自不同文化的心理咨询师们所理解或接受。

种族主义是在跨文化心理咨询中的第三大问题。种族主义是由于人们在生理和心理方面的差异所导致的偏见。它贬低所有属于他群体的人,通常是一种出于害怕或无知的投射形式。多元文化心理咨询中所面临的另一个困难是文化适应,即“群体成员放弃旧方式,采用新方式的过程”(Romero, Silva, & Romero,1989,p. 499)。在文化适应的过程中,在某种程度上,个体持续不断地受到两种不同文化的因素的影响。这个过程并不容易。研究表明,在尝试平衡两种不同文化的价值观的过程中遭遇的困难包括“心理紧张、罪恶感、冷漠、沮丧、行为不良、愤恨、定位错乱和缺乏自尊”(Yeh & Hhomas,1998, p. 425)。因此,了解来访者在文化适应过程中所处的位置就显得至关重要,这有助于为他们提供适当的心理咨询服务(Weinrach & Thomas, 1998)。因此,如果我们想为来访者提供有效的心理咨询服务,就必须识别并理解在多元文化心理咨询中存在的所有难题,并解决之。

多元文化心理咨询中的问题

在美国,一些多元文化心理咨询师,特别是那些文化客位观的赞同者,他们的一个主要问题是建立在欧洲/北美文化价值观基础上的主导理论(Katz,1985)。一些欧洲/北美人的主导信念是个人主义,强调以行动为导向的问题解决、职业道德、科学方法和严格时间安排(Axelson,1993)。基于这些价值观建立的心理咨询理论可能就不适用于来自其他文化背景的来访者(Lee, 1997; Nwachuku & Ivey,1991; Sue,1992)。如果认识不到这一点,那么心理咨询师和来访者之间的关系就可能出现偏见和破裂(Pedersen, 1987)。

多元文化心理咨询中的第二个问题是对文化总体上和个别的敏感度。佩德森(Pedersen,1982)认为心理咨询师在以下三个领域对文化保持敏感是必要的:

1. 了解来自不同文化背景的来访者的世界观;
2. 了解自身的世界观及其形成过程;
3. 面对文化与自身迥异的来访者,心理咨询师所应具备的必要技巧。

1992年,这三个领域被多元文化心理咨询及发展协会作为发展一系列多元文化心理咨询能力和操作能力的基础(Arredondo,1996)。在此之前,佩德森(1977/1978)建立起一个三维的模型以帮助心理咨询师在总体上对各种文化获得更深的认识。这个模型包含四个方面:从来访者的文化观角度阐明问题;预见来自文化相异的来访者的阻抗;通过研究受训者自身的防御反应来降低防御性;学习恢复性技巧以便在进行跨文化心理咨询时走出困境(1978,p. 481)。在这个模型中,一位反心理咨询者,总是故意站在心理咨询师的对立面,同时用录像录制下其与心理咨询师和来访者的互动过程。该过程产生的交互和反馈有利于打破沟通障碍,从而帮助心理咨询师加深认识和提高文化敏感度(Parker, Archer, & Scott,1992)。

另一个认识特定文化的模型是由努瓦楚库(Nwachuku)和艾维(Ivey)设计的。他们提出,心理咨询师在决定采用某个理论来对应来访者之前,应该首先对其文化及价值观进行研究。这就需要首先观看反映某些特定文化视角的大众电影。平特里兹(Pinterits)和阿特金森(Atkinson)列举了一些能够帮助心理咨询师了解不同文化,并间接体验这些文化内涵的影片(见图 4-1)。

在多元文化心理咨询中的第三大问题是认识文化系统的运行规则以及它对行为的影响。拥有着来自文化系统内部的知识和意识的心理咨询师似乎更擅长帮助来自特定文化群体的成员。这些心理咨询师能够同来访者建立起共同的世界观,采取技术性的、恰当的干预措施,同时还能保持一种个体的完整感。这种文化敏感度要求"职业心理咨询师的积极参与",包括正确的自我意识(Brinson,1996, p. 201)。

在多元文化心理咨询中的第四个问题是跨文化提供有效的心理咨询服务。苏(Sue,1978)建立了五个确保跨文化心理咨询有效性的指导方针:

1. 心理咨询师认可他们所持有的有关能够接受和乐于接受的人类行为的价值观和理念。

2. 心理咨询师能够认识到心理咨询理论和心理咨询传统的文化特性和一般特性。没有一种心理咨询是完全脱离文化的。

3. 心理咨询师对影响少数群体成员生活的社会政治环境有所了解。人是其所在的环境的产物。

4. 心理咨询师能够理解来访者的世界观,并且不质疑其合理性。

5. 心理咨询师在心理咨询实践中是真正的折中主义者。他们能够广泛地运用各种心理咨询技巧并能够将一些特定的心理咨询技术运用到特定的生活方式和经验中去。

在一个二维概念的基础上,以控制为横坐标,以责任为纵坐标,苏进一步提出了一个多元文化心理咨询的框架(见图 4-2)。四个象限代表了来自不同文化的来访者身上的这些变量的种类和可能交互的程度。

多元文化心理咨询涉及的最后一个问题是心理咨询理论的发展和应用。文化偏见在来自主要和次要文化群体的心理咨询师身上都会有所显现(Wendel,1997),而且在过去的岁月里它也已经渗透到了心理咨询理论中。为了克服心理咨询理论的文化缺陷、偏颇,从而超越文化局限,麦克法登(McFadden,1999)和许多重要的教育者们进行了很多努力,帮助克服了在多元文化心理咨询理论出现之前,由于文化同一理论所导致的心理咨询过程中的问题和错误做法。麦克法登的模型从跨文化的角度,归纳出心理咨询师必须掌握的三个基本维度:文化历史、心理社会和科学意识形态。在文化历史维度,心理咨询师必须掌握有关来访者文化的知识;在心理社会维度,心理咨询者需要理解来访者的人种、种族、社会群体的言语及行为,这一点对于双方进行有意义的沟通非常重要;最后,在科学意识形态维度,心理咨询师必须运用心理咨询理论来处理有关地区、国家和世界环境的问题。

对现存理论及其适用性的解释也变得很受欢迎(Corsini & Wedding, 2000; Sue, Ivey, & Pedersen, 1996; Votress, 1996)。存在主义心理咨询是其中之一。就如同麦克法登的跨文化观点一样,它相当全面,具有跨越"所有文化和社会经济群体"的普适性(Epp, 1998, p. 7)。作为一个理论流派,它着眼于对意义、人际关系以及生死这一终极问题的探讨。

非裔美国人(African American)
《珍魏曼小姐自传》(Autobiography of Miss Jane Pittman)
《街区男孩》(Boyz'n the Hood)
《紫色》(The Color Purple)
《颜色》(Colors)
《为所应为》(Do the Right Thing)
《为戴茜小姐开车》(Driving Miss Daisy)
《得奖渴望》(Eye on the Prize)
《猜猜谁来吃晚餐》(Guess Who's Coming to Dinner)
《我知道为何笼鸟歌唱》(I Know Why the Caged Bird Sings)
《丛林热》(Jungle Fever)
《长脚女佣》(Long Walk Home)
《黑潮-麦尔坎 X》(Malcolm X)
《怒火阵线》(Matewan)
《密西西比风情画》(Mississippi Masala)
《爵士男女》(Mo' Better Blues)
《阳光下成长》(Raisin in the Sun)
《根》(上、下)(Roots Ⅰ & Ⅱ)
《儿子离家时》(Sounder)
《杀死一只知更鸟》(To Kill a Mockingbird)
《白人教父》(White Man's Burden)

亚裔美国人(Asian American)
《来看天堂》(Come See the Paradise)
《点心》(Dim Sum)
《双喜》(Double Happiness)
《再见集中营》(Farewell to Manzanar)
《喜福会》(Joy luck Club)
《洗车行》(The Wash)
《喜宴》(Wedding Banquet)

拉美裔美国人(Latino/Latina)
《黑帮大时代》(American Me)
《天生爱神》(Ballad of Gregorio Cortez)
《逃往美国》(Born in East L. A.)
《北方》(El Norte)
《情迷巧克力》(Like Water for Chocolate)
《玉米田的天空》(Mi Familia)
《豆田战役》(Milagro Bean Field War)
《义无反顾》(Romero)
《为人师表》(Stand and Deliver)

残疾人(People with Disabilities)
《生于7月4日》(Born on the Fourth of July)
《悲怜上帝的女儿》(Children of a Lesser God)
《返乡》(Coming Home)
《爱在星空下》(Frankie Starlight)
《如果你能看到我所听到的》(If You Can See What I Can Hear)
《热泪心声》(Miracle Worker)
《我的左脚》(My Left Foot)
《飞越疯人院》(One Flew over the Cuckoo's Nest)
《梦断天涯》(The Other Side of the Mountain)
《再生缘》(A Patch of Blue)
《水舞》(Waterdance)
《不一样的天空》(What's Eating Gilbert Grape)

同性恋与双性恋(Gay, Lesbian, and Bisexual)
《世纪的哭泣》(And the Band Played on)
《爱之伴侣》(Long Time Companion)
《私人最佳》(Personal Best)
《费城故事》(Philadelphia)
《神父》(Priest)
《草莓和巧克力》(Strawberries and Chocolate)
《火炬三部曲》(Torch Song Trilogy)

土著美国人(Native American)
《与狼共舞》(Dances with Wolves)
《最后的莫希干人》(The Last of the Mohicans)
《枪火》(The Mission)
《狼踪》(Never Cry Wolf)
《惊魂高速公路》(Pow Wow Highway)
《雷霆之心》(Thunderheart)

亚洲印度人(Asia Indian)
《密西西比风情画》(Mississippi Masala)

老年人(Elderly)
《魔茧》(Cocoon)
《为戴茜小姐开车》(Driving Miss Daisy)
《恶女帮》(Foxfire)
《油炸绿番茄》(Fried Green Tomatoes)
《大智若愚》(Nobody's Fool)
《金色池塘》(On Golden Pond)

图 4-1 着眼于多元文化的影片样本目录

资料来源：Reprinted from "The Diversity Video Forum: An Adjunct to Diversity Sensitive Training in the Classroom", by E. J. Pinterits and D. R. Atkinson, 1998, *Counselor Education and Supervision*, *37*, pp. 213～214. © 1998 by ACA. Reprinted with permission. No further reproduction authorized without written permission of the American Counseling Association.

多元文化心理咨询领域的另一大突破是对适用于不同文化的专门理论的重新重视(Lee,1997)。例如,有着3 000余年历史的亚洲传统心理疗法,最近在西方世界变得颇受青睐(Walsh,2000)。这些传统疗法中有很多强调的是超越病理的存在主义和人际健康,通常会采用诸如冥思和瑜伽之类的技术。无论是单独使用,还是与其他方法相结合,它们都对健康和心理成长产生了相当好的效果。

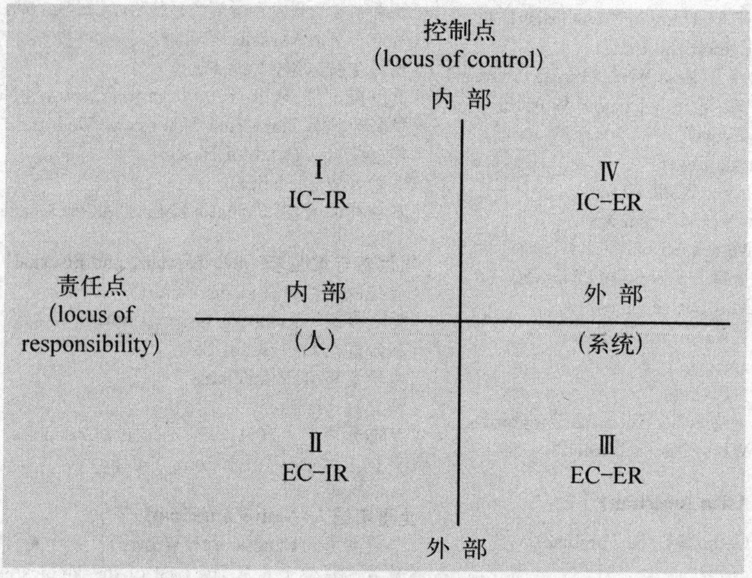

图4-2 世界观的呈现图

资料来源:From "Counseling Across Cultures", by D. W. Sue, 1978, *Personnel and Guidance Journal*, *56*, p. 460. © ACA. Reprinted with permission. No further reproduction authorized without written permission of the American Counseling Association.

与特殊文化群体心理咨询相关的因素

面对文化背景各异的来访者,除了坚持总的指导方针外,在处理特殊文化群体的问题时,心理咨询师应该把握一些基本因素。综观这些因素,心理咨询师要不断提醒自身:每一个个体,正如心理咨询的每一个阶段,都是独一无二的。这一点尤为关键。在对特定文化传统的人们进行心理咨询时,我们可能会发现群体内部的差异有时甚至会超过群体间的差异(Swartz-Kulstad & Martin,1999)。因此,了解文化传统仅仅是心理咨询师提高心理咨询效率所需掌握信息的一部分。他们必须在工作中很好地了解他们的来访者、心理咨询的问题和他们自身。

在审视自身时,来自少数文化群体的心理咨询师必须意识到对于多数文化群体的成员,他们可能有意无意地怀着一种"历史的敌意"(Wendel,1997)。反之,来自多数文化群体的心理咨询师可能有着一种优越感和特权感。而上述两种态度都不是健康的或有益的。

欧洲裔美国人

作为一个群体来说，欧洲裔美国人是一个多元化的人口群。虽然欧洲是他们共同的祖地，但来自瑞典、意大利、法国、英格兰、波兰、德国、俄罗斯、匈牙利和奥地利的人在文化传统方面存在着巨大的差异（此外，许多来自西班牙或有着西班牙祖先的人认为从根本上来说，他们的传统与其他的欧洲人有着本质差别）。刚刚到美国的欧洲人与那些家族在很多代以前就在美国安家落户的欧洲人有着很大的差别。后者往往把自己看做单纯的"美国人"而忽略了自身的欧洲血统（El Nasser & Overberg，2002）。总体来说，典型的欧洲裔美国人是不存在的。

尽管如此，欧洲裔美国人在美国已经走过了很长一段路，正是他们绘制了美国历史的主线（Baruth & Manning，1999）。作为一个群体，欧洲裔美国人能比绝大多数其他的文化群体更好地与美国社会相融合。究其原因，是由于群体间的联姻和联系在总体上持续不断地影响着整个群体，并使之趋于同一化。欧洲裔美国人越来越倾向于推崇"直线性的、分析性的、经验性的和面向任务解决"的世界观，并强调"应该珍视朴素的个人主义，自主和保持行为的独立比群体表现更加重要"（Sue，1992，p. 8）。

基于共同的经历，欧洲裔美国人通常很快就会接受与他们共同价值观一致的心理咨询理论。很多欧洲裔美国人在认知（认识自我及他人）时倾向于采用理性的、逻辑性的方法。因此，整体而言，认知疗法和认知行为疗法在这个群体中相当有效。而存在主义、精神分析和阿德勒主义（Adlerian）以及情感心理咨询却仅适用于其中的某些人。正因为没有典型的欧洲裔美国人，没有一个心理咨询理论或方法是对这个群体的所有成员都适用的。

非洲裔美国人

在为非洲裔美国人做心理咨询时，心理咨询师必须了解他们的历史、文化价值观、冲突和应对机制，同时要清醒地认识自己对该群体的态度以及偏见（Garretson，1993；Vontress & Epp，1997）。如果心理咨询师能够很好地认识种族主义的性质，认识到个体、机构和文化种族主义是"生活在当代社会的非洲裔美国人所面临的主要生活问题"（Utsey，Ponterotto，Reynolds，& Cancelli，2000，p. 72）以及种族歧视和自尊呈负相关这一事实的话，那么即使文化背景不同，他们也能为非洲裔美国人提供很好的心理咨询。他们必须进一步认识到非洲裔美国人是一个多元化的群体，呈现着多种多样的情感、思想和行为（Harper，1994；Smith，1977）。因此，没有任何一种心理咨询或助人方法能很好地适用于每一个人。

"通常来说，非洲裔美国人会把心理咨询视为一个要求来访者通过'将你的事告诉一个陌生人'而放弃其独立性,然后'采纳由那个陌生人提供的建议'的过程"(Priest,1991,p. 215)。因此,许多非洲裔美国人并不愿意主动地将自身卷入到咨询关系中去。另一个影响非洲裔美国人参与心理咨询的因素是由他们所持有的咨询双方不平等的印象所造成的。回顾美国的奴隶史以及心理健康中心对非洲裔美国人所做出的种种错误判断,这一群体的成员由于在这种咨询关系中处在不平等的地位,因此他们在进入这种关系之前会犹豫不决(Garretson,1993)。第三个在心理咨询中影响非洲裔美国人的因素是存在于其绝大多数社会传统中的对集体的重视。"在历史上,氏族或部落构成集体"(Priest,1991,p. 213)。而今天,集体是家庭、供养以及崇拜的对象。对于集体和群体的治疗力量的强调是面向困难解决的个体责任的对立面(McRae, Thompson, & Copper,1999)。精神力量和非洲裔美国人文化中的牧师角色也是影响这个群体中的成员的要素。与心理咨询师不同,牧师通常是人们"精神和情感维系的源泉"(Priest,1991,p. 214)。

西班牙裔/拉美裔美国人

西班牙裔美国人和拉美裔美国人这两个词都是用来描述其祖先来自美洲讲西班牙语的国家的人们的。西班牙裔美国人通常以西班牙语为共同特征,但它是一个多元的群体。对拉美裔美国人的描述是"有着西班牙和印第安血统,其祖先生活在美国西南部曾为墨西哥领土上的人们"(Fontes,2002,p. 31)。无论其背景如何,生活在美国的绝大多数西班牙裔美国人和拉美裔美国人都受到双重文化的影响。然而他们在文化适应方面的程度是各不相同的。总体来说,他们种族的历史和文化对其世界观和行为方式产生了重大的影响,在西班牙裔美国人和拉美裔美国人中存在着大量的群体内部差异(Romero et al.,1989)。

总体而言,西班牙裔美国人和拉美裔美国人在选择心理咨询服务时是很犹豫的。原因之一是他们的文化传统(如自豪),以及文化继承(如对延伸的家庭纽带的依赖)。然而,更多的现实原因是提供心理咨询服务的机构位置偏远(如在西南地区),交通不够便利,缺少健康保险以及缺乏通晓西班牙语、了解西班牙和拉美文化的心理咨询人员(Gonzalez,1997;Ruiz,1981)。

此外,许多西班牙裔美国人和拉美裔美国人认为心理问题和身体问题是大同小异的(Ruiz & Padilla,1977)。因此,他们希望心理咨询师是积极、具体的且目标导向的。这种观点在"典型的"西班牙来访者中尤其突出(Ruiz,1981)。

总的来说,西班牙裔美国人和拉美裔美国人的心理咨询师必须在西班牙/拉美的文化观念和信念下解决各种问题。如果心理咨询师通晓双语,那对咨询会非常有帮助,因为许多西班牙裔美国人和拉美裔美国人更倾向于讲西班牙语,而不是英语。较低的社会地位、种族主义和歧视是影响着来自这个群体来访者的普遍问题(直接或间接的)(Baruth & Manning,1999)。

亚太裔美国人

亚太裔美国人(在此处即亚裔美国人)指的是在美国生活的中国人、日本人、菲律宾人、印度尼西亚人、印度人、韩国人及其后代。他们的文化背景各不相同(Axelson, 1993;Morrissey,1997),对亚太裔美国人的人口统计资料显示亚太裔美国人中有超过40个的互不相同的文化群体(Sandhu,1997, p. 7)。从历史的角度来看,他们在美国面临着巨大的歧视,并常常被视为带有神秘色彩(Sue & Sue,1972/1999)。各种因素综合在一起形成人们对亚裔美国人的刻板印象。

由于偏见和误解的存在,亚裔美国人曾经"被剥夺了公民权和土地拥有权;被监禁在集中营里;受到诽谤、虐待和杀戮"(Sue & Sue,1973, p. 387)。具有讽刺意味的是,这些因素也共同塑造出亚裔美国人的积极形象。他们被集体描述为勤劳的、成功的、不易受心理和情感困扰的人。有时候,他们甚至被视作"少数民族的典范"(Bell, 1985)。就像所有的刻板印象一样,在这些描述中的确存在着真实的因素,但并不完全真实或准确。心理咨询师只有借助文化继承去理解亚裔美国人,才能够在心理健康方面为其提供有益的帮助(Henkin, 1985)。

与所有文化一样,在亚裔美国人的文化中存在着许多微妙之处。例如,宗教传统(如伊斯兰教、印度教和佛教)在他们对心理健康和心理疾病的认识方面扮演了极其重要的角色。对于一些亚裔美国人来说,"心理压力和障碍可以通过精神控制或者违背某些宗教道德原则等概念而在其宗教框架内得到解释。治疗的方式可以是以某种超自然的力量或者通过培养一些正确的行为和树立正确的信念来帮助患者恢复到健康状态"(Das, 1987, p. 25)。另一个可能对职业心理咨询师产生重要作用的微妙之处是许多亚裔美国人通常会避开那些需要强烈自我表现的职业(Watanab, 1973)。礼貌的沟通方式来自文化传统,如果要建立起牢固的咨询关系,就必须采取积极的态度。

心理咨询师能够洞悉在美国生活的亚裔美国人群体的历史和独特的民族特点是非常重要的。这些群体包括:中国人群体、日本人群体和越南人群体等(Axelson, 1993;Sandhu,1997)。这种敏感性通常能够帮助心理咨询师对咨询过程加以把握。例如,心理咨询师可能通过教育咨询或者职业咨询的方式而非直接的、对抗性的心理疗法来提升亚裔美国人的自我开放性。

土著美国人

被第一批欧洲殖民者误称为印度人的土著美国人是西半球美洲大陆的最初的居民(Garrett & Pichette,2000)。今天,他们组成了"印第安事务局认可的 478 个部落以及没有取得官方认可的 52 个部落"(Heinrich,Corbin, & Thomas,1990, p. 128)。土著美国人中也存在着极大的多元性,他们拥有 149 种语言,但是与此同时却有着共同的价值观,如强调与自然和谐共处、全局观念、合作、对现实的关注以及对家族的依赖(Heinrich et al.,1990)。总体说,土著美国人对失去祖先的土地怀着强烈情绪,渴望自主决定,同主流美国文化价值观之间有着冲突,并有着一个源于过去刻板印象的令人费解的自我形象(Axelson,1993)。对来自其他文化的人们的侵犯和愤怒情绪是心理咨询师们必须要妥善解决的问题(Hammerschhhlag,1988)。美国土著印第安人作为一个群体有着很高的自杀率、失业率、酗酒率和较低的生活期望(Garrett & Pichette,2000)。"不考虑宗教或部落联系因素的话,在所有少数民族群体中,美国印第安人高中阶段的辍学率是最高的"(Sanders,1987, p. 81)。简而言之,作为一个群体"土著美国人要面对众多的问题"(Heinrich et al.,1990,p. 128)。

对于土著印第安人,心理咨询师们尝试过从存在主义到直接咨询等多种咨询方法。然而富有成效的咨询在一定程度上依赖于他们是否继续预约,其他印第安人是否帮助促进咨询过程,以及他们的文化适应是否是传统化的、双重文化的或是渗透化的(Avasthi,1990;Valle,1986)。不管怎么说,心理咨询师理解土著美国人文化,并避免将不合适的文化理论运用到他们身上是非常重要的(Herring,1996/1997;Ivey,1990)。评估土著来访者文化价值观的一个途径是使用土著美国人文化适应量表(Garrett & Pichette,2000)。这个量表通过一个从传统的土著美国人到同化的主流美国人的连续体来测量个体的文化适应水平(见图 4-3)。

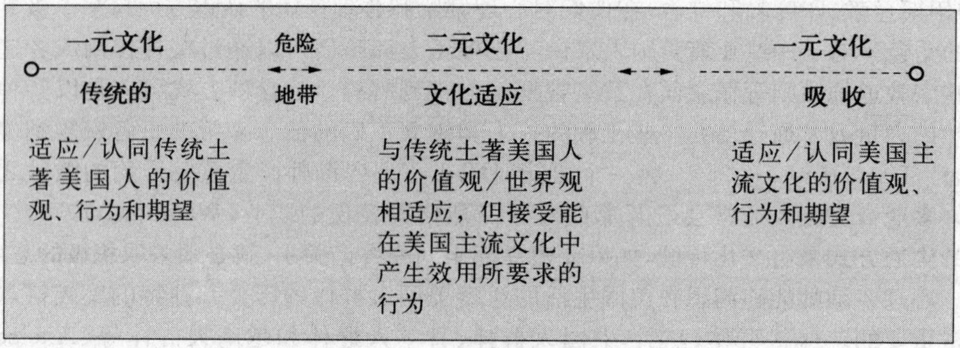

图 4-3 文化适应连续体

资料来源:Reprinted from "Red as an Apple: Native American Acculturation and Counseling with or without Reservation", by M. T. Garrett & E. F. Pichette in the *Journal of Counseling and Developing*, *78*, 8. © ACA. Reprinted with permission. No further reproduction authorized without written permission of the American Counseling Association.

根据里查森(Richardson,1981)的观点,当对土著美国人进行咨询时,四个因素是应该考虑的,它们分别为:沉默、认同、重申和总体引导。里查森通过插图来演示使用这些技术的模型。对成年男子运用视觉搜求(vision quest),一种经历和宗教重认仪式,在一些案例中受到推崇(Heinrich et al.,1990)。创造性艺术的应用同样也是一种相当有益的方法,因为情感、宗教和艺术表达是"土著艺术中的天然因素"(Herring,

1997,p.105)。创造性艺术不要求口头描述。此外,它们还关注土著美国人文化中的仪式和幸福。通过协同作业,例如运用网络疗法、家庭疗法、本土结构疗法,以及讲故事等传统的土著活动也受到推崇(Herring,1996)。

真实感在与土著美国人的咨询关系中显得比具体的咨询方法更为重要。愿意做一名学习者并勇于承认自己所犯的错误有助于心理咨询师和土著美国人之间纽带的维系。

国际咨询

美国的咨询文化观是世界上许多方式中的一种。事实上,许多国家拥有自己的"咨询"协会(如英国、澳大利亚、新西兰和加拿大)。美国心理咨询协会在欧洲也有分支机构。此外,还有特定理论(如阿德勒和现实疗法)治疗师的全球协会以及国际心理咨询协会(http://www.iac-irtac.org)。该协会每年在世界范围内召开年会,并出版有《世界咨询进展杂志》(*International Journal for the Advancement of Counseling*)。

苏伯(Super,1983)早在20多年前就提出了质疑:心理咨询能否像在美国的实践那样在其他各国范围内使用?他对文化和心理咨询的分析认为,繁荣和安定的国家将心理咨询看成是一种促进个体兴趣和能力发展的方式。经济相对贫困的国家以及那些处在外部威胁中的国家则将心理咨询视为将个体限制在文化延续必需的范围之内的一种方式(Super,1954)。文化差异的知识在国际心理咨询中必须得到重视,尤其是当其与特殊的心理咨询因素,诸如学校心理咨询相关时。

这些知识在国际心理咨询中至关重要。例如,在波兰,由于发展中国家的性质,职业心理咨询的价值比其他任何心理咨询要高得多(Richard Lamb, personal communication, June 7,1997)。在其他国家,例如中国,美式心理咨询对于大多数人来说还很新鲜。

留美的大学生无论其拥有的关于心理咨询的知识的多寡,在是否接受心理咨询服务上总是迟疑不决的(Mori,2000)。尽管犹豫,但事实上很多留学生正试着去控制压力,而这在本质上是超出了他们的实际能力的。这些压力包括"语言障碍、学业问题、人际关系问题、经济问题和内心问题"(p.137)。这些学生所依赖的家庭和朋友都不在身边,又害怕被别人看成失败者并被遣送回家,这无疑加剧了他们日常的紧张情绪(Boyer & Sedlacek,1989)。经验性的证据表明:与他们的美国同学相比,留学生体验到的压力更大,而且这种紧张感通常会在入学的前六个月达到一个危险的水平。

为了帮助那些选择使用心理咨询服务的留学生,莫瑞(Mori, 2000)建议关注以下几个方面的问题:发展压力管理技术,学习建立自信的沟通技巧,对美国的教育体制进行全面了解,以及发展职业和生涯设计的技能。亨金(Henkin, 1985)对国际级别的心理咨询师也提出了一系列实践指南。除了为心理咨询过程确立明确的结构和对来访者进行心理咨询过程的解释外,亨金认为心理咨询师应该主动学习他们的来访者的文化,其中包括对来访者家庭和社区生活重要性的认识。

老龄群体

成长在传统上被定义为某种贯穿一生的、累积的系统变化(Papalia & Oods,1998)。在一生的时间里,个体的成长是在不同的层面上进行的:认知的、情感的和生理的。当成长发生在一个预期的时间维度里的时候,诸如儿童时期的身体发育,即便有任何困难,个体通常只会遇到很少的过渡性和适应性问题。但是如果生命中的一些事件提前出现、推迟出现或者未出现时,个体以及与之相关的人或事就将受到负面的影响(Schlossberg,1984)。举例来说,如个体在青年时期没有能够成功地形成积极的自尊,那么他们的行为举止就可能出现问题。皮亚杰(Piaget)、劳伦斯·科尔伯格(Lawrence Kohlberg)、埃里克·埃里克森(Erik Erikson)、卡罗尔·吉里根(Carol Gilligan)和南希·施罗斯伯格(Nancy Schlossberg)的理论阐述了与从婴儿到老年不同发展阶段相关的各种因素。成人发展及老龄协会(AADA)是美国心理咨询协会的分支机构,它主要关注的是成年人生命的周期性发展。

在本书中,老年人被定义为年龄超过65岁的人。自1935年以来,65岁被视为老年期的开始。社会保障法案则将65岁规定为人们退休和开始领取养老金的时间。在美国建国的时候,人口中只有2%的比例是65岁以上的,而到2000年为止,这个比例达到了13%,到2030年,预计将达到21%左右(Cavanaugh,1997)。这部分人口之所以会有如此高的增长率,是因为20世纪的高出生率、对正逐年老去移民的优惠政策、卫生条件的改善、更好的营养以及传染病的减少(Lefrancois,1996)。因此,心理咨询师有必要将注意力集中到这部分人身上来。

历史上,对老年人的心理咨询曾是心理咨询行业中被误解和忽视的领域。例如,作为一个群体,这部分人口所能够获得的心理健康服务仅占所有此类服务的6%(美国老年人口至少有15%的比例存在着中度的情感问题),比预期的一半还要少(Hashimi,1991;Turner & Helms,1994)。这种局面在部分程度上源于老年群体发展中的独特方面,特别是那些在经济、社会和身体上陷入困境的老年人。

20世纪70年代中期,布莱克(Blake)和索尔兹伯里(Salisbury)分别指出,业界普遍缺乏研究老年人心理咨询的文献和关于老年人和他们特殊需求的培训心理咨询师的选修课程,这引发了心理咨询界对老年人心理咨询的关注,到了20世纪80年代中期,情况有所改观。基于一项全国性的调查,迈尔斯(Myers,1983)发现:全国36%的心理咨询课程中有一门或多门是针对老年人心理咨询的。这一百分比随着对老年人研究进展的深入还在继续增长(Hollis,1997;Myers,Poidevant,& Dean,1991)。如今,老年工作的多项标准已经出台。

衰老

人们曾经提出了关于衰老的好些著名理论,而其中有不少是多维度的。例如,比伦(Birren)、夏埃(Schaie)和盖兹(Gatz)从生物学、心理学和社会学的角度来研究衰老,并认识到这一多维过程可能会出现不均衡。衰老是人发展的一个自然过程(DeLaszlo, 1994; Erikson, 1963; Friedan, 1994; Havighurst, 1959)。人们在成长的过程中,需要完成某些特定的任务。例如,埃里克森认为在成年中后期,个体要么将发展一种自我意识或自我完型,要么将变得迟钝或令人绝望。

强调发展的纽加顿(Neugarten, 1978)指出了老年期的两个主要阶段。低龄老年人(young-old)指的是那些年龄介于55到75岁,在身体、心理和社会方面依旧活跃的老人,而不论他们退休与否;高龄老年人(old-old)指的是那些年龄超过75岁,身体活动受到很大限制的人。尽管老龄化的方式有着显而易见的独特性,但由于年龄的原因而在各方面日渐衰弱的情形在高龄老年人口中的表现通常要明显得多。

尽管人们对衰老的理解已有深入,老年人的数目也不断增加,老年人仍旧需要面对因年龄引发的各种期望和偏见。例如,"老人经常会被刻板地贴上诸如衰老、精神不济和无助等令人不悦的标签"(McCracken, Hayes, & Dell, 1997, p. 385)。这些歧视老年人的负面态度和刻板印象阻止了不同年龄团体的人之间的亲密接触,而且有时还会导致彻底的歧视(Butler, 1988,1988; Kimmel, 1988; Levenson, 1981)。不幸的是,在衰老过程中的个体经常会否认和惧怕这个过程,这种现象被弗里丹(Friedan, 1994)称之为"年龄的秘密"。对老年人的歧视态度,甚至连心理咨询师也未能避免(Blake,1982)。

老年人的需要

在从中年向老年过渡的过程中,美国的老年人必须处理各种各样复杂的问题,包括生理功能、社会角色、人际关系的变化,甚至居住地点的变化(Cox,1995; Kampfe, 2002)。这些变化可能会引起个体内心的身份危机。布尔维诺(Pulvino)和克兰格罗(Colangelo)认为老年人发展的要求可能仅次于青少年。根据哈维格斯特(Havighurst, 1959)的观点,老年人必须学习成功对待以下几个方面:(1)朋友和配偶的死亡;(2)衰退的生理活力;(3)退休和收入的减少;(4)更多的休闲时间和结交新朋友的过程;(5)新的社会角色的发展;(6)和正在成长中的孩子的相处;(7)对生活安排加以改变或创造令人满意的新方式。

一些变化是与年龄的逐渐增大有关的,身体力量的衰减就是个例子。另一些变化则是突然降临的,例如死亡。总体来说,衰老是一段"既积极又消极的过渡和转型"时期(Myers,1990a, p. 249)。积极的过渡对老年人来说包括一种个体的获得,例如升级成为祖父母或者在购物时得到折扣。这种过渡所包含的高度紧张感是与重大的丧失相联系的,如配偶去世,失去工作或者感染了严重的疾病等。在这些情况下,许多老年人会痛苦挣扎,因为他们缺乏可以倾诉悲伤、宣泄情感的同伴支持群体(Morgan, 1994)。

老年人的主要问题包括孤独、生理疾病、退休、无所事事、亲人去世和虐待(Morrissey, 1998; Shanks, 1982)。除此之外,这个群体的成员在他们渐渐老去的岁月里,还遭受着更多的沮丧和精神煎熬,精神病院约有30%的床位是老年人的。自杀人群中约有25%的人年龄在60岁以上,其中以白人男性居多。家庭内部对老年人的虐待(domestic elder abuse)——"与老年人有特殊关系的某人所采取的虐待形式",包括忽视——也是一个问题(Morrissey, 1998, p. 14)。在虐待老年人的大多数方式中,每年约有600 000个案例属于身体虐待、心理虐待、经济剥夺以及人身自由、言论自由的侵犯和隐私权利的侵犯等(Welfel, Danzinger, & Santoro, 2000)。

为老年人进行心理咨询

有志于从事老年人心理咨询的大部分心理咨询师必须接受这个领域所需的额外的专业训练(Myers, 1996b; Schlossberg, 1990; Sinick, 1979)。很多人只是不能理解老年人,因此无法与他们共处。这在涉及老年人的新现象的时候尤为突出,如祖父母抚养孙辈(Pinson-Milburn, Fabian, Schlossberg, & Pyle, 1996)。在这类情形下,心理咨询相关服务可以提供不同层面上的各种帮助,如教导新的应付策略的直接干预和技能训练。此外,由家庭支持群体以及学校等发起"祖父祖母日"等等。

老年人未能得到心理健康专家更多关注的另一个原因是由被克兰格罗和布尔维诺称为投资综合症(investment syndrome)的症状引起的。根据这些作者,一些心理咨询师认为在对年轻人进行心理咨询的时候,他们所付出的时间和精力更为值得,因为年轻人能够"最终回报社会"(p. 69)。持这种态度的专业人士对年轻人将来的表现寄予期望,并且对老年人发生改变的可能性感到不太乐观。

老年人未能得到心理咨询师和心理健康专家足够重视的第三个原因是由于对衰老的非理性的恐惧以及由于恐惧所导致的与老年人之间存在的心理距离(Neugarten, 1971)。

对老年人进行成功心理咨询的一个主要又重要的方法是将他们当做一般人(Cox & Waller, 1991)。老年是生命中的一个独特的阶段,在这个阶段人继续得到发展。当心理咨询师展示基本的心理咨询技能,如情感反射、解释内容、识别模式、询问开放-封闭式问题、证实感受和想法、温和地面质矛盾时,老年人在探讨困难或者调整事务时会感到轻松,并乐于做出适宜的反应(Kampfe, 2002)。

在老年人中推进这种变化的另一个策略是在其所生活的系统内部调整人们的态度(Colangelo & Pulvino, 1998; Ponzo, 1978; Sinick, 1978)。许多社会看待老年人的态度对老年人如何看待自己起着消极的影响。老年人之所以显出老态是因为他们周围的环境鼓励和支持这种行为。汉森(Hansen)和普拉瑟(Prather)指出:美国社会"将老龄与无能相等同并相应地安排其位置"(p. 74)。因此,心理咨询师必须成为改变这种社会态度的教育者和倡导者,这样才能消除由年龄带来的种种限制和刻板印象。“我们需要建立一个鼓励人们不再害怕变老，让他们重新回归自己的社会”(Ponzo，1978，pp. 143～144)。

除了尊敬老人和致力于在系统内引起变化的工作外，心理咨询师可以帮助老年人处理特殊的和即时的问题。托米尼(Tomine，1986)断言，面向老年人的心理咨询服务若是可取的、实际的、有教育意义并集中于解决问题的，那么它们将对老年人非常有帮助。例如，希区柯克(Hitchcock，1984)回顾了帮助老年人获得工作的成功案例：有一个特别经典的为老年求职者服务的工作俱乐部，在俱乐部里，参与者定期出席会议，分享求职信息。对患有早老性痴呆(Alzheimer)症的老年人而言，建立在罗杰斯(Rogers)的理论和卡库夫(Carkhuff)的实践运用基础上的心理咨询对这种病症的早期特别有效果。建立在亚罗姆(Yalom)的存在主义写作基础上的团体心理咨询在帮助家庭成员对付疾病发展方面也卓有成效(LaBarge，1981)。结构主义的人生回顾过程也被证明是一个对老年人非常有效果的方法(Beaver，1991；Westcott，1993)。这种方法帮助他们整合自己的过去，并为将来的生活做准备。短期的理性情绪行为疗法练习对增进老年人理性思维和降低由衰老引起的焦虑方面相当成功(Keller，Corake，& Brooking，1975)。

以下的群体是年龄在 65 岁及以上的老年人所欢迎的(Gladding，2003)：

- 帮助困惑的群体成员适应他们所处环境的现实导向小组(Reality-oriented groups)；
- 旨在帮助老年来访者在现在和将来更加积极的动机疗法小组(Remotivation therapy groups)；
- 指导成员通过回顾生活历程而增强个人整体性的回忆小组(Reminiscing groups)；
- 针对诸如丧失等关于衰老的特殊问题的心理治疗小组(Psychotherapy group)；
- 以诸如健康或者艺术等与老龄化有关的兴趣领域为中心的特殊主题小组(Topic-specific groups)；
- 聚焦于个体成员成长的特定过渡性的特殊成员小组(Member-specific groups)。

为老年人工作，心理咨询师往往会成为生活的学生，老年人则是他们的老师(Kemp，1984)。当这种积极的态度得以形成时，来访者将变得更乐于处理他们生活中的重要事务，心理咨询师也将更倾向于认识一种不同的生活观念，并在咨询过程中更有帮助能力。

以性别为基础的心理咨询

本章涉及的第三类心理咨询的人群是不同性别的群体。来访者的需求各不相同，他们的视角在相当程度上是由文化氛围和他们身处的和成长的社会群体环境所决定的(Cook，1993；Moore & Leafgren，1990)。女性和男性“根本上而言是一种社会文化动物”(McFadden，1999，p. 234)。没有意识到社会偏见以及基于性别而产生的刻板印象和角色期望的影响力的心理咨询师很难在心理咨询中真正帮助他们的来访者。富有成效的心理咨询师要求对人们在性别特征和性别取向的一般和特定方面具备特殊的知识和洞察力。"对心理咨询业而言，这种对女性和男性独特的和共同体验的关注是一种自相矛盾的挑战"(Lee & Robbins，2000，p. 488)。

对于心理咨询师在对女性和男性这两个在性别方面有着许多共同点而又各自独立的群体进行心理咨询时是否必须掌握特定的知识和技能不再有任何争论。然而，由于女人和男人"在成长中经历着不同的挑战"，他们可能需要与心理咨询师以不同的方式交流(Nelson，1996，p. 343)。进一步来说，心理咨询师对心理咨询的对象若偏重于某一性别，那么他们可能需要更为深入的培训和在某些领域的经验。例如，美国女性抑郁症的发病率是男性的两倍(女性为700万人，男性为350万人)(McGrath，Geita，Strickland，& Russo，1990)。这一发现在任何文化和国家都是真实的，甚至当抑郁的定义发生变化时也同样如此(Shea，1998)。其中的原因至少部分是由于女性更倾向于将自身的情感聚焦于内心，变得伤感。这种现象就是沉思式应对(ruminative coping)。

女性心理咨询

女性是心理咨询服务主要的消费者(Wastell，1996)。与男性相比，她们在生物差异和社会化模式方面有着不同的特点，而这些特点使得女性心理咨询不同于男性，有着自身的特殊需求(Cook，1993；Huffman & Myers，1999)。自20世纪60年代以来，随着妇女运动所产生的影响的不断扩展，女性的社会角色和职业机会大大增加，然而她们依旧缺乏自由、地位、发展的机会以及男性所拥有的认可。作为一个群体，在诸如亲密关系、职业选择和生涯发展这些基本事务方面，女性有着与男性截然不同的观点(Bradley，Gould，& Hayes，1992)。"女性在人际关系中成长，通过人际关系，向着人际关系发展"(Hordan，1995，p. 52)。当其感到与别人相互联系时，女性的活力往往会大大增加，对自身和他人的洞察力也变得更为精确。进一步来说，她们会感受到有一种力量在推动她们的行动，因为这种力量正涌动在她们内心之中。她们还感到自身的巨大价值，并渴望更多的联系(Miller & Stiver，1997)。在女性群体关注的问题中，成长和发展、抑郁症、进食障碍、性受害、丧偶和多重角色是一些基本问题。

女性心理咨询"不是简单的挑选某种心理咨询理论或方法，而后加以运用的过程"(Hanna，Hanna，Giordano，& Tollerud，1998，p. 181)。同样，心理咨询师的态度、价值观和知识同样可以促进或阻碍女性来访者潜力的发展。女性在本质上是一种关系动物，因此心理咨询师所采取的方法应该是建立在这个认识基础上的(Dvavenpor & Yurich，1991；Nelson，1996)。文化测试显示：女性心理咨询专家应该是"富有同情心、热情、善解人意，作为一个个体得到充分良好的发展，并能够感受到女性所发现的身处的困境”(Hanna et al.，1998，p. 167)。

不幸的是，证据表明，一些心理咨询师和健康专家依然对女性持有性别角色的刻板印象(Simon，Gaul，Friedlander，& Heatherington，1992)，而且一些心理咨询师对女性在人生的不同阶段所面临的特定困境的了解仅流于表面。例如，在一个发展阶段，“关于膝下无子、单身、残疾、同性恋、少数民族、家族网络成员等中年女性的研究相对缺乏”(Lippert，1997，p. 17)。错误的估计、不正确的信念和对心理咨询师缺乏了解可能是造成女性来访者问题的主要原因(如那些轻度或中度的不孕者)(Gibson & Myers，2000)。在对这些人群进行心理咨询时，心理咨询师应该面对“没有顾及当前的问题，女性经常因不充分的理由而自责，而这些通常是由她们未认识到的被迫的文化适应造成的”，心理咨询师在考虑其他因素的同时，兼顾到社会政治因素是非常重要的(Petersen，2000，p. 70)。

专业心理咨询机构组成专项委员会和工作组致力于解决女性心理咨询中的各种难题。例如，在美国心理咨询协会内部设有一个全国委员会，而美国心理学会的第三十五分会则专门致力于女性心理的研究。

女性心理咨询的关注点

在女性心理咨询中，关注的主要焦点是围绕女性生活中的信息是否充分而展开的。许多关于女性特征和发展的早期理论，特别是那些建立在精神分析原理基础上的理论，倾向于将女性的性格描述为天生“被动、依赖、精神上不如男性坚强”(Hare-Mustin，1983，p. 594)。这些理论使女性地位大大降低，并限制了她们可获得的选择权(Garfield，1981；Lewis，Hayes，& Bradley，1992)。健康成年人行为的通用标准是以男性作为标尺的，而心理健康的双重标准则来源于成年女性的指标(Lawler，1990；Nicholas，Gobble，Crose，& Frank，1992)。这种双重标准将成年女性的行为简单地描述为缺乏社会认同度和不健康，而这种认知降低了人们对女性行为的期望，并在她们的非传统角色的发展中建立起了一道障碍(Broverman，Broverman，Clarkson，Rosenkrantz，& Vogel，1970)。

然而，文学领域的妇女研究和女性心理学从20世纪70年代早期少得可怜的三本教科书发展到今天此类教材和文献的大量涌现。许多由女性所著的出版物纠正了一些由男性提出的而没有第一手资料的有关女性问题的陈旧理论(Axelson，1993；Enns，1993；Lerner，1988)。例如，一些理论家提出埃里克森的心理社会发展阶段论较好地勾画出女性的发展。这些理论强调女性的独特性以及她们的关联性，而非独立性。

女性心理咨询涉及的另一个主要问题是性别歧视，即戈德曼(Goldman，1972)所描述的“比种族歧视更根深蒂固的歧视”(p. 84)。性别歧视(sexism)是一种认为对待女性应该以她们的性别为主要依据，而不是诸如兴趣和能力等其他标准的一种观念

(以及由此产生的行为)。这种对待是专断的、非逻辑性的、不能达到预期目标的和自私自利的。在过去,性别歧视一度甚嚣尘上,限制了女性通往某些专业的道路,鼓励女性从事护理等主要雇用女性的粉领工作。今天,性别歧视已经有所收敛,其外在表现更多的已不是过去的控制,而转化为忽视(Leonard & Collins, 1979, p. 6)。许多忽视的行为是由于缺乏信息或是在新的现实面前尝试改变信念而失败所引起的。但无论怎样,性别歧视不仅伤害了女性,同时也伤害了整个社会。

女性心理咨询的问题及理论

女性心理咨询的一个主要问题是心理咨询师对待女性个体和整体的态度。女性是多姿多彩的,所以对心理咨询师而言,他需要懂得如何根据女性身上的独特之处和相似点恰当地回应她们(Cook, 1993; Van Buren, 1992)。心理咨询师应该认识到在对处于不同生命阶段的女性进行心理咨询时必须要掌握专业化的知识,如儿童时期及青年时期(Bradley)、中年时期(Lippert, 1997)和老年时期(Myers, 1992)的知识。心理咨询师同时必须了解在不同的情况下对女性进行心理咨询的动力学,如进食障碍(Marino, 1994)、性虐待、强奸(Enns, 1996)、自杀(Rogers, 1990)以及职业发展(Cook, Heppner, & O'Brien, 2002)。

约翰逊(Johnson)和斯加拉图(Scarato)提出了一个模型,这个模型构建出女性心理学主要的知识领域,其中包括心理咨询师应该增加其对女性的了解以及减少偏见的七个领域:(1)性别角色刻板印象的历史和社会状况;(2)女性生理心理学和男性生理心理学;(3)人格理论和性别角色发展理论;(4)生命周期发展;(5)特殊人群;(6)职业发展;(7)心理咨询和心理疗法。在最后一个领域,作者将视线放在了能够取代传统心理咨询方法以及针对女性特有问题的新途径上。

泰晤士(Thames)和希尔(Hill)断言,除了基础知识之外,高效的女性心理咨询师必须具备四个方面的心理咨询技巧:言语的、非言语的、过程的和技术性的。他们必须能够将相应的干预技术运用到特定的女性人口中去。最后,心理咨询师还必须对其与女性来访者之间所产生的人际困难有一定的意识。

在女性心理咨询中使用的一个主要方法是女权主义者理论(feminist theory)。女权主义者认为女性心理咨询的开始是随20世纪60年代妇女运动的爆发而展开的。开始的时候,这个运动仅仅是对家长制度权力的挑战,但随着它的发展,女性作为一个人的基本权利和独特权利渐渐得到关注(Okun, 1990)。以卡罗尔·吉里根的《不一样的声音》(*In a Different Voice*, 1982)一书的出版为开端,女权主义者的理论越来越多地进入到心理咨询领域中。这种方法鼓励女性个体在改变自身,转变传统性别角色时,对社会化模式和个人选择方面给予更多的关注,并鼓励女性来访者更多地投入强调平等带来改变的社会活动中去。

在很多方面,女权主义者的理论更多地表现为心理咨询理论而不是一系列完整的指导。这些理论在对传统心理咨询理论的挑战和质疑方面是严肃的，因为传统理论模型通常倡导对男性权威和等级社会的维护。女权主义者理论的两大重点的强调之处与其他心理咨询形式的不同点在于：

1. 它强调在心理咨询关系中双方地位的平等。这源于一种观念，即女性问题与社会对女性的压迫是分不开的(Okun，1997)；

2. 它强调重视社会行为、政治行为和经济行为，将之视为治疗过程的主要组成部分。

双性化、关系的重要性、对自身性别的接纳以及无性别歧视的职业发展在女权主义者的观念中同样也在被强调。总体而言，“女权主义者的理论是从女性的经验出发，并以女性的价值观和信念作为前提的”(NwachukuI & Ivey，1991，p. 106)。

男性心理咨询

对女性心理咨询及消除性别歧视的聚焦也引起了对男性的独特要求的新关注。“尽管对男性的研究在过去的 20 年里已有较长的一段历史，但对男性及其经历的研究兴趣却始终在增长”(Wade，1998，p. 349)。在 20 世纪 80 年代初期，科利森(Collison，1981)就指出：“针对男性的心理咨询的程序似乎比女性要少(p. 220)。”然而，现在这种状况发生了变化，“对男性心理学兴趣的萌芽使得人们对男性临床心理咨询服务的要求越来越高”(Johnson & Hayes，1997，p. 302)。

对男性心理咨询的关注

对男性心理咨询的关注通常源于他们的社会化。一部分男性社会行为可以这样来解释，即他们的传统性别角色观念较之女性的传统性别角色观念的界定更为狭隘，而且自孩提时代开始“大人们对表现出女性特征的男孩的制裁比表现出男性气质的女孩的制裁更为严厉”(Robinson & Howard-Hamilton，2000，p. 196)。此外，在儿童时代，女孩如果表现得情绪化或者行为富有表现力常常会得到奖励，而男孩则往往在不带情感的体力活动中受到人们的鼓励。同时，许多男性将他们的情绪反应深藏心中，使自己表现出自主性、攻击性和竞争性(Scher & Stevens，1987)。他们被教导要表现出斗士的气概，而非抚育性的女性特征，他们常常“会因为向女性化的方向发展而感到自己失去力量和地位”。这种现象在年轻人中尤为如此(Brown，1990，p. 11)。因此，作为一个群体，男性基本上是从认知的角度来行事的(Pollack & Levant，1998；Scher，1979)。男性往往避免情绪性的表达，因为他们缺乏这方面的经验以及害怕因此而引发焦虑。

在这些紧张的角色中，对自身和他人需要的无动于衷经常会发生，对心理和生理问题的否认会成为缩短生命周期的致命因素(Jourard，1971)。此外，“男性在独立中得到心理上的安全感而害怕亲密”(Davenport & Yurich，1991，p. 65)。因此，从事男性心理咨询的心理咨询师必须意识到他们中的许多人将会孤独，且变得沉默寡言。很多时候，他们并非固执己见，而仅仅是表现出他们被强化的一些行为。许多男性在儿童时代就由于社会风俗而变得自我封闭，特别是在其他男性面前。

谢尔(Scher，1981)在帮助心理咨询师认识男性所处的现实情景时提出了一些指导方针，包括：(1) 重视变化给大部分男性带来的困境；(2) 由性别角色刻板印象所带来的各种限制；(3) 寻求支持和处理情绪问题的重要性；(4) 区别个体在生活和工作方面角色及规律的差异的需要。

作为一个群体，男性比女性更不愿意接受心理咨询(Gertner，1994；Worth，1983)。大多数男性只在危机情境中选择进行心理咨询，这是因为他们通常期望能够表现得自我支持，否认自身的需要，且能照顾他人(Moore & Leafgren，1990)。男性在不同的年龄和阶段有着独特的关注对象。因此，当对男性进行心理咨询时，借助于诸如埃里克森和莱文森(Levinson)这些强调成长主线的发展模型是非常重要的。

男性心理咨询的问题及理论

在男性心理咨询方面，除了现实的事件，还存在着众多的荒诞的传闻(Kelly & Hall，1994)。当男性能够打破传统限制时，他们通常积极参与心理咨询，并将它看成另外一种竞争。对于这个过程，他们有着很高的期望，并希望取得成效。另外，作为一个群体，男性在心理咨询进程中往往表现得冷静而又真诚，能够直接地、真实地表达自己的想法。

男性在认知功能方面的优势给心理咨询师带来了特别的挑战。马里诺(Marino，1979)建议心理咨询师在对男性进行心理咨询时远离认知领域，而着重在他们声音的情感基调中，在他们行为和情感的矛盾中，在他们关于控制和教养的矛盾心理中进行探索。谢尔还建议心理咨询师带领来访者从认知领域转向情感领域，并推崇以向男性来访者就显而易见的个人困境中自身情感进行解释为开端，然后耐心地为他们揭示隐藏的影响的心理咨询过程。

与远离认知领域的观点相反，伯奇(Burch)和斯科夫霍特(Skovholt)建议可以将霍兰德(Holland)的人-环境交互作用的模型作为认识男性和进行男性心理咨询的框架。在这个模型中，男性倾向于在真实的情境中行事。这些个体通常缺乏社会技能，但拥有机械技术(mechanical technical)的技能，因此他们建议通过认知行为途径来促进彼此信任咨询。贾尔斯(Giles，1983)不同意这种观点。他指出，没有研究能够支持这一结论。他认为当心理咨询师改变心理咨询方法以适应来访者的特点的方法并不一定能够行之有效。

假定强调对群体中的人际学习，那么以此途径进行干预可能是更为有效的一种干预策略(Andronico，1996；Jolliff，1994)。男性群体的目标增加了对个体的性别角色情境的觉察，促进个体去实践被人们所期望的新的行为，也推进了以个人需要为基础的生活方式。三种类型的男性——男性性侵犯者、男同性恋、无家可归的男性——可能将特别受益于群体工作(DeAngelis, 1992)。在群体中表现不佳的男性通常是那些狂躁的、非常抑郁的、处在严重危机中的、沉溺毒品的、醉醺醺的或偏执的人(Horne & Mason, 1991)。

男性团体心理咨询通常在消除防御方面很有力量,例如,否认和建立一种团体的感觉。心理咨询师要使自己的工作富有成效,则必须公开宣布这类群体的有效性,仔细筛选潜在候选人,认定行动所要聚焦之处,进行行动开始和结束的仪式以及形成旨在解决诸如冲突管理等深层心理问题的干预战略(Hetzel, Barton, & Davenport, 1994; Horne & Mason, 1991)。

穆尔(Moore)和哈弗坎普(Haverkamp)在一项控制良好的研究中发现,进行男性团体心理咨询时"经自我报告和行为测验显示:年龄在30到50岁之间的男性能够提高他们表达情感的水平"(p. 513)。在人生不同的发展阶段,许多男性在努力变得更亲密,努力加深彼此的关系,努力直面自己的情感。另外,男性群体在这种成熟度上可以有效地促进变化的发生,正如作者所言,当社会学习典范成为其他男性的榜样并强化新的行为时,变化发生了。罗伯特·布莱(Robert Bly)和创作神话诗运动(mythopoeic movement)(在男性团体心理咨询中利用神话和诗歌)就是这种改变的典范力量的例子(Erkel, 1990)。

当推进情感问题的变化,并对此进行探索时,心理咨询师必须认识到:大部分男性工作环境中的准则与其领域准则是不同的。心理咨询师还必须提醒男性不能表现得太幼稚,也不能自说自话地将个人生活中新发觉的行为移植到其所处的工作环境中去。

男性心理咨询与所有的群体心理咨询一样,是一种复杂的现象,但其潜在的好处是巨大的。它们包括帮助男性形成对应期望和改变角色的有效的战略(Moore & Leafgren, 1990)。通过心理咨询,男性还可以形成可用于"婚姻的沟通、与应激相关的健康问题、职业和人生决策以及家庭互动"等的新技能(Moore & Haverkamp, 1989, p. 516)。一个特别有说服力的程序是选择一些男性,要求他们来访谈其父亲。利用一系列关于家庭传统的结构式、开放式的问题,这些男性通过更为深入地了解他们的父亲来发现自己。这种新的理解能够成为在其家庭内部实行不同行为的催化剂。

心理咨询和性取向

不管你是否同意这个观点,个体的生活方式是互不相同的,性取向和社会取向也有着差别(Dworkin & Gutierrez, 1989)。有人认为在美国有5%到10%的人口是同性恋者(Moursund & Kenny, 2002)。此外,还存在着不为人知却占有相当比例的双性恋和跨性别者。这些人经常被他人模式化,并受到歧视。多年来,各种传闻和刻板印象围绕在他们周围，强加在他们身上。人们把这些人看做变童者，并认为同性关系是不可能持久的(Chen-Hayes, 1997)。在美国心理咨询协会中设有一个同性恋、双性恋心理咨询事务协会(AGLBIC)，这个协会专门研究与这一类人口有关的各类问题。

同性恋者、双性恋者和跨性别者在早年生活中常常会面临很多困难。有这些倾向的儿童经常在成长的过程中对自己的身份定位产生疑惑。他们时常体验着孤独，心灵经受着煎熬，难以与同伴相处，他们的家庭也常常起冲突(Marinoble, 1998)。其中的许多人深受其扰。甚至一些心理咨询师也很难像人们所期望的那样对他们予以认同。这些令人不快的现象一直持续到 20 世纪 70 年代中期，甚至美国心理咨询协会《精神疾病的诊断和统计手册》都将同性恋诊断为一种病态。正如鲁道夫(Rudolph, 1989)所说的那样："有史以来对许多来访者和心理咨询师而言，援助同性恋(双性恋)，给与其心理治疗都是极不舒服和不满意的一件事(p. 96)。"

在心理专家所代表的主流文化中，对那些非异性取向的人自然而然地存在着一种否定的态度。当这些观点被以一种强有力的、独断的方式表现出来的时候，就会对同性恋者、双性恋、跨性别者的心理健康和幸福造成伤害性的影响，严重地干扰他们的整个发展历程。例如，在进行职业决策时，同性恋男子常常由于缺乏角色模型，而从事多为社会为他们设定的一些职业(Hetherington, Hillerbrand, & Etringer, 1989)。在任何一个受到歧视的少数文化中，人们遭受着痛苦，整个文化也受到消极影响。

同性恋、双性恋、跨性别者[1]心理咨询

同性恋、双性恋、跨性别者(transgender)在各自的生活方式上是多元化的，他们进行心理咨询的问题也是各种各样的。因此，持有这些生活方式的人拒绝心理咨询也有着许多特殊的理由。事实上，这些群体的成员可能与非同性恋者拥有许多共同的问题。因此，在倾听来访者诉说之前不做任何预先的假设是极其重要的。

然而，同性恋、双性恋、跨性别者会常常面对一些心理咨询关系问题。这些困难包括"走出去"，形成社区组织，遵循宗教实践，应对艾滋病和各种关系(House & Miller, 1997)。"走出去"(coming out)，让他人了解某人是同性恋者、双性恋者或跨性别者，可能会引起强烈的情感反应，例如在家人、朋友和僵持的关系中引起愤怒。这些人尝试建立社区组织或者遵循宗教实践的努力也常常会遇到同样的问题。因此，在这些问题产生之前，对如何去行动，如何来表达事先进行联系的话，则情况会很有利。着眼于修正个体所形成的自言自语的行为的认知法同样是一种很好的治疗方法。

---

〔1〕 跨性别者是指那些在出生的时候根据其性器官而被指定了某个性别，但是却感觉到那个性别是对他们的一种错误或不完整的描述的人。——译者注

同性恋者在处理与自身相关的艾滋病问题或者失去因感染艾滋病而去世的朋友及生活中的重要人物而产生消极体验时，可能需要特别的帮助(Moursund & Kenny, 2000; Springer & Lease, 2000)。因艾滋病而失去亲人的悲伤与各种与艾滋病相关的死亡可能是特别需要关注的，以免当事人产生持续的抑郁或创伤后应激障碍(PTSD)。

与同性恋、双性恋、跨性别者共事在许多地方注定不是一件受欢迎的事，但是如果当事者能够得到恰当的指导，就能够表现得当。这不仅意味着要对有这些倾向的人进行心理咨询，同时也必须要能够聚焦于转变来访者所生活的文化情境(Carroll, Gilroy, & Ryan, 2002)。

心理咨询和灵性

灵性(spirituality)是本章最后要阐述的问题。这是一个复杂的、多维的构造。“目前，还没有一个对灵性的统一定义”(Ganje-Fling & McCarthy, 1996, p. 253)。然而，“灵性包括追求卓越、自我实现、目的和意义、整体性、平衡、献身、利他和一种更强大的力量感”(Stanard, Sandhu, & Painter, 2000, p. 209)。而且，像卡尔・荣格(Carl Jung)、维克托・法兰克尔(Victor Frankl)、亚伯拉罕・马斯洛(Abraham Maslow)和罗洛・梅(Rollo May)等一些大师也强调心理咨询中的灵性。此外，作为一个概念，灵性通常指的是与整体感和完满状态相联系的一种出色状态(Hinterkopf, 1998; Westgate, 1996)。

在对灵性、宗教和心理咨询的全面认识中，英格索尔(Ingersoll, 1994)指出了界定灵性的重要性，并列出了描述它的几个维度：

- 超过自身的非凡力量的概念；
- 一种有意义(meaning)的感觉；
- 与非凡力量的关系；
- 对神秘事物开放；
- 玩兴(playfulness)感；
- 参与提高灵性的活动；
- 将灵性力量作为生命的整合者系统地加以运用。

因此，一个人的精神历程通常是其天性的一种发展，并伴随着对自身内心的探索，使自己与生命的意义更为接近，从而达到内外合一(Chandler, Holden, & Kolander, 1992; Kelly, 1995)。

在心理咨询领域里，人们越来越强调灵性和它对人们寻求帮助和期望保持健康的完满状态的重要作用(Burke & Miranti, 1995; Hudson, 1998)。对许多求助于心理咨询师的普通人来说，灵性和宗教“是他们生命的重要方面”(Burke, Hackney, Hudson, Miranti, Watts, & Epp, 1999, p. 251)。此外，不少心理咨询师也转向了灵性的和宗教性的价值观和实践。“心理咨询师的灵性力量得到了关注，在全国范围内得到了扩展，并开始在心理咨询师培训方案中得到渗透”(Myers & Truluck, 1998, p. 120)。

近年来有三个事件深刻地影响着人们对灵性的态度，这种影响是极为普遍的，对心理咨询也产生了间接的影响。其一是“由戒酒协会、少年戒酒协会和十二步骤方案所提出的非正式灵性”(Butler, 1990, p. 30)。另一是斯科特·佩克(Scott Peck)的著作，其中最为著名的要属《心灵地图》(*The Road Less Traveled*, 1978)，它在传统心理疗法和宗教之间架起了桥梁。最后一个重要事件是由约瑟夫·坎贝尔(Joseph Campbell)主演的系列电影，正如比尔·莫耶斯(Bill Moyers)在评论中所言，约瑟夫·坎贝尔“对灵性-心理的需求给予了尊重，在现代亦是如此”(Butler, 1990, p. 30)。

要找出这三个事件背后吸引大众视线的原因是不可能的。然而，精神、伦理及宗教价值观心理咨询协会作为美国心理咨询协会的一个分支机构正全力探索着灵性在心理咨询中的位置。对于心理咨询师而言他们也被不断要求成为强调灵性的人(Goud, 1990; Kottler, 1986)，采纳来访者的价值观以使心理咨询发生效果(Aust, 1990; Goldberg, 1994)。

英格索尔(Ingersoll, 1994)指出：致力于与来访者友好相处的心理咨询师如果能够持有一种特定的灵性观点将特别有利于帮助来访者确信其生命中灵性的重要性，运用与来访者的世界观相契合的语言或者想象来解决问题和进行治疗，并利用来访者生活中的其他“治疗者”，如牧师来对他们施加影响。这个过程呼唤文化敏感，也对最高标准的伦理实践提出了要求。此外，关注来访者的灵性和精神资源也成为心理咨询实践中更为基本的、内在的问题，心理咨询师必须要了解来访者的全部。

有时候，灵性是受一种特定的哲学或者宗教观念支配的，如道教或者基督教。有时却又显得模模糊糊。当灵性以宗教信仰的形式出现时，心理咨询师必须尊敬来访者，将他们信仰和价值观中的积极力量最大化，帮助他们战胜所遇到的困难。善于处理关于宗教事务问题的心理咨询师或者是兼职的(如“认识到宗教或灵性存在的绝对现实”，但认同多样的解释和途径)，或者是一个建构主义者(如认识到来访者的世界观由上帝和灵性现实构成)(Zinnbauer & Pargament, 2000, p. 167)。

不论灵性所作用的形式，来访者生活中的灵性的方面能够通过为其建立仪式和其他途径来关注，以帮助他们欣赏生活而不是贬低自己。例如，一个有仪式困扰(ritual distraught)的人可能会受邀写下他们感激的五件事(Hudson, 1998)，这些任务可以帮助他们在此时远离痛苦，走出低谷。

除了帮助来访者外，灵性的形式，如冥思和祈祷也将成为心理咨询师生活的重要部分。凯利(Kelly, 1995)在美国心理咨询协会附属心理咨询师的标准样本中发现：绝大多数心理咨询师在他们的生活中非常看重灵性的作用(甚至超过宗教机构)。在许多心理咨询案例中，“心理咨询师的个人灵性或者宗教性因素可能会成为影响来访者此方面因素的价值基础”(Kelly, 1995, p. 43)。因此,心理咨询师应该在对来访者的灵性进行评估时,也不忽视自身的灵性。

总结与结论

在本章中,我们探讨了特殊领域的心理咨询问题:跨文化心理咨询、老年人心理咨询、女性心理咨询、男性心理咨询、性取向心理咨询和灵性心理咨询。专业文学领域中每个群体关注的资料特别丰富,其中还涉及适用于这些人群和问题的心理咨询理论和技巧。的确,针对其中某个或某些群体的特殊课程和心理咨询训练在许多高级心理咨询师培训方案中都有提供。

尽管特殊人群的信息可能看起来与其他群体没有关联,但事实却不是这样。面向各类来访者的心理咨询师必须对来访者的个体和整体都有透彻的了解,这样才可能处理好来访者的一般的或特殊的问题。人们对某些群体的成员会产生刻板印象和角色定型,如老年人、男人、女人、同性恋者、双性恋者、跨性别者等。在这方面的文化局限性不仅影响着其中的人们,还影响了整个社会。战胜传统、偏见、害怕和焦虑,学习建立在精确的信息和感受力基础上的新技术是在跨文化社会和多元化社会中心理咨询的主要组成部分。

针对特殊群体开展工作时,在掌握一般规律的同时,心理咨询师必须关注到独特的东西。他们必须充分了解所运用的心理咨询理论的适用性及其局限性。谈话和自我暴露在很多文化中是不被认可的,特别是那些背离自己传统的人。同样,性别和性取向是表现情感和暴露个人弱点的因素。年龄和一个人的灵性发展也同样在心理咨询中扮演着一定的角色。如果要从心理咨询中有所收益,那么老年人必须表达自己的情感,以他们自己独特的方式解决过去的冲突。同样,灵性取向的人可能希望以一种非传统的方式解决困难或者聚焦问题。

心理咨询师必须不断地问自己:每一个来访者与他人相同还是不一样?群体中和群体间的共性是什么?个性又是什么?在关注普遍问题的同时,他们必须全神贯注于提高自身对个体事务的敏感度。当来访者与心理咨询师差别极大时,建立和培养心理咨询关系时必须要额外关注并运用技巧。

课堂活动

1. 与文化背景不同的人谈论他所面对的问题。这些问题中有多少是与文化相关的?多少只是与个体相关?把你的发现告诉全班的人。你和你的同学有何共同的发现?谈谈你对本章所涉及问题的个人观点。

2. 研究其他国家的心理咨询方法。这些理论和技巧是如何在这些文化中产生并适应个人和社会需要的?你认为自己研究的心理咨询方法能否在美国社会奏效?

3. 与班级的其他成员共同完成以下情境中的角色扮演活动：想象你现在已经65岁了。你在这个年纪会做些什么？你的需要是什么？你的期望是什么？心理咨询师该如何帮助你？你是否觉得自己对生活的期望与现在的情形不一样？参考庞佐(Ponzo,1978)提出的建议：人必须做自己，而不是按照年龄去活。讨论这些问题。

4. 将班级按照性别分组。让男生扮演传统女性的角色，女生扮演传统男性的角色。然后讨论职业选择、婚姻选择问题。谈论在做决定的过程中各自的感受。讨论当某人是同性恋者、双性恋者或跨性别者时会有如何不同的感受。

5. 分成三组讨论灵性在心理咨询中的地位，与全班同学交流你的观点。

第二部分 心理咨询的过程和理论

心理咨询是一个以理论为指导的过程。第五章到第七章讨论心理咨询的三个主要过程：建立咨询关系，在关系中工作，结束咨询关系。每个过程相关的特性和问题都列出来了。不考虑心理咨询师的理论取向，他们必须意识到这种咨询过程。

第八章、第九章描述并简要讨论了在咨询中理论的重要性以及折中学派咨询的本质。然后对十四种主要的理论用统一的方式在以下七个因素上进行了比较：创始人和发展者、人性观、心理咨询师的角色、目标、技术、优点和贡献以及局限。理论包括：精神分析理论、阿德勒理论、人本主义理论、存在主义理论、格式塔理论、行为主义理论、合理情绪行为疗法理论、现实疗法、鲍尔温主义系统理论、结构主义理论、策略咨询理论、问题解决中心疗法、叙述疗法和危机咨询理论等。这些都是这个专业中最普遍的理论。大多数理论对个体、家庭和团体都很有效。一些理论在本质上是线性取向的，一些是系统取向的；一部分是长程的疗法，但大多是简快的疗法。

第五章 建立咨询关系

心理咨询的发展进程有几个明显不同的阶段，各阶段都有可辨认的转变。第一阶段包括建立咨询关系，关注直接影响来访者的问题。也正是在这个阶段，两场战争开始了(Napier Whitaker,1978)。一场战争是关于咨询计划的战争，包括行政控制(如咨询时间安排、咨询费用、不同阶段的参与)；另一场战争则是发动主动性的战争，包括来访者自我改变的动机和责任心。心理咨询师取得第一场战争的胜利，来访者获得第二场战争的胜利是至关重要的。否则，咨询过程将会提前终止，心理咨询师和来访者均会认为此次经历很糟糕。

影响咨询进程和发展方向的其他因素包括咨询的物理环境、来访者的背景、心理咨询师的咨询技巧和已建立起来的咨询关系的质量。本章将会讨论这些因素，以及初次会面的性质和咨询的发展阶段。卡库夫(Carkhuff,1969/1993)和艾维(Ivey,1971)曾例证某些咨询反应越过理论而有助于建立咨询关系。这些做法有时被称作咨询小技巧，包括理论的和社会学习行为，诸如参与性、鼓舞性、反馈和聆听。如果心理咨询师掌握了这些技巧，那么心理咨询师与来访者相处时"其行为会更加符合文化背景方式，并且更容易发现生活经历的积极一面"(Weinrach, 1987,p. 533)。因此，本章将重点讨论咨询小技巧。

影响咨询过程的因素

影响咨询过程的因素有许多，有的因素使咨询变得更好，有的使咨询变得更糟。这里我们将讨论咨询计划、主动性、物理环境、来访者素质和心理咨询师素质。

咨询计划

来访者和心理咨询师有时对咨询的目的和性质有不同的看法。来访者不知道对咨询过程应该有什么期望，不知道自己在咨询过程中应该如何表现(Riordan, Matheny, & Harris, 1978)。对于许多人来说，求助于心理咨询师是最后一种不得已而为之的办法。他们可能已经从朋友、家人、牧师或教师等许多人们常见的求助资源中求助过(Hinson & Swanson, 1993)。因此，许多来访者通常犹豫不决，不情愿去咨询。如果没有咨询计划的约束，这些不确定性因素会阻碍咨询进程（Ritchie, 1986）。咨询计划是指“心理咨询师和来访者对咨询特征、情况、程序和性质的共同理解”（Day & Sparacio，1980，p. 246）。咨询计划用来帮助澄清咨访关系和指明咨询方向，维护心理咨询师和来访者的权利、角色和义务，保证咨询的成功（Brammer, Abrego, & Shostrom, 1993；Day & Sparacio，1980）。

操作指南是建立咨询计划的一部分。它包括时间限定（如每次咨询 50 分钟）、行为限定（防止出现破坏性行为）、角色限定（对每位参与咨询人员的要求）、进程限定（其中要求来访者根据咨询目标和咨询需要所担负的责任）（Brammer & MacDonald, 2003；Goodyear & Bradley，1980；Kelly & Stone，1982）。指南同时提供收费价目表和来访者所关心的其他重要信息。总之，咨询计划提供咨询过程的一个框架，促进咨询进程的发展。“咨询计划本身包含于治疗，也具有治疗效果”（Day & Sparacio, 1980，p. 246）。

咨询计划贯穿咨询的全过程，但在咨询的开头尤为重要。道恩（Dorn，1984）指出：“来访者寻求咨询的原因是自己处于一种静止的行为状态（p. 342）。”也就是说，来访者对自身的行为改变感到无能为力，失去控制。心理咨询师帮助来访者找到生活的新方向，为来访者提供具有建设性的指导。咨询计划建立是依据咨询的理论、来访者的个性特征和来访者将解决的主要问题范围。太多的咨询计划对来访者有害，也是不足取的（Patterson &Welfel，2000）。因此，心理咨询师应该灵活地把握，并经常与来访者协商咨询计划的性质。

当来访者带着不现实的期望来咨询时，咨询计划的重要性是最明显不过的了（Patterson & Welfel，2000）。这种情况下心理咨询师必须快速与来访者制订咨询计划。对于心理咨询师来说，一方面可以向来访者提供咨询过程的相关信息，另一方面可以告知来访者他们之间的专业合同关系，如图 5－1 中所描述的（Gill，1982）。其中包括心理咨询师对人性的哲学观、咨询的目的、咨询期望、咨询责任、咨询方法和咨询道德。

主动性

主动性可以理解为改变的动机。里奇（Ritchie，1986）指出绝大多数心理咨询师和咨询理论都假设来访者是合作的。的确，许多来访者寻求咨询是自愿的或自我要求的。他们紧张，关注自我或关注他人，但在咨询中他们非常愿意努力且认真。然而，其他的来访者对咨询更多的是持保留态度。乌瑞德（Vriend）和戴尔（Dyer）估计在某种程度上大多数来访者对咨询都持不情愿的态度。如果心理咨询师面对似乎缺乏主动性的来访者，他们通常不知道怎样处理来访者遇到的问题，甚至无法进行咨询。因此，部分心理咨询师缺乏耐心，易激怒，甚至于可能放弃为这样的来访者咨询（Doyle，1998）。这不仅导致咨询关系的终止，而且容易出现替罪羊现象，最终以不能解决问题不完全是自己的责任而结束咨询。许多心理咨询师在咨询不成功时，往往责备自己或责备来访者，并以这种方式结束咨询（West，1975）。如果心理咨询师懂得在面对比较难以下手的来访者时运用动力学的咨询原理，这样的指责则不会出现。其中，我们可以假设来访者是自愿求助于心理咨询师的，想象他们来咨询时的实际感受。角色互换练习有助于心理咨询师与持不情愿和抵制态度的来访者产生共情。

持勉强态度的来访者是指被第三方建议咨询，并是被动寻求帮助的人（Ritchie，1986，p. 516）。许多小学生和法庭指派的来访者是最好的例子。他们不希望自己获得咨询，更不要说让他们来谈自己。许多勉强态度的来访者均过早地结束咨询，并报告咨询过程令他们不满意（Paradise & Wilder，1979）。

不情愿咨询的来访者是指不愿意，也没有做好准备或反对改变的人（Otani，1989；Ritchie，1986）。这种人虽然可能积极主动寻求咨询，但并不希望经历情感上的痛苦，不希望获得令人向往的改变，或不希望更清楚地了解自己的咨询需要（Cowan & Presbury，2000）。相反，即使这种行为缺乏建设性和动力，来访者却仍固恋于目前这种行为。某些持抵制态度的来访者拒绝做决定，处理问题停留在表层，且不会采取行动来解决问题（如做一些心理咨询师所建议的事）。据萨克（Sack，1988）所说，最常见的拒绝方式就是简单地说“我不知道”（p. 180）。这种反应使得心理咨询师很难进一步工作，同时也阻碍了来访者采取措施改变行为现状。

心理咨询师-来访者合约

Joseph Wittmer，Ph. D.，NCC 和 Theodore P. Remley. J. D.，Ph. D.，NCC

下述内容是由约瑟夫·威特玛（Joseph Wittmer）博士和西奥多·P. 拉姆雷（Theodore P. Remley）博士撰写的。威特玛是佛罗里达州盖恩斯维尔大学的咨询教育系主任和著名的服务教授。拉姆雷拥有法学学位和咨询教育博士学位，他是新奥尔良大学咨询教育系主任。

我们的专业正在变得越来越关注来访者的权利，就像越来越关注心理咨询师的能力一样。这里的心理咨询师-来访者合约正说明了两者的重要性。你可以自由地改动和使用这份合约，只要你认为合适即可。然而，你应该了解你所在国家的法律，了解你自己环境的独特性和你运用该合约的能力。NBCC 认为这份合约对大多数实行持证上岗的州制定适用于本州操作的合约有很大的帮助。

信息和内容

资质/经验：

非常高兴你能选我来做你的心理咨询师。这份合约让你了解我的背景，并保证你知晓我们的专业关系。

我是本州的注册心理咨询师。另外，我持有美国心理咨询师认证审理委员会（NBCC）证书，NBCC 是一个民办国家心理咨询师认证机构。我的咨询业务只限于……（来访者的类别，如青少年、个人的、职业的、婚姻等等）。

咨询的性质：

我拥有……(学校或教育机构)的学位(你的最后学位或与咨询有关的学历)，从××年起(获得咨询或相关领域的博士学位起)即是一名专业心理咨询师。

我只接受那些我相信在我的帮助下能够解决自己问题的来访者。我相信随着人们不断地接纳自己，他们更容易发现生活中的快乐和满足。然而，了解自己和接纳自己有时会需要较长一段时间。有些来访者只需要几次咨询，而有些来访者需要几个月甚至几年的咨询。我始终会支持来访者。如果咨询成功，在未来的生活中你将会无需我的支持和干预，你一定能够面对自己生活中的挑战。

尽管在咨询期间我们会涉及感情上的和心理上的非常私密的部分，但是请你一定要明白我们只是专业关系，而不是私人关系，这一点非常重要。我们的合约只是在付费期间有效。请不要邀请我参加社会聚会，请不要馈赠礼品或者要求我做专业关系以外的任何事情。如果我们的关系严格控制在专业关系水平上，那么在咨询期间我会集中关注你的问题，你将获得我最好的服务，在你咨询期间，你会更多地了解我。然而，重要的是请你记住你了解的我只是我的专业角色。

转诊介绍：

无论何时，无论什么原因，只要你对我的服务不满意，请你告诉我，如果我不能解决你的问题，你可以向你所在的州的咨询专业委员会(BPC)投诉，投诉电话……，或向 NBCC 投诉，电话 336-547-0607。

费用、咨询取消和保险补偿：

我愿意为你提供服务，每人每次××美元，每对夫妇或每个家庭每次××美元，每个团体每次××美元。费用在每次咨询时结束付清。你可以付现金或支票。假如你不能按时咨询，请你务必提前一天(24 小时)通知我。如果我没有收到通知，你必须为你错过的"咨询"付费。

一些健康保险公司会因为我的服务提供补偿，而另一些则不会提供补偿。除此之外，绝大多数公司需要我对你精神健康状况的诊断，并说明你有"病"才会给你补偿。有些情况下，尽管你寻求咨询也是没有补偿的。如果你的情况需要一份资质诊断，我将在我递交给保险公司前告知你关于我计划递交的诊断说明。任何的诊断说明将成为你永久的保险记录。

如果你希望从保险公司获得补偿，我乐意为你提供保险公司需要的任何表格以便你获得补偿。因为你每次咨询完毕即付费，所以咨询结束后的所有保险公司的补偿应该直接给你，请不要在咨询结束后将任何补偿金支付给我。

保险公司发放补偿金前通常需要你支付一定数额的费用(可扣除的费用)，通常我咨询费中部分可以获得赔偿。你应该和保险公司业务代表联系，决定你是否可以获得赔偿及获得赔偿的具体日期。

咨询记录和保密：

我们之间所有的沟通均会成为医学记录，如果你需要时可以获得这些记录。我将为你所说的一切保密，下面几种情况除外：(1) 你让我直接告诉别人的内容；(2) 我认为对你或他人有威胁的内容；(3) 法庭让我提供的信息。

请在下方签名(请签两份，一份给你，另一份给我)，这样表明你已经阅读并理解以上所有内容，或者如果有问题已经得到满意答复了。

心理咨询师签名：__________　　　　来访者签名：__________
日期：__________　　　　日期：__________

图 5-1 心理咨询师-来访者合约

资料来源：From"A Counselor-Client Contract", by J. Wittmer and T. P. Remley, 1994, *NBCC News Notes*, 2, pp. 12～13. Peprinted with permission of J. Wittmer and T. P. remley.

奥塔尼(Otani,1989) 曾将阻抗分成四大类别：言语数量、信息内容、交流风格、对心理咨询师的态度及咨询时间(p. 459)。图 5-2 中列举了这些阻抗类型的 22 种形式。

A 类 反应数量上的阻抗

定义：来访者在交流过程中限制自己向心理咨询师提供的信息量

形式：沉默
尽可能少讲话
讲话冗长

B 类 反应内容上的阻抗

定义：来访者在交流过程中限制自己向心理咨询师提供信息的种类

形式：机智地谈话
沉迷于症状
简单叙述
情绪表露
沉迷于将来/过去
过于修饰的提问

C 类 反应风格上的阻抗

定义：来访者在交流中控制自己向心理咨询师提供信息的方式

形式：轻视谈话
自我反省/整理
预言
诱惑
最后暴露
限制设置
客观化
心理咨询师中心
遗忘
假承诺

D 类 咨询管理阻抗

定义：来访者违反一般的咨询原则

形式：不守时
付款滞后/拒付款
询问个人喜好

图 5-2 22 种阻抗形式

资料来源：Repritinted from "Chient Resistance in Counseling: Its Theoretical Rationale and Taxonomic Classification", by A. Otani, 1989, *Journal of Classification and Development*, 67, p. 459. © 1989 by ACA. Reprinted with permission. No further reprodnetion authorized with out written permission of the American Counseling Association.

心理咨询师可以通过多种途径帮助来访者获得咨询中主动性战争的胜利，从而获得咨询的成功。一种途径是预测部分来访者在咨询中出现的气愤、沮丧和防御

(Ritchie, 1986)。能够明了来访者中有部分是勉强或不情愿的心理咨询师可以有效地为这些来访者服务,因为当他看到他们的这些行为时毫不惊讶。

第二种处理缺乏主动性的方法是以非评判的态度接纳来访者、理解来访者,并做到对来访者有耐心。这样可以增加来访者对心理咨询师的信任,这正是人际关系建立的基础。非评判性行为同样可以帮助来访者更好地理解自己在咨询中的思想和感觉。接纳使来访者向他人、自己和咨询过程敞开心扉(Doyle, 1998)。

对心理咨询师来说,获取主动性战争胜利的第三种方法即是劝说(Kerr, Claiborn, & Dixon, 1982; Senour, 1982)。任何心理咨询师对来访者均会产生一些影响,或者反过来,来访者对心理咨询师也有一些影响(Dorn, 1984; Strong, 1982)。心理咨询师对来访者的直接的或间接的反馈方式将对来访者是否发挥主动性,寻求自我改变产生截然不同的效果。罗洛夫(Roloff)和米勒(Miller)曾提到咨询中劝说的两种技巧:领进门法(foot in the door)和合理化法(door in the face)。第一种劝说技巧要求来访者先答应一个小小的请求,然后再提出更高一层要求。例如,一个主动性请求:你愿意在这一周回顾你的思想和感觉吗?下个礼拜的请求即是:我很乐意从现在开始和你一起回顾一周以来你的思想和感觉。第二种劝说技巧中心理咨询师先让来访者完成一项似乎不可能完成的任务,然后要求来访者完成一项更合理的任务。例如,第一个要求是:我希望你从现在到下一次来咨询期间,每天和100个人做简短的交流。当来访者拒绝做这件事时,紧接着要求来访者:既然对你来说完成那项作业似乎让你不舒服,那么我想让你每天和3个人打个招呼。

心理咨询师帮助来访者获得主动性的第四种途径是面质法。在这种方法中心理咨询师切中要害地指出来访者现在正在做什么,如缺乏坚毅精神。来访者然后面对冲突,对自己负起责任来。来访者可以有三种直接面对方式:否定自己的行为,部分或全部接受自己的行为,综合前面两种情况形成一种中立的态度(Young, 1998)。来访者在行为上做出一些改变或重新接受某个问题是直接面对的有效结果,尤其适用于那些曾经尝试各种方法却没有效果的问题。

心理咨询师也可以使用语言,尤其是比喻,来降低阻抗程度或来访者不愿意的程度。"比喻可以降低威胁水平,通过讲故事,想象各种图像,提供新鲜的视觉刺激,挑战僵化的思维,允许接受新观念时的动摇,来克服心理咨询师与带有阻抗或不情愿的来访者之间常有的紧张(James & Hazler, 1998, p. 122)。"例如,心理咨询师在处理屡犯错误屡不改正者时,可能这样说:"如果战士每次打仗都惨败时,他该怎样做(James & Hazler, 1998, p. 127)?"

最后,萨克建议使用实用技巧消除阻抗,如沉默(或者停顿)、反馈(或共情)、提问、描述、评估、伪装、分享心理咨询师观点等。这些技巧特别适用于那些回答"我不知道"的来访者。依据某些理论,阻抗也被认为是无效的(deShazer, 1984)。如果从这个观点看,变化是不可避免的,来访者应该看做是合作的。如果合理的改变仍然没有出现,则说明心理咨询师仍然没有找到一种途径帮助来访者从他已经形成的模式中走出来。

物理环境

咨询可以在任何地方进行，但是一些物理环境可以促进咨询更好地进行。本杰明(Benjamin，1987)、舍茨尔和斯通(Shertzer & Stone，1980)提出，在促进或阻碍咨询进程的众多外部环境因素中，咨询地点是最重要的因素。本杰明曾谈起过一次在帐篷中进行的咨询，而绝大多数心理咨询师一般在室内进行，但他说咨询室没有一个通用环境质量标准，除非房内是"压抑的，吵闹的，易干扰的"(p. 3)。舍茨尔和斯通非常认可"咨询室应该舒适，富有吸引力"(p. 252)。厄尔德曼和兰佩(Erdman & Lampe，1996)认为可以改变咨询室的外观特征，以有助于来访者集中注意力，帮助咨询展开。这些特征包括柔和的灯光、使人安静的色彩、和谐舒适的家具和不同文化的艺术作品。他们还建议如果来访者是有孩子的家庭咨询或孩子来单独咨询，心理咨询师需要配有适合孩子尺寸的家具。

纵观物理环境和咨询的广泛的研究，普雷斯利和黑寨克(Pressly & Heesacker，2001，p. 156)发现了对咨询期间产生潜在影响的八种常见的建筑学特征，具体如下：

1. 装饰物(如艺术作品、物件、植物)——与人物海报、城市生活和抽象的作业相比较，人们更喜欢自然环境中的丰富的景象，人们在整洁的、有植物和艺术品的办公室中会更舒服。

2. 色彩(如色度、明暗关系、强烈度)——明亮的颜色与积极的情感相联系，深色与负面的情感联系在一起。

3. 家具和咨询室布置(如形式、线条、颜色、纺织物、大小)——与心理咨询师相比，来访者在咨询时更喜欢与心理咨询师保持适当的距离和……更具有保护性的家具陈列……。

4. 光线(如人工的、自然的)——通常人们倾向于在明亮的环境中交流，然而人们倾向于在更柔和的光线下进行较私密的谈话；全光谱光线有助于降低抑郁症的发生。

5. 气味(如植物、芳香、怪味)——令人不舒服的味道会引起人们不愉快的回忆，而宜人的味道会产生愉快的回忆；吸入芳香的食物和水果气味会促进自我报告抑郁症状。

6. 声音(如声音的高低、声音的频率)——声音可以增加或降低工作绩效；音乐可以加快治疗进程，影响肌肉紧张度、血压、心率和痛苦感觉。

7. 质地(如地板、墙壁、天花板、家具)——心理咨询师应该考虑使用柔软的、质地好的表面来吸收声音，增加来访者的私密感。

8. 温度(如温度、相对湿度、空气)——大部分人在温度为华氏 69 到 80 度，相对湿度在 30%到 60%之间感到适宜。

心理咨询师和来访者之间的距离(环境的空间特征或空间关系学)对咨询关系也会产生影响，而且这方面已经有人研究了。与他人之间相互交往的距离舒适度存在个体差异,同时受文化背景、性别和关系性质的影响(Shertzer & Stone, 1980; Sielski, 1979)。在美国,如果心理咨询师和来访者是异性,让人感到的舒适的平均距离是30到39英寸(Haase,1970)。这种最佳距离会因为房间的尺寸和家具的布置而发生变化(Haose & Dimattia, 1976)。

家具如何摆放依不同的心理咨询师而定。有些心理咨询师在咨询期间喜欢坐在桌子后面,但大多数人不喜欢这样。心理咨询师通常不考虑使用桌子,因为桌子客观上阻碍了亲密关系的发展。本杰明认为咨询时心理咨询师应该有两把椅子,并且应该在椅旁边放一张桌子。两张椅子之间应该成90度,这样来访者可以正视心理咨询师,也可以看着其正前方。桌子有多种用途,如放一盒餐巾纸。本杰明这样做让他自己感到舒适。每个心理咨询师布置咨询的物理环境时,应当让自己感到舒服。

无论房间如何布置,心理咨询师在咨询期间都不应该被打断。所有的电话都应该挂断。如有必要,心理咨询师应该放一块"请勿打扰"的牌子在门上,这样避免其他人进入咨询室。心理咨询师的职业道德要求保证来访者的隐私,这样确保来访者能够尽可能地敞开心扉。

来访者的素质

咨询关系始于第一印象。心理咨询师和来访者之间的相互感觉对建立建设性关系是至关重要的。沃那思(Warnath,1977)指出:"来访者有高矮胖瘦不同的体型,也有不同的个性特征和吸引力(p. 85)。"有些来访者更容易获得咨询的成功,通过传统方法最容易获得咨询成功的来访者具备"YAVIS":年轻(young),有吸引力(attractive),善于表达(verbal),聪明(intelligent),成功(successful)(Schofield, 1964)。不容易获得咨询成功的来访者具备"HOUNDS":相貌平平(homely),年长(old),不聪明(untelligent),不善言辞(nonverbal),处境不好(disadvantaged);或具备"DUDS":不讲话(dumb),不聪明(unintelligent)和处境不好(disadvantaged)(Allen, 1977)。以首字母缩写来描述来访者特征令人痛苦(Lichtenberg, 1986),但心理咨询师是会受来访者的外表和老练程度影响的。据布朗(Brown,1970)的观点,心理咨询师最喜欢为那些有潜力改变自己的来访者咨询。

庞佐(Ponzo,1985)指出个体外表吸引力的许多固定特征已经形成,这些特征是从众多来访者身上归纳而来的。外表吸引力大的来访者的治疗效果最好,这样的来访者的反应更积极。例如,古德斯丁(Goldstein,1973)发现,心理咨询师认为很有吸引力的来访者善于表达自己,在咨询中更主动。因此,年纪大的和身体上有残疾的来访者在咨询中可能会面临无形且强大的障碍。庞佐认为心理咨询师应该清醒地知道自身外表吸引力的重要性,当为有吸引力的来访者提供服务时应该控制自己的行为反应。否则,来访者的固定形象特征和不合理的假设会导致心理咨询师自我预言的实现(p. 485)。

来访者的非语言行为也是非常重要的。来访者经常通过非言语信息告诉心理咨询师他们是怎样想的或是怎样感觉的。梅瑞宾(Mehrabian,1971)和他的助手研究发现个体表达喜恶方式的比例如下:

个体表达所有的信息是通过 7%的语言表达,加上 38%声音表达,再加上 55%面部表情。面部表情所占比例最大,声调其次(声音表达),最少是文字。如果面部表情与文字不一致时,面部表情表达的信息是主要的(p. 43)。

因此,当来访者自我报告一切很好时,他的眼睛却看着地面,并且皱眉,大概可以表明实际情况与所表达的信息是相反的。心理咨询师在咨询关系中应该将来访者的身体姿势、目光接触、面部表情和声音与语言沟通视为同样重要。同样,在解读来访者身体语言和非言语信息时应当谨慎,并应当考虑其具体的文化背景(Gazda, Asbury, Balzer, Childers, & Phelps, 1998; Sielski, 1979)。

心理咨询师的素质

心理咨询师的个人素质和专业素质在建立咨询关系中是非常重要的。奥肯(Okun,2002)指出我们很难将心理咨询师的个性特征与其咨询水平和咨询风格分开来,因为两者是紧密联系的。她认为心理咨询师应该具备五种重要的特征:自我觉察、坦率、诚实、善于沟通和专业知识。

不断地提高自我觉察技能的心理咨询师经常与自己的价值观、思想和感情联系在一起。他们应该清楚地知道自己和来访者的需求,并能够精确地估计。这种自我觉察可以帮助他们忠实于自己和他人,帮助他们在咨询时更坦率,同时获得来访者的信任。拥有自我觉察技能的心理咨询师更容易清楚且精确地与来访者沟通。

让心理咨询师在咨询开始时就更具有影响力的另外三种特征是专业性、吸引力和信任度(Strong,1968)。专业性是指心理咨询师知识渊博程度和专业程度。将证书和文凭放在办公桌上的心理咨询师让人觉得更可信,从而会使咨询有效的可能性更大(Loesch, 1984; Siegal & Sell, 1978)。来访者希望与看上去更专业的心理咨询师交流。

心理咨询师的吸引力可以让来访者感到其与心理咨询师之间的相似,就像其身体特征相似一样。心理咨询师可以清楚地用没有专业术语的语言讲话并提供一些关于自己的信息方式使自己表现得有吸引力(Watkins & Schneider,1989),接待来访者的方式和与来访者保持目光接触,也会增加心理咨询师的吸引力。心理咨询师给予来访者的非言语反馈,如点头和目光接触,会使心理咨询师看上去更有吸引力(Claiborn, 1979; Lacross, 1975)。心理咨询师的着装也会影响其吸引力(Hubble & Gelso, 1978)。心理咨询师衣服应当干净、整齐,看上去很专业但不能分散自己的注意力。心理咨询师的身体特征同样会影响其吸引力,研究表明来访者在有魅力的心理咨询师面前更容易自我暴露(Harris & Busby, 1998)。

心理咨询师的可信任度与其真诚和一致性有关。心理咨询师真诚地关心来访者,并在建立咨询关系阶段经常表现出来。“心理咨询师和来访者之间不可能立即产生亲密感”,也不可能马上彼此信任(Patterson, 1985, p. 124)。某种程度上,两者都是在行为模式中产生的。绝大多数来访者对心理咨询师既没有完全不信任也没有盲目全信。但是,正如冯和考克斯(Fong & Cox,1983)所说,许多来访者会对心理咨询师的可信任度进行测试,测试方式有询问信息,透露秘密,询问爱好,给心理咨询师出难题,贬低自己或询问心理咨询师动机和投入程度。因此,心理咨询师对来访者的信任测试的反应与来访者信任测试问题相比,前者更有助于咨询关系的建立。

许多刚开始从事咨询的心理咨询师常犯的错误,是处理表面问题而不是给予来访者真正的关心。例如,假如来访者问心理咨询师:“我是否可以和你讲点事情?”刚从事咨询的心理咨询师可能的反应是:“你要说点事情具体指什么?”富有经验的心理咨询师的反应可能是:“听起来好像你还不确定是否可以完全信任我和我们的咨询关系。你可以多告诉我一些信息。”获得孩子的信任和成人一样,首先要听他人讲话,在心理咨询师做出反应之前,允许孩子通过语言和非语言方式自由地、开放地表达自己(Erdman & Lampe, 1996)。

初次面谈的风格

咨询过程始于最初的面谈。莱文(Levine,1983)指出专家研究得出“咨询的宗旨根据咨询关系的亲密程度和咨询的效果随着时间推移而发生改变”(p. 431)的结论。来访者改变多少和是否会来参加第二次咨询都取决于第一次面谈的结果。

心理咨询师和来访者在第一阶段中都会决定是否继续这种咨询关系。心理咨询师应该诚实、开放、合理面对自己,快速评估自己是否能够处理来访者的问题(Okun, 2002)。来访者也应该考虑心理咨询师是否让自己感到舒服,是否能够在全身心投入咨询关系之前信任心理咨询师。

来访者-心理咨询师的初次面谈

本杰明将初次面谈分成两种形式:来访者发起的初次面谈和心理咨询师发起的初次面谈。如果由来访者发起初次面谈,心理咨询师通常不能明确来访者的目的。这种不确定可能会让心理咨询师产生焦虑,尤其在咨询开始前没有收集到来访者的背景资料时。本杰明建议心理咨询师通过仔细倾听来访者来克服这种焦虑感。心理咨询师在这种情形下,通常需要“隐藏自我,进入他人内心”去倾听(Nichols, 1998, p. 1)。咨询开始并没有固定的模式。助人的面谈正如科学一样,它是一门艺术,每个心理咨询师必须在自己的经验和反省的基础上形成自己的风格。心理咨询师或许有先见之明,不会主动提出来访者可能有的任何问题,因为传统意义上来访者没有问题,他只是来获取信息。

本杰明认为如果心理咨询师主动约见来访者，那么心理咨询师应当第一时间让来访者了解约见的原因。例如，以学校心理咨询师为例，心理咨询师应当让学生做自我介绍。如果心理咨询师不能马上说明原因，来访者往往会一直猜测自己被约见的原因，并会产生紧张心理。

帕特森和韦尔弗(Patterson & Welfel,2000)认为所有的来访者都是怀着一点紧张和抵制心理进入咨询室的，无论你做了多少准备工作。本杰明假设绝大部分来访者和心理咨询师第一次会面时都会有一点害怕和一些不确定感。心理咨询师和来访者双方的不确定感会出现诱惑行为或反抗行为(Watkins, 1983)。心理咨询师可以通过与来访者沟通信息来避免这种行为的出现。曼西(Manthei,1983)倡议心理咨询师可以通过多种渠道——视觉的、听觉的、书面的、口头的和描述性的——介绍自己。尽管这种介绍有困难，但是这样对建立良好的咨访关系是有成效的。总之，早期的信息交流会增加心理咨询师和来访者之间多种选择的可能性，同时会增加来访者完全参与咨询过程的可能性。

以信息为导向的初次面谈

科米尔和哈克尼(Cormier & Hackney,1999)指出初次面谈有两种作用：(1) 搜集来访者信息；(2) 表明咨询关系的建立。尽管两种目的的面谈所侧重的技巧不同，但是面谈的任务是切合需要的，而且是相同的。

如果第一次面谈的目的是搜集信息，那么咨询计划是由心理咨询师决定的，心理咨询师要求来访者谈论特定的主题。心理咨询师可以通过探索、强调、封闭式提问和澄清方式反馈给来访者(Cormier & Hackney, 1999)。这些反馈的目的是要启发来访者说出实际情况。

探索问题通常包括“谁”、“什么”、“哪里”和“怎样”。这类问题需要用一个或两个以上的字来回答。例如，“你准备怎样获得一份工作?”在探索问题时几乎不用“为什么”来提问，这样通常表明不赞成，并会使来访者的位置处于防御状态，让来访者无法回答(Benjamin, 1987)。

强调是突出来访者一句话中的最后几个字。例如：

来访者：我现在所处的情境让我发疯！

心理咨询师：让你发疯?

封闭式提问是要求来访者做出一个具体、明确的回答。如“是”或“不是”。这类问题通常以“是”做开头提问(Galvin & Ivey, 1981)。

心理咨询师：你喜欢与他人见面吗?

来访者：喜欢。

封闭式提问对在短时间内获得大量信息是非常有效的。这种方式鼓励来访者详细地回答问题，这对咨询也很有帮助。

与封闭式问题相对的是开放式问题，这类问题通常以"什么、怎样或能"开头为典型特征，来访者可以从多个维度回答这类问题。例如，"这是怎样影响你的？""你能给我更多的信息吗？"和"再多告诉我一些信息。"封闭式提问和开放式提问之间的区别是"哪一种可以鼓励来访者更多地表达自己"(Galvin & Ivey，1981，p. 539)；两者之间的区别还在于，哪种方式更容易鼓励来访者澄清事实，哪种方式更容易鼓励来访者给出深层次的理解和解释(Young，1998)。

澄清是心理咨询师确认来访者所说的信息。这需要来访者重复或详细说明他自己曾说过的内容。例如，心理咨询师可能会说"请帮我理解这个关系"或"我在这儿看不到联系"。

以信息为导向的第一次面谈中心理咨询师希望获得更多的事实。他们经常假设这些信息可以用来做心理评估、职业评估和社会心理评估。医疗、精神健康、矫正、康复机构雇佣的心理咨询师更可能使用这些类型的面谈。科米尔和哈克尼搜集了心理咨询师在初次面谈中的部分信息(见图 5-3)。

以关系为导向的初次面谈

以情感关系动力学为导向的初次面谈与以信息为导向的第一次面谈显著不同。这种面谈更关心来访者的态度和情感。一般心理咨询师在以关系为导向的初次面谈中的反应包括重述、情感反馈、情感总结、澄清和非语言行为的确认(Cormier & Hackney，1999)。

复述是心理咨询师的一种简单的镜像反应，这种反应让来访者知道心理咨询师在积极地倾听。仅仅使用复述效果也不好。

来访者：我不知道至今是否有一个适合我的伴侣。我的工作让我永远在路上，与人隔离。

心理咨询师：因为工作性质让你不知道你是否能找到你的伴侣。

情感反馈与复述相似，但是前者是处理言语和非言语信息。情感反馈可以有许多不同层次，有些层次上的共情比其他层次上多一些。例如，心理咨询师对一位因失去双亲中的一方而一直在啜泣的来访者的反馈是：你现在仍觉得很痛苦。

情感总结是指对来访者表达的多种情感的解析。例如，心理咨询师可能对来访者说："约翰，如果我对你的理解是正确的，你正在因为你父亲的死而沮丧，同时因为工作很烦，你的朋友不能帮你减轻悲伤而令你失去信心。除此之外，你还感到你的妻子在情感上疏远你。"

非言语行为的确认不同于前面的例子。例如，心理咨询师是这样确认来访者的非言语行为的："我注意到你的双臂交叉在胸前并且眼睛看着地板。"这种反馈不解释行为的含义。

Ⅰ. 鉴别信息

A. 来访者姓名、通讯地址、电话号码，这些信息保证心理咨询师能联系到来访者。如果心理咨询师在两次会面之间需要联系来访者，这些信息是非常重要的。来访者的住址可以告诉心理咨询师他所居住的条件(如套房、学生宿舍、私人住房等)。

B. 年龄、性别、婚姻状况、职业(或学校、年级、班级)，这些信息同样重要。它告诉心理咨询师来访者是否是一个未成年人，并为以后咨询中的相互理解打好基础。

Ⅱ. 陈述问题：基本问题和深层问题

用来访者当时陈述信息的方式来精确记录信息，如果来访者当时陈述时有肢体语言，也应该记录下来。下列问题可以帮助揭示这类信息：

A. 这个问题对来访者日常生活的干涉程度如何？

B. 问题本身是怎样的？它与思想、情感的联系是什么？与可观测的行为有什么联系？

C. 问题是怎样产生的？问题存在多长时间？

D. 来访者能否说出与问题有关的一系列事件？这些事件发生的时间？与这些事件相联系的人是谁？事件发生前后又发生了什么？

E. 来访者这次决定咨询的原因是什么？

Ⅲ. 来访者的生活背景

来访者典型的一天或一周是怎样的？来访者目前的社会和宗教活动、娱乐活动是什么？来访者的职业性质和(或)教育背景怎样？

Ⅳ. 家庭情况

A. 父母的年龄、职业、人格特征、夫妻关系，每个人与来访者及其兄弟姐妹的关系。

B. 姓名、年龄和兄弟姐妹中的排行，来访者与兄弟姐妹的关系。

C. 家族中是否有精神病史？

D. 家庭稳定性，包括工作种类、搬家次数等等。咨询中的与来访者稳定性和(或)关系相关的问题可以帮助心理咨询师深刻地了解来访者。

Ⅴ. 个人资料

A. 医学史：从出生至今任何不正常或相关疾病、受伤。

B. 教育史：中小学、大学成绩，包括课外兴趣、与同辈的关系。

C. 服役记录。

D. 职业经历：工作地点、从事工作的种类、工作期限、与同事关系。

E. 性和婚姻史：来访者从何处获得性信息？约会史？是否有过订婚或婚姻史？以往其他的严重情感问题？结束关系的原因是什么？与当前配偶的法律关系怎样？什么原因与现在的配偶结婚(配偶的特征，个人思想)？结婚后的关系怎样？是否有孩子？

F. 来访者是否有咨询经历？来访者的反应是什么？

G. 来访者的个人生活目标是什么？

Ⅵ. 来访者在会谈中的表现

你也许想描述来访者的身体特征，包括衣着、摆式、姿势、手势、面部表情、声音、紧张程度。咨询中来访者怎样提到与你相关的信息？来访者反应的准备情况、动机、热情度、距离感、被动性等等。来访者是否有感知功能障碍影响与心理咨询师的合作？(据你观察记录)来访者的信息量、词汇量、判断能力和抽象能力如何？来访者思维的流畅性、规律性和语速如何？来访者语言表达的逻辑性怎样？是否与其他谈话内容有联系？

Ⅶ. 总结和建议

在咨询环节中，心理咨询师要关注来访者对问题的陈述和自己所获得的信息之间的每一点联系。心理咨询师要思考哪一类心理咨询师最适合来访者。如果你能成为这位来访者的心理咨询师，你认为你的什么特征有利于咨询？什么特征不利于咨询？来访者咨询的目标现实性如何？你认为咨询将需要多长时间？

图 5－3 以信息为导向的初次面谈

资料来源：From *Counseling Strategies and Interventions* (pp. 66～68), by L. S. Cormier and H. Hackney, Boston: Allyn & Bacon, 1999. All rights reserved. Reprinted by permission of Allyn & Bacon.

初次面谈

初次面谈的地点并不重要，但是专家建议心理咨询师应当开始就让来访者感到舒适(Cornier & Hackney, 1999)。心理咨询师应当将个人事务放在一边，以来访者为中心，包括倾听来访者的故事和其陈述的事情(Myers, 2000; Wilcox-Matthew, Ottens, & Minor, 1997)。这种表明对来访者真正感兴趣和接纳来访者的行为称之为与来访者建立融洽关系。

艾维(Ivey,1999)指出建立融洽的咨访关系最重要的两个小技巧是积极参与和观察来访者。心理咨询师需要理解来访者所想和所感觉的，并理解他的行为表现。在这个过程中，心理咨询师对来访者所用的隐喻的敏感度有助于心理咨询师理解来访者的独特的认知方式，同时有助于咨访双方的相互交流和合作(Lyddon, Clay, & Sparks, 2001, p. 270)。例如，一位来访者说别人将自己看做“昨日残留”(yesterday's leftovers)，这个隐喻暗示来访者的思想和言行的落后。无论怎样，建立和保持融洽的咨访关系对于揭示信息的真正含义，使来访者发生初步改变及咨询的最后成功均是重要的。

心理咨询师主动与来访者建立融洽关系的一种途径是邀请来访者说明其寻求帮助的原因。这种非胁迫性的邀请式谈话称之为“开门人”谈话法。与之相对的评判式或评价式谈话被称作“关门人”谈话法(Bolton, 1979)。最佳的“开门人”谈话法是这样询问和观察来访者的：“是什么原因让你来到我这儿？”“你想和我谈些什么？”“你好像痛苦得很，和我讲讲吧。”这些非结构式的开放式的谈话给来访者发挥主动性的机会(Cormier & Hackney, 1999; Young, 1998)。这种情况下，来访者更可能谈论有重点的话题。

那些适当地与来访者共情，给予来访者鼓励、支持、关心、关注、接纳和真诚的心理咨询师可以增加来访者谈话的数量、对谈话的理解程度和从初次面谈中获得的启示。在心理咨询师所有素质中，共情是最重要的。

共情

罗杰斯(Roger,1961)认为共情是心理咨询师“进入来访者现实世界，感受来访者内心世界”的能力(p. 286)。共情包括两种技巧：感知和沟通(Patterson & Welfel，2000)。

一个富有成效的心理咨询师通过来访者的感知模式和认知过程了解来访者的文化背景(Weinrach，1987)。这种联结心理咨询师和来访者之间文化差异的敏感性称之为文化共情，这也是心理咨询师应该培养的一种素质(Chung & Bemak，2002)。然而，心理咨询师尽管能够精确感知来访者的状况却无法表达自己的体验，这样的心理咨询师只能是一个有限的助人者。这样的心理咨询师或许了解来访者动力学，但包括来访者，没有人了解心理咨询师。显然，心理咨询师的沟通能力在任何咨询关系中都是非常重要的(Okun，2002)。

在初次面谈时，心理咨询师必须向来访者传递初级共情(Patterson & Welfel，2000)。初级共情是心理咨询师能够明确地使来访者知晓其理解来访者所说的主要问题。初级共情的表达是通过非言语交流和各种言语反馈实现的。例如，心理咨询师通过向前倾斜的身体，柔和而善解人意的语调，问来访者“我听说一系列严重损失限制了你的生活”。高级共情(第六章中深入讨论)是帮助来访者探索新的计划、问题和情绪的过程(Patterson & Welfel，2000)。对于初次面谈者来说，高级共情通常是不合适的，因为初次面谈中需要快而多地了解信息。来访者一定对咨询效果急切期待。

言语和非言语行为

无论共情的形式如何，共情是在关注(展示给来访者的言语和非言语行为的数量)的基础上产生的。言语行为是指理解或讨论来访者认为的重要问题的沟通欲望(Cormier & Cormier，1998)。这些行为(包括探询、澄清、复述和总结)说明心理咨询师对来访者的关注。心理咨询师的非言语行为同样重要。根据梅瑞宾的观点，心理咨询师身体上的关注行为，可以说明其对来访者感兴趣并对来访者开放。有效的非语言行为包括微笑、身体向前倾斜、目光接触、手势和点头等。

伊根(Egan，2002)总结了初次面谈中的五种非言语技巧，即“SOLER”。S(squarely)是指面向来访者，可以从字面上或喻义上理解成对心理咨询师位置的要求。这种姿势重要性是说明心理咨询师对来访者的投入和专心。O(open)是指咨询的开放的姿势，双臂双腿自然、不交叉，没有防御性。L(lean)是指心理咨询师身体向来访者倾斜。然而，倾斜太过分，与来访者距离过近会使来访者感到害怕，但是同时，太远也说明对来访者所说的问题没兴趣。心理咨询师要掌握一个合适的距离，让双方都觉得舒服。E(eye)是指目光接触。和绝大多数来访者保持良好的目光接触标志着心理咨询师与来访者的协调。对于其他的来访者来说，较少的目光接触(甚至没有目光接触)是合适的。R(relax)是指心理咨询师让人感到放松。心理咨询师必须让人感到舒适。

奥肯列出了支持性的言语和非言语行为，以帮助心理咨询师在咨询过程中经常对照(见表 5-1)。

表5-1 有助于咨询的行为

言语性行为	非言语行为
使用易理解的文字	采用与求助者相似的语调
确认来访者所述信息并给予反馈	与来访者保持目光接触
恰当解释来访者信息	不时地点头
总结来访者信息	面部表情丰富
对基本信息的及时反应	时不时微笑
使用语言强调(如"嗯"、"我明白"、"是的")	时不时打手势
用名字或"你"称呼来访者	与来访者保持身体姿势相似
合理地给予来访者信息	中等语速
回答来访者提出的有关自我的问题	身体向求助者倾斜
偶尔通过幽默缓解来访者紧张	放松、开放的姿势
言语不带任何评判并尊重来访者	语调自信
增进对求助者的理解	偶尔的抚触
用试探性解释引出求助者真诚的反馈	

资料来源：From *Effective Helping: Interviewing and Counseling Techniques* (p. 24), by Barbara F. Okun. Copyright © by Brooks / Cole Publishing Company. Reprinted by Permission of Wadsworth Publishing Company.

奥肯列表中的最后一条非言语行为"偶尔的抚触"具有政治敏感，也是有点争议的。尽管威利森和马森(Willison & Masson,1986)(同意奥肯的观点)指出咨询中人体接触具有治疗作用，艾林(Alyn,1988)强调"身体触摸的个人动机、广义的解释和反应是不太清楚的，在治疗中也可能是一种危险的交流方式"(p. 433)。作为一般的咨询原则，扬(Young,1998)建议触摸应该合理运用，并少用，它可以用来表示关心。心理咨询师可以简单地询问来访者"你愿意给陌生人触摸吗"来测试来访者对触摸的反应(Del Prete, 1998, p. 63)。因此，心理咨询师在咨询中应该谨慎地运用触摸，确保没有负面效应产生。心理咨询师在使用任何言语或非言语技巧时都应该认真谨慎。

无助于面谈的行为

咨访关系一旦建立，心理咨询师也必须意识到自己不应该做什么。否则，咨询中会出现对咨询没有帮助的行为。帕特森和韦尔弗列出了四种常见的且应该避免的阻碍心理咨询师和来访者之间沟通的行为，它们分别是给来访者建议、教育来访者、提问过多、给来访者讲故事。

给来访者提建议是这四种行为中引起争论最多的行为。诺尔斯(Knowles,1979)

发现处于危机中的志愿助人者的反应中70%～90%是给求助者建议。如果心理咨询师给来访者提建议，尤其在咨询的第一阶段，这将限制来访者对自己的思想和情感的梳理，并会极大地阻碍他做困难决策的能力的发展。心理咨询师的反应本来是想帮助来访者，但最后反而起到了阻碍作用，使来访者失去了自我的决断能力。例如，如果心理咨询师建议来访者终止其和他的矛盾情感关系，那么来访者则失去机会了解当初引起情感矛盾的原因。

萨克认为给来访者提建议并不总是具有破坏性的。他指出在紧急情况下(如在危机咨询时)，涉及来访者生命安全时，给来访者提建议，甚至直接采取行动是可取的。然而，他提醒心理咨询师要仔细倾听来访者，确信他真正需要建议，还是只需简单反馈。"我应该怎么办"和"我不确定我应该这样做"有很大的差异。除此之外，萨克倡议像卡库夫一样直接回答来访者的建议请求。在这种模式中，心理咨询师可以运用下列七种反馈中的一种：尊重、共情、真诚、具体性、自我暴露、面质和即时化。萨克认为心理咨询师在咨询中应该检查自己的角色，确保在咨询中摆脱提建议的束缚，运用各种反馈技巧更恰当地帮助来访者(p. 131)。

教育或讲道实际上是提建议的伪装的形式(Patterson & Welfel, 2000)。这种方式在心理咨询师和来访者之间形成很激烈的斗争以至于任一方都可能失败。例如，假如对一个性方面主动的女孩说"不要再和男孩子们缠在一起"，她可能做出相反的举动来表明她的独立。在这个案例中心理咨询师和来访者都没有改变对方的行为。心理咨询师可能会教育来访者，一下子可能会超过三句。与教育相反，心理咨询师跟着来访者才会有效(Evans, Hearn, Uhlemann, & Ivey, 1998)。

许多心理咨询师出现的常见错误是问题过多。心理咨询师和来访者之间言语的相互作用需要心理咨询师运用下列咨询技术：陈述、观察、鼓励和提问。

如果心理咨询师对来访者提问过多，来访者会感觉自己被心理咨询师盘问，而不是在咨询。来访者几乎没有机会发挥主动性，或许他们会形成防卫的态度。儿童可能会采用这种反馈方式，或者他们的反应会像做问答游戏一样，回答完一个问题后等着自己被问另一个问题，然后再回答，再等心理咨询师问问题(Erdman & Lampe, 1996)。心理咨询师应该避免一次问两个以上的问题，并尽量用开放式问题，这样有助于咨询关系的建立。

心理咨询师给来访者讲故事是最后一种对来访者没有帮助的行为。杰出的心理咨询师只有少数几个人通过讲故事使来访者受益的。米尔顿·埃里克森(Milton Erickson)是家庭咨询的先驱者，他会使用讲故事的方法帮助来访者。他所讲的故事通常富有比喻意义，而且是根据来访者的实际情况改编的。他们讲的故事之所以对来访者有帮助，是因为他们能够直接指导来访者根据故事思考自己的情况。然而，绝大多数心理咨询师都应该避开讲故事，因为故事通常会将注意力集中在心理咨询师身上，而不是来访者，这样会偏离帮助来访者的问题解决的方向。

奥肯列出了其他的没有帮助的言语和非言语行为(见表5-2)。表中诸如"打哈欠"之类的行为清楚地表示心理咨询师对来访者没有兴趣。其他诸如给建议的行为只有在特定的时间有帮助(如来访者感兴趣或来访者处于危机时)。当你看下表中的内容时,思考一下你最后一次有过这种行为的经历。

表 5-2 对来访者没有帮助的行为

言语行为	非言语行为
打断	不看来访者
提建议	坐得离来访者太远或转向来访者以外地方
讲道	打喷嚏
责骂	皱眉
哄骗	怒视
劝告	紧闭嘴巴
过多的探测和提问,尤其是"为什么"	摇晃指尖
直接命令	用手势分散注意力
居功自傲的态度	打哈欠
过多的解释	闭眼
使用来访者不理解的语言或术语	令人不愉快的语调
偏离主题	语速过慢或过快
理智化	鲁莽的行为
过度分析	
太多讨论自我	
轻视或不信任	

资料来源:From *Effective Helping: Interviewing and Counseling Techniques* (p. 25), by Barbara F. Okun, Copyright © by Brooks / Cole Publishing Company. Reprinted by Permission of Wadsworth Publishing Company.

探索和明确目标

建立咨询关系的最后部分,心理咨询师需要帮助来访者探索他所想讨论的具体范围并明确咨询目标。希尔(Hill,1975)强调提供指导建立目标是至关重要的。伊根(Egan,2002)观察到,当来访者有机会讨论自己的情况或讲述自己的故事时,咨询的目标则会被探索和最充分地明确。心理咨询师通过为来访者提供计划,积极地倾听(既听内容又听感情),帮助来访者明确和澄清目标,来使来访者关注自我。

鲁尔(Rule,1982)指出目标是"日常生活中令人充满活力的组成部分",但也是容易被遗忘的(p. 195)。他指出有些目标是没侧重点的,有些是不现实,有些是不一致的。没侧重点的目标是指不明确的、太宽泛的,或者说无优先次序的。心理咨询师和来访者有时会对非重点目标置之不理，因为追求非重点目标所花费的时间和代价并不如改变不希望行为有效果。然而，在绝大多数案例中，帮助来访者确定目标，制订可操作性计划，对确定首要目标是有帮助的。

无论对于心理咨询师还是来访者来说，非现实性目标均包括幸福、完美、进步、成为第一和自我实现。虽然这些目标使来访者受益，但是并不容易达到或保持。例如，有一位来访者，他工作努力，不久将获得晋升，他感到高兴，但他又不得不承担起新工作的责任并为新工作的进步而努力。非现实性目标最好与更广泛的生活目标联系起来。心理咨询师可以鼓励来访者设计探索性策略和设计家庭作业来实现这些目标。

鲁尔通常将不协调目标分成两类：真的不一致目标和似乎不一致目标（p. 196）。第一类目标与其他目标不一致，或者与来访者个性不协调。寻求咨询帮助的来访者并不希望改变自己的生活模式，这样的目标即是不一致目标。第二类来访者的目标看上去是不一致的，但事实上不是这样。这些来访者或许害怕承担个人责任，他们与施助者之间对话，通常是"是的，但……"的模式。

戴尔和乌瑞德强调咨询中判断有效目标的七个具体标准：

1. 咨询目标得到心理咨询师和来访者的共同认可。否则，任何一方都会耗费更多的精力。

2. 目标具体。目标太宽泛，将永远不能达到。

3. 目标应与自我-击败行为相关。来访者有许多需要实现的目标，但是只有与改变自我-击败行为相关的目标才应该坚持。

4. 目标是可实现的且是成功取向的。咨询目标应当具有现实意义，且来访者应当内外受益。

5. 目标是量化的且可测量。来访者和心理咨询师知道何时达成目标是重要的。目标如果是量化的，目标达成也容易确认。

6. 目标应该是行为上的且可观测的。这个标准与前一条标准相关的有效目标的达成是看得见的。

7. 目标应该是可理解的且可以清楚地阐述。心理咨询师和来访者能够清晰地交流目标，评估咨询目标达成何种程度的一种方法是一方用自己的语言重述。

伊根提醒到：在咨询的探索阶段和目标设定阶段中许多问题会影响稳固的心理咨询师-来访者关系的建立。其中最突出的问题包括速度太快、太慢，强烈的恐惧，来访者散漫，花费太多的时间和精力探索来访者的过去。心理咨询师预先警告自己将这些潜在问题谨记在心，其咨询效果则更好。心理咨询师从一开始就与来访者建立相互满意的关系是非常重要的。满意的关系建立了，积极的咨询则开始了。

总结与结论

建立咨询关系是咨询的第一阶段，它是一个连续的过程。心理咨询师安排咨询计划，来访者发挥主动性，双方获得双赢。来访者赢得的是更清楚地知道咨询的本质，知道自己的期望，心理咨询师赢得的是为来访者创造了一个舒适的氛围，让他愿意分享自己的想法和情感。

咨询可以在任何环境下进行，但是有些环境比其他环境更能推动咨询进程的发展。心理咨询师应该了解咨询所在的物理环境。

来访者会调整自己以适应咨询场所，但环境中的特定特征，如座位的安排，会影响咨询效果。其他一些明显的特征也会影响咨询关系的建立。例如，心理咨询师和来访者对彼此的感知是重要的品质。年轻的、善于表达的、聪明的、适应社会的和有吸引力的来访者比那些年纪大的、不太聪明的、看上去似乎不易被启发的来访者更易被心理咨询师以积极的方式对待。来访者可能更好地配合他感觉值得信任的、有吸引力的和博学的心理咨询师的咨询。

无论咨询的外部环境和最初感知如何，心理咨询师都要关注来访者的语言和非言语表情，这样更可能与来访者建立和谐融洽的关系。心理咨询师与来访者共情和运用其他有益的小技巧，如复述和反馈，可以进一步增进咨询关系。心理咨询师调整自己的价值观和情感，与来访者保持一致时，其咨询则更有效。初次咨询面谈可以由心理咨询师或者来访者提出，主要目的是搜集信息或确定关系动力。任何情形下，心理咨询师和来访者一同探索咨询可能的原因都是重要的。通过探索可以鼓励来访者确定咨询目标，有利于确定双方同意的咨询日程。如果这一步完成了，目标达成则开始了。

课堂活动

1. 想象你将在自己选择的环境中开展咨询的第一阶段。你将怎样布置咨询场所？面对一个真实的来访者，你在前十分钟怎样安排？记下每次经历并与其他同学分享。

2. 哪种类型的人最吸引你？哪一类人对你来说最难处理？三人一组，假想你将遇到最难处理的来访者，角色扮演为他咨询 15 分钟。注意你的言语和非言语行为。反馈给来访者和观察者，注意自己的行为，然后再听听他们所观察到的信息反馈。

3. 你能做些什么来增加自己对来访者的吸引力？与同班同学公开讨论自己能做的事情。你的行为清单与奥肯的清单有什么区别？你认为哪种行为对自己成为有效的心理咨询师最重要？

4. 四人一组，讨论怎样帮助非现实性来访者变成现实性来访者。讨论中，每一位成员扮演一个不同类型的非现实性来访者。注意你在特定情形下反应的差异。

5. 在对心理咨询的开始阶段有点概念的基础上，你对自己作为一名心理咨询师的感觉是什么？与班级其他成员讨论你的想法和感觉。你是否觉得与刚开始相比的确存在本质区别呢？这种区别是什么？

第六章 在咨询关系中工作

任何咨询的成功都离不开心理咨询师和来访者之间关系的建立（Kottler, Sexton, & Whiston, 1994; Okun, 2002）。这种关系的建立是一个不断发展的过程，其中包括对来访者寻求帮助原因的探索。根据卡库夫和安东尼（Carkhuff & Anthony, 1979）的观点，帮助的介入和探索就发生在这个阶段（参见第五章，回顾如何介入并建立咨询关系）。当这些阶段完成之后，心理咨询师和来访者就一起进入了理解和行动的阶段。起初，来访者的叙述可能比较宽泛，但随着咨询的进一步深入，比较特别的事情就会被提到或者凸显出来。

来访者在进行咨询时，他们生活中的某些领域是开放的或者是被理解的，而有些领域则是隐藏的或被压抑的。图 6-1 很好地展现了大多数来访者来咨询时的内心状态（Luft, 1970）。

咨询中前两个阶段的目标是使来访者充分放松，这样，他们就可以讲述自己的事情，发现自己盲区（未被自己意识到的区域）里的一些信息（见图 6-1）。一旦对这些领域有一个更好的理解（无论是否用口头语言表达出来），那些有文化的来访者就可以决定如何继续下去。如果他们的工作是富有成效的，他们就可以扩大乔哈里（Johari）窗格中自由活动区间的范围，而缩小那些限制性领域的范围（见图 6-2）。

人们有可能会觉得在这本书中所描述的和在乔哈里窗格中呈现的咨询过程是直线式的，但这并不符合实际情况（Moursund & Kenny, 2002）。咨询过程是复杂的，在咨询的整个过程中，多种因素相互作用、相互影响。因此，咨询的过程有相当多的工作是不断反复的（Egan, 2002）。有些在介入和探索阶段所用的技术，在理解和行动阶段同样也会使用，而新技术和其他不同的技术也不断地被综合进来。咨询要求心理咨询师始终保持敏感，时刻关注与来访者的关系情况，以及来访者自身的发展状况。心理咨询师必须随着咨询的发展，对来访者出现的新的需求保持警觉。

本章中，我们将探讨在理解和行动阶段中通常采用的技术。这些咨询技术包括改变认知、引导、多焦点反应、准确共情、自我暴露、即时化、幽默、面质、订立合同和预演等。此外，心理咨询师和来访者必须处理好由于过去和目前某些因素所引起的移情和反移情（Gelso & Carter, 1985）。因此，不断地去揭示心理咨询师和来访者的真实关系(那些没用防御机制如否认、投射等包裹起来的关系)并且把它们用于治疗是必要的。

	自己知道	自己不知道
别人知道	Ⅰ. 自由活动的领域	Ⅲ. 盲区——自己意识不到,但旁人清楚的领域
别人不知道	Ⅱ. 避免或隐藏的领域——隐藏以使别人看不到	Ⅳ. 不为自己和他人所知的领域

图6-1 来访者的乔哈里窗格

资料来源:From *Of Human Interaction* (p. 13), by J. Luft, Palo Alto, CA: National Press Books, 1969 and *Group Processes: An Introduction to Group Dynamics* (3rd ed.) by J. Luft, Mountain View, CA: Mayfield Publishing Co., 1984. Copyright 1969 by Joseph Luft. Reprinted by permission of the author.

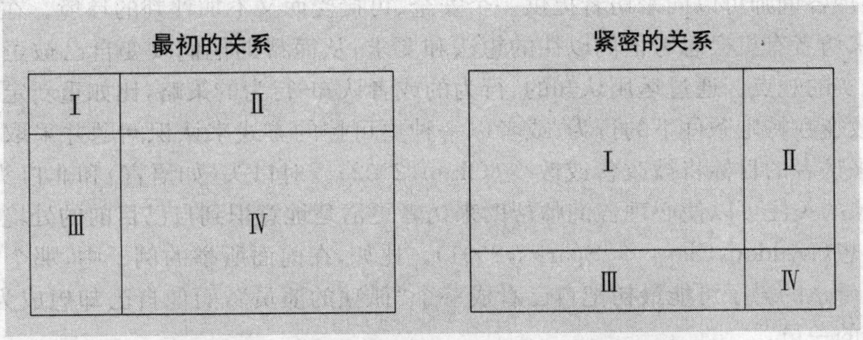

图6-2 在咨询过程中变化的乔哈里窗格

资料来源:From *Of Human Interaction* (p. 14), by J. Luft, 1969, Palo Alto, CA: National Press Books, 1969 and *Group Processes: An Introduction to Group Dynamics* (3rd ed.) by J. Luft, Mountain View, CA: Mayfield Publishing Co., 1984. Copyright 1969 by Joseph Luft. Reprinted by permission of the author.

在理解和行动阶段所使用的咨询技能

心理咨询师必须积极主动地帮助来访者改变。心理咨询师和来访者之间的和谐关系建立之后,心理咨询师需要利用一些技巧,使来访者以一种不同于以往的立场来看待自己的生活,并且相应地去思考、感受和行动。

改变认知

来访者经常把咨询当做最后的一种求助方式。这个时候,他们认为自己的情况不仅是严重的,甚至是毫无希望的(Watzlawick,1983)。人们一般都认为自己对事物的感受和理解是正确的。当他们与其他人交流对事物的看法时,他们往往把自己的看法当做事实的本身(Cavanagh,1990)。这种现象被称为功能固着。在这种情况下,人们只是从一种途径、一种视角来观察问题,或者只是看到特定情况下事物的性质(Cormier & Cormier,1998)。

比方说,有一个中年男人老是为照顾自己年迈的母亲的事而担忧不已。他意识到如果他把精力放在这个任务上,将会脱离自己的家庭,并会给其他家庭成员及他本人造成压力。而且,他也清楚,照这样下去,自己的精力将被耗尽,他将得不到自己所希望的提拔。他觉得自己正被要照顾两个家庭的问题所折磨,而且他觉得自己所面临的问题是一个只能二选一的问题。比较现实而合适的咨询目标应该包括寻找一些社会和家庭资源,用这些资源来帮助来访者照顾他的母亲、他的家庭以及他自己。在这个过程中,来访者将发现摆脱目前困境、提高工作效率的方法。既关心自己,又爱护他人,同时又充分地利用家庭与社会资源,这将使来访者以一个全新的视角来看待他所面临的问题,处理问题的方式也更健康。

心理咨询师可以向来访者提供一个安全、可接受而又不加评判的环境。在这个环境里,来访者有机会思考他们以往的想法和要求,从而帮助他们改变自己被歪曲的或者不现实的观点。通过运用认知的、行为的或者认知-行为的策略,比如重新定义一个问题,改变在特定条件下的行为,或者以一种更可控的方式来认识问题并采取相应的行动,来访者的目标将被改善或改变(Okun,2002)。对口头(如语言)和非口头(如行为)现象的关注可以使心理咨询师帮助来访者更清楚地意识到自己目前的处境和对未来的设想(Lyddon,Clay, & Sparks,2001)。比如,在前面所举的例子中,那个需要单独照顾母亲的男子可能最初把自己看成一个“孤独的演员”,而他自己却想成为“一个剧组中的一员”。

一般来说,在重构的过程中人们的认知会发生变化。重构是一种咨询技术,它给来访者提供了另外一种可能,并且用一种更积极的观点来看待事物。这种观点的改变给了来访者一种不同的反应模式(Young,1998)。一个有效的心理咨询师会不断地重构他自己和来访者的生活经历。比方说,一个人的粗鲁行为可以被解释为他在压力下想尽快完成一项任务的结果,而不是不喜欢那些被粗鲁对待的人。

重构在几乎所有的咨询中都得到了应用。比如,在家庭咨询中,重构帮助家庭成员改变他们认为家庭中的某个成员是所有问题的根源的想法,从而认为整个家庭都负有责任。在就业咨询中,阿曼德森(Amundson,1996)已经开发了十二种重构策略,这些策略使来访者能够回顾过去,立足现在,面向未来,从而扩大他们对自己以及劳动力市场的认识。在主要面向个体的咨询中,科米尔(Cormier,1998)指出,通过改变他对问题的看法,重构可以减少阻力,可以鼓舞来访者去做一些与以往不同的事。简单地说,重构可以帮助来访者对与行为有关的因素有更清楚的理解。重构把注意力的焦点从对事物特征的简单化归因，如“我是一个无用的人”，转化为一种更复杂、更准确的观点，如“有些时候，事情的进展不顺利，我感觉到自己没有价值”(Ellis，1971)。通过重构，来访者对他们自身以及所处的环境有更准确、更深入的了解。

引导

改变来访者的认知需要一定程度的劝说技巧和来自心理咨询师的指引，这些即为引导。这个由弗朗西斯·鲁滨逊(Francis Robinson，1950)所创造的术语是用来描述那些为了来访者的利益，心理咨询师所审慎采取的行为。引导的时间各有不同，有些引导咨询在某个咨询的阶段较合适，有些则不是。鲁滨逊用橄榄球中的四分卫和接球手来比喻一次引导过程。一个好的四分卫能够很好地预测接球手在场上将出现的位置。这就如同心理咨询师与来访者。心理咨询师能估计他们的来访者目前的情况，并预测他们即将出现的状况，然后再做出相应的行动。如果判断出现了问题，那么他们的引导要么太过(如劝说太多或过于直接)，要么不足(如联系不紧、不直接)，如果这样的话，咨询关系将会出现问题。

帕特森和韦尔弗(Patterson & Welfel，2000)列举了在咨询过程中心理咨询师对来访者可以采用的一系列引导技术(见图 6－3)。有些技术在咨询的开始阶段是比较适当的，如沉默、接受、解释等。另一些技术在理解和行动阶段使用将更恰当、更直接，如劝说。

心理咨询师采用何种引导手段，部分取决于他们所信奉的咨询理论以及咨询目前所处的阶段。最小的引导(有时被称为最小的鼓励)，是低风险的，比如“嗯”、“对”，或者“我在听”等，这些最好在建立关系阶段使用。而最大的引导，如面质，则更富有挑战性，一般只有当牢固的关系已经建立以后方可加以使用。

多焦点反应

每个人都有自己喜好的信息加工方式。不同的个体从同样的话里所得到的信息是不同的，个体偏好的方式影响其知觉和行为，牢记这一点，可以提高心理咨询师工作的效果。有些来访者是通过视觉来体验这个世界的，他们看到正在发生的事情；有些则是通过听觉，他们通过倾听来感受周围的一切；另外一些人是以触觉为导向的，他们通过身体上的接触来感知周围的情况(我有三个孩子，其中两个是嗅觉型的，他们对周围环境中的大部分事物是通过嗅觉来做出判断的)。艾维(Ivey，1999)和拉扎勒斯(Lazarus，2000)认为，不管怎样，符合来访者的基本感知与学习模式，对于改变他们是有决定性意义的。因为很多来访者都通过多种途径来感知这个世界，心理咨询师应该改变他们的反应，使用合适的语言，以表现出他们对来访者世界的理解。比方说，对于一个多种感觉途径的来访者，心理咨询师可能会说：“我懂你的意思，明白你所关心的问题。我感觉到你真的是心烦意乱。”

最小的引导反应	
沉默	当心理咨询师没有做出任何口头反应时，来访者一般会感到某种压力。在这种来自心理咨询师的最小的干预下，来访者将会选择如何继续下去。
接受	心理咨询师只是对来访者早先的陈述做一个简单的回应，如"嗯"、"对"。通过口头上的鼓励使来访者继续下去，但并没有从心理咨询师那里得到具体的刺激。
重述(解释)	心理咨询师复述来访者的描述，包括其内容与感情。重述使用的语言和来访者的原话基本一致。来访者被鼓励对他们所说过的内容进行回顾。
澄清	心理咨询师用自己的语言来表达来访者的意思，试图来澄清来访者的意图。有时，心理咨询师会对来访者几句话的要点做一个简单的反应。在这里，心理咨询师的准确察觉和恰当沟通的能力很重要。并且也要考察来访者是否适应了心理咨询师的引导。
同意(肯定)	心理咨询师肯定信息的正确性或者鼓励来访者自我决定的努力，比如，"这是一个好的新消息"，或者"你对自我的控制力好像增强了"。因为得到了肯定，来访者可能会继续深入探讨下去。
一般的引导	心理咨询师通过向来访者说："请告诉我，你的意思是?"或者"请再说一些关于这个方面的事情。"从而引导来访者对某个特定的话题继续深入下去。心理咨询师希望来访者能够听从他的建议。
解释	心理咨询师运用心理诊断学的原则，对来访者所感到的压力的起因给出建议或者解释其动机与行为。心理咨询师的陈述都以假设的方式被呈现，摆在来访者面前的是认清自己潜在的新途径。
拒绝(劝说)	通过积极地建议来访者采取不同于以往的行为，或者对其生活事件做出不同的解释，从而改变来访者的行为或知觉。
保证	心理咨询师向来访者表明，以他的判断，来访者的忧虑是不必要的，很多人都有类似的问题，但是他们都可以克服。这种保证可能使来访者觉得得到了支持，也可能使来访者觉得因为心理咨询师认为问题不重要，自己的问题没有得到足够重视。
介绍新信息新观念	心理咨询师从来访者最后的叙述开始，鼓励来访者考虑新的材料。

图6-3 引导的连续谱

资料来源：From *The Counseling Process* (3rd ed., pp. 126～127), by L. E. Patterson and S. Eisenberg, 1983, Boston: Houghton Mifflin.

用来访者自己的语言做出反应不但是重要的，而且也是强有力的。心理咨询师需要区分谈话中主要的情绪、行为、认知类型之间的差别。情绪反应集中于来访者的情绪，行为反应关注的是行为，而认知反应则重视来访者的内心思考。因此，心理咨询师要根据不同的来访者采用相应的词汇。表 6－1 就是由卡库夫和安东尼(1979)所列出来的一些最常见的词汇。

表 6－1 常用的情绪词汇

	情感的种类						
情感的强度	幸福	悲哀	恐惧	不确定	愤怒	力量	虚弱不充分
强	激动	绝望	恐慌	不知所措	愤怒	有力的	惭愧的
	欢乐	无望	恐怖	迷惑	有敌意的	权威的	无能力
	欣喜	沮丧	害怕	疑惑	狂怒	坚强	易受伤的
	大喜	崩溃	惊恐	困惑	生气	有效的	懦弱
	狂喜	悲惨	恐惧		残酷的		耗竭
	兴高采烈	被抛弃	覆没		可恨		虚弱
	欢呼	被击败			卑鄙		
		凄凉			报复性的		
中	积极向上	沮丧	担心	可疑	恼人的	坚韧	尴尬
	好的	灰心	不安	混淆	恼怒的	重要	无用的
	幸福	幻灭	紧张	怀疑	不愉快	自信	意志消沉
	乐观	孤独	担忧	多疑	狂热	无畏	无助的
	愉快	坏的	被威胁	迷惑不解	沮丧	精力充沛	疲惫的
	热情	不高兴	不安		愤慨	勇敢	无能的
	可喜	悲观			痛心	有胆量	没有用的
	兴奋	悲哀			心烦	大胆的	不胜任的
		伤痛			急躁的	确定的	不适当的
		不知所措			顽固	足够的	颤抖
					自信		
					熟练		
弱	快乐	低沉	不安	不确定	心烦意乱	坚决	脆弱
	高兴	气馁	提心吊胆	惊讶	苦恼	坚定	温顺
	满足	扫兴	焦虑	不安	不满	能干的	无能
	放松	忧郁	不舒服	犹豫	争论	强壮	疲软
	满意	孤独	不妙	厌烦	烦扰		
	平静	被遗漏	不自在		不愉快		
			防御				
			挂念				
			犹豫				
			急躁				

资料来源：Reprinted from *The Skills of Helping* written by Carkhuff, R. R. & Anthony, W. A., copyright 1979. Reprinted by permission of the publisher, HRD Press, Amherst Road, Amherst, MA, (413) 253～3488.

准确共情

几乎所有的从业者和理论家都认为在咨询过程中共情是心理咨询过程中最为重要的因素之一(Fiedler,1950;Gladstein,1983;Hackney,1978;Rogers,1975;Truax & Mitchell,1971)。在第五章里,我们已经简要地提到了两种类型的共情。一种类型是基础共情,另外一种是高级共情(Carkhuff,1969)。在这两种水平上,要做到精确共情,都必须要使心理咨询师从来访者的角度来理解问题,并且要能把自己的这种对来访者的理解反馈给来访者(Egan,2002)。有两种因素使得共情成为可能:(1)认识到有"很多情感"并不存在;(2)必须具有个人安全感。这样"你可以让你自己进入他人的世界,同时自己也可以回到自己的世界。你所感受到的一切都是'自如'"(Rogers,1987,pp.45～46)。

准确的基础共情包含向来访者传达一种对其情感体验、个人经验以及在这种情感下的行为表现的基本理解。这可以帮助建立咨询关系、收集数据、澄清问题等。比方说,一个来访者可能会说:"我真的感觉到我不能为自己做任何事情。"心理咨询师反馈道:"你感觉到很无助。"

准确的高级共情则不但意味着对来访者明说出来的意思做出反应,而且也对他们的言下之意或没有全说出来的内容做出反应。比方说,心理咨询师注意到一个来访者一边说"……我希望所有的一切都可以解决",一边眼睛望着天。心理咨询师回应道:"如果不这样的话,你不知道下一步该怎么办。"

共情包含三种基本要素:敏锐的知觉、知道如何做、决断。不同层次的反应对应着心理咨询师不同水平的共情。卡库夫设计了一个名为人际交往中的共情的量表,这个量表可以测量共情的水平。这五种水平的每一种都是在来访者所表达的情感和意思的基础上进行增减:

1. 心理咨询师的语言和行为,或者没有注意到来访者的语言和行为,或者改变了其原意。

2. 心理咨询师对来访者表达的情感做出了回应,但他忽略了其中某些明显的情感。

3. 心理咨询师的意思和来访者的意思基本上一致。

4. 心理咨询师做出了反应,并且把来访者所要表达的情感表述得更深。

5. 心理咨询师对来访者表达的情感和含义做出回应,并能够表达出来访者潜在的情感。

前两种水平的反应不能被称为共情。实际上,这两种反应阻碍了共情的产生。比方说,一个来访者诉说自己正为失去心爱的人而心碎,按前两种水平反应的心理咨询师有可能会说:"哦,你希望你从前的爱人幸福,不是吗?"这种反应就忽视了来访者所感受到的痛苦。

在卡库夫量表的第三种水平，心理咨询师的反应被认为是与来访者"基本一致"的。

在第四和第五种水平上，心理咨询师都在来访者所说的基础上增加了一些"值得注意"或者"有意义"的内容。能够明了来访者的言外之意及未尽之意，这使咨询区别于一般的谈话，其帮助性更大(Carkhuff,1972)。下面的一段对话就是一个高水平共情的例子：

来访者：我忙着一件又一件事情，我太疲劳了，我觉得我已精疲力竭。

心理咨询师：你整天忙得团团转，你希望在你崩溃前停下来，你渴望自己能够更多地控制自己的生活。

米恩斯(Means,1973)对上述的第四、第五种水平的共情作了详细阐述。他说明了心理咨询师如何才能更好地理解来访者的情绪体验、环境刺激、行为方式、自我评价、自我期待、自我信念。来访者的表述是变化多样的，因此心理咨询师必须做出灵活的反应(Hackney,1978)。心理咨询师是否做到了准确共情，这取决于来访者的反应(Turock,1978)。不管怎样，在咨询中的理解和行动阶段，心理咨询师综合采用第四、第五种共情方式来帮助来访者是非常重要的。

自我暴露

自我暴露是一个复杂的问题，目前针对自我暴露的研究已超过200个(Watkins,1990)。它可以简单地定义成"一种技术，运用这种技术，心理咨询师有意地与来访者分享一些自己的生活信息，这些信息是在咨询关系之外的"(Simone, McCarthy, & Skay,1998,p. 174)。西德尼·乔拉德(Sidney Jourard,1958/1964)最早进行了这个方面的研究。在他看来，自我暴露意味着一个人通过讲述自己的个人事务从而被他人了解。乔拉德发现自我暴露可以建立信任并推进咨询关系的发展。他把相互间的自我暴露看做相互作用的结果(Jourard,1968)。

来访者的自我暴露对于一次咨询的成功是必要的，但对于心理咨询师来说，他们的自我暴露却并不总是必须的。"必须在评价具体的咨询关系的基础上，才能判断心理咨询师是否需要自我暴露"，而且即使需要，自我暴露的程度也要和"来访者的需要"相匹配(Hendrick,1988,p. 423)。

在某种程度上，来访者更愿意相信那些暴露了自己个人信息的心理咨询师，也愿意做出相应的暴露(Curtis,1981;Kottler et al.,1994)。青少年尤其如此，他们在那些"心扉开放、平易近人"的心理咨询师面前感到更加轻松(Simone et al.,1998,p. 174)。在最初与来访者的会面中，心理咨询师会运用到自我暴露。这种暴露以给来访者一个正式的书面说明作为基础。说明书中主要介绍了心理咨询师的相关情况以及一般的咨询步骤(专业的说明范例见图5-1)。在咨询过程中，特别在理解与行动阶段，心理咨询师往往也自觉地使用自我暴露以使来访者的相关个人事实得以展现。自然的自我暴露对于推动来访者采取进一步行动是很重要的(Doster & Nesbitt,1979;Watkins,1990)。

根据伊根(Egan,2002)的说法,心理咨询师的自我暴露有两个基本功能:为一种新的远景做示范以及发展这种新的远景。如果来访者看到心理咨询师很坦诚,他们也会变得更加坦诚。心理咨询师的自我暴露可以使来访者看到,心理咨询师同样也会遇到种种困难,也是一个有血有肉的人(Cormier & Hackney,1999)。因此,当来访者听到心理咨询师讲自己生活的某一个方面时,来访者也可能会检查自己生活的相应方面,比如固执、恐惧等。同时,来访者也会感觉到自己的困难和体验别人也有,而且是可以解决的。伊根强调说,心理咨询师的自我暴露应该简洁,有针对性,而且不能加重来访者的问题,不可频频使用。整个过程并不是直线的,过多使用自我暴露不见得是更好。在自我暴露之前,心理咨询师应该问自己这样一些问题,如"我是否想清楚了自己为什么要自我暴露?""是否有其他更有效、更安全的方法来达到同样的目的?"以及"我的暴露是否时机恰当?"(Simone et al.,1988,pp. 181~182)。

克莱恩(Kline,1986)发现,来访者把自我暴露当做一种冒险,面对这种冒险,他们往往会表现出迟疑。这种迟疑可能会表现为拒绝谈论某些问题、改变话题、保持沉默或者絮絮不止。克莱恩建议心理咨询师不但要给来访者示范如何自我暴露,引导他们自我暴露,而且要研究他们对咨询的消极情绪,与他们约定只讨论限定领域内的话题,必要时面质其为何回避某一特定话题。通过以上这些方式来克服来访者对自我暴露的恐惧。

即时化

"即时化,涉及心理咨询师对正在进行的心理咨询师和来访者之间所发生的事情的理解和沟通,包括帮助关系,部分还包括来访者的感受、印象和期望,同时也包括心理咨询师的想法"(Turock,1980,p. 169)。下面有三种基本的即时化技术类型:

1. 整体关系上的即时化——"我们现在进行得怎样?"
2. 关注某一阶段特定事件的即时化——"接下来我们要干什么?"
3. 自我表述(如立即对来访者做出反应,这是有一定挑战的)——"我喜欢你在这种情况下处理问题的方式(Egan,2002,pp. 180~181)。"

伊根认为即时化既是困难的,同时也是高要求的。它比其他任何人际沟通技巧更需要勇气与果断。

图若克(Turock,1980)列举了很多心理咨询师在运用即时化这种技术时的三种担心。首先,他们担心来访者误解他们的意思。即时化,它要求心理咨询师对来访者的想法或感受做出一个尝试性的猜测或解释,而一个错误的猜测将会导致来访者对心理咨询师失去信任。

第二,即时化可能会产生一些意想不到的结果。许多咨询技巧,如反应,会产生预期的结果，而即时化则不会。它的使用可能会打破心理咨询师与来访者之间业已熟悉的模式。在这个过程中，心理咨询师与来访者之间的关系可能会受到影响。

第三，即时化可能会使来访者做出中止咨询的决定，因为他们感觉到，他们不再能控制与心理咨询师的关系。有些来访者敷衍塞责，如说"它不是可怕的吗"，他们也希望心理咨询师能够做出相应的反应(Berne，1964)。如果来访者得到的反馈不是他们所预期的，他们可能决定不再咨询了。伊根认为即时化最好运用于以下几种情况：

- 在无方向的关系中；
- 有压力的地方；
- 存在信任问题的地方；
- 心理咨询师与来访者之间有相当大的社会距离，如存在文化差异；
- 存在来访者依赖；
- 存在反依赖；
- 心理咨询师与来访者互相吸引。

幽默

幽默是给某个问题或某种情况一个异样的或者意想不到的反应。对于心理咨询师来说，这既需要敏感，又需要适时。咨询中的幽默决不是为了贬损某人(Gladding，1995)，相反，它应该是心理咨询师与来访者相互沟通的一座桥梁。如果使用恰当的话，它是"一种有很多治疗应用的临床工具"(Ness，1989，p. 35)。幽默可以帮助来访者消除阻抗、减轻压力、远离心理困扰。心理咨询师的笑声往往会引发来访者的笑声，而且使之对情况有一个更清楚的了解(也就是洞察力)(Kottler，1991)。比方说，面对一个对是否需要咨询犹豫不决的来访者，心理咨询师也许可以开始下面的这段交谈：

心理咨询师：乔，你认为需要多少心理咨询师才可以更换一个电灯泡？

来访者：(犹豫)我不确定。

心理咨询师：一个就完全足够了，当然前提条件是那个电灯泡需要换了。

来访者：(笑)我想，我就是那个还没有决定是否需要更换的灯泡！

心理咨询师：暂时没做好决定也没关系。我们可以一起来解决这个问题。如果你开始思考你想看到自己的生活有哪些改变，我们一起可以做些什么，那么我们的会谈将会变得更富有成果。这样，我们的重点将更加清楚。

总之，幽默有利于创造性地思考问题，有利于保持对事物正确的看法，同时也使我们能够更容易地探索生活中那些困难、棘手、荒谬的方面(Bergman，1985；Piercy & Lobsenz，1994)。不过，"心理咨询师要想有效地运用幽默，他们必须懂得什么是幽默以及在什么环境下才可以使用幽默"(Erdman & Lampe，1996，p. 376)。因此，在咨询条件下，在我们尝试使用幽默之前，应当思考以下问题：心理咨询师与来访者双方在使用幽默时是否会比较舒适放松？目的何在？相互信任、相互尊敬的关系是否已经建立？是否适合具体来访者的特定文化背景(Maples, Dupey, Torres-Rivera, Phan, Vereen, & Garrett, 2001)?心理咨询师可以运用幽默来挑战来访者的信仰,把不合理的信念夸张成荒谬,甚至进行一次似非而是的干预(Goldin & Bordan, 1999)。如果运用得当,幽默可以改善咨询关系。

面质

面质与即时化一样,经常被误解。水平不高的心理咨询师有时会认为面质是一种对来访者的批评,一种“当面”的斥责。实际上,面质是受欢迎的。如果运用得当,面质将迫使来访者去检验、去更改或者去控制自己某个方面的行为,这些行为可能目前并不存在或者正被不合适地使用。有时,面质包含信息传递中的反馈,这种反馈根据来访者的想法和期望而改变。心理咨询师的反馈可能和来访者对自己及周围环境的理解并不一致(Wilcox-Matthew, Ottens, & Minor, 1997)。

面质可以帮助“人们更好地看清楚目前发生了什么,结果怎样,以及他们如何采取行动方可使自己有效地生活并与他人建立一种更平等、更和谐的关系”(Tamminen & Smaby, 1981, p. 42)。一次好的、谨慎的并且合适的面质可以促进人成长,使人更有勇气对自己做一次诚实的反省。有时心理咨询师没有运用面质,这实际上可能对来访者是有害的。避免面质来访者的行为可能会造成的沉默效应,这将降低心理咨询师工作的有效性(Rosen & Tesser, 1970)。

当然,面质的使用也有一些范围(Leaman, 1978)。心理咨询师应该确信他与来访者的关系已经足够牢固,已经可以承受面质。面质的时机也要适当,情感要真挚(Cavanagh, 1990)。面质的最后应该针对的是来访者的优点而不是其弱点,这可使面质的结果更好(Berenson & Mitchell, 1974)。心理咨询师应该鼓励来访者运用他们本来具有却未加使用的资源。

不管面质针对的是来访者的优点还是弱点,心理咨询师在面质时一般都采用“你说……但是……你看……”的句型(Cormier & Hackney, 1999)。比方说,在面质的第一部分,心理咨询师可能会说:“你说你想多到外面去,结识更多人。”在第二部分,心理咨询师则突出来访者的话与实际行动不一致甚至自相矛盾之处:“但是,你每天晚上都看4～6小时的电视。”

订立合同

心理咨询师与来访者之间有两种类型的合同。一种关注每一个阶段所要达到的目标,而另外一种则偏重最后的结果。在设置目标时,心理咨询师往往会受到自己所采用的理论基础的影响。来访者通过学习改变自己思考、感受、行动的方式以达到目标。心理咨询师与来访者订立合同是很自然的事。古德伊尔和布拉德利(Goodyear & Bradley, 1980)指出,所有的人际关系都是契约性的,只不过其中某些比另外一些更加明确罢了。一个咨询过程一般分为5～6个阶段(Lorion,1974),为每一个阶段事先订立一个目标既是有用的,也是省时的。这样一个目标系统使得双方都可以参与决定咨询的方向,共同评估所起的变化。它使得一切都具体化了(Brammer, Abrego, & Shostrom 1993)。

托马斯和艾索(Thomas & Ezell,1972)列举了其他几种在咨询中使用合同的好处。首先,合同给心理咨询师与来访者提供了一个书面记录。其中有双方业已达成共识、要努力实现的目标以及行动的步骤。其二,合同有正式的形式以及时间限制,这对于有些拖拉的来访者来说是一个促进因素。第三,如果一个合同是分成几个部分的,来访者可能会清晰地感觉到问题是可以解决的。第四,合同上也规定了来访者在每种改变上所应负的责任,这就潜在地使来访者变得更加有力量,更加能够对自己的行为及周边环境负责。最后,合同中也具体说明了咨询的步骤,这可以确保来访者定时来咨询。

有几种途径可以订立合同。古德伊尔和布拉德利给出了以下建议以最大限度地提高合同的效力:

- 心理咨询师向来访者简要说明咨询的目的在于其要有实际效果,这是很必要的。我们在开始应该问来访者"你想怎样做下去",而不是"你想说些什么"。这一点很重要。
- 咨询中的合同应该着眼于来访者的改变而不是其他人的改变,这一点至关重要。当来访者想分析他人的行为时,心理咨询师就充当了一个顾问的角色。对于心理咨询师来说,这种类型的工作是有限的。
- 在订立合同时,心理咨询师一定要坚决不使用"尝试"、"可能"等字眼,因为这些很不具体。这些词汇往往会导致来访者不能实现预定的目标。
- 心理咨询师一定要警惕来访者设立的目标直接就是为了使他人高兴,或者在其目标里包含"应该"、"必须"等字眼。这样一些表述意味着实现目标的动力是外在的。比方说,一个来访者最初设立的目标包含这样的表述:"我应该使我的配偶更高兴。"这样的目标只会起到临时的作用,因为最终起作用的动力应该是内在的。为了避免这种目标的出现,心理咨询师需要问清楚来访者想要的到底是什么。
- 确定来访者想通过咨询获得什么至关重要。下面几种目标之间有很大的区别:我想过得幸福,我想减肥10磅或者我想每天至少和三个陌生人交谈。后面的目标更为具体,心理咨询师和来访者双方对于目标是否已经达到也更易把握。
- 心理咨询师一定要坚持合同的焦点在于来访者的改变。来访者可能想知道他们为什么要做某件事情,但是单纯的理解很少会产生实际的行动。因此,心理咨询师一定要强调这会推动来访者在行为、思想、感情上的改变。

另外一种方法是"SAFE"法,它可以简洁地描述一份合同应该包含哪些内容。一份合同应该是Specificity——具体(也就是治疗的目标),Awareness——明白(程序的介绍、目标、咨询的副作用),Fairness——公平(也就是关系是平衡的,心理咨询师与来访者双方都有足够的信息来开展工作),Efficacy——有效(也就是确保来访者有能力进行选择,做出决定)(Moursund & Kenny,2002)。

虽然合同的订立对于帮助来访者确定、理解、解决生活某个方面的问题是很重要的,但是它也有它的缺点。奥肯(Okun,2002)强调说,合同应该是开放的,合同的双方可以进行再协商。不过,这个过程往往费时又费力。托马斯和艾索列举了合同的其他几个不足。首先,心理咨询师并不能确保来访者履行合同。所达成的共识并不能给心理咨询师任何外在的奖赏与惩罚来强迫来访者履行。其次,有些来访者自身的问题可能使其不能很好地执行合同。比方说,一个想结交新朋友的来访者可能在合同中约定要去参观几个地方,在这些地方很有可能会遇到那些他想结交的人。如果这样的话,合同根本无法让来访者交到新的朋友。第三,这种合同形式的处理问题的方式,其关注的焦点在于外部行动。即使合同被成功地履行了,来访者也可能并没有改变看法,增加洞察力。最后,合同内在的吸引力是有限的。那些愿意做出改变,并且觉得心理咨询师的想法新鲜而又有吸引力的来访者,在他们面对合同时,就可能变得厌烦了。

在对一份合同的正式文稿做出最后决定时,心理咨询师一定要考虑到来访者的背景、动机水平、问题的实质以及可利用的资源。古德伊尔和布拉德利建议心理咨询师询问来访者多大程度上可能毁约,这个问题可以帮助来访者了解他在履约时心里是否有阻抗。

预演

一旦合同确立,心理咨询师可以让来访者预演或练习指定的行为。这样可以帮助来访者,使其履行合同的可能性最大化。古语说得好:熟能生巧。如果来访者想要达成某个目标,他们也得像运动员或艺术家那样反复练习。来访者可以通过公开的或隐蔽的这两种途径来预演(Cormier & Cormier,1998)。公开的预演要求来访者说出或表演出他想做的事。比方说,如果一个女人想约一个男人出来,那么她将预演真的面对那个男人时所要说的话与所要采取的行动。隐蔽的预演则是想象或思考想得到的目标。举例来说,一个要演讲的学生首先会想象演讲的环境,然后会思考如何组织材料。事先的想象可以减少不必要的焦虑从而使那个学生做得更好。

在预演阶段,有时来访者需要心理咨询师的指导。指导可能以这样一种形式出现:给来访者提供临时的目标以使来访者知道下一步该如何去做(Bandura,1976)。它可能就是一个简单的反馈,告诉来访者他正在干什么。反馈意味着帮助来访者发现并改变他在控制某一行为时所存在的问题,比如过分夸大某一行动。反馈只要不运用过度,就可以起到很好的效果(Geis & Chapman,1971)。为了发挥它的最大功效,反馈应该既有书面形式,又要有口头形式。

心理咨询师也可以给来访者布置家庭作业(有时也被称为"授权作业"或"课间任

务”)，这样既可以使来访者练习在咨询期间所学到的技能，也可以帮助他们把这些技能运用到生活中的其他方面去。家庭作业意味着在咨询结束之后，针对某个或某些技能做一些额外的训练。它有许多好处，比如：

- 使来访者在咨询的间歇能够关注相关的行为；
- 帮助他们清楚地认识到自己所获得的进步；
- 激发来访者改变行为；
- 帮助他们评价并改进自身的行为；
- 使得来访者在对自己的控制方面更负责任；
- 庆祝咨询中所取得的突破(Hay & Kinnier, 1988; Hutchins & Vaught, 1997)。

认知行为学派的心理咨询师们最喜欢强调家庭作业的作用。比如，有这种理论背景的心理咨询师可能让来访者使用辅助练习册来延伸咨询期间的认知——行为作业。辅助练习册需要来访者积极参与并且对自己的行为提供一个真实的记录。有两个很好的针对儿童的辅助练习册。其中一个是弗农(Vernon)的《思考、感受和行为》(*Thinking, feeling and behaving*)一书中的“选择和结果”练习册，这个练习册通过让心理咨询师完成把鸡蛋掉到碗里之类的事情，从而探索事情的原因与结果。另外一本是肯德尔(Kendall)的《猫应对手册》(*Coping Cat Workbook*)，在这里让小孩子从猫的角度来观察生活，从而理解思考和感受之间的联系。

不过，如果你想让来访者自助，不管你的理论背景如何，你都可以使用家庭作业。为了使家庭作业发挥其最大功用，它应该和那些可以测量的改变紧密相关(Okun, 2002)。同时，家庭作业也要和来访者的境遇有关，这样才会更有意义，更具帮助性(Cormier & Cormier, 1998; Young, 1998)。此外，如果来访者想从此受益，他们就得完成家庭作业。

“家庭作业的种类有很多种，心理咨询师和来访者有多少创造力，就有多少种家庭作业(Hay & Kinnier, 1998, p.126)。”经常使用的作业类型有以下这些：反向练习(尝试去创造相反的结果)、行动练习(练习新的技能)、冒险练习(去做令自己恐惧的事)、思考(再三思考某些想法)、记录(记日记)、读书(看、听或欣赏文艺)、不做任何事(打破自身以往的习惯)(Hay & Kinnier, 1998)。

移情与反移情

在咨询的过程中，心理咨询师促进发展的技能是必须的，这可以避免循环咨询，即同样的问题反复出现。这里还有另外一个同样重要的方面，就是心理咨询师和来访者之间的关系将影响到咨询的结果。心理咨询师和来访者是否能够与对方有效地开展工作，很大程度上取决于双方发展的关系。咨询可以是一个有着强烈情绪体验的过程(Cormier & Cormier, 1988; Sexton & Whiston, 1994)。在少数场合下，心理咨询师与来访者真的不喜欢对方,或者两者的人格不相容(Patterson & Welfel,2000)。不过,一般情况下,心理咨询师和来访者能够也必须一起来解决他们之间的移情与反移情现象。移情与反移情现象是由他们的想法、情绪以及彼此间的表达所造成的。虽然某些咨询理论比其他理论更注重移情与反移情,但是这两个概念某种程度上存在于所有的咨询关系当中。

移情

所谓移情是来访者把自己过去或目前的感受、态度或者要求投射到心理咨询师身上(Brammer,Abrego, & Shostrom,1993;Brammer & MacDonald,2003)。它有两种用途,第一种用途是,移情反应可以帮助心理咨询师更好地理解来访者。第二种用途是,心理咨询师可以运用移情来解决来访者的问题(Teyber,2000)。移情这个概念起源于精神分析学的著作。起初,移情强调的是来访者的早年生活情绪对治疗师的影响。现在,移情已经不再局限于精神分析学的治疗,而且也可以既基于过去的经历,又基于现在的经历(Corey,Corey, & Callanan,2003)。

所有的心理咨询师都有盖尔索和卡特(Gelso & Carter,1985)所描述的移情引力。移情引力是心理咨询师的人格与所使用的理论方法在来访者头脑中所产生的影像。来访者根据自己的背景和当前的情况来对心理咨询师的影像做出反应。心理咨询师言行举止都有可能引发来访者的反应。曾经有个来访者对其心理咨询师说:“你说话的声音听起来就像我妈。”这种来自内心的表述可能是观察得来的,但如果来访者在行动中真的把心理咨询师当做妈妈,那么移情就发生了。

有五种模式的移情行为经常在咨询中出现:来访者可能把心理咨询师看做是典范、先知、养育者、阻挠者或者无足轻重者(Watkins,1983,p. 207)。起初心理咨询师可能会比较喜欢正性移情现象,但这种感觉将逐渐消失。为了克服移情体验所带来的后果,沃特金斯(Watkins,1983)提出了表 6-2 所示的方法。

卡瓦纳(Cavanagh,1990)指出,移情既可以是直接的,也可以是间接的。直接移情的一个很好的例子是,一个来访者把心理咨询师当做自己的母亲。间接移情相对而言比较难于察觉。它经常通过来访者的语言和行动表现出来,而且这些语言和行动与心理咨询师并不明显地直接相关(如“交谈,便宜而无效”或“我想,咨询是我长久以来就想有的体验”)。

不管移情的直接性程度如何,它既可能是正性的,也可能是负性的。当来访者指责心理咨询师轻视他们或咨询师的行为对他们不利时,就发生了负性移情。虽然处理负性移情最初是痛苦的,但是为了使咨询关系回到正常并最终具有建设性,我们还是必须解决这个问题。它对咨询关系有着直接影响。正性移情,特别当它适度时,比如来访者钦佩心理咨询师,可能不会被轻易接受,因为它最初的形式是要给心理咨询师与来访者之间的关系增添一些内容(Watkins,1983)。间接的或者适度的正性移情对心理咨询师与来访者的工作基本无害。

表6-2 移情模式及其干预

移情的模式	来访者的态度/行为	心理咨询师的体验	干预途径
作为典范的心理咨询师	很多赞赏 同意 向他人夸奖心理咨询师 模仿心理咨询师的行为 穿同样的衣服 渴望心理咨询师的出现 理想的化身	自豪、满意、有力 觉得自己各方面都行 紧张、焦虑、慌乱 失望、愤怒	注重来访者的期望 这些期望的影响 内在惩罚的表达 转向自我否定 趋于放弃自己
作为先知的心理咨询师	归因于万能的上帝以及心理咨询师的力量 把心理咨询师看做“专家” 要求答案、解决 恳求建议	感觉自己无所不知 内行，神的综合体 自疑、自问 无能感	注重来访者对建议的需求 缺乏决心 缺乏对自己的信任 开始选择
作为养育者的心理咨询师	情感丰富、爱哭 依赖性、无助感强 不能做出决定 渴望他人建议 渴望身体接触 希望被支持	悲痛感、同情心 鼓励安慰、溺爱、接触 挫折感和不称职感 沮丧、失望 耗尽	注重来访者依靠的需要 独立感 不愿为自己负责任 行为-态度的选择
作为阻挠者的心理咨询师	防卫的、谨慎的 怀疑、不信任 “进口-出口”现象 心理咨询师的考验	不安、紧张 觉得如履薄冰 对反应监视的增加 退缩、无效 不喜欢来访者 敌意与仇恨	注重信任的建立 加强彼此的关系 各移情模式的意图 信任他人的结果 修正早先的体验
作为无足轻重者的心理咨询师	“主题不断变换”，没有重点 口若悬河、害怕压力 散漫、无目的地聊天	被打击、被征服 吓了一跳 感觉未受重视 觉得自己无足轻重 愤怒感、挫折感 觉得自己无用的体验	注重订立合同 识破来访者的言外之意 沉默反应对来访者的影响 移情的隔离作用

资料来源：Reprinted from“Countertransference：Its Impact on the Counseling Situation”，by C. E. Watkins，Jr.，1983，*Journal of Counseling and Development*，*64*，p. 208.

卡瓦纳认为无论是正性的移情还是负性的移情都是阻抗的表现形式。只要来访者让心理咨询师的注意力还放在移情问题上，那么在咨询目标制定和实施方面所取得的进展就会很有限。为了解决移情，心理咨询师可以直接和来访者相互交流，而不只是一味地去分析。比如，来访者抱怨心理咨询师只是关心自己是否被尊敬，那么心理咨询师可以回答说："我同意有些心理咨询师可能有这种需要，但是这对于问题的解决并没有什么帮助。我们的注意力过去集中于你的目标，现在依然如此。如果心理咨询师被尊敬的需要，就像你所注意到的那样，变得和你的目标有关，我们才会去探讨这个问题。"

科里(Corey)及其同事发现修通移情具有治疗价值。他们相信，一旦来访者对心理咨询师的错误认知被修通，心理咨询师与来访者之间的关系就会被改进。如果问题处理得当，这种关系的改进可以体现为来访者增强了对心理咨询师的信任和信心。更进一步来说，移情的修通可以使来访者对过去有更深的认识，从而能在现在与将来采取与以往不同的行动。

反移情

反移情是指心理咨询师把自己的情绪与行为投射到来访者身上(Hansen, Rossberg, & Cramer,1994)。比方说，一个心理咨询师可能在咨询中把来访者看做自己的姐妹或者对一个饮食紊乱的来访者表现出过多的同情(Delucia-Waack,1999)。这种交互作用会使心理咨询师的治疗能力、保持客观的能力受到破坏。除非得到充分的解决，否则反移情会对咨询关系造成损害。

科恩伯格(Kernberg,1975)采用了两种主要的途径来解释反移情这个概念。在传统的解释中，反移情被认为是消极的，并被看做心理咨询师对来访者的直接或间接的无意识反应。相反的解释则把反移情看得更为积极。按照这种观点，反移情可以被当做一种诊断工具，以此来理解来访者的无意识动机。布兰克(Blanck,1979)描述了第三种解释。这种解释认为反移情既是正性的也是负性的。沃特金斯(Watkins, 1985)认为第三种比前面两种更为符合实际情况。

反移情有几种表现形式(Corey et al. ,2003)。最普遍的有：(1) 有不断取悦来访者的愿望；(2) 过分同情来访者，以致失去客观分析问题的能力；(3) 对来访者有性的想法或试图与之建立浪漫的关系；(4) 情不自禁地给来访者建议；(5) 想与来访者发展社会关系。

沃特金斯认为反移情可以有无数种表现。其中有四种表现形式他认为值得特别注意。它们是：过度保护、仁慈、抵制、敌对。前面两种形式是过度认同，在这种情况下心理咨询师失去了与来访者保持一定情感距离的能力。后两种形式则认同不足，心理咨询师与来访者的情感距离过大。认同不足在心理咨询师的行为上表现为冷淡、没有共情、敌意、不热情。

对于心理咨询师来说，克服消极的或者不能产生有益结果的反移情至关重要。否则来访者的进步将受到阻碍，心理咨询师和来访者在此过程中也将受到伤害(Brammer & MacDonald，2003；Watkins，1985)。心理咨询师意识到他正在体验反移情，这一点也很重要。一旦意识到这一点，心理咨询师就需要去发现这种感情背后的原因。为这种自我理解寻求一个可靠的监控方法是很必要的，其中一种方法就是接受督导(Delucia-Waack，1999)。心理咨询师与来访者一样有着自己的盲点、隐藏的区域以及生活中不为自己所知的方面。督导是心理咨询师与另外一个更有经验的心理咨询师建立一种专业关系，使自己受到及时的指导，从而提高服务水平(Bernard & Goodyear，1998)。督导的方法有：通过单向玻璃观察心理咨询师与来访者的反应，分析咨询过程的录音，点评咨询过程的录像。其中，分析心理咨询师在咨询中的作用是督导的一个重要内容。

真实的咨询关系

本章强调了一些技能和人际交流品质，这些技能与人际交流品质对促进心理咨询师与来访者之间的工作联系很有好处，而且最终可加强来访者对自我的了解，并实现预期的目标。利用引导、共情、面质、鼓励、合同，识别移情与反移情以及用专业的途径来解决一些个人问题，都对咨询过程很有帮助。根据盖尔索和卡特的说法，如果心理咨询师的助人技巧运用得当，一种真实的关系(以现实为导向、适当的、没有被曲解的关系)将出现。这种真实的关系从心理咨询师与来访者的第一次见面开始就以一种互动的方式出现。心理咨询师是真实的，因为他们自身是真实的(拥有自己的思想与情感)，也力图帮助来访者表现出真实的自我，同时也努力以一种现实的态度来观察、理解来访者。来访者则通过保持自身的真实以及现实地看待自己的情况来对这种真实的关系做出贡献。

现有的对咨询中的真实关系的定义大多是从心理咨询师的角度来进行的，这种定义不够完整且容易造成误解。盖尔索和卡特对这种真实关系的实质有不同的看法。其中一种看法是：随着咨询的进行，这种关系在不断地增长与加深。另外一种看法认为：心理咨询师与来访者双方对什么是真实的关系，如何实现这种关系都有不同的理解。

通过对心理咨询师与来访者关系的临床文献分析，塞克斯顿和惠斯顿(Sexton & Whiston，1994)对盖尔索和卡特的工作进行了评价。在其他的结果中，他们发现"心理咨询师与来访者之间的联系是复杂而又互动的"(p. 45)。咨询是一个动态而又互动的过程，心理咨询师与来访者之间关系的强度随着时间的变化而变化。

对这种真实关系的研究已经出现一个很好的趋势：用社会解释学的观点来研究它。所谓社会解释，也就是"人们描述、解释或者说明他们所生活的这个世界(包括他们自己)的过程"(Sexton & Whiston，1994，p. 60)。真实与成长，这虽然不是对咨询关系的准确定义，但已是咨询关系的重要部分，而且将继续得到人们的关注与重视。

总结与结论

这一章我们强调了咨询过程中的理解与行动阶段。这一阶段在心理咨询师与来访者建立关系并一起探讨彼此合作要达到的目标之后宣告开始。这些阶段是通过个体间相互作用来实现的。心理咨询师可以通过合适的引导、改变认知、多焦点反应、准确共情、自我暴露、即时化、幽默、面质、订立合同以及预演来帮助来访者。这些技能的焦点在于来访者，不过也可使心理咨询师对自身的了解更为透彻。

心理咨询师和来访者必须要解决好移情与反移情问题，它们可能以多种形式在咨询关系中出现。可能有些心理咨询师和来访者比其他的心理咨询师和来访者遇到的移情和反移情要少一些。不过，对于每一个人来说，当他进行这种移情性沟通模式时，认识到移情与反移情的存在是重要的。我们对这些联系的方法认识得越清楚，我们对与重要他人之间的关系所造成的损害也就越小，同时对自己的认识也越清楚。这些问题的解决提升了真实性，而对世界的真实体验是我们获得成长，达成目标的基础。

课堂活动

1. 由三人组成一个小组，讨论我们在本章所学的咨询技能。比方说，你认为何时要保持沉默？何时要面质？

2. 和前面几章一样，在本章里，劝说也是被当做一种恰当的咨询技能被提及的。三人一组，在下列可能用到劝说的情形下进行角色扮演：(1) 一个小男孩害怕所有的狗；(2) 一个学生存在高度的考试焦虑；(3) 一个上了年纪的人感到十分孤独；(4) 一个人不能正确地与其配偶争论。你是如何在不同的条件下进行劝说的？效果如何？把你的感受在全班进行讨论。

3. 每组四人，其中两人分别扮演心理咨询师与来访者，另外两人在旁边进行观察。扮演不同的情况以显示心理咨询师会表现出不同水平的共情。在扮演完成之后，来访者及两位观察者对上述扮演进行反馈。

4. 在活动3的各组里，继续练习面质与即时化技能。先在组内，然后在全班讨论这两种咨询技能的异同。

5. 移情与反移情至今仍然是咨询中的热点问题。把全班分成两组，其中一组认为咨询中确实存在移情与反移情，另外一组则认为在咨询中只出现真实的关系。另外组成一个三人主席团来决定这场辩论的胜负，并对双方的观点进行评论。

第七章 咨询关系的终止

咨询的终止“意味着咨询关系中的一方或者双方做出决定,停止咨询”(Burke,1989,p. 47)。它有可能是咨询中研究得最少、最被忽视的部分。很多理论家和心理咨询师都认为咨询的终止会自然而然地发生,心理咨询师和来访者也都会对最后的结果感到满意和高兴。古德耶(Goodyear,1981)说:“关于咨询的终止的一个错误观念是,心理咨询师依旧保持节制,而来访者一个人在那里诉说(p. 347)。”

但咨询关系的终止对很多方面都有影响,它常常是复杂而困难的。终止可能会使心理咨询师和来访者产生很多复杂的感受(Cowger,1994;Kottler,Sexton,& Whiston,1994)。比方说,一个来访者对于特定的咨询体验可能既满意又遗憾。对于咨询的终止,来访者可能会感觉到矛盾、焦虑、恐惧、烦恼、悲伤。除非得到正确的处理,否则终止并不意味着治愈,反而会对来访者造成伤害(Doyle,1998)。

在本章里,我们把咨询的终止当做一个多维的过程,它可能以多种形式出现。特别的,我们将分析单次会谈的终止和整个咨询关系的终止的一般作用。我们也将讨论终止策略、终止阻抗、过早的终止、心理咨询师提出的终止、终止时给予积极暗示的重要性等问题。本章中还会涉及咨询中的随访、转介、重新开始等相关领域。

终止的功能

在过去,因为一些原因,人们一般避免直接谈论咨询的终止。沃德(Ward,1994)提出了其中两个最重要的原因。首先,终止往往使人联想到丧失,这是社会各阶层的一个传统禁忌。尽管海斯(Hayes,1993)指出,丧失也可能与再创造、超越、更多的自我理解、新的发现相联系,但是,人们一般认为终止与咨询所强调的成长、发展并不相关。其次,终止与推动咨询关系发展的许多技术并不直接相关(Ivey,1998)。因此,在咨询教育中,终止的过程往往不会受到重视。然而随着社会发展的趋势,如美国人口的老龄化(Hodgkinson,1992)、对生命阶段这个概念的广泛接受(Sheehy,1976),人们逐渐把死亡当做生命周期的一部分来加以关注(Kubler-Ross,1969),这时终止的意义开始显现。

终止有几个重要的功能。首先,终止意味着某件事情结束了。生命就是由一系列的"你好"和"再见"组成的(Goldberg,1975;Maholick & Turner,1979;Meier & Davis,2001)。"你好"起始于出生,"再见"终止于死亡。在出生和死亡之间,每一个人都经历了一系列体验:工作、各种关系、生命阶段……每个人的成长与适应取决于他处理这些问题并从中学习的能力。要开始新的,旧的就必须要完成、解决(Perls,1969)。无论是从个人层面,还是从专业层面,终止都是一个正确结束一次学习体验的机会(Hulse-Killacky,1993)。在咨询中,终止并不只是意味着治疗的结束,它同时也是一个促进因素(Yalom,1995)。

意识到咨询是有时间限制的,这一点对于心理咨询师与来访者双方都是一个激励(Young,1998)。这种意识和一个年轻人意识到自己不可能永远年轻是相似的。人们常常在自己的三十岁生日时意识到自己不可能永葆青春,意识到这一点,就会激发自己去努力工作,去做一些有意义的事情。有些心理咨询师,如那些进行策略性、系统性、焦点解决家庭问题的心理咨询师,他们会有意识地限制咨询晤谈的次数。这样,心理咨询师与来访者都会意识到时间的限制从而充分利用好每一次晤谈(Gladding,2002)。限制晤谈次数在个体咨询中也同样有效(Munro & Bach,1975)。

其次,终止就是意味着保持在咨询中已经实现的改变和推广已获得的解决问题的技能(Dixon & Glover,1984;Doyle,1998)。一次咨询的成功体现在来访者思考、感受、行动的方式有了显著的改变。虽然这些改变在咨询中得到了预演,但是来访者还必须将之应用到现实生活中去。咨询的终止就为这些实践提供了可能。来访者可以在任何需要随访时去会见心理咨询师,但终止是来访者开始独立实践的起点。它潜在地授权给来访者,使来访者能够以一种全新的方式去处理问题。在终止时,一个将"认识变为行动"的机会被创造出来了(Gladding,1990,p. 130)。用另外一句话来说,出口变成了入口。

第三,终止也意味着来访者的成熟(Vickio,1990)。一次成功的咨询不但给来访者提供了新的技能或者思考自身的新方法,咨询的终止也意味着从此他们不再像以前那样被个人问题所困扰,待人接物的能力也更强。这种处理外部环境能力的增强,将会使来访者与他人建立一种互相依赖的关系,这种互相支持的结果就是一种"更独立、更满意的生活"(Burke,1989,p. 147)。对一个问题的成功解决将使来访者在以后也能够再次使用贮藏在脑海中的新认识与新技能。

终止的时间

何时可以终止咨询关系并没有一个固定答案。不过,"咨询的终止应该是有计划的,而不是突然的"(Meier & Davis,2001,p. 20)。如果结束得太快,来访者可能会失去他们在咨询中所获得的支持，从而倒退到原来的行为方式。然而，如果结束永远也不被提及，来访者就会变得过分依靠心理咨询师，就不会成长，就不能自己解决问题。对于何时终止应该考虑下列实际情况(Cormier & Hackney，1999；Young，1998)：

- 来访者是否已经达到了合同中所设定的行为、认知或者情感的目标？如果心理咨询师和来访者双方对于特定目标是否已经实现都有一个清楚的认识，那么何时终止咨询的问题就很容易解决。这种决定的关键在于咨询开始之前就订立一个双方同意的合同。
- 在自己所希望取得进步的方面，来访者是否可以具体列出已经取得的进展？在这种条件下，具体的进步可能就是做出终止决定的基础。
- 咨询关系有帮助吗？如果无论是来访者还是心理咨询师都觉得晤谈中所发生的一切没有任何帮助，那么终止就是合适的。
- 最初安排咨询的环境是否已经改变？如果病情改变或者延长了，那么终止(或者转介)就应该被考虑。

总之，何时终止咨询关系并没有一个固定的时间。具体的时间应该根据具体的情况而定，而且应该符合道德伦理以及专业规范。

终止的问题

单次晤谈的结束

单次咨询晤谈同样也有如何结束的问题。每次晤谈开始之前都应该有一个明确的时间限制(Brammer & MacDonald，2003；Cormier & Hackney，1999)。通常认为45到50分钟是单次咨询晤谈的合适时限。在终止之前，心理咨询师一般要花5到10分钟来调整来访者及其注意力。咨询结束得太快和拖得太长一样，都会影响到咨询的效果。

本杰明(Benjamin，1987)提出在结束一次晤谈时有两个重要因素值得关注。首先，心理咨询师与来访者都应该意识到晤谈即将结束。其次，在结束期间不应提出或讨论新的问题。如果来访者提出了新的问题，心理咨询师应该通过工作把它变成下次晤谈的关注点。只有在极少数情况下，心理咨询师需要将之作为紧急事件而立即处理。

心理咨询师可以通过几种途径来有效地终止一次会面。一种办法就是简单地说明时间已经到了(Benjamin，1987；Cormier & Hackney，1999)。比方说，他可以这样说："看起来好像我们今天的时间已经到了。"话越简单越好。如果晤谈即将结束，但来访者仍然在不着边际地探讨一系列的问题，心理咨询师应该要提醒来访者只剩下5分钟或10分钟了。来访者这样就可以把注意力集中到重要的事情上来。作为一种选择或补充,心理咨询师还可以采用直接语言表达之外的身体语言来暗示晤谈即将结束,这些身体语言包括看手表、站起来等。身体语言和口头语言结合起来使用的效果是最佳的,两者起到了互相强化的作用。

在晤谈即将结束时,总结本次晤谈所发生的事情是很有帮助的。无论是心理咨询师还是来访者都可以作为总结的发起者。一个好的总结紧密结合晤谈的要点,而且简洁、到位、不做任何解释(Cormier & Hackney,1999)。如果心理咨询师与来访者双方都做了总结,那么他们将对各自从会谈中所得到的东西有一个深刻的了解。这个过程提供了一个双方消除误解的途径。

单次晤谈终止的一个重要部分就是确定下次晤谈的时间(Hansen,Rossberg,& Cramer,1994)。随着时间的推移,大多数问题都将得到解决。来访者和心理咨询师需要知道他们下次何时见面来推进目前的工作。在晤谈结束时确定下次晤谈的时间,这比以后再去电话联系更简单,效率也更高。

咨询关系的终止

咨询关系随着咨询时间的长短以及咨询目的的不同而不同。早点提出终止这个话题对于每个人的健康和幸福都很重要,这样心理咨询师和来访者就可以一起充分利用好他们的时间(Cavanagh,1990)。个体需要时间来为这种有意义的关系的结束做准备。即使这种关系是以一种积极的方式来结束的,伤感仍然可能存在。因此,我们没有必要在咨询体验达到巅峰时提出终止咨询。科米尔和哈克尼(Cormier & Hackney,1999)强调说,最好是降低终止的重要性而不是提高其重要性。

心理咨询师和来访者必须要对何时终止咨询关系是合适而又有帮助的这一点达成共识(Young,1998)。通常,他们在语言里向对方传达了已经对咨询的终止做好了准备的信息。比方说,来访者可能会说:"我真的认为我在过去的几个月里已经取得了大量的进步。"或者心理咨询师可能会说:"你目前的表现很好,你已经不再需要我的服务了。"这些话都意味着咨询关系的结束已经开始。这些话里一般都包含了对成长和问题解决的褒奖。另外一些行为也意味着咨询的结束,如工作强度的降低,更多的幽默,应对能力得到稳定提高的报告,对未来的口头承诺,更少的否定、退缩、愤怒、悲伤、依赖(McGee,Schuman, & Welfel,2000;Shulman,1999)。

科米尔和哈克尼认为,如果一次咨询已经超过三个月,那么最后的三四个星期就应该花在讨论终止的影响上。比如,心理咨询师可以询问来访者,如果没有咨询关系的支持,他们将如何办。心理咨询师也可以请来访者谈谈咨询的意义以及将来如何运用他们所学的东西。舒曼(Shulman,1999)建议说,在一般情况下,咨询的六分之一的时间应该用于关注咨询的终止。

马奥里克和特纳(Maholick & Turner,1979)探讨了在具体领域如何决定是否终止咨询:

- 检查来访者最初的问题或症状是否减轻或者消除；
- 判断最初导致来访者前来咨询的压力是否已经消除；
- 评估来访者处理问题的能力以及理解自己和他人的程度；
- 判断来访者是否能够与他人建立更好的关系，能否去爱，能否被爱；
- 检查来访者是否已经获得做出计划并富有成效地开展工作的能力；
- 评估来访者是否能够更好地娱乐，更好地享受生活。

对于所有的来访者来说，这些领域并不是同等重要的，但是必要的是，在咨询终止之前，来访者一定要对没有咨询关系也可以有效地生活这一点充满信心（Huber，1989；Ward，1984；Young，1998）。

至少还有其他两种途径可以帮助结束咨询者与来访者之间的关系。其中一种途径涉及消退的运用。迪克森和格洛弗（Dixon & Glover，1994）把消退定义成“在非自然结构中逐渐减少以引起预期的改变”（p. 165）。换句话来说，来访者以一定的方式逐渐停止接受来自心理咨询师的对其行为的强化，预约咨询逐渐减少。所有的咨询都有一个目的，那就是帮助来访者减少对心理咨询师以及咨询晤谈的依赖，增强对自己的依靠以及与他人之间的相互依靠。通过咨询，来访者也应该学会从日常琐事中得到积极强化。为了促进消退，每次晤谈的时间可以慢慢减短（比方说，从 50 分钟变成 30 分钟），间隔逐渐加长（比方说，由一周一次变成两周一次）（Cormier & Cormier，1998；MacCluskie & Ingersoll，2001）。

另外一种促进终止的途径是帮助来访者发展其成功解决问题的技能（Dixon & Glover，1984）。来访者与其他任何人一样，也会不断地遇到各种问题。如果心理咨询师能够帮助来访者学会那些能更有效地处理这些问题的方法，那么来访者也就不再需要这种咨询关系。技能提高的过程是一个将咨询体验推广到日常生活的过程。要使它发挥最大效能，这个过程应该既强调教育，也强调预防，同时也非常重视日常生活以及紧急情况下做出决定的技能。

终止阻抗

终止阻抗既可能来自来访者，也可能来自心理咨询师。帕特森和韦尔弗（Patterson & Welfel，2000）特别指出，当咨询关系持续时间较长或程度很深时尤其容易产生终止阻抗。其他因素，包括早期丧失的痛苦、孤独、未解决的伤心事、未满足的需要、对被拒绝的恐惧、对不得不自我依靠的担忧等，也会引起阻抗的产生。这些因素有些易见于来访者，有些则常常与心理咨询师有关。

来访者阻抗

来访者阻止咨询终止的方式有多种。有两种容易辨认的阻抗表现形式，它们是：

(1)在一次晤谈结束时要求更多的时间;(2)一旦达到了一个目标就马上要求更多的预约。来访者阻抗的另外一种表现形式则更为麻烦:来访者又提出了一些新问题,如沮丧或焦虑,而这些问题并不是他起初所关注的内容。所有的这些都使咨询的终止变得更加困难。在这种情况下,来访者可能会使心理咨询师确信,只有心理咨询师才可以帮助自己。因此,心理咨询师可能就不得不继续帮助这个来访者,无论是出于个人原因,还是因为伦理道德的要求。

不管采用何种策略,终止的过程最好是逐步而又缓慢的(Cormier & Cormier, 1998)。随着时间的推移,晤谈的频率逐渐降低。与此同时,逐步突出来访者的技能、能力、可利用的资源。有时,当来访者对咨询的终止特别犹豫时,心理咨询师可以"开处方"——继续数量有限的几次晤谈或者与来访者集中讨论他们如何才能自立,如何才能不故态复萌(Anderson & Stewart, 1983)。这些程序使得隐蔽的事情公开化,这可以帮助来访者与心理咨询师明确咨询关系,终止所涉及的问题。

维基欧(Vickio, 1990)已经发展出了一套特殊的方法,这套方法通过具体策略的实施来帮助那些需要应付丧失和终止的大学生。在《再见指南》(*The Goodbye Brochure*)里,他讲述了说再见意味着什么以及为何要再见。然后他讨论了五种成功处理离开和丧失的情况,同样他也讨论了五种处理不成功的情况:

对丧失的成功处理:

1. 确定好方法,确保转变的过程是逐步的;
2. 发现生活中已有不同行为的重要意义;
3. 把这种意义向他人说出来;
4. 为自己已经得到的和将要面临的而高兴;
5. 明确自己生活中需要继续努力的领域。

对丧失的不成功处理:

1. 否认丧失;
2. 过度赞美以至你的体验被扭曲;
3. 贬低你的行为与关系;
4. 使自己不要老是想着分离;
5. 突然使自己从当前的行为和关系中离开。

勒纳(Lerner, 1993)相信,来访者阻抗经常源于来访者对改变的恐惧。如果来访者来对咨询关系进行评价,他们可能担忧在终止咨询之后不能很好地生活。比如,在不稳定或混乱的环境下(如酗酒、离婚等)长大的人,他们可能特别倾向于保持咨询及与心理咨询师关系的稳定。认识到这些个体的特殊需要以及他们在处理孤独、亲密感时的困难,对于心理咨询师来说十分重要(Loewenstein, 1979; Weiss, 1973)。如果情况更严重的话,心理咨询师可以采取一定的步骤来帮助这样的来访者,如与他们讨论其他治疗措施(如支持或团体自助)的优点,这样就可以提高来访者自助的能力。对于这样的来访者来说,咨询是潜在的成瘾物。如果他们想健康地生活,他们就必须要去寻找替代的资源来支持自己。

心理咨询师阻抗

虽然"咨询的最终目的是使心理咨询师对于他们的来访者来说变得过时而没有必要",但是有些心理咨询师在该说再见的时候仍然是恋恋不舍(Nystul,1993,p. 36)。那些有特殊需要或者那些富于成效的来访者对于心理咨询师的吸引力尤其大。古德耶列举了八种情况,在这些情况下心理咨询师可能更难做出终止的决定:

1. 终止意味着一个重要关系的结束;
2. 终止引起了心理咨询师对于来访者独立生活能力的担忧;
3. 终止引起了心理咨询师对于没有与来访者更有效开展工作的内疚;
4. 来访者愤怒而突然的离开威胁到了心理咨询师的职业自我概念;
5. 终止意味着心理咨询师一次学习体验的结束(比方说,心理咨询师可能正依靠某个来访者学习身心失调的动因或者一种特殊的文化);
6. 在咨询的过程中,心理咨询师也体验着来访者的种种经历,终止意味着一次特别兴奋的体验的结束;
7. 终止成为心理咨询师一生中其他的再见(特别是那些没有解决的)的一个象征性的概括;
8. 终止引起了心理咨询师自己的个性冲突。

认识到在让来访者离开时将会遇到种种困难,对于心理咨询师来说很重要。心理咨询师可以与同事一道商讨如何解决这些问题或者去自我体验咨询以解决这些问题。当心理咨询师个人有被分开、被孤立的经历,对亲密感有过度的恐惧,那么去自我体验这种选择就显得尤其有价值。科瓦奇(Kovacs,1965/1976)和盖伊(Guy,1987)报告说,那些需要职业帮助的人往往具有以上特点。

过早的终止

来访者是否过早地终止了咨询,这并不是以其已经完成的晤谈次数来衡量的。更合适的标准是,来访者是否已经取得咨询开始时所设定的目标或者来访者的社会功能是否正常(Ward,1984)。

有些来访者表现出来很少(如果有的话)的承诺或动机来改变他们目前的情况,而在第一次晤谈结束之后就要求终止咨询。有些来访者在认识到咨询对于自己的改变是必要的之后表达了终止的要求。另外一些来访者则通过失约或者迟到来间接地使人知道自己的这个愿望。无论来访者通过何种方式表达出过早终止的愿望,都可能引发心理咨询师必须要处理这个问题的想法和感受。汉森(Hansen)、沃纳(Warner)和史密斯(Smith)提出,如果来访者在特定目标达到之前提出了终止咨询的要求或者心理咨询师认为过早终止可能发生,那么心理咨询师可以把过早终止这个话题提出来并与来访者进行公开讨论。通过讨论,双方的感受和想法得到了仔细审查,这样就防止了过早终止的发生。

有时来访者失约了,但又没有打电话来重新安排时间,在这种情况下,心理咨询师应该尝试通过电话或邮件与来访者联系。给来访者发封信,允许他们在是否继续咨询方面有更大的决策"空间"(MacCluskie & Ingersoll,2001)。下面就是这样一封"没有虚饰"的信件(p. 179):

> 亲爱的________:
>
> 在我们上次晤谈之后我们就再也没有见面了。我非常希望我们能够一起继续开展工作,但是是否继续咨询的选择权在您的手中。如果您真的想重新安排时间的话,请在30天之内告诉我。否则,我将封存你的咨询档案并认为您不再对我的服务感兴趣。
>
> 您忠诚的心理咨询师
>
> 玛丽

如果心理咨询师发现来访者想放弃,那么就可以进行一次退出会谈。沃德列举了这种会谈可能有的四种好处:

1. 退出会谈可以帮助来访者消除那些因咨询体验而起的消极情感;
2. 如果心理咨询师愿意的话,退出会谈可以作为一种鼓励来访者继续参与咨询的途径;
3. 如果来访者有要求的话,在退出会谈中也可以考虑新的治疗方式或者转介其他的心理咨询师;
4. 退出会谈可能增加来访者以后需要帮助时前来咨询的可能性。

卡瓦纳(Cavanagh,1990)确信,如果发生了过早终止,心理咨询师就犯了一到两个错误。一是把所发生的事情归咎于他自己或者来访者。心理咨询师很有可能会责备来访者,来访者可能会责备心理咨询师。但无论是哪种情况,都有人受到斥责,问题也因此变得更为复杂。如果心理咨询师不把这种情况看成是任何人的过错,那么这种看法将更富有成效。这种策略的采用,使有些心理咨询师与来访者的工作成效好于另外一些心理咨询师与来访者。

心理咨询师方面的第二种错误是,对这种情况采取一种随便的态度。如,一个心理咨询师说:"真糟糕,这个来访者选择不再咨询了。不过,我还有其他来访者呢。"为了避免犯这两种错误的任何一种,卡瓦纳建议找出来访者过早终止的原因。可能的原因包括以下这些:

● 来访者想看看心理咨询师是否真的关心自己；
● 来访者试图从心理咨询师那儿得到积极的情感；
● 来访者为了惩罚或试图伤害心理咨询师；
● 来访者为了消除焦虑；
● 来访者为了向心理咨询师显示他已经在其他地方找到了治疗；
● 来访者为了向心理咨询师表示自己感到不被理解。

卡瓦纳认为心理咨询师应该懂得，无论他们做什么，总有一些来访者会过早地终止咨询。认识到这一点，就可以使心理咨询师不必去苛求完美，在治疗关系中表现得更为自信。这种认识同样也使心理咨询师可以公开承认，无论自己多么有才能，技能多么熟练，总有部分来访者可以找到对他们更有帮助的心理咨询师。在观念上，心理咨询师需要清楚终止的产生过程（见图 7-1）。有了这些知识，心理咨询师就能够更现实地处理来访者的终止。

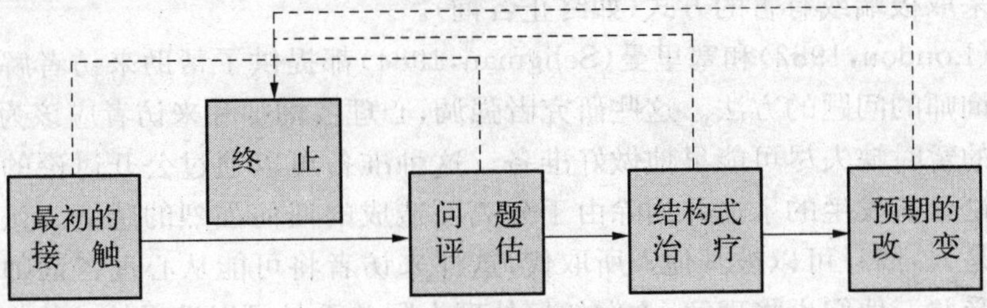

图 7-1 对终止的分析

资料来源：From *Contemporary Approaches to Psychotherapy and Counseling* (p. 37), by J. F. Burke, 1989, Pacific Grove, CA: Brooks/Cole. Copyright 1989 by Brooks/Cole Publishing Company, Pacific Grove, CA 93950, a division of Thomson Publishing Company Inc. Based on Gottman and Leiblum's *How to Do Psychotherapy and How to Evaluate It: A Manual for Beginners* (p. 4). Copyright by Holt, Rinehart, & Winston. Adapted by permission.

并不是所有来寻求咨询的人对于咨询关系中的工作都有同样的准备程度，而且准备程度可能随着关系的延续而变化。有些来访者有很好的理由早些终止咨询，他们的行为也不必引起对心理咨询师能力的怀疑。在咨询关系中，心理咨询师可以控制的因素是十分有限的。下面列举的一些变量对于有效防止过早的终止很有效(Young,1998)：

● 预约。预约的时间间隔越短，预约安排得越有规律越好。
● 咨询的方向。来访者对于咨询的程序懂得越多，他们越有可能继续咨询。
● 心理咨询师始终一致。来访者并不喜欢从一个心理咨询师转到另外一个心理咨询师。因此，如果有可能的话，最初介入的心理咨询师应该继续咨询下去。
● 提醒以激发来访者的参与动机。卡片、电话、电子邮件都是有效的提醒方式。因为咨询是很敏感的，不过心理咨询师还是应该得到来访者的允许而给来访者预约提醒。

心理咨询师提出的终止

心理咨询师提出的终止与过早的终止相反。心理咨询师有时需要与他的部分或所有来访者终止关系。原因包括：疾病、解决反移情、搬家到另外的地区、见习期结束、长期的旅程或者意识到来访者的要求可以被其他人更好地满足等。心理咨询师的这些终止理由都被卡瓦纳列为"好的理由"。

心理咨询师提出的终止理由里也有一些是不合适的。它们包括心理咨询师感到愤怒、厌倦或者忧虑。如果心理咨询师因为这些理由而结束了咨询，那么来访者可能感觉到被拒绝了，他的情况将比咨询开始时更糟。对于来访者来说处理同类人的拒绝是一回事，处理心理咨询师的拒绝又是另外一回事。卡瓦纳认为，虽然心理咨询师可能对某个来访者有消极的情感，但是它是能够被心理咨询师识别并解决的，心理咨询师用不着采取极端或有害的方式（如终止咨询）。

伦敦（London，1982）和塞里曼（Seligman，1984）都提供了帮助来访者解决暂时没有心理咨询师的问题的方法。这些研究者强调，心理咨询师和来访者应该为可能的心理咨询师的暂时缺失尽可能早地做好准备。这种准备可以通过公开讨论的方式来进行——讨论可能发生的事情并消除由于分离而造成的任何强烈的感情。认识到心理咨询师也是人，而且可以被其他人所取代，这样来访者将可能从心理咨询师提出的终止中真正受益。他们也将理解，人们如何处理人际关系是可以选择的。他们还可以进一步探讨以前的一些感受和重大的决定。通过探讨，他们可以更真切地知道新的行为将延续到自己的其他生活经历中（London，1982）。在终止的过程中也可以对以前的问题进行重新审视，这可以帮助来访者知道哪些问题需要弄明白。

塞里曼介绍的来访者应对心理咨询师提出终止咨询的方法比伦敦的结构性更强，但两者都同样有效。如果心理咨询师提出了终止，确保来访者在紧急情况下手头有另外几位心理咨询师的名字和电话号码是很重要的。

同样也存在着心理咨询师提出的永久性终止的问题。在当今这个变动频繁的世界里，"比以前更频繁的是，心理咨询师离开了，而且确定不再回来"（Pearson，1998，p. 55）。在这样的情况下，终止对于来访者来说更为痛苦，这也给心理咨询师提出了更大的挑战：所期望的咨询时间安排不复存在了。

在这种心理咨询师提出的永久性的终止里，回顾来访者的咨询过程、在特定的时间结束、制订咨询之后的计划还是非常重要。其他的一些任务也必须要完成（Pearson，1988），在这些任务里包括心理咨询师克服自己的一些对终止的消极情绪，如悲伤、忧愁、愤怒、恐惧等。更进一步地，心理咨询师要正视来访者的缺失并根据每个来访者如何对待咨询关系的缺失做出相应的计划。心理咨询师既要注意到来访者的物质需要，同时也要关注对专业和人际支持需要的寻求。

在心理咨询师自己对终止做准备的过程中，心理咨询师将到哪去，将干什么，这些都应让来访者知晓。心理咨询师要及时地告知来访者这些信息，并允许来访者自然地做出反应。“高级共情是一种有效表达并解决这类情感的方法”（Pearson，1998，p. 61）。如果来访者需要的话，转介的安排也是很必要的。最后，就轮到说再见并结束咨询关系了。这个过程既可以直接地说出来，也可以用一定的仪式来进行。

以积极暗示来结束

就像咨询一样，终止的过程也包含一系列的检查点。在这些检查点上，心理咨询师与来访者可以一道商讨并评估他们所取得的进展，然后再决定是否进入下一个阶段（Maholick & Turner，1979）。如果有可能的话，咨询的终止应该得到双方的同意，这是很重要的。这样的话，所涉及的一切问题的解决将更富有成效。然而，双方常常很难一致同意。帕特森和韦尔弗提供了四条方针，运用它们，心理咨询师能够以一种积极的方式来结束咨询关系：

1. 清醒地认识到来访者的需求并给予表达的机会。在咨询关系的最后阶段，来访者可能需要时间来表达对他们所获帮助的谢意。心理咨询师应该接受这些谢意，而不需“对他们工作的价值表示任何谦虚”。

2. 联系自身现状，回顾最重要的咨询体验。这个过程的目的在于使来访者明白自己的现状，然后再与自己开始咨询时的情况相比，这样就可以更充分地认识到自身所获得的成长。这个过程既包括对咨询中重要时刻与转折点的回顾，同时也包括了个人总结。

3. 支持性地承认来访者所做出的改变。在这个时候，心理咨询师让来访者知道他看到了来访者的改变，并积极地鼓励来访者保持这些改变。如果因为咨询中出现的问题使得“来访者决定不再执行行动计划”，这时“终止的过程也应包括对这些事情的评估和对未来咨询的讨论……”。

4. 要求随访接触。咨询关系终于结束了，但是心理咨询师对来访者的关心和关注并不会在晤谈的终点而自动结束。来访者需要知道心理咨询师仍然对自己生活中所发生的事情感兴趣。这对于来访者保持在咨询中已经发生的改变是一个额外的鼓励。

与咨询终止有关的问题：随访和转介

随访

随访是在咨询结束一段时间之后去看看来访者做得怎样，是否遇到什么问题（Okun，2002）。本质上，这是对来访者的积极监督，能够促进其成长（Doyle，1998；

Egan,2003)。随访是有些心理咨询师所忽视的步骤。这一步很重要,因为它可以强化来访者在咨询中的所得,它同时也帮助心理咨询师与来访者重新评价过去的经历。随访需要心理咨询师对来访者真正的关心与关注。

随访既可以是短期的,也可以是长期的(Cormier & Cormier,1998)。短期的随访一般在咨询关系结束之后持续 3~6 个月,而长期的随访至少要持续 6 个月。

随访有很多形式,最常用的有四种(Cormier & Cormier,1998)。第一种是请来访者前来晤谈以讨论他在达到某个预定目标之后所继续取得的进步;第二种是给来访者打电话,来访者通过电话以口头的方式向心理咨询师报告自己的近况;第三种是心理咨询师给来访者写信以了解其现状;第四种方式更为客观,心理咨询师向来访者寄去一份问卷以了解其活动水平。很多公众机构都采用了这种方式的随访,而且这种问卷调查的方式也并没有妨碍心理咨询师对于其余三种方式的使用。虽然耗时,但是个人的随访方式对于评估过去的咨询体验更为有效。它可以使来访者确信他们是被当做一个人来关心的,而不只是一些数字而已。

如果来访者采用了图表来对自己的进步情况进行自我监督,那么无论心理咨询师用何种方式对来访者随访都是有帮助的。这样,在与心理咨询师联系时,来访者的信息将更准确、更客观。如果心理咨询师与来访者能够在最后一次晤谈时对将来的随访时间达成共识,那么这种自我监督将变得更加有意义,这可以使来访者更确信自己的进步,更明白自己的需要。

转介和重新开始

心理咨询师并不能够帮助每一个求助者。如果心理咨询师觉得继续下去成效不大,那么懂得是否该终止咨询或转介就非常重要。转介是在原先的安排没有帮助的情况下为来访者安排其他的帮助(Okun,2002)。转介的原因有很多,其中就包括以下这些:

- 来访者的有些问题心理咨询师不知道该如何处置;
- 心理咨询师在某个具体领域(如物质滥用、精神病等)没有相关经验或技能以帮助来访者;
- 心理咨询师知道附近有个专家对来访者更有帮助;
- 来访者与心理咨询师的人格特点不匹配;
- 心理咨询师与来访者的关系老是固着在最初的阶段。

转介涉及怎样转、何时转、转给谁的问题。怎样转的问题包括知道怎样请求他人的帮助、怎样处理来访者以使他最大可能地接受转介的安排。如果来访者觉得受到了心理咨询师的拒绝,他就可能抵制转介。帕特森和韦尔弗建议在转介之前至少花一次晤谈时间来做准备。有些来访者可能需要几次。

何时转介则涉及一个时间问题。来访者与心理咨询师一起工作的时间越长,就越可能不愿去见其他心理咨询师。因此,时间的选择至关紧要。如果心理咨询师觉得与某个来访者陷入了僵局,那么他应该尽快向来访者提出这一点。不过,如果心理咨询师已经与来访者工作过一段时间,他应该给来访者足够的时间来适应与另外的心理咨询师一起工作的想法。

转给谁,意思就是你把来访者交给谁去诊治。对方的人际能力和他的专业技能同样重要,这样才可保证转介的效果。在这个时候心理咨询师可以问自己一个很好的问题——如果被转介的人是我的家人,转给这个新的心理咨询师,我放心吗(MacCluskie & Ingersoll,2001)?

重新开始就是一个选择,当心理咨询师觉得已有的咨询过程没有起到应有的作用,但可以使它再起到作用时所做的选择。它意味着重新检查所有的治疗阶段。可能目标设定得不合理,或者治疗策略选择不适当。无论是何种情况,通过重新检查咨询过程,心理咨询师和来访者就能够决定是否或者如何对它进行修订。咨询和其他的事情一样,第一次尝试并不一定就会获得成功。重新开始给了心理咨询师和来访者第二次机会来获得彼此所需要的积极改变。

总结与结论

终止是咨询的一个重要但往往被忽视、误解的阶段。在咨询中,丧失与结束的话题经常不如成长与发展那样受重视。因此,终止的问题要么被忽视,要么被想当然。其实,成功的终止对于心理咨询师和来访者的健康与幸福来说至关重要。这个阶段的成功与否将决定前面阶段的效果,因此需要有技巧地来处理终止。否则,咨询关系中的每一个人将会变得浪费于那些可能没有多少用处的资料上。此外,终止作为一个激励因素,它给了来访者一个尝试新的行为的机会。

本章着重讲述了单次晤谈的终止和整个咨询关系的终止的步骤。这些步骤可以推广到团体咨询或者家庭咨询当中去。心理咨询师和来访者都需要为终止做准备。促进这种准备的一种方法是结构化的使用,如时间结构以及口头和非口头暗示。在咨询关系结束之前,来访者应该学会一些问题解决技巧。这样,在遇到困难时,来访者就会去依靠自己而不是心理咨询师。不过,允许来访者在需要时再次与心理咨询师接触也很重要。开放的方针对于减轻焦虑很有帮助。

有时,心理咨询师与来访者的一方或双方会对咨询关系终止产生阻抗。很多时候这种阻抗和没有解决的哀伤、分离感有关(Cowger,1994)。如果来访者有这类感情,他可能选择过早地终止咨询关系。心理咨询师也可能会提出终止咨询关系,不过一般都有很好的理由。不管终止是由谁先提出来的,双方知道发生了什么并相应地做准备才是重要的。如果可能的话,一次咨询最好用积极的暗示来结束。一旦终止的过程结束,在一年之内对来访者进行某种形式的随访很有帮助。有时,转介或重新开始也被用来以确保来访者得到所需要的帮助。

课堂活动

1. 两人一组,讨论自己生活中最重要的终止体验,如所爱的人的死亡、毕业、由一个人生阶段步入另一个阶段等。说说你当时感受到的痛苦以及你从中所学到的积极的东西。

2. 在小组内轮流进行角色扮演,表演每个阶段中终止咨询关系时所产生的不同形式的阻抗。让其中一人扮演心理咨询师,一人扮演来访者,另外两人分别扮演心理咨询师与来访者改变后的角色,还有一人扮演观察者或评价者。当每个人都扮演过心理咨询师之后,讨论你对各种阻抗的感受以及克服阻抗的最佳策略。

3. 写出你认为可以分辨心理咨询师或来访者是否已为终止做好准备的方法,然后在你的同学面前不出声地表演几个动作。让同学们描述你在做什么,并说出他们将做出的反应。

4. 把班上的同学分成两组,讨论在咨询结束时是否必须加以积极的暗示。特别注意心理咨询师或者来访者能够从终止关系时的消极暗示中获得的益处。

5. 你对重新开始有何感受? 四人一组,讨论你对这个过程的想法与感受。同样,进行角色扮演,你将如何向另外一个专业人员提到一个对你来说有困难的来访者?

第八章 精神分析、阿德勒学派和人本主义心理咨询理论

从定义上说，心理咨询是一个潜心于改善人际关系的过程(Patterson，1985)。通常，心理咨询是建立在心理咨询师和来访者互相信赖的基础上，以确保双方沟通、探究病因、制订计划、改变行为及个体的成长顺利进行。在咨询过程中，心理咨询师应对关于来访者行为、情感、咨询计划及进展的情况提供及时的反馈，这将有助于来访者的治疗。

在任何一种类型的心理咨询中，以下的四个因素决定了成长和改变的总体效果：

1. 心理咨询师
2. 来访者
3. 咨询和治疗的设置
4. 理论取向

对于成功的心理咨询师和有效的咨询程序，我们调查了其中的一些普遍特质。某些特质可以将这些心理咨询的情况区别开。举个例子，成功的心理咨询师对自己和他人都有较好的了解，对文化的影响有自己的评价，还有坚实的知识背景。他们理解来访者并与来访者为了一个共同的目标而努力，他们知道自己和来访者的人格特质都会对双方产生巨大的影响，同时也会影响咨询过程的进展。咨询和治疗的设置同样是一个重要的影响因素。根据来访者的不同需要，咨询部门可分为学校心理咨询中心、一般的咨询中心和心理康复中心。咨询关系的进展情况也在咨询中扮演着重要的角色。

第八章着重介绍三个心理咨询的理论取向：精神分析、阿德勒学派和人本主义。精神分析理论和阿德勒学派的理论间存在着差异，但两者也拥有一个共同的基础。而在人本主义方向上有三个分支：以人为中心、存在主义和格式塔理论，它们之间有较大的差别。这一章涉及了这个领域最早和最著名的理论。在介绍这些理论之前，我们先来讲讲咨询理论的本质和它在咨询过程中的重要性。

理论

理论是一种模式，它用来指导心理咨询师去假定可能解决问题的方法。成功的心理咨询师选择使用哪种或哪些理论

是建立在他们的教育背景、价值观以及来访者需要的基础上的。并不是所有的咨询方法都适合于所有心理咨询师或来访者。有些杰出的心理咨询师在他们自身经验和观察的基础上，形成了自己的观点并发展了咨询的理论。然而大多数理论家经过各种尝试，意识到一种理论并不能适合所有情况。事实上，在整个咨询过程中，对于同一个来访者仅仅使用一种理论是不充分的。心理咨询师必须仔细地选择他们的理论主张并且有规则地对它们进行再次评估。

有些理论模式较之其他理论更加全面，而成功的心理咨询师应意识到哪种理论更全面且是出于何种原因。汉森、斯特维奇、沃纳（Hansen，Stevic，& Warner，1986）列出了以下有关好的咨询理论的五个必要条件：

1. 清楚易懂并且容易传播，理论连贯有条理并且无内在矛盾；

2. 理论全面，其应该包括可以解释各种现象的内容；

3. 理论清楚明确并且有启发性，由于理论自身的构思纲要而可以产生相应的研究；

4. 相关的特定方法对应着期望的结果，它包含一种能够获得最终所需结果的方法；

5. 对即将开业的心理咨询师有所帮助，能为研究和实践提供一个指导方针。

除了上述这五个特质之外，一个好的咨询理论还要与心理咨询师的个人价值观相匹配。舍兹尔和斯通（Shertzer & Stone，1974）认为，一个咨询理论应该适合心理咨询师，如同衣服要合身一样。有些理论像衣服一样需要裁剪。因而，成功的心理咨询师意识到了变更的重要性。想成为成功的、多取向的咨询专家需要学习各种各样的咨询理论，并且懂得在不违反它们内部一致性的基础上应用每个理论（Auvenshine & Noffsinger，1984）。

理论的重要性

理论是好的咨询服务的基础。在为成长和内省而构成的高度私人关系范围内，它要求心理咨询师充分发挥想象力和创造力（Gladding，1990）。咨询理论在如何使来访者的信息概念化，如何发展咨询关系，如何履行职业伦理及如何使心理咨询师以专家身份正确看待自己等方面有重要的影响。如果没有理论的支持，心理咨询师以试错法冒险而无计划地实施咨询服务将不会有任何效果并且是有害的。布拉默、阿布里果、徐斯洛（Brammer，Abrego，& Shostrom，1993）强调了稳固地积累理论对于心理咨询师是非常有实用价值的。理论可以用来解释在咨询关系中发生的任何事情，能够给心理咨询师在预测、评估及提高咨询效果中予以帮助。咨询理论为科学观察咨询服务提供了一个框架。理论化促进咨询服务中思想观念的连贯性以及新的观念的产生。因此，除了心理咨询师的观察，将咨询理论用于实践也是很有意义的。

博伊和派因(Boy & Pine,1983)详细阐述了理论的实践价值,他们认为理论解释了心理咨询师扮演了怎样的角色,为心理咨询师如何进行咨询操作提供了一个框架。在理论指导下,心理咨询师能满足他们的角色要求,因为他们有了如此操作的依据。博伊和派因指出了理论在实践中的六个指导作用:

1. 理论帮助心理咨询师找出万物多样性之间的统一与联系;
2. 理论会迫使心理咨询师仔细调查一些可能被忽略的关联;
3. 理论向心理咨询师提供了工作上的指导并帮助他们评价自己作为专业人员的成长;
4. 理论让心理咨询师将重点放在有关的资料上,并告诉他们应寻求怎样的结果;
5. 理论可以引导心理咨询师帮助来访者有效地纠正他们的行为;
6. 理论帮助心理咨询师有效地评价新旧不同的咨询方法,这是建立新的咨询方法的基础。

"对咨询过程中发生事情的解释的合理程度是评价所有咨询理论的最终标准"(Kelly,1988,pp. 212~213)。理论作为一种信息的组织形式,它的价值"依赖于它在多大程度上是以人们现实生活为基础的"(Young,1988,p. 336)。

理论应用于实践

到2000年,全世界有了400余种常用的心理治疗和咨询的理论(Corsini,2000)。因此,心理咨询师的理论选择范围很大。成功的心理咨询师通过验证其有效性,并结合个人的信仰、人的本性以及变化,仔细地鉴别不同理论。

然而,正如奥肯(Okun,1990)说的,现在心理咨询的重点不是放在理论创造上,而是更注重各种理论之间的联系。这个重点是建立在这样一个基础性假设上的——没有任何一种理论观点能解释我们今天接待的这个来访者的所有问题(p. xvi)。此外,心理咨询师在将各种技术占为己有和在工作中协调不同理论方法方面似乎显得很灵活,他们并不完全照搬理论观点。这种实践是有必要的,因为当心理咨询师和来访者进行咨询时,必须考虑个人本身、人际交往和各种外部因素,然而几乎没有一种理论能将所有这些因素整合起来。

因此,现在有很多心理咨询师(大约60%~70%)认为自己在理论和技术的使用上是个折中主义者(Lazarus & Beutler,1993)。也就是说,他们用各种不同的理论和技术来满足来访者的不同需要,"在对来访者的治疗过程中平均使用4.4种理论"(Cheston,2000,p. 254)。当来访者的需要改变时,心理咨询师也从正在使用的理论转向其他的方法(这种现象被称为风格转变咨询)。"心理咨询师所做的改变与来访者的心理发展水平息息相关"(Ivey & Goncalves,1988)。皮亚杰(Piaget)说过,为了保证咨询的有效性,心理咨询师必须考虑来访者人格结构的发展水平。例如,一个无法意识到周围环境变化的来访者需要的治疗应侧重于"情绪情感、身体构造和此时此地的体验”；而一个发展水平较高的来访者则应使用“考虑外在行为”的方法，该方法的重点是思考其行为(Ivey & Goncalves，1988，p. 410)。这个观点要求心理咨询师必须从来访者所处的发展水平入手，帮助他们改善其整体情况。

折中主义的心理咨询师有利用各种理论、技术和实践经验来满足来访者需要的能力，但是这种折中的方法也有其不足。举例说，如果心理咨询师对所涉及的理论的所有方面并不完全了解，对咨询来说，折中的方法就具有一定危险性的。在这种情况下，心理咨询师就会成为一名技术工作者，其不懂得为什么特定的方法在特定的时间以特定的方式对特定的来访者有效(Cheston，2000)。这种知识经验不足的心理咨询师所用的没有经过检验的方法，有时被讽刺为“电器”，这是因为这些心理咨询师像“打开电器的开关”一样地尝试这些方法。折中主义取向的问题在于，如果心理咨询师仅仅知道一点或根本不知道什么可以帮助来访者，他们对来访者的伤害将大于对他们的帮助。

为了解决这个问题，麦克布赖德和马丁(McBride & Martin，1990)提倡实施有层次的折中主义临床实践，并且讨论以牢固的理论基础作为折中主义指导的重点。折中的第一层水平只是简单的概念融合——一个将没有联系的临床概念简单地、毫无规律地堆放在一起的过程。当让从没经历过检验理论模型工作的研究生阐明他们自己对咨询的见解时，建议他们使用汇总的方法。

折中的第二层水平是传统折中主义。它将来源于不同文献，并具有一致性规律性的资料合并成一个和谐的整体(English & English，1956，p. 168)。它比简单的概念混合思考得更深入，理论也接受了更深层次的检验。

在第三个层次，折中主义被描述成专业的或理论的整合，抑或是理论整合主义(Lazarus & Beutler，1993；Simon，1989)。这种类型的折中主义要求心理咨询师在进行任何整合前至少要精通两种理论。该方法的问题在于要假设两种理论在一定程度上是相等的，并且要有一个标准以决定每种理论的哪部分该保留，哪部分该删除(Lazarus & Beutler，1993，p. 382)。它与传统折中主义不一样，传统折中主义对理论知识的掌握没有要求。

折中的第四个层次叫做技术折中主义，它是在阿诺德·拉扎勒斯(Arnold Lazarus，1967)的著作中提到的。在这种方法里，不同理论中的治疗程序被筛选出来并应用于治疗中，“却并不必拘泥于理论”(Lazarus & Beutler，1993，p. 384)。这种观点主张真正给来访者进行治疗的是技术，而非理论。因此，在完全评估了来访者的情况后，如果条件允许的话，心理咨询师会使用存在主义的技术(比如面对生命意义的思考)进行行为治疗(比如决断训练)。

这个方法与卡瓦纳(Gavanagh，1990)提出的咨询中的健全的折中法是一致的。它要求心理咨询师具备：(1) 良好的知识和对所使用的咨询理论的了解；(2) 对人类行为的基础的、综合的哲学素养，能够将不同理论中完全不同的部分拼贴成一个有意义的整体；(3) 灵活地（根据来访者的情况）调整适合来访者的咨询方法，而不是相反。遵循了以上模式的心理咨询师可以运用折中主义的理论结构，实用而有效地进行咨询。成为一个健全折中主义心理咨询师的最关键的要素是要精通理论，并对何时何地如何使用何种方法有敏锐的感觉（Harman，1977）。

折中主义的最后一个类型是跨理论模型（TTM）（Prochaska & DiClemente，1992）。这个模型起点较高，是随着时间的发展从经验中得出的。它是作为反对“技术性折中方法中倾向于扼要地将各种成分‘拙劣’地拼凑起来的抉择产物”（Petrocelli，2002，p. 23）。这个模型直接关注并建议从预期发展到保持的五个变化阶段——症状/处境问题、不适应认知、目前的人际关系冲突、家庭系统的冲突以及个体的内心冲突。

TTM 观点的心理咨询允许更宏观的方法（包括广泛而易理解的理论框架）和个体适应（包括更多批判的、合理的、正确而科学的思考），而不仅仅是个体调整（Petrocelli，2002，p. 25）。该模型主要的缺陷是复杂而难以理解，事实上，TTM 仅仅在有限的群体（如成瘾人群）中获得了验证。

精神分析理论

单从历史的观点来看，精神分析理论具有非常重要的地位。它们是最先得到公众认可和接受的理论之一。弗洛伊德（Freud）所创造的（经典）精神分析就是其中的一部分。不管是将其做部分的改进或完全的反对，许多其他的理论都是在弗洛伊德的理论和精神分析技术基础上发展的。

精神分析

创始人和发展者

弗洛伊德是维也纳精神病学家（1856～1939），他首先创立了精神分析学，特别是经典精神分析学派。他的天赋造就了其最初的思想。他的女儿，安娜·弗洛伊德（Anna Freud），进一步详细阐述了该理论，特别是将该理论与儿童联系起来，并且发展了各种防御机制。后来，海因茨·科胡特（Heinz Kohut）通过把客体关系理论概念化将理论扩展到发展性问题，尤其是依恋问题。

人性观

弗洛伊德关于人格结构的观点是人格中动力的转换和能量的交换（Hall，1954）。人们拥有意识（与对外部世界的注意相协调）、前意识（包括本应记住却隐藏起来的回忆和遗忘的经历）和潜意识（包括本能的、压抑的和强烈的冲动）。在弗洛伊德看来，人格分为三个部分：

1. 本我（由无道德的基本的本能组成，按照快乐原则活动）；

2. 自我（包括意识，“意识的执行者”做出的决策，按照现实原则活动）；

3. 超我（良心，像父母一样自我监督，按照至善原则活动）。

本我和超我是受潜意识控制的；自我主要受意识控制，但也包含前意识和潜意识的成分。

弗洛伊德认为，精神分析理论同样也是建立在性心理发展阶段理论上的。每个阶段都有一个特殊的区域成为兴奋和满足的中心：口唇期，口唇是主要的快感中心，儿童通过吮吸和咬获得满足；肛欲期，儿童通过憋住和排出大小便来获得快感；性器期，性器官是主要的快感中心，而且儿童必须正确解决自己的性需要；潜伏期，儿童将注意力转移到同伴活动、对认知学习和体育技能的掌握上；生殖期，如果前几个阶段都发展得很顺利，个体就会在异性身上投入更多的兴趣，并发生正常的异性恋情。在前三个阶段，遭受挫折和过分沉溺是主要的问题，在发展过程中，将导致个体固着（或停滞）在某个阶段或者过分依赖于心理防御机制（例如，在潜意识的水平，通过否认或歪曲现实来减轻焦虑）（见表 8－1）。

表 8－1 心理防御机制

● 压抑	作为最基本的防御机制，压抑是把使人感到困扰或痛苦的思想或记忆潜意识地排除。其他的防御机制都或多或少地运用了压抑。
● 否认	在这个过程中，人们拒绝面对或接受生活中某些困难或棘手的问题。否认发生在意识或前意识的水平上。
● 退行	当个体在面临压力时，他们往往表现出幼稚的不太成熟的行为方式。
● 投射	个体并不表现出真实的想法或感受，而是把自己不能接受的思想、行为或欲望归结到其他人上。
● 合理化	这种防御机制以一种“理性的理由”解释某种现象。理由和现象之间的联系只有在行为完成之后才会在人的头脑中建立起来。
● 反向形成	个体的行为与其实际的想法完全相反，这就是“反向形成”。这种行为通常比较夸张，比如对自己非常讨厌的人却特别友善。
● 移置	这种防御机制是将情绪反应转移到一个“安全的靶子”上。个体把应该对某个人或物的情感转而表达给另外的人或物。

资料来源：Gladding, S. T. (2003). *Group work: A counseling specialty*. Upper Saddle River, NJ: Prentice Hall.

心理咨询师的角色

专业心理咨询师像专家一样应用经典的精神分析理论进行咨询。他们鼓励来访者讲出所有的想法，尤其是童年的经历。为了营造一种氛围让来访者自如地表达心中痛苦的想法，精神分析师们常在一段时间面对面的会谈后，让来访者躺在长沙发上（心理咨询师常坐在长沙发的一侧后面）。分析师的任务是在交谈中让来访者重新体验并处理过去经历中未完成的事情。移情作用是帮助来访者利用潜意识来解决现实中的问题。和一些别的方法不同，精神分析鼓励心理咨询师向来访者进行解释。

目标

精神分析的目标很大程度上取决于来访者的个人情况，但他们主要强调来访者的自我调整，从而引发个体内部力量的重新构架。在大部分的个案中，咨询的最基本目标是帮助来访者更多地意识到他的人格结构中潜意识的部分。

第二个主要的目标一般和第一个目标紧密相连，是为了帮助来访者完成以前没有正常经历过的发展阶段。如果目标完成了，来访者就会变得很轻松，生活也会更丰富。完成以前没有完成的发展阶段需要来访者重组自己的人格结构。

精神分析的最后一个目标是帮助来访者满足他们所处的社会环境的要求。精神分析理论认为，人们感到痛苦是因为他们与自己或社会不协调。精神分析学家强调对环境的适应，特别是工作环境和私人环境。把焦点集中在加强自我上，这样感知和计划才会更加现实。

技术

精神分析的技术大多数是在特定的场所应用的，比如说治疗室或医院的会谈室等。这些技术中最主要的有自由联想、梦的解析、移情分析、阻抗分析和解译。尽管每种技术在此被分别讨论，而真正应用的时候是将它们结合起来使用的。

自由联想 在自由联想中，来访者须抛开通过正常方式思考过后的、被意识所压抑的想法，不管脑子里出现什么都将它报告出来，不管它们是怎样的无聊、毫无理性、有暗示性或痛苦。在这种技术中，本我处于活动状态，而自我则保持沉默（Freud，1936）。潜意识中的内容进入意识之中，心理咨询师再对其进行分析和解释。

梦的解析 弗洛伊德认为梦是理解潜意识的主要途径，甚至称它们为“通向潜意识的捷径”。他认为梦是来尝试满足童年的愿望或表达未被接受的性欲。在释梦过程中，来访者被鼓励去回忆梦境。心理咨询师应特别注意梦的两个方面：显梦（表面的含义）和隐梦（隐藏的真实的含义）（Jones，1979）。精神分析师帮助来访者解释这两个方面。

移情分析 移情是来访者对心理咨询师的一种反应，就好像心理咨询师是来访者过去经历中的某些重要的人物，通常是父母的形象。精神分析师鼓励这种移情，并且解释这种感情的积极方面和消极方面。感情的释放是具有治疗意义的，是一种情绪的宣泄。但是这些体验的真正价值在于来访者通过心理咨询师对移情的分析后不断增加对自我的察觉。那些曾经体验过移情并且懂得所发生的事情的来访者，将自由地进入另一个发展阶段。

阻抗分析 一些来访者在经历精神分析时，一开始比较配合，能取得不错的进展，后来就逐渐减慢甚至停滞下来。他们对治疗过程的阻抗有许多种形式，如失约、迟到、不支付费用、持续性的移情、在自由联想时停止思考或拒绝回忆梦境和早期记忆等。心理咨询师对阻抗的分析能帮助来访者更好地认识这种行为和其他行为。如果没有处理好阻抗问题，咨询过程将可能暂时中止。

解译 解译应该成为我们所讨论的咨询技术中要考虑的部分，并且是对它们的一种补充。当进行解译的时候，心理咨询师应帮助来访者理解过去和现在个人事件的意义。解译包含解释和对来访者思想、感情和行为的分析。心理咨询师必须把握好使用解译的时机。如果在咨询关系中过早地使用解译，很可能将来访者赶跑。然而，如果根本就没用这种技术或频繁地使用它，来访者又会懒得去发展自己的内省能力和洞察力。

优点和贡献

经典精神分析有以下几个独一无二的特点：

● 强调性欲和潜意识在人类行为中的重要性。在这个理论形成之前，性欲(特别是童年性欲)是被否认的，潜意识的作用也很少被注意。

● 精神分析属于经验性的研究，这是具有启发性的。弗洛伊德的理论引发了大量其他研究。

● 这种方法为大量诊断工具提供了一个理论基础。一些心理测验，就像主题统觉测验或罗夏墨迹测验等，都来源于精神分析理论。

● 精神分析在不断地发展，近来重在强调适应过程和社会关系等。

● 这种方法似乎对那些遭受了各种各样的障碍，包括癔症、自恋、强迫-冲动行为、人格障碍、焦虑、恐惧和性的问题的人特别有效(Arlow，2000)。

● 这种方法强调了发展阶段的重要性。

局限

以下是精神分析的局限性：

● 用这种方法需要一个长期的治疗过程，而且费用较高。接受精神分析的病人通常要在几年中每周进行三到五次治疗(Bankart，1997；Nye，2000)。

● 不适合于年长的来访者及更多其他的来访者。“从精神分析中受益的病人”大多数是“那些被无意义的感觉压抑和寻找生活意义的中年人和妇女”(Bradley & Cox，2001，p. 35)。

● 这种方法曾被精神科医师主张和独享而不顾弗洛伊德的意愿(Vandenbos，Cummings，& Deleon，1992)。那些没有医学学位的心理咨询师和精神分析师很难接受大量的精神分析培训。

- 这种方法是基于许多不太容易传递或理解的概念，如本我、自我和超我等。精神分析的术语过于复杂。
- 这种方法倾向于宿命论，举个例子说，弗洛伊德将女人特定的缺陷归根于解剖学上的特征——那是因为她们是女性。
- 不适用于大多数有寻求专业心理治疗要求的个体。精神分析模型适合那些主要有顺应问题，或者需要探索潜意识的人。

阿德勒学派理论

阿德勒学派的理论集中探讨社会兴趣理论和行为的目的性理论以及发展健康的社会风格理论的重要性。从该理论中发展出来的治疗方法在国际上都很流行。

阿德勒学派的咨询理论

创始人和发展者

艾尔弗雷德·阿德勒(Alfred Adler,1870～1937)是阿德勒学派咨询方法的创始人，即众所周知的个体心理学(强调人的整体的不可分割的特性)。他曾是弗洛伊德的同事，并也是维也纳精神分析协会的一员。然而，阿德勒不赞成弗洛伊德关于生活原始本能驱力的重要性，更强调个人主观感情和社会兴趣的重要性。他的理论更加充满希望。在他死后，个体心理学的影响变得苍白无力，所幸后来又由奥斯卡·克里斯滕森(Oscar Christensen)、托马斯·斯威尼(Thomas Sweeney)等人继承发展了。

人性观

阿德勒关于人的本性观点的中心思想是，人们行为的动力是社会兴趣，社会兴趣是一种个体与社会相联系，并成为社会中一部分的感觉，希望能与别人产生共情，而且能为社会做出贡献的需要和愿望(Mosak, 2000)。有社会兴趣的人会对自己和他人负责，并对自己的心理健康积极关注。“所有失败者——神经质、精神病和有犯罪倾向的个体——之所以失败，就是因为他们缺乏社会兴趣(Daugherty, Murphy, & Paugh, 2001, p. 466)。”

比起潜意识部分，阿德勒的理论更重视行为中意识的部分，这是他的理论中人格发展理论的核心。阿德勒理论的主要原则是，人们追求成功(他们所能达到的最佳状态)和被他称为“追求完美”的叫做完满的过程(Adler, 1964)。而且有这样一种倾向，人们和别人相比会感到自卑，如果不能克服这种感觉，人们就会产生一种自卑情结。如果这种情结不发生改变，就会产生自卑的人格特质。相反的，当人们过度补偿这种自卑感，会发展成优越情结，这被阿德勒描述成徒劳的神经质谎言。

阿德勒认为人们同时受到未来的目标和以往发生的事情的影响。他的理论也强调儿童出生的顺序：出生顺序相同的儿童（如家中的长子）间存在的共同点比他们与家里的兄弟姐妹间的多（Dreikurs，1950）。在阿德勒的著作中，五种顺序位置分别是：长子、次子、第三个孩子、最小的孩子和独生子（Dreikurs，1967；Dreikurs & Soltz，1964；Sweeney，1998）。

除了出生顺序之外，家庭环境对一个人的发展同样重要，尤其是出生后的五年。阿德勒理论强调每个人在五岁的时候就形成了自己的生活风格，这主要取决于其他家庭成员的影响。一个消极的家庭环境也许是专制的、排外的、压抑的、现实的、过分保护的或自卑的（Dreikurs & Soltz，1964），一个积极的家庭环境则相反，可能是民主的、接纳的、开放的、善交际的。比起其他的因素，家庭环境对生活风格的形成起着至关重要的作用（Adler，1964）。好像世界是按照一个确定的模式运行的，而个体所做出的行为是受其对自己和周围环境的主观评价所构造的思想所引导的。

总的来说，阿德勒认为人的一生中存在三个主要的问题：参与社会活动、职业选择和爱情婚姻。正如以前提到的，阿德勒的理论非常强调发展社会兴趣和为社会做出贡献。他的理论坚持工作对人的生存尤为重要，我们必须学会相互依赖。而且，一个人必须确定他自己和别人的性别角色，要与人合作而不要与人为敌。他也提到了生活中的另外两种挑战，尽管它们并没有发展成熟：精神性和自我对抗（Dreikurs & Mosak，1966）。根据阿德勒的理论，强调以下这一点是非常重要的：当面临任何生活问题时，勇气（在不知道最后可能出现何种结局的情况下愿意去冒这个险）是最最需要的。

心理咨询师的角色

阿德勒学派的心理咨询师首要的作用是一个诊断者、教育者，以及与来访者建立平等的咨访关系的模范。他们尝试着去评估为什么来访者会使用特定的方式思考并表现出特有的行为。心理咨询师通过收集来访者家族信息和其早期记忆来做出评估。然后，心理咨询师跟来访者一起分享自己对来访者的印象、看法和感觉，并且集中精力来促进治疗关系。来访者也将通过发展社会兴趣来鼓舞自己去检查并改变错误的生活风格（Adler，1927，1931）。

阿德勒学派的心理咨询师经常同来访者分享自己的直觉和猜测，而且经常有目的地给来访者布置家庭作业，比如要求来访者扮演自己所想成为的角色。阿德勒学派的心理咨询师使用各种各样的咨询技术，其中的一部分是借鉴其他流派的方法。

目标

阿德勒理论指导下的咨询，其目标通常围绕着帮助人们形成健康而全面的生活风格。这就要教育或再教育来访者什么是健康而全面的生活风格，而且要帮助他们克服自卑心理。阿德勒理论指导下的咨询的主要目标之一，就是要协助来访者战胜不良的生活风格，这种生活风格以自我为中心并建立在错误的生活目标和自卑感上。这些自卑感可能因先天的生理或心理的缺陷而产生，因父母的溺爱或忽视而产生。必须矫正这种自卑感，并阻止不适当的行为发生。为了达到以上的目的，心理咨询师必须扮演教师和讲解员的角色。阿德勒理论指导下的咨询涉及完整的人格（Kern & Watts，1993）。来访者最后要自己决定追求社会兴趣还是个人兴趣。

技术

如果想要达到咨询的目标，咨访关系的确立是至关重要的。恰当的咨询技术的应用可以事半功倍。阿德勒学派的心理咨询师试图与来访者建立一种温暖的、支持性的、共情的、友好的和平等的关系。咨询是一个需要咨访双方共同努力的过程（Adler，1956）。心理咨询师积极主动地倾听和反馈，和以人为中心的心理咨询师的做法一样（Gilliland & James，2003）。

当咨访关系确立之后，心理咨询师将注意力集中在对来访者的生活方式的分析上，包括考察其家族情况、早期记忆、梦境和在家中的排行。正如前面讲过的，家族的情况和儿童生活的环境对儿童的认知影响很大。没有两个孩子会出生在同样的环境里，但是儿童的出生顺序和对家庭环境的评价对他们的成长和行为起着主要作用。通常，来访者能通过对小时候的回忆——尤其是 10 岁以前发生的事情——洞察自己。阿德勒（1931）认为，人们回忆起幼年与现在对自己、他人和世界的看法是相一致的。阿德勒学派的心理咨询师发掘来访者早期记忆中的主题和其中的特殊细节（Slavik，1991；Statton & Wilborn，1991；Watkins，1985）。过去的经历常被视为原型，而不只是特殊的个别的事情。最近和过去的梦也是对生活方式中一部分的反映。阿德勒的理论认为，梦境可能是未来行为模式的预演。经常重复出现的梦境尤其重要。来访者在家中的排行对理解他的生活风格很有帮助。来访者一般会坚持一种自己感觉舒适的生活方式，除非想尝试着改变。

接下来，心理咨询师要开始试着帮助来访者发展自己的洞察力，特别是通过问一些开放性的问题和解释他们的情况。开放性的问题允许来访者发掘一些他们生活中被忽视的细节。对来访者的情况进行解释通常需要运用直觉的猜测。共情的能力在这个过程中相当重要，因为心理咨询师必须能够在了解来访者现在行为的原因之前，分析出他们以前的情况。在其他时候，对来访者情况的解释要基于心理咨询师对出生顺序和家族状况的全面了解。

为了改变来访者的行为模式，心理咨询师需要运用一些特殊的技术：

面质 心理咨询师对来访者个人的逻辑性提出质疑。当来访者检查了自己的逻辑性，他们一般会意识到他们可以改正这种错误的逻辑，并改正自己的行为模式。

提问 心理咨询师一般在最初的访谈里问来访者："如果你恢复了健康，与现在的情况会有何不同?"不过,在任何时候问这个问题都是恰当的。

鼓励 鼓励对人的信念具有暗示作用(Dinkmeyer & Losoncy,1980;Dreikurs & Soltz,1964)。心理咨询师鼓励他们的来访者,让他们对自己和别人产生好感(Adler,1931)。当来访者说出他们的信念,他们就有可能改变行为模式。鼓励是帮助来访者选择积极向上的学习和生活方式的关键。

角色扮演 心理咨询师指导来访者扮演他们所想成为的角色,比如,扮演他们梦中见到过的理想的形象(Gold,1979)。阿德勒的角色扮演理论源于汉斯·威辛格(Hans Vaihinger,1911)的理论——人们对所居住的这个世界的改造是依据他们对世界的一些假设进行的。

减轻来访者的困扰 心理咨询师指出来访者的某种特定行为,并以此来破坏这种行为导致的结果。例如,一位母亲经常通过炫耀自己来显示自己比女儿更加出色,这种行为被指出后,母亲可能继续这种行为,但优越感却不再有了。

发现自我 来访者学会认识到自毁行为或想法的错误所在。开始时,心理咨询师要在咨询过程中帮助来访者学习发现自己,但最终来访者还是要自己承担起这个责任。

任务设定 来访者在开始时确立一个短期可达到的目标,最终逐步建立起长期的、现实的目标。一旦来访者行为模式发生了改善,并实现了对自己生活的一些控制,咨询就可以结束了。

按钮 心理咨询师鼓励来访者,让他们认识到他们可以选择注意生活中的哪些现象。他们学习通过把注意力集中在自己的思想上来产生他们想要的情绪。由于来访者可以选择记住积极或消极的经历,所以这种技术就像是选择按按钮一般(Mosak,2000)。

优点和贡献

阿德勒的理论方法应用于咨询中有一些独特的贡献和值得注意的要点:

- 这种方法通过心理咨询师采用积极的咨询技术,在咨访关系间形成了一种平等的氛围。在咨询过程中,友好和承诺被逐渐加强,来访者情况改善的可能性也增加了。心理咨询师的鼓励和支持也对咨询很有帮助。阿德勒学派的心理咨询师用教育的取向引导来访者用乐观的眼光看待生活。
- 这种方法适用于各个年龄阶段。"阿德勒理论发展出了咨询的模式,适用于儿童、青少年、父母、整个家庭、教师队伍和其他社会组织(Purkey & Schmidt,1987,p. 115)。"其中对4至9岁的儿童的治疗似乎尤为有效。
- 能有效地解决很多心理障碍,包括儿童期和青春期的行为异常、反社会行为、焦虑症,以及一些情绪问题和人格障碍(Seligman,1997)。
- 对其他咨询理论、公共知识以及对人际关系互动的理解都有很大的贡献。阿德勒理论中很大一部分被整合进了其他的咨询方法。

● 这种方法在不同文化下可以被选择性地使用(Brown,1997)。比如说,像拉丁裔和亚裔美国人在传统中就有强调合作的精神,"激励"的概念在团体工作中也只是被适当地强调,而"兄弟姐妹之间的竞争"的概念则在那些竞争激烈的传统北欧国家中非常突出。

局限

阿德勒的理论存在以下几方面的局限:

● 这种方法缺少稳固的、支持性的研究基础。只有少数相关研究清楚地勾勒出阿德勒咨询理论中有效的成分。

● 在某些术语和概念上模糊不清。

● 这种方法可能对人的本性过于乐观,尤其是社会合作和社会兴趣。一些评论家认为他的观点忽略了其他的生活维度,比如潜意识的力量和地位。

● 这种方法的基本原则,比如民主家庭的组织方式,对文化背景受到正统的社会关系思想束缚的来访者——如传统的阿拉伯人——不太适合(Brown,1997)。

● 这种方法主要依靠来访者的语言来表达自己的学识、逻辑和洞察力,对于智力状况不那么好的人不是很适用(Gilliland & James,2003)。

人本主义理论

人本主义这个术语作为咨询中用到的一个描述符,它强调个体积极地选择并有目的地处理与自己有关的事情和周围环境的潜力。采用人本主义理论的专业心理咨询师帮助来访者通过体验自己的感受增强自我认识。这个术语很宽泛,主要围绕着人是自己成长和发展过程中的决策者和发起者这一咨询理论进行阐述。这里涉及了三种理论:以人为中心、存在主义和格式塔理论。

以人为中心的心理咨询

创始人和发展者

卡尔·罗杰斯(Carl Rogers,1902～1987)是"以人为中心"理论的创始者。事实上,罗杰斯第一次阐述这一观点,是在他 1942 年的一本著作——《咨询和心理治疗》(*Counseling and Psychotherapy*)中以非直接心理治疗的形式出现的。这个理论后来在对团体、家庭、社会和个体的多方面应用中,发展成为以来访者为中心和以人为中心的咨询理论。

人性观

蕴涵在以人为中心的咨询理论中的是一种对人的独特本性的看法:人本质上是

好的(Rogers,1961)。人们具有"积极的,向前的,建设性的,现实的和可信赖的"特性(Rogers,1957,p. 199)。每个人从幼年开始都是有意识的,由内部控制的和向自我实现发展的。

罗杰斯认为,自我实现是存在的最普遍的激发动力,促使影响整个人格的行为的发生。"有机体有要实现、维持和增强生物体验的趋向和努力(Rogers,1951,p. 487)。"以人为中心的理论家认为每个人都有能力找到个人生活的意义和目的。

罗杰斯从现象学观点中来观察个体:个体对现实的感知比事件本身更加重要(Rogers,1955)。这种看待人的方式跟阿德勒有点相似。自我这个概念是罗杰斯和阿德勒共享的另一个观点。但是因为罗杰斯的自我概念在其理论中占有重要地位,他的理论经常被作为自我理论。自我是一个人自我体验的结果,对自我的意识帮助人们把自身同其他人区别开来(Nye,2000)。

为了健康自我的形成,个体需要积极关注爱、温暖、关心、尊重和被接纳。但是在童年以及后来一段时期内,个体经常要接受来自父母或其他人的有条件的关注。个体以特定的方式做出反应后价值观将得到发展,因为有条件的接受教会了人们只有当行为顺应其他人的需要时才感受到其价值。因而,当有人对一种情况有不同看法时,个体可能需要否认或歪曲感知而来赞同他。当个体处于这种困境后就会开始意识到自我感知和经验之间的不协调。如果一个人不按照其他人的愿望去做,他将不被接受和重视。但如果顺应了,他便割裂了理想自我(个体努力想成为的)和真实自我(现实中的个体)。理想自我与真实自我离得越远,个体将与现实越疏远,更加不能适应环境。

心理咨询师的角色

心理咨询师的任务是整体而全面的。他建立并促进这样一种环境,在这种环境中,来访者能够自由地、受鼓励地探索自我的各个方面(Rogers,1951/1980)。这种环境以咨访关系为中心,罗杰斯将其描述为有一种特殊"我-你"的私人身份。心理咨询师意识到来访者口头的和非口头的语言,并且把自己所听到和观察到的东西反馈给来访者(Braaten,1986)。来访者和心理咨询师都不知道咨询阶段的未来方向或咨询过程中将会出现的目标。心理咨询师相信来访者会在其想做的方面建立一个记录册。心理咨询师的工作是帮助促进而不是指导命令。在以人为中心的咨询方法中,心理咨询师是一个过程专家和专门的学习者(来访者的)。来访者才是最重要的(Miller,1996)。

目标

以人为中心的咨询的目标是关注来访者本身,而不是他的问题。罗杰斯(1977)强调人们在处理各种情况时需要帮助。完成目标的一种主要的方式是帮助来访者成为一个功能健全的人,在每天的生活中不再需要使用防御机制。这样的个体需要改变和成长的愿望变得日益强烈。他更易获得经验,对自我感知更加自信,并且习惯于自我探索和评估(Rogers,1961)。此外,一个健全的人完善了对自我和他人的接受,并且能更好地立刻做出决策。最后,需要帮助来访者确定、使用和整合他们的资源和潜力(Boy & Pine,1983;Miller,1996)。

技术

对以人为中心的心理咨询师来说,咨询关系的好坏比技术更加重要(Glauser & Bozarth,2001)。罗杰斯(1957)认为咨询中有三个必要和充分(即核心)的条件:

- 共情
- 积极关注(接纳)
- 价值中立(诚恳的)

共情是心理咨询师对来访者进行感应并向他们传达这种理解的一种能力。这是一种与来访者持相同意见的尝试(Brammer, Abrego, & Shostrom,1993)。罗杰斯(1975)指出:"不断积累的研究强有力地表明,在咨询关系中高度的共情是带来改变和学习的有效因素中最有效和最适当的(p. 3)。"积极关注,也即接纳,是深入地、真正地将来访者作为人来治疗的——那是说,只要存在就应对人进行表扬(Rogers,1961/1980)。价值中立是依靠放弃心理咨询师的角色和正面引导特点而形成明晰的治疗性关系的前提条件(Rogers,1980)。

自1980年以来,以人为中心的心理咨询师曾尝试用一些其他的方法来治疗来访者,比如限制对感觉、思维和价值观的自述(Corey,2001)。然而,来访者在感受自己和别人的关系中获得发展(Cormier,1998)。因此,罗杰斯(1967)认为"重大的积极人格的改变"在咨询关系之外不可能发生(p. 73)。

推进咨询关系的技术包括(但不仅为下列所述):主动和被动的倾听、对思维和情感的准确反映、澄清、总结、面质和宽泛的或不加限制的引导。

优点和贡献

以下是以人为中心的咨询理论的独特方面:

- 革命性地将咨询服务同心理疗法联系起来,使心理咨询不再那么神秘(Goodyear,1987)。
- 以人为中心的咨询方法在人们的各种问题上被广泛应用,包括制度改变、劳资关系、领导能力的发展、生涯规划以及国际外交等。
- 产生了大量的相关研究,并且最先在研究中的咨询变量上设定标准,特别是罗杰斯(1957)认为"必要的和充分的"条件会带来治疗性的改变。
- 这种方法非常有效。以人为中心的咨询帮助来访者改善心理上的调整以及对挫折的容忍并减少防御(Grummon,1972)。它适合治疗从轻微的到中度的焦虑、适应障碍以及无法归因于精神障碍的状况,比如简单的亲人丧失或者人际关系(Seligman,

1997)。

- 这种方法将心理咨询师和来访者建立的坦率的、接纳的关系和咨询中的短期性质作为焦点。

- 这种方法的基础性学习只要相对较少的时间。由于强调掌握倾听技术，以人为中心的咨询是训练专职人员助手的基础。

- 对人的本性持积极的看法。

局限

以人为中心的理论的不足之处也是值得注意的：

- 这种方法起初因关注心理咨询师如何与来访者建立关系，最终导致很少为来访者改变提供指导。

- 这种方法理想的结果是建立在来访者聪明、有悟性和勤奋的基础上的，因而它的应用受到限制。在严重伤残的病人和儿童中适用性不大(Thompson & Rudolph, 2000)。

- 忽略了诊断、潜意识以及先天产生的性和攻击性驱力。许多评论家认为这种方法过于乐观。

- 仅仅处理表面的问题，并不质询来访者以探索更深层次的区域。因为以人为中心的咨询是一种短程治疗，也许并不能对来访者产生持久的影响。

存在主义的心理咨询

创始人和发展者

罗洛·梅(Rollo May, 1909～1994)和维克托·弗兰克尔(Viktor Frankl, 1905～1997)是存在主义心理咨询领域中两位最有影响的专家。在二战期间，罗洛·梅广泛地处理焦虑问题，而弗兰克尔被关于纳粹集中营，他们即使在最可怕、最恶劣的条件下也思考着生命的意义。

人性观

存在主义者相信人们通过他们做出的选择来建构他们的生活，甚至在最糟糕的条件下，比如在纳粹集中营，人们也有做出重要的生或死的抉择的机会，那就是是否为生存而斗争(Frankl,1969)。存在主义者们强调，做出生存的抉择将导致人们的行为与之相一致。他们认为人们就像是自己生活的作者。他们声称，人们会为自己做过的和那些比其他的更重要、更有意义的抉择负责任。

依照弗兰克尔(1962)所说的，“生命的意义一直在变化，并且永远不会停止”

(p. 113)，生命的意义超出了自我实现的范围，它以三种水平形式存在：(1) 最重要的意义(例如，整个世界有一个固定的规律)；(2) 时间的意义；(3) 普通的、日常的意义(Das，1998)。我们可以通过三种途径发现生命的意义：

- 通过实际行动，也就是通过完成或实现某件事；
- 通过体验某种价值，比如大自然、文化或感情；
- 通过亲身经历，寻找对不可改变的宿命的某种适当的看法。

存在主义者相信，精神病理学的观点不能使人做出有意义的选择，也不能发挥出最大的潜力(McIllroy，1979)。由于他们在活动中感受到焦虑，他们可能逃避选择，也意识不到自己的潜能。通常焦虑总是与无能联系在一起的，但梅(1977)却认为，适当的焦虑是健康的表现，可以促进和帮助人们改变。

心理咨询师的角色

存在主义的心理咨询师不遵循固定不变的规则。每一个来访者都被认为是独一无二的。所以，心理咨询师对他们的来访者的各个方面都很敏感，比如"声音、姿势、面部表情，甚至包括衣着和偶尔出现的肢体行为"(May，1939，p. 101)。基本上，心理咨询师都很注意来访者对自己的信任，并努力和他们进入到更进一步的咨访关系中去。心理咨询师为增进双方的关系并帮助来访者实现人性和努力的共享而与来访者分享其个人经历的情况并不少见。布勒和艾伦(Buhler & Allen，1972)指出，存在主义的心理咨询师将重点放在人与人的关系上，强调相互关系、整体性和成长。持有弗兰克尔的观点的心理咨询师在与来访者对话的时候，是坚持苏格拉底哲学理论的(Das，1998)。

不管怎样，所有存在主义的心理咨询师作为一个榜样给来访者亲身示范怎样发掘个人的潜力，怎样做出抉择。他们尽力帮助来访者体验个人的感受，获得更明确的自我认识，朝着正确的生活方向努力。努力的焦点是现在过上积极的生活，并不是再找回以前的生活。他们"还强调最终人类关心的事物(死亡、自由、孤独和没有意义感)"(May & Yalom，2000，p. 289)。

目标

存在主义的目标包括帮助来访者认识生活意义、责任、意识、自由和潜力的重要性。存在主义者希望在咨询过程中，来访者能对他们的生命更加负责。"治疗的目标是病人能认识到他们自己存在的真实性"(May，Angel，& Ellenberger，1958，p. 85)。在这个过程中，来访者不是一个事件的观察者，而是一个有意义的个人行为的塑造者。

技术

存在主义的咨询与其他大部分形式的咨询相比，拥有的可用技术比较少。但这种表面的劣势却也是一种似乎荒谬的优势，因为这样允许存在主义的心理咨询师借鉴大量的个人和专业的技术。"如果仅仅用技术解决来访者的问题的话，就有操纵他们的嫌疑"，而且操纵与存在主义的观点是相反的(Frankl，1967，p. 139)。所以，存在主义者能够自由地运用各种各样的技术，就像使用系统脱敏法和自由联想法的技术一样，或者完全背离技术的习惯用法。

存在主义的心理咨询师所用的最有效和最有影响的技术就是与来访者建立和谐的关系。理论上，心理咨询师超越自己的需要，将精力集中在来访者身上(Wallace，1986)。在咨询过程中，为帮助来访者更深入地体验个人的感受和经历，心理咨询师可以开放性地自我暴露。咨访关系的重点是真实、诚实和自发性。

存在主义心理咨询师也使用面质技术。来访者要面对这样一个现实：每个人都要为自己的生命承担责任。存在主义心理咨询师还从其他形式的咨询中借鉴一些技术，比如想象练习、意识练习和从其他模型借鉴的目标设置能力。

优点和贡献

存在主义的理论方法应用于咨询有很多优点：

- 强调每个个体的独特性。在与来访者咨询的过程中，体现了人道主义(Yalom，1980)。
- 这种方法认为没有必要完全否定焦虑。焦虑是人类生活的一部分，能激发人们做出健康和积极的抉择。
- 这种咨询方法使心理咨询师接触到大量的哲学和文学理论，这些理论有助于增进和启发人们对人性的认识。
- 强调人类的成长与发展，心理咨询师指导来访者阅读并给予治疗，使来访者看到了希望。
- 在融有多种文化的咨询环境中，这种咨询方法很有效，因为关于人类存在的全面观点允许心理咨询师以"我-你"的方式将注意力集中在来访者的身上，而且不考虑种族或社会背景(Epp，1998；Jackson，1987)。
- 有助于把个体和人类要面临的全部问题结合到一起，比如和平的问题和人们缺乏同情心的问题(Baldwin，1989)。
- 可以和其他的观点和方法(如以学习原理和行为主义为基础的方法)结合起来，解决特别困难的问题，比如酗酒。

局限

习惯使用更复杂、更结构化的方法的专业心理咨询师指出，存在主义的咨询方法有一些不足：

- 没有提出一种充分发展的咨询模式。强调咨询的发展阶段的专业心理咨询师尤为激烈地批评了这一点。

● 缺乏有教育意义和训练性质的咨询程序。每一个从业者都是独一无二的。虽然独特性值得称道,但同样也破坏了理论的系统性。

● 很难超出个体的心理发展水平进行咨询,这是由主观的本性决定的。与大多数的其他方法相比,存在主义缺少一整套的社会公认的咨询方法。简而言之,就是缺乏能让心理咨询师毫不困难地接受的一致的方法。

● 这种方法与存在主义哲学的联系比它与其他咨询理论的联系更密切。这种差别限制了它的有效性。

格式塔理论

格式塔(Gestalt)疗法是伴随着格式塔心理学理论——强调完全和整体的感觉——出现的。"格式塔"这个术语是完形的意思。格式塔心理学和疗法的兴起,像是对其他心理学和咨询学派的理论重点的缩影,比如精神分析理论和行为主义理论。所以,格式塔理论的核心是人作为一个整体是怎样活动的。

创始人和发展者

格式塔理论的建立应该归功于弗雷德里克·皮尔斯(Frederick Perls,1893～1970),该理论通过他优秀的人格及其著作而得到普及。劳拉·皮尔斯(Laura Perls)(他的妻子)和保罗·古德曼(Paul Goodman)协助皮尔斯发展和完善了他的最初的观点。一些其他的理论家,特别是乔恩·法根(Joen Fagan)和厄玛·李·谢菲德(Irma Lee Shepherd,1970),进一步发展了这个模型。

人性观

格式塔学派认为人类为求得生活中的完全和整体性而努力。每个人都有自我实现的趋向,它在人与环境的相互作用中和自我意识开始时表现出来。当前人们以自我实现为中心,它"是一个人现在所处的状态,而不是其努力想成为的状态"(Kempler,1973,p. 262)。格式塔对人的本性的看法是相信人自身的智慧,这在很大程度上与以人为中心的咨询理论是一样的。每个人寻求一体化的、富有成果的生活,是为了将心理的各个部分整合成一个健康、统一的整体。在格式塔的观点中,整体的人大于各部分的总和(Perls,1969)。

格式塔的理论是反对宿命论的:每个人都能够改变,变得更富有责任心(Hatcher & Himelsteint,1997)。个体是他们身边发生的事件的参与者,而不只是事件的反应者。大体上来说,格式塔的观点是处于存在主义、经验主义和现象学的立场上的:目前的状况才是真正重要的因素。一个人通过实践显示出自己的与众不同之处,而非讲出来，而且个人在特定的时间内对自己生活的评价和诠释才是最重要的。

根据格式塔疗法的理论，许多有困惑的个体过分依赖理性的经验（Simkin，1975）。这种偏好就使情感和感觉的重要性减弱了，并限制了个人在各种环境中的反应能力。另一个普遍的问题是不能分辨和解决未完事件——即是说，生活的早期思想、感受和反应还在当前继续影响和干扰个体的行为。生活中最典型的未完事件就是没有原谅自己父母的过错。格式塔学派没有把这些难题归因于人内心潜意识的作用。而是认为是意识作用的结果，“来访者获得完整的心理和感觉的能力”与“当前的经历”息息相关（Gilliland & James，2003，p. 142）。每个人都是在意识的水平上活动的，从清楚的意识状态到潜意识状态。心理健康的个体能清楚地意识到自己。

根据格式塔理论，一个人可能会在多个方面遇到困难：第一，他可能与环境及其资源失去关联；第二，个人可能会过分沉溺于环境中，而失去自我；第三，他可能无法抛开那些未完事件；第四，他可能会迷失自我，将自己的思想分散到许多不同的方向；第五，个体处于强者（认为自己应该做的）和弱者（自己想做的）之间的矛盾冲突中；最后，个人不能处理生活中处于对立面的事物，比如爱和恨，男性特质和女性特质，愉悦和痛苦。

心理咨询师的角色

格式塔学派的心理咨询师的角色在于制造一种氛围，促进来访者探索成长到底需要什么。这种氛围来自心理咨询师热情、真诚、坦率地作为一个人潜心于对来访者的咨询。波尔斯特（Polster，1973）强调心理咨询师必须坚持处于兴奋、精力充沛和完全人性化的状态。与来访者深入地互动是一个持续不断的过程（Perls，1969）；与来访者深入地互动使心理咨询师能够帮助来访者将注意力集中在阻塞的精力上，并以积极和适合的方式利用这些精力（Zinker，1978）；与来访者深入地互动也使心理咨询师帮助来访者认识他们的生活模式（Fagan，1970）。

目标

格式塔疗法详尽阐述了其目标。其中包含的一个重点是（立足于）此时此刻和对直接经验的认可（Bankart，1997）。进一步的目标包括语言和非语言的表达和聚焦于生活，包括做出抉择（Fagan & Shepherd，1970）。格式塔理论的方法着重于帮助来访者处理过去的未完事件，使之完整。目标还包括实现心理的完整性，强调个人的情感、认知和行为方面的整合。基本的焦点还是在于对人的正反两面的接受（Gelso & Carter，1985）。

作为一个学派，格式塔理论指导下的治疗师们强调促使来访者去亲身体验感受和行为的作用。他们也强调“当下”这个单词。皮尔斯（1969）建立了一个阐述世界的本质的定则：当下＝体验＝意识＝事实。过去和未来都不意味着什么，只能靠现在(p.14)。

技术

格式塔疗法发展出了一些最具革命性的技术(Harman,1997)。这些技术有两种方式：练习和实验。练习是现成的技术，比如白日梦、角色扮演和心理剧(Covin,1977)。使用练习这种方式是为了引起来访者的某些反应，比如愤怒或探索。另一方面，实验是在心理咨询师和来访者之间进行的活动。操作实验之前不用计划，而且经常会在心理咨询师和来访者间出现一些出人意料的情况。格式塔疗法的很多技术通常都采用非计划实验的方式(Zinker,1978)。但是，这里主要关注的是练习取向的咨询技术。

最常见的练习是关于梦的工作。皮尔斯说，梦就像信号，重现了人们在某个时刻的处境(Bernard,1986)。和精神分析学家不一样，格式塔理论的心理咨询师不向来访者进行解释说明，而是让来访者陈述梦境，然后指导他们体验梦境中每个部分中的情景——一种戏剧化的自由联想。通过这种方式，来访者可以更多地了解自己的多个方面。

另一种有效的技术是空椅技术。在这个过程中，来访者讲述他们人格的各个方面，包括处于支配地位的部分和最消极被动的部分。焦点在于空椅子。来访者可以以自己最典型的一方面向空椅子诉说，或者也可以不断地换椅子，在每把椅子上表现自己的一个方面。在这场对话中，理性和非理性的情绪都投向了椅子，来访者不但了解了这些方面，而且变得能够处理自身存在的矛盾了。这种方法不适用于严重的情绪障碍类心理问题(Bernard,1986)。

在格式塔疗法中，效果最好的练习之一是面质。心理咨询师当面指出来访者行为和感受中不协调的地方，比如一个来访者承认自己紧张不安的时候却还在笑。真正心理紧张的人是不带微笑的。面质还向来访者提出“什么”和“怎样”的问题，而避免问“为什么”，因为这需要理智的回答。

其他在个体取向的格式塔疗法中的有效练习也经常用于小组治疗(Harman,1997)。

● 围成圈。当心理咨询师觉得有一个特殊的话题需要每个小组成员共同讨论，或者来访者个人的感受需要展示给大家时，就可以使用这个练习。例如，来访者可能会说：“我不能接受任何一个人。”然后心理咨询师让来访者将这句话讲给小组的每个成员听，并加上对每个成员的评价意见。这个围成圈的练习很灵活，还可以用非言语的和积极肯定的评价。通过参加这个练习，来访者能更好地意识到自己内在的感觉。

● 我来承担责任。在这个练习中，来访者要围绕着对“我要承担起这个责任”这句话陈述自己的理解。这个练习的作用是，帮助来访者整合并承认他们自己的思想与行为。

● 夸张。来访者夸大自己不经意中的动作或姿势。通过这项练习,这些行为内部所包含的意思就会更加明显。

● 你能让我说一句话吗?心理咨询师知道来访者说的话里蕴涵的态度或信息,就会问来访者愿不愿意以一句话来表明自己的想法(这句话由心理咨询师提供)。如果心理咨询师在判断来访者的潜在信息上是正确的,那么,来访者就能在重复这句话的时候获得领悟。

优点和贡献

格式塔疗法的优点和贡献如下:

● 帮助人们接受自己的各个部分并对其进行整合。如果个体在当前选择了适应社会,单从他的外在表现是不能被完全理解的(Passons,1975)。

● 帮助来访者解决未完事件。当来访者能正确地解决这些未完事件,他的生活将变得丰富多彩。

● 这种疗法更重视行动,而不只是空谈。有很多活动可以帮助来访者体验改变的过程,而且使他们的进步越来越快。

● 方法灵活多样,并不局限于几种技术。一些能帮助来访者整合人格的活动被应用到了格式塔疗法中。

● 这种疗法适用于一些心境障碍、焦虑状态、心因性障碍、适应障碍和DSM-IV-TR诊断中的一些问题,如职业问题和人际关系问题(Seligman,1997)。简而言之,格式塔疗法是具有多种用途的。

局限

格式塔疗法亦存在一些不足之处:

● 缺乏坚实的理论基础。一些评论家把格式塔学派的咨询看做是所有经验和技术的集合,也就是说,太像小把戏了(Corey,2001)。他们坚持认为格式塔学派是反理论的。

● 处理当前的状况和过去的经验太严格化了(Perls,1969)。这种两极分化的原则不允许对自己的了解和改变是被动的,可一些来访者更希望被动一点。

● 回避了对来访者的诊断和测试。

● 太重视个体的发展,它的自我中心的观点被批评。咨询的焦点完全集中在个体的感受和对自己的发现上。

总结与结论

这一章介绍了重要的基本咨询理论。另外,还强调了咨询理论在现代的应用,尤其介绍了不同形式的折中主义。

咨询的三种取向——精神分析、阿德勒学派和人本主义——在本章中都进行了介绍。精神分析和阿德勒理论在实践中有一些区别，但撇去两者所强调的部分，它们的核心思想是一致的。在人本主义的取向上，有三种不同的理论分支——以人为中心、存在主义和格式塔理论。当每一种理论帮助来访者并使其能正确做出抉择、接触自己的感受的时候，就显出与其他理论明显的不同。可以看出，人本主义取向的咨询比精神分析和阿德勒的理论更富于变化。不管怎样，这五种咨询理论，都是以同样的方式介绍其观点的大致情况的：

- 创始人和发展者
- 人性观
- 心理咨询师的角色
- 目标
- 技术
- 优点和贡献
- 局限

课堂活动

1. 不用理论知识，跟你的同学讨论一下咨询应该是怎样的。然后讨论从总体上说心理咨询作为一种缺乏理论基础的职业有哪些优点、哪些缺点。

2. 对照和比较精神分析理论的贡献和不足。你将怎样向一个不熟悉该理论的人解释它的优缺点？

3. 阿德勒强调将勇气（一种在不知道结果的情况下甘冒风险的精神）作为他的理论的一部分。和你的同学谈谈，当你具备了勇气，生活会发生怎样的变化？

4. 在这一章介绍的人本主义理论中，你对哪个分支的理论最感兴趣？根据不同的意见将全班同学分组，谈谈它是怎样引起你的共鸣的，并谈谈它的优点和不足。

5. 本章中介绍的哪种理论最吸引你？试着想想它为什么会吸引你，也就是说，是因为这种理论比其他的更感性、更理性还是更实用，等等。和你的同学谈谈你最喜欢的理论，并讲出理由。

第九章 心理咨询的行为、认知、系统、短程和危机理论

本章囊括了很多最近在咨询领域流行的理论。这些理论建立在以下五种流派之上——行为咨询、认知咨询、系统咨询、短程咨询和危机咨询。每种流派又分为多种不同的对待来访者的理论方法,分别强调了该流派的不同方面。在本章中,行为主义咨询将被作为一个整体来对待,那些基于认知和行动取向的专家也将被包括其中。而在认知流派中,理性情绪行为疗法(REBT),作为一种更具认知倾向的理论,将同现实疗法一同被介绍。而这两者可以被简单地统称为认知行为理论。

系统理论则更为多元化。在本章中,我们将关注鲍尔温主义理论、结构理论和策略理论。同样,短程治疗包含了一系列的理论,但在这一章里,我们仅就方案解决和叙事疗法加以描述。在这之后,介绍的将是危机咨询。我们将采用第八章一样的方法对上述理论进行描述。特别要指出的是,本章在描述理论时将把焦点集中于理论的创立者和发展者、人性观、心理咨询师的角色、目标、技巧、理论的优点和贡献以及局限性这些方面上。

行为主义咨询

行为主义治疗理论关注的是广义上的来访者行为。通常,一个人会因为自身的不足或者不恰当的行为遇到麻烦。采用行为主义方法的心理咨询师会帮助来访者学习合适的、新的行动方式,或者帮助他们调整、消除不当的行动。在这种情形下,适应性行为取代了问题行为,对于来访者而言,心理咨询师扮演了学习专家的角色(Krumboltz, 1966)。

行为咨询法的使用在公共机构中特别普遍,如精神病院或者庇护所。它们是处理进食障碍、物质滥用和心理性功能紊乱等有特殊问题的来访者的一种选择。行为主义疗法在治疗焦虑、压力、教养和社会互动等问题上也具有相当的效用(Cormier & Hackney, 1999; Seligman, 1997)。

行为疗法

创始人和发展者

斯金纳(Skinner,1904~1990)是推动与普及行为治疗方

法最重要的人物。应用性的行为分析是"斯金纳极端行为主义的直接衍生产物"(Wilson, 2000, p. 206),它完全建立在操作条件化的基础之上。行为疗法阵营中的其他重要的历史人物,如伊凡·巴甫洛夫(Ivan Pavlov)、约翰·B. 沃森(John B. Watson)和玛丽·琼斯(Mary Jones),以及当代学者,如艾伯特·班杜拉(Albert Bandura)、约翰·克伦伯尔茨(John Krumboltz)和尼尔·雅各布森(Neil Jacobson)等人,都为行为疗法的应用做出了巨大的贡献。

人性观

作为一个群体,行为主义者对于人性持有以下共同的观点(Rimm & Cunningham, 1985):

- 关注行为的过程——即过程与外显行为联系紧密(认知行为主义者除外);
- 关注此时此地而非彼时彼地的行为;
- 持这样一种假设,认为所有行为无论其适当与否都是可以学习的;
- 持这样一种信念,认为通过学习可以有效改变不适当的行为;
- 将关注点放在与来访者一起建立明确的治疗目标上;
- 否认人格是由特质组成的这一观点。

除此以外,行为主义者还强调实验证据和科学支持对他们所使用的各种技术的重要意义。那种不需要亲自参与,而以旁观者的眼光观察其他人和事(如模仿)来获取新知识的方法,格外被一些赞同社会认知学习形式的行为主义者所重视。因为这种学习形式并不要求主动的参与。

心理咨询师的角色

一个心理咨询师可能会扮演好几个角色。这取决于他的行为取向和来访者的目标。通常来说,以行为主义为基础的心理咨询师在咨询过程中是积极的。而作为结果,来访者学习、忘却或者再学习某些特定的行为方式。在这个过程中,心理咨询师担当着专业顾问、教师、建议者、强化者和协助者的角色(Gilliland & James, 2003)。他甚至还可能对来访者身边的一些人进行指导和监督,因为在来访者所处的环境中,他们可以在改变的过程里起到协助作用。一个有效的行为心理咨询师会从宽泛的角度开展工作,使来访者融入咨询的每一个阶段。

目标

行为主义心理咨询师的治疗目标和其他心理咨询师的治疗目标是相近的。从根本上来说,行为主义心理咨询师想要帮助来访者更好地适应生活环境,实现个人和职业的目标。而其关注点在于调整或者消除来访者所做出的不当行为,同时帮助他们获得健康的、建设性的行为方式。仅仅消除某种行为是远远不够的；必须以富有成效的反应方式去取代没有结果的行为。对于心理咨询师和来访者而言，行为主义方法的一个主要步骤就是达成共同的治疗目标。

技术

行为主义心理咨询师对于一些能达到最佳效果和成效的咨询技术有着自己的取舍处理。

基本行为技术 尽管对于特定时间或者特定的情景来说，一个特定的技术更加合适，但基本技术在所有的行为理论中都是可以应用的。在这里我们将简单地介绍一些最基本的行为技术。

- 强化的使用。强化，指的是那些继某个行为之后发生的，可以增加该行为重复发生可能性的事件。强化刺激可能是正强化，也可能是负强化。
- 强化方案。当某种行为刚开始被习得时，应该在它每次发生时都给予强化。换句话说，也就是使该行为得到持续不断的强化。然而，当某种行为建立起来以后，就应减少强化的频率——即进行间断强化。强化方案的制定要么取决于强化刺激反应的量（比率），要么取决于强化刺激时间的长度（间隔）。比率方案和间隔方案既可以是固定的，也可以是变化的。
- 塑造。通过持续的接近而一步一步逐渐习得行为的过程称为塑造。当来访者学习新的技巧时，心理咨询师可以帮助其将行为分解成便于管理操作的单元。
- 泛化。泛化是指行为从原先习得的环境（如在家中或者在工作中）中迁移到其他的环境中。这表明行为在向其他环境发生转移。
- 保持。保持是在完成所希望的行动的过程中始终保持一贯性而不依赖于任何人的支持。保持特别强调的是要增加来访者的自我控制和自我管理。达成这一目标的途径之一是在来访者学习调整自己的行为时进行自我控制。在这个过程中包含着两种自我控制：自我观察和自我记录（Goldiamond，1976）。自我观察（self-observation）要求一个人注意他所做出的某些特定行为，自我记录（self-recording）则侧重于记录下这些行为。
- 消退。消退是指由于强化的消失而使某种行为消除。几乎没有人会去做那些得不到任何鼓励的事。
- 惩罚。惩罚是指通过针对某种情境呈现出令人不快的刺激而减少或者消除某种行为的发生。

特别行为技巧 特别行为技巧是经过精炼的行为方法，它更为细致地融合了一些基本技巧。在不同的行为法中都有所表现。

- 行为排练。行为排练指的是对期望的行为进行练习，直到这种行为以来访者所希望的方式展现。

● 环境规划。环境规划是指来访者建立起一种能促进或者限制某些行为的局部环境。

● 系统脱敏。系统脱敏可以用于帮助来访者在某些特定环境中克服焦虑情绪。来访者被要求描述引起焦虑的情境，而后对这些情境和事件从不能引起焦虑(0)到引起极度焦虑(100)进行排列(见表9-1)。为了帮助来访者避免焦虑，面对现实，心理咨询师要教他生理放松或者心理放松的方法。回顾列表，从引起低焦虑的事件开始，当来访者的焦虑开始增加时，心理咨询师要再次帮助他们放松，重新进行这一过程，直到他们即便想到这件曾经引起自身极度焦虑的事也能够完全平静下来为止。

表9-1 乔的焦虑等级表

焦虑的程度(%)	事件
90	婚姻关系
85	亲戚关系
80	与自己的新生儿有关的事
75	与父亲有关的事
70	与母亲有关的事
65	基本的家庭关系和责任
60	在工作中担任项目经理
50	工作
40	去咨询
35	个人财政
20	寻找乐趣(自发的)
10	睡觉

● 决断训练。决断训练的主要宗旨是让人在没有焦虑的情况下自由地表达想法和感情(Alberti & Emmons,1996)。这种技术包括对抗条件反射式的焦虑和增强决断感。告知来访者每个人都有表达自我的权利(而不是义务)，然后让他们认识攻击行为、消极行为和决断行为之间的区别。

● 后效契约。后效契约(contingency contracts)清楚地说明了需要完成的、发生变化的或者不连续的行为，达成目标会带来什么样的奖励，以及在何种情况下可以获得这些奖励。

● 冲击和暴露。冲击疗法(implosive therapy)是一种高级技术，指的是通过来访者想象某种可能带来可怕后果的焦虑情境，以此来实现脱敏。来访者并非在一开始就被要求进行放松(如同在系统脱敏中一样)。由于想象时的焦虑情景不会造成痛苦的后果,所以暴露(flooding)受到的创伤要小一些。

● 间歇。间歇是一种温和的厌恶技术,让来访者可以避免接收到正性强化的机会。这一技术在5分钟这种短期限内使用是最有效的。

● 过度纠正。过度纠正是指当来访者第一次将某种情境恢复到它的原始状态时,继续操作使其"比正常状态更好"。

● 内隐致敏法。内隐致敏法(covert sensitization)是指通过把不被人们期望的行为与不愉快的感觉联系起来而消除这些行为。

优点和贡献

行为疗法的独特性和优势如下:

● 这种方法直接处理的是症状。由于大部分来访者是在一些特殊问题上寻求帮助的,所以直接针对症状进行工作的心理咨询师能够对来访者立即给予支持。

● 这种方法聚焦于此时此地。来访者在得到现实的帮助时不需要回顾过去。行为疗法不仅节约了时间,也节约了金钱。

● 这种方法为心理咨询师提供了可以使用的多种技术。

● 这种方法以学习理论为基础,而学习理论正是一种展示新的行为如何被获得的良好方法(Krumboltz & Thoresen, 1969/1976)。

● 这种方法得到了高级行为疗法协会(AABT)的支持,并推动了行为咨询方法的实践。

● 就行为技术是如何影响咨询过程这一方面,已得到了卓有成效的研究的支持。

● 在界定和处理问题以及阐明咨询过程这两个方面,这种方法是客观的。

局限

行为疗法也有着以下局限:

● 这种方法治疗的不是整个人,而是人外在的行为。有批评指出行为主义者抹杀了人的个性。

● 这种方法的运用有时显得机械化。

● 这种方法在控制条件下能得到最好的展示,但在正常咨询环境中却很难重复。

● 这种方法忽视了来访者以往的经历和潜意识的力量。

● 这种方法没有考虑到发展性阶段(Sprinthall, 1971)。

● 这种方法对来访者的行为自主性和行为耐受度进行规范,强化了他们的一致性,抑制了他们的创造性,并忽视了他们自我满足、自我实现的需求和对自我价值感的体验(Gilliland & James, 2003)。

认知和认知行为咨询

认知是人们对自己生活中所发生事件的思想、信念和内在印象(Holden, 1993)。认知咨询理论关注的是心理过程及其对心理健康和行为的影响。所有认知方法的一个共同前提就是:人们的想法在很大程度上决定了他们的感受和行为(Beck & Weishaar, 2000)。

通常,认知理论对于那些具有以下性格特征的来访者来说是极其有用的(Cormier & Hackney, 1999):

- 他们在智力上高于平均水平;
- 他们的功能障碍处于中度至高度水平;
- 他们能够区别思想和情感;
- 他们不是精神病性问题,或面对当前的问题束手无策;
- 他们愿意并能够完成系统的家庭作业任务;
- 他们在行为和反应方式上具有完备的技能;
- 他们可以在视觉和听觉层次上加工信息;
- 他们通常会有一些心理功能受到抑制,如抑郁等。

在认知领域内,我们将讨论两种以认知理论为基础的疗法:理性情绪行为疗法和现实疗法。在实践中,两者都具有认知行为的本质,因为它们同时强调认知和行为,且都是人本主义的。

理性情绪行为疗法

创始人和发展者

理性情绪行为疗法(REBT)的创立者是艾伯特·埃利斯(Albert Ellis)。他的理论与艾伦·贝克(Aaron Beck)的认知疗法(在同一时期独立发展起来的)以及戴维·伯恩(David Burn)的新情绪疗法有相似之处。REBT的一个有趣的变式——由马克西·莫尔茨比(Maxie Maultsby)制定出的理性行为疗法(RBT)——则更具行为倾向。

人性观

埃利斯认为人们同时具有自我兴趣和社会兴趣。而REBT理论还假设人们“天生具有理性和非理性、敏感和疯狂”(Weinrach, 1980, p. 154)。根据埃利斯的观点,后一种二元性是生物意义上与生俱来的,并将持续到人们获得一种新的思维方式为止(Dryden, 1994)。非理性思维(irrational thinking),或者埃利斯所说的非理性信念

(irrational Beliefs)会创造出令人痛苦的思想。

尽管埃利斯没有提出个人的发展阶段,但他认为儿童比成年人更愿意接受外界的影响和非理性思维。他认为人类在本质上是容易受骗的、有很高的受暗示性,并很容易受人左右。总体而言,人们有着控制自己思想、感受和行动的方法,但他们必须首先意识到他们告诉自己的话(自语),然后才能掌握自己的生活(Ellis, 1962; Weinrach, et al., 2001)。这中间包含了大量个人的有意识的觉察。潜意识心理则不包括在埃利斯的人性概念中。进一步来说,埃利斯认为,用"人都是容易犯错"的观念对自身进行估价或是定位是错误的。

心理咨询师的角色

在运用REBT方法的过程中,心理咨询师是积极的、直接的。他们是教导并纠正来访者认知的指导者。"与一种根深蒂固的信念进行斗争,仅讲逻辑是不够的。它要求的是坚持不懈的重复"(Krumboltz, 1992)。因此,心理咨询师必须仔细倾听来访者非逻辑的或者错误的陈述,并挑战这些信念。埃利斯、沃伦(Walen)和德赖登(Dryden)鉴别出了REBT心理咨询师所应具备的几类性格特征。心理咨询师们必须要聪明、知识丰富、共情、彬彬有礼、诚恳、实际、持之以恒、有科学精神、乐于助人,且自己也在使用REBT疗法。

目标

REBT的基本目标是帮助人们意识到自己可以活得更加理性,过得更有价值。REBT通过"突变"来帮助来访者停止诉求的同时也不再继续心烦。在REBT治疗过程中,来访者可以表达某些负面的情感,但主要的目标则是帮助他们避免对某一事件产生过度的反应(Weinrach et al., 2001)。

REBT的另一个目标是为了帮助人们改变自我挫败的思维和行为习惯。要达到这一目的,一种实现的途径就是教来访者学习REBT的A-B-C-D-E模式:A代表某个经验刺激;B代表了个体对这一经验的看法;C是对B的情绪反应。D指REBT心理咨询师通过对非理性思维的辩驳,最终以帮助来访者赢得巨大的生命满足感的、有效的E,即新个人哲学来取代非理性思维(Ellis, 2000)。通过这一过程,REBT帮助人们学习情绪剖析(emotional anatomy),即学习感受如何与思想相伴。对于经历的认识可以按照其特征分为四类:积极的、消极的、中性的和混合的。

REBT也鼓励来访者对自己和他人多一些容忍,并推动他们实现个人目标。而通过人们学习理性思维,改变自我挫败行为以及帮助他们学习新的行动方式,这些目标最终得以实现。

技术

REBT 包括很多不同的技术。两个基本的技术是教导和辩论。教导包括让来访者学习 REBT 的基本观点以及理解思想是如何与情绪和行为相联系的。这个步骤是说教的、直接的，通常被称为理性情绪教育(REE)。

对思想和信念的辩论会采取以下三种形式中的一种：认知的、想象的和行为的。当所有这三种形式都被应用时，这个过程是最有效的(Walen et al.，1992)。认知辩论运用了直接提问、逻辑推理和说服这三种技术。想象辩论依据来访者的能力进行想象，并使用了理性情绪想象技术(REI)(Maultsby，1984)。行为辩论让来访者采用与自己相反的行为方式，包括角色扮演和让来访者完成从前认为自己无法完成的任务。有时行为争论可能会采取书籍疗法的形式，在这种疗法中来访者会阅读一本自助书籍。

另外两种有力的 REBT 技术是面质和鼓励。REBT 心理咨询师明确地鼓励来访者抛弃无用的方法，尝试 REBT。同样，心理咨询师也要对某位声称自己思维理性而事实并非如此的来访者进行挑战。

优点和贡献

REBT 有着很多独特之处：

- 这种方法清晰、容易学习，而且有效。大多数来访者在理解 REBT 的原则或术语时很少产生疑问。
- 这种方法能够很容易地与其他行为技术结合起来，共同帮助来访者更充分地体验他们所学到的东西。
- 这种方法相对期限较短，来访者可以在自助的基础上继续使用此法。
- 这种方法产生了大量针对来访者和心理咨询师的文献和研究资料。其他理论很少能够提供如此多的文献资料。
- 多年来，随着技术的进一步精炼，这种方法一直持续得到发展。

局限

REBT 法的局限虽少，但却不容忽视：

- 对于那些有心理问题或缺陷的个体，如患有精神分裂症和严重思维障碍的人而言，这种方法不能有效地发挥作用。
- 这种方法可能与其创立者埃利斯联系过于紧密。很多人在将其理论与埃利斯的古怪个性区别开来时存在困难。
- 这种方法是直接的，心理咨询师表现出过于热情的倾向，而不能达到理想的治疗效果的可能性也是存在的(Gilliland & James，2003)。

● 这种方法强调改变思维可能不是帮助来访者改变他们的情绪的最简单的途径。

现实疗法

创始人和发展者

威廉·格拉瑟(William Glasser)在19世纪60年代中期发明了现实疗法。罗伯特·伍伯尔丁(Robert Wubbolding)通过他的解释和研究推进了这一方法。

人性观

现实疗法与弗洛伊德的理论系统不同，它不包含对人类发展的全面解释。然而却为实践者提供了有关人生和人性等重要方面的集中看法。现实疗法的一个主要原则是它对意识的关注：人类在意识层面上行动，他们不受潜意识力量或者本能的驱使(Glasser，1965，1988)。

关于人性的第二个观点是每一个人都拥有健康的、成长的力量(Glasser & Wubbolding，1996)，并在生理和心理两个层面上发挥作用。在生理上，人有获取维持生命所需品，如食物、水、庇护所的需要并使用它们。根据格拉瑟的观点，人的行为一度被生存的生理需要(如呼吸、消化和出汗等行为)所控制。他将这些行为同生理需求或老脑(old-brain)需求相联系，因为这些行为自动受到身体的控制。在现代，大多数重要的行为是与心理需求或者新脑(new-brain)需求相联系的。四个基本的心理需求包括以下方面：

1. 归属——寻求友谊、家庭和爱的需要；
2. 权力——自尊、认同和竞争的需要；
3. 自由——选择和决策的需要；
4. 乐趣——娱乐、欢笑、学习和休闲的需要；

与满足这些心理需要相联系的是自我认同的需要，即自我的心理健康发展的需要。自我认同的需要是通过被他人接受来实现的。

现实疗法提出，人的学习是一个在选择的基础上进行的终身的过程。如果个体不能在生命早期学习一些东西，如怎样与他人打交道，那么他们就将在以后的岁月中选择去学习这一内容。在这个过程中，他们可能改变自己的身份定位和行为方式(Glasser，2000；Glasser & Wubbolding，1996)。

心理咨询师的角色

心理咨询师首先要担任教师和榜样的角色，以一种温暖、共情接纳来访者，并创造出一种引导咨询发生的环境。心理咨询师要通过友善、稳定和公正发展出彼此间的信任关系,与来访者迅速建立起咨询关系(Wubbolding, 1998)。心理咨询师要使用进行时态的动词,如愤怒(angering)或者威吓(bullying)等,来描述来访者的想法和行动。因此,他们强调的是选择,强调来访者如何去做选择。心理咨询师和来访者的互动主要集中在来访者所愿意改变的行为,以及如何将这些愿望变成现实上。它强调的是积极的、富有建设性的行动(Glasser, 1998)。对于来访者言语所涉及的暗喻与主题要给予特别的关注。

目标

现实疗法的基本目标是为了帮助来访者心理强健、趋于理性并意识到他们在对待自己和他人的方式上具有选择权。与第一个目标相关的是第二个目标,即帮助来访者澄清他们对生活的期望。对人们来说,认识到生活的目标能够使他们做起事来更有责任感。一旦拥有了目标,现实治疗师可以帮助他们的来访者审视对自己而言有用的东西、环境的支持以及各种障碍。来访者也有责任选择满足个人需求的行为。现实疗法的第三个目标是帮助来访者制订出一个能够实现个人需求和愿望的计划。

现实疗法的一个附加目标是使心理咨询师在一种有意义的关系中与来访者建立联系(Glasser, 1980/1981/2000)。这种关系是建立在理解、接纳、共情以及心理咨询师真实地表达对来访者改变能力的信任的基础之上的。现实疗法的第五个目标是对行为和现实的关注。格拉瑟认为行为(如思想和行动)与情感和生理是相互联系的。因而,行为上的改变必然会带来其他积极的改变。

最后,现实疗法旨在从来访者的生活中消除惩罚和借口。来访者常常为不能开展某项计划寻找这样一个借口:心理咨询师或外在环境中的人会因为他的失败而惩罚他。如果原来的计划不能奏效,则现实疗法可以帮助这种来访者制订一个新的计划。

技术

基本上,现实疗法使用动作导向技术帮助来访者认识到,他们在如何对事件和他人做出反应上存在选择的权利,别人对他们控制绝不比他们对别人的控制多(Glasser, 1998)。现实疗法避开了外部控制心理以及格拉瑟所称的七个致命习惯(批评、责怪、抱怨、唠叨、威胁、惩罚和贿赂)。一些相对更为有效和积极的现实疗法技术包括:教育、使用幽默、面质、角色扮演、提供反馈、制订特别计划和订立合约。

现实疗法使用 WDEP 系统来帮助心理咨询师和来访者制定流程和选用技术。在这个系统中,W 代表的是愿望(wants),在咨询进程的最初阶段,心理咨询师要找出来访者的愿望和他们曾经做过的努力(Wubbolding, 1988/1991),然后回过头来与来访者分享他们的愿望以及对来访者处境的认知。

WDEP 中的 D 代表着来访者对其生活方向(direction)的进一步探索。他们所进行的有效的和无效的自我谈话将被用于讨论,甚至面质。在这两个阶段,一些基本的步骤将被策略性地运用进来,包括建立关系和关注当前的行为。

WDEP 进程中的 E 代表着评估(evaluation),这是现实疗法的基础,它帮助来访者评估自己的行为及对其行为的负责程度。那些对帮助来访者满足自身需求没有贡献的行为通常会使他们偏离自我和其他重要的人。如果来访者认识到某种行为是没有效果的,那么他们就有了改变的动机。如果还没有这种认识,那么治疗过程就可能会受到破坏。因此,评估对于来访者而不是心理咨询师来说是非常重要的。幽默的使用、角色扮演的进行以及反馈的给予都能够在这个过渡阶段起到帮助作用。

评估进行之后,WDEP 系统的最后一个字母 P——计划(plan)被提上了日程。来访者全神贯注于制订一个改变其行为的计划。这个计划要强调的是来访者所要采取的行动,而不是他所要消除的行为。最佳计划是简便的、可行的、可测量的、立即发生的和连贯的(Wubbolding, 1998)。这些计划也受到来访者的控制,而且有时会以权责分明的合同文本形式规范出来。来访者而后会被要求对行动计划做出承诺。

优点和贡献

现实疗法有着很多优点,对咨询做出了如下贡献:

- 这种方法是通用的,能够运用于许多不同的人群。特别适合治疗执行障碍、物质滥用、冲动控制障碍、人格障碍和反社会行为。可以被应用于儿童、青少年、成年人和老年人的个体咨询以及团体咨询、婚姻咨询和家庭咨询。
- 这种方法是稳定的。心理咨询师和来访者都能够估量自身在哪些方面获得了怎样的进步,特别是当制定了具有针对性的目标合同时。
- 这种方法强调短程治疗。现实疗法通常会限制在比较少的时段内完成,关注的是当前的行为。
- 这种方法在全国都有训练中心,并在全球都可以学习。
- 这种方法提升了个体的责任感和自由感,而不会责怪、批评,或是尝试去重建整个人格。
- 这种方法成功地改变了来访者治疗的医学模式。与以心理病学为中心的治疗模式相比,这种强调理性和积极性的模式为我们带来了令人欣喜的改变(Gilliland & James, 2003)。
- 这种方法致力于冲突的解决。
- 这种方法强调现在,因为当前的行为是最能被来访者所控制的。像行为主义者、格式塔主义者和理性情绪行为疗法主义者一样,现实疗法者对于过去是不感兴趣的(Wubbolding, 2000)。

局限

现实疗法也有着自身的局限，以下是其中的一部分：

- 这种方法过于强调此时此刻的行为，而在某些时候忽略了诸如潜意识层面或者个人史等其他概念。
- 这种方法坚持认为所有的心理疾病都是由尝试解决外部事件所造成的(Glasser，1984)。
- 尽管现在尝试与选择理论相联系，但这种方法很少有理论建构，这也意味着它将变得更为复杂。
- 这种方法没有触及人生的所有复杂性，并自动忽略了人的发展阶段。
- 这种方法容易变得过分具有说教性。
- 这种方法依赖于心理咨询师和来访者之间的良好关系。
- 这种方法依赖于言语互动和双向沟通。在帮助那些由于各种原因而不能充分表达其需求、意愿和计划的来访者时存在局限(Gilliland & James，2003)。
- 这种方法不断变换着它的关注点(Corey，2001)。

系统理论

系统理论(systems theory)是一个用于定义一组作为整体(如家庭或团队)而互动的相关因素的一般术语。作为一个概念，系统理论“不仅仅是一种前后连贯的、标准化的理论，它更是一种思维方式”(Worden，2003，p. 8)。一般系统理论的最初创立者是生物学家路德维希·冯·贝塔朗菲(Ludwig von Bertalanffy，1968)。根据这一理论，任何有生命的组织都是由交互作用的成分构成的，它们在彼此间相互影响。有三个基本假设将系统理论与其他咨询方法区别开来：

1. 因果关系存在于人与人之间；
2. 心理社会系统最好被当做一种人际互动的重复形式来加以理解；
3. 必须从交互作用的角度去认识症状行为(Sexton，1994，p. 250)。

因此，一般系统理论的焦点在于部分的交互如何影响整个系统的运行。

循环因果关系(circular causality)是这种理论引入的一个主要概念，其观点是：事件是通过一系列交互反馈圈相互联系的。寻找替罪羊(scapegoating)(选出一人作为造成问题的原因)和线性因果关系(linear causality)(把某种行动看做是另一行动的原因)则为该理论所摒弃。

建立在系统理论基础上的咨询方法有很多。鲍尔温的系统理论就是其中之一。他的理论帮助人们将自身从自己的原生家庭中区别开。结构家庭疗法是系统理论的第二种方法，它主要关注的是建立健康的防护。第三种方法是源自米尔顿·埃里克森

(Milton Erickson)研究的策略疗法，它有着众多的形式和广泛的应用。

鲍尔温主义系统理论

创始人和发展者

默里·鲍尔温(Murray Bowen，1913～1990)创立了治疗来访者，特别是有关家庭成员问题的最早的系统方法之一。默里·鲍尔温本人就在自己的原生家庭中出现了一些个人问题，而根据他的理论，不能觉察和纠正上代流传下来的模式的个体很容易在自己建立的家庭中重复这样的情形(Kerr，1988)。因此，为了明白当前的处境，审视过去是非常重要的。米歇尔·克尔(Michael Kerr)是鲍尔温在乔治城家庭中心的继承者。埃德温·弗里德曼(Edwin Friedman)也对鲍尔温系统理论的研究做出了巨大的贡献。

人性观

鲍尔温认为在所有的生命中都有一种周期性的情感兼生理焦虑。一些个体比另一些更容易受到这种焦虑的影响，“因为家庭中的祖先将这种焦虑遗传给了”他们(Friedman，1991，p. 139)。如果焦虑保持在低水平上，则人们或者整个家庭很少会遇到问题。而一旦焦虑水平升高，人们就更容易“倾向病态”，而且可能变为慢性功能紊乱(Greene，Hamilton，& Rolling，1986，p. 189)。因此，鲍尔温系统理论关注的是个体的思想和情感、自己与他人的区别(Kerr & Bowen，1988)。

例如，夫妇在感情成熟程度一致时缔结婚姻，而那些感情尚未成熟的人在他们的婚姻关系中比那些时机成熟结婚的人更容易遇到艰难时期。当婚姻中出现大量摩擦时，由于不能将自己与原生家庭以一种健康的方式区别开来，也未能成功建立起一种稳定的自我概念，不够成熟的一方通常会表现出高度的融合(fusion)(未定型的情感集中)或者中断(cutoff)(生理或者心理逃避)。当这些人在婚姻中面临压力时就会倾向于建立一种三角关系(triangulate)(关注于第三方)(Papero，1996)。第三方可能是婚姻本身、孩子、机构(如教堂或学校)，甚至生理疾病。不论哪种，它都将导致没有建设性的夫妻互动。

心理咨询师的角色

心理咨询师的角色是训练和教授来访者进一步认识自己与他人的相处之道。在最佳状态中，咨询过程“就像与苏格拉底对话，老师或者‘教练’镇定地提出问题，直到学生学会为自己进行思考”(Wylie，1991，p. 27)。心理咨询师可以为来访者建立起跨代家谱图(multigenerational genogram)(在下面的“技术”中将详细解释)来促进这一过程(见图 9－1)。

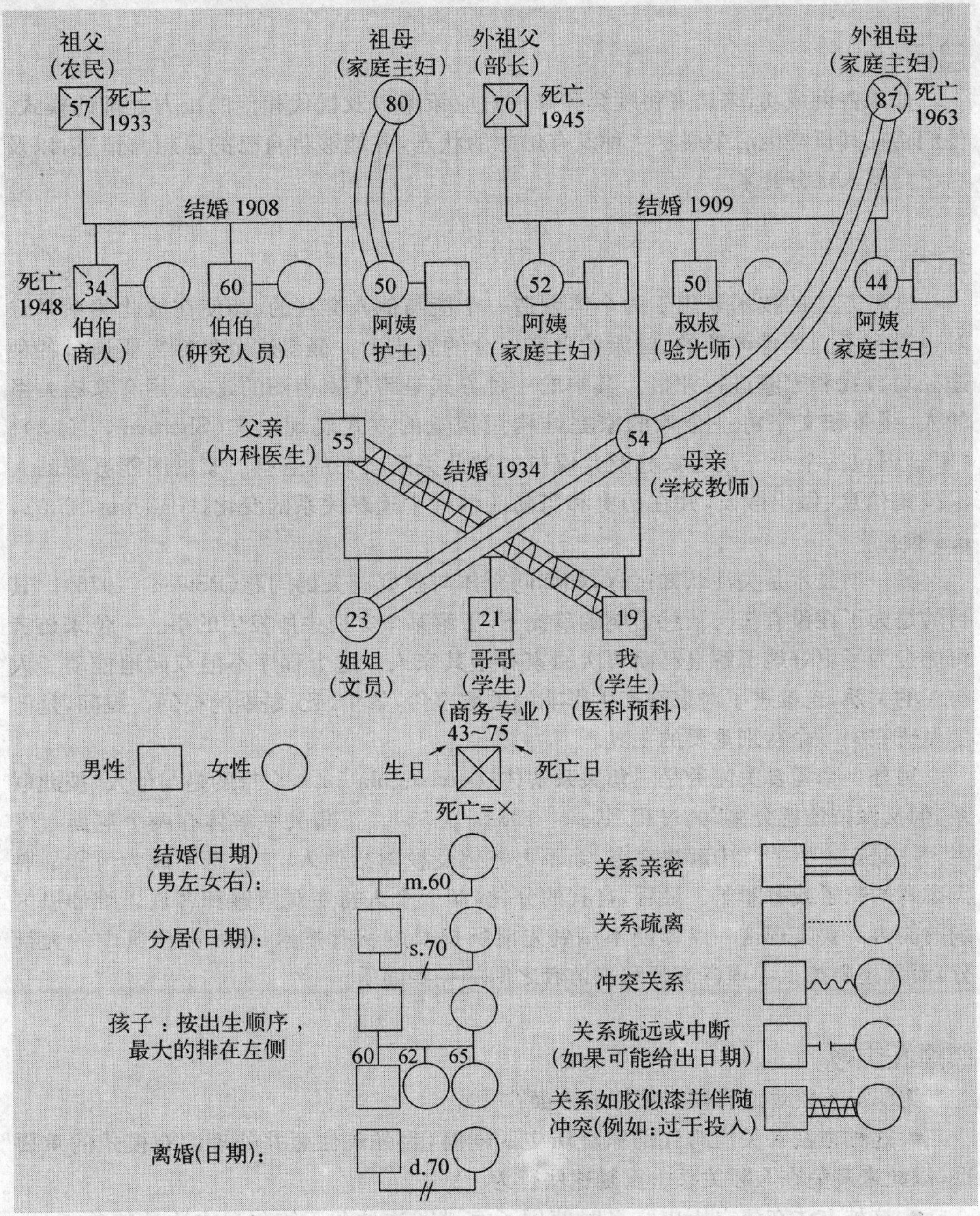

图 9-1 史密斯家的三代家谱图(1965 年)

资料来源：*Community and Agency Counseling* by Samuel T. Gladding (p. 132). © 1997 by Prentice-Hall, Inc. Reprinted by permission of Pearson Education, Inc., Upper Saddle River, NJ.

目标

如果咨询成功，来访者将理解和修正对应策略以及代代相传的压力处理的模式。他们将在其日常生活中展示一种没有焦虑的状态，并能够将自己的思想与情感，以及自己与他人区分开来。

技术

这种方法的技术聚焦于为个体创造一个能与他人交互的、即使在彼此关系紧张时也没有不当焦虑体验的、健康的自我概念的方式上。赢得这个目标需要通过各种途径对自我和家庭进行评估。其中的一种方式是跨代家谱图的建立，用有家族关系的人、线条和文字将一个人的家庭结构用视觉的方式展现出来(Sherman, 1993)。"家谱图包括至少三代与家庭及其成员的彼此关系相关的信息。家谱图能够帮助人们搜集信息、做出假设，并在历史和当前的事件中追踪关系的变化(Gladding, 2002, p. 130)。"

另一项技术是关注认知过程，如询问个体与家庭有关的问题(Bowen, 1976)。其目的是为了在没有任何情感影响的前提下，了解某个家庭中所发生的事。一位来访者可能会为了更好地了解自己而再次回家看望其家人。这个程序不但双向地推动了人与人的关系，也推进了对家庭产生影响的关键事件，如生、死、婚姻的提问。提问，是鲍尔温研究中一个特别重要的工具。

另外一个需要关注的是三角关系解体(detriangulation)，它指的是与他人"彼此联系，但又保持情感分离"的过程(Kerr, 1988, p. 55)。三角关系解体在两个层面上发生。一是在家庭情境中解决焦虑，而不再将感受投射给他人；二是避免成为可能战胜焦虑者的靶子或替罪羊。最后，自我的分化，即一个人将主观情感和客观思维加以区别的能力。要实现这一点即使不用到先前所提及的所有技术，也要用到其中的大部分，而且还要加上心理咨询师和来访者之间的一些面质。

优点和贡献

鲍尔温系统理论有很多独特的方面：

- 这种方法在关注跨代的家庭历史的同时，也强调注意并处理旧有模式的重要性，以此来避免在人际关系中重复这些行为。
- 这种方法在建立历史联系时使用了家谱图这种源于鲍尔温方法的特殊工具。在今天也成为其他许多治疗流派所采用的工具。
- 这种方法对认知的强调、对自我的区分，以及三角关系解体的强调也是独特的。

局限

然而，鲍尔温系统理论也具有其局限性：

● 这种方法是广泛而复杂的。这个理论无法从治疗当中脱离，而这种相互间的联系使这种方法比其他治疗方法都更具渗透性。

● 最能从鲍尔温的成果中受益的来访者是那些严重的功能紊乱者或自我的低分化者。

● 这种方法可能在多层次上要求有相当的投入，而一些来访者可能不愿意这么做或者无法这么做。

结构式家庭咨询

创始人和发展者

萨尔瓦多·米纽庆(Salvador Minuchin)是结构式家庭咨询的创立者。米纽庆在20世纪60年代担任费城儿童指导诊所主任期间创立了该理论。布朗里奥·蒙塔夫(Braulio Montalvo)和杰伊·黑利(Jay Haley)也同样对这一理论的发展做出了杰出的贡献。

人性观

根据米纽庆的观点，每个家庭都有一种结构。结构是一个家庭组织自身和进行互动的一种非正式方式。结构或好或坏地影响着家庭中的成员。如果家庭的结构是分等级的，人们就能相安无事。然而，如果不具备这样的结构或者结构更小，那么发展性事件或情境性事件将增加家庭的压力，导致僵化、混乱，将家庭推入危机之中。在这种情况下，联合(coalitions)(如家庭中某些特定成员组成联盟来反对第三方)或跨代联盟(cross-generational alliances)(不同的两代家庭成员之间的联盟)就会出现。而在健康家庭中，联合也好，跨代联盟也罢，都不会发挥作用。

心理咨询师的角色

结构式家庭咨询的实践者在进行修正和改变深层家庭结构的干预时，既是观察者，也是专家。他们提倡家庭组织中的结构改变，对家庭子系统中诸如婚姻二重性等变化的交互模式给予了特别的关注。他们还致力于在家庭成员中建立清晰的界限(Minuchin，Montalvo，Guerney，Rosman，& Schumer，1967)。

在进行家庭治疗的过程中，结构式家庭心理咨询师以领导者的姿态加入到这个家庭里面来。他们在头脑中勾画出家庭的结构，确认这种功能紊乱模式的僵化程度，以及如何去帮助他们进行改变。

目标

为了改变和重组一个家庭，使之更能发挥其作用和成效，相对于洞察力来说，结构家庭治疗更强调的是行动。不合时宜的规则被更贴近家庭当前实际的方案所取代。在特别关注父母对孩子管教的同时，子系统的特性及它们之间的差别也被加以强调。如果所有的方面都进展顺利，一个家庭的环境氛围就得以改变了。

技术

结构疗法主义者运用了大量旨在推动家庭改变其运行方式的技术（Minuchin & Fishman，1981）。一项基本技术是通过家庭互动进行的。当家庭成员重复一组没有成效的行为或在家庭结构中处于孤立的或受牵制的位置时，心理咨询师将重组物理环境以使他们不得不以不同的方式去行动。这种技术可以被简化为让人们面对面地彼此谈话。

结构式家庭心理咨询师也使用重构（reframing）技术，这是一种帮助家庭从一个不同的、更为积极的角度去发现问题的技术。例如：如果一个孩子行为不端，那么这种行为就可能被贴上“淘气”而不是“疯”的标签。作为结果，这个孩子和他的所为就显得不那么病态了。

其他的结构技术还包括：

- 标注（punctuation）——“对某事进行选择性地描述”（Colapinto，2000，p. 158），如在某一特定的时刻及时宣布某个人很能干。
- 打破平衡（unbalancing）——在这个步骤中，心理咨询师支持个体或子系统反对家庭的其他成员，如一个女儿为向父母争取晚点回家而斗争。
- 制定规则（enactment）——这个过程包括整个家庭将他们有问题的行为，如决策拿出来考虑，并展示它们。在这个过程中，心理咨询师通过挑战整个家庭现存的模式和规则，来帮助其对现在的行事方式获得深度认知。
- 设定界限（boundary making）——为了使个体与团体的发展和功能得到最充分的发挥，从每个人的心理上划分出人与人之间、子系统与子系统之间的界限。
- 集中强度（intensity）——为了帮助个人或家庭采取不同的方式达成目标，通过使用强烈影响、重复干预或延迟压力的方式来改变适应不良的应对方式的结构化方法。
- 重建（restructuring）——通过转变现存的等级或互动模式来改变家庭结构以使问题不再继续，如一致地拒绝服从某一特定要求或以某种特定方式行动。
- 增加认知结构（adding cognitive constructions）——基本行动取向方法中采用的语言成分包括建议、信息、实用的文章，如能够帮助人们改变的声明和悖论。

优点和贡献

结构家庭疗法对于咨询的贡献有如下独特之处：

● 这种方法是相当通用的，不仅适合社会经济水平高的家庭，也适合社会经济水平低的家庭(Minuchin，Colapinto，& Minuchin，1999)。

● 在处理青少年犯罪、酗酒和厌食等方面问题时，这种方法是有效的(Fishman，1988)。

● 这种方法具有文化敏感性，并适合用于多元文化环境中。

● 这种方法对术语和步骤的界定是清晰的，并易于应用。

● 这种方法强调症状的可消除性以及通过现实的方式对家庭进行重组。

局限

结构式家庭方法的主要局限如下：

● 批评者认为结构式家庭疗法不够复杂，有时会呈现出男性至上的一面，并过于关注当前。

● 另一个备受争议的问题就是：结构疗法受到策略家庭疗法的影响，有时很难将两者区分开来。

● 由于心理咨询师控制着变化的整个过程，因此家庭不可能变得足够有力，而这将限制他们总的调整情况，并影响到将来的改变(Friesen，1985)。

策略咨询

创始人和发展者

约翰·维克兰(John Weakland)、保罗·瓦兹拉威克(Paul Watzlawick)、杰伊·黑利(Jay Haley)、克劳叶·麦德尼斯(Cloe Madanes)和米兰·格罗普(Milan Group)(Selvini-Palazzoli，Boscolo，Cecchin，& Prata，1978)是策略咨询流派的杰出领袖。这一流派及其组成者可以划分为好几个分支——心理研究所(加利福尼亚州)、米兰系统理论方法(意大利)和家庭治疗所(华盛顿特区)。尽管如此，由于有共同的主线贯穿其中，所以人们通常把几个侧重点不同的策略咨询分支方法视为一个整体。

人性观

策略理论建立在这样一种信念上：当功能紊乱的症状发生时，常常是为了帮助人们而尝试改变。这种方法将问题视为是在家庭生命周期发展框架中发生的。如婚姻问题是由夫妇所在的系统造成的。因此,出现的症状将有助于维护他们所运作的婚姻系统(Todd, 1986)。

作为一个群体,策略心理咨询师关注着对于发展极为重要的家庭生活的多个维度,如:

- 家庭规则——家庭自我管理的公开的或潜在的规则;
- 家庭的自我平衡——除非受到其他因素的挑战,家庭保持原有功能模型的趋势;
- 补偿——家庭成员以他们受到的方式来对待他人(如一报还一报);
- 循环因果关系——凡事都是相互联系的,而某种行为背后的因素是复杂的。

心理咨询师的角色

策略心理咨询师对问题行为持有一种系统的观点,并把关注点放在过程上,而不是功能紊乱的互动上。策略心理咨询师的工作是帮助人们尝试新的行为,这是因为他们先前的行为不再发挥作用了。通常,需要将一种特定的行为作为改变的目标。如果这种行为可以被修正,那就可以假设漫溢效应(spillover effect)发生,即这一改变的结果将帮助个体改变其他的行为。

因此,策略心理咨询师努力解决的是当前的问题,而很少关注洞察力的植入。为了带来变化,心理咨询师积极、直接,并以目标为导向,同时聚焦于问题,注重实效和简洁(Snider, 1992; Todd, 1986)。他们通常将去家庭的次数限制在10次以内。

目标

策略方法的理念是解决、消除和改善咨询中的问题行为。在这个过程中,新的功能性行为会逐渐产生,由此帮助个体、夫妻和家庭实现特定目标。策略心理咨询师希望通过限制可以提供的治疗阶段的数量来增强来访者成功的动机和决心。这种方法的另一个目标则是帮助人们融入学习解决未来冲突的新技巧的过程中去。

技术

作为一个团体,策略心理咨询师是相当有创新性的。每一种干预都是为特定的人和特定的事量体裁衣式制定的。这种专用化使得策略咨询成为在系统理论中帮助来访者最有技术含量的方法之一。策略家庭心理咨询师承认家庭中当前存在的问题,并将症状视为服务于积极的沟通目标的因素。

策略咨询常用的技术包括重标(relabeling)(以新的角度去看待某种行为)、自相矛盾(坚持某人期望的相反面)以及描述症状(使夫妇或家庭自愿展现他们先前不自主的控制,如打架也很普遍)。心理咨询师也使用假装技术促成来访者的改变或者开展在其他情况下不可能完成的家庭作业(Madanes，1984；Minuchin，1974)。

个人或家庭有时会被要求在治疗过程中经历一些严酷的考验，如旅行或受苦。这种观念认为，如果人们必须要为更好的状态做出牺牲的话，那么治疗的长期效果就能得到提升。策略家庭咨询的一个主要内容是在两次治疗之间完成指定的家庭作业任务(经常以描述或指导的形式给出)。

优点和贡献

同其他的方法一样，策略心理咨询师在具体操作上有许多独到之处。下面列出的是其中最具特点的方面：

- 许多治疗师是在团队中工作的。
- 这种方法在本质上是注重实效和灵活性的。
- 实践者关注的重心是革新和创造，而这正是擅长于通过新颖的方式帮助来访者的米尔顿·埃里克森所强调的。
- 这种方法强调改变人们内心的觉知以培养新的行为。
- 特别尝试一次只解决一个问题以及限制来访者治疗次数，以此来激发其采用不同应对方式的兴趣和动机。

局限

策略方法的局限尽管少，但却是不容忽视的：

- 它的一些深层的基础和技术与其他系统和短程治疗理论相重叠。因此，有时对于一个心理咨询师是在使用策略法还是在使用其他诸如结构疗法之类的方法这一问题上存在疑惑。
- 一些使用策略法的实践者中的领导人物所采取的标准是矛盾的，如杰伊·黑利就持这样一种观点，他认为精神分裂症是不具有生物基础的。
- 此外，在策略咨询阵营中，对专家和心理咨询师力量的强调可能意味着来访者不能像在其他情况下一样获得足够的独立性和能力。

短程咨询法

短程咨询在近年来的发展规模和影响都是巨大的。一些老牌的系统流派，如从心理研究所(MRI)的方法到加利福尼亚州帕洛阿图市的策略疗法(Watzlawick, Weakland, & Fisch, 1974)，在本质上都是短程的，并被命名为短程疗法。同样，一些新的咨询方法，特别是问题解决咨询和叙事疗法也因其治疗方法而被明确地归为短程一派。不管怎样，短程疗法在人们需要快速而有效的心理健康服务的年代里显得格外重要。这些方法中运用的技巧对那些处于福利机构中的治疗师和那些被期望在很短的时间里就能手到病除的公共机构中的心理咨询师而言，显得特别重要(Presbury, Echterling, & McKee, 2002)。

短程咨询方法的特点表现在两个方面：强调关注点和对时间的限制。大多数短程咨询本质上都不是系统的。然而，正如以前所提到的，策略咨询则是系统的，同时也有着时间的限制。短程咨询中所使用的技术是稳固的，且有着目标取向。此外，心理咨询师在帮助来访者促成和引入改变这两个方面发挥着积极的作用。短程咨询强调的是找到解决的方法和资源，而不是将视线集中在病因、病理和紊乱的功能上。因此，咨询会限时，以增强来访者的关注点和动机。

问题解决咨询

创始人和发展者

问题解决咨询出现在中西部地区，由于受到20世纪40年代短程疗法的创立者米尔顿·埃里克森(Milton Erickson)影响，史蒂夫·德沙舍(Steve deShazer)和比尔·奥汉伦(Bill O'Hanlon)在20世纪80年代发展出了现在的形式。与问题解决咨询相联系的其他著名实践者和理论家有米歇尔·韦纳-戴维斯(Michele Weiner-Davis)和茵素·金·伯格(Insoo Kim Berg)。

人性观

问题解决咨询并没有对人性提出全面的看法，却像在本章中所提及的其他理论一样得自米尔顿·埃里克森的著作，特别是埃里克森的这样一种观点：即便人们对自己没有一种因果式的认识，他们自身也具备解决自己问题的资源与能力。埃里克森还认为"某人行为中的细微变化经常是在问题情境中导致更为深刻的变化所需要的"(Lawson, 1994, p. 244)。

除了秉承埃里克森的理念，问题解决咨询还将人们的本性看做建设性的(constructivist)，这意味着现实是一种观察和经验的反映。最后，问题解决咨询是建立在这样一种假设基础之上的：人们确实想要改变，而改变也是不可避免的。

心理咨询师的角色

问题解决心理咨询师要扮演的第一个角色就是决定来访者对改变过程的积极程度和一致程度。来访者通常可以分为三类：

1. 未受问题困扰也不需寻找解决之道的访问者(visitors)；
2. 虽然心存抱怨但能很好地去观察，即便没有努力解决问题但仍能对问题进行描述的抱怨者(complainants)；

3. 不仅能描述问题及受问题困扰的程度，而且希望找到解决办法的顾客(customers)(Fleming & Rickord, 1997)。

除了达成一致的决定外，问题解决心理咨询师还要成为改变的促成者，帮助来访者"抓住他们已经拥有但尚未意识到或尚未使用的资源和力量"(Cleveland & Lindsey, 1995, p. 145)。他们鼓励、挑战，并对改变给予期望。他们不责怪，也不问"为什么"，他们总是让来访者成为自己生活的主人(Helwig, 2002)。

目标

问题解决咨询的一个主要目标是为了帮助来访者触及内在的资源，并帮助他们注意到自身状态良好的时刻。接下来的目标是引导他们朝着已经存在于期望中的解决问题的方向去努力(West, Bubenzer, Smith, & Hamm, 1997)，因此，治疗时段和家庭作业主要着眼于现在或未来可能存在的积极因素(Walter & Peller, 1992)。

技术

问题解决咨询是心理咨询师和来访者之间的一个合作的过程。心理咨询师除了鼓励来访者审视没有遇到问题的时刻之外，还经常用到另外几种技术。一种是奇迹问题(miracle question)，即聚焦于假设情景，假设问题完全消失。其中的一种形式如下：让我们假设今晚你睡着的时候，有个奇迹发生了，你来到了这里，所有的问题都解决了。你会怎么想？会有什么不同吗(deShazer, 1991)？

另一种技术是量化(scaling)。要求来访者使用量表，从1(低)到10(高)评估某个问题的严重程度。量化不但能够帮助来访者认识到他们问题的严重程度，还帮助他们认识到为了实现目标自己还要往哪里前进。

还有一种干预方式是给来访者们以赞美(compliments)。将赞美他们优点的信息写下来，为他们的内心建立起一种"认可的环境"(如建立一种他们能够解决困难的信念)。赞美通常在给来访者布置任务或作业之前进行。

最后的两种技术是：

1. 线索(clues)，用来提醒来访者认识到他们身上存在的某些行为将会继续下去，而并不需要为此而担心；

2. 万能钥匙(skeleton keys)，以往有效的一些流程和经验，对于解决各类问题具有普遍适用性。

优点和贡献

问题解决家庭咨询的独特优点有：

- 这种方法强调的是简单明了及其对来访者家庭的授权(Fleming & Rickord, 1997)。

- 这种方法显示出其灵活性，并且有出色的研究支持其有效性。
- 这种方法揭示了其可以造福于各类来访者的积极本质。
- 这种方法聚焦于变化及其前提假设，强调微小的变化在行为中的重要作用。

局限

问题解决咨询存在着的局限性包括以下几点：

- 这种方法几乎不关注来访者的继往经历。
- 这种方法对洞察力缺乏深入觉知。
- 这种方法使用团队，至少对某些实践者来说是这样，从而造成了治疗成本的提高。

叙事咨询

创始人和发展者

来自澳大利亚和新西兰的心理咨询师米歇尔·怀特(Michael White)和戴维·艾普斯顿(David Epston)是叙事咨询的创立者。这是一种后现代的和社会构造理论式的方法。这一领域其他的实践者和理论家还包括米歇尔·杜兰特(Michael Durrant)和杰拉尔德·蒙克(Gerald Monk)。

人性观

叙事心理咨询师强调“意义或知识是通过社会互动构造起来的”(Worden，2003，p. 8)。除非作为社会产品出现，否则几乎不存在一个绝对的现实。人们被看做是通过创造他们生活的故事来内化和评判自己。其中许多故事强调个人或他们所生活的环境的消极品质以及痛苦体验。通过治疗，来访者重新改写其生活，并以积极向上的形象来展现自己。

心理咨询师的角色

旨在引起变化的叙事方法将心理咨询师视为合作者和提问的专家(Walsh & Keenan，1997)。就像其他传统观念中的心理咨询师一样，叙事心理咨询师在面对来访者时采取着一种叙事的取向，并运用诸如关注、解释、澄清、概括和核对等基本的关系技巧来确认他们正确地理解了来访者的故事或问题(Monk，1998)。他们认为症状并不对某项功能发生作用，事实上却起着压制的相反作用。因此，心理咨询师应尽可能快速地指出或消除问题。总体来说，心理咨询师使用叙事推理(narrative reasoning)，一种以故事、意义和生动为特征的技巧帮助来访者通过新的叙事重新界定他们的生活和关系。

目标

根据叙事咨询的观点，“人们在自己的故事中生活”(Kurtz & Tandy，1995，p.77)。因此，这种方法对这一点的强调转化成一种将世界概念化和释义化的叙事方式。接受叙事疗法的来访者将学会珍惜他们自己成功的生活经验和生活故事。他们还将学会在生活中创造新的故事，寻求新的生活意义，并在这个过程中为自己创造出一片新的现实环境。

技术

叙事方法强调在人生活中发展独特的、可选择的故事是希望来访者对生活更具自主性和策略性。为了做到这一点，需要将咨询所涉及的问题形象化。在这个过程中，问题就是问题。进一步来说，将问题形象化(externalization of problem)把人从问题和客观困难中分离出来，这样一来，来访者的资源就可以集中到如何处理某种情境(如混乱)，或者某种情绪(如抑郁)。通过对“问题对人的影响”和“人对问题的影响”这两个方面的询问，来提高自我觉知和客观性。

叙事治疗师工作时采用的其他方法还有增加两难窘境。这样做是为了促进来访者在需求出现之前审视问题的可能方面，并预测挫折，以思考在遇到困难时可以采取的措施。同时，重新改写(reauthoring)也是治疗的主要手段之一。通过对自己的生活和关系进行定义，让改变成为可能(White，1995)。通过改变他们的故事，来访者能够感受到一个不同的世界，并自如地以一种不同于以往的方式进行思考与行动。

心理咨询师会对家庭所取得的进步写信祝贺。他们也在治疗结束时举办正式的庆祝会，并在来访者克服诸如冷漠或抑郁等外在问题时颁给他们荣誉证书。

优点和贡献

叙事咨询对咨询领域做出了很多贡献。其中包括：

- 在每个人致力于解决一个共同的问题时，避免指责，鼓励对话(Walsh & Keenan，1997)。
- 为来访者创造出一个新的故事和新的行动的可能。
- 如同在问题解决疗法中一样，对问题的例外情况进行了关注。
- 借助于心理咨询师的询问，来访者提前做好了遭遇挫折或困境的准备。

局限

然而，叙事咨询也有着自己的局限性。这包括以下几点：

- 这种方法特别伤神，对于那些头脑不够机敏的来访者来说，其疗效欠佳。
- 对来访者所要成为的样子没有统一的标准。
- 对问题的发展史没有任何涉及。

危机咨询法

危机是“将超出个体资源和应付机制的事件或情境感知为一个难以忍受的威胁”(James & Gilliland, 2001, p. 3)。危机咨询(crisis counseling)使用各类直接的和行为取向的方法来帮助个人寻找自身的资源以对付危机。在所有形式的危机咨询中，快速和有效的服务以特别的方式提供出来。

危机咨询

创始人和发展者

埃里希·林德曼(Erich Lindemann)和杰拉尔德·卡普兰(Gerald Caplan)被认为是危机咨询领域最杰出的先锋人物中的两位。林德曼帮助专家们认识了由于丧失带来的正常哀伤以及个体经历哀伤解决的阶段。卡普兰将林德曼的概念拓展到了整个创伤事件领域。他将危机看做是一种由情境的或发展的生活目标受挫而引起的状态。

人性观

丧失是生活中不可避免的一部分。健康的人在发展和境遇中成长和前进，有意无意地将一些事抛在身后。在离别的过程中，他们可能会哀伤，因为这是一种对丧失最自然的反应。哀伤的程度和深度是与丧失物的价值，以及如何失去它相联系的。在一些案例中，由于个体与丧失物关系不大，或投入不多，或对丧失已有所准备，因此，其痛苦是细微的。但在另一些案例中，由于某些人、事或地位在其生命中有相当的价值，或者是在突然之间、痛苦之中失去这些珍贵的人和事，一些人悲痛欲绝。在这些案例中，危机便出现了。

人们可能遇到各种类型的危机，其中以下四种是最为常见的：

1. 发展性(developmental)危机。在人成长的正常过程以及那些被认为是正常的成长环境中发生的危机(如孩子的出生、退休)。

2. 境遇性(situational)危机。个人无法预料或控制的一些不寻常的事件和重大的事件(如车祸、绑架、失业)。

3. 存在性(existential)危机。包括伴随着目标、责任、独立、自由和承诺等重要人生话题的内在冲突和焦虑(如在50岁时意识到自己已虚度了此生，不能再回到过去的岁月)(James & Gilliland, 2001, p.6)。

4. 环境性(environmental)危机。一些天灾人祸突然向无辜的人或团体袭来,他们发现自己淹没在某个事件的阴影之中,而这可能会在精神上给他们周围生活的每一个人带来可怕的影响(James & Gilliland, 2001, p.6)。

心理咨询师的角色

处理危机事件的心理咨询师需要具备成熟的个性、丰富的生活经验和成功的应变策略。同时他们也应精通基本的助人技巧,拥有充沛的精力和快速的心理反应能力,在具有高度挑战性的情境之中能镇定自若,富有创造性并能灵活应对。

在危机情境中,心理咨询师常常担当积极主动的、指导性的角色。这一角色与普通咨询中心理咨询师的角色是不同的。

目标

多数危机具有时限性,大多持续6～8周时间。危机咨询的目标需要考虑那些需要立即得到援助的人能获得多种形式的帮助(如心理援助、经济援助、法律援助等)。心理咨询师尤其要帮助处于危机中的人认识并纠正当前由于创伤性事件引起的情感、行为以及认知方面的歪曲(James & Gilliland, 2001, p.9)。此项工作与短程咨询方法是不同的,短程咨询试图帮助个体寻找更多解决当前问题的治疗方法。来访者的长期调整和健康维护可能需要危机心理咨询师或其他援助专家投入相当多的后续努力。

技术

危机咨询中所使用的技术随之前所描述的危机种类及潜在损害程度的不同而存在差别。不过詹姆斯(James)和吉利兰(Gilliland)的研究表明,危机咨询工作者所进行的工作以及在何时开展工作均建立在对个体危机经历持续性和流动性的评估之上(见图9-2)。评估结束后,还应配合以下三个必要的倾听步骤:

1. 界定问题,尤其要从来访者的角度去看待问题;

2. 保障来访者的安全,这意味着要使对来访者或他人造成身心伤害的可能性降到最低;

3. 提供支持,这包含着与来访者进行真诚的交流和无条件的关注。

在倾听的过程中或之后就需要采取以下行动策略:

1. 检验新选择,如认定新选择的有效性以及确定这些选择比其他来得更好;

2. 制订计划,使来访者在咨询过程中充分感受到自身的控制力和自主性,不再变得依赖;

评 估

贯穿在危机的各种纷繁、持续、动态变化的进程中，根据来访者的应对能力、个体所遭遇的威胁、灵活度来评估其当前及过去所面临的危机情境，决定危机咨询工作者所应采取的行动（见下方危机咨询工作者行动序列图）。

倾 听	行 动
倾听：以共情、真诚、尊重、接纳、非评判性、关注的态度进行参与、观察、理解和反应。	行动：根据对来访者需求以及环境支持的有效性的评估，在非指导性、合作性或指导性层面上进行干预。
1．**界定问题**。从来访者的角度探索并界定问题。积极地倾听，运用开放式的提问方式。与来访者进行言语和非言语的交流沟通。	4．**检验新选择**。协助来访者探索对其目前情况有效的选择，提供对即刻情境支持的应对机制以及积极思维的探索。
2．**保障来访者的安全**。评估可能对来访者造成身心伤害的威胁的致命性、危险性、顽固性和严重性。对来访者内心事件和外在境遇进行评估。如果需要的话，还应确定来访者是否已用建设性行为取代了原本的冲动或自伤行为。	5．**制订计划**。帮助来访者制订一个现实的短期计划。充分认识到更多可利用资源，部署来访者可接受和理解的行动步骤与应对机制。
3．**提供支持**。与来访者充分沟通，使其认识到危机咨询工作者是有效的支持力量。（通过语言、声音、体态）向来访者展示一个温暖、积极、非支配性、非评判性、富有接纳性的人际氛围。	6．**获得保证**。帮助来访者说服自己采取相应的积极行动步骤。这些行动是其可以接受的，并且在现实中切实可行的。

危机咨询工作者行动序列图

非指导性的咨询工作者	合作性的咨询工作者	指导性的咨询工作者
（来访者的不同开始状况）不稳定的来访者	较不稳定的来访者	（来访者的不同开始状况）稳定的来访者

危机咨询工作者的行动或卷入层次可能处于连续序列中的任何一个位置，这主要取决于对来访者灵活程度现实而有效的评估。

图 9－2 危机干预六步骤模型

资料来源：From *Crisis Intervention Strategies* (4th ed.) by R. K. James & B. E. Gilliland. Copyright © by Brooks/Cole Publishing Company. Reprinted by permission of Wadsworth Publishing Company.

3．获得来访者将按计划行动的保证。

如果可能的话，心理咨询师应该同来访者一起保证双方将完成事先约定的计划，并进一步评估他们是否存在对危机的延迟反应，如创伤后应激障碍。

在使用以上技巧的方法中，危机事件应激通报（CISD）以及一对一危机咨询是最常见的（Jordan，2002）。运用 CISD 七步骤的团体治疗可以帮助来访个体在有两名心理咨询师控制的环境中处理其思想与感受（Roberts，2000）。这种方法逐一强调介绍、事实、思想、反应、症状、教育和重入。这种 CISD 小组活动持续 1 到 3 小时不等，通常在"严重危机发生 1 到 10 天内或重大灾难性事件发生 3 到 4 周内"（Roberts，2000，p. 86）进行。一对一咨询使用与 CISD 相同的技巧，但治疗持续时间从 15 分钟到 2 小时不等，并只包含 1 到 3 个阶段（Everly， Lating， & Mitchell，2000）。

优点和贡献

作为一项专门技术，危机咨询是独特的，并在以下方面为咨询领域做出了贡献：

- 这种方法以其短程和直截而著称。
- 由于危机具有突发性和创伤性的本质，因此这一方法采用最直接明确的目标。
- 这种方法对于强度的依赖超过了其他常规形式的咨询。
- 这种方法更具过渡性。

局限

危机咨询存在以下局限：

- 这种方法针对的是突发性情景。
- 这种方法在解决问题的深度上不如其他咨询方法。
- 这种方法比其他治疗干预方法时间限制更多，而且创伤性取向更强。

总结与结论

本章涵盖了丰富的咨询理论，特别是：

- 行为主义咨询；
- 两种认知行为理论——理性情绪行为疗法（REBT）和现实疗法（RT）；
- 三种系统理论——鲍尔温主义系统理论、结构式家庭咨询和策略咨询；
- 两种短程理论——问题解决和叙事咨询；
- 危机咨询。

所有这些方法都由于它们所根据的假设及其在实践中的效果而得到了广泛的认可和应用。它们各自不同的时间承诺成为影响其受欢迎程度的积极因素。如前一章所述，我们通过介绍和讨论这些理论的创始人和发展者、人性观、心理咨询师的角色、目标、技术、优点和贡献以及局限，阐明了这些理论。

那些希望致力于家庭、夫妇、团体或个人咨询的心理咨询师可能在本章中发现一个或多个能够帮助他们更好地为来访者服务的理论。

课堂活动

1. 如果可能的话，阅读米尔顿·埃里克森的文章，思考他所提出的有关咨询基本组成的观点。如果无法获得米尔顿·埃里克森的原始资料，就阅读杰伊·黑利的《不同寻常的治疗》(*Uncommon Therapy*)一书。与你的同学讨论本章中学到的能够支持埃里克森观点的那些方法。

2. 为你的家庭制作一个跨代家谱图。看看在行为和职业方面存在着哪些重复模式。

3. 想出一个你曾有过的或最近发生在你生活中的问题。然后想一下这个问题在什么情况下没有发生。与你的同学讨论这种例外情况，以及这种现象是如何与问题解决疗法相联系的。

4. 与一位朋友或家庭成员讨论相对于没有时限的治疗方法来说，有时限的疗法可能对他带来的影响。与你的同学讨论其结果，并观察当这两种选择呈现在其他人面前时，可能会出现哪些潜在的问题。

5. 本章及第八章涵盖的理论哪些最吸引你？能否想象把它们整合起来发展出一种你自己的综合方法？尽可能细致地与同学讨论你的观点。

第三部分

在不同背景中的核心咨询活动

专业心理咨询师在不同的背景中给不同的人群进行咨询。然而，一些活动一般是重叠的。活动的一般核心用一种相同的方式把心理咨询师联合在一起，这个核心也是这个专业的历史和根本所在，这就是第一部分的内容。一些最普遍的心理咨询师的活动包括管理团体，提供会商，参与评价和研究，利用测试和评估方法进行诊断以及治疗来访者。

这个部分的四章涉及了这些关键的任务。几乎所有的心理咨询师都发现从事这些活动是他们责任的一部分。因而，他们在专业会议和继续教育研讨会上对这些主题很感兴趣是不足为奇的。心理咨询师必须领导团体，提供咨询和评估服务，并评价他们工作的对象，这样来给每个来访者提供他们需要和想要的服务。

第十章 团体咨询

团体活动是一种咨询活动,它能有效地帮助个体解决自身问题或者人际问题。组建团体利用了人们喜欢聚在一起分享感受、想法,喜欢合作工作、玩的天生意向。“团体是有价值的,因为成员可以体验到一种归属感,可以分享一般的问题,观察别人的行为和行为的结果,在自我探索时获得支持并改变(Nims, 1998, p. 134)。”通过参加团体,人们发展了社会关系、情感联结,并能经常受到启迪(Posthuma, 1999)。

这章分析了团体的以下几个方面:历史、在咨询中的地位、最常使用的团体类型、理论基础、团体的重点和阶段、有效的团体领导者的品质。自发团体和正式团体的建立都需要专业人士主动参与领导团队。最全面的一个组织(多数团体心理咨询师都属于这个组织)是团体工作专家协会(ASGW),它是美国心理咨询协会(ACA)的一个国家级分会,也是拥有最多专业心理咨询师的一个组织。这个组织有着不同风格的会员,在1974年获得了美国心理咨询协会的特许(Carroll & Levo, 1985)。这个组织的领导者建立了最好的实施方针、训练标准和团体工作者的原则。ASGW也出版了季刊:《团体工作专家杂志》(*Journal for Specialists in Group Work*)。另外一些卓越的组织是美国团体心理治疗协会(AGPA)、美国团体心理治疗和心理剧协会(ASGPP)、美国心理学协会(APA)的团体心理学和团体心理治疗分会(第四十九分会)。

团体咨询简史

在咨询服务中,团体咨询有着漫长而卓著的历史。约瑟夫·赫塞·普拉特(Joseph Hersey Pratt),一位波士顿医生,被认为是在1905年开创第一个心理治疗/咨询团体的人。他的团体成员是马萨诸塞州医院的结核病门诊病人,他们认为一起度过的时间是重要的、有支持的、有治疗作用的。虽然这个团体是成功的,但是在其他背景下其他类型的团体的发展一直到20世纪70年代都是不平坦的、零星的。以下人物是和普拉特一起的团体运动的开拓者:

- 雅各布·L. 莫雷诺(Jacob L. Moreno)在20世纪20年代在咨询文献中引进了团体心理治疗的术语;

● 库尔特·勒温(Kurt Lewin)的研究领域是理论概念,在 20 世纪 30 年代和 40 年代,他的理论是英国泰维斯托克小型学习团体和美国 T(training)小组运动的基础;

● 弗里茨·波尔斯(Fritz Perls)的格式塔团体方法在这个领域又激起了新的兴趣;

● W. 爱德华兹·戴明(W. Edwards Deming)定义并运用优良工作团体,改进了人们生产的过程和产品,在企业里加强了工人的士气;

● 威廉·舒茨(William Schutz)和杰克·吉布(Jack Gibb)解释了以个人成长作为合理目标的 T 小组的人文主义观点;

● 卡尔·罗杰斯(Carl Rogers)在 20 世纪 60 年代发现了基本的冲突团体,成为成长取向团体方法的原型。

除了有影响力的个人,很多类型的团体也已涉及,团体之前的发展分类和今天是一样的。按时间发生顺序排列,心理剧是开始,接着是 T 小组、冲突团体、马拉松团体和自助/支持性团体。我们简要地了解一下每种团体,因为它们在现在的团体中都发挥着作用。

心理剧

雅各布·L. 莫雷诺是一位维也纳精神病学家,他是心理剧的创始人。这样一种类型的团体经历,在华盛顿伊丽莎白医院的精神病人身上用了几十年,最初是在奥地利维也纳莫雷诺的家里用于一般的市民。在心理剧中,成员们扮演没有预演排练的角色,团体领导者作为导演,其他团体成员作为剧本中的演员,观众给主角反馈,或者一起表演(Blatner, 2000)。这种形式的团体在行为主义者、格式塔主义者那里很常用,情感取向的团体领导者把它作为一种帮助病人体验事件的情感特性的方法。

T 小组

第一个 T 小组是 1946 年在美国缅因州教堂国家训练实验室(NTL)建立的。当其他团体咨询和团体心理治疗还没有发展的时候,这些团体就出现了(Ward, 2002)。库尔特·勒温关于团体动力学的思想为团体的建立奠定了基础。从那时起,T 小组的聚集点从任务完成发展成为人际关系。虽然把 T 小组仅归于一类是困难的,但是这种团体都是从团体成员的相互影响中来学习的。在这一方面,T 小组和一些家庭咨询的形式是相同的,他们都强调一个系统如何运行以及个体如何受系统功能的影响。

冲突团体

根据林恩和弗伊曼(Lynn & Frauman)的观点,相对 T 小组,冲突团体更注重团体成员个人的成长而不是团体本身。冲突团体是为那些有正常功能而又想要改变和发展的人设计的(Lieberman, 1991)。这些团体在繁盛期(20 世纪 70 年代)采取了很多种形式:从卡尔·罗杰斯最低程度的结构性团体到威廉·舒茨的高度结构性的无限制的团体。如果不考虑结构的话,这些团体主要强调个体的表达和对其影响的承认。

马拉松团体

马拉松团体是一种延长了的、一次性的团体经历,这种经历打破了个体可能使用的防御性措施。马拉松团体通常持续至少 24 小时。弗雷德里克·斯托勒(Frederick Stoller)和乔治·贝奇(George Bach)在 20 世纪 60 年代率先提出了这个概念。马拉松团体被成功地运用于帮助物质滥用者的恢复性项目中,并在其他团体咨询情境中对个体也产生了相当的作用。通常来说,马拉松团体环境中的劳动与和平谈判会赢得种种突破。

自助团体和支持性团体

自 20 世纪 70 年代以来,自助和支持性团体发展迅速。一个自助团体(self-help group)通常是围绕某个独立的主题而自发形成的,而领导这一团体的个体,虽然没有受过正式的团体训练,但却有着一种在压力情境中凝聚群体的经验(Riordan & Begs, 1987)。例如,住在一起的邻居们会在一场自然灾害之后互相帮忙修理一些东西或一同清理现场,又或者在诸如有毒废物等一些直接影响其生活质量的问题上联手以唤起政府的关注。自助团体可能是短期的,也可能是长期的,但它们主要是为了帮助其成员更有力地主导自己的生活。在美国,有超过一千万的人组成了约五十万个这样的团体,而且这个数字还在继续增长。

支持性团体(support group)和自助团体比较相近,它同样集中在对某一问题或事件的关注上,但它是一个由组织或个人成立的能够提供更为专业的帮助的组织(如匿名戒酒协会、"掌灯人"(lamplighters)[1]或者减肥小组(weight watchers)(Gladding, 2003)。一些支持性团体收取费用,而另一些则是免费的。参加这些团体的领导人物也是各式各样的。就像自助团体一样,支持性团体也围绕着生理、情感和社会等主题展开活动(L'Abate & Thaxton, 1981)。

自助团体和支持性团体各自满足了不同人群的需要,这些人能通过团体的作用得到很好的发展,一旦失去团体的力量,他们可能会变得无所适从。这些人在教堂、娱乐中心、学校和其他诸如心理健康机构等公共场所会面。利伯曼(Lieberman,

[1] lamplighters 是最早和最大的基于电子邮件的匿名戒酒团体之一,最早开始于 1991 年。掌灯人一词源自魔仆(genie)和神灯(magic lamp)。——译者注

1994)认为自助团体和支持性团体有利于大众健康,科里(Corey, 2001)则将这类团体视为其他心理健康服务的有益补充。然而,正如其他团体所经历过的,"凝聚力一直是成功的一个重要因素",所以适当的引导是保证一个团体积极向上而不具破坏性的关键所在。

关于团体的错误认识和现状

由于团体历史发展的崎岖不平,所以对团体的误解便产生了。《纽约时报》将1968年命名为"团体年",可以说,20世纪60年代团体的不规范性及其作为当时流行文化的一部分是造成这些误解的原因之一。正是在那个时候,一系列不恰当的行为在团体内部产生,一些影响了人们一生的故事发生了,它们被众口相传。正是这些故事使得一些人对团体抱有怀疑的态度,并不愿意加入其中(Gladding, 2003)。大部分关于团体的错误认识是与咨询团体和心理治疗团体有关的(如反对心理教育型团体和任务/工作型团体)。一些流行的有关团体的传言如下(Childers & Couch, 1989):

- 它们是肤浅的、不真实的;
- 它们是解决问题的第二选择;
- 它们通过击垮心理防线来强迫人们丢弃自己的特性;
- 它们要求人们变得更情绪化,任意倾诉;
- 它们是邪恶的、对抗的、有敌意的,它们对参与者进行洗脑。

事实上以上的传言没有一个是真实的,至少在运行良好的团体中不会出现。现实是情况与传言所说恰好相反。因此,对于个人来说,在参加一个团体之前,如果对其不甚了解的话,那么进行询问是非常重要的。通过这种方式,他们的疑惑或错误的认识会被确认,而焦虑就会减少,从而使自身在一个团体环境中能够最大限度地获益。

团体在咨询中的地位

团体指的是两个或两个以上的人,他们交互作用,为了共同的利益而努力去实现目标。在咨询中,团体具有独特的地位。每一个人都在一天中的某一时段参与团体的活动(如和同班同学或工作同事在一起)。喜欢聚集在一起是人的天性。很多个人技巧和专业技能是在团体的交互活动中习得的。对于心理咨询师来说,运用这种最基本的人类交往方式也是自然而然的一件事。团体是一种经济而又高效地帮助个体解决共同拥有的相似问题和担心的途径。那些将自身能力局限在个体咨询上的心理咨询师也就限制了他们助人的方式。

在何时、何地、同谁一起使用团体是绝大多数心理咨询师必须做出的重要决定。在一些情形中,团体不是恰当的帮助方式。例如,一个为公司所雇用的心理咨询师若使用团体咨询的方式处理在公司中身份级别不同的员工的个人问题是不明智的。同样,一个学校心理咨询师如果使用团体方式解决具有破坏行为的孩子的问题也是愚蠢的。但是团体却是一种理想的帮助那些破坏力不强、地位不太悬殊,并有着共同关注问题的人们的方式。在这样的情形中,心理咨询师通常安排人们在一个特定的时间里,在一种安静的、不受干扰的情境中相互交流。

团体在各自的目标、组成和时限上是不同的。然而基本上它们都围绕工作展开,正如盖兹达(Gazda)所描述的,团体是一种"以预防、对付困难以及促进个体成长、强化为目的的个体集团之间的动态互动"(p. 297)。因此,团体工作这个词经常被用来描述团体中所发生的事。ASGW 将团体工作定义为"一种为了支持一个独立人群达到其人际内、人际间的或与工作相关的共同目标,而在团体背景下采用的包括知识和技能运用的广泛的专业实践。团体的目标可能包括实现与工作、教育、个人发展、人际问题解决有关的目标或是矫治心理和情感障碍"。

团体有着很多共同的优点。雅罗姆(Yalom, 1995)称这些积极的力量为团体内部的治疗性因素(therapeutic factors)。对咨询和心理治疗团体而言,这些因素包括:

- 注入希望(如保证这些治疗将取得效果);
- 普同性(如使个人不再孤单,不再独特,不显得异常);
- 传授知识(如对心理健康、心理疾病和如何处理这些生命中的问题进行指导);
- 利他主义(如同他人分享经验和理念,通过奉献自己来帮助别人,达成共同的目标);
- 对最初家庭团体的矫正性情绪体验(如重新体验早期的家庭冲突并解决它们);
- 发展社会化的技巧(如与别人交流、学习社会技能和更多地了解社会中的自己);
- 模仿行为(如模仿其他团体成员积极的行为);
- 人际学习(如获得洞察力和矫正过去的经历体验);
- 团体凝聚力(如联结团体其他成员);
- 宣泄(如体验和表达情感);
- 存在性因素(如接受个人的生命在根本上独立于他人,认识自身的终结和存在的无常)。

团体咨询同样可以作为一种催化剂发生作用,以帮助人们实现个体咨询的愿望和需求,或是实现个人的目标。

团体的优点和缺点

在帮助个体解决各种问题和事务方面,团体的好处就彰显出来了。几百项研究描述了团体方法的运用,并很好地支持了各类团体的有效性。团体体验的文献在极短的时间内迅速增长，然而，要保持最新的增长势头却是一件难事。一些该领域的研究者，如辛普弗(Zimpfer, 1990)，会定期撰写有关如何选择团体活动的全面综述，以帮助参与者得到更全面的信息。

以下是近期有关团体研究的一些发现：

- 团体咨询可以用于帮助 9 到 10 年级的学生学习社交问题解决的行为，并帮助他们做好职业选择准备(Hutchinson, Freeman, & Quick, 1996)；
- 总体而言，团体可以促进职业发展(Pyle, 2000)，还可以对一些弱势人群的职业规划起到有效的作用，如受到殴打和虐待的妇女(Peterson & Priour, 2000)；
- 在恰当情境下的团体治疗可以帮助成年女性提升自身的能力和主观幸福感(Marotta & Asner, 1999)；
- 团体咨询和心理教育项目可以帮助心脏病患者更好地应对生活中的压力(Livneh & Sherwood-Hawes, 1993)；
- 对青少年犯罪者进行团体干预可以帮助他们提升成熟度，特别是帮助他们提高持续工作的能力，和他人建立起一种和谐的关系(Viney, Henry, & Campbell, 2001)。

然而，团体不是所有人、所有问题的万灵丹。它们也有着自身的局限和不足。例如，一些来访者的问题和他们的人格特点不适合进行团体咨询。同样，一些人的问题在团体中是不能得到深入解决的。此外，团体压力也可能迫使来访者采取行动，如在咨询开始前就自我封闭。团体还可能陷入团体思维的怪圈中，使团体的创造性和解决问题能力丧失，代之以刻板印象、防御性和思维僵化。团体的另一个缺点是个体可能试图通过它们逃避问题或达到自私的目的，从而破坏团体的进程。此外，团体可能不能够反映出成员身处的实际社会环境，因此，从团体当中学到的经验可能并不适用。最后，如果团体不能在其成员的冲突阶段或发展阶段成功地发挥作用，那么人们可能会故态复萌或是无所事事，甚至出现找人替罪、团体自恋、投射等破坏性行为(McClure, 1994)。

团体的类型

团体有许多种分类，其中就有一种"专门为那些寻求心理治疗、个人成长或是渴望来自他人的简单支持和陪伴的人量身定做的团体"(Lynn & Frauman, 1985, p. 423)。有大量的团体模型适用于各种不同的情境，尽管关于团体如何分类的问题争论依旧存在，特别是在目标和过程方面尤为有争议(Waldo & Bauman, 1998)。以下的团体分类是根据 ASGW 制定的培训标准来划分的。

心理教育团体

心理教育团体有时也称为指导性团体或教育团体，它具有预防和指导的性质

(Brown，1998；Pence，Paymar，Ritmeester，& Shepard，1998)。它们的目的是为了教育团体的参与者学习如何处理潜在的威胁(如艾滋病)、生命发展中的事件(如衰老)或者一个突然发生的危机(如自己所爱的人的突然去世)等。这些类型的团体在诸如学校这样的教育机构中常常可以见到，而目前正日益广泛地运用在医院、心理健康中心、社会服务机构和大学里(Jones & Robinson，2000)。

在这些团体进程中的最重要的部分是围绕团体讨论展开的，讨论其成员如何将呈现在团体中的信息个人化(Ohlsen，1977)。在学校里，诸如尚未完成的故事、木偶剧、电影、声音访谈等指导性材料和演讲嘉宾都可以被运用在团体心理教育中。而在成人环境中，还运用其他一些与年龄相符的手段，如书面材料和演讲嘉宾。

心理教育团体的一个例子就是在大学校园中推进学生的自我发展。在传统的接受大学教育的岁月里，“学生们在各个方面成长和变化”(Taub，1998，p. 197)。他们的发展可以通过心理教育团体得到加强，这些团体向他们传授一些重要的知识，包括如何控制愤怒，建立人际关系和掌握学习技能等。这些团体为期不长且活动时间有限。然而，它们却为那些需要的人提供了解决问题的种种准备。

咨询团体

咨询团体，有时也被称为人际问题解决团体，旨在“通过人际支持和问题解决手段帮助团体成员解决生活中平常而又棘手的问题。另外一个目标则是为了帮助参与者发展他们已有的解决人际问题的能力，以使他们能够更好地处理未来遇到的问题。不严峻的职业问题、教育问题、个人问题、社会问题和发展问题也是团体经常涉及的主题”(ASGW，1992，p. 143)。

有时，对咨询团体和心理教育团体进行辨别是困难的。总体来说，咨询团体比心理教育团体在修正态度和行为方面更为直截了当。例如，团体咨询强调的是参与者的积极投入，而心理教育团体则更关注其成员的认知理解。第二个不同点是团体咨询是在一个不大的、亲切的环境中进行的，而心理教育团体则往往在可获得的房间大小的场地中开展活动(Gazda，Ginter，& Horne，2001)。

有时，一个咨询团体和一个心理教育团体可能是重叠的(Taub，1998；Waldo & Bauman，1998)。如一个简便却有效的团体咨询方法可能同时与一个心理教育团体所采用的辅导方式重叠。这个团体是结构井然的，它为高三学生提供进入大学或者进入军队服役的过渡阶段所需要的辅导(Goodnough & Ripley，1997)。这些团体是为准大学生服务的。它们给学生提供了一个学习处理他们正在经历的一系列复杂的情感问题的绝佳机会，与此同时也为他们提供了有益的信息，使他们对今后将做的事有所认识。在这样的团体咨询中，参与者得到了“一段时间”(表达的机会)，并讨论他们关心的问题。在团体咨询中，团体成员之间的相互交流以及对信息的个人化处理要比在心理教育团体中多得多。

心理治疗团体

心理治疗团体有时也称为人格重建团体，它是为帮助团体中的个体成员解决深层的心理问题而建立的。“由于心理动荡的深度和范围是极为重要的，所以心理治疗团体的目标是为了帮助每个个体重新塑造主要的人格维度”(ASGW，1992，p. 13)。

有时，团体咨询和团体心理治疗会有所重合，但是对人格主要因素的重新建构的强调程度通常是两者主要的不同点。团体心理治疗常常在住院病人中开展，如精神病医院或者属于自然社区内的心理健康机构，因为它必须保证为那些需要帮助的人提供近距离的管理。有一些人不太适合门诊的、深层次的团体心理治疗。他们中间不乏郁闷沮丧、絮叨不止的人，也有偏执症患者、精神分裂者、反社会人格者、企图自杀者和极端自恋者(Yalom，1995)。找出那些不适合进行团体治疗的人比选择那些适合的人要容易得多。不管怎么说，团体心理治疗是一种美国式的治疗方式，它为团体咨询提供了很多基本原理。

任务/工作团体

任务团体帮助其成员运用团体动力学的原理和程序提高实践能力，达成确定的工作目标。“任务/工作团体专家能够帮助诸如任务组织、委员会、计划团体、社区组织、讨论团体、学习小组、学习团体和其他类似的团体修正和发展它们的功能”(ASGW，1992，p. 13)。

正如其他的团体类型，任务/工作团体在具备以下因素的情况下能够发挥出最佳效应：

- 所有的参与者都明了团体的目的；
- 进程(动力)和内容(信息)是平衡的；
- 有专门用于文化建设和彼此了解的时间；
- 能够确定冲突；
- 成员之间相互反馈；
- 领导者关注于此时此地发生的事；
- 领导者和成员用充分的时间对发生的事情进行思考(Hulse-Killacky，Killacky，& Dpmogian，2001)。

任务团体的经典例子就是团队。在体育赛事、艺术创作和雇佣环境中，人们经常会组建团队来达到那些对个人而言不可能完成的目标。质量圈(quality circle)是一个由雇员运作的工作团体。在这个团体中，员工们每周会面，检查他们的工作进展并提出改进方案。可以说质量圈是任务团队的一个商业案例(Johnson & Johnson，2000)。而心理咨询师在补充想法以及解决内部和外部的问题的同时，也会在团队中解决一些内部和外部的情境问题，因此，这些团体还有着更广泛的运用价值。

管理团体的理论方法

管理团体的理论方法和个别咨询的理论方法一样多样化。在很多案例中，理论是相同的，如人本主义、理性情绪行为、认知和行为理论。因为这些理论的基础地位在别处已经有说明了，这里就不重复了。然而任何一种理论方法在团体中被应用时会因为团体动力（团体成员的相互影响）的不同而不一样。

在七种主要的团体理论方法的评价中，沃德（Ward，1982）分析了每种方法对个体、人际关系和在进程中团体水平的注意程度。例如，精神分析、格式塔和行为治疗高度聚焦于个体而很少注意团体进程中的团体水平。然而，人本主义方法高度集中在个体，中度注意人际关系和团体水平。沃德指出了每种方法的局限性和考虑其他因素的重要性，如在领导复杂任务团体时，需考虑团体任务和成员人数。

同样地，弗雷（Frey，1972）指出了如何使八种团体活动方法在从领悟到行动、从理性到情感的连续体中概念化。然而汉森·沃纳和史密斯（Hansen Warner & Smith，1980）在从过程到结果、从以领导者为中心到以成员为中心的连续体中概念化了团体方法。团体领导者和成员必须知道理论之间有什么不同，从而做出明智的选择。大体上说，多元化的理论模式在团体管理中能够提供丰富和多样的选择。

除了已经提到的这些，三种因素在团体领导者考虑用何种理论方法时是很有用的：

1. 我领导团体是否需要一个理论基础；
2. 理论最能提供什么用途；
3. 在选择过程中将使用什么标准。

一种理论就好像一张地图。在一个团体中，理论为分析关于人类的基本假设提供方向和指导。在确定团体目标、澄清领导者角色和功能以及解释团体的相互影响时理论也是有用的。最后，一种理论能帮助我们评价团体的结果。试图在没有弄清楚的理论基本原理指导下去领导一个团体就如同在没有地图和关于飞机设备知识的情况下去驾驶一架飞机。这种方式是愚蠢的、危险的，很有可能导致伤害。

一种好的理论也能有实际的功能（Gladding，2003）。例如，它能够给予一种情境下的经历和事实以意义和结构。好的理论能帮助我们对所发生的事情产生一种逻辑感，引导我们建设性地去研究。有这么多种理论可以选择，团体领导者要慎重地选择。

福特和厄本（Ford & Urban，1998）认为在选择一种理论时应该考虑四种主要的因素：个人经历、专家的一致意见、声望、被证实的个人知识。所有这些标准都有缺点和优点。因此，关键是开始的时候心理咨询师要批判地阅读专业文献来评估最具实证依据的理论，并且保证这种理论对他们的人格类型来说是适用的。

团体发展的各个阶段

团体和其他现存的系统一样，经历了各个发展阶段。如果个体或团体领导对这些阶段毫无认识，那么发生在团体内部的各种变化就可能变得混乱而没有意义，收获也将变得微乎其微。领导可以通过营造有利于团体发展的环境或者通过"在个体和团体层面上力求发展的干预行动"将这种认识最大化（Saidla，1990，p. 15）。不论采用哪种方式，都会使团体成员和领导者两方面获益。

在专业论文中有关团体发展所经历的阶段以及何时出现各个阶段存在着争论。团体的发展阶段可以有很多类型的划分法，如学习型团体和训练型团体。而更多的争论是有关团体咨询的阶段。团体咨询通常可以分为四到五个阶段，但一些模型却将其分为三个阶段，也有另一些模型将之划分为六个阶段。其中，塔克曼（Tuckman）的阶段模型被人们视为主流。

塔克曼是首位为团体咨询设计阶段过程的理论家。他认为，团体的发展经历了四个阶段：形成阶段（forming stage）、震荡阶段（storming）、规范阶段（norming）、完成阶段（performing）。后来，这种分法又扩展到第五个阶段：尾声阶段（adjourning）（Tuckman & Jensen，1977）或者哀伤（mourning）/拂晓阶段（morning）（Waldo，1985）。在每一个阶段，相应的任务得以完成。例如，在形成阶段，通常会在团体中就即将发生的事件以及谁属于、谁不属于这个团体形成一种共识。在这个阶段（团体的婴儿期），团体成员会表达他们的焦虑、对团体的依赖，并谈论一些没有疑问和分歧的主题。帮助这一阶段的团体良好平稳地完成过渡的一个方法是使之结构化，以使其成员能够放松，并明了团体对他们的期望是什么。例如，在第一次见面之前，可以让团体成员们做一个为时 3 分钟的自我介绍（McCoy，1994）。

第二个阶段——震荡阶段，通常会有相当多的混乱和冲突发生，就像人们的青少年时期。团体内部此起彼伏的冲突"迫使团体成员做出关于自己和他人之间关系的独立程度和依赖程度的基本决定"（Rybak & Brown，1997，p. 31）。团体成员试图在团体中建立他们自己的等级并成功地处理有关焦虑、权力、未来期望的事件。有时，团体领导会在这个阶段受到攻击。

第三个阶段——规范阶段，类似于人类的青年期，"那些经历了震荡阶段的团体通常会迸发出一种热情和凝聚力。他们会形成一致的目标，并拥有共同努力的途径"（Saidla，1990，p. 16）。这个阶段有时会和震荡阶段同时进行，但不论两者是否同时，规范阶段总是落后于完成阶段——相当于发展意义上的成年期。在完成阶段，团体成员彼此结合得更紧密，他们的个人目标和共同目标相互交叉。这个阶段也是团体最为协调、成果最多的一个时期。

最后，在尾声阶段，团体走向解体，团体成员相互告别。在结束的时候，成员们或者感到满足，或者体会到苦涩。有时，团体在这个阶段还会举行一场庆祝活动，其中以小型的、封闭式的纪念仪式居多。

表 10－1 对我们在此讨论的这五个阶段的特点进行了简单的总结。

表 10-1 团体发展的五个阶段

	形成阶段	震荡阶段/规范阶段	完成阶段	尾声阶段
强调	帮助成员意识到自己是团体的组成部分。发展信任和内聚力。	当他们找到自身在团体中的位置后，领导和成员在明显的或者隐蔽的压力、挫折以及冲突下共同活动，并建立起一种凝聚力（如一种"我们"的意识）。	富有成效、目的性、建设性、成就和行动是最为突出的。	完成、结束和任务、目标的达成是最引人注目的特点，随之而来的是庆祝和团体的解散。
动力因素/特点	成员们开始安全地交谈或采取行动，但这种交流是表面的。	活力、焦虑和期望在此阶段有所增加。着眼于使团体成为一个功能不断增强的实体。在这个阶段的后期，协作和安全感开始不断增强。	成员们更为自信，也更加信任他人。在实现目标的过程中，风险增加了，期望、解决的问题和一致性也增加了。领导对团体的直接干预和参与日渐减少。成员们在团体的运作过程中变得更加有责任心。	大约有 15% 的团体时间用于处理和反思团体结束时的重大事件，如任务的完成。成员们在庆祝个体或集体任务达成的同时，还要面对失去团体这个事件。
领导的角色	领导人建立起一个有结构的、安全的外部环境；宣布了团体的目的；建立起规则，并开始互相介绍。领导人做出合适的行为表率，发起打破僵局的活动，破除自我封闭局面，勾画出团体的未来。	领导人协调着成员之间的冲突；定期强调着团体的规则和规章；帮助团体变得更加一体化。	领导人致力于通过鼓励人际交往来帮助团体成员和整个团体实现目标。通过使用帮助技术实现问题干预，并帮助团体重新聚焦于达成目标的活动。领导建立起适合的示范行为。	领导人帮助成员评估他们从团体中学到的东西并鼓励他们保持自身特色。领导人还在团体结束时为大家提供一个团体解散的模式和庆祝的方式，并安排以后的活动和进行评估。
成员的角色	成员们需要将自己纳入到团体之中，使自己"拥有"这个团体。他们要说出自己希望从团体中获得什么以及如何去做。	成员们彼此进行的反馈沟通使团体在面对权力问题时由原先的消极态度变得更为中立，甚至更为积极，团体的一体性增强。"一致意见"变得更为需要和更受欢迎。	成员们专注于个体和团体成就；通过有关其理念和行为的反馈来给出或接受结果。	团体成员关注于他们已经完成的任务以及还须达成的目标。成员们庆祝他们的成就，解决同他人尚未结束的事务，并以独特的或是普遍的方式总结他们的团体经验。
问题所在	成员的惰性、不能聚焦问题以及参与不够是造成团体止步不前的原因。太过开放也是一个不利因素。忽略焦虑或者对其不加重视会使问题再度出现。	团体可能出现问题或者变得杂乱不堪、问题重重，参与的成员日渐稀少。正确的反馈可能遭受误解或者错误的利用。凝聚力未能建立起来，团体的发展可能出现倒退，或者仅仅流于表面。	未能解决的冲突或问题可能重新发生。不当行为可能出现或对团体的成长造成阻碍。规则可能被打破。	成员们否认团体的终结，并对其走向结束毫无准备。成员们也对结束团体显出犹豫，并可能寻求外援。领导人可能未能使其成员对团体终结做好准备，也可能实际上鼓励大家依赖。

总体来说，团体的发展阶段通常没有十分明确的时间分界。“一个团体并不一定是按部就班地成长的，很有可能会在其发展过程中出现倒退或前进”(Hansen, et al., 1980, p. 476)。关于一个团体处在什么阶段以及它正向哪个阶段发展的问题，只有在进行回顾或者深入洞察之后才能够得到最好的回答。

团体中的问题

成功地指导团体需要注意很多的问题。有些是关于团体运作方面的问题；有些是关于培训和道德规范方面的问题。在团体建立之前，团体领导需要对该团体建立的目的、团体的中期目标和最终目标等有一个明确的想法。只有当这些条件都满足时，成功的团体才会形成。

团体成员的选择和准备

团体成员的选择和准备是指导一个成功团体所必需的(Couch, 1995)，因为成熟、准备充分、成分合理的成员关系在团体是否能取得成功这一点上扮演着重要的角色(Riva, Lippert, & Tackett, 2000)。一些期望成为团体成员的个人可能并不是这些团体的合适人选。如果允许这些人进入团体的话，他们可能最终会成为团体其他成员的绊脚石(如垄断或者控制)，并对团体领导造成相当大的麻烦(Kottler, 1994b)，他们也可能同其他能力同样低的人一起使团体不断倒退。当这样的情况发生时，团体成员在心理上会受到伤害，团体也不能够完成其目标(McClure, 1990)。

选择和准备通常通过团体领导人和有希望成为组员的成员之间的入组前面试(pregroup interview)和培训来完成。在入组前面试期间，通过对照其需求和目标是否与团体设立的目标相契合来确定团体成员的人选。筛选出的人选将不会妨碍团体的发展进程，他们良好的存在状态将不会因团体的经历而受到伤害。研究表明，组前培训(pregroup training)通过让小组成员更了解其团队，明确团队对他们的期望这样一种方式，为这些参与者提供重要的信息，并为他们提供一个减轻焦虑的机会(Sklare, Petrosko, & Howell, 1993)。

依据针对团体心理咨询师而制定的伦理准则和最佳实践标准(ASGW, 1998)，有些个体是必须被筛选掉的或自行退出团体的。选择是一个双向过程。潜在的团体成员可能在某一特定时间并不适合某些指定了领导人的团体。如果他们未被一个团体接纳，那么就需要得到选择性的建议，如加入其他的团体或者等待更为适合他们情况的其他团体。在选择团体成员的过程中，一个团体的领导人应该留意盖兹达的建议，即一个团体中的个人与其他团体成员至少在某些点上是能够相互认同的。从本质上来说，选择性面试“为团体以后的发展奠定了基础”(McCoy, 1994, p. 18)。

在团体形成之前，团体成员和领导人需要尽可能多地了解团体的进程(团体成员的交互是如何影响团体的发展的)。例如,在同质性团体中(成员们的相同点多于相异点),发生的冲突少,承担的风险小,凝聚力和支持性强,参与率高。异质性团体则与之形成对比(成员们的相异点多于相同点),发生的冲突多,承担的风险更大,支持性和凝聚力不够,成员们松散拖沓(Merta, 1995)。最终决定一个团体是否成功的因素是团体的发展进程,而不是活动内容、焦点或者目的。在一个成功的团体中,发展进程中活动的内容是平衡的(Donigian & Malnati, 1997; Kraus & Hulse-Killacky, 1996)(见表 10-1)。“无论是团体发展进程中的活动内容不恰当还是进程不恰当,团体都可能会在完成工作的过程中遇到困难”(Nelligan, 1994, p. 8)。团体中富有经验的成员通常只需要了解到很少的有关团体是如何开展活动的信息,而新人可能需要更为全面的准备。在团体开始前就被告知团体进程和焦点的成员在团体开始运作后将做得更好。

在加入一个团体时,首先了解团体的组织者,洞悉各种可能性和团体经历所能带来的结果是非常重要。科里列举了可能的参与者在加入团体之前应该澄清的各种事件。下面是最为重要的一些:

- 清晰地阐明团体的目的;
- 对团体功能、基本规则和基本程序进行描述;
- 声明团体领导人的教育和培训资格;
- 通过组前面试决定潜在的团体领导人和团体成员是否在某个时刻符合加入的要求;
- 揭示在团体中可能承担的风险及成员的权利和义务;
- 讨论保密限制,以及团体领导人和团体成员在团体环境中所被期待扮演的角色。

除了需要对一些信息进行了解,研究文献还支持这样一个结论:在邀请参与者加入团体之前,对他们提出一系列的期望,能够使他们拥有一个成功团体的可能性更大(Sklare, Keener, & Mas, 1990, p. 145)。尤其要指出的是,团体领导人能够“通过减少对话时出现的‘你们’、‘我们’的语言表达、提问、以旁观者的角度说话、寻求认同、援助以及分析来促进此时此地的团体咨询”。团体领导人必须为他人做出表率,率先示范他们希望别人仿效的行为(Sklare et al., 1990, p. 145)。

最后,团体领导人必须了解如何去处理在领导过程中所要面对的挑战,以及来自团体成员中的个人和集体的阻抗。

团体规模和持续时间

一个团体的规模是由其目的和偏好所决定的。大型团体在关注个体成员的需求方面做得不够多。因此,在团体指导之外有一些可供选择的理想人群。尽管盖兹达指出当一个团体发展到 6 个月时,其有效成员将增至 10 人,但公认的团体成员数目是 6 到 8 人。团体规模和持续时间会彼此互相影响。科里认为:“对于现存的成人团体而言,8 位成员和 1 位领导人的组合是最佳的。儿童团体则可以是 3 到 4 人。总而言之,团体应该有足够多的人来进行充分的互动,以免落后;同时团体也应该保持较小的规模以使每位成员都有充分参与的机会,使'团体'在他们的心目中不失去自身的含义(p. 93)。"

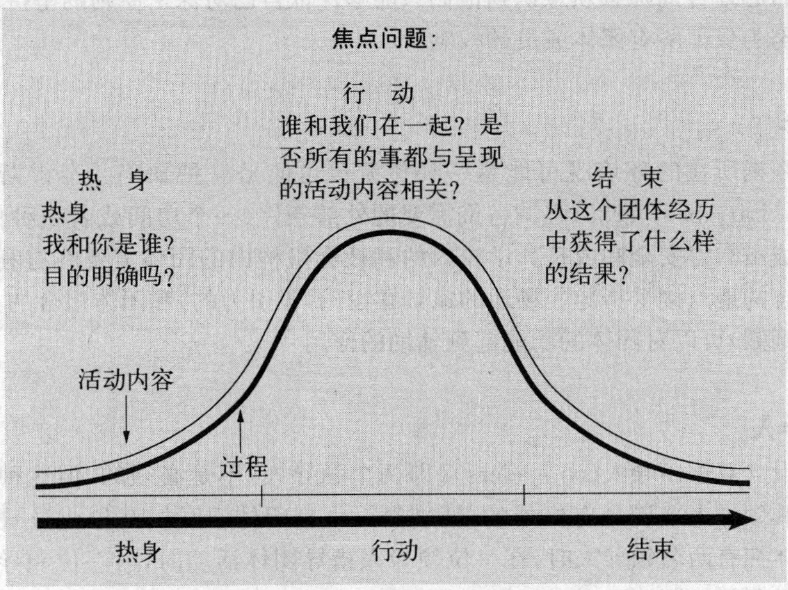

图 10-1 平衡的过程和活动内容

资料来源:From "Leadership in Groups: Balancing Process and Content", presentation at the annual convention of the American Counseling Association, April 1994, Minneapolis, MN. Reprinted with permission of Diane Hulse-Killacky, University of New Orleans.

开放型团体和封闭型团体

开放型团体(open-ended group)在启动之后仍然能接受新的成员,而封闭型团体(closed-ended group)则做不到。林恩和弗伊曼指出:开放型团体能够迅速对失去的成员进行补充,使团体保持最理想的规模。很多长期门诊病人团体就属于开放型团体。封闭型团体尽管在规模上不够灵活,但它能够提升团体成员之间的凝聚力,并卓有成效地帮助成员完成既定的目标。

保密性

当团体成员有一种机密感,即在团体内部所讨论的内容不会流传到外部去时,团体将呈现出最佳功能状态。为了在团体内增进保密性和建立信任,团体领导人必须积极投入。在选择面试中就要将保密性当做一个议题提出。而在团体第一次见面的时候就要强调保密的重要性，并在之后定期进行这样的工作(Corey，Corey，& Callanan，2003)。

此外，团体领导人的角色意味着他们要通过清晰地澄清保密性、保密的重要作用及其贯彻的难度来保护团体成员。在团体中，当任何有关违背保密性的问题出现时，就应该立即处理。否则问题会进一步发展，团体的凝聚力就会下降。奥尔森(Olsen，1971)指出，心理咨询师必须意识到他们只能够保证自己对保密原则的坚持。同样，他们还必须努力保证所有团体成员的权利。

外部条件

团体咨询所在的环境既可能是一种资源也可能是一种缺陷。泰雷斯和莱拉比(Terres & Larrabee，1985)强调咨询需要的外部条件(一个房间或者一种情境)必须保证团体成员获得安全和成长。学校内的和社会机构内的团体需要在有利于增进团体良好状态的地点接受指导。场地的家具摆设(有吸引力的)和团体组合的方式(适合组成一个圆圈)可以对团体的功能起到辅助的作用。

双重领导人

团体设立双重领导人(co-leaders)(即两个领导人)不是必须的，但这种安排对某些团体及其领导人来说是有好处的，特别是对大型团体(超过 10 位成员)极其有利。当一个团体拥有两名领导人时，在一位领导人指导团体活动时，另一位领导人就可以对团体的进程加以调控。双重领导人的安排在一位经验缺乏的领导人与一位经验丰富的领导人合作时也很有好处。在这种情况下，缺乏经验的领导人可以向经验丰富的领导人学习讨教。许多团体专家提倡在经验不丰富的领导人独立领导团体之前先经过一段时间的双重领导人时期的锻炼(Ritter，1982)。

丁克迈耶和莫罗(Dinkmeyer & Muro，1979)提出，成功的、经验丰富的双重领导人(1) 拥有相似的人生哲学和行事方式；(2) 经历和能力相似；(3) 建立起一种有效的人际互动模式；(4) 能够意识到两位领导人之间的分歧以及成员对某一位领导者的忠诚，在此基础上帮助团体处理问题；(5) 能够在咨询目标和实现这些目标的咨询过程上达成一致，避免权力斗争。

霍夫曼(Hoffman)等人建议两位领导者在团体中分坐在对面的位置，这样领导人的责任和观察力将被最大化。他们还指出，对团体的双重领导人而言不需要在性别方面保持差异，起作用的是他们的技能，而不是性别。

自我暴露

舍茨尔和斯通(Shertzer & Stone，1981)将自我暴露(self-disclosure)定义为“此时此地的感觉、态度和信仰”(p. 206)。自我暴露建立在团体成员彼此的信任基础之上(Bunch, Lund, & Wiggins, 1983)。如果存在着高度的信任,那么自我暴露就会随之出现。这种现象的一个有趣特点是自我暴露是自发形成的。在团体发展的第一个阶段,必须要对此进行鼓励。莫兰(Morran, 1982)指出,领导人要在团体进程的开始阶段经常使用自我暴露来为其他团体成员做出表率。正如斯托克顿、巴尔和克莱恩(Stockton, Barr, & Klein, 1981)记录的那样,那些几乎未曾做过语言自我披露的团体成员比其他成员更可能脱落。

反馈

反馈是一个包含着团体成员对他人的语言信息和非语言行为进行反应的多维度的进程。它在任何团体历程中都是最重要的,也是最易被滥用的部分之一。当诚实而谨慎地给予反馈时,团体成员能够度量出他们的行为对他人的影响,并尝试新的行为。

科里将团体结束时的反馈和团体发展中期的反馈加以区别。在后一种情况下,科里鼓励团体成员彼此间清晰、精确、稳定地对待。团体成员应该对自己是如何在团体经历中发生变化的进行反馈。在处理反馈信息后,团体成员应该记录下在最后的反馈阶段所说的一些事以免自己忘记,并利用这些经历来评估实现目标的过程。

为了推动有帮助的反馈,霍夫曼等人列出了反馈评估的标准。以下推荐的是其中的一些重要标准:

- 反馈应该有利于接受信息的一方而并非是为进行反馈一方的需求服务的;
- 建立在可描述的行为上的反馈更为有效;
- 在团体发展的早期阶段,积极反馈比消极反馈更为有利,也更容易被人们接受;
- 反馈在刺激行为发生之后马上进行是最为有效的,也是最能让人信服的;
- 当接受反馈者态度开明并信任反馈给予者时,反馈的效果最好(p. 376)。

随访

在团体中使用随访是为了在团体结束之后继续与其成员保持联系以判定他们在个人或团体目标实现方面所取得的进展。团体领导人常常没有能够开展适当的随访。这种问题在短程咨询团体或由外部领导者领导的团体中出现得特别普遍(Gazda, 1989)。ASGW 的《最佳实践指南》(*Best Practice Guidelines*, 1998)(声明了美国心理咨询协会道德准则和实践标准在团体咨询领域的应用)宣称:作为一项恰当的结果评估或是出于团体成员的需要,团体工作者都应该在团体终止之后进行随访。随访帮助团体成员和领导人对他们在团体经历中的所得进行评估,并允许领导人在适当的时候向一位团体成员寻求帮助(Gladding, 2003)。随访阶段将团体经历的结果最大化,并鼓励团体成员保持追求最初目标的动力(Jacobs, Harvill, & Masson, 2002)。

科里指出短期团体的随访阶段一般在团体终止后 3 个月左右。他指出,共同反馈的过程和此时来自团体其他成员的支持可以变得非常有价值。如果团体成员在他们团体的终止阶段意识到彼此将在随访阶段再度相逢,他们就会更加专注于追求自己的目标。除了对整个团体的随访外,对领导人和团体成员的个人随访也是重要的,即使是通过电话访谈的形式来进行。

有效团体领导人的品质

有效的团体领导人与没有成效的团体领导人之间有着本质的区别。例如,那些独裁、有攻击性、反传统或者在感情上脱离团体的团体领导人是没有效能的,而且会造成团体伤害(造成成员脱落或者在获得团体体验后变得更糟糕)(Yalom & Lieberman, 1971)。然而,如果运用得当,以下四种领导品质能够对团体效能施加积极的影响(Yalom, 1995):

1. 关心(Caring)——越多越好
2. 意义上的贡献(Meaning attribution)——包括澄清、解释和提供变化的认知框架
3. 情感刺激(Emotional stimulation)——包括活动、挑战、承担风险和自我暴露
4. 执行功能(Executive function)——详细限定发展规则、构建和步骤的流程

为了团体的良性发展,团体领导人在情感刺激和执行功能这两个极端之间找到一个位置是非常重要的。领导人不应该允许其成员体验太多的情感以至于他们不能够处理团体内所存在的一些事物,或者僵化地构造情境而缺乏情感的表达。

科特勒(Kottler)认为,有效的领导人能够了解团体内产生作用的力量,认识这些力量是否是有效的治疗因素,如果不是的话,应该采取什么步骤来更好地运作团体以支持其成员。他对领导的评估很好地补充了雅罗姆和奥斯本(Osborne)的观点。这两个人都认为一个良好的团体领导人应实施有意识的行为,因为他们是能够对团体的发展方向做出期望的,也能够了解团体的需求。这种现象的一个例子就是,当需要解决团体紧张状态和保护团体成员时,团体领导人要强调团体成员之间的同质性;而当团体过于安逸舒适而不再工作时,领导人就要强调其相异的品质。

除此之外,科里还认为,一个有效的团体领导人将致力于不断提高自己和完善自己。他列出一系列与有效的团体领导相关的个人品质。其中包括仪容、个人力量、勇气、挑战自我的意愿、诚实、真实、热情、认同感,以及独创性和创造性。

有效团体领导人的最后一个重要品质,就是他们在团体理论、实践和技术这几个方面受到很好的教育。例如,在咨询和心理治疗团体中,"团体领导人的任务是将症状转化为人际间的问题"(Pistole, 1997, p. 7)。通过这种做法,团体领导人帮助团体中的成员学习如何发展不易变形和令人愉快的关系。不论属于哪种团体类型,领导人都要使用一系列诸如表10-2中列出的技巧。

表 10-2 团体领导技巧概观

技　巧	描　述	目的和期望的结果
积极倾听	专注于沟通的言语和非言语层面，而不加以判断和评估	增进信任和鼓励来访者的自我暴露以及探索
重　述	以稍有不同的语言表述参与者是如何阐述其意义的	决定领导人是否正确理解来访者的表述以提供支持和进行澄清
澄　清	在情感和思维层面上，抓住信息的本质；通过聚焦于信息的核心来简化来访者的表述	帮助来访者理清冲突以及情感和思想上的困惑，使他们进入到对沟通内容进行有意义理解的层面
归　纳	将互动中重要的元素归纳到一起	避免将某阶段进行分割和给予指导；保证完整性和意义
提　问	提出“做什么”和“如何做”等能引起自我探索的开放性问题	引发更深入的讨论；获取信息；激发思考；进一步澄清和聚焦；提供更深入的自我探索
解　释	对某些行为、情感和思想提供可能的解释	鼓励更深入的自我探索；为思考和理解他人的行为提供一个新的视角
面　质	引导参与者正视他们的语言、行为以及身体和言语沟通中的缺陷；指向矛盾的信息或者消息	鼓励诚实的自我调查；进一步开发潜力；引入自我矛盾意识
情感反映	就情感内容的理解进行交流	使成员明白他们所听到的内容，使他们能够理解弦外之音
支　持	进行鼓励和强化	营造一个鼓励成员继续所期望的行为的氛围；当来访者面临困难时提供帮助；建立信任
共　情	通过承认他们的理念框架来对他们进行认同	在治疗关系中建立信任；在交流中增进理解；鼓励更深层次的自我探索
推　进	在团体内开创清晰、直接的沟通氛围；帮助成员对团体的方向建立起高度的责任感	在成员中推进有效沟通；帮助成员在团体中达到他们的目标
发　起	采取行动促进团体参与并将团体引入新的方向	防止团体出现不必要的失败；加快团体进程的步伐
设置目标	为团体进程设置特别的目标，帮助参与者界定坚实和有意义的目标	为团体活动指明方向；帮助团体成员选择和澄清他们的目标
评　估	评估正在发生的团体进程及个体和团体动力	增进更深入的自我意识以及对团体运动和团体方向的认识
给予反馈	表达建立在对成员行为观察之上的牢固而诚实的反应	利用外部反馈帮助来访者认识自己在他人面前的表现；提高来访者的自我意识

续表

技 巧	描 述	目的和期望的结果
建 议	提供建议、信息、方向和对新行为的意见	帮助成员认识关于思维和行动的交互机制
保 护	避免成员在团体中进行不必要的心理冒险	警告成员在团体参与中可能出现的危险;减小危险发生的可能性
自我暴露	揭示自我在团体此时此刻的事件中的反应	配合团体中更深层次的人际互动;建立信任;建立使别人了解自己的模式
示 范	通过行动展示期望行为	提供期望行为的典范;激发成员充分发掘自身的潜能
应对沉默	重新组织言语和非言语沟通	考虑反映和渗透因素;凝聚焦点;整合情感因素;帮助团体使用其资源
阻 滞	进行干预,阻止团体中起反作用的行为	保护团体成员;提升团体进程
终 止	准备为团体结束一个阶段或者中止其历程	为成员吸收、整合和将在团体中学到的东西应用于日常生活做准备

注:此表格式基于埃德温·J. 诺兰(Edwin J. Nolan)的文章“增进人际控制的领导干预”(Leadership Interventions for Promoting Personal Mastery),《团体工作专家杂志》(*Journal for Specialists in Group Work*),1978,3(3),132~138。

资料来源:From *Theory and Practice of Group Counseling* (4th ed., pp. 72~73) by Gerald Corey. Copyright © 1995 Brooks/Cole Publishing Company. Reprinted by permission of Wadsworth Publishing Company.

团体咨询的未来

团体咨询的未来充满各种可能性,发展的方向也很多。团体工作的焦点之一是由理论带来的团体工作新方法的发展。例如,聚焦于解决问题的咨询和短程团体治疗开始受到大众欢迎,且其经研究表明很有效果(LaFountain, Garner, & Eliason, 1996; Shapiro, Peltz, & Bernadett-Shapiro, 1998)。这些团体有别于“一心希望改变、诉说不满和创造新的解决问题方法信念”问题解决型团体(LaFountain et al., 1996, p. 256)。

团体变得越来越具有预防性。团体生存技巧训练是强调这种预防性的一个例子。这种方法的四个方面是:(1)人际沟通和人际关系;(2)问题解决和决策;(3)身体状况和保持健康;(4)发展对生命的认同和目的。而团体预防性的最显著的表现在于开展健康关怀,因为财政费用与对个体良好状态和预防未来困境这两个方面息息相关。

总体来说，团体工作的未来充满活力，并朝着理论和实践多元化的方向发展(DeLucia-Waack，1996)。多元文化问题，特别是有关他人、自我的意识及培训和研究方面得到了越来越多的关注(Merta，1995)。例如，科里开发了一套“多元文化感应设备”，它将与汉森首创的团体进程研究指南一起帮助学生和其他受训者更深入地认识团体工作中的多元文化问题。同样地，有关如何与特殊文化中的少数民族共事的团体指南也已得到编辑和出版(Pack-Brown，Whittington-Clark，& Parker，1998)。在21世纪，团体咨询还将有更多的发展。

总结与结论

团体是一个能令人振奋、为人们所需要的有效的助人方式。它们可以以一种教育性的、预防性或者治疗性的形式出现。ASGW 已经为心理教育团体、咨询团体、心理治疗团体和任务型团体制定了一系列的标准。在团体中运用的某些理论和一些技术通常与那些用于个体咨询的理论与技术是相同的，然而它们在应用的过程中却存在着不同。

为了达到最高的效率，团体领导人必须具备处理个体问题和团体问题的能力。学习如何做到这一点是一个发展性的过程。有效的团体领导人知道他们所领导的团体的类型，并将这一信息与团体的潜在成员分享。领导人遵守着专业团体内的道德、法律和程序规则。他们关注团体整体及团体成员的良好状态。他们在问题发生之前就有先见之明，并提前采取措施纠正它们。他们在团体终结后有步骤地随访其成员。他们关注着团体的专业研究文章，并不断努力提升着个人层面和专业层面的能力。

总体而言，团体是一个以阶段为基础的、不断发展前进的、帮助人们达成个人和团体目标的存在方式。专业心理咨询师若要变得更加全面和多才多艺，就必须掌握团体技巧。

课堂活动

1. 回顾本章中所提到的团体类型。讨论目前你最熟悉、感到最舒服的那些团体。想象你希望在将来领导哪些团体的类型。

2. 分组讨论你所领导的团体中存在的问题和隐含的潜力。试想你被任命领导一个你自己所选中的团体。对这一即将到来的事件，你有何感想？你如何看待自己在此过程每一阶段的行动和思想？

3. 阅读最近 5 年的专业心理咨询期刊。向全班同学报告你特别感兴趣的关于团体的论文。将你的发现同班级其他成员的发现进行比较。

4. 想象你是一个没有任何团体技巧的心理咨询师。在分别面对一个学校、一个员工援助计划、私人开业时，你会如何发挥自己的作用？与班级成员讨论你关于心理咨询师参与各种不同类型团体的想法。

5. 选择一个能够吸引大量不同类型的人的主题（如恰当处理愤怒），并在你经研究所得出的信息的基础上为你的同学提供一个心理教育团体课程。一旦完成这项任务就与整个班级分享经验。这个项目是怎样地艰难或者如何地容易？

第十一章 会 商[1]

虽然心理咨询师在不同的工作机构中提供"一些作为其部分职责的咨询服务，但是把咨询当做心理咨询师的功能的成型文献，直到 20 世纪 60 年代末 70 年代初才开始出现"(Randolph & Graun, 1988, p. 182)。起初，心理咨询师被定义为与前来咨询的人分享其特殊知识的专家。因而，某些理论上的咨询方法(如阿德勒疗法、认知法、行为法)被认为最适合该活动，因为这些方法强调传授与实际应用。而一些情感理论则不那么受欢迎，因为这些理论强调亲密的人际关系而结构不严谨。然而，经过时间证明，以来访者或团队的需要为出发点，各种治疗概念都可以成为前提依据。

不论流派如何，会商是所有心理咨询师应具有的功能，并且正日益得到人们的重视(Hollis, 2000)。有时，在这个领域行使职能的心理咨询师被人们称为"咨询师的咨询师"(Randolph & Graun, 1988)；而在另一些时候，人们只使用心理咨询师这个词。"首先也是最重要的，(会商是)一种人际关系"过程(Randolph, 2000)。如果想行之有效的话，不仅需要职业接触还需要人际互动。同样需要的还有对细微差别和多文化事件的敏感把握(Jackson & Hayes, 1993)。

会商：对一种多层面活动的定义

多年来人们试图给会商下一个定义，但至今对如何定义仍然没达成共识。早在 20 世纪 70 年代，卡普兰(Caplan)把会商定义为"两个专业人员——作为专家的心理咨询师和前来咨询的人——之间产生的一种过程，前来咨询的人就当前处理的问题需要心理咨询师的帮助"(p. 19)。在 70 年代末，关于会商方面的两期《人事和辅导期刊》(*Personnel and Guidance Journal*)特刊出版了(1978 年 1 月和 3 月)，7 年后，关于相同话题的一期《咨询心理学家》(*The Counseling Psychologist*)也出版了(1985 年 7 月)。又过了 8 年，两期《心理咨询和发展杂志》(*Journal for Counseling and Development*)(7/8 月刊和 11/12 月刊，1993 年)，从多个视角探讨了有关会商

[1] 会商(Consultation)：Consultation 在这里不仅是顾问或咨询的意思，而且有专家会诊或同行相互咨询的含义，因此，参照台湾同行的翻译，译成"会商"，表达同行相互讨论或咨询的意思。——译者注

的话题。上述五种以及所有与其相似的出版物，把会商推向了咨询领域的前沿，帮助专业人士描绘会商过程的共性：关于问题解决；本质上由三方构成；强调的是改进(Dougherty，2000)。

尽管受到重视，很多心理咨询师仍然不能对会商形成完整的概念，也常常无法理解它的确切本质(Drapela，1983)。因而，有的心理咨询师或误解了概念，或对于从事会商活动感到不舒服，或以上两种表现都有(Goodyear，1976)。布朗(Brown，1983)讲述了一个故事，故事中有个人对一个心理咨询师的印象是“夸夸其谈，自吹自擂的家伙”(p. 124)。尽管该想法不正确，却也暗示了这个行业缺乏精确性。

自20世纪70年代初期起，会商已经“疯狂地生长”。但是，“理论与研究远远落后”于实践(Gallessich，1985，p. 336)。造成落后的原因包括以下几点：

- 对于会商，有一种非理论的态度抑制其发展。会商起源于不同情况下的不同团体，有着不同的形式，因而很难组织(Gallessich，1982)。而且，许多从事咨询活动的心理咨询师没有将会商作为一种专门的职业过程加以概念化或实践。
- 会商并非所有专业人士或专业团体的基本活动。会商缺乏“组织支持、领导、进行理论构建与研究所必需的资源”(Gallessich，1985，p. 342)。
- 会商实务已发生很大变化。与其他大部分帮助形式不同，会商对社会、政治或技术变化反应迅速。例如，20世纪60年代的人本主义会商方法在更为保守的80年代没有得到普遍应用。

抑制会商的成长与发展的其他因素还包括：(1)难于明确变量和获准在组织机构中进行专业研究；(2)在咨询活动过程中难于把握目标的变化性，换句话说，起初的目标会发生变化。

有些争论坚持要给会商下明确的定义(Kurpius & Fuqua，1993)。其中一个最好的定义出自《ACA伦理法则》1995年以前的版本。下定义的是克皮奥斯(1978)，他把会商定义为“一种在职业帮助者与需要帮助的个体、小组或是社会团体之间的自愿关系，在这种关系中，会商为来访者们提供帮助，来明确和解决存在于来访者个人或是系统中的与工作有关的问题或潜在问题”。

总的说来，会商方法有以下的共性(Gallessich，1985；Kurpius & Fuqua，1993；Newman，1993)：

- 会商是以实际内容为基础的(有可被认知的知识结构支撑)；
- 会商是有目的性的，有着特定的目标，通常与工作有关；
- 会商受各种角色和关系准则支配；
- 会商是过程指向的，包括收集资料，提出解决方法和提供支持；
- 会商是三要素组合体；
- 会商以一定的思想意识、价值体系和伦理为基础。

克皮奥斯还强调会商具有系统指向。会商的目的是帮助改变系统的一些方面，如结构和人员，以及改变系统本身。而系统内部的力量则可能促进或者阻碍对会商活动的接纳过程(Kurpius，Fuqua，& Rozecki，1993)(见图11-1)。

	系统拒绝改变	系统希望改变
平 衡	1. 不接受契约，几乎没有机会帮助	2. 接受契约但是告知成员改变是很缓慢的
不平衡	3. 接受契约但是将有很大的冲突，改变缓慢	4. 成功帮助的最好机会

图11-1 系统开放度和力量的平衡

资料来源：Reprinted from "The Consulting Process：A Multidimensional Approach", by D. J. Kurpius，D. R. Fuqua，and T. Rozecki，1993，*Journal of Counseling and Development*，*71*，p. 602. © 1993 by ACA. Reprinted with permission. No further reproduction authorized without written permission of the American Counseling Association.

由于心理咨询师这个角色的重要性，"许多心理咨询师培训计划中都会包括一般的会商课程，会商经历已经纳入心理咨询师及相关计划认证机构及相关课程(CACREP)中……并给出有关的认证标准"(Randolph & Graun，1988，p. 182)。

会商和咨询

施密特和奥斯本(Schmidt & Osborne，1981) 发现，大多数被他们调查的心理咨询师在实践中没有分清会商和咨询活动。这些研究人员总结道："这两者的最终目标是如此相似，以至在将它们作为一般过程加以研究时，很难把这两者分开(p. 170)。"的确，许多的原则和过程都是相似的。例如，咨询和会商都服务于初级(预防)水平，并且两者都是人际间的互动过程。尽管如此，两者间还是有区别的。

咨询和会商之间的差别之一是"会商的面谈内容与咨询不同，对心理咨询师来说，它是一个来自外部的因素"(Stum，1982，p. 297)。大多数的会商在一种自然放松的情景中进行(经常是心理咨询师的工作环境)，然而大多数的咨询则是在心理咨询师工作中心进行的(Kurpius，1986)。

在咨询和会商之间的进一步的区别是"当系统倾斜或出现危机时"，人们通常是求助于会商服务的(Nelson & Shifron，1985，p. 301)。一些人只有在面临压力或遭受痛苦时，才求助于咨询；其他人寻求咨询主要是为了预防，或出于对情况或发展的预见性考虑。

交流的技能是另一个让两者的活动具有对比性的领域。在会商中运用的沟通技巧与在咨询中没有很大的不同(Kurpius，1988；Schmidt，1999)。会商和心理咨询师都要倾听、关注、提问、澄清、面质和总结。但是会商在开始时对内容的关注多于感觉，因为这个过程主要看重的是问题和结果。

会商和咨询之间的另一个区别是从业者的角色。不管是会商或是心理咨询师都尝试着改变来寻求帮助的人。然而，进行会商的心理咨询师更多地起到一种“催化剂”的作用，因为他们“对寻求会商者或寻求会商者的来访者不直接控制”(Kurpius，1986，p. 58)。

最后，即使会商和咨询的目标是相似的(帮助个人在解决他们所面对的问题时变得更有效率、更有力量、更独立和更有资源)，会商活动也是间接而不是直接地起作用(Nelson & Shifron，1985，p. 298)。通常心理咨询师教给来访的心理咨询师的技巧能在第三人群中起作用，而咨询技能通常集中和直接针对心理咨询师所面对的个人、小组或系统。

四种理论模式

有许多不同的会商模式存在，但是它们中只有少数几个可以同样运用在咨询中。最具有兼容性的四种会商模式被一些专家进行了如下的描述(Keys，Bemak，Carpenter，& King-Sears，1998；Kurpius，1978；Kurpius & Brubaker，1976；Schein，1978)：

1. 专家或供给模式。在专家模式里，参加会商的心理咨询师为那些没有时间、意愿或处理特别领域内问题的觉察技能的来访心理咨询师提供直接的服务。这个咨询模式是最先得到发展的(Kurpius & Robinson，1978)。在20世纪40年代和20世纪50年代早期，它被广泛地使用。这种模式的优势是专家能处理困难的问题，并且留给来访心理咨询师自由时间去完成自己的职责而不与工作发生冲突。而主要的不利是，当特别的问题得不到更好的处理，那么会商心理咨询师就会被指责。

2. 医生-病人或处方模式。在这个模式中，参加会商的心理咨询师会为来访心理咨询师提供建议，指出在特定的第三团体中遇到的问题是什么以及应该做什么。概念化这一模式的一种好的途径就是将它与传统的医学模式相比较，因为医学模式中医生对病人的问题做出诊断，并开出药方。当寻求会商者对他们自己的干预策略缺乏信心时，就可用此方法，它不像供应模式，需要心理咨询师来改变或治愈。

3. 调节模式。心理咨询师在调节模式中作为协调者，他们的主要功能是面向一群尝试解决某个问题的人，将他们的服务进行整合(Baker & Gerler，2000)。他们实现这个目标通过(1) 协调已有的服务；(2) 建立一种可供选择的服务计划，它代表了一种相互接受的几个解决办法的集合。会商的心理咨询师可在学校系统中运用这个模式，因为在学校系统中残障儿童会接受许多不同类型的服务，而这些服务也给孩子和学校制造了混乱。通过调节，服务可以用一种系统的方式呈现，并且减少了混乱的结果。

4. 过程会商或合作模式。在合作的模式下,参加会商的心理咨询师是问题解决过程的推进者。他们的主要工作是让寻求会商的心理咨询师主动地参与寻找解决当前客户遇到问题的方法。所以,在学校背景下的来访者(如父母、教育工作者、年轻人、咨询者和社区代理专业人士)将清楚地确定他们的问题,全面地分析,制定解决问题的时间表,然后实施并评估他们的行动计划。这种方法并不意味着有一个人拥有足够的知识去发展和实施这些解决方法,因此组合后的团队必须要相互依赖地进行工作(Keys et al., 1998)。

对于协作会商的心理咨询师来说,建立一种促使过程发生的氛围是他们的主要工作。它需要运用许多人际间的咨询技巧,如共情、积极倾听和建构(Baker, 2000)。另外,在这些情况下进行会商的心理咨询师必须拥有高度的智力和分析性的思维,能够激发他人的热情、乐观和自信。他们也必须能够整合并运用情感、行为、认知等问题的各个维度。

会商的层次

会商服务可以分为几个层次,以下是三种最常用的实施过程的方法:个体水平下的服务、团体水平下的服务以及有组织的社区水平下的服务(Kurpius, 1985)。

个体会商

基施(Kisch, 1977)已经讨论过有关一对一会商的各个方面。他采用了“角色倒置”的过程。在此过程中,来访者扮演或主动或被动的心理咨询师,而参加会商的心理咨询师则扮演来访者的角色。在扮演不同角色的过程中,来访者坐在不同的椅子上。扮演被动型的会商心理咨询师时,来访者对于呈现的问题仅给予熟知的、安全的、没有威胁性的建议作为答复,在这过程中没有面质的发生。而扮演主动型的会商心理咨询师时,来访者则给出“肯定的,有面质性的,也许是新颖的和令人吃惊的想法、感受和策略”(p. 494)。在每一个案例中,参加会商的心理咨询师都会询问来访者在咨询过程中给出的建议能带来哪些利益,同时又会带来哪些风险。

另一种个体会商的形式则指教授自我管理的技能。卡恩(Kahn, 1976)特别指出,外部的维持对待模式并不十分有效。他提出了一个由四个相互依赖的元素所组成的模式来代替前者,以下是一些要求:

- 自我监督:个体观察自己的行为;
- 自我衡量:个体证实问题存在的程度;
- 自我调解:个体发展并实施改变策略;
- 自我保持:个体不断地监督并衡量在自我管理过程中所要达到的效果。

卡恩给出了一些通过这一模式可以处理的行为过度或不足的例子，包括吸烟、肥胖、武断以及抑郁。他指出，当个体学会了自我管理的各个步骤后，就可以对自己采取预防或矫正性的措施。

克皮奥斯(1986)强调，在个体会商水平上，“相互信赖和尊重是根本”(P. 61)。比如，福戈(Fogle，1979)认为，教会个体一个建设性的消极思考过程，有时候可以缓和焦虑，重建动机，增加冒险行为，并把注意力转移到现在。在此过程中，来访者被指导对将来的事做消极的打算，对有可能发生的最坏的情景做临时的安排。只有当他们相信所给予的建议行之有效时，才会被指导去遵从会商心理咨询师的建议。

总的来说，在个体会商水平上，会商心理咨询师所需做的通常是成为一种技巧的榜样或给出一个解决问题的办法。如果来访的心理咨询师有一个明确的个人问题，在个体水平上进行修通是非常适合的。而系统的调节是不适合甚至不可能的，或者说个体水平的改变更有利，也更有效(Fuqua & Newman，1985)。

团体咨询

当一些人碰到相同的问题时(如在同一个工作环境中)，团体会商就可以采用了。克皮尔斯(1986)认为，在工作环境中使用团体会商，小组要么着眼于问题解决，要么着眼于人际。在解决问题小组中，会商心理咨询师通常可充当的角色是“催化剂”。在处理人际问题时，会商心理咨询师则可能会帮助小组成员建立团队，共同理解并解决人际问题。

C小组是最有效的合作会商模式之一(Dinkmeyer，1971/ 1973；Dinkmeyer，& Carlson，1973)。这一模式的所有方面都以“C”为开头：collaboration(合作)、consultation(会商)、clarification(澄清)、confrontation(面质)、concern(关心)、confidentiality(保密)和 commitment(承诺)。这一模式的主要目的是给组员呈现有关人类行为的新知识，鼓励组员作为平等的个体一起工作(合作)。互相给予并听取意见(会商)，对他人共情(关心)，资料不向小组之外传播(保密)，以及为每一项具体的改变制订计划(承诺)。尽管C小组有潜力戏剧性地影响家长和孩子之间的互动，但是小组通常由成年人组成，因为阿德勒学派认为成年人或好或坏地控制着家长和孩子之间的互动关系。另外，它从不用于咨询目的，而是仅分享资料并且提供互相支持。

沃伊特、劳勒和福克森(Voight，Lawler，& Fulkerson，1980)曾经发展过一个帮助正在制订中年决策的妇女的计划。这个计划与C小组有些相似，因为它的目标是提升自我帮助能力，并在小组中提供有用的信息。这个项目利用了妇女的社会关系网去帮助她们自己从心理上变得更坚强，也获得更多的关于社会资源和机会的信息。这个项目的一个持续的优势在于，参与者不仅能受到更好的教育和自我指导，而且能持续从她们生活环境中的他人那里获得支持和帮助，因为在这环境中的人都有过相同的经历。同样，为青少年开设的自我帮助中心也被设计为小组会商的形式(O'Brien &

Lewis，1975）。这个中心起初是为了那些物质滥用的人而设立的，而现在在这个中心里，来访者有权去获得帮助自己和他人的相关信息和方法。

组织/团体会商

因为组织和团体会商在规模上要比个人或小组会商大得多，所以会商心理咨询师必须具备全面而专业的系统知识才能有效地在这个水平上进行会商工作。不像个人或小组的会商心理咨询师，组织或团体会商心理咨询师是这个项目计划的外来因素，虽然他们的大部分活动都会涉及个人或小组。例如，会商心理咨询师可能作为一个政治心理咨询师进行咨询，因为他们"处在一个关键的位置，能起到有效地与来自地方、省市，以及国家各个层级政府的政策策划者进行沟通的作用"（Solomon，1982，p. 580）。这一类的活动包括游说个人代表，向特别委员提出建议，然后对此进行证实。

康元（Conyne，1975）提到了在团体或组织水平中进行会商的其他方式。他强调环境中的个人以及环境的影响。换句话说，他认为，当心理咨询师发现个人处于消极的精神状态环境中时，他们可作为改变代理去改善目标人群所处的环境。聚焦于社会行为可以改善来访者自身的状态和心理健康水平，并以此减少他们个体咨询的需要（Lee & Walz，1998）。

巴罗和普罗森（Barrow & Prosen，1981）也指出会商心理咨询师作为一个环境因素的重要性，但是他们提倡一次全面改变的过程。除了帮助来访的心理咨询师寻找应对压力的技巧，会商心理咨询师还必须帮助来访者改变产生压力的环境。要最好地实现这个目标，应该要努力去改变系统的结构而不是系统当中的人。阿普林（Aplin，1985）形成了一种描述这个计划内容和流程的模式，让会商心理咨询师知道他们应该在何时以组织或是社团为基础开展工作（见图 11－2）。

会商的阶段和态度

发展阶段是许多会商活动的一个重要组成部分（Wallace & Hall，1996）。两种著名的理论清晰地划分出了不同的咨询阶段。第一种是斯普利特（Splete，1982）的九阶段方法，这种方法的前提就是来访者要与会商心理咨询师按照预定的事项配合工作。这一方法的阶段的顺序如下：

1. 预约。心理咨询师澄清可以在会商过程中运用的个人技巧和专业领域。

2. 结盟并探索关系。会商心理咨询师与来访者通过讨论在彼此之间确定一个比较正式的安排。寻求会商的心理咨询师的意愿和会商心理咨询师的反应能力都是必须要去确定的。

3. 拟定契约。双方达成协议，规定好提供何种服务及怎样服务。

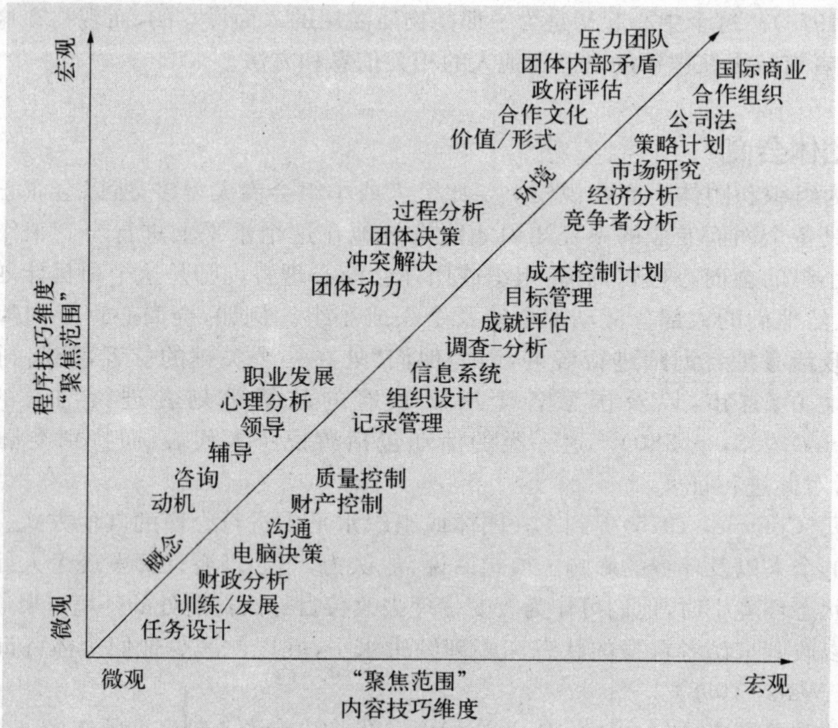

图 11-2 阿普林的模型

资料来源：From "Business Realities and Organizational Consulation", by J. C. Aplin, 1978, *Counseling Psychologist*, *13*, p. 400, copyright © 1978 by Sage Publications, Inc. Reprinted by permission of Sage Publications, Inc.

4. 确认问题。会商心理咨询师和寻求会商的心理咨询师都要决定和明确需要解决的确切问题和期望得到的结果。

5. 分析问题。重点是总结回顾相关信息并产生可行的解决方法。

6. 反馈并制定方案。在这一阶段中，要对第五阶段中产生的可选择方法进行评估并确定成功的可能性，然后有条理地执行一种或多种解决方案。

7. 执行方案。在会商心理咨询师的帮助支持下来访者执行方案。

8. 评价方案。会商心理咨询师和寻求会商者共同确定与预期的效果联系起来看，计划所起到的作用如何。

9. 总结和中止关系。双方应该回顾在这一过程中所发生的事情，并为下一步做出计划。这一步骤既可以彼此独立地完成，也可以相互协商。

虽然斯普利特的计划详细有用，但是它没有详细阐明在整个过程中所包括的会商技巧。达斯汀和艾里(Dustin & Ehly, 1984)设计的第二种模式就做到了这一点。它概述了会商过程中的五个阶段，以及每个阶段所用到的会商的技巧和行为。这种模式假设会商在学校与家长或教师合作，但是它也会对学校外的环境起着潜在的作用，例如，在商业、政府、教育和复职等领域。它的阶段如下：

1. 设定语调。重点在关系建立上，这可以与斯普利特的预约阶段相对照。会商运用一些技巧，如积极倾听、自我暴露、共情和增进信任感。

2. 问题确定。这一阶段与斯普利特模式中的二到四阶段相似。它着重于判定被猜测的第三方问题是否真的存在，会商可以采用集中技巧和其他咨询技巧，如解释、重述、真诚和目标设定。

3. 施行。类似于斯普利特模式的五到七阶段，这一阶段清楚地定义各个步骤并建立起一个时间结构。反馈是这一阶段的重要部分。灵活性、处理阻抗和消极情绪的能力以及耐心，都是所涉及的其他一些咨询技巧。

4. 随访和评价。这个阶段在时间上与第三阶段同时，但是它的侧重点不同。它注重从会商过程中获得结果，特别强调寻求会商者是否对改变的结果满意。会商的技巧包括采取冒险的行动，开放的态度和坚持，如果寻求会商者感到不满或是受挫时，这些技巧将会格外重要。

5. 结束。会商心理咨询师帮助结束先前的活动。关系技巧，如共情和真诚，再一次被用到。及时给予和询问反馈时间是重要的。至关重要的是，会商心理咨询师和寻求会商者要评价双方在整个过程当中体验到的哪些是最有效的，哪些又不那么有效。

斯普利特还列出了四种对会商心理咨询师有重要作用的态度。第一，他们必须显示出一种专业的态度，必须有责任心以帮助他们的顾客解决目前的和长期存在的问题。第二，会商心理咨询师必须表现得成熟，要出于自愿坚持自己的观点，要有冒险精神以及要有处理敌意或排斥反应的能力。第三，会商心理咨询师需要思想开放，不在解决问题的过程中过早地否认某些观点和信息。最后，他们需要相信个体的重要性，并把人的地位放在技巧之上。

特定的会商领域

尽管会商经常出现在学校和社区机构中，但是这个过程也可能发生在任何环境中。在这一部分，一些在学校和社区机构开展的会商工作将作为不同会商项目种类的例子被加以阐明。

学校会商

从20世纪50年代开始，康威勒(Kahnweiler，1997)就已经从概念上将学校心理咨询师定义为顾问了。他指出，相关的文献已经开始应用于理论和实践。邦迪和波彭(Bundy & Poppen，1986)对学校咨询的发展做了概括性的总结，28年以来，他们通过从《初级学校辅导和咨询》(*Elementary School Guidance and Counseling*)和《学校心理咨询师》(*The School Counselor*)上总结和摘录文章,得到结论发现:会商对于学校问题的预防和干预是非常有效的。由学校心理咨询师所做的会商工作提高了整个学校的成就表现和学生的自我概念,同时也减少了特定人群的压力,引导学生掌握更好的班级管理技能,并促进了学生道德观的提高(Carlson & Dinkmeyer, 2001; Cecil & Cobia, 1990; Conoley & Conoley, 1992)。作为一个过程,"会商是影响学生整体健康和个人发展的有效途径,而其可影响学生的数量远比一个心理咨询师直接接待的人多"(Otwell & Mullis, 1997, p. 25)。

一般来说,学校的心理咨询师处于扮演一个会商心理咨询师及改变代理人的角色的极佳的位置(Baker & Gerler, 2001; Podemski & Childers, 1980)。在绝大多数的学校组织机构绘图上,心理咨询师通常被标定在全能专家而非单方面技能专家的位置上。在全能专家位置上的人通常需要有专业化的知识,如熟知地方、州和联邦的法律(McCarthy & Sorenson, 1993)。因此,他们可以用一种建议和支持性的方式为他人服务。通过以这种方式行使功能,学校心理咨询师可以帮助引入环境和系统的改变(Schmidt, 1999)。他们会给学校中一些拥有权力的领导提供建议,告诉他们哪里需要改善,然后为取得改进而提供支持和努力。

乌曼斯基和霍洛韦(Umansky & Holloway, 1984)将会商的许多方面看做是一种为学生和更多处于学校机构中的人群提供服务,但又不增加消耗的一种方式。他们倡导四种学校会商方法:阿德勒式、行为式、心理健康式和组织化发展式。

以阿德勒理论为基础的方法是一种心理教育的模式,它假设个人、小组和社区机构缺乏相关的知识信息。会商心理咨询师在学校的组织结构中教授和提升学生积极的行为方式。

行为式与教学相适应,专注于给寻求会商者介绍如何运用行为治疗的原则为学生工作和收集经验型数据来使每一种干预策略取得良好效果。

心理健康式的方法是建立在卡普兰(Caplan, 1970)提出的更广的团体心理健康基础上的一种方法。心理动力学理论构成了心理健康会商的基础。它的目标是帮助学校的老师和其他有权力的校方领导对自己、对学生有新的理解和洞察。

最后,是组织化发展的方法。它强调的是产生问题的背景。因此,如果学生和老师遇到了问题,那么学校的环境氛围就成了关注的焦点。要变得更有帮助性,会商心理咨询师应该致力于改变学校的气氛和结构(Baker, 2000)。有时,要完成这工作需要相关管理层的支持,虽然他们本身可能不从事这个服务项目。在其他的情况下,需要学校会商心理咨询师的帮助创造出一个环境,在其中能让学校的其他人员,主要是老师感到能够"在一个自然的氛围中进行咨询和与心理咨询师一起工作"(Edgemon, Remley, & Snoddy, 1985, p. 278)。

与老师进行定期团体会商,并通过此咨询为他们自己和学校提供服务,是一种行之有效的方法。为异常的儿童、学生、父母、课程设计者和社区组织提供会商服务,虽然会耗费一些时间和精力，但是这是值得的。进行小组会商的理论基础综合了那些包括人本的、阿德勒的和行为主义的理论。

学校的心理咨询师也可以从父母-心理咨询师的会商模式角度出发来进行工作，旨在解决学生的问题(行为上的、态度上的或社会的问题)，并教给父母应该如何帮助自己的孩子应对特殊的问题(Campbell, 1993; Ritchie & Partin, 1994)。在为父母提供咨询服务时，可能会面对以下阻抗，如：

- 借口(这几天我不能来)
- 消极的情绪(我的孩子一切正常，你为什么要打扰我)
- 否认(我的小孩在学校的人际没有任何的问题)

要克服这些阻抗，学校心理咨询师需要对他们共情，安排父母对他们的孩子进行观察，帮助父母重新聚焦或是重新构建情境，并且分享经验心得(如相似情况的故事)。

学校会商的一个重要方面(也可以在机构会商中使用)是利用同伴。一个同伴会商小组可以给予学校的咨询师"提供适当的监督和及时的反馈"(Logan, 1997, p. 4)。与此同时，增强学校心理咨询师的自信、自我指向和自主性。同伴会商也是具有时间效率的，它可以提供(1) 个案会商；(2) 以问题解决为中心的会商；(3) 同伴的支持；(4) 具有建设性的反馈，除非是来访者选择去做，否则不涉及对改变的评价或需要；(5) 获得所要的材料和资源(p. 14)。在面向学校心理咨询师的结构化同伴会商模式(SPCM-SC)中，每隔一周就会举行为时 90 分钟的例会，让心理咨询师们"运用自己基本的帮助技能"互相学习，往专业人士的方向努力(Benshoff & Paisley, 1996, p. 314)。这样的一个模式在小组内发挥了一批水平相似的心理咨询师的才能，并且也可以像正规的督导一样富有帮助和建设性。

最后一种学校会商模式是聘请校外的专业人士作为合作的会商心理咨询师，与学校机构共同在一项任务上研究解决方法(Lusky & Hayes, 2001)。这样的方法具有广泛的应用空间，并且基于这样一个前提事实：许多学校的心理咨询师由于各种原因不能给予所在的学校全面的咨询服务。然而，他们能与他人一起在学校范围内参与类似的研究，并且对该过程产生的结果做出评价和完善。这类合作会商包括五个主要的阶段：计划、分析、设计、实施和评价。在这一过程的起始阶段，外面的会商心理咨询师要与学校的项目资金管理者，包括主要负责人和学校委员会见面，目的在于引入咨询干预，以及商讨学校当前的现实情况和将来的目标。学校员工、父母和学生通过提出想法，及时反馈，以及与心理咨询师共同合作来形成和完善整个过程。这样一个流程要想获得最终的成功，需要耗费一定的时间和精力。但是它关注的是学校的独特性，并且营造出这样一种学校氛围：为实现所需要的改变时刻准备着。

机构会商

根据沃纳(Werner, 1978)的理论，机构会商起源于 1963 年的社区心理健康中心法令的颁布。在这法令中暗含着这样的理念：心理健康应该从当地社区的情况来判断，并且要把重点放在预防上。

卡普兰提出了关于预防的三级定义。第一级由初级预防组成，即要降低精神类疾病的发病率。这个目标的实现需要整个人群都"主动地去改变环境并且被教授生活技能"(Goodyear，1976，p. 513)。而在这个干预层次上最主要的活动之一就是会商。下一个重点是二级预防，就是要使精神疾病的持续时间减少。这个目标的实现是通过对个体进行工作，预见并减轻问题面，并尝试对严重的心理危机做出尽可能早的积极引导。最后，三级预防，就是要使心理疾病所引发的损害降低。对这一水平的预防进行概念化的方式就是治疗。一级和二级预防越成功，那么对三级预防的需求就越少。

有许多出现在组织机构背景下的一级预防的例子。沃纳(1978)和卡普兰(1993)提出了社区心理健康会商的六个层次：

1. 以来访者为中心的案例会商。它的目标是使寻求会商者能更有效地处理当前的情况和将来可能出现的类似情况。

2. 以寻求会商者为中心的案例会商。它的目标是通过协作确定寻求会商者在与某一类型的来访者工作时遇到的困难，并且帮助寻求会商者发展出更有效的技巧以处理当前的情况和将来可能出现的类似情况。

3. 以项目为中心的管理会商。它的目标是帮助寻求会商者更有效地处理在心理健康项目中具体的部分，并且帮助他们在将来提高处理类似问题的能力。

4. 以寻求会商者为中心的管理会商。它的目标是通过推行心理健康项目，确定寻求会商者在实施中遇到的问题，并且在协作关系中帮助他们发展处理类似问题的技巧和能力。

5. 以社区为中心的专题会商。它的目标是使专题的寻求会商者在发展临时的心理健康服务项目时，能更有效地处理遇到的社区问题。

6. 以寻求会商者为中心的专题会商。它的目标是通过协作确定寻求会商者在提供暂时心理健康服务时遇到的问题，并且采取一系列措施帮寻求会商者发展处理这些问题的能力。

阿普林(Aplin，1985)指出，那些与公共机构、政府或者大学等机构合作的心理咨询师必须意识到一些事件可能影响会商本身的趋势。他列出了以下五种会持续影响机构会商的趋势：

1. 组织的精简；

2. 由于合并所带来的工作的半自主；

3. 经理的独立领导权力的恢复；

4. 处理的基础技术(如机器人技术和计算机)；

5. 平均主义的社会观和组织价值观。

由于组织机构的迅速发展，对会商技能有着巨大的需求。但是"要成功实施系统改变计划，关键是增加会商引入改变过程中的基本技能”。阿普林(1985)强调对于会商的需求“变得与机构的复杂性程度成正比，也与社会经济的改变带来相关混乱的程度成正比”(p. 401)。

关于会商的培训

从20世纪70年代后期起，许多培训个人会商技能的模型已经被提出并且得以发展(Brown，1993；Pryzwansky & Schulte，2001；Conoley，1981；Kratochwill & Bergan，1978；Randolph，1980)。大多数的模型建立在一定的能力基础上，并且强调受训心理咨询师的不同种类，如教导型、实验型、现场调查型以及督导型(Gallessich，1974)。

斯达姆(Stum，1982)提出的指导个别反应的教育会商技术(DIRECT)是一个很好的例子，它试图综合以前的知识并且帮助学生了解他们在会商过程中应该做的是什么和他们应该怎样做。斯达姆认为会商是有顺序步骤的系统化过程。一个结构化的模型可以让入门阶段的学生逐渐概念化会商的过程。它包括下列步骤：(1) 建立会商关系；(2) 确定并且澄清问题情境；(3) 确定想要的结果；(4) 形成想法和策略；(5) 制订计划；(6) 把计划具体化；(7) 巩固会商关系。DIRECT模式也把这七个发展阶段的每个阶段细分为四个有顺序的指引。基于系统的人本关系训练，这些指引为会商心理咨询师和寻求会商者提供向导，使他们融入、启动并评估会商的每个阶段。在每个阶段和每一个水平上，该模型都为会商学员提供了指导语。技术和关系的评估图表(TREC)可以被用来评估会商学员所达到的能力程度(见图11-3)。

布朗(Brown，1985/ 1993)也提出了训练人际关系服务会商心理咨询师的发展阶段。他强调他们必须掌握教导、实验和现场调查的能力。另外，他详细说明了某些问题(如阻抗)，以及克服这些问题的策略方法(如选择适合的方法加以咨询干涉)。在他的模式中要求教师帮助学员通过分析典型案例掌握咨询技能，通过讨论这些案例形成认知策略，并采用苏格拉底式的询问方法。布朗强调那些训练有素的会商心理咨询师应该掌握五个不同阶段的理论和人际会商技能：(1) 建立关系；(2) 评价或对问题进行确认；(3) 目标设定；(4) 选择和实施改变策略；(5) 评估和结束。

加里西希(Gallessich，1985) 提出未来的会商模式和培训应建立在三个互不排斥的模式之一的基础上：

1. 科学/技术会商。在这个模式中，关注的是知识上的漏洞。会商心理咨询师的主要角色是扮演一个信息、技术的专家。

2. 个人发展会商。根据这个模式，会商心理咨询师的主要角色是在情感和认知的过程中作为一个教育者和促进者影响在组织关系中的专业和人际关系。

3. 社会/政治会商。在这个模式中，会商心理咨询师作为一个旁观者，帮助组织进行改变，以此来遵循一些特别的价值观，如民主。在这个模式中培训会商心理咨询师的方法至今仍然在发展。

除了培训会商心理咨询师，金斯(Zins，1993)还强调要培育寻求会商者的相关的技能，如问题解决、沟通交流以及在进行实际会商之前的干预技巧。如果寻求会商者拥有了这些技能，他们就能在具体环境中更好地利用会商服务了。

步骤 A——建立咨询形式

行为	引导
第一步	
会商心理咨询师倾听、观察、重复以及释义。关注和反应会促进理解。	“你说的是……” “这个问题好像有点……” “所以，现在的情况是……”
第二步	
会商心理咨询师在谈及共同工作时运用“会商”或“协作”这两个术语，解释系统过程的使用，并为会谈奠定了基调。	“我们可以在一起会商关于……” “在我们的工作中，我们将用问题-方法的流程。”
第三步	
会商心理咨询师简要解释了在问题-方法的过程中的最初步骤。这是模式中第一次涉及“教授”，而且进一步建立会商会谈的方向。	“我们将一起完成几个步骤。” “首先，要澄清这个问题，我们将……” “然后，我们将努力去设立关于……的目标。”
第四步	
会商心理咨询师检查这一步的实施情况，并建议开始下一步。	“我们能沿着这些计划前进吗?” “让我们继续更深入地澄清问题吧。”

步骤 B——确定并澄清问题

行为	引导
第一步	
会商心理咨询师澄清问题情境的发展历史、环境、起因和结果。	“再告诉我关于……的背景吧。” “由于……的作用，你是怎么看的?” “所以，你在这个问题上的立场是……”
第二步	
会商心理咨询师总结呈现在问题-情境中的主要因素。中心“主题”由此确定。	“主要的因素好像……” “概括来说，……”

图 11-3 指导列表

资料来源：Reprinted from “DIRECT—A Consultation Skills Training Model”, by D. Stum, 1982, *Personnel and Guidance Journal*, *60*, p. 300. © 1982 by ACA. Reprinted with permission. No further reproduction authorized without written permission of the American Counseling Association.

总结与结论

会商是有一套技能的系统概念(Parsons, 1996)。虽然它正变得越来越重要,但是仍然处于被定义的过程中。有关会商的几个定义都强调,它主要是一种初级而且间接的服务,通常是三方的、自愿的,并且以角色、规则、价值和目标为基础。会商和咨询有明显的差别,例如,活动的直接性、进行咨询或给予帮助的场合,以及沟通交流的方式。心理咨询师是处于为他人提供服务并行使功能的理想位置的人,他们必须接受专业化的培训(Brown, 1998)。

四种可以在文献中找到的全面会商方式,如专家(供给)式、医生-病人(处方)式、调节式和合作式都强调了会商所具有的多层面性。会商有着明确的不同水平(个体、小组和机构)和不同阶段(如分阶段引入、确定问题、实施、随访、终止)。重要的技能和态度构成完整的过程。会商是在学校和机构中实施的,而培训模式正用来教授会商技巧。作为会商心理咨询师这样的一个概念,至今仍处于发展中。

课堂活动

1. 你怎样分辨会商和咨询?与一位同学讨论你的想法,然后在全班分享。

2. 在会商的四个综合的模式中,你认为哪一个最适合你将来面对来访者时应用?为什么?你认为这些模式中哪一个最不适合于你将来的工作?与另一位同学讨论你的意见,然后全班讨论。

3. 在会商的过程中,你认为哪个阶段最重要?哪个阶段最难?它们是相同的吗?与三位同学一起讨论,看你拥有哪些能够让你成为一名有效的会商心理咨询师的技能。确定哪些技能是你要在这个领域内立足而必须提炼或是发展的。

4. 你认为什么样的理论方法最能吸引你,并能把此作为提供咨询服务的基础?把喜欢相同理论的同学分成几组,每个组都先在组内分享他们的想法,然后在全班分享。

5. 你认为是否有一些活动,虽然它们不能被归于会商或咨询的一部分,但仍然是心理咨询师可以参与的?在这类活动中,你会有什么样的具体行为呢?四人一组展开讨论,然后全班讨论。

第十二章 评估和研究

评估和研究是咨询以及与咨询相关的活动中必不可少的重要组成部分(LaFountain & Bartos, 2002)。对于心理咨询师来说,仅仅表达那些在咨询理论、方法以及技巧训练中学到的温暖、关注、共情是远远不够的,他们同时还必须掌握评估技术和研究方法。心理咨询师只有通过评估和研究,才能不断掌握和提高他们的咨询技术(Hadley & Mitchell, 1995; May, 1996)。如果心理咨询师缺乏评估和研究技术,那么不仅他们自身以及整个咨询行业将面临危险,而且还将威胁到那些依法享有知情权的大众、第三方付费人以及来访者的利益。咨询方法缺乏评估和研究还可能使心理咨询师背上缺乏职业道德的罪名,因为心理咨询师并不能证明他们所提供的咨询服务如同专业咨询协会所要求的职业道德原则那样真正富有成效(Sexton & Whiston, 1996)。

因而,评估和研究是心理咨询师用以确保来访者关心的咨询质量以及正性结果的措施(Herman, 1993)。同样,评估和研究还帮助心理咨询师暂时停顿并审视自己的咨询技术。此时,心理咨询师可能"在咨询过程中所思所行都会有所不同",从而不断地完善自身并提高咨询专业水平(Watlkins & Schneider 1991, p. 288)。

要想成为一个评估者、研究者以及评估研究的使用者(consumer)不仅需要时间,而且还需要对这一领域普遍被使用的一些方法有一个比较充分的了解(Sexton, 1996)。本章将探讨咨询中的评估和研究过程,前提假设是心理咨询师通过本章的学习能够在这些领域获得一些技术培训。

评估和研究的性质

尽管评估和研究之间存在许多共同之处,但是两者还是有区别的。惠勒和勒施(Wheeler & Loesch, 1981)发现,评估和研究这两个概念往往同时出现,并经常被交替使用。克劳斯科普夫(Krauskopf, 1982)认为"这两个概念之间本质上并没有任何区别,不仅拥有相同的约定俗成的观点,同时还需要使用相同的工具"(p. 71)。然而,伯克和彼得森(Burck & Peterson, 1975)则对评估和研究这两个概念加以了区别。根据他们的观点，评估更倾向于以任务为导向，更少受控制，更重视向决策者提供信息，往往不太严格或精确，将关注点主要用于解释事件以及事件与既定目的和目标之间的关系(p. 564)。例如，在心理咨询师预备方案中，学员在整个学习项目结束时须准备一份材料以被用做评估(如获得分数)。根据学员的得分，教员和学员对他们已经取得的进步以及是否需要继续接受培训做出判断。不管是在理论上还是临床实践中，“优质服务、全面评估以及评估时良好的沟通技术”是有效的咨询方案中三个重要的组成部分(Ohlsen, 1983, p. 357)。如果没有进行评估或是评估的正性结果未得到交流，那么咨询方案的效果可能会受到损伤。

然而，研究“更倾向于以理论为导向，遵从一定的准则，对活动实施严格的控制，产生更多但并不能直接被应用的结果，设计更为精确与复杂，涉及研究者的主观判断，着重对现象进行解释和预测”(Burck & Peterson, 1975, p. 564)。例如，心理咨询师可能开展研究以评估几种理论技术分别应用于患相同心理障碍(如焦虑症)的人群时哪一种理论技术最为有效。在这种情形下，诸如年龄、性别、文化背景等变量都须尽可能严格地加以控制，只有这样，研究人员才能准确地描述哪种理论技术有效以及对哪一类病人有效，从而使研究结果得以发表，研究发现得到合理的解释。在咨询研究中，大多数心理咨询师属于应用性研究人员(applied researchers)，他们把从研究中获得的知识应用到他们自身的工作设置中。

在接下来的章节里，我们将探讨在专业咨询的实践领域通常是如何应用评估和研究的。

评估

评估通常包括对咨询过程中各方面有意义的信息进行收集，以指导资源分配的决定以及保证最大的咨询效果(Gay & Airasian, 2000; Wheeler & Loesch, 1981)。评估具有一定的直接效用。在临床设置上，评估给了心理咨询师直接的反馈，让心理咨询师有机会反省自己已经提供的服务以及还需要提供什么新的服务。此外，评估还能促使来访者对咨询方案加以系统、积极的投入。无论设置如何，任何一个咨询方案都必须接受某种类型的评估(Hosie, 1994; Oetting, 1976)。

错误的评估方法

尽管有许多可靠的评估模式供我们选择利用，然而，仍然有大量的无知者在应用一些错误的评估程序(Daniels, Mines, & Gressard, 1981)。这些构想拙劣的评估方法缺乏信度和效度，通常具有以下所有或部分的缺陷(Burck & Peterson, 1975)：

- 它们限制评估采样；
- 它们对不等价的团体进行比较；

- 它们强调服务，而不是评估；
- 在没有明确目标的情况下，它们试图对咨询方案进行评估。

评估的步骤

方案评估必须是系统的，并遵循一系列循序渐进的程序。不同的评估其程序可能会有所不同，但是伯克和彼得森制定的评估实施方案还是一个可以遵循的可靠程序。

根据伯克和彼得森的观点，构建评估方案的第一步是需要评估(need assessment)。如果心理咨询师想有所作为，他们必须首先确定他们方案中的问题和关注点。需要是"某个特定团体成员中的一种状况……这种状况反映了事实上缺少某种东西或意识到(感知)某些东西是不足的"(Collison, 1982, p. 115)。许多因素被认为是产生需要的基础，这些因素包括诸如机构或个人的哲学观、政府指令、可利用的资源、历史、传统观念和专家意见。"需要评估技术包括明确调查的对象，详细说明联系方式，解决与测量相关的问题"(Cook, 1989, p. 463)。

评估的第二步是"描述目的和工作目标"。此时，定期方案结果(terminal program outcome)(那些最显而易见的结果)以及最终的方案结果(ultimate program outcome)(那些最持久的结果)两者都按照可测量的工作目标进行描述。每一个目的描述通常包含数个工作目标(Burck & Peterson, 1975, p. 567)。

评估的第三步是方案设计。当一个方案是用来达到既定目标时，聚焦于既定目标的活动就能被精确地规划。

评估的第四步是修定和改进方案。此时，特定的活动和交流模式的适宜性都将接受评估。

评估的第五步，也是评估的最后一步——"记录和报告方案结果"(Burck & Peterson, 1975, p. 567)，这项任务的主要工作是将方案评估的结论公布于众。如果未来的来访者正想做基于可靠信息的决定，那么，这样的消费者信息对于他们来说意义重大。此外，在临床实践中，心理咨询师也需要这样的反馈来提高他们的技术和服务。

由于研究结果对方案会产生种种直接的影响，因此，评估者在评估的过程中必须使其他人参与并投入到这一过程中去。相比于那些没有参与的人，参与需要评估的个体最有可能帮助心理咨询师满足既定需要并确立方案目标。

选择评估模式

由于评估在咨询专业里是一个连续不断的过程，因此心理咨询师必须做好相应的准备工作(Wheeler & Loesch, 1981)。准备的一部分包括留出时间以备实施评估。同样重要的一点是使自己和他人学习掌握目前不同种类的评估模式。豪斯(House, 1978)提供了一系列评估模式以及每一种模式的关键维度(见表 12-1)。这些评估模式分别是系统分析模式(systems analysis)、行为目标模式(behavioral objectives)、决策制定模式（decision making）、目标自由模式（goal free）、艺术评判模式（art criticism）、鉴定模式（accreditation）、对手模式（adversary）以及相互作用模式（transaction）。

表 12-1 主要评估模式的比较

模式类型	主要的实施人	结果	一致性假设	方法学	典型问题
系统分析	经济学家，经理	方案效率	目的，已知的因果，量化的变量	PPBS，成本-效益分析	达到预期效果了吗？什么是最有效的方案？
行为目标	经理，心理学家	效率，有责任	预先制定目标，量化的变量	行为目标，成就测试	学员达到目标了吗？老师工作有效吗？
决策制定	管理者	效果，质量控制	总体目标，评估标准	调查，问卷，访谈，自然变化	方案有效吗？是哪部分有效？
目标自由	消费者	消费者的选择，社会效用	结果，评后标准	偏见控制，逻辑分析	方案的总体效果如何？
艺术评判	鉴赏家，消费者	改进的标准	批判、评后的标准	评论回顾	批判能够提高标准吗？
鉴定	专业人士，公众	专业性接纳	同等人群，评估标准和程序	小组回顾，自学	专业人士对此方案如何评定？
对手	陪审团，公众	判决	程序、判定	准立法性程序	支持和反对方案的依据是什么？
相互影响	来访者，执业者	理解	协商，活动	个案研究，访谈，观察法	方案对不同的人意味着什么？

资料来源：Reprinted from"A Meta-model for Evaluating Counseling Programs", by M. H. Daniels, R. Mines, and C. Gressard, 1981(adapted from House, 1978), Personnel and Guidance Journal, *59*, p. 579. © 1981 by ACA. Reprinted with permission. No further reproduction authorized without written permission of the American Counseling Association.

丹尼尔斯（Daniels，1981）和他的同事对这些主要的评估模式的维度研究进行了评判，并且提供了比较这些模式的实用方法，以便评估者在特定的情景下选择最佳的评估模式。他们强调内在限制和外在限制两者"清晰地表明了每一种模式在被有效应用时存在的一些局限性"（p. 580），他们为心理咨询师判断特定的情景下选用何种评估模式提供了一个指导框架（见图 12-1）。

评估前所提出的问题（先验问题）往往比评估结束时提出的问题（事后问题）更能得到满意的回答。在一些案例中，例如就来访者对自杀行为的看法进行调查时，研究人员往往别无选择，而只能询问那些自杀未遂者，使他们在实施过自杀行为后能够对自己的思想有所领悟（Paulson & Worth，2002）。一种对参与者体验到的现象的基本结构进行研究的方法被称为"概念构图法"(concept mapping)(Kunkel & Newson,1996)。无论如何,评估者必须在一开始就询问自己他们希望评估什么以及他们将如何对此进行评估(Davidson,1986)。对于这些问题有两种解决模式:规划-设计-预算系统(the palnning, programming, budgeting system, PPBS)和背景-输入-加工-产出(context-input-process-product, CIPP)模式(Humes, 1972; Stufflebeam et al., 1971)。

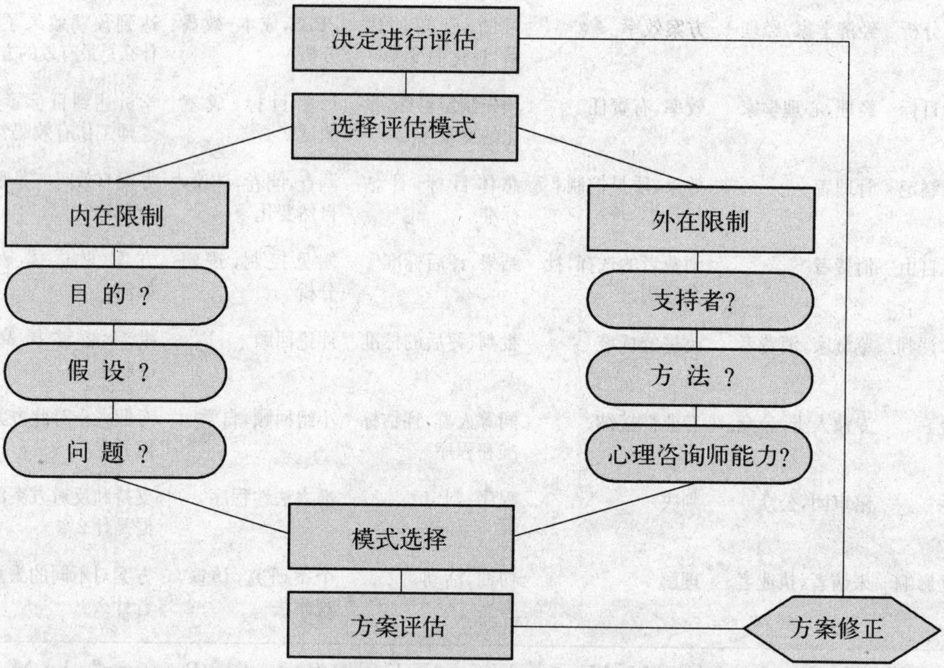

图 12-1 评估框架

资料来源:Reprinted from "A Meta-model for Evaluating Counseling Programs", by M. H. Daniels, R. Mines, and C. Gressard, 1981, *Personnel and Guidance Journal*, *59*, p. 581. © 1981 by ACA. Reprinted with permission. No further reproduction authorized without written permission of the American Counseling Association.

规划-设计-预算系统尤其强调根据既定目的、目标和评估标准来规划方案。情景、人以及治疗是这一模式所有的核心关注点。休姆斯(Humes, 1972)指出,来自规划-设计-预算系统的信息属于标准参照(criterion referenced)(直接涉及所测的维度)信息而不是常模参照(normative referenced)(涉及团体的其他成员,如使用标准化测试的案例)信息。因而,如果心理咨询师实施了适当的规划和设计,那么评估者就能证明有效的咨询在来访者的进步中是一个重要的变量。此外,一旦编制完预算,咨询的效果及其成本-效益状况便清晰可见,并且方案的利弊也将得到证实。此时,咨询服务管理者就拥有绝好的机会来争取目前没能到位的资金,从而发展和巩固咨询服务。由此可见,方案分析中的预算极为重要。

背景-输入-加工-产出模式包含着四种类型的评估。首先,是背景评估(context evaluation),对方案计划要做的事与事实上已经完成的事两者之间进行比较。第二种类型是输入评估(input evaluation),通过收集信息,了解为了达到方案目标,需要哪些资源以及目前可以利用的资源有哪些。这部分的评估表明成本-效益状况,同时还指出额外需要的资源。第三种评估类型为过程评估(process evaluation),主要聚焦于方案设计的优缺点,如果存在缺陷,譬如沟通设计上的缺陷,就必须采取相应的调整措施。评估的第四种类型是产出评估(product evaluation),产出评估聚焦于整个方案的最终结果,在这个阶段中,评估者对方案真正有多少效果予以提问,还可以制订计划以便决定继续使用这一方案,或再利用和发展这一方案,或者放弃这一方案。无论使用哪一种类型的评估,为了得出结论,大多数评估过程都会借助于研究。

心理咨询师和研究

咨询业一直以来与研究有着"漫长而充满矛盾的关系"(Sprinthall, 1981, p. 465)。研究一词总是充满着一定的神秘色彩(Leedy & Ormrod, 2001)。研究往往意味着高高在上、艰涩难懂并且远离我们每一天的现实生活。一些心理咨询师之所以被研究工作所吸引,是因为研究的神秘性及他们自身对调查研究的浓厚兴趣。然而,"对于其他心理咨询师,研究往往激发起他们的恐惧焦虑情绪甚至蔑视的态度"(Fall & Vanzandt, 1997, p. 2)。这些心理咨询师认为大多数研究工作与咨询的实践需要之间并没有任何密切关系。此外,他们还认为研究工作索然无味,缺乏情感(Krauskopf, 1982)。

许多心理咨询师则认为自己每天忙于接诊来访者,根本就没有时间来顾及研究调查,更不要说跟上最近的研究进展(Sexton, 1993)。因此,大多数心理咨询师并不参与研究工作,要将研究整合到咨询的实际工作中去似乎存在着一条不可逾越的鸿沟(Sexton & Whiston, 1996)。事实上,确实有一大批心理咨询师对研究本身以及研究人员"表现出明显的抵触和怨恨情绪"(Robinson, 1994, p. 339)。

心理咨询师对研究工作的消极情感以及不愿对此投入时间和精力的态度与许多因素有关,其中最主要的因素是:

- 对研究方法缺乏了解;
- 他们的咨询方案缺乏明确的目的和目标;
- 对研究在规划有效的治疗程序中的重要作用缺乏认识;
- 害怕得出否定的结果;
- 没有得到同行和督导的鼓励;
- 缺乏财政支援;

● 缺乏实施调查研究的才智和能力(Heppner & Anderson, 1985; Sexton, 1993)。

此外,许多咨询理论并不强调实证研究的重要性。

然而,尽管有些心理咨询师和研究之间存在一些隔阂,但事实上咨询工作与结果研究之间依然存在许多相似之处,两者都包括六个阶段的过程(见表 12-2)。

表 12-2 咨询工作和研究过程相似的阶段

咨询的阶段	结果研究的阶段
1. 问题或困难的确定	1. 研究问题的确定
2. 咨询目的的形成	2. 研究设计的形成
3. 决定干预方式	3. 决定确保治疗完整性和评定结果的方法
4. 咨询的实施	4. 数据的收集
5. 对进展进行评估分析	5. 数据分析
6. 结束咨询	6. 解释和结论

资料来源:Reprinted from "Accountability through Action Research: Research Methods for Practitioners", by S. C. Whiston, 1996, *Journal of Counseling and Development*, *74*, p. 617. © 1996 by ACA. Reprinted with permission. No further reproduction authorized without written permission of the American Counseling Association.

例如,咨询和研究过程的第一阶段都包含确定这一步骤。咨询主要确定的是来访者的问题和困难,而研究则聚焦于确定一个或多个研究问题。同样,在第二阶段中,形成咨询目标和形成研究设计之间也有异曲同工之处。在随后的决定阶段里,咨询是决定干预方式,而研究则是选择确保治疗完整性的方法。第四阶段是行动的实施,分别表现为实施咨询和收集数据。随后,是咨询进展的评估分析阶段与研究的数据分析阶段。最后,咨询工作和研究程序两者分别以结束咨询和解释研究结果告终。

研究

目前对于研究一词存在许多种解释,其中巴克利(Barkley,1982)给出了最佳的解释:"研究指的是为了尽可能明确地回答问题而进行的对观察对象的系统收集、组织和解释(p. 329)。"研究的挑战是回答那些难以核实的问题。研究的质量取决于克服阻力的程度以及能否找到将研究的干扰因素最小化,而回答问题的可靠性程度最大化的方法。

研究的步骤

优质的研究从字面上宽泛地理解应具备科学性。首先进行系统的观察,集中观察特定的人群、变量或问题(Gay & Airasian, 2000; Hepperner, Kivlighan, & Wampold,

1999)。这一全面系统的观察试图解释变量之间的关系以及特定现象发生的原因。解释有助于我们理解问题,并最终在一定程度上做出预测和控制。

目前已有许多实施研究调查的指导原则。例如,坎贝尔和卡托纳(Campbell & Katona, 1953)发展出一套流程图用以说明调查实施过程的一系列程序。最近,艾瑞(Ary, 1996)还设计出进行研究的八步法,它不仅特别适合于临床工作,而且也适用于咨询研究的其他领域。

1. 问题陈述。问题的陈述必须做到清晰具体。如果这一步含糊不清,那么所有的研究努力可能将事倍功半,甚至毫无价值。明确陈述问题,如"本研究的目的在于验证这样一个假设,即心理咨询师与来访者之间的目光接触与咨询的效果有关。"

2. 确定解决问题所需的信息。这一步骤可能包括各种不同来源的信息,如来自心理或教育测验以及系统的观察,包括实验的信息。某些研究者需要的资料可能难以收集,因此他们必须决定是否需要对问题陈述进行修改或终止此项研究。

3. 选择或建构收集资料的方法。常用的收集资料的方法包括调查、测试、观察报告表。如果研究人员不能找到现存且合适的方法,那么他们必须开发一个,并评定其信效度。

4. 确定目标人群以及取样程序。如果总体规模很小,那么可以以整个人群作为研究对象。不然,样本必须严格按照标准化的取样程序进行选择。

5. 设计数据收集过程。这一步骤包括决定何时、何地、由谁、如何收集资料。

6. 资料收集。采用系统程序收集所需信息。通常这一程序包括严密的监控以及大量的时间投入。

7. 资料分析。在这一步利用有意义的方式组织数据,并决定它们是否能为正在研究的问题提供答案。

8. 准备研究报告。研究结果必须以有意义的形式,如期刊文章或专业讲座的形式呈现给他人。

研究的实用性

咨询研究的读者最关注的一个问题是研究结果对咨询实践者的实用价值。许多研究结果缺乏实用价值,与实际问题风马牛不相及(Goldman)。不少研究投入缺乏先见之明,仅仅聚焦于一些无关紧要的细节。以这种模式开展工作的研究者往往过于推崇自然科学和生物科学的实验研究设计,而在研究过程中不能发展出适合咨询的研究模式。他们通过研究得以传承的东西通常是微不足道或毫无价值的。

对研究实用性的争论聚焦于这样一个事实,即并不是所有的知识对于心理咨询师来说都具有同等的实用价值(Krumboltz & Mitchell, 1979)。因此,有限的资金和精力需要投入到那些最可能改善心理咨询师工作的研究中去。确定研究是否具有实用价值的一种方法是重视那些聚焦于个体寻求咨询的原因的研究,例如个体的目的、意图和决心(Howard, 1985)。另一种评估研究实用性的重要方法是确定"研究与咨询室里所做的工作有多接近"(Gelso, 1985, p. 552)。这种研究被称为经验-贴近研究(experience-near research),由于它本身对心理咨询师具有应用价值,因而通常被心理咨询师阅读和运用。

行动研究(action research)是经验-贴近研究中的一种形式。行动研究集中于解决心理咨询师在日常工作中遇到的实际问题,例如如何帮助管理一个学习障碍的儿童或评估一个儿童样本中自尊方案的效果(Gillies, 1993)。行动研究包括针对诊断性行动、参与性行动、经验性行动以及实验性行动而进行的研究。部分行动研究很可能控制不够严格,因而不如设计较严谨的研究容易推广。为了帮助解决研究的实用价值问题,盖索(Gelso, 1985)建议心理咨询师带着疑问去阅读所有的研究报告,如"这个研究是如何开展的"以及"这个研究对我的咨询工作将产生怎样的影响"。

研究方法的选择

尽管咨询研究本身存在这样那样的问题,但是心理咨询师依然有规律地使用一些研究方法。卡普兰(Kaplan, 1964)将方法(method)定义为一种适用于多门学科的程序。相反,技术(technique)是指适用于特定学科的程序。大多数咨询研究使用诸如控制组研究这样的程序,而这些程序也普遍适用于其他学科。因而,当提到从事咨询研究的方式时,用方法这一术语来表达比用技术更为确切。在这些方法中,没有一种方法被认为是"最适合于检验咨询过程"(Hell, 1982, p. 16)。相反,不同的研究方法解决不同的研究问题(Watkins & Schneider, 1991)。最终,研究方法通过控制那些影响咨询过程的特定变量为研究问题提供答案(Kerlinger & Lee, 2000)。

所有的研究方法都有盖索所谓的"气泡"或缺陷。盖索认为选择研究方法就像在汽车挡风玻璃上贴黏附物,老是会出现气泡,即使有人想尽一切办法去消除气泡,也往往无济于事,依然会有少量气泡残留。消除气泡的惟一办法是彻底将黏附物揭除。研究中,避免所有缺陷的惟一途径是不要开展研究。到目前为止,没有一种研究方法是十全十美的,因而,有必要不断提高和发展研究方法这一专业领域。另一种可能的选择便是对咨询效果的了解一直停留在茫然无知的状态,并放弃新方法和新技术的开发。

研究的侧重点

咨询研究有几个不同的侧重点,最突出的四个侧重点能够以下列对照形式来表示(Bloland, 1992; Gelso, 1979; Hill, 1982; Neimeyer & Resnikoff, 1982):

1. 实验室研究(laboratory research)对现场研究(field research)
2. 基础性研究(basic research)对应用性研究(applied research)
3. 过程研究(process research)对结果研究(outcome research)

4. 定量研究(quantitative research)或小组研究对定性研究(qualitative research)或个体研究

上述每一个侧重点都体现在两个研究维度的对照上。不同的维度并不是相互排斥的。许多研究包含着多个维度,如那些报道实验室情景下咨询技术的效果的定量研究。

研究的第一个侧重点是实验室研究对现场研究。实验室研究是在一个限制的环境下集中开展研究,如在咨询实验室里,对一些随机变量尽可能地加以控制(Dobson & Campbell, 1986)。在这种条件下,研究者认为他们能够获得最可靠的信息。然而,现场研究的工作者则认为实验室研究过于人为控制,他们坚信咨询理论和技术只有在现实的咨询情景中,如在咨询中心和诊所中才能得到最好的观察和记录。他们主张研究的环境设置应该是真实的,只有这样,研究结果才有可能适用于其他心理咨询师。

研究的第二个侧重点是基础性研究对应用性研究。基础性研究以理论为导向,那些从事基础研究的工作者"对研究理论上的一些难点或疑问颇感兴趣"(Forsyth & Strong, 1986, p. 113)。例如,对罗杰斯治疗取向的心理咨询师在临床实践中使用投射技术和面质技术的频率进行的研究。相反,应用性研究主要是检验实际问题,并把研究结果用于解决目前的现实问题。应用性研究的一个范例来自杰尼斯(Jesness, 1975)的咨询研究,他比较了在对罪犯进行咨询的过程中沟通分析与行为矫正两种技术的有效性。特雷西(Tracey, 1991)提供了区别基础性研究与应用性研究的一种方法(见图 12-2)。

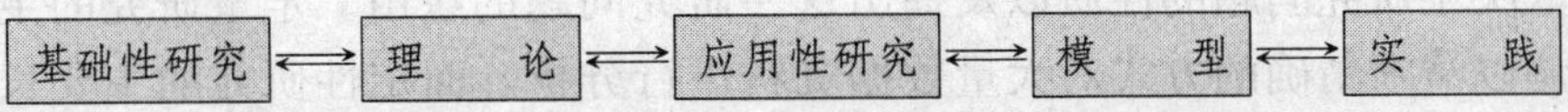

图 12-2 基础性研究、应用性研究与实践之间的关系

资料来源:From "Counseling Research as an Applied Science", by T. J. Tracey, 1991, in C. E. Watkins, Jr., and L. J. Schneider (Eds.), *Research in Counseling* (p. 27), Hillsdale, NJ: Erlbaum. © 1991 by Lawrence Erlbaum Associates, Inc. Used with permission.

研究的第三个侧重点是过程研究对结果研究。根据希尔(Hill, 1991)的观点,过程研究关注于"在咨询和治疗过程中发生"的事情(p. 85)。她认为要确定咨询过程中的变化"可能相当令人受挫"(1982, p. 7)。过程研究要求在一些变量上,如在心理咨询师对来访者的反应这样的变量上倾注大量的时间和精力。过程研究者的职业倦怠率较高,然而,这样的研究对于帮助治疗师理解和洞悉咨询关系本身的动力学机制却又是必不可少。过程研究的一个范例来自艾伦·艾维(Allen Ivey, 1980)的研究工作,他对不同咨询阶段中心理咨询师技术的重要性进行了评估研究。然而,结果研究则是"就咨询对来访者产生的影响而进行的实证研究"(Lamber, Masters, & Ogles, 1991, p. 51)。结果研究"以对治疗前后特定因变量的测定为代表"(Hill, 1982, p.7)。结果研究的一个范例是研究以人为中心的咨询方式对抑郁患者的疗效。结果研究强调效果而不是那些产生效果的因素。

第四个侧重点是定量研究对定性研究(也就是自然调查)。定量研究属于推论性和客观性研究,通常包含数据资料,并使主观理解更为清晰、精确并具有客观现象的可复验性(reproducibility)(Neimeyer & Resnikoff, 1982)。定量研究方法基于正性-还原概念系统(positive-reductive conceptual system),正性-还原概念系统"重视下列因素:客观性(objectivity)、线性关系(linearity)、因果关系(cause and effect)、可重复性(repeatability)、重现性(reproductivity)、预测性(predictability)以及资料的量化(quantification of data)"(Merchant & Duputy, 1996, p.538)。定量研究最基本的设计是实验和调查研究(Rosenthal, 2001)。

相反,定性研究则属于"归纳性的现象学研究,特别强调理解人在认识自己的情感、思维以及行为时的独特模式"(Neimeyer & Resnikoff, 1982, p.84)。定性研究重点在于在不预先定义参数的情况下理解错综复杂的社会情景(Jencius & Rotter, 1998)。此外,"定性研究还观察个体正在做些什么以及他们是如何解释正在发生的变化,而不是追求控制条件下的因果关系模式"(Merchant & Dupuy, 1996, p.537)。定性研究两种最常见的设计是现场研究和深度访谈(in-depth interviewing)(Rosenthal, 2001)。

由于定量研究和定性研究对研究目的有着不同的设想,因此这两种研究方法的侧重点自然也会有所不同(Bloland, 1992; May, 1996; Merchant & Dupuy,1996)。但是,本质上这两种研究方法并不是一个绝对优于另一个。事实上,一种研究方法的选用主要取决于研究问题的性质以及提出这一研究问题的缘由。定量研究的主要长处在它强调以清晰精确的方式对大量数据资料进行分析。而定性研究的主要长处在于对咨询过程中微妙的、个别的、发展性的现象以及体验性陈述予以解释(Denzin & Lincoln, 2000; Merten, 1998)。

咨询研究的发展正越来越主张定性研究(相对于定量研究)以及现场研究(相对于实验室研究)(Goldman, 1992; Watkins & Schneider, 1991)。在咨询过程中,来访者被认为更具有主动性,而非被动接受(Gelso, 1985; Howard, 1985)。总之,咨询研究目前提倡更多的侧重点的整合(Froehle, 1985)。

主要的研究方法

心理咨询师选择怎样的研究方法取决于他们试图解答的问题、他们的特定兴趣以及他们可利用于研究中的时间和资源的多少(Heppner et al., 1999)。方法必须服从于研究,而不是来控制研究(Smith, 1981)。没有一种研究方法是万能的,即能够适用于所有的研究任务。事实上,正如奥尔森(Ohlsen)所说的:"形成和阐明一个研究问题是一个漫长而痛苦的过程(p.361)。"研究问题为着手考虑研究方法的选择提供了参考依据。在大多数情况下，研究问题是关于咨询情景中的一些具体事务(Lafountain & Bartos，2002)。一旦研究问题得到确认，研究者也就可以根据研究问题的性质来对定性研究或定量研究做出选择。

根据咨询形式的不同(如个体咨询、团体咨询、婚姻咨询或家庭咨询)，开展心理咨询研究时收集资料的方法和途径也会有所不同。研究策略指的是“指挥一个研究项目的原则或根本性力量”，其目的在于将研究者安排在一个尽可能最为有利的位置上(Husband & Foster，1987，p. 53)。主要的研究方法可以从那些以历史法、描述法或者实验法呈现资料的研究方法中选取(Galfo & Miller，1976；Vace & Loesch，2001)。这些方法所用的程序并不是相互排斥的。例如，特雷西报道说单一研究——聚焦于一个质量实体的研究(如一个人)——可能会被用于历史性研究、个案研究以及深入设计研究(intensive design study)。单一研究既可以是联想的，也可以是实验的。不同的研究方法之间是可以灵活变通的事实将给研究者以更多的空间来规划他们的研究策略并开展研究工作。

历史研究法

在咨询中，历史研究一直未能得到足够的重视(Goldman，1977)，究其原因有许多，但最为突出的原因是历史研究与心理学历史之间的联系(Frey，1978)。心理学历史与精神分析理论一直存在着紧密的联系，而精神分析作为理解人和事物的一种方式的有效性一直受到人们的质疑(Thoresen，1978)。然而，就如弗雷(Frey，1978)报道的，埃里克·埃里克森(Erik Erikson，1958)以及韦尔弗里特(Wellfleet)小组——其小组成员包括肯尼思·肯尼斯顿(Kenneth Keniston)以及罗伯特·科尔斯(Robert Coles)——所研究的心理学历史包括以下两个方面：

1. 体验和报道那些对专业发展产生影响的历史事件及其过程；
2. 完善目前的理论并产生新的研究假设。

历史研究法之所以在咨询界被忽视，很大程度上在于咨询杂志仅仅将历史研究局限于留出版面刊登某位杰出心理咨询师的讣告以及特写咨询行业的一些先锋人物，而限制对历史研究的出版。尽管历史研究使用的方法相对于其他研究来说并不是很严格，并且更多地使用定性研究，然而历史研究往往却能得出有趣的结论，给人以深深的启迪。它们在对人的理解上占据了重要的位置，如戈登·奥尔波特(Gordon Allport)关于特质和人格的专题研究。显然，这种研究取向在未来有着广阔的发展前景。

描述性研究法

描述性研究主要是对目前专业领域的一些因素进行的描述，可分为三种亚型：调查(survey)、个案研究(case study)以及比较研究(comparative study)。

调查 调查是收集有关行为事件的信息以及描述那些难以理解的事物的特性的

使用最广泛的研究方法之一(Fong，1992；Heppner et al.，1999)。调查与其他的研究方法相类似：首先是确定研究问题，接着提出假设，选择研究设计方案，最后，收集和分析数据(Kerlinger & Lee，2000)。调查资料可以以四种方式收集：个别访谈(personal interviews)、邮寄问卷(mailed questionnaires)、电话访谈(telephone interviews)以及非反应类测量(nonreactive measures)，如现存的记录或档案(Hackeet，1981；Marken，1981；Moser & Kalton，1972)。数据可以是对横切面(cross-section)人群(即在一个时间点上对不同的人进行调查)或纵向(longitudinally)人群(即在两个或两个以上的时间点上对相同的人进行调查)进行结构化或非结构化的收集。

如果调查研究实施得当，将可能向心理咨询师提供大量的信息，以了解来访者是如何看待心理咨询师和咨询方案的。此外，调查还可以提供来访者的信息(Heppner et al.，1999；Hosie，1994)。然而，调查研究通常面临四个主要的问题：首先是调查工具构建效度不好；其次，调查回收率可能不高；再次，调查对象的取样有时是非随机的，并不能代表总体人群(Hackett，1981；Marken，1981)。遇到上述任何一种情况，由于调查研究的设计和方法不够严谨，所以调查结果基本上都是无效的(Fong，1992)。调查研究(或几乎所有的研究)面临的最后一个问题是开支较大(Robinson，1994)。

精心构思并合理实施的调查研究所产生的社会影响在金西(Kinsey)对男女性行为的调查研究中非常显著。霍利斯(Hollis，2000)调查是咨询业中有效运用调查研究的一个典范。每隔几年，霍利斯就要为心理咨询师培训课程指导教材收集信息。这一调查从研究侧重点上来说是定量研究，它在为国家级咨询课程的设置趋势提供相关数据资料。

个案研究法 个案研究试图通过对一个实体，如对一个人、一个团体或一个项目进行深入系统的纵向研究，从而达到理解这个实体的目的。几乎所有的现象都可以借助于个案研究法来进行分析(Leedy & Ormrod，2000)。许多个案研究采用自陈式报告(self-report method)，而自陈式报告并不十分可靠；还有一些个案研究则使用时间跨度较长的自然观察法(Smith，1981)。自然研究(naturalistic research)面临着许多困难，而这些困难和所有的优质研究可能遇到的问题相似，如较高的劳动力成本、建立因果关系的问题以及研究结果推广上的局限性。此外，个案研究常常还表现出观察偏见问题和光环效应(balo effect)(将积极美好的观察结果泛化到整个人或情景中)(Goldman,1997)。为了尽可能解决这些问题，安东(Anton，1978)和哈伯(Huber，1980)设计了一些适合于个案研究的深入的实验。时间和资源都受到限制的心理咨询师可能发现这些实验在探索时间跨度的变化上非常有帮助。在随后关于实验方法的部分，我们将对这些深入实验设计展开讨论。

比较研究法 比较研究(又叫相关研究)在历史法/个案研究法与实验研究/准实验研究(quasi-experimental design)之间起着承上启下的作用。比较研究对一批数据进行方向上和数量上的比较。这些研究不加以任何操作控制(Cozby, 2001),因此,它们只试图说明因素间变异的相似性,而并不打算检测因果关系。比较研究的一个范例是宗教信仰测评分数与心理健康不同方面的指标得分之间的关系研究(Gladding, Lewis, & Adlins, 1981)。该研究的主要发现是宗教信仰测评分数高的人个体心理健康指标得分也高。这个结果并不提示宗教信仰能使个体拥有较高的心理健康水平。事实上,此项研究只是对测验分数做了方向上的比较。任何以这种方式对测验结果进行比较的研究都属于比较研究的范畴。

实验研究法

实验研究法(experimental research method)指的是在控制条件下对资料进行描述、比较和分析(Galfo & Miller, 1976; Heppner et al., 1999; Mcleod, 1995)。咨询研究中所用的实验方法来源于自然科学。运用实验研究的目的在于通过控制额外变量(即一些可能的影响因素)来确定一个变量对另一个变量的影响。也就是说,使用这种方法的研究人员试图发现和确定因果关系。为了达到这个目的,研究人员必须先确定自变量和因变量。自变量是由研究者所操纵的变量,如治疗。而因变量就是被记录的由操纵自变量所引起的反应,如来访者的行为。实验者假设额外变量的作用得到控制,那么因变量的任何变化都将是自变量作用的结果。在咨询中,自变量可以是心理咨询师的年龄、性别、人格魅力、外表等等,而因变量则可以是来访者对心理咨询师特质的反应,如在咨询情景中放松和合作的程度以及总体的反应等等。这些反应可以通过不同的手段进行测评,包括录音带或录像带的分析、咨询结束后的访谈或问卷。

科恩(Cohen, 1990)向那些对自变量和因变量进行研究的实验者提出了两个总体原则:以少胜多,以简胜繁。被调查的变量越少,报道得越简明(如运用图表形式),研究人员和研究使用人(consumer)就越能够理解咨询研究的显著性结果。

在开展实验研究的过程中,心理咨询师有必要对一些干扰变量(指那些导致研究结果无效的变量,如一组来访者比另一组来访者更为健康)进行严格的控制。最常用的控制潜在的干扰变量的方法是使实验组和对照组被试尽量保持同质。当对实验组施以自变量的操纵,而对照组则保持相对恒定时,通过比较实验组和对照组实验后的数据资料,就可以确定自变量的作用。坎贝尔和斯坦利(Campbell & Stanley, 1963)详细地描述了实验和准实验研究所面临的问题,如果读者想对此有更多的了解,建议阅读他们的著作。

传统的实验研究包括小组对照研究,然而,从20世纪70年代开始,单个对象研究,通常也被称为单一研究变得越来越普遍。单一对象研究设计具有许多优点,其中主要有:

- 单个对象研究不受理论的束缚,也就是允许治疗师有任何理由来使用单个对象研究；

- 单个对象研究方法相当灵活，适合于在实际情景中进行；
- 单个对象研究可以提高咨询效果；
- 单个对象研究无须使用统计方法；
- 单个对象研究能为专业可信性提供科学有效的证据；
- 单个对象研究与咨询及相关教育项目资格认定委员会(CACREP)的标准一致，都提倡在心理咨询师预备阶段的科学家-实践家模式(scientist-practitioner model)上要加强对研究、责任心以及不同研究方法的重视(Lundervold & Belwood, 2000, p.100)。

米勒(Miller, 1985, p.491)总结了单个对象研究相比于传统的小组研究所具有的六大优势。他的研究主要来自于希尔(Hill)、卡特(Carter)、奥法雷尔(O'Farrell)以及苏(Sue)的著作。

1. 单个对象研究允许研究者更加充分地对心理咨询师和来访者之间发生的情况进行描述；
2. 咨询的积极或消极后果能够根据过程资料来加以理解；
3. 结果评定能够根据来访者的具体问题量身定制；
4. 可以对罕见现象或不寻常的现象进行研究；
5. 在诊断和治疗方面可以更加灵活地运用新的程序；
6. 单个对象研究可用以评估某一干预策略对单个来访者的效果。

单个对象研究可能存在这样一个问题，即“单个对象研究被用于研究一段时期的标准化治疗，而此时标准化治疗尚未发挥作用，来访者总体上发生的一些改善与被使用的治疗毫无关系，仅仅是向平均数回归的一种现象”，也就是指“极端值在被重复测量时有向平均数接近的趋势”(Aldridge, 1994, p.337)。为了克服这一问题，尤其在涉及药物治疗时，研究者可能允许有一段清洗期(washout period)，在一段时间内，没有任何治疗干预，让机体自然而然地脱离先前的治疗作用(如药物治疗)。

安东和哈伯描述了三类聚焦于个体的深入实验设计：简单时间序列(simple time series)、逆转设计(reversal design)以及多重基线设计(multiple baseline design)。

简单时间序列 简单时间序列是最常用的深入实验设计方法，也被称为AB设计。首先，通过让来访者观察和记录自己每天的靶行为(targeted behavior)的频次来确定基线(A)。随后，引入一个干预策略(B)，此时，来访者继续以先前的方式记录靶行为。最后，对这两个时间段表现出来的靶行为进行比较，就能发现靶行为的变化趋势。通过将结果制成图表，心理咨询师就能够确定干预策略(如果有效)产生了哪些效果。

逆转设计 逆转设计比简单时间序列设计要来得复杂。它涉及一次逆转——ABAB设计。实验设计的第一部分与简单时间序列实验设计相同，但干预策略(B)需中断一段时间。随后是第二次基线和干预。“如果第二次干预期间产生了与第一次干预期间相对应的结果，那么，就可以比较有把握地认定是干预策略本身导致了不同期间的行为改变”(Huber, 1980, p. 212)。

多重基线设计 深入实验设计中最为复杂的实验设计当属多重基线实验设计，其实验结果具有更大的推广性。多重实验设计可以分为三种类型：跨个体、跨情景以及跨行为的多重实验设计(Schmidt, 1974)。尽管每一种类型的多重实验设计都有各自不同的侧重点，但它们却存在一个共同的特征，即在心理咨询师开始对特定个体、情景或行为进行干预的同时，研究人员继续不断地收集其他个体、情景或行为的基线数据。当干预策略被用于基线人群时，心理咨询师就能够更清晰地看到干预的作用。同其他的设计一样，还要将研究结果制成图表，这一点非常重要。

总体上，对个体进行深入实验设计包括以下五个步骤：

1. 确定一个可通过操纵而起变化的问题；
2. 收集基线数据；
3. 确定被研究的干预措施；
4. 按照三种实验设计中的任何一种实施干预策略；
5. 对靶行为的改变进行评估。

利用研究的原则

如果心理咨询师想利用研究来作为其实践的基础，那么他们可以遵照一定的指导原则。这些指导原则包括认识实验法的优缺点，给概念下定义时得小心谨慎，避免将特定的研究结论过度推广。这些指导原则帮助心理咨询师尽可能客观地评估研究，以便于他们更有技巧、更符合伦理地利用研究成果。

许多作者一直以来对有关性别差异的公正评价问题十分关注(MuHugh, Koeske, & Frieze, 1986; Wakefield, 1992)。对于这一问题，艾尔特梅尔(Altmaier)、格雷纳(Greiner)和格里芬·皮尔森(Griffin-Pierson)提供了一些重要建议：

- 读者必须注意到特定的研究所基于的价值观；
- 心理咨询师必须寻找那些与他们自身经验相一致，并且具有在不同的情景以及不同的研究中得出相同结论的研究结果；
- 研究的使用人(consumer)不应该忽视那些对女性来说十分重要的研究主题，如分娩；
- 不应当做出这样的假设，即笼统地认为男女性别差异是落在一个连续体的两极上的；
- 在阅读有关性别差异的研究报告时，必须考虑其有效性程度，也就是说，读者必须注意到被观察的行为的改变中有多少可归结于性别差异的影响。

分析中的最后的一点是，心理咨询师必须结合自己在毕业时和继续教育项目中学到的技术来利用研究。临床医生必须学习研究方法学，只有这样，他们的实践工作才能反映出目前最先进的专业知识。

统计学

统计学和统计检验最早兴起于20世纪初(Thompson, 2002)，从那以后，统计学在帮助专业人士，如心理咨询师方面一直扮演着一个必不可少但又极具破坏力的双重角色。不管心理咨询师对开展强调统计显著性研究有无兴趣，所有的心理咨询师都必须对研究工具有所了解，如图书馆及图书馆中可利用的资源、计算机及其软件、测量技术和统计学。统计学并不是评估和研究的决定性成分，使用统计也并不意味着"造就"或"破坏"一个高质量的研究(Leedy & Ormrod, 2001)。相反，统计只是研究者用以分析和解释结果，并将研究结果呈现给他人的一种手段(Wison & Yager, 1981)。正如巴克利(Barkley, 1982)强调的："对高级统计技术一无所知的人照样可以成为一个优秀的科研人员，而对统计学知识了如指掌的人也很有可能是一个蹩脚的科研人员(p. 327)。"因而，区分研究和统计之间的差异颇为重要。

统计学概念

每一位心理咨询师都必须掌握一些统计学概念，只有这样，才能有效地阅读和评价研究报告。其中一个统计学概念是集中趋势度量(measures of the central tendency)，包括中数(median)、平均数(mean)、众数(mode)。所有这些统计量代表着平均(average)这一概念不同的含义(Lafountain & Bartos, 2002)。中数是指位于一组数据中较大一半与较小一半中间位置的那个数。平均数是一组数据的算术平均数。众数是在次数分布中出现次数最多的数据。在正态分布的人群中(其分布可以被绘制成一条钟形或正态曲线)，中数、平均数、众数是相同的，然而这种情况在现实中却极为罕见。

另外两个重要的统计学概念是标准差(standard deviation)以及抽样程序(sampling procedure)。标准差是指"一组数据相对于它们的平均数的离散程度的度量"(Marken, 1981, p. 42)。它反映的是一组数据的变异程度。更确切地说，它对一个群体的相似程度进行度量。"标准差越大，个体之间的变异也就越大"(Thorndike, 1997, p. 41)。抽样之所以这样重要，其原因在于抽样将决定研究结果的适用状况。如果样本并不能充分地代表所要研究的总体，那么，研究结果就被认为并不适用于这一总体。相反，如果样本是随机取样，确实具有代表性，那么其研究结果就能可靠地应用于这一总体。

统计方法

在研究中，描述统计(descriptive statistics)、相关统计(correlational statistics)以

及推论统计(inferential statistics)是最常用的三大统计方法(Merterns，1998)。描述统计是指在字面上对样本的一些特征进行描述。描述统计的方法不仅被用于数据资料的组织和概括，同时还被用于对单个对象研究的分析以及对人群的简单描述(Miller，1985)。平均数和标准差都属于描述统计的范畴。相关统计描述的是关系的联结和强度，如个体对药物的态度与他实际服药的状况之间关系的强度。最后，推论统计考虑小组对照(group comparison)，或者考虑从特定的样本来对总体情况做出预测。推论统计确定研究结果应归于研究变量中的随机变量还是治疗变量的影响(Cozby，2001)。

到目前为止，已经发展出许多统计检验方法来估量在实验研究设计中随机变化的概率。为了达到这一目的，可使用两大类统计检验方法：参数检验(parametric tests)和非参数检验(nonparametric tests)。参数检验通常更具有检验效力。当总体被认为具有均匀分布的特征，并且这种分布呈现出钟形曲线时，可使用参数检验。皮尔森积差相关系数(Pearson product moment correlation)检验和 t 检验就属于参数检验的范畴。当总体被假设并不具有正态分布的特征，而是成一分为二的分布状态时，则可使用非参数检验。为了达到与参数检验相同的显著性水平，非参数检验需要有更大的样本量。斯皮尔曼等级相关系数检验和卡方检验(chi-square) 就属于非参数检验的范畴(Leedy & Ormrod，2001)。

此外，统计方法还能对不同的研究结果进行比较分析。荟萃分析(meta-analysis)便是其中有实证依据并最为盛行的方法之一(Glass，1976；Wisson，1981)。在荟萃分析形成之前，研究者只能通过陈述式方法(narrative method)来对不同研究结果进行比较分析，而这往往错误百出。借助于荟萃分析，研究者能够对大量的研究数据进行比较和对照(Baker，Swisher，Nadenichek，& Popowicz，1984)。

统计学对那些想要理解、组织、表达以及评估数据的心理咨询师具有不可估量的价值(Remer，1981)。研究的使用者期望研究报告的作者能提供对他们的工作具有实践和临床指导意义的指标(如效应大小)，那是因为“统计意义上的显著性并不足以作为评估咨询研究价值的惟一指标”(Thompson，2002，P. 66)。

总结与结论

这一章着重论述了评估和研究两者之间的关系。尽管这两者有时在定义上有相似之处，但是它们各自又有自己特定的目的。评估的目的在于帮助心理咨询师确定方案是否达到了来访者的目的或目标。在实施评估的过程中最重要的一步是进行需要评估。对于心理咨询师来说，他们可以借助于许多理想的模式来完成这一评估任务。

许多心理咨询师都对研究存在一些不必要的畏惧心理。但是，一旦心理咨询师逐渐了解到存在许多种研究方法后，这种畏惧心理也就可以烟消云散了。三种主要的研究方法是历史研究、描述性研究以及实验研究。虽然多年来实验研究一直受到高度重视,但是,目前这种格局正在发生变化。个案研究和深入实验研究正逐渐盛行。此外,研究方法与统计学方法之间的区别也越来越受到人们的重视,人们意识到这两种方法并不是一回事。尽管两者都很重要,但是,对于研究者来说可能存在一个领域比另一个领域更强的现象。

心理咨询师必须紧跟目前的专业发展水平,不断努力更新他们的研究和评估技术。知识的生命周期是短暂的,心理咨询师如果不能更新思维而坚持顽固自守,最终将成为统计数字而不是一位富有影响力的人。

课堂活动

1. 以小组的形式参观一个心理健康机构或学校,找出它们是运用什么程序来评估服务和工作人员的。阅读该机构的年度报告,评价其所使用的评估方法在描述机构活动时的一致性程度如何。向班级汇报你的现场研究结果,讨论你将向机构和学校提出哪些建议。

2. 以班级的形式从学校和机构那里收集需要评估的一些范例。根据本章归纳的循序渐进的步骤来对这些需要评估的手段进行评价。评估手段的优点和缺点是什么?如果你来负责这一评估过程,你将对此做哪些改进?选出几个同学进行角色扮演,演示在特定情景中实施需要评估时,他们将如何实施评估的每一步骤。

3. 以班级的形式选出两个三人小组作为正方和反方进行辩论,辩论的主题是:咨询研究必须具有实用性。双方是如何界定实用性这一概念的?对实用性这一概念的不同理解将如何影响研究类型的选择?辩论完后,讨论开展基础研究和应用性研究的价值。

4. 三种主要的研究类型(历史研究、描述性研究以及实验研究)中你最乐于选择哪一种?根据研究兴趣,将班级分组,各组分别讨论你们选择特定研究类型背后的理由。在小组对选择特定研究类型的理由达成一致意见后,以小组为单位向全班汇报各组的观点。

5. 你对统计学有些什么样的感觉?三人一组,讨论你对统计学的感觉将如何促进或妨碍你学习统计学的过程。学习用思维的方式来对待统计学学习。思维(而不是感觉)将影响你学习统计学的态度和方法吗?讨论你对整个班级的印象。你的班级同学是否认为存在一种咨询方法,其有利于帮助个体克服与统计学学习有关的焦虑?是怎样的方法?

第十三章 测验、评估和诊断在咨询中的运用

测验、评估和诊断是"心理咨询过程中的完整组成部分",并被运用于从治疗到随访的各个阶段(Hohensbil, 1996. p. 65)。"实际上,在早期,咨询和测验是同一个意思,许多成立于20世纪三四十年代的咨询中心被称为咨询和测验中心"(Hood & Johnson, 2002, p. 3)。事实上,今天所有的心理咨询师都在运用测验、评估、诊断。至于他们每个人运用了多少取决于他们各自的理论背景、受教育水平、价值观和设置。因此,懂得这三个过程的每个步骤对心理咨询师来说是很有必要的。

对心理测验感兴趣并且希望能运用心理测验的心理咨询师,如果他们是ACA(美国心理咨询协会)的成员的话,那么通常也属于咨询测量协会(AAC)。这个部门原来叫做测量与评估指导协会(AMEG),是作为ACA的第七分会成立于1965年(Sheeley & Eberly, 1985)。他们还出版季刊《咨询和发展中的测量和评估》(*Measurement and Evaluation in Counseling and Development*)。许多美国心理学协会(APA)的部门也参与了心理测验、评估和诊断工作,其中临床心理学协会(第十二分会)、学校心理学协会(第十六分会)和咨询心理学协会(第十七分会)成就非常显著。另外,一个多学科专业组织已经制定出运用于心理和教育测验的标准。"这些标准构成了强有力的伦理准则,在测验的评估、发展、实施和影响职业行为的过程中,这种标准起了规范的作用。这些标准面向三种人群:测验的开发者(也就是建立和验证测验的人)、测验的实施者(也就是管理和实施测验的人)和测验的被试(也就是被测验的人)"(Vacc, juhnke, & Nissen, 2001, p. 218)。另外,测验实施联合委员会(1988)已经制定了教育领域公平测验实施的指导标准。

这一章主要阐述测验、评估和诊断的性质以及它们是如何在专业咨询中发生作用的。这一章还包括了测验中的基本概念,比如效度、信度和标准化。另外,这一章还将回顾心理咨询师平时所运用的和希望进一步了解和掌握的测验。最后,我们将阐述评估和诊断的性质以及它们的重要性。

在咨询中运用测验的简单历史

心理咨询师对测验的使用有一段漫长、荒谬、充满争议的

历史。今天的心理测验源于“19世纪末期对个性差别的研究”(Bradley, 1994, p. 224)。20世纪早期,弗兰克·帕森斯(Frank Parsons, 1909)宣称职业指导必须在正规的评估基础上开始,心理咨询师成为测验运动的积极参与者。

在第一次世界大战期间,一批心理学家受军队雇用制定出书面的智力测验用来筛选入伍者(Aiken, 1997)。在阿瑟·奥的斯(Arthur Otis)和罗伯特·耶基斯(Robert Yerkes)的领导下,这些测验的先驱者在前人工作的基础上取得了新的成就。这些前人是阿尔弗雷德·比奈(Alfred Binet)(早期智力测验的创始人)、查尔斯·斯皮尔曼(Charles Spearman)(对早期测验理论有重要贡献的人物)、弗朗西斯·高尔顿爵士(Sir Francis Galton)(能力测验早期技术的发明人)和詹姆斯·M. 卡特尔(James M. Cattell)(早期研究测验分数和成就关系的学者)(Anastasi & Urbina, 1997)。这场测验运动在20世纪20年代得到了十足的发展,它带给了咨询者们新的身份和尊重,并且给了他们的工作提供了广泛的理论基础,特别是在学校和职业咨询方面。

作为一个群体,心理咨询师运用心理测验的程度在不断变化着。20世纪30年代和60年代对于心理咨询师们来说是两个特殊的时期,他们积极参与评估和测验工作。因为经济大萧条,职业测验在30年代受到人们更多的重视。那些年,明尼苏达大学就业稳定研究中心领导了这场职业测验运动,它的人事部门运用了一系列的测验以帮助失业者找到适合自己的工作。帕特森和达利(Paterson & Darley)估计,在30年代至少有30%的失业工人和他自己陈述的喜欢的工作及接受的培训不相匹配。1957年苏联人造卫星的成功发射使许多美国人认为美国的科学已经落后于苏联,从而使测验备受关注。于是,议会通过了国家防御教育行动计划(NDEA),这一计划包括了一项V条款:在中学里面实施测试以便挑选出具有突出天才能力的学生,鼓励他们继续接受教育,特别是在科学领域。

1959年,《心理咨询和发展杂志》(*Journal of Counseling and Development*)(后来改称为《人事和指导杂志》)开始刊登关于测验的综述,以增补心理测验工具年鉴(MMY)(Watkins, 1990)。这些综述在1966年中断,但是在1984年又复兴起来。《心理咨询和发展杂志》回顾了新的和修定的测验,并聚焦于理论性和时代性的主题,即测验测到了什么和测不到什么(Tyler, 1984)。杂志《咨询和发展中的测量和评估》也做了上述的工作。

在70年代到80年代,出现了对测验的猛烈抨击。戈德曼(Goldman, 1972)在一篇文章中声称咨询和测验的联姻是失败的。在同一年,国家教育委员会(NEA)通过了72-44号决议,决议要求中止标准化智力测验、能向测验和成就测验的使用(Engen, Lamb, & Prediger, 1982; Zytowski, 1982)。从那时起,许多诉讼提交法庭以抗议测验的运用,一些州立法机关通过了几项法案禁止特定测验的使用。据杰普森(Jepsen)观察,70年代的这种趋势使得对于谨慎地进行测验选择和分数解释比以往更具有挑战性。他对测验的这一观察可以推广到咨询行业的其他领域。据泰勒(Tyler，1984)记载，反测验运动成了一股不可忽视的力量。具有讽刺意味的是，测验在学校中的使用却比以往更流行。许多不同层次的学校心理咨询师每个星期都要花1～5个小时在测验上，他们认为测验对他们的工作是重要的，甚至是非常重要的(Elmore，Ekstrom，Diamod，& Whittaker，1993)。他们常用的一些评估工具包括智力和成就测验、物质滥用筛选量表以及职业调查表(Giordano，Schwiebet，& Brotherton，1997)。

在学校和其他机构中测验所暴露的许多问题通过对有问题的测验工具的修定得以解决(Cronbach,1990)。事实上，阿纳斯塔西(Anastasi，1982)观察到“目前的心理测验并没有静止足够长的时间，使人们对它有个整体的认识”。比如，比较阿纳斯塔西的经典《心理测验》(*Psychological Testing*)一书的第四版(1976)和第五版(1982)，你可以发现超过三分之一的内容是新的或是经过充分修改的。标准化测验的修定被强调，并成为一种趋势，修定测验标准被再三强调(DeAngelis，1994；Zyowski，1994)，因此修定测验的趋势得以持续。对咨询专业的学生和接受再教育的心理咨询师的有关心理教育测验的使用和滥用的教育再次受到关注(Chew,1984)。但是需要做的还有很多。据戈德曼所说，我们需要“减少标准化测验的数量，增加量化评估的使用，并且……(对 AAC 更有贡献)成为一个消费者的组织”(p. 218)。换句话说，AAC 应该告之心理咨询师标准化测验的优缺点。

心理测验和测验分数

阿纳斯塔西定义心理测验(或者简称测验)为“本质上是对行为的客观和标准化的测量”(p. 22)。通常测验结果以测验分数的形式报告，这一统计分数只有和具体的某个人相联系才有意义。测验分数是特定时期某个特定行为的反映。尽管测验分数有局限性，但是它在心理咨询过程中非常重要，因为它不仅比其他方法更容易获得信息，而且投入的时间和精力相对较少。尽管测验和测验分数因为各种原因受到不少批评，但是在心理评估过程中它还是必不可少的。心理测验和测验分数如何被运用取决于它的使用者(Anastasi & Urbina，1997)。如勒施(Loesch)所说：通常我们除了使用心理测验外别无选择(p. 74)，但我们能够选择心理咨询师是否经过正规训练并能对测验结果负责。

为了理解心理测验，咨询者必须知道：

- 标准化样本的特征
- 信度和效度的类型和程度
- 近似测验的信度和效度
- 评分步骤
- 测验的实施方法

- 测验的局限性
- 测验的优点(Kaplan & Saccuzzo, 2001)

以上大部分信息都包含在标准化测验的测验手册里,但是要彻底掌握特定测验的知识需要几年的学习和实践。因为心理咨询师最大限度地利用测验是很重要的,对他们而言"准备当地经验表格"是很明智的,这样他们能够通过联系特定的群体和情景,给被试关于分数更详细的信息(Goldman, 1994a, p. 216)。

如今,在美国每年有大约有10 000 000"被测验者完成各种测验、调查表和其他评估,并且这个估计还不包括学校的成就测验和大学的入学考试"(Prediger, 1994, p. 228)。有些专业咨询人员擅长于测验的实施和解释。那些以测验和评估为工作的人被称为心理测量学家,将个体分数和常模进行比较的学科称为心理测量学(Gladding, 2001)。和心理测量相对应的是教育测量(edumetrics),它以学业的结构趋势为基础,受测者的成绩应与其先前的和最好的结果相比较(Tymofievich & Leroux, 2000)。不管怎样,许多测验和解释的专业人士并不以此为他们的全职工作。通常他们是心理咨询师和其他辅助专业人员,有时候他们会对测验工具和"测验"这个词所包含的负面意义感到不满意。测验经常与"过于注重客观"相联系(Loesch, t977, p. 74),并且机械的测验过程容易造成测验者和来访者之间的心理距离。为了克服这些障碍,使用测验的心理咨询师需要在测验的实践和经常用到的测验(其他标准化工具也一样)上受到良好的训练。

许多杂志刊登标准化测验的评论,包括《咨询和发展中的测量和评估》、《咨询心理学杂志》(*Journal of Counseling Psychology*)、《心理咨询和发展杂志》和《教育研究评论》(*Review of Education Research*)。还有许多关于心理测验的权威性的参考书籍可以利用。布罗斯(Buros)创作了一系列关于人格测验、职业测验和类似测验的参考书籍。他的最著名的参考书名字叫《已出版的心理测验》(*Tests in Print*)。由他成立的布罗斯心理测验研究所一直在定期更新这本书,现在已是第5版,共两册,包括了近3 000个测验(Murphy, Imara, & Plake, 1999)。布罗斯还编辑了八个版本的《心理测量年鉴》(*Mental Measurements Yearbook*),现在已经到第14版了,这本书被认为是他在这个领域里最好的著作(Impara & Plake, 2001)。

使用测验的问题和潜力

心理咨询师和心理学家使用的测验有相似之处(Bubenzer, Zimpfer, & Mahrle, 1990)。然而,从成功服务于来访者和公众的福祉出发,测验使用的方法比使用它们的专业人士的身份更为重要(Harris, 1994)。

测验可以单独使用或者作为一组测验的一部分(成套心理测验)。克隆巴赫(Cronbach, 1979)声称成套心理测验只有在有能力、受过良好教育的咨询者的解释下才有价值。对单个测验来说也是如此。测验的许多问题常常是出在测验工具的选择和解释上，而不是测验本身(Hood & Johnson，2002)。

舍兹尔和斯通(Shertzer & Stone，1980)认为测验的反对者通常有以下反对理由：

- 测验鼓励来访者依赖于心理咨询师和解决问题的外部信息资源；
- 测验数据造成了心理咨询师对个体认识的偏差；
- 测验数据的信效度不足，因此它们的价值非常有限。

另一些批评者认为测验存在文化偏差和不同，测量手段不切题，方法晦涩，使用过于机械，侵犯个人隐私，捏造，助长了不需要的竞争(Hood & Johnson，2002；Prescott，Cavatta，& Rollins，1977；Shertzer & Linden，1979；Talbutt，1983)。"过分依赖于测验结果，特别是将它和其他信息孤立开来，是最严重的测验误用问题之一(Elmre et al.，1993，p. 76)。"另一个批评指出，目前的测验正在倒退，并且过多运用在预测而非筛查或自我探索上(Goldman，7994b)。

对少数民族使用测验已经成为了一个颇受争议的领域，并且测验的滥用问题也显现出来(Suzuki & Kigler，1995；Suzuki，Meller，& Ponterotto，2001)。如果希望测验工具真正有意义，那么必须考虑来自不同文化和种族背景的人群的影响和经历。奥克兰(Oakland，1982)指出测验可能是一个去人性化的经历，少数民族的学生可能因为测验分数而在无效的和不相称的问题上浪费好几年的时间。为了避免文化偏差，AAC已经制定了多文化的评估标准(Prediger，1993)。在美国咨询协会的伦理标准里面也有关于测验的伦理方针。这些标准，和其他专业组织所制定的标准一样，必须被考虑在避免少数民族测验滥用问题上(Hansen，1994)。在评估偏见问题上，必须认识到引起偏见的行为可能来自于疏忽和授权行为(Chernin，Hoden，& Chander，1997)。

测验的失败、成功和选择、实施并解释测验的咨询者的敏感性、能力和知识有关。"心理咨询师有普遍的义务采用他所熟悉的测验手段，特别是对那些没有完整的常模和充分证实的测验的使用要谨慎"(Carlson，1989，p. 489)。如果他们不考虑测验选择步骤中的多重标准，咨询者很可能会犯错误，给他和来访者带来浪费。为了避免这些情况，有些咨询者让来访者参与到选择测验的过程中来。

勒纳(Learner，1981)和奥克兰报道说公众对测验的态度是积极的，甚至在少数民族中也是这样，可能是因为人们相信测验可以服务于多种有用的目的。从大众的观点看，测验的主要功能是帮助来访者对未来做出更好的决定。测验还有以下用途：

- 帮助来访者获得对自己的认识；
- 帮助咨询者判断来访者的需要是否在专业领域内；
- 帮助咨询者更好地了解来访者；
- 帮助咨询者决定哪种咨询方式最适合来访者；

- 帮助咨询者预测来访者在特定领域里未来的表现；
- 帮助咨询者激发对来访者的新兴趣；
- 帮助咨询者评估他们的咨询努力的成果(Shertzer & Stone，1980)。

好测验的品质

不是所有的心理测验都以同样的方法建立起来，但是那些最好的测验都有一些相同的品质。最重要的品质包括：效度、信度、标准化和常模，这些将有利于分数的解释(Aiken，1997；Cronbach，1990)。

效度

效度无疑是测验品质中最重要的。它表示了"测验是否真实地测量到了它要测量的东西的程度"(Anastasi，1982，p. 27)。如果一个测验不能实现这个功能，基本上它是没用的。测验的效度是由将其结果与一个独立标准相比较得出的。因此，如果说一个心理测验声称自己能够测量一个人在一些专业领域，如医学、法律或咨询中获得成功的几率，那么测验分数将与一些测量成功的标准相关，如受测个体在完成学业之后其导师给他的评级和评分。如果心理测验的得分与这些测量成功的独立标准高度相关，那么这个测量工具就可以被认为有较高的效度。

测验效度有四种：内容效度、结构效度、建构效度以及结果效度(Anastasi & Urbina，1997；Kaplan & Saccuzzo，2001；Tymofievich & Leroux，2000)。

内容效度，有时被称为表面效度，是测验表面显示的该测验想要测验的内容的程度的指标(Aiken，1997)。更为重要的是，内容效度关注测验是否包含了其想要测验的因素的总体的有代表性的样本。通常的规则是，内容效度常用于成就、能力倾向以及能力测验。

结构效度，是最普遍的效度类型，指测验到"该测验想要测量的理论结构或特质的程度"(Anastasi，1982，p. 144)。它在很大程度上依赖于测验编制者对结构的定义，普遍来说结构效度较多用于人格和兴趣测验。

建构效度，指的是测验分数与个体在一个特定技能上跨时间、跨情境的实际表现的比较。例如，一个测验个体精细运动技能的测验的效度能够通过与该个体打字能力的比较得到验证。若比较标准在实施测验时就能得到，那么同时效度(concurrent validity)就能够被测量。若比较标准在测验结束后才能够得到，那么可以测量到预测效度(predictive validity)(Aiken，1997)。在咨询中常用到的两个著名的基于建构效度的测验工具是明尼苏达多向性格测量表第二版(MMPI－2)(同时效度)和史氏兴趣量表修定版(SII)(预测效度)(Osborne，Brown，Niles，& Miner，1997)。

最后，结果效度，它是最新的效度类型，指运用测验及其解释的社会意义和结果

(Tymofievich & Leroux，2000)。测验分数的结果对来访者同时有长期和短期效应。心理咨询师在运用任何类型的测试时，不论来访者的年龄大小，都应考虑其观点和立场。对于心理咨询师的个人才能以及对结果的解释而言，测试只能算是一种技术。心理咨询师不能过于教条和武断(Meier & Davis，2001)。

总之，对许多标准化测验而言效度非常重要。在一个综合性的研究综述中，迈耶(Meyer)等对超过125个测验的效度进行了荟萃分析。他们发现心理测验的效度与大多数医学测验的效度相当，并且当运用于咨询实践，特别是运用多方法测验模式时，这些测验有"强大和令人信服的"效度。

信度

信度的定义是对一个测验与其他相同或是相当测验分数一致性程度的测量(Anastasi & Urbina，1997；Cronbach，1990)。尽管信度与效度相关，但是一个测验可能具有信度却没有效度。传统信度类型有以下三种：

1. 重测信度，即在一段时间后将相同的测验再实施一遍；
2. 平行信度或是副本信度，即使用相同测验的两个相当的版本；
3. 内部一致性信度，即将一个测验随机分半并加以比较。

测验既不是可信赖的也不是不可信赖的。"信度指由评估工具得到的结果，而不是工具本身……因此，更为合适的方式是，针对'测验分数'或是'测量'而不是'测验'或'工具'本身使用信度这一概念"(Gronlund & Linn，1990，p. 78)。

标准化和常模

标准化是指测验要在一致的情景下实施和评分(Aiken，1997)。标准化使得对个体不同时间的连续分数加以比较成为可能，同时也使不同个体分数的比较成为可能。常模，或是特殊群体的平均表现分数，使得对个体和期望值的比较成为可能(Kaplan & Saccuzzo，2001)。测验常模有它们的缺陷并常被误用。例如，针对测验常模最大的批评是它们是建立在绝大多数人口上的，然而，它们可能会歧视少数民族、穷人以及残疾人(Talbutt，1983)。心理咨询师必须仔细检查测验的常模形成过程，并且应该建立他们自己的标准。这样，偏见和对测验的不合理使用都能够减少。

心理测验的分类

对心理测验有着很多分类的方法，舍兹尔和斯通总结了七种分类方法：

1. 标准化测验和非标准化测验——标准化测验是指根据特定规则来实施和评分的测验，如自我觉察测验，而非标准化测验没有此类规则，如实验性的投射测验。

2. 个体测验和团体测验——个体测验是指在一个时间里只能为一个被试实施测验，例如考夫曼儿童评估(Kamphaus, Beres, Kaufman, & Kaufman, 1996)，而团体测验则可同时为一个团体进行测试，例如明尼苏达学校态度调查(Callis, 1985)。

3. 速度测验和能力测验——速度测验是指限定在一定时间里必须完成的测验，如大多数成就测验，而能力测验允许被试在一段时间内完成，如很多个体智力测验。

4. 操作测验和纸笔测验——操作测验是指需要通过操作物体来完成的测验，如韦克斯勒成人智力测验中的物体操作分测验，纸笔测验中被试需要标出答案或是写下反应。

5. 客观测验和主观测验——客观测验不需要评分者做出主观判断，如对错判断题、匹配题、选择题(Aiken, 1997)，主观测验需要评分者做出判断，如韦克斯勒成人智力测定中的词汇分测验。

6. 最佳测验和典型测验——最佳测验需要被试尽他们最大的努力去完成，如智力测验和特殊能力测验，而典型测验则是测试被试最可能或通常会做什么，如兴趣和态度测验。

7. 基于常模的测验和基于标准的测验——基于常模的测验是将一个人的成绩放在一个群体内比较，如智力和成就测验，而基于标准的测验则是将一个人的分数与一个确定的水平或标准相比较，如阅读测验。

另一种分类方法对心理咨询师来说可能更重要，即根据设计测验的目的或是其行为样本的来源分类。在这种分类中，舍兹尔和斯通将心理测验分为六种：心理能力、能力倾向、成就、兴趣、职业发展和人格。另一种分类系统包括下列分类：教育的、职业的和个人的咨询。第三种分类的模式由西尔韦尼亚(Sylvania)提出，根据测验使用的频度分组：智力/学术能力倾向、职业(和其他倾向)、成就/诊断。所有的分类方法都有其优点和局限，咨询者通常会用到以下四类，但有时也会有重叠：智力/能力倾向测验，兴趣/职业测验，人格测验和成就测验。

智力/能力倾向测验

最具争议性但同时也是最流行的一类测验是那些试图去测量一般智力和特殊能力倾向的心理测验。智力的定义有多种，没有一个绝对的意义与这个词相关(Gardner, 1993)。实际上，阿纳斯塔西报告称大多数智力测验“过于强调智力的某些方面(如言语能力)而忽视了其他方面”(p. 228)。她指出很多智力测验“验证了对学业成就的测量”以及“常被设计为用来测量学术能力倾向”(Anastasi, 1982, p. 228)。与她的观点相一致的是艾肯(Aiken, 1997)的观点。艾肯将智力测验定义为是一种用来测量个人的学术能力倾向或是其他职业所要求的推理和言语能力的测验。在咨询过程中，很多智力测验常被用做筛查工具，其后还会进行更多的特殊能力倾向测验以评估特殊能力，如音乐、机械。

大多数现代智力测验都源于20世纪早期法国人阿尔弗雷德·比奈(Alfret Binet)的量表。由特曼(Terman)制定的斯坦福-比奈量表(比奈-西蒙量表的修定版),出版于1916年,是美国智力测验的鼻祖。这一测验为个体施测,通常用于儿童而非成人。1986年,它进行了第四次修定,包含了更多适于成人的内容。

另一套流行的个体智力测验由戴维·韦克斯勒(David Wechsler)编制。韦克斯勒学前和幼儿智力测验修定版(WPPSI-R)为4~6岁半的儿童而设计。韦氏儿童智力测验(WISC-III)为6~16岁的儿童设计;韦氏成人智力测验(WAIS-III)为16~89岁的成人设计。韦克斯勒智力测验提供了言语智商、操作智商和智商总分三个智商分数。对于所有的韦氏智力测验都已经做过大量的研究,并常常被用来作为评估智商的工具(Piotrowski & Keller, 1989; Thorndike, 1997)。

还有很多获得了广泛承认和尊重的个体智力测验,如贝利(Bayley)婴儿发展量表、瓦恩兰(Vineland)社会成熟量表、考夫曼儿童评估系列量表(K-ABC)、麦卡锡(McCarthy)儿童能力量表、皮博迪(Peabody)图片词汇测验(PPVT-III)、考夫曼青少年和成人智力测验(KAIT)等。

还有很多智力测验适用于团体。这类测验最早发展于一战期间,美国军队创造出了Alpha和Beta智力测验,此即目前团体智力测验的前驱。这些测验用于筛选应征入伍者,根据其能力水平进行分类以接受相应的训练。这些团体智力测验中最负盛名的是奥的斯-列侬(Otis-Lennon)学校能力测验、认知能力测验和认知技能测验。

能力倾向测验在很多方面都与智力测验相似,但他们被设计用来测试更特殊和狭窄的能力倾向。艾肯将能力倾向定义为完成任务或某种技能的能力,而能力倾向测验是对个体在某种职业或技能的进一步训练和经验中获益的能力的测验。能力倾向测验分为两大类:(1)多种能力倾向测验,此类测验由一系列测验组成,以测验多种技能;(2)单一能力倾向测验,此种测验只测验一种能力或技能,如音乐或机械能力(Bradley, 1984)。比较著名的多种能力倾向测验包括学习能力测验(SAT)、美国大学测验(ACT)评估、米勒(Miller)类比测验(MAT)、不同能力倾向测验(DAT)和军队服务职业能力倾向测验(ASVAB)(Anastasi & Urbina, 1997; Bradley, 1984; Hood & Johnson, 2002; Rogers, 1996)。

兴趣/职业测验

尽管人们预期实践中的能力与兴趣有关,但最好的测量兴趣的心理测验还是那些专门用来测量兴趣的测验。艾肯将兴趣测验定义为是一种对主题或活动的偏爱进行评估的测验或调查清单。个体在此种测验中做出的反应被用来与有着相似发展水平(如教育水平)或是已在特殊领域工作(如一个工作情景)的其他人进行比较。阿纳斯塔西指出:教育和职业生涯咨询可能是对兴趣测验进行研究的最强大的推动力。因为一个人在学习情景和职业生涯中的成就受到了其兴趣的很大影响（p. 534）。实际上，“在职业生涯咨询中，兴趣测验的解释是最常用的一种干预措施”（Savickas，1998，p. 307）。

对职业生涯兴趣的系统的和标准化的测量工具始于1927年出版的史氏职业兴趣表格（SVIB）。此后该量表又经历6次修定和扩展，最新的一版出版于1994年，史氏兴趣量表（SII），包括了207种不同的职业。这一测验的发明者E. K. 斯特朗（E. K. Strong）最初建立此测验的时候只包括了10种职业（Donnay，1997）。SII测验的结果有三种解释形式：一般职业主题、基本兴趣量表和职业量表。因此，他们会帮助客户通过一般和特殊两个方面来了解自己。这一测验工具的另一个吸引人之处是它与约翰·霍兰德（John Holland）的职业发展理论的联系。约翰·霍兰德的职业发展理论将人和其环境划分为六个维度：现实性（R）、研究性（I）、艺术性（A）、社会性（S）、进取性（E）和传统性（C）（Holland，1997）。人与其环境的相关度越高，两者的满意度就越高（Spokane & Catalano，2000）。总之，SII为职业兴趣提供了既有深度又有广度的测量，在这一点上是其他单一的某种测验所不能比的。该测验的指导手册提供了将该测验运用于成人、跨文化群体及特殊人群的建议（Drummond，2000）。此外，坚实的理论基础、经验性的结构和悠久的发展历史也是该测验显著的长处。

另一个同样也是基于霍兰德的六个人格/环境类型职业发展理论的职业生涯测验是自我指导调查（SDS），它同样也在1994年进行了最新的修定（Holland，1994）。这一工具是受测试者自我实施、自我评分，有时也是自我解释的。该量表共228道题，分成三个维度：行动（activities）、能力（competencies）和职业（occupations）（Krieshok，1987）。完成评分之后，受测者通过查阅职业编码手册（SDS附带的小手册）来将自己的职业编码与职业索引字典中的职业编码相比较。这一测验有四种版本，包括为阅读能力较差的人设计的E版。适用于15～70岁的受测者的SDS非常有用并深受欢迎。

第三种兴趣/职业测验是库德（Kuder）职业兴趣调查（KOIS），它最初出版于1939年，此后不断发展（Kuder，1939，1977）。最新版的KOIS出版于1991年（Betsworth & Fouad，1997）。这种不受时间限制的偏爱迫选测验共有六种版本，其中每个题项有三个答案可选（Zytowski，1992）。此种测验的某些版本是用计算机评分的，某些则是自我评分的。受测者要对每道题进行偏爱选择，选择最喜欢和最不喜欢的。库德的得分与所选的职业群体和大学专业的一般兴趣有着高度的相关（Zytowski & Hohnberg，1988）。该测验所包含的十个职业领域包括（Zytowski，1992，pp. 245～246）：

1. 社会服务，主要指助人的职业，类似于霍兰德的社会性分量表；
2. 推销，主要指通过会谈和与人交往来推进事情的发展或者出售物品或想法，类似于霍兰德的进取性分量表；

3. 职员，主要指那些需要精密和精确的工作，类似于霍兰德的传统性分量表；

4. 计算，主要指那些要和数字打交道的工作，类似于霍兰德的传统性分量表；

5. 音乐，主要指开音乐会、使用乐器、歌唱、阅读评论、研究音乐和音乐家的工作，类似于霍兰德的艺术性分量表；

6. 艺术，主要指包括流行设计、颜色、构造和材料的创造性工作，类似于霍兰德的艺术性分量表；

7. 文学，主要指阅读和写作的工作，类似于霍兰德的艺术性分量表；

8. 机械，主要指运用机器和工具进行的工作，类似于霍兰德的现实性分量表。

9. 户外，主要指大部分时间在户外工作，常与动物和植物打交道的工作，类似于霍兰德的现实性分量表；

10. 科学，主要指发现新的事实和解决问题，类似于霍兰德的研究性分量表；

第四种职业生涯测验工具是职业生涯信念调查(Career Beliefs Inventory，CBI)(Krumboltz，1991)。“当一位敏感的资深专业人士使用CBI时能够帮助人们认识到可能阻碍他们的信念”(Krumboltz，1992，p.1)。它通常在职业生涯咨询的第一次会谈中就被运用，使得探索受测者的深层的态度和假设成为可能。

其他著名的职业生涯测验还包括加利福尼亚职业偏爱系统(California Occupational Preference System)、杰克逊职业兴趣调查(the Jackson Vocational Interest Survey)、俄亥俄职业兴趣调查(the Ohio Vocational Interest Survey)、ACT兴趣调查(两性均宜版)(the Unisex Edition of the ACT Interest Inventory)以及职业偏爱调查(the Vocational Preference Inventory)。对于没有大学教育背景的学生，布拉德利(Bradley，1984)报告了三种专门设计的兴趣测验，他们被用来测量那些对不需要经过大学教育训练即可从事的职业的兴趣，包括：(1)明尼苏达州职业兴趣调查(the Minnesota Vocational Interest Inventory)；(2)职业评估调查(the Career Assessment Inventory)；(3)关于贸易、服务和技术的职业指导调查(the Career Guidance Inventory in Trades，Services，and Technologies)。更加专门用途的兴趣测验包括本性别角色调查(Bem Sex-Role Inventory)、詹金斯行为调查(the Jenkins Activity Survey)、个人定位调查(the Personal Orientation Inventory)、价值测量(the Survey of Values)以及学校态度测量(the Survey of School Attitudes)。

在选择恰当的兴趣和职业测量工具的时候，你“必须知道在寻找什么……你想要得到什么”(Westbrook，1988，p.186)。有两本在职业生涯决策与测量工具方面很好的书：《职业心理学手册》(*Handbook of Vacational Psychology*)(Walsh & Osipow，1996)和《心理咨询师的职业生涯评估工具指南》(*A Counselor's Guide to Career Assessment Instruments*)(Kapes，Mastie，& Whitfield，1995)。后者回顾了52种主要的职业生涯评估工具，并对其他的250种进行了评注，同时描述了其所适用的人群。

人格测验

人格可以有很多定义的方法，在某种文化中被认为是正常的人格特点在另一种文化中可能被认为是异常的。尽管如此，有大量的人格理论对于人的生物、社会和环境的各个方面进行着研究和解释。20 世纪最流行的人格评估理论是亨利·A. 默里(Henry A. Murray)的人格理论。他尤其关注人的需要（或者环境的力量/压力）以及它们是如何决定行为的(Drummond, 2000)。

人格测验可以被定义为分析人格的某种方法，如调查清单、人格问卷以及投射技术(Aiken, 1997)。这样的测验可以被分为两大类：客观的和投射性的。最为著名的客观测验包括明尼苏达州多相人格测验-2(Minnesota Multiphasic Personality Inventory-2, MMPI-2)、迈尔斯-布里格类型指数(Myers-Briggs Type Indicator, MBTI)、爱德华兹个人偏好量表(Edwards Personal Preference Schedule, EPPS)。和所有客观测验一样，这些测验所提供的得分多独立于评判者的主观意见和判断。投射测验包括罗夏墨迹测验，主题统觉测验(TAT)和房-树-人(HTP)测验。这些类型的测验所提供的测验信息，很大程度上依赖于评分者或测试者的判断和解释。

人格测验的原型是自我报告问卷，自我报告问卷是一种在一次大战期间由 R. S. 伍德沃斯(R. S. Woodworth)首先发展起来的个人记录表(Personal Data Sheet)(Kaplan & Saccuzzo, 2001)。第一个重要的投射测验是出版于 1921 年的罗夏墨迹测验(Erdberg, 1996)。在咨询中，客观评分的人格问卷被更广泛地运用，因此我们的讨论先从它们开始。

明尼苏达州多相人格测验-2 是世界上被运用得最广泛的一种心理测验(Butcher, 1994)。这是 MMPI 第一版的修定版。与第一版只能适用于有限的人群不同的是，MMPI-2适用于美国各种不同地域和种族的人群。重新标准化的 MMPI-2 还有可运用于盲人、文盲、半文盲或残疾人的录音带版本(Drummond, 2000)。它有多种形式，包括适用于青少年的 MMPI-A，但最受欢迎的版本包括 567 题，受测者要做出是、否或不肯定三选一的反应。MMPI-2 有 10 个临床量表（参见表 13-1）和 3 个主要的效度量表：说谎分数(Lie, L)、效度分数(Infrequency, F)和校正分数(Correction, K)。此外还有一个"?"分量表，反映了在整个问卷中没有做出回答的题项总数。为了区分出有精神病性问题的被试，MMPI-2 还能够识别一些重要特征，如愤怒、疏离、A 型行为以及婚姻困扰。心理咨询师需要通过专门的培训以准确而恰当地运用此工具。总之，MMPI-2 是一个非常精准的人格测量工具。

表 13-1 明尼苏达州多相人格测验-2的临床量表

分量表	题项数	题项内容
疑病(Hs)	32	不恰当地关心身体健康
抑郁(D)	57	抑郁,否认快乐感和个人价值,缺乏兴趣,退缩
癔症(Hy)	60	特殊的身体抱怨,否认心理和情绪存在问题,社交情景下不舒适
精神病态(Pd)	50	反社会的行为冲动,反抗社会规则
男性化-女性化(Mf)	56	认同社会文化习俗的男子气和女性气的选择,审美观,活跃-被动
偏执(Pa)	40	有幻觉妄想,牵连观念,人际关系敏感,多疑以及道德观念上的自以为是
神经衰弱(Pt)	48	包括对生活的不满意,难以集中精力,不能做决定,自我怀疑,强迫等方面
精神分裂症(Sc)	78	感到自己与人不同,感觉被隔离,思维过程被阻断,家庭关系差,性别认同问题,退缩倾向
轻躁狂(Ma)	46	能量水平较高,思维奔逸,心境高涨,活动增加,乱花钱,夸张
社会内向-外向(Si)	69	内向-外向,社会性的不安

资料来源：From *Appraisal Procedures for Counselors and Other Helping Professionals* (2nd ed., p. 181), by R. J. Drummond, Upper Saddle River, NJ: Prentice Hall. © 1992. Reprinted by permission of Prentice Hall, Inc., Upper Saddle River, NJ.

迈尔斯-布里格类型指数(MBTI)反映了卡尔·荣格(Carl Jung)的人格类型理论(Myers, 1962/ 1980)。该测验"在许多方面被广泛地运用,包括职业咨询、婚姻和家庭治疗以及团队建设"(Vacha-Haase & Thompson, 2002, p. 173)。MBTI包括166个两选一的关于行为和感受偏好或倾向的题项(Aiken, 1997)。它提供了四个指标:外向与内向(EI),感觉与直觉(SN),思维与感受(TF)以及判断与知觉(JP)。MBTI包括了四个双向的分量表(Goodyear, 1989):

1. 外向与内向(EI)——知觉和判断是指向外在的还是内在世界的；
2. 感觉与直觉(SN)——当个体需要去感知时,会倾向于用哪一种方式；
3. 思维与感受(TF)——在需要做决定时,会信赖哪一种判断；
4. 判断与知觉(JP)——应对世界使用判断的态度(凭思维或感受),还是使用知觉的态度(凭感觉或知觉)。

这四项指标结合产生了十六种人格类型。对受测者的人格类型的清楚了解可以帮助心理咨询师了解受测者是如何感知环境并与其互动的(Lynch, 1985)。研究表明,不同的 MBTI 类型会受特定的职业和生活方式所吸引(Healy & Woodward, 1998)。例如,76%的学习心理咨询的学生在感觉/直觉分量表上得分较高,其特点为内省的、热情的、能够通过个人热情把握挑战性情形(Myers, 1980)。另外与 MBTI 类似,同样源于荣格的人格类型理论的心理测验包括凯尔西气质分类(Keirsey Temperament Sorter, Keirsey & Bates, 1984)和个人偏好自我描述问卷(Personal Preferences Self-Description Questionnaire, PPSDQ)(Thompson, 1996)。

爱德华兹个人偏好量表是基于需要-压力人格理论的,该理论是由亨利·A. 默里(1938)发展起来的。它包括 225 道迫选的题项,检测了与个体其他需要相联系的 15 种个人需要(Anastasi & Urbina, 1997)。其评分通过基于大学生和成人群体所获得的常模所制定的标准分换算表来进行。其他自我报告式的人格测验还包括加利福尼亚心理调查(California Psychological Inventory, CPI)、吉尔福特-齐默曼气质测验(Guilford-Zimmerman Temperament Survey)、穆尼问题检查清单(Mooney Problem Check List)、十六项人格因素问卷(the Sixteen Personality Factor Questionnaire, 16 PF)以及状态特质焦虑问卷(State-Trait Anxiety Inventory, STAI)。

与客观测验相比,投射测验的结构不是那么严谨,评分也比较困难,但受测者也更难以隐瞒自己。投射测验的支持者认为与其他测验工具相比较,投射测验能够反映出受测者更深层方面的问题。有一些研究者和临床学家,如艾克斯诺(Exner),试图建立标准化的方法,使得投射测验更易实施和评分。尽管在某些投射测验上取得了成功,但在很多其他的投射测验,如主题统觉测验的评分工作上还是有疑问的。除了我们上文已经提到的投射测验,还有霍茨曼墨迹技术(the Holtzman Inkblot Technique)、班达完形测验(the Bender Gestalt)、画人测验(the Draw-a-Person Test)、儿童知觉测验(the Children's Apperception Test)以及洛特未完成句子表格(the Rotter Incomplete Sentences Blank)。

成就测验

成就测验测量个人完成或学会某一项目或任务的程度。作为一种测量工具,成就测验比其他任何类型的测验都更为直接(Aiken, 1997)。其结果给受试者一个清晰的概念:相较与其他人,他们在特定领域学到了多少东西。此类测验还给受试者这样的一类信息,即他们需要彻底弄清其教育和职业决定(Bradley, 1984)。如果一个受试者对某一职业领域有偏爱,很感兴趣,其人格类型与之匹配,但是对这一领域却所知甚少,那么他就能够采取积极的步骤来纠正这些缺陷。

成就测验可以是由教师制定的,也可以是标准化的。由教师制定的成就测验的优点是他们测试了特定的学习单位,主要着重于教育方面,更能够保持更新,以反映目前的重点和信息。而标准化的测验,测验了更一般化的教育目标,通常更结构化,给了受试者在某一特定主题上与一个较大样本的其他人比较的结果的清晰概念。教师制定的成就测验和标准化的成就测验两者相互补充，都可以很好地运用于助人的过程中。

不同的成就测验适用于不同的目的。在学校里，教师制定测验和标准化测验的结合与年龄和年级有关。一般的成就测验可以运用于初级和中级学校以测量基本技能。此类成就测验包括：泰拉诺瓦测验（the TerraNova Tests）、爱荷华州基本技能测验（the Iowa Tests of Basic Skills）、SRA 系列成就测验（the SRA Achievement Series）、都市成就测验（the Metropolitan Achievement Tests）、广泛适用成就测验（the Wide Range Achievement Test）以及斯坦福成就测验（the Stanford Achievement Test）（Anastasi & Urbina，1997；Bradley，1984）。学校的心理咨询师要尤其熟悉这些工具，以帮助教师、家长、学校的管理者、学生和教育专家有效地认识和理解它们。

还有一些用来测量成人成就的测验，包括成人基本学习考试（Adult Basic Learning Examination）、一般教育发展测验（the Tests of General Education Development，GED）。职业指向的成就测验包括国家教师考试（National Teacher Examination）、法律考试（Law School Admissions Test）、国家咨询员考试（National Counselor Examination，NCE）。职业指向的成就测验有助于保护它们所代表的公众或是专业人士，只要通过考试就表示他们达到了所需能力的最低水平。

测验的实施和解释

对在咨询中运用心理测验的一个主要的批评集中于其实施和解释。在心理测验的指导手册里会描述测验的实施过程，大多数心理测验都会给出测验实施的每一个具体而独特的步骤，从准备测验到给出指导语。有一些测验有特殊的使用方法，如果心理咨询师想要得到有效的结果的话，就必须严格地按照指导说明的程序进行。

在指导手册里，有一个问题通常不会被提到，那就是受测者是否应该参与测验的选择过程，如果应该，那么他们应该在多大程度上参与其中。在某些情况下，如在初级学校的成就测验中，让受测者参与测验的选择过程就是不恰当的。但在其他情况下，受测者参与其中会有所获益。戈德曼列举了受测者参与测验选择过程的一些好处，包括：

- 提高受测群体接受测验结果的自发性；
- 促进独立自主性；
- 做出这个决策的经验价值会推广到其他决策制定机会中去；
- 能够提供基于受测者面对不同心理测验时的反应而做出诊断的机会；
- 自己做出的选择会最符合受测者的需要。

在心理测验被选择、实施、评分之后，心理咨询师需要以受测者能够理解的方式给予其对测验结果的解释（Tymofievich & Leroux，2000）。对于心理测验的结果，有四种基本的解释会有助于受测者（Goldman，1971；Hanna，1988）：

1. 描述性的解释：解释受测者当前的状态；
2. 原因性的解释：主要是解释受测者目前的情况是怎样造成的；
3. 预测性的解释：主要是集中于预测将来；
4. 评估性的解释：包括测验解释者提供的建议。

不幸的是有些心理咨询师并不懂得如何实施和解释心理测验（Tinsley & Bradley, 1986)。“对心理测验的错误使用在测验的三个基本领域中都有发生，无论是人力资源、教育还是临床”(Azar, 1994, p. 16)。这些错误的使用包括以错误的方式实施和解释一个好的测验，或者因为一个错误的理由运用于错误的受测者。无论何种情况，当心理测验被误用时，受测者可能很难理解心理测验中呈现给他们的数据(Miller, 1982, p. 87)，并可能在离开时仍如刚开始接受咨询时那样对自己的情况一无所知。

通过在心理测验实施过程中保持条件的标准化，通过了解一个特定测验工具的常模、信度和效度的效力和局限性，通过将测验的原始数据翻译为对目前有意义的描述和对将来行为的预测，心理咨询师可以保证心理测验可以被用来推进受测者的利益(Harris, 1994, p. 10)。

有一些方法可以被用来校正测验解释中的缺陷。例如，除了确信施测者都接受过良好的教育并且是敏感的以外，汉纳(Hanna, 1988, p. 477) 建议使用百分等级(在一个对照群体中得分低于某人的人数的百分比)作为一项给出清楚简明的描述性解释的途径(见图 13－1)。

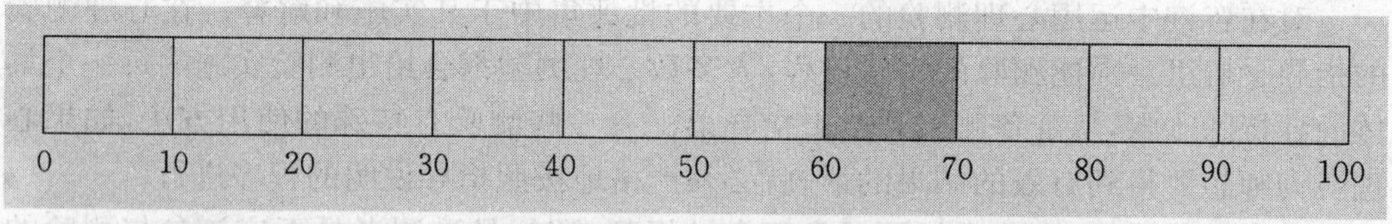

图 13－1 在一个标准化的 0～100 的测验中百分等级为 60～70

另一种校正心理测验解释中的缺陷的途径有赖于心理咨询师-受测者对解释过程的准备情况。首先，咨询员必须要接受有关测验理论和解释的教育。除非已经非常清楚所要运用的测验工具，否则心理咨询师不能去解释测验的结果。

其次，泰勒(Tyler, 1984)指出测验的得分只是并且只能是一种线索。得分必须要和受测者的其他情况一起加以考虑。两者的结合才可以作为心理咨询师和受测者之间更有意义和建设性的对话的基础。戈德曼指出，如果一个测验是基于受测者个人的，那么心理咨询师会注意到很多被别人所忽视的有关受测者的信息，并将此与心理测验的得分相结合，这可以帮助其对受测者做出更完整的解释(Loesch, 1977; Pate, 1983)。

第三，廷斯利(Tinsley)、布拉德利(Bradley)、米勒(Miller)、斯特拉恩(Strahan)和凯利(Kelly)提出了处理心理测验结果的具体途径。廷斯利和布拉德利相信在会见受测者之前，心理咨询师就必须准备好对测验的结果做出清楚和精确的解释。他们反对做出不正规的解释。一个合理的计划是以具体的信息作为解释的开始，如兴趣测验和成就测验的得分，然后转到抽象的信息，如人格或能力的结果。如果测验结果的解释对受测者来说是非常有意义的，那么要先考虑到受测者的情感需要，并且在心理咨询师的头脑中必须保持这些信息的新鲜度。同时达到这两个目标的一种方法是针对受测者的需要来做出解释，即在某一时间只解释受测者需要知道的情况(Goldman, 1971)。当运用这种方法来做解释时，所要处理的信息较少，受测者和心理咨询师都更容易记住测验的结果。而这种方法最主要的缺点就是其解释是片断的。

廷斯利和布拉德利建议在给出解释时，受测者就应该已经通过和心理咨询师建立和谐的咨询关系而准备好接受对测验结果的解释。测验的信息要根据受测者的需要给出。来访者的反馈进步了，谈话才能更进一步。

米勒在他的对受测者进行解释的五点计划中也提出了相似的评论。首先，他要求受测者记住接受测试的日子里的感受及对测验的印象。然后和受测者一起回顾测验的目的，以及怎样得出分数(如用百分数)。其次，和受测者一起检查测验的结果并讨论得分的意义。通过询问受测者一些开放式的问题来引出其意义，受测者就能够将测验的结果与他对自我了解的其他方面整合起来。最后的阶段包括将所有的认识结合起来，促进受测者进一步的自我探索。心理咨询师可以帮助受测者形成一个计划，但该计划应该来源于受测者自己。

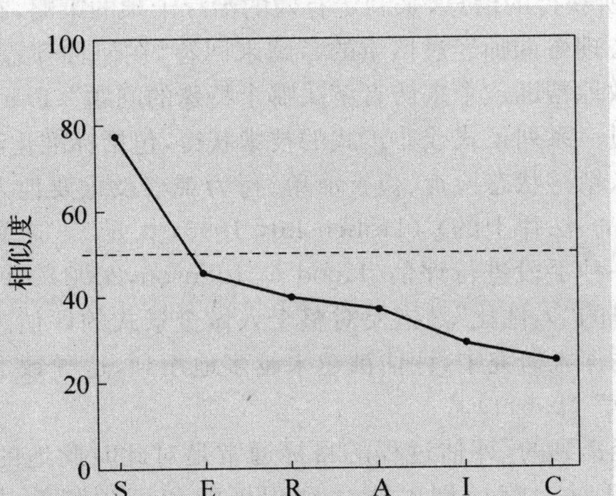

图 13-2 一个简单的图表展示

资料来源：Reprinted from "Showing Clients What Their Profiles Mean", by R. F. Strahan and A. E. Kelly, 1994, *Journal of Counseling and Development*, *72*, p. 330. © 1994 by ACA. Reprinted with permission. No further reproduction authorized without written permission of the American Counseling Association.

最后一种将测验结果具体化的途径是给他们呈现一个简单的图示(Strahan & Kelly, 1994)。图示可以帮助受测者以一种简单、清楚和有趣的方式来观察测验的结果。例如,如果数据来源于斯特朗兴趣调查的RIASEC编码,就可以通过图示来呈现喜爱的最高和最低程度,其结果的剖析图可能如图13-2所呈现的那样。

总之,对测验结果的解释可能是评估过程中最敏感的一部分。而它被合适地完成时,受测者能从中获益良多(Hood & Johnson, 2002; Miller, 1977)。

评估

评估是对测验的补充,是收集信息和在测验数据之外对人类行为进行测量的程序和过程。根据科米尔(Cormier, 1998, p. 151)的观点,评估有着六个方面的目的:

1. 获得来访者所呈现的问题及其相关问题的信息;
2. 识别与问题相联系的控制或混淆变量;
3. 确定来访者的咨询目标及其对咨询结果的期望;
4. 取得咨询前的基准数据,这样就可以与接受过治疗之后的数据进行比较,以评估来访者的进步及治疗策略的有效性;
5. 通过和心理咨询师一起分享对问题的观点来教育和激发来访者的治疗动机,增加其对治疗的依从性,以促进治疗性改变的产生;
6. 运用评估所获得的信息,来制定有效的治疗干预的策略,在评估过程中所获得的信息可以帮助心理咨询师经过慎重的考虑来回答"在何种环境设置下,由谁来做何种治疗能够最有效地帮助这个来访者解决哪个特殊的问题"(Paul, 1967, p. 111)。

评估可以通过一系列正式或非正式的技术获得,包括标准化测验、诊断性访谈、投射人格测验、问卷、精神状态检查、检查清单、行为观察及重要他人的报告(医学上的、教育上的、社会上的、法律上的)(Hohenshil, 1996, p. 65)。通常会是综合运用多种手段而不是只用一种手段进行评估(Hood & Johnson, 2002)。评估一词强调了咨询中的人性化。这里的"人性化"是指要对整个人做全景式的评估。根据阿纳斯塔西的观点,"在对个体的深入研究中,评估被越来越多地用到,这导致了在解决特殊问题时对某些行为的推荐"(p. 611)。

正如前面已经提到的,评估过程的目标通常是对此时此地的个人进行全面的评价。这通常会包括对治疗计划可能达到积极的和可预测的结果的预期(Groth-Marnat, 1997; Kaplan & Saccuzzo, 2001)。为了帮助形成这样一个治疗计划,心理咨询师可以从商业性的或是本地治疗计划者那里获得帮助。例如,琼斯玛和彼得森(Jongsma & Peterson, 1995)设计了一个包括对问题行为的定义以及长期和短期治疗目标的临床手册。此外,他们还给出了对治疗干预措施和供参考的治疗文献的建议。

评估的一种方法是使用病史和行为测量。众多的结构性访谈可以用来收集这种类型的信息。一般来说，结构性访谈包括一个相关行为、症状、事件的清单（在访谈时这些信息都应该被记录下来）、进行访谈的指导方针、记录和分析数据的程序（Vacc & Juhnke，1997，p. 471）。访谈中的问题按照一定的顺序提出，根据访谈的结果可以得到一个评估，这可能是诊断性的（针对诊断和统计手册）也可能是描述性的（所呈现的心理病理问题的程度，或是给出一个非 DSM 的功能失调性的描述）。

尽管不是一个正规的心理测量工具，但是精神状态检查（Mental Status Examination，MSE）被心理咨询师越来越多地应用于心理障碍的评估、诊断和治疗（Polanski & Hinkle，2000，p. 357）。MSE 由以下几大类组成：

- 外观体貌（即来访者的生理特征）、态度（即来访者对访谈的回应方式、与测试者的互动）、行为活动（即身体活动）；
- 心境（即主要的内在感受状态）和情感（即情感状态的外露表达）；
- 言语和语言（即表达自己的能力和对语言的理解领会能力）；
- 思维过程（即思维的组织、运行和想法的产生）、思维内容和知觉（即妄想、幻觉、焦虑症状、恐惧）；
- 认知（即思维的能力、逻辑性、智力、推理和记忆）；
- 内省力和判断（即对自己的人格特质和行为的觉察、自知力、能够考虑长期的效果和可能结果的能力）。

MSE 为心理咨询师提供了一种组织客观（对来访者的观察）和主观（来访者所提供的数据）信息的方式（Polanski & Hinkle，2000，p. 357）。它被用于很多照料控制治疗计划、心理健康中心和精神病院的治疗计划中。现在甚至已经有了计算机辅助 MSE 系统来帮助心理咨询师书写其测验报告（Hinkle，1992）。

总之，无论是否使用 MSE，评估是至关重要的，因为它不仅要求心理咨询师确定来访者的问题究竟是什么，还可以明确来访者问题的解决方向。这样的一个程序帮助心理咨询师和来访者避免抱怨，一起有效地合作以找到解决问题的办法，它导致积极的改变而不是不断重复过去失败的模式。在咨询工作中，评估帮助心理咨询师形成干预措施，因此它是非常有意义的（Egan，1998）。在临床设置中，评估是一个持续不断的过程，当最初的问题解决后，有时又会出现新的问题或又会将新的问题作为咨询的焦点。

诊断

诊断源于评估信息，是对其解释和意义所在，通常会以某种类型的分类系统的形式出现（Hohenshil，1993，p. 7）。诊断是对某个人的情况的描述而非对其价值的判断（Rueth，Demmitt，& Burger，1998）。例如，DSM - IV - TR（美国精神病学协会，2000）建议将来访者看做是：

> 可以称呼有着特殊类型心理障碍的人为"一个患有精神分裂症的人",或是"一个有着精神发育迟滞问题的人",而不是"神经病"或是"弱智"……以这种方式来贴标签是为了强调心理障碍只是人的一个特征,而不是对其整个人的描述(Hohenshil,1996. p. 65)。

和对测验的解释一样,某些诊断可以恰当地告知来访者。但是大多数情况下并不告诉来访者其诊断,因为来访者可能会被诊断吓坏或被误导(Moursund & Kenny,2002)。此外,诊断可能会导致一种自我实现的预言效应,即有些来访者会开始表现得像他们被诊断的那样。这就与诊断的本意背道而驰了,因为诊断是为了指导心理咨询师形成帮助来访者的治疗计划的。

通常诊断是要起到以下作用:

- 描述一个人目前的机能;
- 为临床医生在讨论病例时提供一种普遍的语言;
- 导致持续和稳定的关注;
- 帮助指导和形成治疗计划;
- 帮助心理咨询师明确来访者的问题是他们有能力处理的(Rueth et al.,1998)。

基于下面三个理由,我们认为诊断是非常重要的:第一,有一些保险公司只有在来访者被明确诊断的情况下,才向心理咨询师或其他心理健康工作者付费。第二,即便不一定是必须的,但至少诊断是有助于形成一个恰当的治疗计划的。第三,为了和精神科医师、心理学家、其他一些医学专家以及健康管理专家、政府管理者一起工作,心理咨询师必须要能说出、理解或报告对来访者的诊断(Hamann,1994;Hinkle,1999)。

为了能够做出恰当的诊断,心理咨询师必须接受专业的培训和督导。他们要知道诊断分类的方法,特别是DSM-IV-TR。他们也应该懂得做出诊断是一个动态的、不断进展的过程而不是一个静态的过程(Hohenshil,1996)。"现在,诊断和治疗计划是心理咨询的一个标准化的组成成分"。诊断水平不够或者缺乏职业的诊断训练可能被看做是不符合职业道德伦理的(Sommers-Flanagan & Sommers-Flanagan,1998,p. 189)。

在做出诊断的过程中,心理咨询师必须要观察其症状的表现。在此过程中,心理咨询师必须要考虑应对机制、应激源和习得性行为,同样还要考虑来访者生活的文化、发展、社会经济和宗教信仰等方面(Rueth et al.,1998)。有时来访者生活中的一个行为仅仅只是对其所处环境的一种应对症状,而有时则是一种严重的精神障碍。对心理咨询师来说,既不过度诊断(overdiagnose)也不低估诊断(underdiagnose)[1]是至关重

〔1〕 低估诊断(underdiagnose)是指对某种情况或疾病的诊断结果的严重程度较实际发生的轻。——译者注

要的。“当要做出某个正式的诊断时，某些特定症状必须存在，并且已经严重到了明显影响来访者生活的程度”(Hohenshil, 1996, p. 65)。在某些案例中，需要做出双重诊断，一般就意味着这位来访者既满足物质滥用，又满足心理健康的诊断。

为了做出恰当的诊断，心理咨询师要学会不要急于在刚开始时就做出诊断，这样就有了充足的时间去评估来访者生活中尽可能多的因素 (Hill & Ridley, 2001)。一个好的临床判断和决定是需要时间和反思才能完成的。诊断更准确的临床医生要比诊断不那么准确的医生做出诊断的时间来得迟(Elstein, Shuhnan, & Sprafka, 1978)。

总结与结论

本章主要涵盖了心理咨询中的测验、评估和诊断。重点在于心理测验工具的品质以及心理咨询师常用的心理测验的类型。心理测验有着和心理咨询一样长的发展历史，但其使用频率在各个年代都不同。不管怎样，心理测验一直是心理咨询的一个必要的组成部分。因此，心理咨询师必须要精通常用的心理测验，并在咨询中恰当地应用。有了心理测验的知识，心理咨询师可以获得更加专业的能力，以帮助来访者更健康、更富建设性地生活。心理咨询师要了解一个心理测验就必须了解其效度、信度、标准化问题和常模。使用一个可信但无效的测验是不恰当的。同样，一个歧视少数民族文化的心理测验工具，即只从主要人群中取样形成常模，也是没有价值的，实际上这样还是非常有害的。

心理咨询师通常会遇到四种类型的心理测验：智力/能力倾向测验，兴趣/职业测验，人格测验和成就测验。每一种大类里都有着大量的测验工具。要使用这些心理测验的心理咨询师，必须要了解目前该测验的研究结果，以保证所使用的工具是恰当的。他们也需要和来访者进行讨论，以确定心理测验可以给予他们所需要的信息。

最后，心理咨询师要对测验结果的解释非常敏感。根据对测验结果的解释和其他数据的分析(如行为数据)，心理咨询师再做出评估和诊断。根据评估和诊断，心理咨询师制订出治疗计划，帮助来访者改变他们的行为、想法和感受。因此，为了成为一个负责任的和有能力的心理咨询师，必须要掌握以上三个过程，这样才能使来访者从中获益。

课堂活动

1. 向主要的心理测验出版商索要一份教育和心理测验的目录。检查你所获得的心理测验以及出版商提供的有关信息，尝试将这些心理测验按照本章的四大类的分类方法进行归类。哪些测验比较容易归类？哪些最困难？向全班同学报告你的结果。

2. 两人结对，就本章所提及的或者导师推荐的一项心理测验做一份深入的报告。要注意其信度、效度、常模和标准化程度。当你向班级同学报告你的结果时，请解释你认为该测验何时在心理咨询中使用是恰当的。

3. 有些心理咨询师认为在咨询时不该应用心理测验。将整个班级分为两个辩论小组，一组认为使用心理测验是不恰当的，另一组支持在咨询中使用心理测验。讨论你们的结论。

4. 三人一组，讨论当你得到一个心理测验结果时的情景。当时你的感受如何？你是怎样做出反应的？这一经历是怎样影响你对心理测验、心理测验的解释和评估过程的看法的？

5. 四人一组，讨论诊断的伦理和法律问题。你的小组认为哪个问题更为敏感？查阅诊断的专业委员会的伦理原则编码和指南，和你的班级同学一起分享你们小组的发现和观点。

第四部分 特殊心理咨询

心理咨询师通常擅长于人的治疗工作，对于这些人来说心理咨询师拥有最多的专业知识。专业化对心理咨询师和公众都有利，因为专业的人能够对特殊人的知识钻研很深，自然就知道失调和苦恼的微妙之处。因此，他们能够留意到那些被其他人忽视的迹象和症状。因此心理咨询师能为求助者提供那些他们在其他人那里无法得到的支持。就像在医药上，心理咨询师应该拥有惟一而深刻的知识，这使他们的角色更有价值。

心理咨询没有医学那么多的专业，尽管如此，在第十四至第十九章中，一些咨询方面最值得注意的专业都将被提及。这部分最后的第十九章以讨论作为一位心理咨询师个人实习的必要性和缺陷为结束。

第十四章 职业生涯发展心理咨询

在弗兰克·帕森斯(Frank Parsons,1909)提出职业选择的过程,并推动职业指导运动之后,职业生涯咨询开始发展起来。根据帕森斯的观点,选择一种职业比单单获取一份工作更为重要。自从他的观点受到重视后,在职业发展和咨询领域开始涌现出大量的理论和研究。

选择职业的内涵比简单决定一个人以何谋生要丰富得多。职业影响到一个人一生的各个方面,包括身体和心理健康。"工作角色与其他生活角色之间有着紧密的内部联系"(Imbimbo,1994,p. 50)。像收入、压力、社会身份、愿望、教育、衣着、爱好、兴趣、朋友、生活方式、居住地甚至人格特征都与工作联系紧密(Herr & Cramer,1996;NCDA,1990)。工作团体也代表着文化,在此基础上社会需要得到满足,价值观得到发展(Tart,1986)。一个人工作的本质和目的与他对幸福的感觉和对生活的享受有关(Burlew,1992;Campbell,1981)。定性研究表明在工作中最快乐的人,是能够按照自己兴趣做事的人,这使他们能在自由的、充满挑战的、富有意义的、充满积极社会氛围的工作环境中包容人际竞争、展现自我能量和行使工作职责(Henderson,2000)。

尽管有证据证明个人工作十分重要,但现实中对于职业选择的系统探索却不常见。美国工人中近五分之一的人声称得到现在的工作是偶然的,60%以上的工人说如果能重新计划并选择工作,他们将更全面、更彻底地研究工作选择(Hoyt,1989)。因此个人尽早获得职业生涯信息并根据自身计划带着知识和灵活性进入工作市场是很重要的。

选择职业的过程对每个人来说都是独特的,会受到各种因素的影响,如人格类型、发展进程以及所扮演的生活角色等(Drummond & Ryan,1995)。意外事件(Guindon & Hanna,2002;Miller,1983)、家庭背景(Bratcher,1982;Helwig Myrin,1997)、性别(Hotchkiss & Borow,1996)、天资(Rysiew,Shore & Leeb,1999)和年龄(Canaff,1997)都会影响职业的选择。另外在选择职业时的全球经济状况也是一个影响因素(Borgen,1997)。在工业时代,按时、顺从和呆板地完成工作是获得成功所需的技能,而当代技术服务经济所强调的是"竞争性团队工作、客户满意度、再学习和创新"(Staley

& Carey,1997,p. 379)。

由于关于职业有大量的文献可供利用,本章仅提供关于这个领域一个总的观点。本章将以整体、终身的观点探讨职业发展和咨询。在论述过程中,与各种类型的顾客相适应的理论和实践也将被一一提及。

职业生涯咨询的重要性

尽管职业生涯咨询有较长的历史也有许多系统和模型,但它依然没有达到其他咨询或心理治疗领域所具有的权威地位(Burlew,1992)。这对于咨询领域和需要职业生涯咨询服务的人来说都是不幸的。通过对大学二、三、四年级学生的调查表明他们最需要的咨询服务就是职业生涯咨询。布朗(Brown,1985)认为职业生涯咨询对于那些在没有支持和重压环境下产生情绪问题的咨询者来说,可以作为一种可行的调节。职业生涯咨询对个人成长和发展的贡献已得到充分的证明(Imbimbo,1994; Krumboltz,1994)。事实上,哈尔和克雷默(Herr & Cramer,1996)认为,当一个人的职业或工作不令人满意时,各种各样的生活困难和精神问题都会接踵而至。

克莱兹(Crites,1981,pp. 14～15)列举了职业生涯咨询的重要方面,主要有以下几个:

1. 职业生涯咨询比心理治疗更被人们需要。职业生涯咨询处理的是个体的内在和外部世界的问题,而其他咨询只解决个人的内在问题。

2. 职业生涯咨询是有功效的。职业和个人适应之间存在着正相关(Crites,1969; Krumboltz,1994; Super,1957; Williams & Hills,1962)。能够成功应对职业决策的来访者可能获得应付其他问题的能力的技巧和自信。因为职业目标清晰,他们就可以花更多的精力去处理职业以外的问题。1985 年布朗提出一套评估方法,这套方法对于判断一个顾客是否需要个人咨询或是职业生涯咨询十分有用。克鲁姆伯尔兹(Krumboltz,1994)称,职业和个人咨询总是结合在一起的,必须一起考虑,不能分离。事实上,研究资料反驳了这个观点:职业帮助寻求者与非职业帮助寻求者不同(Dollarhide,1997,p. 180)。例如,失去工作并害怕再也找不到岗位的人既有工作上的问题也有其他令其焦虑的问题。对待这类来访者必须用整合的方法,提供有效寻找工作方面的信息,与他们一起面对和克服它们对于寻找新工作或人生方向的情绪关注点。

3. 职业生涯咨询比心理治疗更为困难。克莱兹指出:一个有效的职业心理咨询师必须处理好个人和工作的变量并了解这两者间的相互作用。"要成为知识丰富、技能精通的职业心理咨询师就需要能从一系列个人和职业发展的理论和技能中获取知识,并能不断收集和提供相关的最新信息"(Imbimbo,1994,p. 51)。而对于关注来访者内心世界的咨询而言,尽管是相同程度的咨询,以上所说就不再被要求。

职业生涯咨询联盟和认证

美国职业发展协会(NCDA)和美国职业心理咨询师协会(NECA)是美国心理咨询协会(ACA)内的两个部分,他们本质上都是为职业发展和咨询服务的。NCDA 作为 ACA 中最早的机构,其历史可追溯到 1913 年(Sheeley,1978,1988;Stephens,1988)。协会包括很多专业人士,他们来自工商业、康复中心、政府、私人诊所和教育机构,他们都隶属于NCDA 的特殊兴趣组,如工作和心理健康组、工作场所的物质滥用组、员工援助计划组等(Parker,1994;Smith,Engels,& Bonk,1985)。NECA 的成员也比较分散但很受瞩目。直到 1966 年,它都是 NCDA 的一个兴趣组(Meyer,Helwing,Gjemes,& Chickering,1985)。NCDA 的两个部门都出版季刊,分别是《职业发展季刊》(*Career Development Quarterly*)和《就业咨询杂志》(*Journal of Employment Counseling*)。

职业生涯咨询和职业生涯的范围

职业生涯咨询是一个混合的学科,它经常被权威人士和公众误解,而且总是得不到尊重(Burlew,1992;Imbimbo,1994)。NCDA 给职业生涯咨询的定义是:职业生涯咨询"是来访者和心理咨询师之间的一对一的或是团体的关系,它的目标是帮助来访者整合和运用对自身和环境的理解,从而做出最恰当的职业选择和适应"(Sears,1982,p.139)。更为详尽地,布朗和布克斯(Books,1991)对职业生涯咨询和相关概念下了定义,具体为:

> 职业生涯咨询是一种被设计用来帮助个体应对职业发展问题的人际关系。职业发展是职业选择、参与、适应和前进的过程。它延及终身,可能会与其他生活角色产生动力性的交互作用。职业问题包括(不仅限于)职业的难以抉择,工作绩效、压力和适应,个人与工作环境的不协调,各种生活角色整合的不充分和不满意(比如父母、朋友、公民等)(p.5)。

纵观职业生涯咨询的历史,它被冠以许多种名称,其中包括就业指导(vocational guidance)、职业生涯咨询(occupational counseling)、就业咨询(vocational counseling)。克莱兹强调"career"一词比"vocation"一词更为现代化,包含的意义也更广。哈尔和克雷默将"occupation"定义为不同行业或组织中的一组类似的工作。而"career"比"occupation"的意义更广泛。工作(job)仅仅是为获得经济报酬而承担的某种活动(Fox,1994)。不论采用怎样的术语,职业心理咨询师在帮助人们进行职业选择时必须仔细考虑各种因素。

要理解这些因素,最重要的首先是要定义"职业生涯"(career)。苏伯(Super,1976)

在结合大量实践的基础上提出了一种精彩的定义。他把职业生涯视为：

> 是构成生活的所有事件的一个经历过程；是职业和其他生活角色的次序安排，它表达了个体在其整个自我发展过程中对工作的期许；是一个人从青春期到退休所经历的一系列有偿和无偿的工作岗位，而职业只能指其中一个岗位。职业生涯包括与工作相关的角色，如学生、雇员、退休者，以及各种完整的、职业化的、家庭的和公民的角色。职业生涯只因为人的追求而存在，因此它是以人为中心的(p.4)。

麦克丹尼尔斯(McDaniels，1984)并不太同意苏伯的观点，他扩大了职业生涯的定义，并更多地强调休闲的成分。他认为在未来所有人的生活中，“休闲”将会扮演越来越重要的角色。在一个人的终身职业生涯中，工作与休闲的结合和相互影响是最基本的。按照麦克丹尼尔斯的理论，可以用一个公式来表示职业生涯，即“C＝W＋L”(其中C代表职业生涯，W表示工作，L则表示休闲)(Gale，1998，p.206)。

尽管所有的咨询理论在个人的职业选择中都有潜在的可运用和利用之处，但人们通过教育的方法和咨询关系来洞察和理解自身，并了解如何适应工作世界。见多识广的人比其他人对咨询服务的需要要少，并且他们能够更加积极地利用这种服务形式。

职业生涯信息

NCDA将职业生涯信息定义为：在职业生涯发展的过程中可以被利用的所有与工作领域有关的信息，包括教育、就业、心理等与职业相关的信息以及培训的功效，工作的本质和不同职业中工作者的地位等(Sears，1982，p.139)。正如前面章节中所讨论的，“指导”一词通常主要用于教育性质的活动。职业生涯指导包括所有搜寻、传播关于目前和未来工作信息的活动，从而使个体更有知识并意识到在工作领域中自己是怎样的人(NOICC，1994)。指导活动可以采用下面的形式：

- 职业展览会(邀请许多领域的经营者解释他们的工作)
- 图书馆分配(library assignments)
- 外部会谈
- 计算机化的信息体验
- 职业追踪(跟踪某些人的日常工作)
- 教育类演讲
- 进行角色扮演等实践练习

过去职业指导和职业生涯信息的传播总被认为是学校的活动。但这个过程经常是在教室以外的环境中进行的，如政府机构、工厂、图书馆、家庭以及私营企业

(Burlew,1992;Harris - Bowlsbey,1992)。根据帕特森(Patterson)的观点,职业指导是"用适当的方法对那些正常的没有情感问题的人进行干预和引导,使其做出职业的选择"(Freeman,1990,p. 292)。许多政府机构和教育机构(如在俄勒冈州尤金市的国际职业生涯信息系统)将有关就业的信息计算机化并通过图书馆传播。总体而言,职业生涯信息传播的途径越来越广阔。

并非所有信息的获取都有用,那些没有获得特定环境下个人化职业生涯信息的人就很难做出职业选择。结果也许就变为不现实的梦想,目标超出个人的能力(Salomore & Mckenna,1982)。因此,提供给正在进行职业决策的个体定性和定量的信息是至关重要的,包括职业决策过程的性质,如"职业决策是随时间而变的"以及"决策过程是复杂而非简单的"(Krieshok, 1998)。有关职业生涯信息和决策过程的知识并不能保证职业发展中良好的自我探索,但没有这些信息就不能做出好的职业抉择。信息的不充分和过时是个体无法做出决策或无法做出明智决策的原因之一。

有几本著作被认为是寻找有关职业及其趋势的深入和最新信息的经典的参考书。这其中包括政府出版的《职业主题字典》(*Dictionary of Occupational Titles*)和《职业展望手册》(*Occupation Outlook Haudbook*)。另外还有一些自助书籍,如波乐(Bolle,2002)的《你的降落伞是什么颜色?》(*What Color is Your Parachute*?),该书列举了大多数人从青春期后期开始的实践步骤,以及如何定位个人价值,如何成功完成职业寻求过程中的任务,如简历的写作等。这些书也为怎样进行特定的职业定位提供了信息资源。

职业心理咨询师也可以利用应用技术,特别是计算机和电子职业搜寻器(Bratina & Bratina,1998)。大量的计算机辅助职业指导系统(CAGSS)能够提供职业生涯信息并帮助个人根据自己的价值观和兴趣进行信息分类或是仅仅寻找工作的信息。以计算机为基础的职业计划系统的好处之一就是它们的可接近性:它们可以针对跨文化、跨年龄的不同人群,在很多情况下使用(Harris - Bowlsbey,1992;Sampson & Bloom,2001)。一些高端程序包括 SIGI - Plus(指导和信息相互作用系统,"Plus"体现了系统的精妙之处),DISCOVER(美国大学测试程序,1987)和 NOICC(美国职业生涯信息协调委员会,其包括各州的分部,如 SOICC)。DISCOVER 和 SIGI - Plus 是美国在职业规划方面运用最广泛的两个程序(Sampson,Shahnasarian, & Reardon,1987),而 NOICC 和其各州的分部被运用于教育、职业生涯信息和劳动力市场。

DISCOVER 包括九个模块:

1. 开始职业旅程;
2. 了解工作世界;
3. 了解自己;
4. 寻找职业;
5. 了解职业;
6. 选择教育;

7. 计划下一步；
8. 计划你的职业；
9. 做出变动。

DISCOVER 的大多数使用者都按照顺序使用，但是模块也可能根据不同的需要而增加。

SIGI - Plus(Kate,1975/1993)包括五个组成部分，每个部分都有一个关键点：

1. 自我评价(价值观)；
2. 职业抉择的判断(定位)；
3. 职业生涯信息的回顾(对比)；
4. 准备程序的检查(计划)；
5. 做出尝试性的职业选择(战略)。

通过使用 SIGI - Plus，查找者可以明晰他们的价值观，定位并辨明职业机会，对比选择并学会规划技巧，发展合理的职业选择技能。

增强计算机辅助职业指导系统的方法是不断的使用(Sampson & Reardon,1990; Zunker,2002)。无论程序变得多么复杂精细，利用受过培训的职业心理咨询师去帮助那些将这些程序运用于生活还有问题的人是明智的(Walker - Staggs,2000)。

职业发展理论和咨询

职业发展理论尽量解释人们选择职业的原因。他们也被用于解释人们随着时间做出的职业调整，如杰瑟(Jesser,1983)所说，在工作生涯中每个人平均有五次职业的变动。以个人和职业发展为基础的广泛而综合性的现代理论开始出现于 20 世纪 50 年代的文学作品中(Gysbers, Heppner, & Johnstong,2002)。尽管有许多其他的职业理论已经形成，并有一些目前还在被不断完善(Zunker,2002)，但是“苏伯和霍兰德(Holland)的理论是首先被普遍使用的职业发展和选择理论”(Weinrach,1996,p. 6)。接下来所要陈述的内容(如特质-因素论、心理动力学理论、发展理论及社会认知理论)和咨询过程是他们理论中最重要的部分。目前，学者正在尝试建立综合性的职业生涯咨询理论。

特质-因素论

特质-因素论的起源可以追溯到弗兰克·帕森斯(Frank Parsons)。这种理论强调首先要评估顾客的个性，然后与不同职业的内在因素进行系统的搭配。由于 E. G. 威廉森(E. G. Williamson,1939)对该理论的支持，它在大萧条时期产生了广泛的影响。到 20 世纪 50 年代和 60 年代，该理论逐渐冷却，但是又以更为现代的形式展现出来。这种形式最明显的特征就是“结构化”，并在霍兰德等研究者的研究中有所反映。

特质-因素论总是强调个人的“独一无二”性。开始，理论的提倡者假设一个人的能力和特性可以被客观和量化地测量。个人的动机被认为是相对稳定的。对于特殊职业的满意度依靠个人能力和工作需求之间的恰当的配合。

特质-因素论在其现代模型中，强调职业的人际特性、与生活方式的结合，以及工作职位的绩效要求。霍兰德按照人格类型和工作环境确定了六种类型：现实型、调查型、艺术型、社会型、进取型和传统型(RIASEC)(见图 14－1)。按声望水平调查型职业(I)所占等级最高，然后是进取型(E)，艺术型(A)和社会型(S)，这三者的声望水平大致相同。最低的是现实型(R)和传统型(C)职业(Gottfredson，1981)。

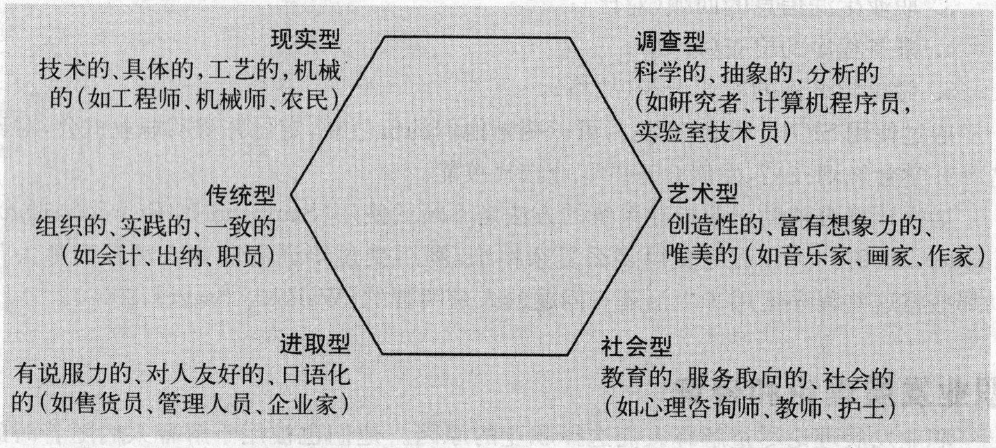

图 14－1 霍兰德的人格与职业匹配的六种类型

资料来源：Reproduced by special permission of the Publisher, Psychological Assessment Resources, Inc., from *Making Vocational Choices: A Theory of Careers*, Third Edition, copyright 1973, 1985, 1992, 1997 by Psychological Assessment Resources, Inc. All rights reserved.

个人对工作环境的满意度取决于多种因素，其中最重要的是人格类型、工作环境与社会等级之间的匹配程度(Gade, Fuqua & Hurlburt, 1988; Holland & Gottfredson; Savickes, 1989; Trusty, Rabinson, Plata, & Ng, 2000)。“女性更侧重与语言有关的工作，而男性则更侧重与数学有关的工作”，这既是一个普遍规律，又是一个显著例外(Trusty, et al., 2000, p. 470)。还有一些非心理学的因素，如经济或文化的影响等都能说明许多专业和非专业的工作者为何接受并继续从事他们的工作(Brown & Brooks, 1991; Salomone & Sheehan, 1985)。

然而霍兰德强调，对个人来说，对自己和工作需求有充分的了解并据此做出职业选择是十分重要的。按照霍兰德的理论，用三个字母的代码就能表示一个人全部的个性以及与之相配的工作环境的种类。三字代码所表示的内容将从高中阶段开始一生保持稳定(Miller, 2002)。若一个人的人格代码为 SAE，则表示该个体最适合社会型工作，然后是艺术型，最后是进取型。然而，字母代码之间的相互作用会影响个体的构成和其对职业环境的适应。为此，米勒(Miller，1998)建议，用霍兰德六边形的顶端两个、中部两个和底端两个搭配呈现来替代得分最高的三个项目的使用，为顾客提供一个完整的人格轮廓以及在所定职业中与他人的相似度。根据第一个标准，苏伯的类型是 S/I/R，而霍兰德的应是 A/E/IRS。按照第二个标准，苏伯的类型应该是 SI/RA/EC，而霍兰德的则是 AE/IR/SC(Weinrach，1996)。

特质-因素论职业生涯咨询在一段时间内被不恰当地讽刺为“三段会谈和一堆垃圾”。第一个访谈部分是弄清楚来访者的背景，并进行相应的测试。然后，顾客接受一系列的测试，并在第二次访谈时由心理咨询师分析其测试结果。在第三次访谈中，顾客回顾根据数据所得的可选职业，并被心理咨询师赶出去寻找在特定职业上更进一步的信息。威廉森最早根据该理论去帮助顾客学会自我管理的技巧。但是正如克莱兹所注，使用特质-因素论的职业心理咨询师可能会忽视在做决定时的实际心理状况，而不能促使顾客形成自助技巧。这些心理咨询师会过分重视顾客忘记或歪曲的测试信息。

心理动力学理论

尽管罗伯特·霍波克(Robert Hoppock，1976)通过强调无意识动机和满足情感需要的重要性列举出一些相似的观点，但安妮·罗(Anne Roe)(Roe & Lunnebrg，1991；Wrenn，1985)的著作是心理动力学理论的最好例证。罗的理论认为职业兴趣的发展是父母与孩子之间相互作用的结果。职业选择反映了他们对儿童时代父母未使其满足的需要的渴望。按心理动力学观点，儿童时代的头几年是生活模式形成的最重要的时间。罗认为，在这个阶段会有一种无意识的动机影响人们选择职业，在该职业中需要可以得到表达和满足。

罗描述了三种不同的父母-子女关系气候图(见图 14-2)。第一种以情感关注为特征，可表现为下列两种形式的其中一种。第一种称为“过度保护”，这种类型的父母为孩子做出很多并鼓励孩子的依赖。另一种叫“过度要求”，这种形式的父母强调成就，在这种环境中成长的孩子通常会不断要求反馈和回报。他们经常会选择被别人重视的职业，比如演艺业。

第二种儿童培养模式是对孩子采取回避态度。这种模式有两个极端表现。一种是忽视型教养方式，在这种模型中儿童的需要很少得到满足。另一种叫拒绝型教养方式，父母对于儿童的需要满足不做任何付出。在这种环境中长大的孩子将会选择包含科学和机械兴趣的职业，从中寻找到生活的乐趣，他们更倾向于与事务和思想打交道。

父母-子女关系的最后一种模型是接纳孩子。接纳也许是不经意的，也许是更积极的爱，无论是哪一种，都鼓励独立。这种家庭中的孩子通常所选择的是能平衡人际的和非人际关系方面的职业，比如教师或咨询。

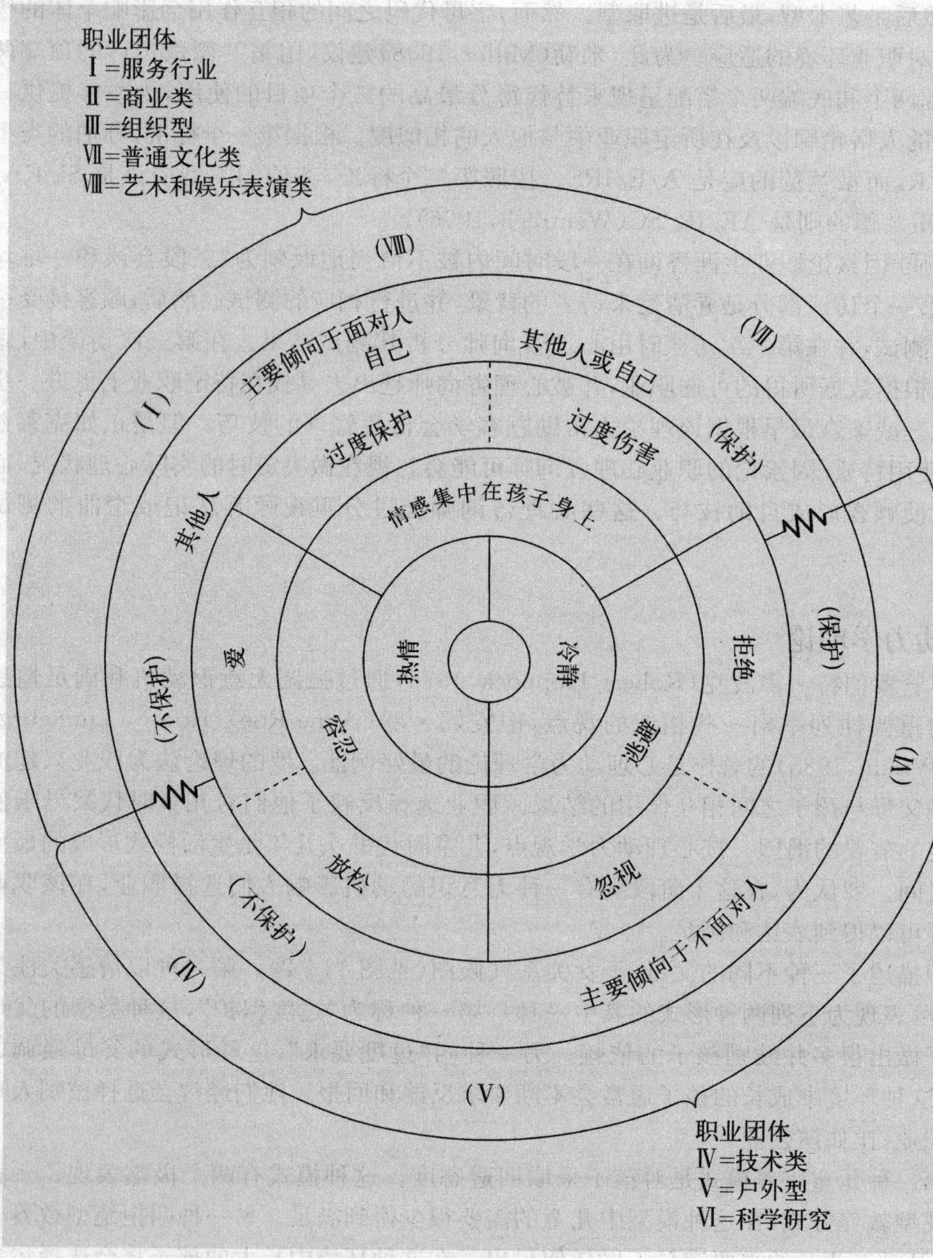

图 14-2 罗的职业种类的概念

资料来源：Reprinted from *The Origin of Interests* (p. 6), by A. Roe and M. Seligman, 1964, Washington, DC: production authorized without written permission of the American Counseling Association.

尽管罗的心理动力学理论的原始模型在今天并没有被广泛地使用,但根据他的理论产生出了相当多的研究。遗憾的是,整体来说研究并没有证明罗的基本观点(Beale,1998)。但还有一些职业测试工具是以罗的理论为基础,并仍在使用中的,如"雷马克兴趣问卷"和"学业兴趣问卷"(Meir,1994;Meir,Rubin,Temple, & Osipow,1997)。

以心理动力学职业生涯咨询为基础的模型主要由伯丁(Bordin,1968/1991)构建。他的观点建立在罗的心理动力学理论之上。他认为职业选择包含了顾客的需要,是自然发展的。这种方法最大的局限在于过分强调内在因素,如动机,而缺乏对外部变化的关注(Ginzberg,Ginsburg,Axelrad, & Herma,1951)。从这个角度出发的职业生涯咨询过程被认为太过复杂。

心理动力学职业生涯咨询的一个分支建立在默里·鲍恩(Murray Bowen,1980)的工作的基础上,并由麦戈尔德里克(McGoldrick)、格森(Gerson)和谢兰伯格(Shellenberger)进行扩展,该方法更为具体,但依然很复杂。根据这种理论观点,个人的独特性与其家庭出身有着内在联系。描述家庭出身模式的方法之一就是画家庭或职业家谱图(家庭家谱图在第九章已讨论过;见第九章家谱图的例子)。

职业家谱图尤为有用,因为它可以提供一个直接的相关的框架,利用这个框架就可以清楚地显示出顾客的许多信息,包括他们的世界观、可能的环境障碍、个人-工作-家庭的角色冲突、种族身份地位及其问题,以及文化适应的水平。这对于顾客非常有表面效度,因为这使他们在职业生涯咨询过程中有机会讲述自己的故事。

奥基什(Okiishi,1987)曾以心理动力学为基础理论,利用家谱图为即将毕业的大学生提供职业生涯咨询,他的实践很成功。这说明复杂的心理动力学职业生涯咨询依然具有实用价值。

发展理论

两个最广为人知的职业理论都与苏伯和伊莱·金斯伯格(Eli Ginzberg)有关。他们都以个人的发展为基础。由金斯伯格和他的同事提出的最初的发展理论有重要的影响,并被重新修订(Ginzberg,1972)。但是在本节中将详细讲述苏伯的理论,因为他的理论得到了更广泛的验证。

与其他方法相比较,发展理论通常更为概括,更关注职业行为的纵向表现,更倾向于强调自我概念的重要性。苏伯认为职业发展是自我概念实现的过程。人们对于自我的看法在其行为中得以体现。他认为职业发展可以体现为五个阶段,每一个阶段都包含一个需要被完成的发展性任务(见表 14-1)。第一阶段是成长(从出生到 14 岁)。这个阶段包括幻想(4~10 岁)、兴趣(11~12 岁)和能力(13~14 岁)三个分阶段。在此阶段,儿童在与他人的关系中形成了对自己的心理描述。在成长阶段,儿童开始定向于工作世界。

表 14-1 苏伯的阶段

成长期	探索期	确立期	保持期	衰退期
出生到 14 岁 自我意识通过对家庭和学校中的重要人物的识别得到发展；在这个阶段的早期，需要和幻想占优势地位；随着社会参与和现实检验的增加，兴趣和能力变得越来越重要；学习行为与自助、社会作用、自我定位、勤奋、目标设定、维持相联系。	**14～24 岁** 在学校、休闲活动和业余工作中发生自我检查、角色尝试和职业探索。	**24～44 岁** 发现一个合适的领域，并努力在其中确立一个持久的地位。以后所产生的变化都与岗位、工作或雇佣者的变化相关联，不再是职业本身的变化。	**44～64 岁** 已在工作世界中建立地位，关注点为如何维持这个地位。很少开拓新的领域，继续已建立的模式。关注维持已有地位的同时被前进阶段的年轻竞争者推动。	**64 岁以后** 随着生理和心理能量的减退，工作活动变化，应得物质减少。必须发展出新的角色：首先，选择性的参与者，然后是观察者。个体必须寻找其他的满意源以取代退休过程中所丧失的东西。
分阶段 幻想（4～10 岁）需要占主要地位；在幻想期间的角色扮演十分重要。 兴趣（11～12）喜爱是渴望和行为的主要决定因素。 能力（13～14 岁）能力被赋予更重要的地位，开始考虑工作需要（包括培训）。	**分阶段** 试验（15～17 岁）开始考虑需要、兴趣、能力、价值观和机遇；在幻想、讨论、课程、工作等过程中做出试验性选择。确立可能的合适工作领域和水平。	**分阶段** 尝试提出和稳定（25～30 岁）定居。在已选择职业中保证一个较为持久的岗位。在明确工作或者在工作明确地成为与岗位无关的延续之前，一到两次的变化中也许会有不令人满意的结果。 前进（31～44 岁）努力保持工作稳定，在工作领域中获取一个持久的岗位。对大多数人来说，这是一个具有创造性的阶段。获得资历；培养客户；证明优越的表现；证明资格。		**分阶段** 衰退（65～70 岁）工作地位逐渐降低、责任转移，工作本质被改变以适应自身能力的减弱。大多数人去寻找兼职工作来取代全职工作。 退休（71 岁以后）工作全部停止或转变为兼职、志愿者或休闲活动。
任务 形成对自我的认识。 形成对工作世界的定位以及对工作意义的理解。	**任务——将职业选择具体化** 过渡期（18～21 岁）随着个体进入劳动力市场或接受专业培训并尝试形成个人概念，他们将给予现实性考虑更大的比重。 **任务——明确职业偏好** 小任务的尝试（22～24 岁）找到一个看上去合适的职业，选定第一份工作，并将其作为潜在的职业生涯。但这种任务依然是临时的，如果工作不合适，个体将再次经历明确、细化和执行职业偏好的过程。完成职业偏好。形成符合实际的自我概念。学更多，掌握更多的机会。	**任务** 找机会做自己想做的工作，学习与别人相处，稳固并前进。为就业岗位建立保障，在一个持久的岗位上驻扎下来。	**任务** 接受自身的局限，确立并致力于解决新问题。掌握新技术，将注意力集中在关键行动上。维护已取得的地位和所得。	**任务** 发展非职业角色，寻找一个良好的退休目标，做一些自己一直想做的事。减少工作时间。

第二个阶段为探索阶段(14～24 岁),有三个分阶段：试验期(14～17 岁)、过渡期(18～21 岁)和尝试期(22～24 岁)。这个阶段最主要的任务是对工作世界的一般探索和明确职业偏好。

第三个阶段是确立阶段(24～44 岁),有两个分阶段：尝试(24～30 岁)和前进(31～44 岁)。本阶段的主要任务是逐渐确立自己喜爱和适合的职业。一旦确立自己的职业,人们就可以集中精力前进直到他们疲于工作或者达到事业的顶峰。

第四个阶段是保持(44～64 岁),其主要任务是保持已获得的成就。最后一部分是衰退(65 岁至死亡)。这段时间将从工作中脱离出来并寻找其他娱乐源。它也有两个阶段：衰退期(65～70 岁)和退休(71 岁到死亡)。

发展职业生涯咨询最主要的贡献是它对于咨询过程中某些因素的强调,如持续一生的咨询的重要性,以及职业决策易受到人生中其他过程和事件的影响。这种“生活模型范式的职业生涯咨询鼓励咨询者考虑来访者生活矩阵中的能力倾向和兴趣,而不是只与标准化群体比较”(Savickas,1989,p. 127)。

发展观的方法可以作为职业生涯咨询模式被概念化(Super,1954)。尽管这一方法由于强调历史性和描述性曾受到批评。但它的特点以及该理论的概念化程度都被认为是很有力度的(Herr,1997)。总体而言,以发展观为基础的职业生涯咨询力量强大,并超出苏伯根据自己的一生提出的综合性“彩虹理论”的概念继续发展(Super,1990;Super,Thompason, & Lindeman,1988)(见图 14－3)。

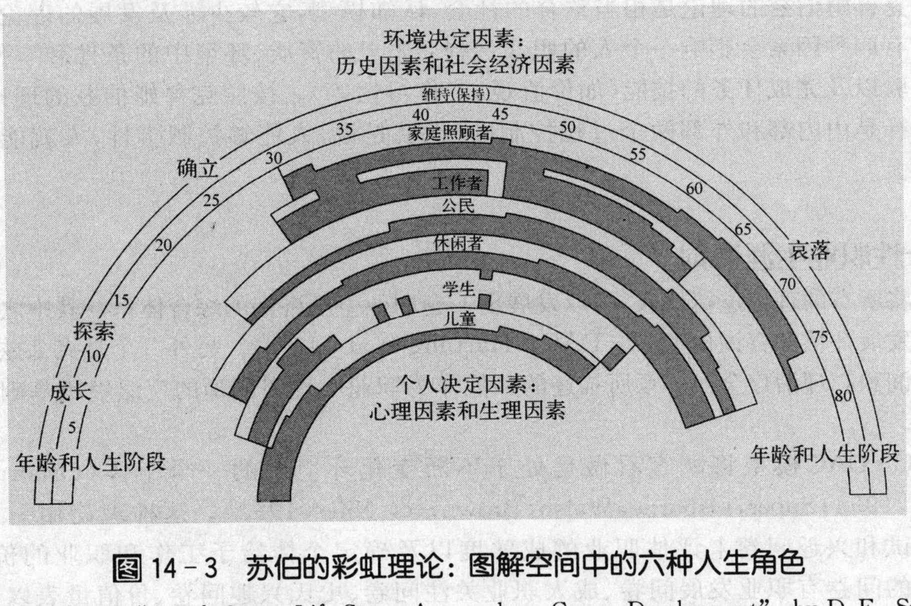

图 14－3 苏伯的彩虹理论：图解空间中的六种人生角色

资料来源：From “A Life-Span, Life-Space Approach to Career Development”, by D. E. Super, 1980, *Journal of Vocational Behavior*, *16*. pp. 282－298. Copyright 1980 by Academic Press. Reprinted by permission.

社会认知理论

职业发展的社会认知理论是从20世纪60年代提出的认知-行为和社会学习理论中发展起来的。两个最重要的模型分别由泰德曼和克内菲尔坎姆(Tiedeman & Knefelkamp)提出,它们都具有发展观的基础。泰德曼和他的合作者的工作建立在艾里克森(Erikson,1963)的发展关键期模型基础之上;克内菲尔坎姆和斯列皮察(Slepitza,1976)则以佩里(Perry,1968)的成果为基础,佩里的理论关注大学生的智力和道德发展。

泰德曼和奥哈拉(O'Hara,1963)的社会认知方法列举出职业选择的七阶段模型:探索(14～18岁)、明确(18～21岁)、选择(18～25岁)、入门(21～30岁)、归纳(21～30岁)、革新(21～30岁)和整合(30～40岁)。在各阶段之间会有一些重叠,但每一个阶段都需要个体做出决定。这个理论的重点是个人"由内到外"的认知重组,这也是泰德曼对职业发展理论的独特贡献。在职业形成过程中,泰德曼及其同事比苏伯更相信人的积极性。

克内菲尔坎姆和斯列皮察也关注一个多层次的认知发展结构,伴着这种发展的行为,它被用于描述大学生的职业决策过程。他们的职业规划模型重视九个变量,如控制、分析、综合、对不同观点的开放性等。这一理论最薄弱的环节在于缺乏对其所关注过程的衡量。此外在非大学生人群中没有进行研究。

克鲁姆伯兹的理论是相当整合的社会-认知模型,它较少涉及发展的理论。他认为有四种因素会影响一个人的职业选择:先天的资质、环境中的条件和事件、学习经验以及完成任务的技能(如价值观、工作习惯等)。按照克鲁姆伯兹的理论,职业选择是由内部和外部两个过程控制的,也就是说,人能够控制事件,人就能找到强化。

综合性职业生涯咨询

将所有的理论进行比较,可以发展出一套职业生涯咨询的综合体系。其中之一是职业发展评估和咨询模型(C-DAC)(Hartung et al.,1998)。另外一个是克莱兹建立在咨询和心理治疗全面体系所描述的和他作为职业心理咨询师的广泛经历基础上的模型。

C-DAC模型将顾客看做是处于不断变化环境中的一个个体(Osborne & Niles,1994;Super,Osborne,Walsh,Brown, & Niles,1992)。这种理论用一系列的测试和兴趣问卷来评估职业的成熟度以及确定个体给予工作和职业的价值。常用的问卷有职业发展问卷、成人职业关注问卷、史氏兴趣问卷、价值量表以及特点问卷(Osborne,Brown,Niles, & Miner,1997)。职业特征显著及已经准备好进行职业决策的来访者与心理咨询师一起工作,以客观地确定自己的兴趣、能力和价值。然后他们采取最后一步，主观地评价他们所能确定的生命主题和模式（Harturg et al.，1998）。

C-DAC模型可用于一生的职业规划，并允许多文化的职业理论和实践，因为它已经结合了"以工作角色的重要性和价值等变量为基础的重要文化"（Hartung et al.，1998，p. 277）。

克莱兹的模型建议心理咨询师对顾客的职业问题做出三个诊断：差别的（问题是什么）、动力的（问题为什么会发生）、决策的（问题怎样来解决）。这种诊断可以通过心理咨询师与顾客之间的亲密工作关系得到，开放式的交流也使得诊断更为容易。一旦做出诊断，它就会成为问题解决策略的基础，而这些策略预期能够使个体在更多方面更好地行使功能：智力的、人格的、社会的和职业的。

克莱兹在其职业生涯咨询中采用折中的方法。在开始确定问题的阶段，他使用来访者中心和发展观咨询。在中间阶段则以心理动力学技术为主，如解释，用以澄清问题是如何产生的。最后阶段则使用特质-因素理论和行为方法去帮助顾客解决问题。克莱兹的综合职业生涯咨询还建议使用测验。然而，对于测验的使用的关注点主要在于"在没有测验的前提下解释测验"，即让顾客和心理咨询师共同承担不依赖于常模而对测验结果做出的解释的责任。最后，这种职业生涯咨询模式要求一定要利用职业生涯信息，并建议心理咨询师引导顾客关注这些信息，当他们能够利用这些信息，他们就得到了强化。克莱兹编制了"职业成熟度问卷"来帮助心理咨询师测定顾客对职业生涯信息和自己的了解程度。

针对不同人群的职业生涯咨询

职业生涯咨询和教育可以应用于不同环境中各种不同的个体。布朗观察到职业生涯咨询常由以下机构提供：高校的咨询中心、康复机构、职业办公室和公共学校。他认为在其他的许多领域职业生涯咨询也有很大的市场，包括心理健康中心和私人实践机构。杰瑟坚定地认为给潜在使用者提供职业生涯信息和咨询是很有必要的，诸如事业者、学习能力缺失者、犯人和从精神病院康复并想重新进入人才市场的人。保险偿付是给传统人群和环境之外的人群提供职业生涯咨询的最大问题。因为DSM-IV-TR并没有覆盖职业关注，大多数健康保险金也将此类赔偿排除在外。

缺少保险金是很遗憾的，因为许多人在做职业选择时都存在困难。这些困难与职业决策之前和过程之中的三个因素有关：缺少准备、缺少信息和信息的不一致。包括上面提及的因素和更多的其他因素的职业选择困惑被系统地分类（Gati & Saka，2001）。尽管这个分类和图表最初是用于青少年学校咨询的，但它可以用于一生中任何一个年龄阶段（见图14-4）。

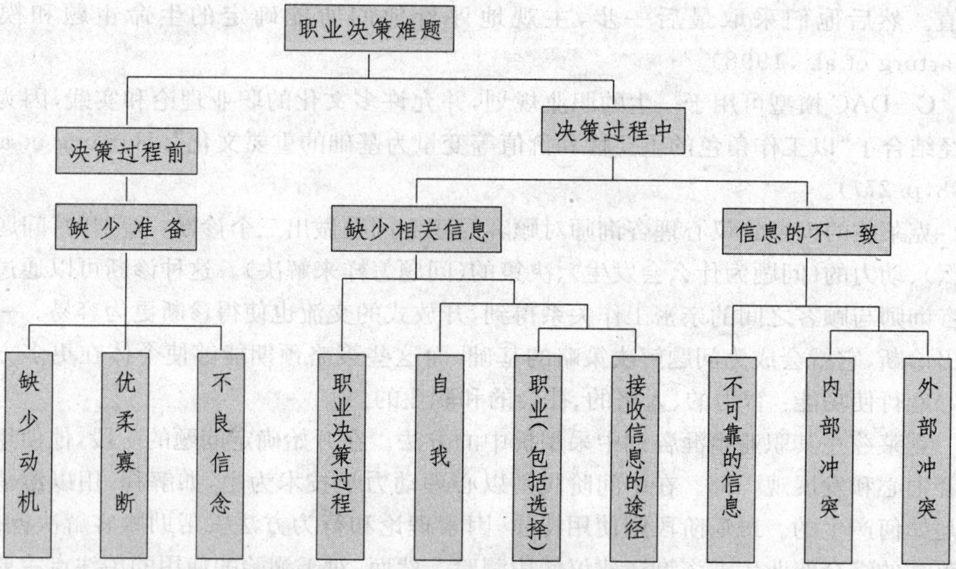

图 14-4 职业决策难题的分类

资料来源：Reprinted from "High school students' career-related decision-making difficulties", by I. Gati and N. Saka, 2001, *Journal of Counseling and Development*, 79, p. 333. © 2001 by ACA. Reprinted with permission. No further reproduction without written permission of the American Counseling Association.

由于职业的概念围绕人的一生，精通该领域的心理咨询师发现他们的工作对象包含了各个年龄阶段的顾客，从年少的儿童到八九十岁的老人，因此他们发展了多种不同的方法和技术以便有效地帮助特定的群体。

针对儿童的职业生涯咨询

职业发展过程开始于学前阶段，在小学阶段变得更清晰直接。哈尔和克雷默引用了很多研究来证实在学校的头六年中，许多儿童建立了相对稳定的自我认知并对职业做出尝试性的投入。无论职业生涯咨询和指导是否被提供，儿童的这种行为都能被观察到。不管怎样，对儿童来说这种行为是很有益处的，即在学校可以有一个系统的职业生涯咨询和指导，尤其对那些生活在就业机会有限地区的孩子。这个过程重点关注认知而非确定选择。他们将提供尽可能多的实践机会并帮助孩子们意识到他们有职业选择的机会。随着小学里年级的上升，孩子将会接收到关于职业的更细节化的信息，并逐渐认识到超出现有社会经济水平和性别的职业机会（Bobo, Hildreth, & Durodoye, 1998）。

杰瑟认为小学生的职业意识水平会随着活动范围的扩大而提高。如到当地企业、面包房、生产工厂或银行等地方实地考察。“因为比萨很容易引起小学生的注意，所以到比萨店参观可以提供一种寓教于乐的学习经验"(Beale & Nugent,1996,p. 294)(见图 14-5)。如果这种参观能够得以仔细地计划、实施,并伴以适当的班级学习(如班级讨论),孩子们将逐渐了解更为广泛的与职业、工作价值观有关的内容,也会认识到团队在任务完成中的重要性。

姓名 ________ 日期 ________

行为单#5

与比萨相关的词汇拼写

看看你能拼写出多少单词。这些单词来自你到匹萨店的参观。

1. risdhawshe ________
2. eanmarg ________
3. norew ________
4. tinjoar ________
5. oshetss ________
6. tisasrwe ________
7. fhec ________
8. tawire ________
9. ihcsrea ________
10. uertntraas ________
11. ezpaziri ________
12. psbuoerns ________

答案:(1) dishwasher (2) manager (3) owner (4) janitor (5) hostess (6) waitress (7) chef (8) waiter (9) cashier (10) restaurant (12) busperson

图 14-5 与比萨相关的词汇拼写

资料来源:Reprinted from"The Pizza Connection: Enhancing Career Awareness", by A. V. Beale and D. G. Nugent, 1996, *Elementary School Guidance and Counseling*, *30*, p. 301. © 1996 by ACA. Reprinted with permission. No further reproduction authorized without written permission of the American Counseling Association.

另一个拓宽儿童职业意识的方法就是"邀请父母到教室,并鼓励父母邀请学生到他们的工作环境中去体验"(Wahl & Blackhurst,2000,p. 372)。该过程利用了父母的角色模范作用,并且可能对那些父母失业或未充分就业的孩子来说尤其有帮助。为了帮助孩子打破他们对于职业的刻板印象,还可以邀请从事非传统型职业的人来演讲。

阅读描述成人和他们在工作中的典型行为的故事或观看此类录像也同样很有帮助。如《儿童职业词典》(*Children's Dictionary of Occupations*)(Pammore, Hopke, & Drier, 1999)和其他类似这种包含学生活动的书籍都是精确信息的良好来源。

斯普利特(Splete, 1982)列举了一个处理儿童问题的综合性计划,包括父母教育和由教师和心理咨询师参与计划的课堂讨论。斯普利特重点提出在小学水平有三个职业发展的关键区域:自我意识(如个人独特性)、职业意识和探究、职业选择。在幼小年龄阶段实施良好计划的职业指导和咨询,并贯彻跨越所有阶段教育体系的协调步骤,对于突破像"职业选择只是发生在某个特殊时刻的一个事件"(Lewis & Gilhousen, 1981, p. 297)这种荒谬观点和避免阻碍职业选择的错误具有长远的促进作用。

针对青少年的职业生涯咨询

为了满足青少年的职业需要,美国学校心理咨询师协会(ASCA)就学校职业指导心理咨询师应具备的期望和职责进行了描述(ASCA, 1985; Campbell & Dahir, 1997)。这些描述重点强调了学校心理咨询师在对学生进行职业教育时应同时考虑校内和校外因素。

科尔(Cole, 1982)强调在初中阶段,职业指导活动应包括对工作机会的探索和学生对自己在未来可能的职业中的优势和劣势的评价。他认为学生应开始意识并评价才能、技术、一般智力、动机水平、朋友、家庭、生活经验、外貌和健康等(Campbell, 1974)。"应用艺术课程,如工业艺术(应用技术)、家庭经济(家庭生活教育)和计算机文化课……为整合职业教育提供了理想的机会。图书馆或职业中心有供学生使用的中等水平的计算机化的职业生涯信息传输体系(CIDS)"(NOICC, 1994, p. 9)。大多数CIDS中常见的四部分是"评估、就业搜索、就业信息和教育信息"(Gysbers et al., 1998, p. 135)。总之,中学生的"职业探索是智力和社会发展的重要补充"(Craig, Contreras & Peterson, 2000, p. 24)。

在高中,职业指导和咨询活动与学生的成熟度有关。职业发展过程中最大的挑战和需要产生在这一阶段,尤其是在获取基本技能的领域中(Bynner, 1997)。通常,高中水平的职业生涯咨询有三个重点:激励职业发展,提供咨询,帮助定位。更特别的是,心理咨询师将根据学生的需要和功能水平为其提供保证、信息、情绪支持、现实测试、计划策略、态度阐明和工作经验。

在帮助青少年将职业观念具体化的过程中有几种技术被证明是十分有效的。一些主要是属于认知方法而另外更多的是经验化和综合性的。其中一种认知技术是使用想象指导,如想象未来特殊的一天、一个获奖仪式、一个职业中期的改变或退休(Morgon & Skovholt, 1997)。另一些认知技术包含提供有关职业进入与发展的基础性信息。例如,一个"职业日"或一个职业展览"以来自各种职业的工作者和专门人士为特色,可以让学生将各种职业的主要职责、每天的行为和需要的培训进行现实对照"(Wahl & Blackhurst, 2000, p. 372)。最后一个有效的认知方法是完成图 14－6 所示的"职业家族树",去发现自己当前的兴趣与家庭成员的职业对比如何(Dickson & Parmerlee,1980)。

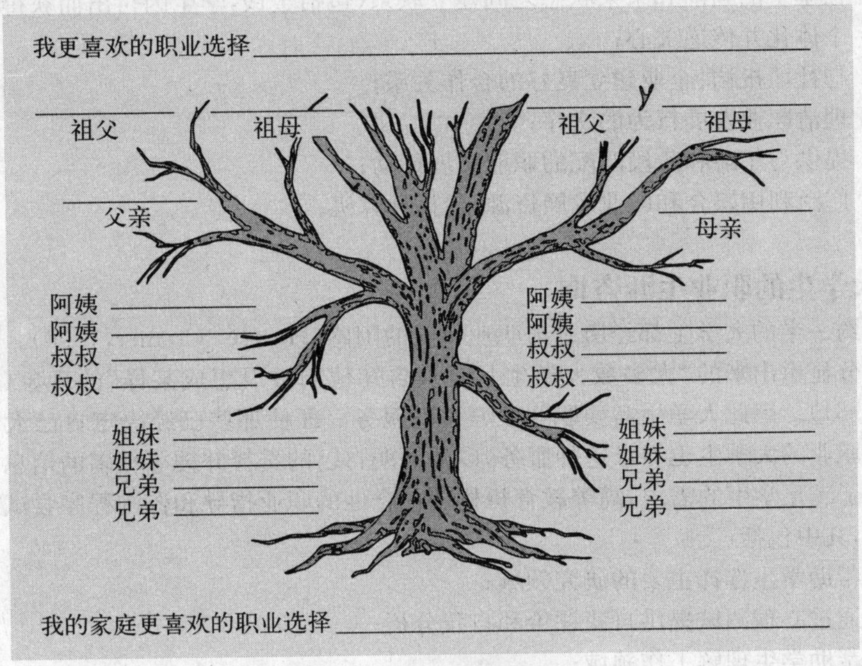

图 14-6 职业家族树

资料来源:Reprinted from "The Occupational Family Tree: A Career Counseling Technique", by G. L. Dickson and J. R. Parmerlee, 1980, *School Counselor*, *28*, p. 101. © 1980 by ACA. Reprinted with permission. No further reproduction without written permission of the American Counseling Association.

更经验化和综合化的技术包括向年轻人提供实习机会。实习是给青少年提供以工作为基础的学习的常用办法,并且它可以帮助没有受过高等教育的学生有一个从高中到最初工作环境的缓和的转变。尽管实习期能解决不少问题,但仍然给职业心理咨询师带来如下的几个挑战:(1) 帮助顾客掌握适应变化的技能;(2) 帮助顾客掌握某些工作技能(政府报告认定的工作);(3) 帮助顾客建立一套个人的有意义的工作价值观,从而使他们将工作环境人性化,并能体验到真实工作所带来的个人满意感(Hoyt,1994,p. 222)。

除了帮助在校学生,职业心理咨询师还必须努力帮助那些未毕业就离开学校的年轻人(Rumberger,1987)。这些年轻人承担着没有工作或没有全职工作的危险。教育性和经验性的规划,如曼(Mann,1986)的"4C"模型——金钱(cash)、关心(care)、计算机(computers)、联合(coalitions)——能帮助风险中的学生开始参与到职业探索和发展中来。按照布洛赫(Bloch,1988/1989)的观点,针对有落后风险的学生的一个成功的教育性咨询规划应遵循以下六条原则:

1. 在学生的当前和未来状态之间建立联系(包括金钱,学生因付出而获得酬劳);
2. 个体化并传递关心;
3. 与社区机构、企业建立良好的合作关系;
4. 理清职业发展行为的次序;
5. 提供与年龄和阶段匹配的职业发展行动;
6. 广泛利用媒介和职业发展资源,包括计算机。

针对大学生的职业生涯咨询

大约一半的大学生都经历过与职业相关的困惑(Herr & Cramer,1996)。部分原因是充分显示出来的"大多数大学生只是被告知他们被设想成某样"的现象(Laker,2002,p. 61)。因此大学生需要职业生涯咨询服务。即使那些已经决定自己大学主修专业和职业的大学生也寻求这种服务,以便证明自己的选择并搜寻更多的信息。

为了满足学生的需求,高等教育机构中综合性的职业指导和咨询程序尝试提供这些服务,其中包括:

- 帮助学生选择主要的研究领域;
- 通过心理测试提供自我评价和自我分析;
- 帮助学生理解工作领域;
- 通过职业展览、实习和校园访谈促进与工作机会的接触;
- 教授决策技巧;
- 满足特殊人群的需要(Herr & Cramer,1996)。

除了所提供的这些选择,学生还需要"职业生涯发展咨询"(Engels,Jacobs,& Kern,2000)。这种更为广泛的方法期望在帮助人们计划未来职业的同时能用适当的方式"平衡和整合生活-工作的角色和责任"。比如,作为工作者、家庭成员、父母亲和公民之间的平衡和整合(p. 192)。提前预见与工作相关的问题、亲密关系和责任是为大学生提供职业生涯咨询服务的重要内容(Hester & Dickerson,1982)。

大学生避免问题并对特定工作进行现实的工作预期(RJPS)的一个方法就是去接触并访问与他们所考虑的职业有关的知识丰富的人。RJPS最终可以令潜在的工作找寻者受益,降低员工对企业的背离度,提高员工满意度(Laker,2002)。总之,大多数咨询方法在对大学生进行职业干预和习惯行为的短期干预上可达到一定的有效程度(Picking & Vacc,1984)。

针对成年人的职业生涯咨询

大学阶段之后比大学期间的职业兴趣模式更趋于稳定。尽管如此,许多成年人仍然需要职业生涯咨询(Swanson & ANSEN,1988)。事实上,成年人都经历过贯穿生活的稳定与变动交替循环的时期。在生命的这一阶段,职业变化被认为是对个体发展性的和情境性的预期(Borgen,1997;Kerka,1991)。从发展角度来看,一些成年人在进入四十岁以后会发生中期职业变动。这个阶段被艾里克森描述为生产与停滞对抗的阶段。在这个阶段,成年人变得更为内省并希望赋予生活更丰富的意义,因此他们会有职业的变动。从环境变动角度来看,一些成年人可能在创伤性事件后变换他们的职业(Marino,1996)。

成年人常会发现自己在工作中并不愉快,但又对是否转换工作感到非常矛盾,此时他们将会经历一段职业和职业选择的艰难时期(Lowman,1993,p. 549)。在这种情况下,他们可能会产生一些荒谬的或杂乱的职业信念,而这些信念最后往往会自我实现,或是弄巧成拙(Krumboltz,1992)。例如,"我再也找不到自己真正喜欢的工作了",这时帮助这些人改变他们的思维模式并使其更为现实是至关重要的。

对成年人的职业生涯咨询有两种主要方法:区别法和发展法。区别法强调"在处理职业问题时对个人和环境的类型的区别比对任何生命阶段的策略更有用"(Holland & Gottfredson,1976,p. 23)。它避免了与年龄相关的刻板印象、性别和少数民族的影响,也避免了在处理终其一生的问题上的科学性和实践性困难。"在任何一个年龄,个体处理职业的水平和质量是人格类型与环境类型以及个体一致性和区别性相互作用的结果"(Holland & Gottfredson,1976,p. 23)。

根据这种观念,像霍兰德这类能够意识到用类型学去规划的职业心理咨询师就可以预见人们处理职业问题的固有的特殊方式。比如说,一个被认为是典型的社会型/艺术型人格的人(这类人往往适合做心理咨询师一类的工作),我们就可以预见他具有高等教育经历并有职业抱负,有良好的决策能力、强烈而持久的终身学习的兴趣,具有中等程度的人格能力,并且在创造性和高水平的表现上有强烈的兴趣,而非对领导力感兴趣(Holland,1997)。在面临逆境的时候,这类人就会趋向于改造和离开原有的环境。这种咨询方法最大的优点就是能很容易地解释任何年龄阶段的职业变化。在生活的任何阶段变化职业的人都是想在个人与环境之间寻求更多的一致。

发展法要检验大量个体与环境变量。"很多事件、情境和他人的经验在决定他们的身份中扮演了很重要的角色"(包括他们的信仰和价值观,他们如何回应别人以及他们的自我形象是什么)(Gladstein & Apfel,1987,p. 181)。发展的职业生涯理论认为成年人总是在评价自己如何被外部因素(如配偶、家庭、朋友等)所影响以及他们如何影响这些变量。奥肯(Okun)、格拉德斯坦(Gladstein)等认为重要他人和事件的相互作用将会强烈影响成年期的职业选择。

格拉德斯坦等人的成人职业生涯咨询方法重点放在六个因素的整合上:发展性、综合性、群体中的自我、纵向、共同责任、多样方法论。这些因素共同作用于该阶段的改变过程。该模型在罗切斯特大学的成人咨询中心实验,它考虑个体跨时间的整体同一性。在一个相关模型中，丘斯米尔(Chusmir，1990)强调人们在选择非传统型职业(在该职业中某种性别的人将不会被雇用)过程中所经历的多种因素的相互作用(见图14－7)。无论职业是否是非传统性的，事实是职业选择中有很多因素是被迫的。

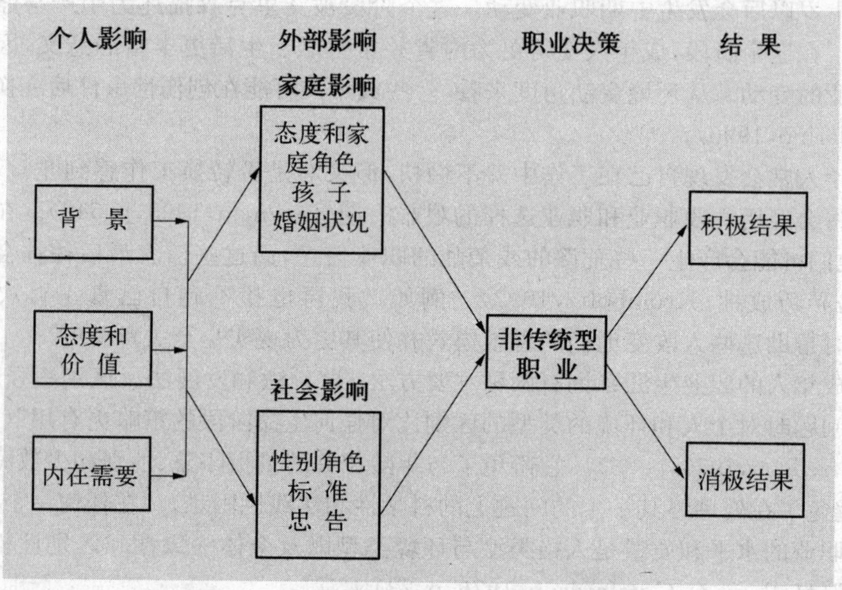

图 14－7 影响成人适应非传统职业的因素

资料来源：Reprinted from "Men Who Make Nontraditional Career Choices", by L. H. Chusmir, 1990, *Journal of Counseling and Development*, *69*, p. 21. © 1990 by ACA. Reprinted with permission. No further reproduction authorized without written permission of the American Counseling Association.

针对妇女和少数民族的职业生涯咨询

"传统的职业发展理论中许多固有假设对妇女和少数民族的应用都具有缺陷"(Luzzo & Mcwhirter，2001，p. 61)。相对于欧美的男性而言，妇女和少数民族一直以来就缺少充分的职业生涯咨询，而且在追求职业的过程中也面临更多的阻碍(Brown，2002)。其中主要原因是对这两个群体的刻板的信念和惯例(Herr & Niles，2002)。比如，社会普遍认为，为了适应家庭生活的需要，妇女应有不连续的职业形态。与此类似，少数民族也常被认为只对有限范围的职业感兴趣。在妇女和少数民族群体中逐渐成长起来的社会激进派结合了逐渐增多的研究，要帮助这些人群挑战并抑制负面力量，创建专为这些人设计的职业生涯咨询模型(Peterson & Gonzalez，2000)。

妇女

妇女以性别为基础的职业形态因为几个因素而正在发生改变。一个原因是"越来越广泛和多样的职业选择呈现在孩子们面前。此外,妇女进入了以前只提供给男性的职业领域,因此她们拓宽了提供给女孩的角色模型"(Bobo et al.,1998,pp. 40～41)。

自20世纪70年代以来,在妇女职业发展方面的研究和关注有了巨大的进展(Luzzo & Mclohirter,2001;Scott & Hatalla,1990;Walsh & Osipow,1994)。同时,妇女参与工作的人数也有相同的增长趋势,从1900年的约20%上升到1970年前后的50%,现在已接近75%。"对妇女职业发展的研究证明妇女在职业发展过程中既有内在障碍也有外部障碍,同时也证明妇女的职业决策和维持的过程比男性更为复杂和严格"(Sullican & Mahalik,2000,p. 54)。遗憾的是,大多数职业发展理论对女性都不适用。因为这些理论或者是为男性设计的或者是不完备的(Cook,1993;Cook,Heppner, & O'Brien,2002;Holland,1966;Jackson & Scharman,2002)。

因此,在对女性进行咨询时,即使对小学水平的女性,心理咨询师也需要意识到他们会经常进入一个新的领域,并且需要时刻提防和抵制刻板的职业性别角色影响(McMahon & Patton,1997)。常见的刻板印象包括把妇女首先看做母亲(培育)、孩子(依靠)、绝对无经验者(难以推动)和性对象(Gysbers et al.,1998),或者错误地认为女性作为一个群体,更愿意从事社会型、艺术型和传统的工作(与现实、调研性和企业的工作相对)(Tomlinson & Evans-Hughes,1991)。另外还存在"玻璃天花板"现象,认为在企业里妇女的发展是有限的,因为她们被认为不能履行高级职责。当这些错误观念被接受,女孩和妇女们就不能努力去展现她们的能力以获取机会,也不能充分发展个人能力和天资。结果她们再也不工作或者只从事一些低水平的和较为温和的工作,或是更重视"安全"、传统和女性主导的工作,如教师、文员、护士或社会服务者(Betz & Fitzgerald,1987; Brown,2002;Walsh & Osipow,1994)。

在对妇女的职业生涯咨询中也要考虑到除这些错误观念以外的其他障碍。例如一个公司的企业文化可能要求员工花比工作要求中所描述的更多的时间参与实际工作,处理一些特定的事务,或是成为"公司那群人中的一员"。这样,正如克服围绕着她们的那些错误信念一样,妇女必须克服这些现实问题来达到她们的职业目标(Luzzo & McWhirter,2001)。心理咨询师建议若女性想要在非女性主导的工作领域找到工作,那么常与男性交往可能有助于达到这个目标(Mencken & Winfield,2000)。然而,克服障碍和错误观念以寻求平衡是咨询过程中的基本内容。

为研究妇女是如何兼顾职业和家庭的,杰克逊(Jackson)和沙尔曼(Scharman)研究了一个全国性的样本后发现:26名妇女被认为创造性地构建了她们的职业使得照顾家庭的时间获得最大化(p. 181)。围绕这些妇女如何创建"友好性"职业,形成了八个不同的主题。无论怎样,"每一个参加者都找到了兼顾职业和家庭的满意解决方法,而不必在两者间进行选择"(p. 184)。总之,这些妇女都显示出显著的自我效能(包括相信自己能处理复杂或困难状况)。在妇女的职业发展中,这种能力逐渐成为一个重要因素。通过与群体中的妇女一起考察自我效能的构成因素,职业自我效能可以不断增加，比如绩效的成功完成，从他人那里获得经验，情绪唤起和口头说服（Sullivan & Mahalik，2000）。

对于妇女的职业生涯咨询，尤其对处于职业沮丧和犹豫不决状态下的妇女来说，另一个有帮助性的咨询方法就是提供“职业加生活咨询，这意味着在咨询中，她们要关注那些已明晰的职业问题以外的个人和关系问题”（Lucas Skokowski，& Ancis，2000，p. 325）。按照生态学的观点，职业心理咨询师与妇女一起探讨职业发展问题时，关注其生活环境的内容和复杂性，这种方法越来越得到认可，人们认为它能帮助妇女变得更有能量，能更好地塑造自己的未来（Cook et al.，2002）。

在未来，一个能引起妇女职业心理咨询师关注的领域是人口统计学和其发展趋向。劳动力市场已从商品型产业转变为服务型产业（Van Buren，Kelly，& Hall，1993），当从事这些工作的年轻女性具备了追求技术型非传统高薪职业的资质时，她们将会更受制于经济因素，这时就十分需要通过现场的或是录像等模型为女性提供职业的咨询和干预。“这也将鼓励年轻女性考虑选择具有经济利益的非传统型职业”或者选择她们真正喜欢的职业（Van Buren et al.，1993，p. 101）。

除了上面已提过的那些妇女和方法之外，还有另外两种女性工作者群体也已经并将继续受到相当的关注，那就是被替代的家庭主妇和隔一段时间后再进入市场的妇女。被替代的家庭主妇在进入工作市场后不能满足市场的需要，而隔一段时间后再进入市场的妇女往往在家待了相当长的时间后才决定进入工作市场，她们都为职业心理咨询师提出了有相当难度的挑战（Isaacson & Brown，2000）。被替代的家庭主妇经常发现自己处于财政危机之中，对最近的工作市场趋向并不了解，没有支持系统，自我意识也不稳定。职业心理咨询师在帮助妇女进行主要职业选择之前必须先帮她们理顺或解决一些问题。在这个过程中，心理咨询师也许会建议这些妇女先从事一些临时性的工作，但要想获得工作满意感这种长期结果则需要花费不少的时间。隔一段时间后再进入工作的妇女因为其自身的动机和地位而不会面对同样程度的同样问题。她们需要较好地处理职业生涯信息，明确自己的市场技能，处理自我意识问题并现实地面对家庭责任。

少数民族

少数民族文化的形式多样，职业心理咨询师对他们进行个体或是集体咨询时，不可能考虑所有的因素。由于雇佣者的歧视观念，受雇者自身缺少市场技能，以及在进入能寻找好工作的非正式网络时受到限制（Leong，1995），许多少数民族难以找到有意义的工作。另外，少数民族（作为一个群体）的兴趣模型与霍兰德提出的适合欧美人的六边循环模型不同，这样就给想帮助他们的职业心理咨询师提出了挑战（Osipow & Fitzgerald，1996）。在美国，有约27%的成年人表示需要在寻找工作信息上得到帮助，而在特殊的少数民族人群中这个比率更高：非洲裔美国人为44%，亚洲/太平洋岛国人为36%,拉丁美洲/拉丁人为35%(NCDA,1990)。

心理咨询师必须要记得少数民族在职业中建立自我时的特殊需要。心理咨询师应对这些问题时要保持敏感,同时帮助个体克服那些阻碍他们潜能最大化的人为的和现实的障碍。例如,那些生活在贫困中的年轻非洲裔美国人,他们的生活常被标上职业障碍的标签,因为"他们与工作相关的实践经验较少,受教育机会有限并且缺少积极的工作角色模型"(Dunn & Veltman,1989,pp. 156~157)。针对这部分个体的结构性咨询程序需要用积极的角色模式和经验去维持其文化或种族的传统和能力,同时努力突破和克服传统的限制(Drummond & Ryan,1995;Locke & Fanbert,1993)。在此过程中,心理咨询师帮助他们要像帮助其他人一样,要帮助他们区分那些他们有控制力和责任去超越的障碍和那些他们没有能力去克服的障碍(Albert & Luzzo,1999)。

针对美籍华裔和韩裔父母建立的职业意识程序被证明是有益处的(Evanosk & Tse,1989)。在亚洲文化中,父母总是要为孩子选择职业而忽视孩子的兴趣。通过阶段性进行邻里讨论向父母介绍美国的职业机会,将展现给他们一个更为多样的选择。这种讨论会的成功之处是运用双语言角色模型和运用以参与者的语言书写的职业指导材料。

针对同性恋者/双性人/变性人的职业生涯咨询

同性恋、双性人和变性人是职业生涯咨询中很少被考虑到的特殊群体。除了具有和其他群体的共同之处外,这些个体还面临着特殊问题。这类人关心最多的问题是是否在工作中公开其性倾向(Chojnacki & Gelberg,1994)。有特殊倾向的这些人如果公开表明他们的观念和实际行为将会引起个人和专业发展的特别关注,包括歧视。

尽管传统的职业生涯咨询方法通常对各种性倾向的人都适用,但对这些人还是要特别关注,应该帮助这些人确定其偏好的生活方式和特定工作环境之间是否适合。如果要想让职业生涯咨询有建设性意义,性倾向是一个不能被忽视的重要因素(Crotean & Thiel,1993)。

职业心理咨询师在对这个群体的成员进行咨询时,必须确定他们自身和周围人群对他们的刻板印象。在这样的评估中,心理咨询师必须测量对这些非异性恋人群的个人的、专业的和环境的偏见。此外心理咨询师需要使用与性别无关的语言,并熟悉存在于这些群体成员之间的支持网络。再进一步,他们必须了解工作场所公开的或隐蔽的歧视,如黑色邮件、排斥、折磨、孤立和断绝。心理咨询师需要和同性恋者、双性人和变性人讨论"淡紫色天花板"效应。这种阻碍职业发展的障碍与对妇女的"玻璃天花板"效应相同,早期的职业平台期的出现主要是由于高层管理者反对性观念异常人群而导致的谨慎的歧视(Friskopp & Silverstein,1995;Zunker,2002)。

总结与结论

本章包含了职业生涯咨询的各方面信息，包括各种职业生涯咨询的重要性和咨询机构，如NCDA和NECA，着重介绍了这些职业生涯咨询的发展。回顾了主要的职业生涯咨询理论——特质-因素论、心理动力学理论、发展理论和社会认知理论。同时提到近期为建立一个综合性职业生涯咨询理论而进行的两个尝试。另外也提到对特殊人群的职业生涯咨询，特别是对处于不同发展年龄和阶段的个体、妇女、文化少数民族和异常性倾向人群的职业生涯咨询。

总之，内在需要和驱力、经济、性别、教育水平、种族及社会背景等多个因素共同对职业决策产生影响。世界的发展，特别是技术的发展也对职业领域形成了冲击。信息时代继续改变着工作的开放程度，同时也改变着许多职业的工作方法（Walls & Fullmer，1996，p. 154）。当先进技术创造出新的工作或改变旧类型的工作时，以前曾被重视的技术或整个职业也许会减少或消失。因此职业生涯咨询变得越来越重要，想要贴近顾客的心理咨询师就必须了解职业生涯咨询领域中跨越年龄的咨询过程和实践。

职业心理咨询师的职责如下：

- 实施并分析测试和问卷；
- 进行个人咨询；
- 建立个性化的职业计划；
- 帮助顾客整合职业和非职业生活角色；
- 促进决策技能；
- 为经历工作压力、失业或职业变动的人提供支持。

课堂活动

1. 回忆你的儿童时代以及那个时期你所意识到的工作。你早期的（12岁以前）职业梦想对你现在的专业期望有何影响？在班上讨论你的回忆以及它们对你的持续影响。

2. 和另一个同学讨论职业定义（包括休闲概念）的重要性。你同意麦克丹尼尔斯的观点吗？或者你认为休闲是一个独立的部分？和全班分享你的观点。

3. 阅读并评价一个可以应用在你感兴趣的年龄组的职业生涯信息指导技术。用口头报告的形式在班上和同学分享你的信息。

4. 利用你所了解的已经在自己职业中稳定下来的一个人的信息来评价罗的职业选择理论。如果可能的话采访这个人。你在与同学的讨论中获得的信息是否证实了罗的理论？

5. 本章所涉及的职业生涯咨询的特殊群体中哪一种群体你最感兴趣？按照偏好将班级分成小组，重点讨论你认为对你们小组来说在职业决策中最重要的方面，向全班汇报你的结论。

第十五章 婚姻与家庭心理咨询

婚姻关系和家庭生活由来已久。几千年来，不管是包办婚姻还是自由恋爱，男女在其所在的宗教和社会的许可下，为经济、社会及繁衍后代而结合。在不同的社会中，婚姻和家庭的内涵也千差万别。一般说来，婚姻被认为是两个成年人在社会或宗教允许的情况下，因经济或繁衍后代的原因而结合在一起。然而，也有人认为，家庭是由"那些在生理或心理上有联系的人……通过历史、情感或经济纽带组合而成……并且他们将自己看做家庭的一部分"（Gladding，2002，p.6）。这些关于婚姻和家庭的定义还有更为广阔的延伸空间，并可容纳各种各样的定义形式。

目前，婚姻与家庭咨询引起人们的强烈关注，部分原因是由于二战以来美国家庭生活的急剧变化。战前，两种类型的家庭占美国文化生活的主导，它们至今仍存在，即：

- 核心家庭，包括一对夫妇及其子女；
- 多代家庭，至少包括三代：孩子、父母和祖父母。这种类型的家庭有时甚至还包括未婚亲属，如叔叔和阿姨。

战后，离婚率日益增高，同时出现两种新的家庭类型，即：

- 单亲家庭，包括父母（包括亲生父母和养父母）中的一方，他或她要单独养育子女。
- 再婚（即混合、继父母）家庭，夫妻双方中至少有一方曾结婚并有子女。

此外，到目前，除了上述家庭类型外，由于社会形态和人口学的变化促进了其他一些类型家庭的出现和发展，尤其是：

- 双职工家庭，夫妇双方都有自己尽职尽责的工作；
- 丁克家庭，夫妇双方自愿或因生理因素无法生育而不要孩子；
- 老龄化家庭，一家之主中的一个或双方已经65岁或65岁以上；
- 同性恋家庭，夫妇双方是同性，他们或者没有孩子，或者共同抚养早期婚姻生活的孩子，或者通过人工授精生育，或者领养孩子；
- 多元文化家庭，夫妇双方来自不同的文化背景，有或没有孩子。

因此，21世纪的婚姻和家庭发生很大变化。那些选择婚姻和家庭的人每天都要面临一系列经济、社会和发展的挑战。他们也可从中获得些许回报，如满足生理需要，获得物质和精神支持。婚姻和家庭生活的弊端和影响纷繁复杂。因此，专业的婚姻和家庭心理咨询师必须了解夫妻双方存在的问题及其解决问题的潜力，并努力帮助他们应对其家庭可能面临的极其难处理的和突发的、暂时的或持续存在的变故(Napier，1988)。

尽管在婚姻和家庭咨询的道路上荆棘遍布，但它仍然是众多心理咨询师的梦想和追求。原因有三：其一是人们逐渐认识到家庭功能对成员的直接影响(Goldenberg & Goldenberg，2002)。例如，混乱家庭中的孩子通常因缺乏秩序，甚至不知道该做什么而难以与他人交往，而过度卷入家庭则会使孩子很难走出家门，因为他们过分依赖父母或其他家庭成员。其二是出于经济上的考虑。当夫妇双方或家庭成员共同接受咨询，家庭问题通常能够比较经济地解决。三是婚姻与家庭咨询内在的魅力使其颇具吸引力。在咨询过程中，心理咨询师需要考虑多种因素的影响，同时他们还必须要在思维和身体动作上表现灵活。就如同当来访者和其家庭发生变化时使治疗师感到有成就感一样，这一过程本身就很令人兴奋。因此，婚姻和家庭咨询吸引了众多的临床工作者，他们愿意以尽可能有效的方式去解决复杂多变的问题。

本章主要通过回顾家庭咨询组织机构、相关研究及家庭生命周期，来探讨婚姻和家庭咨询的起源和发展。同时，还将介绍从初次访谈到结束的整个咨询过程，以及家庭咨询与个别咨询、团体咨询之间的区别。

婚姻与家庭心理咨询的开端

婚姻与家庭心理咨询专业出现得相对较晚(Framo，1996)。它真正的起源可追溯至20世纪40年代和50年代早期，真正发展则是在70年代到80年代(Nichols，1993)。有趣的是紧随着婚姻和家庭咨询的盛行，美国家庭的形式、组织、结构和焦点发生了巨大变化，并日益受到关注(Markowitz，1994)。在这一部分，我们将介绍影响这一领域发展的趋势和人物，包括一些该领域当代的领袖。

趋势

二战末期，美国经历了从战争到和平的暂时重整，这一调整不仅仅使美国家庭类型增多，而且对美国家庭造成了重大影响，并表现出三大趋势(Walsh，1993)。第一大趋势是，几乎同时伴随着1946年起就已出现的婴儿潮，离婚率日趋攀升。在当时，离婚仍较为少见，此后骤增，直到90年代才趋向平稳。这一现象所造成的影响仍未解决。如今，仍有50%～65%的夫妇最终走向离婚(Martin & Bumpass，1989；Whitehead，1997)。

第二大趋势是妇女角色的变化。二战后，更多的妇女走出家庭，成为职业妇女。

很多妇女不仅仅是家庭主妇，她们更是家庭的顶梁柱。60年代的女权运动也使妇女有更多进入社会的机会。因此，对妇女的传统期待被打破，像任何重大的社会变革一样，这也导致家庭出现了不稳定。在这个调整过程中，夫妇双方都需要得到帮助。

第三大趋势是人们的寿命不断延长，这使得婚姻与家庭咨询与美国民众的联系变得更密切。人们发现他们要与其配偶生活在一起的时间超过历史上任何一个时期。早期很少有这种情况，因此很多人不知道该如何对待其配偶或子女。

由于上述变化的影响，家庭和个体迫切需要得到帮助，解决出现的一系列问题。这使得研究者、心理咨询开业者和理论家们联合起来，致力于帮助众多夫妇和家庭开辟一条新道路。

家庭治疗的先驱与当代领导者

二战后至今，众多的专业人士共同努力，不断推动婚姻与家庭咨询的前进，很遗憾这里不能逐一介绍。其中一些专业人士，像内森·阿克曼(Nathan Ackerman)和弗吉尼亚·萨提亚(Virginia Satir)以其鼓动性的风格，使咨询卓有成效。另外一些专业人士，像萨尔瓦多·米纽庆(Salvador Minuchin)和约翰·戈特曼(John Gottman)，因其所进行的研究而受人关注。

纽约的精神分析师内森·阿克曼尤其重视治疗、精神分析和家庭的完美结合。在他之前，精神分析师在进行个别咨询时，往往将其家庭成员这一影响因素排除在外，因为他们担心家庭成员的卷入会打乱治疗计划。阿克曼将精神分析应用于家庭治疗中，使家庭治疗在精神病学领域受到尊重。

美国另外两个与阿克曼同时代的先驱者——弗吉尼亚·萨提亚和卡尔·惠特克(Carl Whitaker)，他们都很有人格魅力，特别引人注目。萨提亚是一位思维清晰的作家和节目主持人，而惠特克则是一位批评家，他不拘泥于固定的咨询形式，如在咨询会谈中他可能会睡觉和做梦，同时他很有创造性，能激发来访者及其家人就婚姻与家庭领域的问题进行深入的思考和讨论。

杰伊·黑利(Jay Haley)是早期家庭治疗的领军人物，但他的很多观点都来源于米尔顿·埃里克森(Milton Erickson)，并将这些观点与自己的观点结合起来，坚持不懈地致力于推动早期的家庭心理咨询师之间的交流，以发展这一领域的咨询观点。杰伊·黑利还是发展策略家庭治疗和影响结构家庭治疗的重要人物。

其他一些先驱者以小组的形式工作，他们主要就家庭动力学和精神分裂症病因学领域进行了一系列探索性研究。这些小组中比较著名的有两个，一个是在加利福尼亚帕诺阿尔托的格利高里·贝特森(Gregory Bateson)研究小组(Bateson, Jackson, Haley, & Weakland, 1956)，另一个是在美国国家精神卫生研究院(NIMH)的莱曼·温(Lyman Wynne)研究小组(Bowen, 1960; Wynne, Ryckoff, Day, & Hirsch, 1958)。

他们观察当家庭中有成员被诊断为精神分裂症时，夫妻和家庭功能发生怎样的变化。贝特森研究小组提出了一系列有趣的概念，如双重束缚（double bind），即当一个人同时收到相互矛盾的两种信息，并不能摆脱时，就会出现一系列躯体和心理症状，以减缓紧张和逃避冲突。以对代际间的相互影响为基础，鲍恩（Bowen）发展了系统家庭治疗，创造了一个当今广泛流行的临床工具——家谱图（genogram）（运用数字、线条和文字描述一个家庭三代的谱图，使家庭成员之间的关系清晰明了——见第九章）。

小组咨询运动，尤其是在20世纪60年代，也对家庭咨询的出现产生了影响。一些咨询开业者，如约翰·贝尔（John Bell），甚至开始将家庭作为一个小组，进行夫妻/家庭小组咨询（Ohlsen，1979，1982）。从60年代起，其他国家的一些治疗师，如结构家庭治疗的创始人萨尔瓦多·米纽庆、策略家庭治疗形式之一米兰模型的创立者马拉·萨尔维尼·帕拉佐里（Mara Selvini Palazzoli）、当代叙事疗法的创建者迈克尔·怀特（Michael White）和戴维·艾普斯顿（David Epston），也对婚姻与家庭治疗产生了重要影响。

近年来，这一领域又受到史蒂夫·狄沙舍（Steve deShazer）和比尔·奥汉隆（Bill O'Hanlon）美国中西部潮流的影响，他们发展了短期家庭治疗，强调问题的解决方法和可能性。此外，莫尼卡·麦戈尔德里克（Monica McGoldrick）强调了家庭治疗中要考虑多元文化因素和文化背景的重要性。今天的文化主要包含两部分：遗传性文化（如种族、民族、宗教、生育高峰期出生者群体）和习得性文化（习得的习惯，如如何作为一位心理咨询师）（Markowitz，1994）。贝蒂·卡特（Betty Carter）与其他一些学者开始关注家庭治疗中性别敏感问题，如重要的权力结构。一些杰出的研究者，如约翰·戈德曼和尼尔·杰克逊（Neil Jaconson），试图帮助咨询开业者了解如何改善婚姻和家庭内部的动力学问题，特别是家庭暴力，以及对婚姻关系发挥重要作用的影响因素（Peterson，2002）。

协会、教育和研究

协会

当今主要有四大协会吸引着婚姻与家庭咨询的临床工作者。最早也是最大的协会是美国婚姻与家庭治疗协会（AAMFT），创建于1942年。其次是国际婚姻与家庭心理咨询师协会（IAMFC），它是美国心理咨询协会（ACA）的一个分会，创立于1986年。第三大协会是美国心理学协会（APA）的一个分会：第四十三分会（家庭心理学），它形成于1984年，包括了一些从事家庭治疗方面的心理学家。第四大协会是美国家庭治疗协会（AFTA），建于1977年，被认为是高级专业人士学术交流的殿堂（Gladding，2002）。

教育

AAMFT 和 IAMFC 都制定了一系列婚姻与家庭治疗专业人士的培训方案。AAMFT 的标准由婚姻与家庭治疗培训质量鉴定委员会(CAMFTE)拟定，并受其监督和管理，IAMFC 的标准由咨询及相关教育项目资格认定委员会(CACREP)制定并通过。尽管关于培训课程的具体内容和顺序尚有争议，但要想成为一名婚姻与家庭心理咨询师或治疗师必须达到硕士水平(有关课程见表 15－1)。

表 15－1 CACREP 认证和 AAMFT 认证硕士学位课程举例

CACREP 课程	AAMFT 课程
人类的成长与发展	家庭/儿童发展简介
社会与文化基础	婚姻与家庭系统
助人关系	家庭/儿童发展导论
生活风格与职业发展	超常儿童的发展
评定与评价	婚姻/家庭评估
研究与评估	儿童/家庭研究方法
专业定位	家庭的专业问题
MFT 的理论基础	MFT 理论
MFT 方法与治疗	婚姻/家庭咨询前实习
临床实习/实践	临床实习
物质滥用治疗	人类性行为
性	论文
选修课目	选修课目

资料来源：From “The Training of Marriage and Family Counselors/Therapists: A ‘Systemic’ Controversy among Disciplines”, by Michael Baltimore, 1993, *Alabama Counseling Association Journal*, *19*, 40. Copyright 1993, Alabama Counseling Association. Reprinted with permission.

研究

除了专业机构和课程背景外，婚姻与家庭咨询专业的知识主要是由于社会的特殊需要和该领域本身研究基础的壮大而受到青睐。杰曼和尼斯肯(Gurman & Kniskern,1981)报告说，心理咨询师所面临的问题中大约有 50%是婚姻和家庭问题。主要包括失业、不良学业表现、配偶虐待、抑郁、反叛及自我概念等问题。奥肯(Okun, 1984)指出个体的发展与家庭和职业密切联系，并相互影响。布拉彻(Bratcher,1982)评论说，个体的职业发展与家庭是相互关联的，并建议那些从事职业咨询的高明的心理咨询师要将家庭系统理论运用于其咨询实践中。

杰曼和尼斯肯等人的研究，报告了一些有意义的发现。首先，对于绝大多数来访者的问题，家庭治疗与个别治疗同样有效，而且家庭治疗使得治疗效果更持久。其次，对于一些心理障碍的治疗，某种家庭治疗方法（如运用结构-策略家庭疗法来治疗物质滥用者）比其他治疗方法更为有效。第三，在家庭治疗会谈中，父母双方，尤其是不抱怨的父亲在场将会极大提高治疗效果。同样地，夫妻双方都参与的婚姻咨询效果是只有一方参与的近两倍。第四，如果婚姻与家庭咨询不是夫妻双方或整个家庭共同参与，其干预效果将会大打折扣，甚至可能使问题更严重。最后，接受婚姻与家庭咨询的当事人有很高的满意度，他们认为 97%以上的咨询服务在好与优之间。总之，人们普遍认为婚姻与家庭咨询是有效的。这种治疗方法很有逻辑性，见效快，当事人满意度高，并且比较经济。

家庭生活与家庭生命周期

婚姻与家庭咨询的核心是家庭生活及其成长和发展。家庭生命周期（family life cycle）是指一个家庭在它整个的岁月中所经历的阶段，它有时与个人的生命周期是并行的、相辅相成的（Erikson，1959；Levinson，1978）。但它们通常是独特的，每个阶段涉及的人物和需要完成的任务有所不同。贝克瓦（Becvar，2000）概述了从独立到退休的九个发展阶段（表 15－2）。

一些家庭及成员在完成家庭生命周期阶段的关键任务上，比完成自身成长周期任务更“准时”。在这种情况下，人们获得良好的存在感（Carter & McGoldrick，1999）。无论何时，每个家庭都必须要面对家庭凝聚力（family cohesion）（情感纽带）和家庭适应性（family adaptability）（灵活应变的能力）的问题。在奥尔森（Olson，1986）的婚姻与家庭系统环形模型（见图 15－1）中，我们可以看出这两个纬度各自包含四个水平。“在这两个纬度呈曲性时，家庭在两个纬度上的分数都偏高或偏低，这被认为家庭功能失调；而在两个纬度上分数差不多时，则被认为家庭功能良好”（Maynard & Olson，1987，p. 502）。

那些功能健全、幸福的家庭不仅生活和谐，而且成员都富有责任心，能够互相欣赏，经常聚在一起，有良好的交流方式及明确的信仰和精神取向，能够以积极的方式应对各种危机（Stinnett，1998；Stinnett & DeFrain，1985）。

威尔科克森（Wilcoxon，1985）认为，婚姻与家庭治疗师不仅要了解家庭成员个体的发展任务，还要注意家庭生活的不同阶段。如果治疗师能够将成员与家庭看做一个整体，就能够发现一些表现在个体身上的症状，如抑郁（Lopez，1986）、不务正业（Kinnier，Brigman，& Noble，1990）和物质滥用（West，Hosie，& Zarski，1987），都与家庭结构和功能有关。因此，他们就能够将治疗计划考虑得更全面一些。

表 15-2 家庭生命周期的不同阶段

阶段	情感	阶段-关键任务
1. 独立	接受父母-子女分离	a. 自我与原生家庭的分化 b. 发展出亲密的同伴关系 c. 开始职业生涯
2. 结婚	为婚姻承担责任	a. 建立婚姻系统 b. 接纳配偶的家庭和朋友 c. 调整专业要求
3. 养育孩子	接纳新成员进入系统	a. 为孩子的到来调整婚姻系统 b. 承担父母角色 c. 接纳祖父母的角色
4. 孩子上学前	接纳新的人格	a. 调整家庭,满足孩子的特定需要 b. 应对家庭资源紧张和隐私减少问题 c. 抽出时间享受夫妻生活
5. 孩子上学	允许孩子在家庭外建立关系	a. 扩展家庭与社会的互动 b. 鼓励孩子取得学业进展 c. 参与更多的活动,合理安排时间
6. 孩子进入青春期	增加家庭界线的灵活性,包容孩子的独立性	a. 调整亲子关系 b. 再次关注中年期的职业和婚姻问题 c. 增加对老年问题的关注
7. 聚散中心	接受家庭系统的分离和加入	a. 支持孩子走向工作,进入大学,结婚 b. 保持家庭的支持性 c. 接受孩子偶尔回家探望
8. 中年	放手让孩子独立面对生活	a. 重新协调婚姻关系 b. 欢迎子女的配偶、孩子回来 c. 应对自己父母的年老问题
9. 退休	接受退休和自己日益衰老的事实	a. 维持自己和配偶的社会功能 b. 为中间一代提供支持 c. 应对父母、配偶的丧失 d. 结束或重新适应家庭生活

资料来源:From *Family Therapy: A Systematic Integration* (pp. 128～129), by Dorothy Stroh Becvar and Raphael J. Becvar. © 1993 by Allyn & Bacon. All rights reserved. Reprinted with permission.

在评估家庭模式及其成员心理健康状况时,要注意评估必须建立在家庭的形式和发展阶段上。为此,卡特和麦戈尔德里克提出了一套家庭发展任务,它不仅针对传统型家庭,也包括非传统型家庭,比如单亲家庭、混合家庭。应该指出的是,不能将非传统型家庭的与众不同视为病态,它们只是与传统型家庭的成长与发展时间表不同而已。

鲍恩认为,不管是何种类型的家庭,都可以用缠结关系(enmeshment)和三角关系(triangulation)来描述家庭功能的失调(缠结是指成员之间过分依赖或成员未分化成独立的自我主体。三角关系是指由于第三人的卷入而导致的家庭联盟情况，即处在三角关系中的个体被另外的两个人拉向两个不同的方向）。有经验的婚姻与家庭心理咨询师都比较明确在家庭治疗过程中，如何、在哪里、何时或者是否进行干预。他们不会错失良机（如忽视了使每位家庭成员都参与到治疗过程中的机会），也不会过分热情（如可能会过分滔滔不绝）（Gladding，2002）。

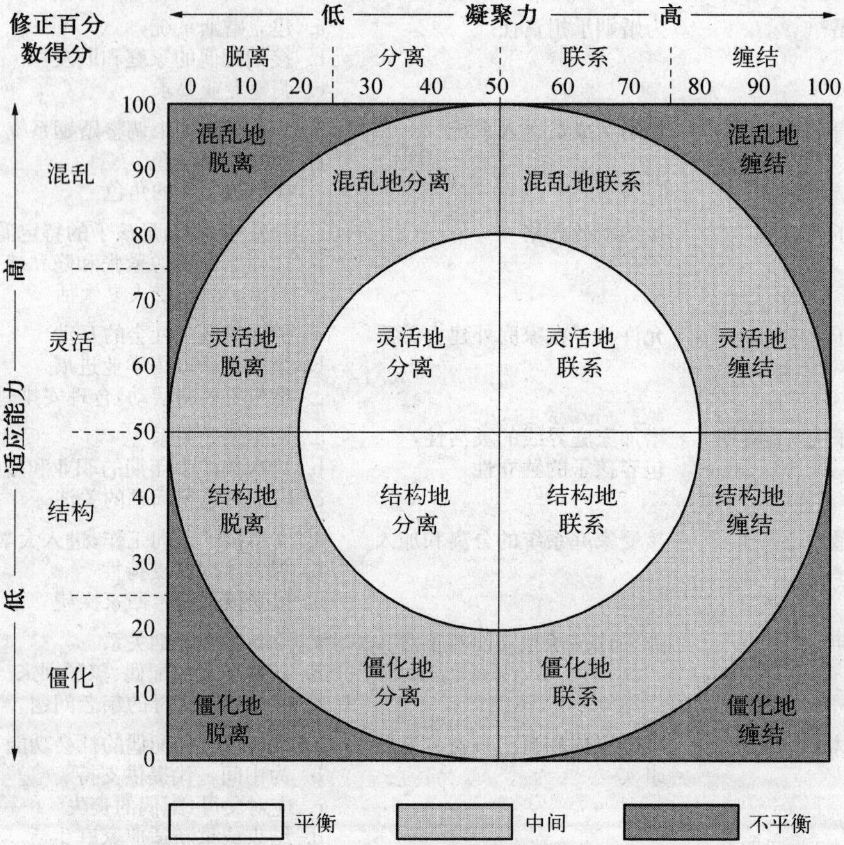

图 15－1 环型模型

资料来源：From Prepare/Enrich，Inc.，David H. Olson，president，Minneapolis，MN. © 1979（rev. 1986）. Reprinted with permission.

婚姻/家庭心理咨询与个别/团体心理咨询

这几种方法有相似之处，却又各自不同（Gladding，2003；Hines，1988；Trotzer，1988）。相似之处主要在理论基础上。个别/团体咨询中运用的一些理论（如来访者中心理论、阿德勒理论、现实疗法及行为主义理论）也适用于婚姻与家庭咨询（Horne，2000）。另外一些治疗方法（如结构、策略、焦点解决等家庭治疗）是婚姻与家庭咨询所独有的。因此,心理咨询师要想有效地进行婚姻与家庭咨询,不仅要学习这些理论,而且还要学习这些理论新的应用方法。

婚姻/家庭咨询与个别咨询有许多共同的理论假设。比如,两者都认识到家庭生活对于个体的重要性,都关注问题行为和冲突与个体和环境之间的关系,同时两者都是发展性的。它们的区别是:个别咨询只针对个体,而不关注家庭、婚姻;家庭咨询则将家庭其他成员也纳入到治疗过程中,而且,婚姻与家庭咨询在家庭范围内解决问题也可帮助成员个体更好地应对环境(Nichols & Schwartz,2001)。

在咨询的组织、基本动力和阶段方面,婚姻与家庭咨询会谈类似于团体咨询会谈,两者都强调人际互动。尽管有些关于团体咨询的知识非常有用,但家庭并不是一个典型的团体。比如说,家庭成员在地位和权利方面是不平等的。此外,在应对事件时,家庭相对主观,而团体则更客观。家庭成员身上有更多的感情包袱,这是其他任何团体都无可比拟的,因为家庭计划不受时间限制,家庭内部角色分工明确,成员之间有深厚的感情(Becvar,1982)。我们可以把家庭看做一个团体,但仅仅使用团体有关理论不可能有效解决家庭问题。

最后,婚姻与家庭咨询主要强调家庭动力,而一些个别和团体咨询则强调线性因果关系。也就是说,隐藏于家庭咨询中的动力学不同于其他两种咨询。在由个别治疗转向家庭治疗时,雷斯尼科夫(Resnikoff,1981)强调治疗师要问自己是否了解家庭功能和家庭动力。通过询问自己这些问题,治疗师就会像当事人一样更了解这个家庭,明确如何更好地处理家庭中出现的问题:

- 这个家庭有哪些外部表现?
- 这个家庭有哪些显而易见的、重复的、无效的家庭秩序?
- 家庭中基本的情绪状态是什么?谁有这种情绪?
- 是什么个体角色在强化家庭的阻抗?这个家庭最普遍的防御是什么?
- 家庭成员之间有怎样的差别?亚团体之间的界线是什么?
- 家庭正经历着生命周期的哪个阶段?有哪些解决问题的方法?

在婚姻咨询中也应注意上述问题。

婚姻与家庭心理咨询概述

婚姻/夫妻咨询

婚姻咨询早期的先驱者们不仅仅强调夫妻双方的共同参与,更关注夫妻之间的关系。也就是说,在婚姻关系中包含三个整体,即两个独立个体和一对夫妇。因此,先驱们开创了延续至今的先河,即咨询会谈要夫妻双方共同参与。

夫妻前来咨询的原因是各种各样的,包括家庭的经济问题、孩子、配偶的忠诚、夫妻之间的沟通及宽容。几乎任何一种情况都可能促使夫妻寻求帮助。不论是哪种情况，重要的是心理咨询师要确保夫妻双方都要参与咨询。惠特克指出，如果心理咨询师不能做到这点，他将不可能帮助前来咨询的夫妻解决问题，甚至可能会使问题恶化。只对夫妻中任何一方进行哪怕一两次咨询都会增加另一方的焦虑，从而使其产生对咨询的阻抗。而且，如果夫妻中一方尝试在没有另一方的支持和配合下做出什么改变，必将引发双方的冲突。

威尔科克森和费奈尔(Fenell，1983)发展出一种有独创性的治疗师写给来访者的信，在信中治疗师向未能来参加咨询的一方解释有关家庭治疗的过程，并简要说明只针对一方咨询会存在的危险。这封信由前来参加咨询的一方带给其配偶，使其认识到夫妻共同参与治疗，成功的可能性将会增加(见图 15－2)。

(日期)

约翰·琼斯先生
史密斯路 111 号
某市，美国 00000

尊敬的琼斯先生：

想必您已知道，您的妻子吉尔已经就你们婚姻中出现的问题来寻求咨询。然而，据她说您不愿意与她一起参加咨询。

作为一名专业的婚姻治疗师，我有责任告知您只对一方咨询可能产生的结果。现有研究显示单方婚姻治疗对夫妻双方来说都可能会增大压力和不满。另一方面，据很多接受过婚姻咨询的夫妇讲，夫妇双方都参与咨询将会降低婚姻压力，提高双方对婚姻的满意度。

这些发现只是婚姻研究的一般趋势，不是绝对的。但是，对于您与妻子吉尔来说，明确单方婚姻治疗可能会产生的后果非常重要。了解了这些，相信您会选择最符合您的意愿的行动。

待您审慎考虑之后，我将会询问您与妻子吉尔针对以后的治疗会谈讨论所做的选择。通过这种方式，双方都能清楚理解夫妻关系中对方的想法。

作为吉尔的家庭作业，我要求她在您读过这封信后，在下面给出的空白处填写您对继续单方婚姻治疗对你们关系所带来的潜在危害的理解。如果您有兴趣与吉尔一起参与治疗，除了在下面签名外，请联系我。否则，只要签名就可以了，让吉尔下次会谈时把这封信带过来。

忠实的治疗师

××

通过我们的讨论，请签名，使我们确信您已了解了继续单方婚姻治疗可能带来的不良影响。

________________ 参与配偶　　________________ 日期

________________ 未参与配偶　　________________ 日期

图 15－2 致未参与配偶的信

资料来源：From"Engaging the Non-Attending Spouse in Marital Therapy through the Use of a Therapist-Initiated Written Communication", by A. Wilcoxon and D. Fennel, pp. 199～203. Reprinted from Vol. 9, No. 2 of the *Journal of Marital and Family Therapy*. © 1983 by American Association for Marriage and Family Therapy. Reprinted with permission.

如果夫妻双方愿意共同参加，心理咨询师可采用各种治疗方法。有五种主要的方法：心理动力学疗法，认知-行为疗法，系统家庭治疗，结构-策略家庭治疗和理性情绪行为疗法(Ellis，Sichel，Yeager，DiMattia，& DiGuiseppe，1989；Jacobson & Gurman，1996)。这些方法各有其优势，但相对家庭治疗而言，婚姻咨询的理论基础比较薄弱。这是因为一直以来，婚姻心理咨询师主要是实践者，而不是研究者。因为作为实践者，他们没有时间也没有兴趣去确定和发表关于夫妻咨询的独特方法，而是借鉴和修正已有的个体和家庭理论。而且，直到现在，婚姻咨询仍被看做家庭咨询的分支。尽管如此，如今婚姻咨询逐渐成为一门重要的学科，关于这一领域的具体咨询方式也在研究之中(Jacobson & Gurman，1996)。

家庭咨询

家庭咨询的兴起也有多方面的原因。通常，家庭中有一个被确认的病人(identified patient，IP)(家庭结构中公认的麻烦制造者)，这也是其家庭前来寻求咨询的原因。绝大多数家庭咨询开业者并不是将家庭中的一个成员看做问题的原因，而是针对整个家庭系统。偶尔，家庭治疗着眼于个体，以期望个体的改变能对家庭产生积极影响(Nichols，1988)。

自20世纪70年代中期以来，家庭咨询，包含夫妻咨询的很多方面发展日益迅速。尽管有一些家庭心理咨询师，比如行为主义治疗师、叙事或焦点解决治疗师，是在因果线性基础上以建构主义者的视角来进行咨询，但绝大多数治疗师并非如此。相反，大多数家庭心理咨询师在一般系统框架内，认为家庭是一个开放的系统，其在特定的社会文化背景内，随着家庭生命周期而演化。功能健全的家庭在满足家庭成员及外界需要方面既遵守规则，又灵活多变。系统家庭治疗师强调循环性因果关系，同时，他们还强调下列概念：

● 非总和性(nonsummativity)。家庭总体大于各部分之和。治疗师应该在家庭整体范围内检查家庭模式，而不是仅仅关注任何一个成员的行为。

● 等效性(equifinality)。同因不同果，同果不同因。因此，一个家庭在经历了自然灾害后其成员可能会变得更坚强，也可能会消沉下去。同样，健全的家庭背景各不相同。因此，家庭治疗应针对互动的家庭模式而不是特定的情境或事件。

● 交流。所有的行为都有交流功能。我们应注意到人际信息的双重功能：内容(实时信息)和关系(信息怎样被理解)；什么信息怎样传递。

● 家庭规则。家庭功能的发挥是建立在一系列显现和潜在的家庭规则基础之上的。家庭规则是指一系列角色期望和管理家庭生活的行为。大多数家庭都有一套可预测规则，即冗余度原则(redundancy principle)。为帮助家庭改变功能失调的运作方式，家庭治疗师应帮助他们确定和扩展其家庭运行规则。

● 形态变化(morphogenesis)。家庭改变自己的结构以满足内外部需要的过程即为形态变化。形态变化通常更需要第二层次的变化(做出全新反应的能力)而不仅仅是第一层次的变化(持续重复做更多先前有效的事情)(Watzlawick, Weakland, & Fisch, 1974)。仅仅表达想要改变的愿望是不够的,家庭成员要努力去尝试一些新的行为方式。

● 自我平衡(homeostasis)。如同身体各器官一样,在没有任何外界变化的情况下,家庭也处于一种稳定的平衡状态。一旦哪位家庭成员打破了这种平衡,其他成员将很快以负反馈的形式恢复这种平衡。其功能模型类似于暖气锅炉,当室内低于一个设定的温度时,它就会自动供暖,一旦温度达到,它又会停止供暖,使室内保持恒温。有时候,自我平衡在帮助家庭达到生命周期目标时很有帮助,但通常会阻碍家庭向另一个生命周期阶段的过渡。

系统家庭治疗师通常依据上述概念工作。例如,如果家庭规则比较隐秘,而且引起了家庭内部的混乱,治疗师通常会帮助家庭成员把这些潜规则明朗化。所有的家庭成员都参与治疗过程,因此交流渠道是开放的。通常,家谱图能够帮助家庭成员和治疗师去探究家庭功能代际模式对现在家庭的影响(McGoldrick, Gerson, & Shellenberger, 1999)。

一般来说,家谱图应包括三代家庭系统。除了包括基本信息,如家庭成员当前的年龄、职业外,还应包括成员姓名、出生日期、婚姻状况(结婚、分居或离婚)。家谱图还可用于多元文化背景中评估影响家庭成员行为的世界观和文化因素(Thomas, 1998)。总之,"家谱图是促进家庭系统思维的一种有效且对个人也很有意义的工具",尤其对于那些刚来参加治疗的家庭和刚刚进入家庭治疗领域的治疗师来说更有意义(Pistole, 1997, p. 339)。关于家谱图的例子在第九章中已列举过。

婚姻与家庭心理咨询的过程

家庭咨询的过程是建立在一系列理论假设之上的,其中之一就是心理咨询师本人要心理健康,能很好理解自己的原生家庭。这样,他在咨询时就能够全神贯注于来访者的家庭,而不是在咨询会谈中把一些他本人家庭生活中尚未解决的问题带进咨询中。

家庭咨询的第二个假设是在咨询过程中心理咨询师不能过分强调或不强调一些可能的方面或干预(Gladding, 2002)。也就是说,心理咨询师应使自己的行为合理有度。这一过程并不意味着主要关注如何使家庭成员快乐,同时还应该以委婉的方式邀请成员共同参与治疗。

第三个假设是,在鼓励家庭成员发挥主动性(即愿意做出必要的改变)的同时,心理咨询师要努力制订切实有效的治疗计划(即建立使咨询顺利进行的参量)(Napier & Whitaker, 1978)。心理咨询师必须告知当事人及家庭成员有关的咨询事宜,包括一些重要而又琐碎的问题,如多长时间进行一次咨询,要持续多久以及谁应该参与咨询等，这样治疗计划才可能有效。咨询计划中最好还要包括让咨访双方共同签订一份公开声明。咨询过程的发起者必须是家庭，一旦心理咨询师倾听和概括了他们的各种问题，家庭成员通常能够为实现共同目标而齐心协力。

第四个假设是，家庭心理咨询师应能够从问题产生的背景中来看待当前家庭中出现的问题。因此，心理咨询师要熟知家庭的多重水平，还要具有一些应对逆境的生活经历。这些将有助于心理咨询师在面对不同生命阶段、文化规范或特定情境时，更好地理解夫妻和家庭为何会变得更齐心协力或分崩离析。

会谈前的准备

在进行夫妻或家庭咨询前，我们还需要做一些必要的准备。一是了解来访者对治疗的期望。打电话求证家庭治疗的来访者所说的理由，或许是/不是其他成员想/不想咨询的原因。不管怎样，心理咨询师都必须仔细倾听并获取一些重要的临床信息，比如来访者对问题的简要描述。同时心理咨询师还要掌握一些事实信息，比如打电话者的姓名、住址和电话号码。在获取这些信息的过程中，心理咨询师应该注意倾听来访者说了些什么，背后还隐含着什么。这样，心理咨询师可以就与来访者家庭有关的家庭生命阶段以及文化传统对家庭的影响问题做出初步假设。例如，有青少年的家庭一般都有界线问题，然而，传统意大利家庭与传统英国家庭处理问题的方式却截然不同。无论如何，在初次电话会谈的最后，心理咨询师要就具体的咨询做出安排。

初期会谈

研究表明，初期的几次会谈对于心理咨询师能否成功进行家庭治疗至关重要(Odell & Quinn,1998)。因此，与来访者家庭建立良好的开端很重要。要做到这一点就要求心理咨询师与来访者家庭成员建立和谐融洽的关系，这种相互信任、彼此分享的工作关系即为治疗联盟。治疗联盟可以通过很多方式建立，比如：

- 维护——心理咨询师肯定或支持一位家庭成员的立场；
- 追踪——心理咨询师通过一系列有针对性的问题，澄清事件发生的前因后果；
- 模仿——心理咨询师在咨询过程中，采用来访者家庭所用的交流方式，比如对气氛轻松的家庭采用愉悦的方式交流，而对气氛沉闷的家庭则采用严肃的方式。

在建立治疗联盟的过程中，对心理咨询师来说重要的是邀请家庭成员从个人视角就目前出现的问题、人物或情况发表看法。这种个人视角被称为框架(frame)。心理咨询师可能会挑战家庭成员的框架，以便于对家庭所发生的一切有更清晰的视角，或者给家庭成员另一种选择，来面对他们的处境(即重构)。

在初期会谈中，家庭心理咨询师也是一位观察者。他可能会发现一种现象，即家庭舞蹈(family dance)，它指的是家庭成员间言语或非言语水平上的典型互动方式

(Napier & Whitaker,1978)。如果心理咨询师在初期并没有注意到这种现象,没有关系,因为这种模式将会自动重复出现。在观察家庭舞蹈的过程中,一定要注意观察是否有某些或某个家庭成员一直在做替罪羊(即被认为是家庭问题的罪魁祸首)。例如,一个家庭可能会抱怨说自己处于青春期的儿子是个懒惰的麻烦制造者,因为他总是睡懒觉,而且在外与其朋友一起的时候总会搞些恶作剧。的确,这个孩子是有一些问题,但这些问题极有可能不是家庭问题的主要原因。因此,心理咨询师需要再次探测甚至挑战家庭成员对问题所在的看法。

对家庭中正在发生的事情进行明确界定或澄清的一种方法是迂回地问一些问题,即那些关注家庭联系和成员差异的问题。例如,心理咨询师可能会询问一位父亲,当其女儿被妻子训斥时,女儿会怎样反应,其他家庭成员,包括他自己会有什么反应。这种方法可以帮助心理咨询师及来访者家庭看到更多的家庭内部动力学,也可能会消除被认为有问题的那位家庭成员的压力。这种提问方式也可以帮助心理咨询师及家庭看到是否出现了三角关系(即由于第三者的介入,使得原来两人间的冲突更加复杂,比如,一位母亲不论何时与女儿产生冲突,她都会列举其丈夫对她的支持)。

除了上述各方面外,还有一个重要的方面是心理咨询师应该培养对家庭行为方式(如谁跟谁说话,谁坐在谁的旁边)得出初步结论的能力。具备了这种能力,心理咨询师就能够评估家庭边界的各个维度(即区分出那些要求亲密和给予关心的成员与侵犯者,比如替代孩子表达的父母)(Worden,2003)。家庭内部的亲密和权力问题也可以确定。最终,通过观察会谈中家庭的各种表现,心理咨询师将会越来越了解家庭内部动力,从长远来看这种家庭动力比会谈内容更重要。

综上所述,在初期会谈中,心理咨询师主要是评估来访者家庭的运作方式和如何帮助家庭运作更顺利,还要制定暂时目标,约定下一次会谈。

家庭咨询的中期

家庭咨询中期会谈主要包括初期会谈到咨询结束之间的一系列会谈。如果家庭成员愿意做出改变的话,这个阶段的治疗将是家庭最可能做出必要改变的时期。

在这期间,家庭成员和心理咨询师共同探索新的行为,并努力去尝试。那些不确定是否要改变的家庭通常只做出表面的变化,这种变化被称为初级变化。举例来说,父母自作主张将晚上上床睡觉的时间推后一个小时,而没有考虑到让女儿能对自己的行为负责。二级变化则完全不同,它是结构规则的变化,是家庭治疗所期望发生的一种变化。例如,一个苛刻专制的家庭在征求了每个人的意见并公开讨论后,实行新的家庭互动规则,使家庭变得更民主(Watzlawick,1974)。

在促进家庭改变的过程中,心理咨询师要始终保持思维、语言和行为的灵活(Friedlander, Wildman, Heatherington, & Skowron,1994)。因为只是认知的改变并不能产生真正的变化,因此心理咨询师也要确保家庭成员不仅仅只理解了需要做什么。此外，如果可能的话，心理咨询师还要将家庭与合适的机构联系起来。例如，如果家庭中有一个或更多成员是酒精滥用者，心理咨询师要帮助他们了解匿名戒酒协会(AA)(匿名酗酒者互诫组织)、"AlAnon"(成年酗酒者自助组织)和"Alateen"(青少年酗酒者自助组织，其成员的年龄通常在12～19岁)的有关情况。

在整个治疗中期，我们始终都要注意观察家庭改变的过程。起初，家庭成员通常都愿意做出简单的改变。因此，如果治疗对这个家庭来说非常重要，家庭心理咨询师必须敦促家庭成员做出更大的改变，主要包括家庭成员认知、情感反应和行为方面的变化(Worden，2003)。有时候，这种督促要以直接坦率的方式告诉成员，而有时候则需要在治疗过程中增加一些幽默的成分间接告知，当然这要建立在心理咨询师在早期已赢得家庭成员的信任基础上。下面就是在治疗中运用幽默促进母女互动发生改变的例子：

> 母亲对女儿：如果你再那么做，我会被气死。
>
> 女儿对母亲：你不会的。你这么说只不过是要我内疚。
>
> 心理咨询师：看起来您的这种做法曾经很有效。
>
> 女儿：是的。但是她从未被气死，而是我每次差点都要疯了，都被搞得精疲力竭。
>
> 母亲：我告诉你，如果你再做一次，我真的会被气死！
>
> 心理咨询师对母亲：这样看来，您的女儿非常厉害啊。她竟然用做这件事就能结束您的生命。
>
> 母亲(戏剧性地)：是的。
>
> 心理咨询师对女儿：你曾经说过你很爱你的母亲。
>
> 女儿：是的。但是我已经厌倦了她对我行为的反应方式，太夸张了。
>
> 心理咨询师对女儿：但是你母亲说你厉害到可以害死她。既然你很爱她，我想你肯定不会那么做的。不过，既然你有那么大的法力，我在想你是否考虑过稍稍一动就能麻痹她的一只胳膊。
>
> 母亲：什么？
>
> 女儿(笑了)：好主意，那样她就可以不再唠叨而给我们谈话的机会。
>
> 心理咨询师(对母亲和女儿)：或许现在就是这样的一个机会，如果我们能够恰当处理，就不会有人要忍受身体上的痛苦了。

在这个案例中，心理咨询师通过严肃而幽默的方式表明了亟待解决的权力问题，引起了两个全神贯注参与权力拉锯战个体的注意，打破了功能失调的模式，为真正的对话和新的互动方式的出现提供了机会。

除了上述方法以外，心理咨询师还必须注意观察一些发生了稳定改变的证据，如一个家庭或夫妻通过一些或微妙或显而易见的方式使整个系统更协调。例如，坐座位的方式，家庭成员互叫名字，或者与对方交流时声调方面的变化，这些都表明了家庭中发生了某些深刻的变化，这与治疗初期他们的表现是完全不同的。

在婚姻与家庭咨询中期，心理咨询师不应该让咨询进行的速度超过来访者及家庭所能接受的程度。速度过快，治疗的进程将会结束，因为这个家庭不能够投入到咨询中来。因此，这就要求心理咨询师保持平衡，锁定特定任务和目标，循序渐进。布置家庭作业（即咨询会谈以外需要完成的任务，如开家庭会议）和心理教育任务（即阅读有关书籍或观看教育录像带）是使家庭继续参与治疗并取得进展的一种方法，要求他们合作完成，这样他们确实可以学到更多东西，也能够达到真正的互动。这种方法能带给家庭更多的东西，甚至可以拉近他们之间的心理距离。

咨询的结束

在家庭咨询中结束这个词有些用词不当，因为“从家庭系统的角度来看，治疗师-家庭治疗系统确实已经结束，但家庭系统仍继续”（Worden，2003，p. 187）。无论如何，结束（包括随访）是家庭治疗的最后一个阶段。

结束治疗有三种形式，即家庭结束、心理咨询师结束和共同结束。并不是一定是由某个人来开始这个过程的，也不仅仅有一种方式可以结束这个过程。然而，结束治疗不应该太突然，也不能被认为是治疗的高潮部分（Gladding，2002）。相反，结束是心理咨询师与来访者家庭之间工作关系的终结，意味着家庭已经达到治疗目标。

因此，在结束初期，心理咨询师与家庭应该问自己为何要结束。一个原因可能是，家庭已经取得足够的进展，现在能够比以前更好地运作了。而且，家庭和心理咨询师都认为家庭已经完成了设定的目标，再将咨询继续下去耗时又伤神，没有什么意义。

无论是为何而结束治疗，心理咨询师都要确保对家庭所做的工作进行总结和庆祝（如果这么说合适的话），以使家庭在结束咨询时更有觉察力，在认识到他们所取得的成绩时感到家庭的力量更强大。除此之外，结束的另一个方面是制定长期目标，如创造一种平和的家庭氛围，使得家庭成员彼此间能够坦诚相见。这一过程可以使家庭成员去思考一些东西并做出计划（有时候需要心理咨询师的帮助）。很多结束会谈也包括可预见的反复，以便当家庭成员不能达到他们制定的目标时不至于太焦虑。

结束阶段的最后一个部分是随访（即治疗结束后一段时间调查来访者家庭的状况以了解治疗效果）。随访反映了心理咨询师对家庭的关心，使他们认识到他们可以重新走进咨询室，去完成他们在那里没有完成的事情，或者去咨询其他方面的问题。对来访者家庭进行随访，他们通常会做得更好，因为他们意识到他们取得的进展在家庭内外都在受到监控。

总结与结论

在过去的若干年里，美国家庭由几种传统的家庭形式占主导转向多种形式并存。这些变化是很多力量综合作用的结果，包括第二次世界大战以及由此带来的对家庭服务的极大需求。自20世纪40年代以来，由于各种原因，婚姻与家庭咨询迅速发展起来，这些原因主要包括理论的发展、民众的需要及咨询的有效性。它的兴盛也源于这一领域专业人士的大力倡导及大量理论的发展。

婚姻与家庭咨询领域的专业人士根据其专业背景的不同，分属于四大协会。大部分心理咨询师加入国际婚姻与家庭心理咨询师协会(IAMFC)，因为它隶属于ACA，也有一些心理咨询师加入美国婚姻与家庭治疗协会(AAMFT)。无论属于哪个组织，婚姻与家庭心理咨询师都要了解家庭生命周期以评估出现的婚姻或家庭问题是发展性的还是情境性的。除此之外，婚姻与家庭心理咨询师还要了解有关的系统理论(见第九章)和家庭系统运作方式。

婚姻咨询有时候是合并在家庭咨询中的，但是专业人士还是要注意到两种咨询各自的理论和过程的不同。此外，专业人士还应认识到可把个体或团体咨询理论作为家庭咨询理论的补充，甚至有时还要将家庭咨询转向个体或团体咨询。最后，婚姻与家庭心理咨询师需要精通咨询的各个阶段——准备期、初期会谈、咨询中期和结束，此外还要掌握各阶段常用的技术和强调的重点。

总之，婚姻与家庭咨询是一种动力性的令人兴奋的助人方式。由于其过程的复杂性，它并不是任何人都能精通的，但它对很多心理咨询师来说是一种享受，并有益于社会大众。

课堂活动

1. 你最熟悉的家庭形式(如核心家庭、双职工家庭或多元文化家庭等)有哪些？你认为对家庭形式的了解能如何促进或阻碍你的咨询？

2. 确定你在自己家庭生命周期中的位置。与同学讨论由于生命周期的需要，在接下来的若干年里你期望会有哪些变化。

3. 对因家庭问题而来的来访者个体进行个别咨询或家庭咨询各有什么优劣？你认为只针对一个成员的婚姻或家庭咨询有效吗？分两组讨论。

4. 你认为自己能够胜任婚姻与家庭咨询中的哪个阶段？原因是什么？与自己小组内的成员分享你的观点，并向其他小组同学说明理由。

5. 研究家庭咨询领域一位先驱者的贡献。他为后代留下了什么？这位先驱者倡导的咨询处理方法或技术今天是否仍在使用？

第十六章 小学、初中和高中的心理咨询

在美国每年有350万的孩子开始他们正式的学习生活。这些孩子的背景和能力各不相同。一些心理发育正常的孩子期待去上学，另外一些则因为生理、心理、文化或者社会经济等因素存在一定缺陷而不愿上学。有三分之一的孩子在上学时背负着创伤的困扰，如各种形式的物质滥用，但这并不是他们自己的过错造成的(Fontes, 2002; Richardson & Norman, 1997)。和其他国家的学生一样，美国的学生面临着一连串复杂的事件和过程，这将对他们的学习经历产生短期或者长期的影响。酒精或其他物质的滥用、家庭变故、自卑、无望、艾滋病、未成年人怀孕、犯罪和暴力、性别歧视、知识爆炸等都将长期地对这些孩子产生消极作用(Keys & Bemak, 1997; McGowan, 1995)。

学校像家庭一样，在一个并不完全理想的环境中培养着孩子。学校也面临着在与社会的相互影响中产生出来的持续存在而非孤立存在的问题，如暴力的问题(Daniels, 2002; Sandbu, 2000)。学校和其他机构一样，是自我平衡，保持原状稳定的，它保持以前遗留下来的运作方式。在这样的一个充满权利斗争，缺乏沟通交流和存在无效联盟的系统中，问题就产生了(Carns & Carns, 1997)。

三十多年的研究得到的结论是：在学校中，咨询在学生的教育和个人成长方面起着巨大的实质性的作用(Borders & Drury, 1992, p. 495)。研究结果表明，学校心理咨询师的确促进了一些改变(Gysbers, 2001; Whiston & Sexton, 1998)。学校心理咨询师及综合辅导和咨询课程能帮助儿童和青少年更好地调节自己去适应学习和成长，同时愿意跟教师建立更好的关系，并相信学习有助于未来的发展。学生在学校里问题减少了，学校获得了更高的升学率(Lapan, Gysbers, & Petroski, 2001)。尽管如此，心理咨询师也经常要努力去证明他们所做事情的价值，但有时主管、校长、教师、学生和家长会误解他们。造成这种误解的部分原因是心理咨询师工作的复杂性和模糊性，还有学校咨询的历史或是学校的体制。

学校心理咨询所涉及的年龄范围、发展阶段、背景经验和各种类型的问题都很广泛(Cobia & Henderson, 2003; Paisley & Hubbard, 1994)。另外，专业理论面临着三个不同年级层次

的人群：小学生（1～5 年级）、初中生（6～8 年级）和高中生（9～12 年级）。在中小学工作的心理咨询师常由美国学校心理咨询师协会（ASCA）进行职业认证，该协会出版发行名为《学校专业心理咨询》（*Professional School Counseling*）的期刊，该期刊的内容包括了各种在教育机构对年轻人进行咨询工作的论文。

这章讨论了在不同水平（小学、初中、高中）工作的学校心理咨询师所涉及的共同和不同之处，也提出了在处理不同年龄层次的学生时会遇到的特殊情况，以及如何促进他们成长的方法。另外，进一步强调了不同水平的学校心理咨询师都必须要对孩子的文化背景和不同的世界观以及对他们的个人设想、价值感和偏见保持敏感的观点（Baker，1994；Hobson & Kanitz，1996；Lee，2001；Whitledge，1994）。要特别注意学校学生问题的预防和治疗。"压力管理和健康生活方式是终身受益的技巧，这个需要早期学习练习，并在读书期间不断加强"（Romano，Miller & Nordness，1996，p. 269）。无论在哪里，学生问题的预防和治疗都需要学校、家庭和各种社区共同协作，集思广益、齐心协力地来完成（Keys & Bemak，1997）。另外，这章将把与学校心理咨询有关的学生发展的三个主要方面：学业发展、职业发展和个人社会发展整合在一起进行讨论（Campbell & Dahir，1997；Dahir，2001）。

小学的心理咨询及辅导

小学心理咨询和辅导是最近才发展起来的。直到 20 世纪 50 年代这个领域的第一本书才出版，而在 1965 年前这个学科是不存在的（Dinkmeyer，1973，1989）。事实上，在 1964 年才有不到 10 所大学提供关于小学心理咨询的相关课程（Muro，1981）。

小学心理咨询发展缓慢有三个原因（Peters，1980；Schmidt，1999）：第一，许多人认为小学老师可以做他们学生的心理咨询老师，因为他们整天都和小学生在一起，他们能够很好地识别一些特殊问题。第二，在那个时期，心理咨询主要针对职业发展，这不是小学生主要关注的焦点。第三，许多人没有认识到在小学水平上心理咨询的必要性。高中学校聘用心理学家和社会工作者来诊断中学生的情绪和学习问题，并且为处于困境中的家庭提供建议，但是小学是没有全职的心理咨询师的。

第一位小学心理咨询师在 20 世纪 50 年代后期被聘用，但是小学心理咨询直到 20 世纪 60 年代才有一些发展势头（Faust，1968）。在 1964 年，议会通过了国家教育保护条例的 V－A 章，这样心理咨询才延伸到小学生（Herr，2002；Minkoff & Terres，1985）。两年后，小学心理咨询师委员会（心理咨询师教育与辅导协会和美国学校心理咨询师协会合作）发表了一篇报告，解释了小学心理咨询师的作用和功能，强调了咨询、会诊和协调（ACES-ASCA，1966）。政府在 1968 年成立了专门的机构以培训小学心理咨询师，到 1972 年为止，10 000 多名小学心理咨询师被聘用了（Dinkmeyer，1973）。

在 20 世纪 70 年代，进入小学咨询专业的心理咨询师的数量变得平稳然后又临时下降了，这是因为学生入学人数下降以及经济的问题（Baker，2000）。尽管如此，在 20

世纪 80 年代后期，授权机构和州公共辅导部门要求为小学提供咨询服务，接着对小学心理咨询师的需求加剧了。对这个特殊行业恢复兴趣是因为一些书的出版，如《危险中的国家》(*A Nation at Risk*)，这些书都是国家教育荣誉授权机构发行的(Schmidt，1999)。虽然它并没有涉及小学心理咨询，但是报告强调了各个水平学校的责任和效力。

重点和角色

小学心理咨询师是精神机构中的先锋(Gysbers & Henderson，2000)。其他没有什么职业是用一种预防性的和发展性的眼光在工作。在小学心理咨询师的众多任务中，以下几个需要经常进行：

- 提供有效的课堂辅导方法；
- 提供个人和团体咨询；
- 帮助学生认识到自己的技巧和能力；
- 帮助特殊人群；
- 培养学生的职业意识；
- 协调学校、组织和商业资源；
- 为老师和其他专业人员提供咨询；
- 与家长交流和交换信息；
- 参与学校改善和跨学科的团队(Campbell & Dahir，1997)。

威尔森和洛特(Wilson & Rotter，1980)指出：小学心理咨询师承担着促进所有孩子向最理想的方向发展的任务(p. 179)。

加利福尼亚的一项关于人们理解中的、事实上和理想中的小学咨询老师的任务的研究发现：大多数心理咨询师花费大部分时间在咨询、会诊、帮助父母的活动上(Furlong，Atkinson，& Janoff，1979)。他们实际中和理想中的任务是一致的。排在最后最不适当的任务是：代课、观察午餐间、维持学校操场纪律或者管理学生档案。

在一篇关于小学心理咨询有效性的重要论文中，戈勒(Gerler，1985)回顾了从 1974 到 1984 年发表在《初级学校辅导和咨询》(*Elementary School Guidance and Counseling*)上的文章。他致力于研究从行为、情感、社会、意象、感觉意识观点来帮助孩子的论文。戈勒发现强有力的证据证明小学心理咨询能够对孩子生活中的情感、行为、人际领域发挥积极作用，能够积极地影响孩子的成绩(1985，p. 45)。在另外一篇论文中，基特(Keat，1990)详细介绍了小学心理咨询师如何用一种互动的方法帮助孩子成长和发展，这个方法叫做"HELPING"——健康(health)，情绪(emotion)，学习(learning)，人际关系(personal relationships)，意象(imagery)，认识需要(need to know)，对活动、行为和结果进行辅导(guidance of actions，behaviors，and consequences)。

事实上，小学心理咨询师确实能使孩子们的生活发生改变，这种理念使他们坚持工作并且不断进步。困难在早期比在晚期容易处理(Bailey,Deery,Gehrke,Perry,& Whitledge,1989;Campbell & Dahir,1997)。小学心理咨询师遵循一些理念(如孩子能够自己解决问题),这些理念能够改变学校的文化(Littrell & Peterson,2001)。在范恩塔德(Vangstad)的案例中,她用了10个核心价值理念(见表16-1)建立了示范性的小学心理咨询,帮助改变学校文化。她利用了作为一个人的力量和作为一个心理咨询师对创造的兴趣构造了一个别人能够借鉴的课程。

表16-1 新旧学校文化的对比

旧的学校文化
1. 成人主导
2. 惩罚
3. 外在的、强加的纪律
4. 以问题为中心
5. 竞争,非合作
6. 被期望改变的单位:个体
7. 同伴孤立
8. 问题解决依靠成人用纪律、威胁、鞭挞和行为矫正等手段
9. 孩子企图通过咒骂、打、恐吓来解决问题
10. 孩子不能改变自己也不能帮助他人改变
新的学校文化
1. 学生主导
2. 学习新的技巧
3. 自己规定的纪律
4. 以问题解决为中心
5. 合作
6. 被期望改变的单位:个体、群体和社区
7. 同伴支持
8. 成人用对话、积极的互动、合作和问题解决的模式来解决问题
9. 孩子努力通过问题解决模式和同伴支持来解决问题
10. 孩子有能力改变自己也能帮助他人改变

资料来源:J. M. Littrell & J. S. Peterson (2001). Transforming the school culture: A model based on an exemplary counselor. *Professional School Counseling*, 4, 313.

工作

小学心理咨询师从事很多工作。其中有些工作是法律所规定的,如对儿童虐待的报告。"在美国,50个州和哥伦比亚特区都有法律要求学校和代理人报告有嫌疑或者被指控虐待儿童以及忽略保护儿童的当地媒介(Barrett-Kruse, Martinez, & Carll, 1998, p. 9)。"而大多数活动不是法律授权的,其中包括一些预防和矫正的活动。人们更注重预防,因为它在实施后能及时得到心理上的收获。

预防

小学心理咨询活动为学生营造了一种积极的学校环境。他们强调 4 个"C"：咨询服务（counseling services）、协调活动（coordination of activities）、与其他人商量（consultation with others）和课程发展（curriculum development）。最后一项活动，课程发展，既是发展性的也是教育性，它集中阐述了学生生活技巧辅导和如何克服偶然发生的困难（Bailey et al.，1989，p. 9）。例如，在一个积极的班级辅导中，马格劳森（Magnuson，1996）为四年级设计了一个课程。他把《夏洛特的网》（*Charlotte's Web*）这本书中的蜘蛛夏洛特和人类做了一个对比，就像蜘蛛夏洛特通过编织蛛网来满足自己营养的需要，需要捕获各种各样的昆虫来保证健康一样，人类也需要编制自己的人际网络来获得"营养"，需要尝试拥有各种各样的朋友来使自己活得更充实。这次课程以让孩子们讨论他们自己与夏洛特有什么相似之处并且画一个由在他们生活中有意义和重要的人所构成的"个人网络图"来结束（见图 16－1）。

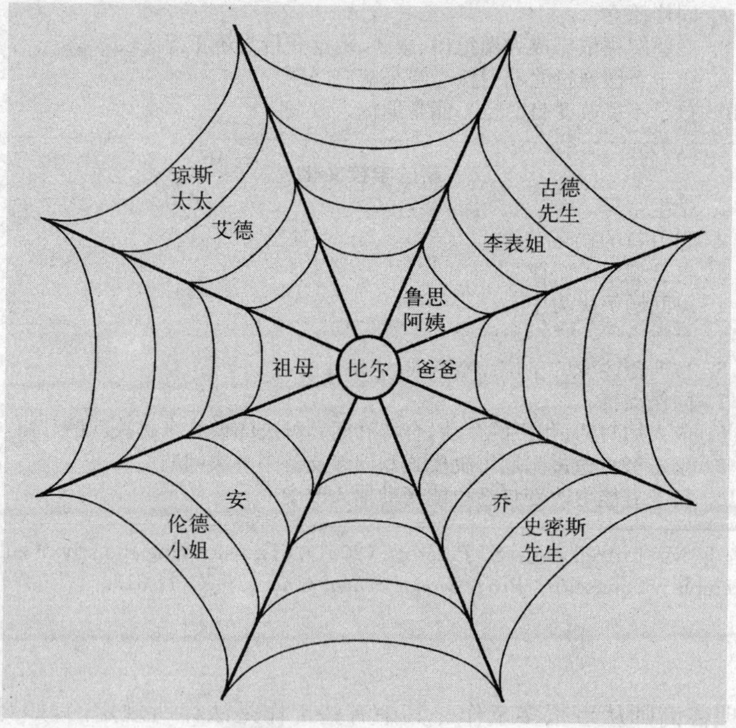

图 16－1 人际网络

资料来源：Reprinted from "Charlotte's Web: Expanding a Classroom Activity for a Guidance Lesson", by S. Magnuson, 1996, *Elementary School Guidance and Counseling*, 31, p. 76. © 1996 by ACA. Reprinted with permission. No further reproduction authorized without written permission of the American Counseling Association.

对于小学心理咨询师来说，最重要的是让其他人知道他们并和他们建立一定的联系。“学校的职工不是小学生能首先想到的求助对象”(Bachman, 1975, p. 108)。因此，小学心理咨询教师需要申明他们是谁，在做什么，能什么时候提供帮助，怎么提供帮助。这个过程最好通过专门的课程、教室访问，或者将两者结合在一起来完成。一定要让孩子、父母、教师、校长知道心理咨询和辅导服务是整个学校环境中的一个重要部分。

例如，3～5岁的小孩子是学校环境的一部分，让孩子们了解心理咨询师的方法之一就是由他们为家庭和孩子提供特别的帮助，如对孩子的人生发展方面进行一定的监控(Hohenshil & Hohenshil, 1989)。许多这个年龄的孩子身处有害的环境，如贫困，家庭、社会暴力以及忽视(Carnegie Task Force on Meeting the Needs of Young Children, 1994)。小学心理咨询师对这些孩子付出的努力可以包括提供训练社会化技能的亲社会班级辅导课程(Morganett, 1994; Paisley & Hubbard, 1994)。另外，小学心理咨询师能为教师和其他心理健康专业人士提供咨询，以保证为帮助孩子所付出的努力达到最好的效果。

小学心理咨询师很重要的一项工作是和父母、社区合作，如果孩子出现发展危机、低的自我概念或者反社会的态度，那么当孩子父母有空时，在他们工作的地方共进午餐，就是一种心理咨询师在孩子教育问题上为家庭提供帮助和支持的方法(Evans & Hines, 1997)。学校心理咨询师提供的家庭咨询面谈集中于三个子系统：家庭、学校和由家庭和学校互动形成的子系统(Lewis, 1996)。小学心理咨询师(初中和高中的心理咨询师也一样)要避免断言学生的大多数问题是由丧失功能的家庭造成的，而应该在适当的时候对三个子系统进行结构调整。第三种和潜在危害做斗争的方法是多重协作行动(multiple concurrent actions)。在这种方法中，心理咨询师每次要提供多于一种类型的服务。这种学校和团体代表之间的行动是合作的、整合的，它要求心理咨询师付出努力并且承担责任(Key, Bemak, Carpenter, & King-Sears, 1998)。

与宣传服务和建立关系同步的是小学心理咨询师必须用各种方法在学校里表现活跃，特别是在辅导活动方面。米瑞克(Myrick, 1993)为辅导活动推荐了一种主动的、发展性的、综合性的方法：每周举行两到三次大的班级聚会和两次小组活动。这些活动集中于系统的学习，如了解自我、做决定、问题解决、形成健康的男女关系以及如何和教师相处(Coppock, 1993; Snyder & Daly, 1993)。班级辅导也应该包括冲突解决和同龄人之间调解的问题，学生可用这种和平的、建设性的方法来解决分歧，避免暴力(Carruthers, Sweeney, Kmitta, & Harris, 1996)。

小学心理咨询师提供的另外一个预防服务包括同伴心理咨询师计划和咨询教育活动。同龄人帮助者是经过特别挑选和训练的学生，他们用一种积极而独特的方式为学校和心理咨询师提供服务。他们可以帮助学生相互认识，增强分享和接纳的气氛，为其他学生提供解决个人困难的机会，增强学生解决问题的能力(Garner, Martin, &

Martin,1989)。同龄人帮助者能用这些方法协助小学心理咨询师帮助更多的人。这样还能增强整个学校的合作气氛(Joynt,1993)。例如斯卡伯勒(Scarborough,1997)发现她可以通过同龄人帮助计划培养五年级学生一种社交的、情绪的和认知的技巧。她把这个计划叫做"SOS"(服务我们的学校)俱乐部,目的是为学校服务。这个俱乐部的学生作为学校教职工的助教来提供服务,承担责任。成员也提供跨年龄的监护,每个人都能从中获益。

通过给教师、校长和父母提供咨询和教育的课程,心理咨询师以一种很多人合作工作的方式教给他们用新方法去解决老问题(Dougherty,1986)。例如,心理咨询师可给学生提供这样的服务来帮助他们建立一个具有文化兼容性的班级,在这样的班级中,能够认识、欣赏并且利用学生的多样性(Herring & White,1995;Lee,2001)。提高学生和教师间沟通的技巧是另外一种至关重要的合作服务(Hawes,1989)。第三种合作服务是教给父母一种有效沟通的程序和行为管理的技巧(Ritchie & Partin,1994)。

资深的小学心理咨询师甚至能够运用他们的咨询角色来作为一种预防的方法。例如,通过定期与高危儿童见面(这些孩子因为他们的背景和目前的行为通常更容易产生问题),心理咨询师通过评估目前这些孩子的社会功能水平,判断哪种干预方式能帮助他们以及其他相关的人(Webb,1992)。对于欺凌弱小的行为,心理咨询师就可以采用预防性干预的方式,这种行为通常被认为是"并没有什么明显的原因,一个人就威胁或者真的在身体上伤害另一个人",它包括"给人起绰号、耻笑、写伤害性的言论、有意排斥、偷窃和损坏个人财产"(Beale & Scott,2001,p. 300)。无论对其中哪种行为,心理咨询师都可以用预防的方式,比如同伴心理教育剧的演出,用一种非个人的无威胁的方式让学生得到一种间接经验,以了解这种行为的消极结果(p. 302)。为孩子提供正面的成人榜样也是一种有帮助的预防措施,而父母体罚、负面的同伴榜样、缺乏成人监督和邻居安全关注则会在系统上产生消极作用(Espelage,Bosworth, & Simon,2000)。

除了欺凌弱小等显而易见的问题,从预防性的观点来看,天才学生也需要特别的帮助。尽管这小组的学生经常表现为机能良好,但其实这些学生也会有一些问题,如未能发挥学习潜能,缺乏自知之明和无法很好地处理压力等(Kaplan & Geoffroy,1993)。学校心理咨询师通过帮助他们学会处理压力,提前做计划,不对自己的能力过分挑剔来使其保持心理平衡,形成一个健康的自我概念。

在离异这个问题上,小学心理咨询师能在预防水平上做得很好(Crosbie-Burnett & Newcomer,1989)。作为预防性的措施,他们可以在班级辅导课上把离异作为一个主题提出来。这种课的目的必须是从人道主义出发,减少一些关于离异的陈词滥调和错误的认识。小学心理咨询师也可以用小组形式集中了解孩子关于离异问题的特殊需要,从而预防问题的产生。经过研究,这种团体形式的关于离异的措施对有父母离婚经历的孩子很有帮助,能有效地减少其机能障碍行为,尤其是在父母都参与进来时效果更好(Frieman,1994)。

矫正

矫正是一种试图使情况回到正确轨道上来的方法。这个词暗含着出现了问题,需要做一些工作以使之回到正确方向。在小学心理咨询中,有大量工作是在做矫正。其中,儿童的自尊就是一个例子。

儿童的自尊是与他们的自我概念相关的,也就是他们如何从知识、生理、社会性以及其他多方面来认识自己(McWhirter, McWhirter, McWhirter, & McWhirter, 1994, p. 190)。自尊是把自己和同龄人进行比较后产生的。自尊可能是情境性的和与性格特点有关的,它基于一个人怎样评价自己以及是否喜欢自己(Street & Isaacs, 1998)。提高自尊是一个相当困难的过程。在这个过程中,心理咨询师需要重点帮助那些低自尊的儿童。这些儿童害怕失败,需要在以下方面进行改进:重要的学校学习能力、自我概念、沟通技巧、模仿能力和控制能力。麦克沃特(McWhirter)等人把这些称为“五个能力”(1994, p. 188)。心理咨询师可以通过培训各种技能,如改进社会技巧、问题解决技巧和模仿技巧等方法来提高自尊(Street & Isaacs, 1998)。在矫正工作上,心理咨询师必须依靠他们的个体和团体咨询技巧以及他们的社会活动能力去改变和修正环境。

需要评定法是一种评定需要矫正的方面以及在何种水平上运用矫正的方法。需要评定法由一些特殊人群的问题类型、程度、范围的结构性调查组成(Cook, 1989; Rossi & Freeman, 1999)。需要评定法可以购买、借用、将其他人的调查表进行修订或者是由专门机构人员来原创。在学校里,心理咨询师如果花时间去调查学生、教师、家长和支持人员,他们就能够获得大量有用的信息。这些信息能帮助他们提出特殊的问题(Stiltner, 1978)。一般来说,需要评估主要涉及四个方面:学校、家庭关系、和他人的关系以及自我(Dinkmeyer & Aldwell, 1970)。学生关注问题调查(Berube & Berube, 1997)就是需要评估法的一个很好的例子(见表 16-2)。

在矫正期间,儿童通常对需要积极参与的咨询策略反应很好。游戏疗法、阅读疗法和运用游戏都是帮助心理咨询师和儿童建立关系,并且促进其自我了解的干预策略。

游戏疗法是一种要求受过专业培训的治疗师和儿童一起合作以解决问题的特殊方法。和其他形式的咨询面谈相比,对心理咨询师和来访者来说,它和艺术疗法一样更少受文化差异的限制(Cochran, 1996, p. 287)。因此,这种形式的咨询越来越多地被编入心理咨询师培训课程(Landreth, 1991)。一般来讲,儿童通过玩玩具来表达情感。心理咨询师和他们一起游戏的过程就是一种交流,可以了解孩子的想法和感受——并以此来建立和谐而有益的咨询关系(Campbell, 1993)。孩子通过这种自然的方式来表达他们的感受,从而更能认识并建设性地处理不稳定的情感(Thompson & Rudolph, 2000)。游戏疗法中有许多具体的方法,荣格疗法(Allan & Brown, 1993)和来访者中心疗法(Landreth, 1993)是其中最流行的两种。

所在年级________ 性别：男______ 女______

请运用下面的量表，选择最能准确描述你对下类问题的回答的选项。

非常关注：表示你花很多时间想或者担心它。
有点关注：表示你花一些时间想或者担心它。
不关注：表示你很少想或者担心它，或者这个问题你已经解决了。

在每一个种类后面有一个"其他"。如果有你关心但没有罗列出来的事，就把它写下来然后选择合适的答案。

注意：答案无对错之分！你的答案是保密的因为调查是不记名的。

	非常关注	有点关注	不关注
学校和学校作业			
1. 分数很低/不及格	____	____	____
2. 遇到麻烦	____	____	____
3. 在家要做太多学校作业	____	____	____
4. 不能集中注意力	____	____	____
5. 学校太严格	____	____	____
6. 不喜欢学校	____	____	____
7. 在班级里被点名	____	____	____
8. 不能理解功课	____	____	____
9. 其他	____	____	____
家和家庭			
1. 家庭经济问题	____	____	____
2. 家庭关系	____	____	____
3. 父母不理解我	____	____	____
4. 父母告诉我该做什么	____	____	____
5. 父母对我期望太高	____	____	____
6. 和家庭成员争吵或者争辩	____	____	____
7. 很少讨论事情	____	____	____
8. 被像婴儿一样对待	____	____	____
9. 其他	____	____	____
朋友和其他人			
1. 交朋友	____	____	____
2. 我的服装	____	____	____
3. 别人说我的闲话	____	____	____
4. 被烦扰	____	____	____
5. 没有成为一个团体的一员	____	____	____
6. 有男朋友/女朋友	____	____	____
7. 和其他儿童的问题	____	____	____
8. 其他	____	____	____

	非常关注	有点关注	不关注
我的将来			
1. 世界上的暴力会怎样影响我	______	______	______
2. 怎样挣钱	______	______	______
3. 决定高中毕业后干什么	______	______	______
4. 我想要自己将来怎样	______	______	______
5. 死亡	______	______	______
6. 污染和环境	______	______	______
7. 其他	______	______	______
目前的问题			
1. 对饮酒问题做出选择	______	______	______
2. 对抽烟和吸毒问题做出选择	______	______	______
3. 对约会问题做出选择	______	______	______
4. 其他	______	______	______

图 16-2 学生关注问题的调查

资料来源：Reprinted from "Creating Small Groups Using School and Community Resources to Meet Student Needs", by E. Berube and L. Berube, 1997, *School Counselor*, 44, pp. 300-302. © 1997 by ACA. Reprinted with permission. No further reproduction authorized without written permission of the American Counseling Association.

和儿童进行游戏时，最好是有一间设备齐全的游戏室。但是大多数学校没有这样的条件，所以心理咨询师通常需要携带一个里面装着各种游戏材料的包(Landreth, 1987)。游戏材料可分为三种类型：现实生活中的玩具、攻击型玩具和一些用做创造性地表达和放松的玩具(Landreth,1987)。具体的玩具通常包括木偶、面具、画画材料和黏土。沙盘游戏对于低自尊、学习成绩差、高焦虑和轻微抑郁的儿童非常有效(Allan & Brown,1993;Carmichael,1994)。在某些情况下，心理咨询师需要和父母、儿童一起在家里完成游戏治疗(Guerney,1983)，有时，心理咨询师也需要对游戏治疗中的儿童进行个人咨询(Landreth,1983)。

在小学咨询和辅导活动中也可以运用阅读疗法(Borders & Paisley, 1992; Gladding,1991)。阅读疗法是一种运用书本去帮助孩子认识问题并找到适当的解决方法的疗法(Hollander,1989,pp. 184-185)。例如强调多样的书和录像，如《小猪巴比》(*Babe*)、《风中奇缘》(*Pocahontas*)、《狮子王》(*The Lion King*)或《海的女儿》(*The Little Mermaid*)，可以用来提高接纳和容忍度(Richardson & Norman,1997)。如果心理咨询师能够为孩子总结故事的内容，和他们开放地讨论人物感受，探索人物行为的结果，并一起得出结论，那么这种方法对孩子将特别有帮助(Schrank,1982)。

学校心理咨询师在对受虐待的孩子进行干预时，也可以运用阅读疗法，因为这种方法可以促进一种无威胁的关系。许多书可以很有效，其中比较好的两本是《我不能说》(*I Can't Talk about It*)和《我的身体是私密的》(*My Body is Private*),前者是关于一个小女孩怎样处理她父亲抚摸她私密处的书,后者是一个小女孩对自己身体的感觉以及和母亲讨论怎样使自己的身体保持私密的内容。

做游戏是小学生咨询中的第三种方法。游戏为孩子的问题提供了一个安全的、相对没有威胁的关系(Friedberg,1996,p. 17)。小孩子天性就喜欢玩游戏,有趣的游戏也有助于加深咨询关系。

许多游戏经过一些专业化的改进后就可以用来处理一些小学生的问题,如固执、愤怒、自我控制差、焦虑和抑郁(Berg,1986/1989/1990a/1990b/1990c)。另外,心理咨询师也可以自己设计一些简单易行、与孩子正在经历的困难有关的游戏(Friedberg,1996)。

初中的心理咨询及辅导

对初中心理咨询和辅导的重视比对小学的重视更晚一些。它在 20 世纪 70 年代才产生,因为当时一些学生不适应小学和高中心理咨询师的咨询,需要发展出一种混合的方法来为其提供咨询服务(Cole,1988;Stamm & Nissman,1979),于是就产生了专门为青春期前和青春期早期的学生设置的特殊课程,这是将较年幼的孩子(年龄在 12～14 岁,7～9 年级)从青少年群体中独立出来的一种尝试。

初中一般招收年龄在 10～14 岁的孩子,包括 6～9 年级。"除了会经历在家庭、学校和社区里存在的一般问题之外,男孩和女孩还要适应身体上的变化、来自同伴的压力、学校对学习成绩的要求、父母不一致的态度以及其他在自我认同方面的问题"(Matthews & Burnett,1989,p. 122)。这些问题很少有共性,大多数特性都是不同的。

根据多尔蒂(Dougherty,1986)的观点,我们对这个年龄的群体的了解较其他年龄群体少。部分原因是几乎没有初中心理咨询师引导研究或者发表他们对这个群体的发现(St. Clair,1989)。然而格塞尔儿童发展机构和其他儿童研究机构提供了对在这个时期的青少年在认知、生理和情感上的描述(Johnson & Kottman,1992),但从中获益的心理咨询师还是太少了。尽管如此,大多数初中心理咨询师还是意识到了初中孩子必须要完成的主要的生理、智力、社会发展任务。索恩伯格(Thornburg,1986)将这些问题罗列如下:

- 开始意识到生理不断的变化;
- 把知识和概念运用到问题解决策略中;
- 完成具体-抽象符号的转换;
- 学习新的社会角色和性别角色;
- 认同定型的角色模型;
- 发展友谊;
- 获得独立的感觉;
- 发展责任感(pp. 170－171)。

埃尔金德(Elkind,1986)认为除了发展任务,中年级的学生还必须处理好三个基本的压力情境。A类型的压力情境是可以预见而且可以避免的，如晚上在一个危险的地区行走；B类型是不能预见也无法避免的，如意外死亡；C类型是可以预见的但是无法避免，如看牙医。

总之，初中生比高中生和小学生承受更多的焦虑。因此，他们很可能不能成功地完成发展任务(Matthews & Burnett,1989)。所以，初中心理咨询师对这个时期的孩子是最有帮助的，因为他们能够给孩子提供机会去用一种不同的、有创造性的方式去感受他们自己和他们的世界(Schmidt,1991)。他们也能帮助初中生培养一种独特性以及对世界普遍关系的认同。在这样的一个过程中，心理咨询师帮助初中生克服他们的不安、情绪化并反对由同伴和流行文化带来的负面影响，这种负面影响认为暴力和破坏性行为是解决复杂的、令人迷惘的问题的一种可以接受的解决途径(Peterson & O'Neal,1998)。

重点和角色

在评估智力发展的时候，学校经常会忽视孩子生理和社会上的发展(Thornburg,1986)。初中生心理咨询和辅导应该像小学一样，试图去专注于孩子的全面发展，改变这种不平衡的状况。心理咨询师应该着重于整体，即不仅强调进步和发展，并且还强调这是一个从童年到青春期的转换过程(Schmidt,1999)。心理咨询师的活动包括：

- 与学生个体或者团体合作；
- 与教师和校长合作；
- 与教育中介、社会服务和商业机构合作；
- 与家长合作，为特殊的孩子提供足够的服务(Campbell & Dahir,1997)。

如果心理咨询师能够通过一定途径发展能力和课程，这些任务就会更容易完成。按照索恩伯格的说法，必要的能力包括关于初中生发展特性的信息和学生预期要接受的任务的信息。另外，心理咨询师必须理解特殊的儿童对问题的看法并与他们互动。最后，心理咨询师需要了解怎样帮助学生做决定，这样能帮助他们将来自己解决问题。

初中心理咨询师理想的任务包括提供个体咨询、团体体验、同伴支持系统、教师咨询、学生评估、家长咨询和评价辅导服务(Bonebrake & Borgers,1984;Schmidt,1999)。在堪萨斯州的一个对校长和心理咨询师的调查中，博恩布瑞克(Bonebrake)和博格斯(Borgers)发现参与者不仅在心理咨询师理想的任务上达到一致，而且在心理咨询师最基本的优先考虑的事上也达到了一致，其中包括：为一个单位提供服务，管理午餐厅纪律和教非辅导性班级。这个调查最激动人心之处在于它表明校长和心理咨询师对于理想任务的理解已经达到了一致。因为在学校里，最终是校长决定心理咨询师的任务和功能(Ribak-Rosenthal,1994,p.158)。而在学校外，不同人群对初中心理咨询师的目的有不同的观点和看法。博恩布瑞克和博格斯提醒心理咨询师为了减轻源于此的职业压力，应该就心理咨询师的功能形成文件，执行一个看得见的、有很好的详细说明的并且经过仔细评估的程序(p.198)。初中心理咨询师也需要和不同的人群保持长久的交流沟通，让人们了解他们所做的工作。服务的公开性和传递性对初中心理咨询师来说是和小学心理咨询师一样关键的(Ribak-Rosenthal，1994)。

工作

在初中生中开展工作，需要从预防和治疗两个途径着手。心理咨询师如果想在整体上对初中生真正有帮助，必须克服更多障碍，除此以外和对小学生做心理咨询是相似的。

预防

一种最有前景的初中生预防计划是学校的系列课程(Gerler & Anderson，1986)。它包括一系列50分钟的班级辅导课，这个计划适合帮助学生与自我、教师和学校愉快相处(Gerler，1987)。这个方法是多重模型的，它要求学生在学习过程中积极参与。每一课的计划着眼于个人和制度生活的亲社会方面，如成功人物的认同，在学校愉快生活，与同伴及教师合作以及认识到生活事件的好的一面(Gerler，Drew，& Mohr，1990)。

摩根尼特(Morganett)小组为青少年开展的团体咨询活动是对学校心理咨询系列课程的一个补充。这些活动发展和培训了生活技巧。因为初中心理咨询师的小组活动的经验可以通过不同的方式得以运用，因此可以运用团体咨询帮助学生处理一些比较敏感的问题，如愤怒、悲痛、压力、离异、固执和友谊。

除了班级辅导和团体工作，初中心理咨询师(跟小学心理咨询师一样)可以运用个别咨询、同伴咨询和讨论活动去预防问题(Thompson & Rudolph，2000)。一种在过程中有帮助的治疗方法是发展性咨询和治疗(DCT)(Ivey，1986，1999)。DCT结合了各种个体理论的发展观念，如柯恩伯格(Kohlberg)、吉里根(Gilligan)、基根(Kegan)和埃里克森(Erikson)的理论，以及家庭理论和跨文化理论(Myers，Shoffner，& Briggs，2002)。它为心理咨询师提供了一种系统的方法去涉及初中生的发展性的定向——感觉运动、具体和形式运算、辨证性、系统性。大多数初中生在第一、第二水平上发展，偶尔也会涉及第三水平。

另外一种预防性的计划是同伴管理。在这种安排中，一个年长的学生和一个年幼的学生结对，比如说八年级的学生和六年级的学生结对。年长的学生通过合作来学习安排、接纳和教年幼的学生。诺尔(Noll，1997)报告说，在一个跨年龄的管理计划中，这种方法成功地帮助了年幼的学生处理学习困难，年幼的学生在社会发展方面有明显的收获，年长的学生在跟父母更好地建立关系，自尊方面得到改善，也有了更好的冲突解决能力，其社区能力也加强了(p. 241)。

初中心理咨询师同样可以建立教师-导师计划，这是建立在“辅导是每个人的责任，在没有足够的经过训练的心理咨询师来满足一个学校的辅导需要的时候，教师辅导是学校心理咨询的一个重要的补充”这一观点上的(Galassi & Gulledge，1997，p. 56)。通过这个计划，教师会更多地与心理咨询师联系，更多地参与学生的非学习生活。这些计划的受益者是初中生和他们所在的学校。

矫正

对于初中生来说最好是将矫正与预防相结合。按照施塔姆和尼斯曼(Stamm & Nissman,1979)的观点,初中心理咨询师的活动最好是被看做一种处理敏感的人的人类发展中心(HDC)的服务(p. 52)。他们建议心理咨询师和这些人发展一种关系,来调整初中心理咨询和辅导服务,从而尽可能提供最有效的课程。施塔姆和尼斯曼罗列出了在初中心理咨询和辅导计划中关键的八个服务领域(见图 16-3)。

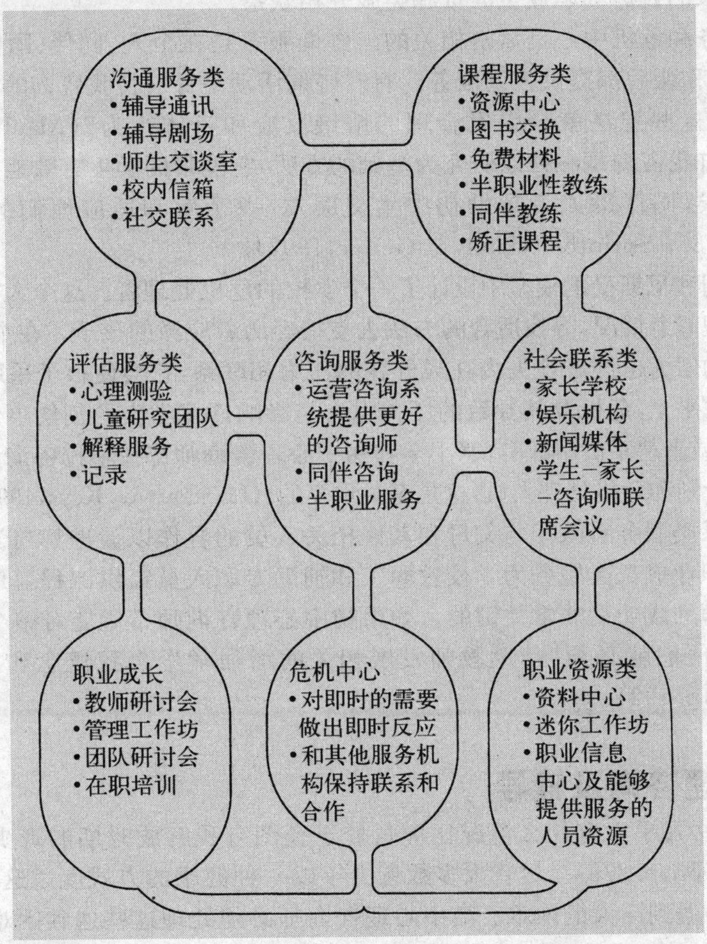

图 16-3 中学心理咨询和辅导项目必须包括的领域

资料来源:From *Improving Middle School Guidance* (p. 54), by M. L. Stamm and B. S. Nissman, 1979, Boston: Allyn & Bacon. Reprinted with permission.

每一类服务都是和其他方面相联系的。但是初中心理咨询师不能单独执行所有相关功能,因此他们必须把责任委托给他人,如学校其他人员、家长和社区志愿者。一个心理咨询师的工作,除了在必要的时候提供直接的服务外,还要承担协调合作的任务。

沟通类服务主要涉及公共关系。它是心理咨询师伸出的一只手臂,对于让一般公众了解学校心理咨询在做些什么是很关键的。课程类服务集中于课程定位和学术的调整,初中心理咨询师需要帮助教师对课程做"心理分析",这样学生能处理他们生活中的重要问题,如同伴关系和价值(Beane,1986)。如果课程内容与这个年龄阶段的孩子无关,那么他们就白白浪费了精力。评估类服务提供测试和评价服务,这类服务常常与学生将来的目标和职业生涯资源类服务相联系。

咨询服务和危机中心是紧密相关的。咨询服务是在个人、同伴、团体水平上提供的,在上课时和课后都提供咨询服务。有时咨询活动是针对自我咨询的,"当人们相信某种想法时,这些想法就会引发合理的情绪反应和身体行为"(Maultsby,1986,p. 207)。理性自我咨询是一种以研究为基础的方法,它能帮助学生有效地处理自我的情绪。有些时候,同伴助人者帮助初中生交朋友,以了解和适应他们的环境和学业(Bowman,1986; Sprinthall,Hall,& Gerler,1992)。

在施塔姆和尼斯曼的模型中设计了一个学校的危机处理者。这个人在心理咨询师的帮助下处理紧急情况,寻找适合的方法去支持经历着应激的孩子。在个体水平上,危机及其导致的压力也许和丧失内在或外在的压力相联系,它会使孩子采取行动或者退缩。在团体水平上,危机及其导致的压力也许与影响许多学生的创伤事件,如凶杀、自杀、意外死亡或者严重的事故有关(小学和初中心理咨询师都在学校咨询计划中安排一个危机干预计划和危机处理人员,这是至关重要的)(Lockhart & Keys,1998,p. 4)。

社区联系类服务着眼于与父母和其他相关人员的合作以促进其与学校及其他机构的交流。职业成长类服务为学校教职工和辅助专职人员提供课程。最后一个任务对心理咨询师的成功是非常关键的。如果初中心理咨询师希望能对整个学校环境有积极的影响,他们就必须"帮助教师发展相关的增强学生自我概念和自尊的技能"(Beane,1986,p. 192)。

高中的心理咨询及辅导

"在一生中几乎没有什么情况比应付处于企图自我解放时期的青少年子女更难的"(Freud,1958,p. 278)。尽管大多数青少年以一种健康的方式度过这个时期,但还是有一些人会遇到巨大的困难。高中心理咨询师必须处理这些遇到困难的青少年及其独特的问题,他们也许会从青少年的问题比其他年龄阶段的人更加具有周期性的这个事实中得到安慰。例如,"违法行为在青少年早期是少见的,在青少年中期(15～17岁)是普遍的,随后又减少"(McCarthy,Brack,& Orr,1996,p. 277)。尽管如此,这一人群的很多其他问题是情境性的和不可预见的。

高中心理咨询开始于20世纪早期，它主要强调一些能够帮助培养更合格公民的辅导活动(参见第一章)(Gysbers & Guidance Program Field Writers,1990)。弗兰克·帕森斯(Frank Parsons)影响了这个职业的早期发展，而约翰·布鲁尔(John Brewer)在20世纪30年代真正推动了高中心理咨询辅导的发展(Aubrey,1979)。布鲁尔相信辅导和教育都可以帮助年轻人更好地生活。在那个时期，布鲁尔的观点没有被广泛接受，但是在改用"生活技巧训练"这个名字后，它变得非常受欢迎(Gazda,1989)。

在20世纪60年代，高中心理咨询出现了戏剧性的增长。在这个领域工作的心理咨询师翻了三倍多，从1958～1959年的一万二千多人到1969～1970年的四万多人(Shertzer & Stone,1981)。根据《职业展望手册》(*Occupational Outlook Handbook*)，1986年已经有六万三千名公立学校心理咨询师，高中心理咨询师和小学心理咨询师的比率是3∶1。许多心理咨询师在私立学校工作。另外，许多在NDEA训练过的心理咨询师开始退休，更多的州要求各类学校提供更好的咨询服务，被雇佣的学校心理咨询师的数量在20世纪80年代后期开始上升(Baker,2000)。今天(在美国)，大约有十万名心理咨询师在学校工作，其中很多人在做高中心理咨询。

重点和角色

高中心理咨询师主要有以下任务：

- 为个体和团体提供直接的咨询服务；
- 为家长提供教育和支持服务；
- 为教师和教职工提供咨询和在职课程；
- 促进校外机构的转介；
- 与大专院校和商业公司形成网络；
- 提供学术上的建议(Campbell & Dahir,1997)。

奥布里(Aubrey,1979)认为高中心理咨询师存在着一个现实的冲突，就是他们同时面对两种需要：(1)参与学生咨询；(2)完成理论和行政任务。奥布里认为学校心理咨询师，特别是高中心理咨询师经常身陷非专业活动中，如专职的学校行政人员经常会要求有一定的教学时间安排。布朗(Brown,1989)提出失功能的心理咨询师经常被校长误解或误导：他们培训不足，缺乏行动计划，不参与公共关系，违犯职业伦理规范。为了减少不适当的任务，高中心理咨询师需要公开他们做什么和怎么做，不仅仅是对学生，也包括对教师、校长、行政人员公开(Guerra,1998)。他们可以通过每月写简讯，张贴心理咨询师时间安排表，分发美国学校心理咨询师协会(ASCA)的角色声明，制定辅导服务手册以及出席全体教员会议来向其他人指出允许心理咨询师正常开展工作的成本效益(Ribak-Rosenthal,1994,p. 163)。

皮尔(Peer,1985)报告了政府官员对咨询和辅导的看法以及其他人对高中心理咨询师任务的看法。他发现人们对高中心理咨询评价不一，那些有较高评价的是校长、主管、学生、大学教职员工、其他高中心理咨询师和心理咨询师培训师。而教师、父母、社区领导者和商业领导者则评价相对较低。政府官员报告说，高中心理咨询师可能确实过多地卷入了非专业的活动中。如果情况属实，我们就可以理解校园以外的人对高中心理咨询师评价较低的原因了。

在同伴调查中发现，人们认为高中心理咨询师在团体咨询和团体辅导中表现并不积极，他们既不是作为一个心理咨询师来提供服务，也没有对多数学生产生影响。总的来说，他们认为这个水平的课程远不如小学咨询的相同领域那么有用。从积极的方面来讲，在接受调查者中，特别是那些就要进入大学的学生认为高中心理咨询师避免了扮演维护纪律者的角色，能够很好地胜任自己的工作，对学生也的确有帮助。值得注意的是，接受调查者认为心理咨询师在咨询计划中能够实现有效的改变。

改变对高中心理咨询师看法和行为的方法包括强调高中心理咨询师要担当满足真正的需要的角色。例如，琼斯(Jones，1977)强调学校心理咨询师必须是健康学习环境的促进者。他认为高中心理咨询师的主要功能应该包括促进日常班级问题解决，发展专业成长团体，改进全体教职工之间的交流。心理咨询师的所有这些角色在低自尊的团体中得到最大的体现。心理咨询师通过发挥促进学生-成人间的互动以及成人-成人之间的交流功能，来为团体中有分歧的人提供一种有效的交流方法。

学校心理咨询师的一个重要功能是不断调整咨询规划。一个系统的计划是这个过程的关键。它不仅包括完成服务也包括对这些服务活动的评估。在学校里建立和调整辅导和咨询活动会产生一些压力，但是也会得到很多令人满意的结果。如果高中心理咨询师想要使他们的服务保持恰当并且顺应潮流，就必须跟他们的委托人一直保持联系。

工作

高中心理咨询师的工作可以划分为几个领域。除了评估他们自己的工作，还包括预防、矫正、干预、合作和促进。在这些领域之间相互有联系的同时，每一项里都包含很多具体的内容。

预防

同小学和初中心理咨询师一样，高中心理咨询师也强调预防。这些努力应该是全面、多方位和综合的。因为班级以外的青少年问题和学校问题是相互关联的(McCarthy et al.，1996)。因此，只顾一种情况而忽略其他的通常是没有作用的。

斯普林霍尔(Sprinthall，1984)注意到高中初级预防创造并影响了学生智力和个人发展的课堂教育经验(p. 494)。通过初级预防，学生变得更加自信，更少受同伴支配，也变得不那么以自我为中心，在做决定时能够坚持原则，同时能够更加理解他人的感受。教师和心理咨询师、学生和心理咨询师之间的关系在这个过程中也得到加强。

建立初级预防计划有多重方法。心理咨询师的一种预防方法就是熟悉当时的流行歌曲(Ostlund & Kinnier,1997)。通过倾听歌词,高中心理咨询师可以更好地了解青少年亚文化群,也就能够更好地帮助青少年处理典型的问题(pp. 87 - 88)。

第二种实施预防的方法是开展团体咨询,特别是围绕一个主题的团体咨询,把一群经历相同问题的学生聚到一起,这样心理咨询师就可以有效利用他们的时间和技能(Zinck & Littrell,2000,p. 51)。研究表明团体咨询在很多地方对诊断和预防青少年问题特别有效。比如,一个为期 10 周的高危青少年女生团体咨询被证明是有效的、积极的和持续改变的(Zinck & Littrell,2000)。

心理咨询师在高中学校环境中预防的另外一种方法是为班级提供一些以预防为主的课程(Martin,1983)。学习、考试焦虑、学习技巧、人际关系、自我控制和生涯规划都可以用这种方法来处理。这种方法有两个优点:一是可以在矫正和干预活动中投入更少的时间;二是心理咨询师可以给学生和教师留下一种积极工作的印象。作为提供课程的一部分,心理咨询师可以让班级成员参与到交互式的读书疗法过程中来。在这个过程中,他们可以阅读关于某个特殊主题的书籍,然后跟心理咨询师讨论他们的反应(这个过程也可以在个别咨询中运用)。有关处理疾病、死亡、家庭关系、自我伤害行为、同一性、物质滥用、种族和偏见、性和性欲的书有很多,比尔和帕奇(Beale & Patch,1996)推荐了好几本这样的书。其他的作品在《给你的书》(*Books for You*)里可找到(Christenbury,1995)。

通过预防能够有效改变的四个问题是物质滥用、青少年自杀/凶杀、艾滋病传染和虐待关系。在学生开始学生生涯的早期,预防物质滥用计划最能发挥作用,该计划以社会影响模型为基础,计划过程包括学生、家长、教师和社区成员,适合这个年龄阶段的不同学生群(Mohai,1991)。一种非常有效的模型是心理咨询师用一种多维方法对潜在的高危学生给予帮助(Gloria & Kurpius Robinson,2000)。一般来说,多维方法能提高自尊,降低消极同伴影响并提供药物信息。学校心理咨询师建立的学生援助计划(SAPs)也是有效的(Moore & Forster,1993)。SAP 组和学校的多学科特殊教育组一样,由不同背景和专业的学校人员组成。不同的组在本质上也许有所不同,但是目的都是为学生提供信息和帮助学生处理问题(Rainey, Hensley, & Crutchfield,1997)。

自杀和凶杀预防计划包含广泛的方法,它们都强调暴力的严重性和做出抉择。在美国社会,自杀是青少年中增长最快的死亡原因(Malley & Kush,1994,p. 191),年轻人凶杀,特别是那些卷入校园事件的死亡人数在这些年呈现戏剧性的增长。几乎每一分钟都有一个青少年试图自杀,每年有 775 000 的人试图自杀(Carson, Butcher, & Mineka,2000)。尽管女生试图自杀者多于男生,但是男生自杀更容易成功。在青少年杀人案中男生更倾向于是惟一的犯罪者。

因为反社会行为,如自杀和凶杀是由多因素决定的,所以需要大量的干预来预防(Dykeman, Daehlin, Doyle, & Flamer,1996)。一些预防自杀和凶杀的方法是帮助学生、家长、学校人员知道危险征兆，向心理咨询师和其他心理健康工作者发出警报，寻求专业和法律水平的帮助以处理破坏保密伦理的问题(Peach & Reddick，1991；Remley & Sparkman，1993；Sheeley & Herlihy，1989)。使学校同伴、家庭成员和社区里的重要他人参与进来也是重要的(Cashwell & Vacc，1996；Ritchie，1989)。关键的是学校自杀和凶杀预防计划必须是有预案的而不是反应性的，必须系统地设计预案。一种处理这种敌对行为的方法是“环绕计划”(wrap-around programs)(Cautilli & Skinner，1996)。这些计划由一组心理健康专业人士提供，包括心理咨询师，他们与和年轻人有接触的家庭和社区/学校人员一样，一起为有暴力风险的年轻人提供直接的援助。

影响年轻人自杀和凶杀的一个因素是抑郁和愤怒。因此，预防性的课程，如支持或者心理教育，以及使其掌握提高自尊和应付失败/拒绝的技巧也是很重要的。同时，举办防止模仿自杀和成群自杀课程以及以提供社区意识为目的的课程也很重要(Popenhagen & Qualley，1998)。对存在自杀或者凶杀风险的青少年的个体认同同样至关重要。适合潜在自杀者和杀人犯罪者需要和境况的青少年调查课程是非常重要的。一个处理可能的自杀和凶杀的行动方案应该包含尽可能广泛的内容(Capuzzi，1994)。

在预防艾滋病时，咨询者可能会或者不会劝说学生改变他们的性行为。但是他们能通过提供信息或者有技巧的面谈系统来帮助学生避免接触艾滋病病毒和其他性传染疾病病毒(Stevens-Smith & Remley，1994)。比如，心理咨询师可以使学生知道艾滋病如何传播，以及什么行为会把他们置身于最大的危险中(Keeling，1993)，如共用静脉注射器，没有保护措施的随便的性行为等。另外，心理咨询师能通过模拟潜在的危险情形为学生提供学习和运用人际技能的机会。他们能够鼓励青少年去尝试新的积极行为，如改变自己的习惯和环境。支持团体、父母和行政人员的工作坊和同伴教育计划都可以运用。同伴教育是对劝阻青少年参与破坏性行为、帮助他们参与有益行为的最强有力的方法(Wittmer & Adorno，2000)。

最后，人际暴力(也叫虐待关系)可以通过心理咨询师面谈来预防(Becky & Farren，1997；Bemak & Keys，2000)。在这个计划中，心理咨询师对团体学生产生作用，对他们强调冲动、激进、情绪化的威胁性语言在人际关系中是不正常的。另外，他们着眼于教给学生暴力预防策略，如愤怒管理、决断、负责言语和非言语交流。安全约会是一个可利用的模型，它有规范的形式因此很容易遵循。

总之，从上述举的这些例子我们可以看到，由于他们的技能、训练和知识，心理咨询师处于一个强有力的位置，在以学校和社区为基础的干预计划发展中能够成为领导者(Stevens-Smith & Remley，1994，p. 182)。

矫正

高中心理咨询师创建了矫正和干预计划去帮助学生处理那些不能预防的特殊问

题。一些儿童和青少年期的一般心理障碍都在这个时期清楚地暴露出来，这些问题包括适应、行为、焦虑、物质滥用和进食的问题(Geroski, Rodgers, & Breen, 1997)。识别、评估、转介以及在某些情况下处理这些在《精神疾病的诊断和统计手册》(DSM-IV-TR)中可以找到的障碍是一个高中心理咨询师或者任何其他学校心理咨询师(通过经常和心理健康工作者会诊)都可以提供的一种最有价值的服务。因为时间和资源有限，高中心理咨询师通常不直接处理严重的心理障碍，而是集中处理在他们机构中出现的其他特殊问题行为。最普遍的三种问题是抑郁、父母离异和青少年父母问题。

抑郁和青少年的消极生活压力相关(Benson & Deeter, 1992)。福里斯特(Forrest, 1983)提出，大约15%的学生因为外部压力源、个体反应和应对能力的不足出现抑郁。他列举了一般可能会导致抑郁的情绪、生理、智力和行为(见表16-2)。另外，他强调学校心理咨询师需要运用不同的方法来处理问题。其中最突出的是拉扎勒斯(Lazarus)的多重模型，它教会学生怎样发展自尊，帮助学生意识到抑郁和影响它的压力因素，教会放松程序、新的应对技巧和调整消极自我认知的方法。所有这些方法都需要投入大量的时间和精力。

表16-2 引发抑郁的一般因素

情绪 (表达情感的)	生理 (肉体的)	智力 (认知的)	行为 (做、干)
悲伤	疲劳	消极的自我概念	说话声音轻，语速慢
焦虑	睡眠障碍	消极的世界观	退缩，回避正常的社会接触
内疚	饮食障碍	对未来的消极预期	几乎不参加使人快乐的活动
愤怒	消化不良	自责	很少微笑和大笑
害怕	便秘	自我批判	一个人吃饭 一个人学习
不快乐	缺乏固定计划	缺乏兴趣	在班级和社交场合中不大声说话
悲观	月经不调	无法集中精神	避免表达敌意
情绪变化	表情冷漠脉搏跳动快	思维贫乏	回避团体活动 减少参加运动和游戏的次数
无助感	头疼	矛盾情感	穿着单调 成绩急剧下降
无价值感	胃疼	不能做决定	经常叹气，很容易哭 做事拖延

资料来源：Reprinted from "Depression: Information and Interventions for School Counselors", by D. V. Forrest, 1983, *School Counselor*, 30, p. 270. © 1983 by ACA. Reprinted with permission. No further reproduction authorized without written permission of the American Counseling Association.

每年(美国)大约有一百万孩子经历父母离异,估计45%的美国孩子在18岁之前能够预料到他们家庭的破裂(Whitehead,1997)。高中心理咨询师可通过间接或者直接的服务帮助孩子、父母、教师适应离婚(Cook & McBride,1982)。处理离异的直接干预包括学校孩子的个体和团体咨询服务。结构性的、短期的团体能积极地帮助高中生发现并解决由于父母离异而产生的感受(Morganett,1995)。更多间接的服务也能用来处理这一问题,如向教师和父母提供咨询,帮助他们去理解孩子的感觉。教师和父母需要一些信息去理解经历了父母离异的孩子和在帮助这些孩子的过程中他们可以采用的有用的干预措施。

对于社会和十几岁的孩子来说,青少年父母(十几岁就成为父母的青少年)中充斥了情绪问题。当婴儿是由婚外孕产生时,这种情绪的困扰就更为严重。学校心理咨询师面临的挑战就是发展特殊的策略以在这一人群中开展工作。另外,心理咨询师必须关心年轻父母的个人和职业问题,并做一些必要的转介。通常这个过程通过学校心理咨询师和社区心理健康工作者共同努力来完成(Kiselica & Pfaller,1993)。另外一个基本任务是防止青少年父母再有第二个孩子。此外,要把未婚母亲(父亲)留在学校里继续学习,帮助他们在学业、个人和人际舞台上获得成功(DeRidder,1993)。

合作和促进

合作和促进涉及在不同社区和学校工作的心理咨询师,他们的工作不仅仅是担当照料者的角色。没有意识到或者没有参与社区和学校团体合作的心理咨询师,他们的工作效果是要打折扣的(Bradley,1978)。心理咨询师一部分的责任是与其他人以各种方式合作而不仅仅是直接提供咨询服务(Lee & Walz,1998)。因此,高中心理咨询师通常必须主动与教师及学校其他人员合作。通过更多地与教师、行政人员、外界活动的发起者合作,心理咨询师把他们的观点和整个学校生活结合,帮助创造有利于学生成长和学习的学校环境(Glosoff & Koprowicz,1990,p.10)。

在一篇关于学校心理咨询师作为服务协调者角色的文章中,德沃和麦克兰(DeVoe & McClam,1982)强调心理咨询师应扮演三种角色。第一个角色是信息搜集者,即心理咨询师或者自己收集信息或者和其他人员合作收集特殊复杂的信息,如被虐待、药物依赖、青少年怀孕等。第二个角色和服务协调有关,心理咨询师决定他是否有专业技术去满足特殊学生的需要。如果心理咨询师没有这种专门技术,就要给予合适的转介。第三个角色是信息管理者,心理咨询师做一个计划,以便向学校咨询机构之外的个体或机构转介学生。这个活动包括做出计划和保持与服务提供者之间的连续的联系。

一个较少运用但很重要的心理咨询师和学校社区其他人合作的方法是参与个性化教育计划(IEPs),参与适合某些孩子的特殊需要的教育计划(Humes,1980)。心理咨询师直接的干预或者支持,都是IEPs专门为学生拟定的。没有特殊考虑的话,心理咨询师可以通过和其他学校社区人员紧密合作来保证一个特殊的学生得到合适的教育和支持服务。这样的话，几乎就没有学生辍学或者在他们生活的社区中迷失生活的方向(Kushman，Sieber，& Heariold-Kinney，2000)。

21 世纪的学校心理咨询

作为对本章中提及的不同水平学校心理咨询的分析，“学校心理咨询师是第一线的心理健康专业人士，为学生和家庭提供从正常的心理发展到严重功能紊乱问题的全面服务”(Borders，2002，p. 184)。同样地，学校心理咨询师被鼓励去参与各种不同的教育和心理健康公开活动，这些活动是他们学校系统和社区里的其他成员，如教师、校长和家长一起合作组织的(Green & Keys，2001；Paisley & McMahon，2001)。理想的心理咨询师能完成的任务比一个人通常能完成的要多。因此在现实中，面对一些对学校环境的挑战(如日益增加的学生数量)，学校心理咨询师应该和其他专业人士以及他们所要服务的对象一起，以一种合作的关系开展工作(Paisley & McMahon，2001)。

在 21 世纪，学校心理咨询师对学校和社会所肩负的任务在不断发展，但同时也是有争议的。学校心理咨询师的主要任务之一是不放弃他们为学校提供传统的心理健康服务的角色，进而构想并创造一些变化来加深他们的服务对教育机构的影响。1997 年，一个名为“教育信任”的社会组织提出一种观点：学校心理咨询师应该参与一种以变化为导向的活动，以使学校、学生和学校专业心理咨询师更强大(Sears & Granello，2002)。另外，它选择了美国的 10 所大学和学院来开设学校心理咨询师继续教育课程。最后得到的结果涉及这方面的努力：要求学校心理咨询师作为领导者和发起者工作；排除妨碍所有学生达到学业成功的障碍(House & Hayes，2002，p. 255)。“教育信任”已经把“关于心理咨询师的一种新观点”做成了一个表格(见表 16-3)。对这种观点在 21 世纪会如何影响学校心理咨询我们还将拭目以待。尽管如此，和其他公共服务的专业人士相比，学校心理咨询还需要一段时间的广泛的改革和重组(Adelman & Taylor，2002，p. 235)。在 21 世纪，学校心理咨询师还需要更清楚地自我定位，在这个过程中确认学校心理咨询计划的有效性是至关紧要的(Whiston，2002)。设计和完成复杂的发展性的学校咨询计划也将很关键(Gysbers，2001)。

表 16-3 关于心理咨询师的一种新观点

现在的观点	新观点
心理健康提供者	以学业/学生成绩为中心
面向个别学生	面向整个学校和系统
服务提供者，一对一的工作或者小团体工作	理论中心，指望学生的力量
主要集中在个人/社会	集中在学业咨询、学习和成就，支持学生获得成功
辅助支持学校其他教职员	整合整个教育团队

续 表

现在的观点	新 观 点
角色和责任的定义很宽泛而模糊	清晰的使命和角色身份
看门人	用数据来有效地改变
课程设置过程中的分类和选择的人	准备好为所有人提供服务——特别是贫穷学生和有色人种学生
单独工作或者和其他心理咨询师合作	和所有的合作者组成团队
保持目前的状态	解决涉及整个学校和社区问题的学校教育者要求代理商改变,特别对所有学生的教育要公平
主要对学生产生作用	对学生、父母、教育专业人士、社区产生作用
利用系统资源来帮助学生和家庭成员	利用社区资源/代理商以及学校系统资源为家长和学生提供服务的经纪人
为感兴趣的同学做高中以后的计划	为所有学生创造途径以实现其抱负

资料来源：R. M. House & R. L. Hayes (2002). *School Counselors: Becoming Key Players in School Reform*, 5, 249-256.

总结与结论

本章覆盖了小学、初中、高中学校咨询的不同领域,提供了一个如何在这些领域开展实践的简短历史。不同水平的学校心理咨询师的任务具有其独特的发展性,但也都聚焦在个人内心的以及人与人之间的关系上。在学校工作的心理咨询师必须灵活、有技巧地知道怎样和来自不同环境、有不同世界观的孩子、父母和其他学校人员合作。他们必须知道在何种情况下用怎样的方法能最好地(通过咨询、会诊、课程发展等等)把握情况。

小学心理咨询师主要提供预防性的服务,增强学生关于个人需要的意识,用一种健康的、亲社会的方式面对他们。很多这个水平的工作是强调当前的主题、建立小团体和为其他人提供会商。初中心理咨询师更集中于帮助学生尽可能平稳地完成从儿童到青少年的过渡。他们提供很多与小学水平相平行的活动,他们特别集中在这个年龄群的孩子主要涉及的情况,如处理焦虑、发展良好的男女生关系等等。

高中心理咨询传统上强调咨询服务。尽管如此,从 20 世纪 80 年代以来,它已经变得更加多样了。高中心理咨询师更多地对整个学校环境产生影响,完成预防以及矫正计划。他们支持学生实现从一个学校环境到工作环境或者进一步学习的转变。解决与这个转变有关的发展性的和情境性的因素对他们来说是同等重要的。

总之,学校心理咨询师有着多重任务和责任。有这样一种新的观点：被动的、缺乏教育的学校心理咨询师不能很好地为孩子和社会工作(Cecil & Cobia, 1990;

Guerra,1998;House & Hayes,2002)。因此,培训和教育学校心理咨询师的新模式被提了出来,对学校心理咨询师的不同角色的争议也在进行中。最大的可能是,在各个水平的学校心理咨询的变革将会在21世纪缓慢地、不一致地进行,除非有更多学校心理咨询师和组织参与到这个过程中来,或者有一个或更多的具有超凡魅力的领导者在全国的水平上承担起学校心理咨询的事业(Baker,2001)。

课堂活动

1. 所有人分成三组,讨论你在小学、初中、高中和心理咨询师有关的感受和经历。他们是怎样扮演在这章中列出的角色的?他们为你或者你的学校做得最好的事情是什么?他们应该能够做什么不同的事情来改善他们的服务?

2. 阅读一些主要是关于为小学的孩子提供咨询的文章,把他们与处理青少年的文章做比较。你发觉有什么相同和不同?这些关于心理咨询师选择方面的信息会告诉你些什么?把你的想法和同班同学分享。

3. 把自己当成一个中学生,反省你的生活。你那时最关心的是什么?你是怎样处理它们的?和其他同学分享你的反思(如果你觉得这样做很舒服的话)。你觉得那时和心理咨询师相关的什么活动对你有帮助?

4. 你觉得今天高中学生最关心的是什么?写下你觉得最重要的五点。分成三组和同学分享,然后把你列的顺序和整个班级的顺序做一个比较。班级里面存在多少一致观点?全班一起来讨论处理问题的方法。

5. 假设你是一位小学心理咨询师,请选择一个题目设计一堂辅导课。然后说明你怎样实施你的计划。你选择题目的基本原则是什么?在你班级里的孩子最后能从这种体验里得益多少?

第十七章 大学心理咨询和学生生活服务

在美国,高等教育是一段最令人珍惜的人生经历,每年有1 200万到1 300万的人开始其高等教育生涯。21世纪初,在美国25～34岁年龄段的成年人中,有超过25%的人受过4年乃至4年以上的高等教育。这个比例只有日本可以与之相提并论,加拿大的比例是18%,英国、法国和德国是12%(Horton,1994)。学生在接受高等教育时,除了课程教育外,还享受学生生活服务。这些服务基本上是以课外活动、扶持计划和顾问咨询等形式出现的(Komives, Woodard, & Delworth,1996)。

在美国大学校园,学生生活服务和咨询最初出现在20世纪初期。E. G. 威廉森(E. G. Williamson),20世纪三四十年代明尼苏达大学学生部主任,解释了后来被称为学生人事的观点(E. G. Williamson,1939)。他的学生人事服务模式为那个时代确立了标准。这种模式大致上是一种指示和顾问入门的方法。其强调"不仅仅为了帮助来访者成其所想,更重要的是帮助他们为成其所想做应做之事"(Ewing,1990,p. 104)。学生人事观点,有时也被称为明尼苏达观点,在二战结束之前一直占重要地位。二战后,联邦政府开始向高校投入大量资金以使服务多样化,与之竞争的观点也随之出现。

自20世纪40年代以来,有关学生生活服务、学生发展与咨询的重要性的观念逐渐被接受。在20世纪70年代,人们知道这些都属于学生事务领域(Canon,1988; Winston & Greamer,1997)。有时学生生活服务和大学咨询以一种具体的形式联系起来(Evans, Carr, & Stone,1982),有时却又没有联系。不管怎样,他们有着共同的基础(如都强调健康和人的全面发展),也因为其彼此之间的契合,及对学生、教职员工和管理者的所有校园生活的影响,有关的内容都列入本章。

在教室以外与学生一起工作的职业者都有各自的背景,受过不同的训练(Bloland,1992;Komives et al.,1996)。这些职业者包括从事财政支援、录取、职业规划与安置、健康教育、校园社团、登记、住宿、咨询及涉外活动等工作的人员。他们提供以下服务(Kub,1996;Kub, Bean, Bradley, & Coomes,1986):

- 与学生行为(如成绩、摩擦、校园活动)有关的服务;
- 与形容学生特征(如智能、志向等)有关的服务;
- 有关学生成长(如认知、道德、社会、情感等方面)的服务;

● 与学术行为相关(如学习技能)的服务。

咨询与学生人事服务都强调一个共同点,即所服务对象的全面发展(Brown & Helms,1986;Johnson,1985;Komives et al.,1996)。许多人在职业机构中有多个成员资格。其中最多样化的职业团体是美国大学人事协会(the American College Personnel Association,ACPA),它在1992年以前一直是ACA的附属机构。该协会正式成立于1924年,经历了三次名称变更。其成员来自于与学生服务有关的很多领域。另一个重要的职业团体是美国大学心理咨询协会(the American College Counseling Association, ACCA),自1992年以来它一直是ACA的一个分支机构。ACCA的成员基本上都在学院和大学以心理咨询师的身份从事工作(Davis,1998;Dean,1994)。其他在学生生活服务领域中的组织,包括全国学生人事管理协会(the National Association of Student Personnel Administrators, NASPA)——它隶属APA第十七分会(咨询心理学分会),以及美国学校咨询协会继续教育分会(the American School Counseling Association, ASCA)。

为了使在各个大学开展的学生生活服务工作能形成一个统一的组织,多年来人们不断进行尝试,却没有成效(Sheeley,1983)。一部分原因在于背景与接受的训练不同(Bloland,1992),因为与学生工作的大学工作者受雇于不同的领域,他们更多专注于为特定的事项和特定的人群提供服务。机构工作的重点也存在差异,有些大学强调研究与学术(人们都称为德国大学传统),有些强调人的全面教育(英国寄宿的自由的艺术传统),还有的强调专业或职业的准备(美国范例)(Rodgers,1989;Rubin,1990)。学生生活专家通常对于雇佣他们的机构所制定或确定的项目有他们的看法、意见和评价(Canon,1985)。

此外,不断涌现出各式各样的有关学生生活服务的出版物。主要期刊有《大学学生发展杂志》(*Journal of College Student Development*)、《全国学生个人管理协会杂志》(*National Association of Student Personnel Administrators Journal*)和《大学心理咨询杂志》(*Journal of College Counseling*)。主题季刊系列——《学生服务新说明》(*New Directions for Student Services*)也很有影响力、很受欢迎。

大学心理咨询与学生生活服务的起源

高等教育的学生生活服务,包括咨询在内,大都在当事人不在场的情况下进行。"从历史上看,对于现在所称的学生服务职能,教职工们的参与存在着从彼此关联到相互独立的变化"(Fenske,1989b,p. 16)。这种变化是由于在高等教育300年的成长过程中重大发展因素起作用的结果,这些因素包括:

● 1962年墨瑞尔土地许可法案的通过,对美国高等教育中州立大学的建立并逐渐占主导地位形成一定的影响;

● 美国大学学生多数意见的形成和学生人数的增长;

● 教职工角色的变化——教授和教师不再培养学生的道德品质,不再负责其性格发展,也不再坚持父母式教育(代替父母);

- 学校对研究和学术发展方面的兴趣有所增加；
- 学校缺乏对机构日常管理的兴趣；
- 咨询及其他辅助性职业的出现；
- 桑福德(Sanford,1962)的文献认为,可以通过给予挑战和援助的形式促进学生在大学期间的发展,课程教育和课外活动可以“诱导、加速或者抑制发展的变化”(Canon,1988,p. 451)。

从一战末期到20世纪30年代的大萧条,学生生活服务作为一种职业,在高校得到飞速的发展(Fenske,1989a)。在此期间,很多人希望学生生活服务能够纳入学术工程的主流之中。事与愿违,关于学生生活的基本理论并没有形成。而且,由于资金的缺乏以及实际工作者自我准确定位的失败,许多学生生活职业在大萧条中都销声匿迹了。因此,学生生活服务“既不可缺少又并不重要”(Fenske,1989b,p. 6)。

大学心理咨询作为一种职业直到20世纪40年代末才开始出现。之前,由大学的教师和管理者充当学生的心理咨询师(Pace, Stamler, Yarris, & June,1996)。大学心理咨询延迟出现的原因是,当时的文化流行的观点是进入大学的大部分学生都有很强的自我调节能力,只有那些精神上有问题的学生才需要精神病学家的帮助。直到二战后,咨询心理学家和心理咨询师才被允许在新建的校园咨询中心面向学生工作,这些中心的成立是因为许多退役老兵返回校园后需要更多的帮助。并且,二战期间和二战后,咨询心理学家赢得了与精神病学家一样的开设门诊接待来访者的权利(Ewing,1990)。

大学学生工作的理论基础与职业准备

大学心理咨询和学生生活服务涉及了解各个年龄段的大学学生学习、成长和发展的方式。然而,正如布洛兰(Bloland,1986)指出的,一些“初始水平和经验缺乏的执业者对学生发展的理论和实践了解甚少”。这是一个不幸的事实,因为有效地对学生开展工作要求具备这种专业知识。对于大学心理咨询师来说,区别有轻微发展冲突问题(如独立、认同和亲密关系等问题的学生),和有严重或者长期精神困扰的学生尤其重要(Sharkin,1997)。如果对大学人群中的正常发展问题和不正常问题不熟悉的话,即便是有着良好的出发点,也有可能出现一些在道德、法律方面有问题的行为,可能还会带来危害(Canon,1989;Kitchener,1985)。

理论基础

大学心理咨询和学生生活服务的专业人士能使用许多理论模式作为与可预测发展形势的学生合作的指南。根据意识形态的观点,三种传统理论占支配地位:父母替代、学生服务和学生发展(Rodgers,1989)。在父母替代理论里,让教工以父母的身份教导他们。学生服务强调学生作为消费者,他们必须购买能够促进他们发展的产品。这种方法强调的是一种自助餐厅式的服务,学生可以根据自己的需要去选择。学生发展重点在于创造以研究为中心的环境以“帮助学生学习和发展”(Rodgers,1989,p.

120)。学生的发展是前摄的,因为它给那些特殊的学生提供了许多的机会。

在学生发展阶段,至少有四种发展的理论指导专业人士的活动:社会心理、认知结构、人文环境相互作用和类型理论。社会心理理论在阿瑟·奇克林(Arthur Chickering)的作品里基本得到完整的体现。他主张大学生应具有七项具体的发展任务:能力、自主权、情绪管理、身份认同、目的、整合和关系(Garfield & David,1986)。这些任务与埃里克·埃里克森(Erik Erikson,1968)提出的关于年轻人发展过程的想法一致。奇克林的主要精力放在阐述并具体说明埃里克森的概念,如此一来,大学心理咨询和学生生活专业人士就能针对三个主要方面对他们的实践活动进行计划和评价:职业发展、亲密关系和形成一种成人的生活哲学。例如,大一学生和高年级学生在他们发展的具体的水平方面不同,一年级学生在能力培养、情绪管理及发展自主权等方面更为专注,然而,大四的学生更关注的是以下问题:身份认同、自由的人际关系、形成目的、建立整合(Rodgers,1989)。

认知结构理论集中于个体怎样形成世界观。他们关注的是知觉和评估,并且在佩里(Perry,1970)和科尔伯格(Kohlberg, 1984)的道德和理智模式中得到描述。这些模型是发展取向的、分级的和有序的。例如,佩里模式认为发展来自于“简单的两重性(位置 1 和 2)、多样性(位置 3 和 4)和相对性(位置 5 和 6)对于相对论框架内的承诺(位置 7 到位置 9)”。科尔伯格的模式简明扼要地阐述了道德发展的三个水平:超传统的、传统的以及非传统的(Delve, Mintz, & Stewart,1990b,p. 8)。根据这些理论,每个新阶段都包含以前阶段的内容并且对下一个阶段形成阻碍。认知不当是改变的动力。这种方法明确地提出了这种思想:每个人都应该有机会学习如何去思考、为自己的行为负责,这是为了使他们在民主的社会中控制自己的行为(Herman,1997,p. 147)。

人文环境互相作用的模式是指“关于大学生、大学环境的各种各样的概念和他们相互作用时的和谐度”(Rodgers,1989,p. 121)。和谐被认为可以引起“满意、稳定,或许还有发展”(Rodgers,1980,p. 77)。这个模式中的理论强调发展是一个整体的过程,它包括人以及与之相互作用的环境的全部。它类似于社会心理理论,它认为生活一方面的发展可以促进另一方面的发展。例如,当学生参加并且在学生组织中处于领导地位时,他们的生活管理技能会发展得比那些被动的学生好(Cooper, Healy, & Simpson,1994)。同样,在社区服务活动中的学生志愿者(也叫做“服务学习”)更关心环境需要,不那么以自我为中心,能设身处地去思考(Delve, Mintz, & Stewart, 1990a)。与社会心理理论不同的是,人文环境理论“不是意味着每个人都得到发展”(Rodgers,1980,p. 77)。在许多方面,他们是源于科特·卢因(Kurt Lewin,1936)公式:$B=f(P, E)$,这里的行为(B)归结于人(P)和环境(E)的作用(f)。

类型理论关注的是个人的不同,例如脾气、个性、社会地位。这些不同点是永远存在的,而且通常个人是许多类型的综合体。个性的类型会影响他们发展的方向,它与个人的动机、努力、成就相联系。这种方法在约翰·霍兰德(John Holland,1997)的作品中有具体说明,其研究的是个性怎样适应工作环境。

职业准备

特定的职业准备是在大学心理咨询和学生生活服务领域的难点之一。因为它在学生生活专业人士的职责里有着差异,没有单个的专业准备计划能达到全部毕业生的要求。进入这种专业的人“不需要相同的毕业生工作”(Sandeen,1988,p. 21)。因此,咨询及相关教育项目资格认定委员会(CACREP)为这个领域提供不同的特色标准。在学生事务领域里的CACREP鉴定包括大学心理咨询的学生事务和专业实践的学生事务(Hollis,2000)。毕业生需要的特别课程工作和经验在学生服务/发展计划委员会中也给予了说明(1994)。毕业生的职业方向应该尽早确定,这是至关重要的,因为他们学习的每门课程会有很大的变化。

大学心理咨询

重点和角色

大学心理咨询的重点和角色是变化的并且受其操作模式的影响。传统来讲,学院/大学心理咨询中心已经使用的咨询服务有四个主要模式(Westbrook et al. ,1993):

1. 作为心理治疗的咨询。这个模式强调长期的小范围的学生咨询。那些心理咨询师处理人格的改变,但对于他们的职业和教育问题则由学生学习辅导员处理。

2. 作为职业指导的咨询。这个模式强调更多地帮助学生处理有关的学习和职业问题。心理咨询师处理的是尚未确定专业或者是职业方向的学生的问题,但是对于他们的个人或情感的问题应由其他人处理。

3. 传统定义的咨询。这个模式强调一种广义上的咨询服务,包括短期的或长期的关系,以及那些关于个人的、学习的和职业的问题。心理咨询师的角色是多样的。

4. 作为顾问的咨询。这个模式强调与不同的组织和相关人员的合作,因为他们对学生的心理健康有着直接的影响。这些心理咨询师采取策略进行干预,给学生提供间接的服务。

5. 作为全方位的咨询(如一个互动的、独立的、社区体系)。这个模式是近期提出的(Pace et al. ,1996)。这个模式有很强的可塑性和灵活性。它提出咨询中心的人员应该与学院/大学社区的人员互相合作,利用各种人力物力资源创造一个健康的校园环境。这种想法是“立方体”概念的演化(Morrill, Oetting, & Hurst,1974,p. 335),像立方体一样,这个模式集中于三个主要部分:目标(个体、基群、协会、机构或者社区)、目的(补救、预防或者发展)和方法(直接、会商、训练或者媒介),这三个方面也是心理咨询师可以进行干预的地方。全方位模型通过使中心人员变得更具有灵活性和交互性,从而改变心理咨询师的角色和大学心理咨询中心的焦点(参阅图17-1)。

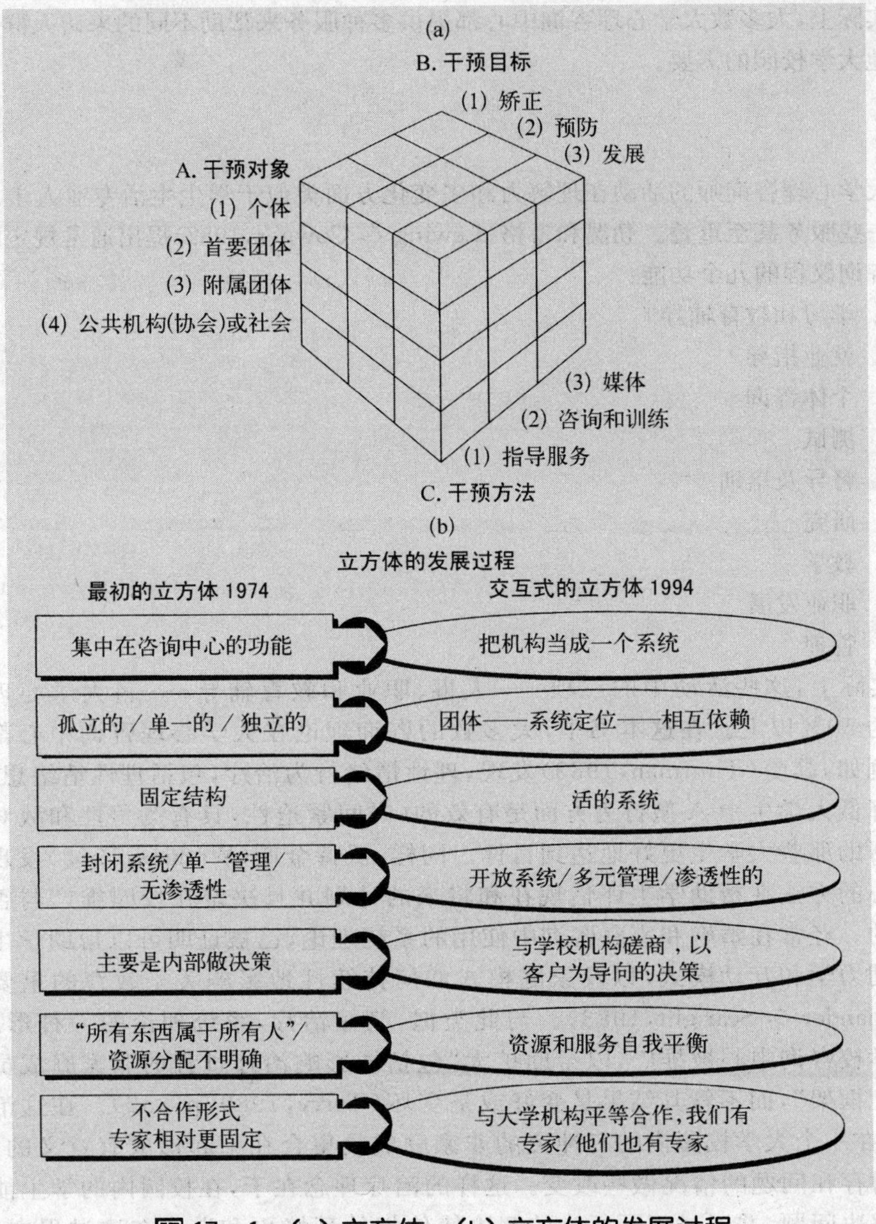

图 17-1 (a) 立方体 (b) 立方体的发展过程

资料来源：(a) “Dimensions of Counselor Functioning”, by W. H. Morrill, E. R. Oetting, and J. C. Hurst, 1974, *Personnel and Guidance Journal*, *42*, p. 355. © 1972 by Morrill, Oetting, and Hurst. Reprinted with permission. (b) From “Rounding Out the Cube: Evolution to a Global Model for Counseling Centers”, by D. Pace, V. L. Stamler, E. Yarris, and L. June, 1996, *Journal of Counseling and Development*, *74*, p. 325. Reprinted with permission. No further reproduction authorized without written permission of the American Counseling Association.

实际上，大多数大学心理咨询中心都提供多种服务来帮助不同的来访人群并且满足当地大学校园的需要。

工作

大学心理咨询师的活动在理解力和多变化方面类似于学生生活专业人士。这两者的一些服务甚至重叠。勒温和考格（Lewing & Cowger，1982）提出通常规定的大学心理咨询议程的九个功能：

1. 学习和教育辅导
2. 就业指导
3. 个体咨询
4. 测试
5. 督导及培训
6. 研究
7. 教学
8. 职业发展
9. 管理

实际上，这些活动中的三项——人事、职业和教育辅导——占大学心理咨询时间的50%以上。在这本书中，大多数的咨询理论在大学心理咨询中心都被应用。例如，瑟曼（Thurman，1983）发现，理性情绪行为治疗，包括理性情绪想象，可能在降低大学生中A型行为方面是有效的（时间紧迫性，具有竞争性和敌对性），可以帮助那些大学生更好地达到目标。同样，沃特金斯（Watkins，1983）发现以人为中心的方法在帮助学生评估现在和将来的计划并且决定在校园推广与否是最有效的。经常在婚姻和家庭咨询中使用的系统理论，已被证明可以帮助学生理解家庭动力学和互动模式，以及家庭模式如何持续性地影响关于教育的重要决定（Openlander & Searight，1983）。与此类似，简短治疗，系统理论的一种形式，已经在学校咨询中心被推广，以帮助扩大“包括能影响治疗过程的非家庭成员在内的治疗框架”，而不管其结果是变好或是变坏（Terry，1989，p. 352）。在这治疗过程中，在一个大学校园内的有冲突的非家庭成员集合在一起形成有意义的关系，并且对存在问题的情况做些改变。这样的治疗理念在于，在校园内的学生能互相帮助解决问题，并通过问题行为的解决使他们的环境更和谐。在这过程中，指责和替罪的行为逐渐停止了。

大学心理咨询面对的一项挑战是不断改变的学生文化（Bishop，1992）。大学生的行为在每一代都有所改变（参阅表17-1）。当今的学生文化不再与他们的前辈相同。的确，在近年的大学心理咨询中心，工作者们“对于日益增多的有严重心理问题的学生以及问题的严重性，一直拥有一种紧迫感”（Sharkin，1997，p. 275）。

表 17-1 高等专科学校和大学咨询中心来访者的问题分类

人际和社会适应

关于困难

- 愤怒/暴躁/冲动控制
- 关系的破裂
- 关于约会
- 重要他人的死亡
- 交朋友的问题/孤单
- 家庭/父母/兄弟姐妹
- 理想的伴侣

自尊

- 自杀概念
- 害羞
- 自信/过于自信
- 害怕失败

关于存在

- 生活的意义
- 宗教信仰的作用
- 价值冲突

抑郁

- 自杀的感觉或想法
- 无望感
- 悲痛

性骚扰和性虐待

- 性骚扰
- 性虐待

关注学业和职业生涯

关注学业

- 学业成绩
- 拖延
- 缺乏学习技巧
- 班级

关注职业生涯

- 职业的不确定
- 职业路线不清晰
- 对兴趣/能力缺乏了解

压力和身心失调症状

压力

- 头痛/胃痛
- 失眠
- 创伤后应激障碍

焦虑

- 注意力无法集中
- 表现焦虑
- 紧张
- 害怕/恐惧
- 惊恐发作

悲痛症状

- 物质滥用
- 吸毒/酗酒

性功能紊乱

- 唤醒问题
- 性无能

进食障碍

- 厌食
- 贪食
- 身体表象问题

异常行为

- 思维混乱
- 幻觉
- 社会疏离
- 妄想
- 边缘性人格

资料来源：Appendix A from Bishop，J. B.，Gallagher，R. P.，& Cohen，D.（2000），College students' problems：status，trends，and research. In D. C. Davis and K. M. Humphrey（Eds）. *College Counseling：Issues for a new millennium*（pp. 109-110）. Alexandria，VA：American Counseling Association. Reprinted with permission. No further reproduction authorized without written permission of the American Counseling Association.

抑郁症和抑郁症状在美国大学生(Dixon & Reid,2000,p. 343)中特别普遍。大学心理咨询中心“每年接待20%的学生,并且他们的数量有继续增加的趋势”(Geraghty,1997,A32)。因此,教育和干预计划必须定期修改以帮助学生处理目前的问题。

当职业水平上的服务变得多样,每个人就都能从中获益。“大学适应量表”是反映学生普遍存在的发展和心理问题(Anton & Reed,1991)的一种方法。这九个量表测量了下列心理不适:焦虑、抑郁、自杀思维、物质滥用、自尊问题、人际关系问题、家庭问题、学习问题和职业问题。对于大学心理咨询中心来说,在使用何种服务和计划的决策中,这些是很重要的评估工具。

同辈咨询也是一种在传统的大学心理咨询中心以外影响学生的有效的方式。通常情况下,学生在遇到困难时首先会求助于朋友,然后是亲密关系,最后才是专业的咨询服务。拉基尔和克龙(Ragle & Krone,1985)发现,那些以前经历过得克萨斯大学奥斯汀分校的夏天集体活动的一年级学生,能更好地适应同辈咨询,他们通过电话进行各种各样的相关交谈。而且,他们感到与同辈咨询联系是有帮助的,并觉得大学似乎并不是那么冷漠。

有时同辈咨询也扮演室友助手(resident assistants, RAs)的角色(Nickerson & Harrington,1968)。在这安排过程中,RAs被指派住在选定的房间里。他们的服务,包括处理补救、干预和发展的问题,透明度是很高的(Schuh, Shipton, & Edman,1986)。RAs提供危机干预、短期的咨询、冲突调解和转介服务(Blimling & Miltenberger,1981)。他们帮助学生对咨询和相关服务保持积极的态度,同时,对于学院咨询中心提供的机会有所了解(Johnson, Nelson, & Wooden,1985)。另外,关于居民心理和身体健康项目的RAs援助计划,由大学校园的教员和专业人员做介绍。RAs通常接受来自校园咨询中心的专业训练和督导。由于其整体性和干预性,这样的安排能使RAs、住在住宅区的学生以及整个校园都从中获益。

大学心理咨询师也能与其他学生生活服务的专业人士一起提供服务和计划。在最需要的服务中,有四种与酒精、性虐待、暴力、进食障碍和抑郁症有关。差不多90%的学生在学校曾经喝酒,并且大约有20%的人可称为酒鬼,他们平均每天饮用一盎司酒水(Steenbarger,1998)。因此,与酒精有关的问题,包括滥用酒精和相关障碍,在大学校园里是很常见的。狂饮行为(男性一次喝5杯或更多,女性4杯或更多)看起来逐渐在增加,3个大学生中就有1个是要喝醉的(大学物质滥用委员会,1994)。另外,无责任感的喝酒通常可能引起暴力、约会中的强奸行为、不安全的性行为、学习困难以及自杀。当大学管理者在某一大学校园内或者地区禁止饮酒时,在大学校园里或者在校园附近就很有可能发生骚动(Lively,1998)。

因此,酗酒很可能促使学生来寻找心理咨询师和其他学生生活专业人士的帮助(Gill-Wigal, Heaton, Burke, & Gleason,1988)。系统化的步骤通常有助于切断他们与酒精的联系,因为在治疗产生效果之前,学生必须要意识到他们需要帮助来改正那些不正确的、无法控制的行为。干预有时针对个体来完成，但是也常常包含小组以及更广泛的治疗，包括洞察力和行为变化。

滥用酒精的很多学生是在不健全的家庭里长大的。他们经常在这样的环境里经历与成长有关的问题（如工作狂、抑郁、依赖性、反社会倾向、贪食症）。心理咨询师对这些学生使用的具体干预包括帮助他们更清楚地定义他们在家庭生活中扮演的角色，然后帮助他们打破这种人际交往的破坏性的模式（Crawford & Phyfer, 1998）。心理咨询师打破他们破坏性的方式，代之以健康的功能性的方式，并使之与他们之前体验到的行为做比较。同辈咨询从某种程度来讲也可能对这个过程有所帮助。

性骚扰和暴力，包括乱伦和强奸，是很多学生，主要是女性，在大学期间经历且必须应对的事情。在很多案例里都有一个共同的特征——酗酒：90%的大学校园强奸发生在攻击者、受害者或者两者都曾酗酒的情况下（大学物质滥用委员会，1994）。康复过程至少有两个阶段：(1) 急性期，以行为解体为特点；(2) 长期的恢复，它包括处理创伤引起的痛苦并且通过支持重建其生活（Burgess & Holstrom, 1974; Scrignar, 1997）。

进食障碍，特别是贪食症和厌食症，是大学心理咨询师与其他学生生活专业人士进行团队合作的第三类问题。这些问题的发生通常在程度上是连续的，患病的女性通常有不适应的认知或者对于体重控制技术的错误信息（Tylka & Subich, 2002）。尽管如此，估计有高达65%的女性在她们进入大学的第一年内具有"一些混乱进食的行为和心理特征"（Meyer & Russell, 1998, p. 166）。要强调的是，进食障碍必须"被认识到是在一个逐渐发展的框架下发生的"（Sharkin, 1997, p. 275）。治疗计划强调进食障碍的特点以及他们应该如何在此趋势变得成熟之前与其做斗争。而且，这样的计划能给参加者一个信息：如果他们认识的某人卷入了一个厌食-贪食的循环，他们也能做出转变。

学校心理咨询师关注的第四个方面是抑郁。"据估计，与同年龄和相似背景的工作者相比，临床抑郁和心境恶劣的大学生可能要高出两倍"（Dixon & Reid, 2000, p. 343）。抑郁和抑郁症状在学校环境里是具有毁灭性的，因为他们经常干扰学习并且阻碍成功。心理咨询师能通过认知的方法治疗抑郁，如贝克的认知调整过程；也可以通过行为的方法，如帮助来访者参加他们曾有成功经验的活动；还可以应用认知行为疗法，如理性情绪行为治疗。可见，通过积极的生活体验可以改变抑郁（Dixon & Reid, 2000）。所以，与校园环境的其他人合作去帮助那些抑郁的学生寻找成功体验，不仅是好的治疗实践，而且对留住学生和创造和谐的社会氛围是有益的。

在解决与大学生有关的问题时，能与学生生活辅导员合作的心理咨询师可以在三级、二级和一级水平上采取预防措施。"三级预防可以说是补救并且包括对受害者的直接服务"（Roark, 1987, p. 369）。它包括鼓励揭发攻击性行为并且帮助受害者使用可利用的资源。二级预防是针对已经存在于大学校园里的问题的，如约会时发生的强奸，使那些潜在的受害者和做坏事的人提高意识，并且制定相关政策阻止虐待行为。一级预防集中于阻止问题的发展，它包括改变物理环境和寻找原因并且提供训练以培养意识和改变价值观，如帮助学生处理压力。以首字母缩略的"BRIMS"课程（呼吸、放松、形象化的描述、信息和信号）可以被提出（Carrese，1998）。这一课程是自我催眠认知的一种，它帮助学生从身体和精神上进行放松，当他们给自己积极的暗示时，就会建设性地回忆起他们感觉和看到的某种情景。在这过程中，学生"消极的想法转变成具有建设性的能量，以控制那些会产生不必要焦虑的情况"（p. 140）。

学生生活专业人士

重点和角色

最初，学院/大学学生生活服务以帮助新学生适应大学校园生活为中心（Williamson，1961）。这个重点仍然存在，但是现在还包括对那些返回学校的年长的学生和逐渐增多的对学院/大学社区各个方面的考虑，例如，对少数民族文化的学生和缺乏学习能力学生的工作（Boesch & Cimbolic，1994；Lynch & Gussel，1996；Tate & Schwartz，1993）。选择学生生活服务作为职业的人有一种人道主义的精神，他们竭力去促使学生的高等教育最大化、个性化、个体化，帮助他们充分地利用环境以促进他们的发展。这一过程的一个重要的作用是这些学生在从学校生活到职业生活的成功转变中得到了很大的帮助（Berdie，1966；Brown，1986；Kuh，1996）。因此，学生生活的专业人士是使学生实现学院/大学目标变得容易的综合职业者。

在每一学年的某些阶段（新生定位、期中考试、期末考试），从事学生工作的专家的工作量显著增加（Houston，1971）。某些普遍问题（包括健康、焦虑和抑郁等）在个人发展年龄和阶段一般很容易被忽视，而其他事务则与特定的大学生人群直接相关，比如，大学新生入学的最初数月可能特别需要帮助。高中毕业考试后，被大学录取前的学生面临着身份认同缺失、重新定位的需要以及新目标的不确定的困境（Hayes，1981）。此外，大学新生面临如何有效管理时间，选修什么课程，参加学校考试，如何与同学和睦相处等挑战，同时他们还需要处理好开销、家庭和个人的其他问题（Carrese，1998）。"大学一年级里报道最频繁的一些危机是社会关系调整中的困难，表现为想家和孤独"（Gerdes & Mallinckrodt，1994，p. 281）。大学新生普遍有过去的朋友网络中断的经历，或者说心理阵痛（如思念老朋友），而且这种默默的悲伤一直伴随着他们（Paul & Brier，2001；Ponzetti & Cate，1988）。

另外一个独特的问题是大学联谊生活的繁忙。忙碌的男女联谊活动，对许多学生来说是兴奋和充实的，但是，也可能让没有机会参与进来的学生感到压抑。为了帮助处于这些阶段的学生，学生工作专家必须敏感于个人需求，并提供必要帮助以尽量使那些被拒绝的学生找到一个适合自己的群体（Atlas & Morier，1994）。

与过渡期问题相符，格瑞特斯（Grites，1979）发现“社会关系再调整等级量表”（the Social Readjustment Rating Scale）共43个项目中的12项几乎全部适用于新环境里的大学新生（Holmes & Rahe，1967）。量化为生活变化单位时，这些因素能得到一个250的分值。文章作者指出，得到如此分值的人已经可以归入“中级生活危机”的范畴。作为一个群体，这类个体要比分值达到或低于150的人健康状况恶化的风险高51%。

格瑞特斯进一步观察指出，那些出现学院、大学环境以外的其他变故的（如家庭成员或朋友死亡）新生，更可能陷入“高级生活危机”，面临身体状况恶化的更大风险。如今，很多学院和大学招收负责学生生活的专业职员，以帮助新生度过第一年，促进积极的个人发展和培养群体感（Loxley & Whiteley，1986；Whiteley，1982）。这些努力包括帮助完美主义者评估这些倾向对他们自身发展和自我社会福利的影响（Ashby & Rice，2002；Rice & Dellwo，2002）。这样的进程相当复杂并且需要细致处理，但是，它能帮助学生在大学生涯里获得更强的自尊，并使他们更好地融入社会。

如果不考虑那些预防措施的尝试，近10%的大学生在大学阶段面临的情感难题将严重到影响他们的学习成绩。此外，大学生通过考试或者进入专业学校深造的压力增加了这一人群重度抑郁的发生（Clay，Anderson，& Dixon，1993）。假如没有给予相应的干预（如适当的愤怒表达或压力管理训练），学生经历情感问题、社会问题或者学习问题大到某一程度时，就有可能导致失学。不幸的是，40%～60%的四年制大学生没能毕业（Brown，1986；Gerdes & Mallinckrodt，1994）。更悲惨的是，学生甚至自寻短见，失去生命。每年，美国每100 000名大学生中就有约6人自杀（Chisolm，1998）。

待在学校并且保持良好心理状况的一些最有说服力的人是那些服从学校生活服务秩序的学生（Polansky，Horan，& Hanish，1993）。为了帮助学生拥有成功和丰富的大学经历，学生生活专家提供校内计划和个人帮助。全面校园计划的目的是对学生产生积极的影响，并且帮助他们就认知问题或者重点关心的事进行最有益的策略干预。学生生活专家的重点和角色在于帮助敏感的学生勇于面对自己的许多问题，同时建设性地处理这些出现的问题并调整自己（Creamer & Associates，1990；Deegan & O'Banion，1989）。比如，许多大学生面临根据个性建立自己身份的同时与他们的父母和家人保持某种形式的分离的挑战。学生适应大学生活与其对父母的依赖有某种程度的关联（Rice & Whaley，1994）。“研究表明，大学生受益于（1）与父母之间安全的依恋关系，相互信任，彼此沟通，很少有冲突或者疏远；（2）与父母相处的关系，他们的独立和个性得到反映，被父母认可和支持（Quintana & Kerr，1993，p. 349）。”通过帮助学生积极实现独立，同时让他们与家庭保持联系，学生生活专家帮助学生在大学和以后的阶段全面调整，以成就未来。

工作

学生生活专业人士的工作与他们从事的专业领域有关：管理、发展或咨询。"这个管理模式是建立在这个前提下的，即在高等教育中学生服务是一个具有管理性的、以服务为方向的单位，他们为学生提供许多鼓励性的发展活动"(Ambler, 1989, p. 247)。这些服务的例子包括入学、记录、食物和经济援助。这个发展模式强调的是教育，如让他们参加领导的讨论，从而学习决策制定的技巧，或者鼓励他们增强大学生活的自主性。最后，这个咨询模式强调在人际交往和职业选择上的社会性和情绪的成长，它包括进行具有很强个人特色的专题讨论，如约会、职业或压力(Forrest, 1989)。

并非所有的学生生活专业人士都使用这些模式，同时，也不是所有的学生生活活动都是由那些专业人士组织的。事实上，一项国内调查发现72%的学院/大学的学生事务部门利用专职人员的学生助手去实施并且完成那些服务(Winston & Ender, 1988)。这些所谓的专家是"被挑选出来并接受相关训练的本科生，然后他们就为同学提供服务。这些服务是事先设计好的，在调整、满足或坚持等方面去帮助同学"(p. 466)。在学生公寓和学生生活辅导计划中经常可以看到那些学生助手，他们也与"危急热线"、学生司法部、学术咨询、经济援助、国际学生计划以及学生活动合作。

在有学生助手参与的结构化计划中，学生生活专业人士直接或间接地给学生创造担任领导工作的机会，提高校园生活的质量，并且完成重点工作。超过600名美国学院/大学学生接受了一些正规领导的训练，这个人数还在不断增长(Freeman, Knott, & Schwartz, 1996; Gregory & Britt, 1987)。然而，一些核心信念以及必要的课程主题必须在其他类似活动产生效果之前优先处理(Roberts & Ullom, 1989)。学生生活专业人士的兴趣越来越多地放在提高他们的领导能力上，同时，他们在帮助学生方面花去了他们的业余时间和精力(McDade, 1989)。这个双重的重点也许能帮助大学生更主动并具有更强的集体意识。

针对非传统学生的心理咨询和学生生活服务

除了与主流团体合作，学校心理咨询师和学生生活专业人士还强调非传统学生的需要。这些可能是年龄大一些的学生、第一代大学生、少数文化的学生或者运动员学生。非传统学生的一个共同特性是金融独立(51%)、有兼职工作(48%)和延迟的登记(46%)(Evelyn, 2002)。以上描述的那些非传统学生，目前在大多数大专院校实际上是占多数的，他们中许多人登记的是公立的两年制学校(Benshoff & Lewis, 1992; Evelyn, 2002)。

年长的学生

很多非传统的学生是比传统的大学生年龄更大的成年人。超过半数的大学本科生和研究生是年过三十的(Brazziel,1989)。作为这样一个团体,他们有很强的动力,更喜欢互动式学习,有家庭和经济方面的考虑,认为教育是一种投资,并且参与了多种与学校没有关系的团体(Richter-Antion,1986)。在这大团体内有两个基本部分:年龄在25～50岁的学生和年龄在50～80岁的学生。

通常第一个部分的学生,由于工作的改变、职业的要求或家庭生活改变等机会(如结婚、离婚)会更容易返回学院(Aslanian & Brickell,1980)。增强自尊、提供学习和社会支持对这些年轻一些的非传统学生尤其重要。第二部分,经常被称为年长的学生,为了很多目的来到大学校园,其中包括获得学位并且丰富个人生活。与年长的学生合作,大学心理咨询师和学生生活专业人士必须把几个因素考虑进去,如环境的改变(更亮的照明或者更高的室温)、来访者的发展阶段(如处理问题的产生或者整合)、咨询进程的节奏(慢一些可能更好)、潜在的困难(如移情)以及咨询技术的使用(如读书疗法、日记书写)(Huskey,1994)。由于老年人口数量的增加,年长学生的数量很可能将继续增长。

不管年长学生的数量增长多么快,由于就业减少、技术的迅猛发展以及职业发展机会的增加,非传统学生的总体数量将增加。社区大学、技术性大学和公立大学很可能录取这些非传统学生中的大多数。传统学生的情况是女生的录取数将比男生高,业余学生的数量将增加,并且少数文化和少数民族将更多地寻求大学教育(Hodgkinson, Outtz, & Obarakpor,1992)。所有这些事件将为咨询限度和其他学生生活服务带来考验。

第一代学生

第二部分的非传统学生是第一代大学生,也就是那些在他们的家庭中第一个进入大学的学生。这一范畴的个体来自多种背景,包括第二代移民和为谋求更好生活的流动贫困人口(Hodgkinson et al.,1992)。"家庭对教育的支持是第一代和第二代学生之间的关键差别。家庭支持也是在决定上大学的过程中和成功地完成大学学业的一个基本的变量"(Fallon,1997,p. 385)。

因此第一代大学生有众多的需要。他们必须掌握大学环境的知识,包括具体的词汇。例如,信用时、GPA和系主任(Fallon,1997)。他们也必须适应作为一名学生的角色,决定第二代大学生的价值体系,并且还要学习学生生活服务和学习的技巧,此外,语言障碍和社会文化习俗也必须考虑进去。

少数民族学生

那些少数民族及文化的美国学生主要是非洲裔美国人、印第安人、亚裔美国人或者西班牙/拉丁美洲人。他们面临不同于其他学生的许多挑战，因为除作为少数民族以外，在许多场合他们属于许多种类。例如，有些是第一代学生，有些是年长的，有些是运动员学生。他们也"经常经历缺乏支持和不受欢迎"（Ancis，Sedlacek & Mohr，2000，p. 180）。

在帮助少数民族文化学生适应大学及使之做得更好方面，大学心理咨询师和学生生活人员能够给予他们鼓励和社会支持，并为他们提供具有可行性的方法以提升其种族自豪感。例如，对于美籍非洲裔的大学生，种族自豪感可以通过大学官方活动计划中的一部分，如宽扎（Kwanzaa）文化庆祝和黑人历史月来获得，让其成为学习环境的一部分（Phelps，Tranakos-Howe，Dagley，& Lyn，2001）。对于促进并且提高种族身份认同和自我概念，一些小的或者大时期的事件也被证明是有用的。例如，"研究表明，那些拥有良师益友的拉丁美洲学生，会把个人的或学术的兴趣当做教育经验，他们更加容易获得成功"（Gloria & Rodriguez，2000，p. 151）。

另外，要为少数民族学生提供鼓励。心理咨询师和学生生活专业人士都需要理解这些学生生活的大学校园环境并从他们的立场出发看待问题。如果种族主义和刻板印象是大氛围的一部分，那么对这些负性影响做出有效反应的咨询和生活技能的策略则需要不断地被培养，此外也应不断提升自我效能（Ancis et al.，2000）。要实现需要的改变，心理咨询师和学生生活人员需要在校园范围的活动计划中合作，因为此计划能影响学校的各个方面（即专业人员、职工和学生），以此使得"偏见受到挑战，差异能够获得理解和欣赏"（Ancis et al.，2000，p. 184）。

运动员学生

非传统学生的第四部分由运动员学生组成。很多学生"在与之有关的大学系统及更大的社会的理解上存在问题"（Engstrom & Sedlaced，1991，p. 189）。他们经常被其他人视为在社会上或者学习上有问题的学生（Burke，1993）。另外，他们中有很多来自少数民族，并且是他们的家庭中第一个进入大学的（Kirk & Kirk，1993）。一种以运动为中心的环境可以培养教练或者一个团队的独立性。因此，这些学生可能变得孤立并且远离大学生活的主流。教授时间管理和社会技能是心理咨询师和学生生活专业人士能够给予其帮助的地方。

此外，当运动员学生丧失了运动员资格，或者由于受伤而失去了其运动员身份，他们需要帮助以顺利而全方位地过渡到大学生活中（Wooten，1994）。心理咨询师和学生生活专业人士应该和运动员学生合作，对他们的情绪和认知进行调整，以帮助他们确立自我身份并表达他们的情感，面对和改正不合理的思维。运动员学生也需要帮助，要学习在大学生活期间认清自己大部分时间是作为非职业运动员。因此，提供职业生涯咨询和生活计划的技能是非常重要的服务。

总结与结论

大学心理咨询和学生生活服务的专业人士拥有很多相同点。他们都强调在学院/大学环境中学生的总体发展和成熟,并且每位都有一个乐观的前景,聚焦于某些环境和作为催化剂的事件的好处在于使更多的学生意识到自我并且更加充分地利用他们的能力。这些特色也具有一个共同的历史相似点:他们的影响在大专院校已经减少并且逐渐过时。然而,在 21 世纪,这两个特色已很好地建立,并有助于高等教育机构的总体功能的改善。

本章包括与咨询和学生生活服务有关的历史、哲学、大学生发展和成长的实用特性。与这些特色相关的活动的多样化和特性是很强的。在大学心理咨询中心,重心被逐步转移至全面发展、相互作用和主动提供服务(Bishop,1990;Pace et al.,1996)。这些服务包括顾问、职业咨询、危机管理、保持力、个性化、校园的人性化、自助课程的建立以及与大学校园其他单位的合作(Stone & Archer,1990)。学生生活服务现在更趋于重要和普及。由于学生生活服务专业人士与学生的对话内容变得更公开,所以服务于学生的能力和工作的系统都将继续增加。

课堂活动

1. 到你们学校的图书馆查看关于这一章节的期刊。检查这些期刊的近期内容,然后找一篇你感兴趣的文章。给你的同学就这篇文章做个口头的总结。

2. 邀请你们学院/大学的生活助理一起在班上讨论他们的工作。实际的工作与你想象中的工作相比是怎样的?这些观点的哪些部分你是赞同的或是不赞同的?

3. 邀请你们学院/大学学生生活服务部门的一位专家来和大家一起讲述他工作的普通的和独特的方面。谈论学生生活服务活动和学术性活动是怎样联系的,以及两者是如何更紧密地结合在一起的。

4. 学院/大学的学生更聪明、更能言善辩。你认为哪种理论对这个人群来说是有效的,同时它可能对那些受过较少教育的人来说是没有作用的?

5. 在你的学院/大学里,你认为哪些问题是值得心理咨询师和学生生活职业人员关心的?假设让你去设计一个针对这些问题的计划,哪些步骤可能是有效的?

第十八章 物质滥用及残疾人心理咨询

治疗物质滥用或残疾来访者的心理咨询师来自不同背景。专门关注这一治疗领域的心理咨询师关注很多方面，包括促进健康的生活方式，认识和减少紧张性刺激，改善有害环境以及保持或促进痊愈后身心健康。心理咨询师的技术以及来访者的需要决定了专门治疗的方法。

多年来，在物质滥用以及残疾人康复领域工作的心理咨询师受到政府、专家以及同行的重大影响，他们设立并管理着为这两类人群服务的不同种类的标准。同样，在这些特殊领域工作的心理咨询师也积极支持确认他们的专业性的联邦和州立法规。

物质滥用

物质滥用指习惯性滥用兴奋品或成瘾物质，如酒精、毒品以及烟草。在这一定义中，毒品包括任何会影响人的心理和生理状况的物质，包括兴奋剂、镇静剂以及致幻剂。物质滥用会在心理、生理、情绪、社会关系以及精神上对人造成危害。例如，很多混乱、可恶的行为，如当众失态或是强奸行为常常是由于滥用酒精引起的。事实上，物质滥用是“当今社会一个主要的公共健康问题”，并跨越了“性别、社会经济、民族、年龄、宗教、职业、地域以及人类生存背景的各个方面”(Stevens-Smith & Sith, 1998, p. iii)。心理咨询师每天都要在养老院、心理健康诊所、大专院校以及公立学校中应对老人、成人以及青少年中的酒精和毒品问题(Hinkle, 1999)。

物质滥用的性质

物质滥用是美国最常见的心理健康问题之一。“在所有人口中，每十个美国成人中就有一个有很严重的酒精使用问题”(Miller & Brown, 1997, p. 1269)，而在一些文化群体中，如土著美国人，这一问题更加严重(Garrett & Carroll, 2000)。“在住院病人中，酒精滥用者在12%到30%”之间，“酗酒家庭的健康治疗费用是非酗酒家庭的两倍”(Steenbarger, 1998, p. 81)。总的说来，美国每年预计在酒精滥用上的财政花费超过1 500亿美元(Lam et al., 1996)。

大多数美国人,尤其是青少年,都认为毒品使用是他们面临的最大问题。事实上,对于青少年而言,毒品给他们的发展和健康带来的危险远远大过犯罪、社会压力、分数以及性(Center on Addiction and Substance Abuse,1995)。美国教育部预计大约有300万青少年是酗酒者,50万人吸食大麻以及10人中便有1个尝试过可卡因(Gibson & Mitchell,2003)。

表面上,物质滥用好像是个人问题,是和特殊物质相关的问题。但事实上,物质滥用问题要复杂得多。例如,除了滥用酒精的本人外,估计有四倍的人受到其负面影响。这些人包括家庭成员、朋友以及同事(Vick, Smith, & Herrera, 1998)。

滥用一种物质的人也常常会滥用其他物质。多物质滥用(同时滥用两种或更多物质)的现象越来越常见。另外,物质滥用常常变成了一种和社会情境有关的生活方式。例如,很多青少年开始吸烟是为了发泄对根深蒂固的贫穷和无助生活的不满。朋辈压力、在学校表现不好、父母吸烟、少数民族地位以及不受控制都会使人吸烟吸到成瘾(Hilts, 1996)。

成瘾是一个复杂、渐进的行为模式,其中包含了生理、心理、社会和行为因素(Scott, 2000)。成瘾是"一种固执的、强烈的、强调单一行为的模式,最小限度的或是完全排斥其他人或人际关系的行为"(L'Abate, 1992, p. 2)。成瘾者的一个基本特征是他们沉迷于某一个物体,这一物体控制他们的行为,因此慢慢地限制了他们的其他行为。成瘾行为,即使是像醉心工作及赌博这样的社会接受的行为,都是美国的主要问题(Jewish Family Services, 2002; L'Abate, Farrar, & Serritella, 1992)。

物质滥用心理咨询师的认证及教育

国际成瘾及犯罪心理咨询师协会(IAAOC)是一个强调预防、治疗以及阐述滥用和成瘾行为者的主导组织。其成员印刷刊物,如《成瘾和犯罪咨询期刊》(*Journal of Addictions & Offender Counseling*),告知专业心理咨询师这一领域的最新发展。另一个重要的组织是国家酒精和毒品滥用心理咨询师协会(NAADAC),一个认证成瘾心理咨询师的国家组织。

有趣的是,NAADAC的成员一般分为有硕士和博士学历的成员以及没有这类学历的成员(West, Mustaine, & Wyrick, 2002)。关于物质滥用咨询的心理咨询师教育教学计划不断增加(Hollis, 2000),从1994年起,NBCC就有了成为物质滥用心理咨询师的认证过程。但是,目前物质滥用咨询领域被分为了痊愈后心理咨询师——曾经是滥用者,现在改变了并接受了专业课程,且达到了NAADAC的认证要求的心理咨询师;以及非痊愈后心理咨询师——至少得到咨询硕士学历,关注物质滥用的心理咨询师。

这两类心理咨询师的工作效果几乎是相同的,但是他们的工作方法有很大差别。痊愈后心理咨询师可能更多地加入到与匿名戒酒协会所描述的十二个步骤哲学上一致的活动中(Culbreth & Borders, 1999)。因此他们“倾向于参与到社区教育计划中，融入来访者，远离工作环境，到医院去看来访者”，而非痊愈后心理咨询师不是这样，他们更倾向于把酒精和毒品问题看做是一个连续体，而不是一个是或不是的断定。将来随着有更专业的心理咨询师，而不是半专业者加入到这一领域，很多程序将改变，包括改变管理方法(Culbreth & Borders, 1999)。另外，随着这一转变的出现，这一领域目前的心理咨询师将需要大量的培训，学习更多的治疗干预才能更有效地处理不同来访者的复杂问题(Thombs & Osborn, 2001)。

预防物质滥用

物质滥用和成瘾预防计划通常和社区努力联系在一起，在全球范围内预防滥用。从 20 世纪后半期到现在，在有些地区还依然非常受欢迎的一种预防方法是“说不”运动。这一运动由学校和公共结构组织，得到了当地政府的支持。这一运动的很多方面也融入了电视上的宣言，儿童和青少年在电视上看到当被给予香烟或其他可能成为成瘾或有害的物质时，他们的同伴说了“不”。孩子们通过这样的节目学会了怎样警惕以及怎样以恰当的方法拒绝有害毒品。例如，他们学会可以只是视而不见、从毒品有关的环境中走开以及说“不，谢谢”或是找一个借口拒绝毒品。

另一个计划，常常出现在小学后期以及中学早期，且有统一的预防课程，即抵制毒品滥用教育(D. A. R. E)。D. A. R. E 请警察作为教育者，并提供案例讨论会，让五六年级的学生进行思考，并对此做出回应(Ben Gladding, Personal Correspondence, May 22, 1998)。

高年级阶段有全国性的组织，如S. A. D. D(学生反对醉酒驾车协会)以及M. A. D. D(母亲反对醉酒驾车协会)。这两个协会加上大专院校的学生，可以帮助教育并引导年轻人了解毒品滥用的危害以及成瘾的危险。

对于吸食烟草以及有可能或是真正对可卡因成瘾的青年人也有有效的教育方案(Mudore, 1997; Sunich & Doster, 1995)。这些方案关注这个年龄层外部和内部的重要因素。外部因素包括吸烟对人的呼吸、牙齿及衣着的影响以及金钱花费。内部因素包括生活方式的选择、时间管理以及营养等变数。对于较年轻的个体而言，外部因素也许对于他们决定是否永远不开始吸烟或是戒烟的影响更大，而大一点的青少年则是内部因素的影响更大。

对于物质滥用以及成瘾常见的预防方法包括群体压力以及动态性等因素。在制定预防方案的过程中，心理咨询师巧妙地把他们的知识用于小组咨询中。大部分人，尤其是青少年，使用毒品是因为他们的朋友使用毒品(Center on Addiction and Substance Abuse, 1995)。因此，如果小组意识到毒品对他们健康的危害或危险，这样的小组就不太会尝试这些物质。这一群体也就不会鼓励成员尝试毒品(Serritella, 1992)。因此，教育和支持群体对心理咨询师非常有用，他们可以在预防方案中帮助消除滥用以及成瘾行为(Gladding，2003)。

治疗物质滥用

大约25%的咨询事件直接或间接地与物质滥用以及成瘾问题有关。正如前面所说，任何种类的物质滥用或成瘾的人都很难治疗，因为他们周围存在很多功能紊乱的变化。心理咨询师用各种方法治疗成瘾者和物质滥用者。必须记住，成瘾者或物质滥用者都必须是“禁用”状态，或者近期没有使用成瘾物质，才可以开始有效的治疗。“禁用”30天或更长可以使成瘾者或物质滥用者有一个“干净”的身体和思想，这样才能开始尝试不同的正面努力。家人如果常常酗酒，也会使得家庭成员饮酒过度(Bateson，1971; Steinglass，1979)。在酗酒家庭系统中，会出现责任过度/责任不足现象。责任过度者被称为互相依赖者(Berenson，1992)，“这些互相依赖者的一个主要特点是他们不断地把自尊建立在控制和影响自我以及他人的行为和感想上，甚至是面对不好的后果，如失败时”(Spinger，Britt，& Schlenker，1998，p. 141)。在这样的情况下，治疗以改善功能过强的人要比想要改变功能不够的人更加容易，更加有效。

影响物质滥用普遍存在的因素是“激励、否定、双向诊断、配对、控制以及复发”(L'Abate，1992，p. 11)。激励是关于改变的欲望，对此，由于以自我为中心以及舒适问题，大部分物质滥用者都不愿意做。否定主要是把物质滥用对自己或其他人的影响降到最低，把已有的危害降到最低。双向诊断指滥用者有不止一个人格问题，如物质滥用者在成瘾之外还可能易冲动或易沮丧。一些物质滥用者，如过度使用可卡因者，需要专门的治疗(Washton，1989)。控制是关于行为规范，这一点物质滥用者常会忽视。最后，复发指一旦已经治愈，又复发或出现功能紊乱行为。让物质滥用者通过系统方案停止他们以前的行为是很困难的。

关于物质滥用的治疗战略可能是针对个体的。例如，读书疗法就是针对某些个体的(Hipple，Comer，& Boren，1997)。在这种方法中，滥用者和成瘾者阅读或是看/听媒体，讨论和他们经历有关的观点。例如，针对青少年，物质滥用者被要求阅读匿名作家写的《去问艾莉丝》(*Go Ask Alice*)，这是一本关于青少年毒品滥用的非科幻小说，或是简·彻里皮科(Jan Cheripko)的《模仿老虎》(*Imitate the Tiger*)，一本关于青少年酒精滥用的小说，然后他们可以和心理咨询师讨论想法，如他们像不像书中的主要人物，以及他们从阅读中得到什么启示。

治疗酒精滥用

有很多方法治疗酒精滥用者，但最著名的方法来自匿名戒酒协会(AA)。AA是最早的针对酗酒者的成功治疗方案，开始于20世纪30年代(AA World Services，2002)，它“既是一个协会，也是一个痊愈后方案”(Warfield & Goldstein，1996，p. 196)。酗酒者有着AA所描述的“性格缺陷”(AA World Services，2002)。“感情、信仰以及行为都使他们通过滥用酒精寻求一种健康感”(Warfield & Goldstein, 1996, p. 197)。AA会议以小组形式进行,例如以文学为背景,在讨论中使用“大书”(The Big Book)(AA World Services, 2002)。

AA的主要部分是使用十二步方案,它以灵性构建为基础。AA会议中的小组讨论集中于帮助成员意识到他们需要并且拥有别人的帮助,也依赖于更高的权力。AA的灵性方面使得成员承认他们对酒精(或其他物质)的无能为力。戒酒或戒去酒精滥用的成员永远不能“治愈”,但他们“在痊愈中”。AA也强调责任、宽容、痊愈(如果可能的话)、确定、礼仪以及成员关系。

AA“适用于其他许多问题,如麻醉剂成瘾、可卡因滥用、过度饮食、成瘾的赌博、成瘾的性行为以及酗酒者孩子的痛苦”(James & Hazler, 1998, p. 124)。一些心理咨询师会对AA的灵性要求不适应(Bristow-Braitman, 1995)而偏向于讨论恢复所需要的认知行为或人性化语言的要求。理性情绪行为治疗方法(REBT)引导了建立起本质上非灵性化的痊愈后小组方法。

治疗滥用酒精者的同时,心理咨询师也需要和他的家庭和社区合作。酒精滥用者是因为他们所生活的家庭或社区的观点使得他们很难有能力远离酒精使用。AA以及其他痊愈后方案,如妇女节酒方案,对于家庭成员是物质滥用者的人都有专门的小组和方案。

治疗尼古丁成瘾

除了酒精滥用,尼古丁成瘾是另一个广泛存在的问题。超过25%的美国人(48 000 000人)吸烟(Wetter et al., 1998),其中300万是青少年。另外,加上酗酒,“大约有80%的吸烟酗酒者”,这些增加了未成年人死亡或伤害的危险(Barker, 1997, p. 53)。大多数依赖尼古丁的成人和青少年通常都想戒烟。他们常常竭尽全力为了达到戒烟的目的,但不幸的是,作为一个整体,从长远看他们都不能成功。

心理咨询师可以通过各种方法提高尼古丁成瘾者戒烟的成功率(Sinleton & Pope, 2000)。一个成功的方法便是心理咨询师使用电话咨询,这和戒烟小组方法相比较更加成功。电话咨询时间为15到30分钟,心理咨询师在电话里为正在努力戒烟的人提供积极的、非判断性的反馈。该策略的指导思想是提高个人效率。另一种方法是快速吸烟,即吸烟者咨询后,参加一系列的“六秒钟小组”,在那里,他们每隔六秒钟吸一支烟,直到他们难受得不能继续。其目的是“尝试制造出吸烟环境的负面效应”(p. 452)。技巧训练是第三种方法。该方法是在来访者学会并意识到可能引起吸烟需求的认知、情感和环境因素后,教会他们处理技巧,如再构造以及思维停止。最成功的方法是使用自我陈述,陈述关于不继续吸烟以及使用口唇替代品、加强身体活动以及增进朋友关系的经济、健康上的好处。最后,简洁客观的自助材料,如有关吸烟的信息小册子,会很有帮助。这类小册子在吸烟者戒烟以及持续不吸烟行为的过程中起着引导作用。

治疗非法毒品成瘾

大约50万的美国人是海洛因成瘾者,400万是经常使用大麻者。酒精或尼古丁以外的其他毒品上瘾者,如海洛因成瘾者,通常也可以接受AA模式的治疗。但是,因为社会对这些毒品极大的不赞同以及他们本身的非法性,可提供的治疗环境也不尽相同。例如,治疗非法毒品滥用的一个环境是在监狱,因为很多毒品滥用者是罪犯并被监禁。

一个效果很好的监狱治疗计划的原型是纽约斯泰顿岛的"待着或出去"。"它的秘诀是面对的是被俘虏的听众。参加者对于出现的治疗方法没有任何选择:要么待在那儿,要么到更差的牢房"(Alter,1995,pp. 20~21)。虽然这一计划的伦理尺度受到质疑,但结果是累犯率仅为25%,远远低于平均值。因为痊愈中的成瘾者需要较低的健康照顾以及审判花费,像"待着或出去"的物质滥用计划为社区节省了钱,从而可以用于其他方面。

治疗物质滥用家庭

家庭在推动和导致物质滥用行为方面起到很大的作用,如果不考虑家庭的每一位成员,就很难帮助物质滥用者(Doweiko,1990)。"来自于父母是化学品依赖者或是酒精滥用以及其他毒品滥用的家庭的学生就很容易有广泛的发展问题"(Buelow,1995,p. 327)。很多酒精滥用家庭更趋于孤立而他们的孩子也因此缺乏积极的角色模式。孩子们长大后,他们更容易受到这些家庭中成人的负面影响。

这些年轻人通过物质滥用来缓解压力、减轻焦虑以及打发时间(Robinson,1995)。他们也试图通过关注整个变化以及可预见的问题行为来保护及稳定功能紊乱的家庭(Stanton & Todd,1982)。物质滥用也可能是一种性别替代,其增强了"伪自我意识"(一种错误的自我意识)。这些复杂而又相互联系的因素使得如果没有一个全面地改变功能紊乱系统的社会行为方法的话,就很难帮助人们跟上改变物质滥用的行为模式(Lee & Walz,1998)。

治疗可以采用提供信息的方式,但通常心理咨询师必须面对整个家庭,了解物质滥用对全家以及对家庭中个人的影响。这样的干预必须要有完整系统的方法,需要包含很多人和机构的参与(Kaufman & Kaufman,1992;Morgan,1998)。

心理咨询师认识到物质滥用所造成的功能紊乱,尤其是家庭中关于酒精及毒品滥用的情况,他们就可以在家庭环境中帮助来访者处理好诸如愤怒等情绪问题以及使用好保护机制,如否定。他们也可以帮助家庭承担起其行为的责任(Krestan & Bepko,1988)。关键是,心理咨询师通过"参加治疗过程"以及"帮助滥用成员克服……成瘾而不是强迫保持",使得家庭回到正常功能轨道上(Van Deusen,Stanton,Scott,Todd,

& Mowatt, 1982, p. 39)。在这一过程中，家庭及家庭成员也得到了帮助，从而解决了发展问题。

治疗工作成瘾

工作和其他活动或物质一样可以使置于其中的人放弃其他所有有利的机会。鲁滨逊(Robinson, 1995, p. 33)推荐了下列步骤，用于治疗对工作成瘾的来访者，尤其是那些正在痊愈中的：

- "帮助他们放慢步伐"。举例向他们说明如何通过精细的方法有意识地放慢日常生活的步伐。
- "教他们学会放松"。学习冥想或瑜伽，读一本有启发的书，甚至是泡一个热水澡都是健康的，并对减轻压力有帮助。
- "帮助他们评估家庭气氛"。与家庭成员交流会很有意义并且可以很放松。因此，正在痊愈中的成瘾者值得去尝试各种"可以增强家人联系"的方法。
- "强调庆典的重要"。像庆祝和典礼这样的活动是联系家人的黏合剂，会使自己的生活丰富多彩而又有价值。
- "帮助他们(来访者)融入社会"。这个策略包括发展社会生活以及发展友谊。如果成功，它就"提供了工作外建立社会关系的方法"。
- "强调生活在当前"。通过珍惜眼前，痊愈中的成瘾者会更加享受经历，而不会对未来焦虑或过多关注。
- "鼓励来访者实践自我修养"。通常成瘾者会发现很难使自己满足，即使是以健康的方式。但是，实践自我修养的方法会很有用。
- "强调适度饮食、休息和锻炼的重要性"。如果一个人身体或是情感透支的话，工作很难会有效果。因此，让来访者从饮食、休息和锻炼方面平衡他们的生活才能从长远角度帮助他们从成瘾中痊愈过来。
- "帮助来访者感怀他们失去的童年"以及"强调自尊"。很多成瘾者对他们的过去感到可耻、悲哀、愤怒甚至是绝望。帮助他们认识到他们能够从过去的时光和经历中痊愈，从而从长远上帮助来访者。
- "告诉来访者除了你治疗他们的方法外还有十二步骤方法"。几乎所有痊愈后的成瘾者都能从十二步骤方法中受益，它强调了和更高权力合作中的人际关系。

物质滥用中的妇女和文化团体

仅在美国就有约500万到700万的妇女滥用酒精，因为社会对她们的指责和惩罚，也因为她们在治疗中会遇到障碍，如需要照顾小孩、花费问题、家人反对以及不完全诊断，她们常常很难寻求或找到合适的治疗方法(Van der Wade, Urgenson, Weltz, & Hanna, 2002)。虽然妇女酗酒者有三分之一加入了匿名戒酒协会，但"没有经验证明女性酗酒者或成瘾者可以从 AA 或 NA 中受益”(Manhal-Baugus, 1998, p. 82)。因此,新的理论和其他治疗策略得到发展,这反映出更广阔的妇女生活环境,尤其是她们中酒精成瘾者所面临的困难。不同于传统方法,这些方法从社区获得来源。其中一个方法是“妇女节酒”,根据认知行为改正方法建立的互助小组帮助妇女改变她们的想法,从而使她们能够克服无助、无力、内疚和依赖的情绪。在妇女为妇女提供支持的人际关系环境中,有十三种方法可以推动正确的思维(Manhal-Baugus, 1998)。

在痊愈过程中除了性别差异,文化差异也是一个重要部分。例如,美国人会发现有不同于非美国人的精神因素以及重要的传统来帮助他们。因此,心理咨询师想要治疗这些寻求恢复的人群时可能需要咨询药剂师(Vick et al., 1998)。在治疗其他特别文化群体时,也同样需要寻求适当的文化支持系统。

残疾人心理咨询

各种心理咨询师都会接触到残疾人。咨询业的一个专业领域——康复咨询,尤其关注残疾人。康复指对此前独立生活的残疾人进行再教育。相关领域是恢复自主,重点是教育早期就残疾且从未独立过的来访者(Bitter, 1979)。康复咨询包含很多方面,其成功取决于很多因素。“康复心理咨询师应该是一个零碎事件的整理者而且是一个有经验的治疗心理咨询师”(Cook, Bolton, Bellini, & Neath, 1997, p. 193)。康复服务的最终目标是达到成功就业、独立生活以及社区参与(Bolton, 2001)。

联邦法规多年来一直推动建立残疾人服务体系。例如,1920 年国会通过了《职业复原法案》(Vocational Rehabilitation Act),主要关注身体残疾的美国人。时间更近一点的 1990 年《美国残疾人法案》(The Americans with Disabilities Act)则是另一部重要立法。该法案帮助美国超过 4 千万残疾人提高了需要意识,并增加了国家投入,为心理、行为和生理上有残疾的人提供多种服务。1997 年的《残疾人法案》(The Individuals with Disabilities Act)是另一个重要举措,它尤其关注教育。该法案要求教育机构为所有残疾学生提供“免费、适当的公共教育”(FAPE)。同样,1999 年的《工作券以及工作动力提升法案》(Ticket to Work and Work Incentives Improvement Act, WIIA)提高了残疾消费者的能力,他们可以在私人非赢利机构、国家康复机构或是私人所有机构中选择服务(Kosclulek, 2000)。

残疾人心理咨询的性质

残疾是指限制人活动或功能的一种生理或心理状况。有残疾的来访者有生理、情绪、心理及行为上的各种表现,包括酗酒、关节炎、失明、心血管疾病、耳聋、大脑性麻痹、癫痫、智力迟钝、毒品滥用、神经障碍、外貌残疾、精神病残疾、肾衰竭、言语缺陷以及脊髓病症。不幸的是,残疾人常常遭到别人对他们残缺的误解和偏见,甚至侵袭。这样的遭遇是很残酷的而且很可能会影响到残疾人的"日常社会交往"(Leierer, Strohmer, Leclere, Cornwell, & Whitten, 1996, p. 89)。结果,大部分残疾人在主要的人际交往中会退缩,会失业或是不能获得独立的生活(Blackorby & Wagner, 1996)。事实上,"残疾人群体是美国社会失业率和不充分就业率最高的人群"(Clarke & Crowe, 2000, p. 58)。因此残疾人会自尊低,决策时没有自信,会遭受到社会的羞辱,只有有限的工作机会,他们缺乏成功的典范(Enright, 1997),他们的早期经历也会很有限。

障碍与残疾有关但不同于残疾,它是指"由于出现各种障碍物而形成的可见的或是可辨别的局限"(Schumacher, 1983, p. 320)。有障碍的残疾人会遇到如一个四肢瘫痪的人被要求到一个没有电梯的楼房的三楼,或是一个半聋的人接受口头指令等问题。心理咨询师帮助来访者在这种场合下克服障碍从而有效地应对他们的残疾。

残疾人心理咨询师的认证及教育

康复咨询是最广泛的残疾人治疗专业,也是这一领域工作者加入最多的行业。很多康复心理咨询师属于美国康复心理咨询师协会(ARCA)。ARCA 成立之前缺少专业的康复咨询组织。二战后不久,作为美国职业辅导协会(NVGA)的一个兴趣小组,ARCA 建立了。1958 年 ARCA 成为 ACA(即当时的 APGA)的一部分,当时叫做康复咨询部(DRC),1961 年改名为 ARCA。

康复教育委员会(CORE)是授权提供康复咨询的机构。经过 CORE 授权的 100 多个项目正在美国运行。康复心理咨询师认证委员会(CRCC)对完成 CORE 授权项目的康复心理咨询师进行认证。申请者必须完成专门的课程及实践要求。现在美国有 13 000 多通过认证的康复心理咨询师。

通常大部分康复心理咨询师受雇于联邦、国家及当地机构。但自从 20 世纪 60 年代后期起,很多人已经转到了赢利机构或私人事务所(Lewin, Ramseur, & Sink, 1979)。从公立机构转到私人机构是多方面发展的结果,如经济改变、重新重视商业及保险公司、国家职业资格要求以及政府许可证发放法规等。

治疗残疾人

残疾人咨询的一个显著方面是其与传递服务的医疗模式的历史联系(Ehrle, 1979)。当人们回想起第一次治疗残疾人的专家们与生理残疾的患者是多么接近时,很容易就能够理解医疗模式的重要性了。甚至在今天,专业的康复心理咨询师仍然需要医疗术语方面的知识(Emener & Cottone, 1989, p. 577)。

然而,还是出现了帮助残疾人的不同模式(Anthony, 1980; Livneh, 1984)。其中两种是少数者模式——认为有残疾的人是少数群体而不是病态人群,以及朋辈心理咨询师模式——认为直接经历过残疾的人最能够帮助近期有残疾的人(Olkin,

1994)。

在治疗残疾人来访者或恢复其适应性的过程中,心理咨询师的角色是去评估来访者现有的功能水平以及阻止或提高功能性的环境状况。做过这样的评估后,心理咨询师可以运用各种咨询理论和技巧。事实上可以运用咨询方面所有的情感、行为、认知及系统咨询理论。近年来,系统理论在残疾人康复咨询中尤其受欢迎(Cottone, Grelle, & Wilson, 1988; Hershenson, 1996)。

实际使用何种理论和技巧需要根据心理咨询师的角色及来访者的需要决定(Bitter, 1979)。例如,有着性感受的残疾来访者可能需要心理教育方法来处理这些情绪,而另一个情绪抑郁的残疾来访者则可能更加需要认知或行为干预的方法(Boyle, 1994)。行为导向的方法如格式塔心理剧在帮助来访者的时候特别有力量,他们比较多地参与咨询过程和接受自己的生活责任(Coven, 1977)。角色扮演技术、幻想设定技术、心理剧技术等被学习和用于帮助残疾人来访者进行自我调节。

治疗残疾人的心理咨询师也必须是一个有着明确目标的专家(Wright, 1980, 1987)。关于心理咨询师,尤其是康复心理咨询师应该是怎样的角色,有着几种有争议但并非相互排斥的观点。20 世纪 60 年代后期,马瑟德(Muthard)和萨洛蒙(Salomone)首次对康复心理咨询师的工作活动做了系统的调查(Bolton & Jaques, 1978)。调查表明康复心理咨询师 33%的时间用于咨询活动,25%用于文书工作,7%用于安置来访者。

1970 年美国劳动部列出了康复心理咨询师的十二个主要职能,这些职能至今仍然适用(Schumacher, 1983):

1. 个人咨询。这一职能需要用一个或多个理论模式治疗单个来访者。这在帮助来访者根据环境做出社会的和情绪的调整方面至关重要。

2. 个案搜集。康复心理咨询师需要通过宣传教育材料使机构和潜在来访者知道他们的服务。

3. 人选决定。康复心理咨询师通过一系列的标准步骤决定潜在来访者是否符合帮助标准。

4. 培训。培训主要包括确认来访者技能,购买教育或培训材料以帮助来访者提高。在有些情况下需要为来访者提供培训以使他们能够胜任某些专门领域的工作。

5. 康复准备。心理咨询师安排需要的设备(如假肢、轮椅)以及医疗服务使来访者能够胜任工作并提高他的总体独立性。

6. 支持服务。这些服务包括提供药物治疗以及为个人或群体提供咨询。心理咨询师在培训或其他服务中帮助来访者在个人和人际交往方面得到发展。

7. 工作安置。这一职能包括直接帮助来访者就业。活动包括支持主动找工作的来访者以及帮助不够主动的来访者准备好投入更多精力。

8. 规划。规划过程需要心理咨询师平等看待来访者。一起做的规划应该使来访者从服务接受者转变为服务策划者。

9. 评估。这一职能是贯穿始终且自我更正的。心理咨询师综合来访者生活各个方面的信息从而决定他们的需要及轻重缓急。

10. 机构咨商。心理咨询师和机构及其他人一起工作，建立或参加来访者服务，如工作安置或评估。心理咨询师的很多工作是和他人共同完成的。

11. 公共关系。心理咨询师通过让社区主管了解康复咨询的本质和范围，为来访者倡导并执行这一角色。

12. 跟踪服务。这一职能包括心理咨询师不断与为来访者提供服务的机构和个人联系。同时也包括与来访者本人保持联系以确保他们在康复的道路上稳步前进。

有特殊残疾的来访者

对有残疾的来访者有很多的治疗方式。所有咨询中用到的理论对于这些人群也都适用。另外，赫申森(Hershenson，1992)还提出了一种方法可以帮助心理咨询师做得更好。他想出了一个实用的方法来界定残疾并提供适合的服务。他认为残疾是下列四种力量中任何一种的结果：超自然的或宿命的、医疗的、自然的以及社会的。因此，治疗可以通过解释或强调信仰(针对超自然的)、逻辑(针对医疗和自然的)以及权力(针对社会的)等方法进行。如果康复心理咨询师和来访者能够对成因的本质和治疗方式达成共识，就能有更加可行、有疗效的方法。

一份关于成因和康复方法选择的研究支持了赫申森模式，在这份研究中威廉斯(Williams)、赫申森和费边(Fabian)发现认为来访者的残疾是由于命运因素导致的选择是让人们接受残疾这个命运，而如果残疾是由于自然或医疗因素导致的，他们则偏向于选择医疗和再培训的治疗方法。最后如果残疾是由于社会障碍造成的，他们则主张清除这些障碍。

身体残疾

身体伤害，如脊髓受损或失明会给人们带来很多损失，从而给身体和情绪带来巨大影响(Krause & Anson，1997)。这种情况下的咨询和康复需要集中关注来访者及其家人对境遇的顺应。

里维尼和埃文斯(Livneh & Evans，1984)指出身体残疾的来访者不同于他人的是他们通常要经过十二个阶段才能顺应，即震惊、焦虑、期望、否认、忧伤、绝望、退缩、生闷气、外部攻击、承认、接受以及顺应/适应。每个阶段都伴有相应的行为，也都有相应合适的干预策略。例如，在震惊阶段的来访者可能无法动弹以及会认知错乱。这时最有帮助的干预策略是安慰患者(身体上和语言上)，仔细倾听，提供支持及安慰，让患者发泄情绪以及如果合适的话，让患者寻求机构照顾。

那些帮助残疾人的人在整个痊愈过程中也需要帮助自己，应该尽可能地加入到详细的医疗、社会及心理评估过程中。因此,心理咨询师应该提供精确计时的支持性咨询和危机干预,并直接面对患者,同时帮助脊髓受伤的患者建立起为他们的生命负责的内在调节装置(Povolny, Kaplan, Marme, & Roldan, 1993)。除了是心理咨询师,一个治疗身体残疾的专业人士还应是一个鼓舞者、一个询问者以及一个教育者。这是一项综合性的任务,在工作职能中包含了复杂的关系。

心理残疾

有心理缺陷的来访者,其认知能力缺陷程度从轻到重不等。如果是孩子,心理咨询师的任务和使用的技巧与对待有身体残疾的成人或青少年相似(支持性咨询以及生命规划活动),但年轻的心理缺陷来访者需要更多、更有难度的活动。家长可以帮助心理咨询师了解残疾孩子的感受,找到积极的干预方法,从而获得最大限度的改善(Huber, 1979)。

治疗因头部受伤而有精神障碍的青少年时,心理咨询师必须利用社会事件以及治疗行为(Bergland & Thomas, 1991)。通常,无论心理障碍患者的年龄或是受损的原因如何,治疗他们时都需要花费大量的时间和精力关注社会心理事件(Kaplan, 1993)。

ADD 或 ADHD

注意力缺陷障碍(ADD)以及注意力缺陷多动障碍(ADHD)是很多人在学习和日常工作中出现的失调障碍。这些障碍在生命的不同阶段有不同影响,而且也有不同的形式(如 ADHD 影响了 3%到 5%的在校学生,其有三种表现形式:注意力不集中、过度活跃/过度冲动,或是前两者的结合)(Brown, 2000)。

无论如何,像"容易分心、过度冲动、破坏以及人际问题等会一直存在并随着年龄的增长而更加严重的"障碍是患有 ADHD 的人会出现的结果和症状(Schwiebert, Sealander, & Dennison, 2002, p. 5)。有这些障碍的人还会出现的结果是更加地沮丧、焦虑、忧伤、绝望以及失去自我。

近年来更多人了解了 ADD 和 ADHD,所以教育工作者和社区工作者想出了很多治疗患有这些障碍的人的方法。例如,心理咨询师可以通过帮助记忆的形式,提示患有 ADHD 的学生在特定场合如何表现,从而帮助他们为预科教育或是进入职场做好准备。这样的提示如:记住"SLANT",这可以用来帮助在课堂上有学习问题的学生(Mercer & Mercer, 2001, p. 165)。这些字母代表:

S=坐直(sit up straight)

L=向前倾(Lean forward)

A=积极思考提问(Activate thinking and ask questions)

N=说出主要信息并点头向老师/说话者证实(Name key information and Nod

your head to validate the teacher/speaker)

T＝跟上老师或说话者(Track the teacher or speaker)

总的来说,治疗有 ADD 和 ADHD 来访者的心理咨询师需要认识到来访者性格的很多方面都可能是受到了这些障碍的多方面影响,治疗会是一个长期的、本质上包含多方面的过程(Erk, 2000)。对有 ADHD 的孩子或青少年的干预包括但不局限于下列方面:(1) 家长咨询和培训;(2) 来访者教育;(3) 个人及小组咨询;(4)社会技能培训(Brown, 2000)。

药物治疗也是很必要的。适当的药物治疗"常常会增加注意力,降低冲动及活跃程度"(Brown, 2000)。但不是所有患 ADHD 的孩子都需要药物治疗。另外,如果是处方药,开始时都应是小剂量的。心理咨询师需要不断更新,使用最新的药物治疗并使用其他治疗方法,才能提高来访者及其家人的生活质量。

HIV/艾滋病

心理咨询师在不同的环境下为 HIV/艾滋病者提供服务(All & Fried, 1994; Glenn, Garcia, Li, & Moore, 1998)。HIV 现在被认为是一种慢性病,根据《美国残疾人法案》,得了艾滋病的人被划为残疾人。很大一部分 HIV 阳性者或艾滋病患者已经受到了社会的歧视,因此心理咨询师在治疗这一特殊人群之前必须先要了解他们自己的态度和想法,然后帮助来访者处理好心理社会工作,如保持有意义的生活质量、应对丧失的能力以及面对存在的和精神上的问题。通常来访者的情绪包括震惊、愤怒、焦虑、害怕、报复以及绝望。因此,心理咨询师也必须帮助来访者面对这些情绪。另外,必须谨慎细致地处理好现实的考虑,如为治疗和死亡做好准备等(Dworkin & Pincu, 1993)。

有残疾的少数群体

在治疗少数群体,如有残疾的妇女时,心理咨询师必须意识到这一群体发展过程的典型性并为每个群体的特别问题准备好适当的咨询技巧。例如为残疾妇女进行咨询包括四个相互关联的因素:(1) 工作或技能培训及教育;(2) 家庭支持服务;(3) 工作特征因素匹配和安置服务;(4) 温和咨询支持服务(Hollingsworth & Mastroberti, 1983, p. 590)。

显然,治疗残疾来访者的心理咨询师必须是多才多艺的。他不仅自己要提供直接服务,还需要和其他专家合作并关注来访者在获得独立和自我控制能力后的进步。因此,心理咨询师需要很多理论和技巧知识并适应职业角色的转换。

总结与结论

物质滥用咨询和残疾人咨询既是独立的领域又是相互关联的。两者都强调了心理顺应、预防措施以及治疗策略背后的动态因素。

治疗物质滥用是咨询中一个重要方面。滥用物质，如酒精、烟草及毒品会对个人、家庭和整个社会产生毁坏性的影响。治疗这一人群，心理咨询师必须把重点放在预防和治疗上。预防可以通过教育手段，尤其是对孩子和青年。治疗措施通常更多地针对成人，其包括系统的、精神统一的组织，如匿名戒酒协会，以及专家为禁闭中或在治疗机构中的人实施的措施。

残疾人咨询和物质滥用咨询一样也注重预防和提供服务。在这一领域工作的心理咨询师认为自己是不同的，因为他们关注的主要是残疾人。康复咨询通常是残疾人咨询的一部分。CORE 和 CRCC 是授权项目和提供康复咨询认证的机构。总之，残疾人咨询、康复咨询和其他类别的咨询一样需要专业人士并使用多种理论和技巧。来访者的特点越多，就越需要了解更多的医疗术语，有时还需要把来访者安置到特定场合，如工作或讨论中，这些都是这类咨询的特点。

课堂活动

1. 小组讨论，思考法律如何影响美国以及你所在州的残疾人服务。把你的发现告诉全班同学。

2. 参加匿名戒酒协会的公开会议或是采访物质滥用心理咨询师，询问他们最近提供的服务。告诉同学你在 AA 会议上的经历或你对物质滥用心理咨询师采访的结果。

3. 全班讨论，谈谈你认为在接下来的十年内社会最需要什么。阐述物质滥用和残疾人咨询会如何缓解与这些需要有关的问题。把你的观点运用到一个可以使用的场合中。

4. 罕和克罗斯(Khan & Cross，1984)发现了三类心理健康专家(精神病专家、心理学家以及社会工作者)价值观的相同点和不同点。和同学讨论这些价值观会如何影响他们在物质滥用和残疾人咨询时使用的咨询服务。

5. 调查康复心理咨询师的教育培训并将他们所获得的认证与物质滥用心理咨询师进行比较。有何差别？哪些方面是相同的？

第十九章 心理健康咨询与社区心理咨询

到一家心理健康机构或社区咨询机构(包括私人开业机构)工作,是许多心理咨询师的目标。那些心理咨询师之所以如此选择是出于多种原因的。其中,环境提供了许多积极的因素,有些机会可以使公立的或政府性组织在预防和治疗心理疾病时与心理咨询师合作或者使其成为独立的合约人。对临床心理咨询师来说,有机会在预防和治疗心理疾病中做出一些贡献是令人激动和鼓舞人心的。许多心理健康咨询的开业者隶属于美国心理健康咨询师协会(AMHCA),社区咨询者和私人开业者则很少有机会附属于专业团体。他们大多数不再加入反映其操作性质或治疗取向的协会。

本章重点介绍了心理健康、社区咨询和私人开业的优势和局限,着重突出了各领域的工作重心及其心理咨询者的实际工作内容。在审视这些领域时,将特别关注预防和健康促进,以及心理障碍的治疗。

心理健康和社区咨询的发展史

心理健康咨询

1963年的《社区心理健康中心法案》(The Community Mental Health Center Act)是立法的关键部分,由此发起了心理健康咨询师运动。这个法案提供基金,在全国成立了2 000多家社区心理健康中心,也使得地方社区可以从多种领域雇用心理健康专业人士,并以多种项目的方式进行心理健康教育。随着时间的推移,心理健康中心的工作重点开始从预防(最初目的)转为治疗。这种以治疗为重点的状态在20世纪70年代末80年代初尤为显著,彼时恰逢州立和联邦精神专科医院制度改革的时期,部分有心理问题的患者(有些很严重)被挑选到心理健康中心进行治疗。

心理健康咨询在短暂的历史中,已经从多方面得到界定。最初,它被描述为非教育背景的、以社区为基础的、由心理健康机构进行的特殊的咨询方式(Seiler & Messina, 1979)。然而,多年来心理健康咨询已发展出多种观点,包括发展性咨询(Ivey, 1989)、关系取向的咨询(Ginter, 1989)、倾向治疗/支持及个体与环境应对的咨询(Hershenson, Power, & Seligman, 1989)等。咨询及相关教育项目资格认定委员会(CACREP)对心理健康咨询进行了详细的描述性定义,并规定了必须的学业课程、基础知识和技能要求。

倡导者们已经指出,尽管有些不足之处,心理健康咨询仍是一种独立的职业,原因在于其专业课程(包括心理诊断学、精神病理学、精神药理学和治疗计划的设定),与ACA的附属合作关系,创立者、领导人、从业者的目的,出版物,职业资格的必要条件(如一个60小时的计划)(Pistole & Roberts, 2002)。目前,心理健康咨询是"硕士水平的,主要以实践为导向的职业,与职业心理咨询的不同之处在于它的概念和哲学上的观点更倾向于以教育-发展-预防为主,而不是以临床治疗为主"(p. 15)。

社区咨询

社区咨询同样有一个令人瞩目的开端。此术语是在20世纪70年代早期创造的,最初是由阿莫斯和威廉斯(Amos & Williams, 1972)提出,后来由刘易斯(Lewis)再次提出。不幸的是,这个词最初并非特指社区咨询,而是泛指那些在社区机构工作的咨询者(Hershenson & Berger, 2001)。为了阐明社区咨询的含义,刘易斯对社区心理咨询师进行了描述,即其是一个在如下基础上提供服务的人:

- 人们所处的环境不是培养他们,就是限制他们;
- 多种渠道帮助的效果远胜于单一方面的服务;
- 预防比治疗更有益(Lewis & Lewis, 1989)。

遗憾的是刘易斯的努力并没有帮助人们清楚地了解社区咨询是一个什么样的概念。尽管如此,社区咨询项目开始在全国大量涌现,并且吸引了一大批学生。1981年,咨询及相关教育项目资格认定委员会(CACREP)开始委派社区和其他代理机构(CCOAS)承办硕士培养计划(Hershenson & Berger, 2001)。此后,社区咨询就成为一项像现在一样受欢迎的研究计划而延续至今,或许这正是因为它的内部灵活性和某些时候对它的含糊的理解。

令人惊讶的是,美国心理咨询协会(ACA)却从未设立社区咨询的分支机构。相反,美国心理咨询协会分支内部却设立了社区咨询的财物和利益团体,如心理咨询师教育与辅导协会(ACES),其教育人员帮助定义了社区咨询的工作重点。咨询从业者由于所从事工作和专业的多样性,更多停留在不引人注目的位置。因此,社区咨询是"按照工作地点而非工作过程或取向"进行定义的(Hershenson & Berger, 2001, p. 189)。

心理健康咨询的专业特点

显然,"心理健康咨询在其发展史、职业设置、知识技能和角色扮演上都是跨学科的”(Spruill & Fong, 1990, p. 19)。这种跨学科的特性是产生新观点和新活力的宝贵来源。与此同时,这种性质也有其不利之处,让心理健康咨询师无法简单地与那些心理健康从业者区别开来(Wilcoxon & Puleo, 1992)。

许多心理咨询开业者自称心理健康咨询师,而且一些州政府也以此命名持证的咨询员。作为一个团体,心理健康咨询师在多种咨询机构工作,包括心理健康中心、社区机构、精神病院、健康保持组织(HMOs)、员工辅助计划(EAPs)、健康和福利促进计划(HWPs)、老年人中心、危机控制机构、儿童监护所。此外,还有一些私人开业者。他们接待多种来访者,有强奸受害人、抑郁症患者的家人、潜在自杀患者和其他心理障碍患者。除此之外,他们咨询、教育,并且有时执行管理职责(Hosie, West & Mackey, 1988; West, Hosie, & Mackey, 1987),他们还经常与其他帮助别人的专业人士亲密合作,如精神病医师、心理学家、临床社工和精神科护士,并作为团体的一员而努力(Hansen, 1998)。因而,心理健康咨询师知晓 DSM-Ⅳ-TR 分类的心理病理学知识非常关键,这可以使他们机智地与其他健康专业人员对话,并熟练地治疗机能障碍的来访者(Hinkle, 1994; Vacc, Loesch, & Guilbert, 1997)。

心理健康咨询师拥有咨询的基本技能,也拥有为解决特殊群体或特殊问题所需的技巧。心理咨询师的主要职责是评估和分析来访者的成长背景和现病史,诊断心理和情绪状态,探讨可能的解决方法,并制订治疗计划。对预防性心理健康活动和心理健康与生理健康关系的重新认识也变得越来越突出了。

作为一个团体,心理健康咨询师对与咨询的应用领域有关的职业发展感兴趣,例如婚姻和家庭咨询、物质滥用/药物依赖、第三方补偿、小团体咨询等(Wilcoxon & Puleo, 1992)。这种兴趣也是可以理解的,事实上绝大多数心理健康咨询师是开业者,并通过提供服务获得报酬以维持生计。

美国心理健康咨询师协会(AMHCA)发动了一些特殊团体来帮助其成员,以拓宽他们的领域,发展实践技能和知识。这些特殊团体涵盖了商业、工业、老年和成年人发展领域、多种心理障碍的治疗和预防领域。这种集合是重要的,它可以让心理健康咨询师获得专业领域的深度知识和实践中的主要技能。

AMHCA 同样重视整体健康和健康咨询。心理健康咨询的这个方面至关重要,因为一个团体内的人们还没做好准备就发生改变可能会是令人不安的,或者可能引发攻击性行为。通过向人们提供健康信息和支持,心理咨询师可预防更严重的问题(如酗酒或抑郁)(Sperry, Carlson, & Lewis, 1993)。这种重点在助人行业是独一无二的,且这个行业整体上倾向于以治疗为基础。

此外,AMHCA 还为心理咨询师设立了资格标准,使他们成为认证临床心理健康咨询师(CCMHC)。这种程序最早引发了 1978 年国家认证临床心理健康咨询师协会(NACCMHC)的成立,并成为独立的授予执照的组织。然而,1993 年 NACCMHC 与美国心理咨询师认证审理委员会(NBCC)合并。那些想取得 CCMHC 证书的专业人员要首先成为国家认证心理咨询师(NCCs)。

理论与作用

心理健康咨询师在实践中所用的理论与技术是多样化的,部分原因是他们在种类繁多的机构工作,而且职责范围甚广。一个理论,即存在主义理论,被认为与"心理健康咨询的基本原则相符"(Bauman & Waldo, 1998, p. 27),同时已有的大量理论被应用到这个领域。心理健康咨询师对理论的选择取决于来访者的需要。一般来说,心理健康咨询的文献在理论应用方面主要关注两个问题:(1) 预防和促进心理健康;(2) 治疗心理障碍和功能失调。此两大议题将会继续吸引注意力,因为他们被看做是心理健康咨询师的主要角色。

心理健康的基础预防和促进

贯穿心理健康咨询发展史的主要的哲学意义,重点是心理健康服务的预防和促进。"许多心理健康咨询师在他们工作的中学、大学、教堂、社区健康中心、公立和私立机构,积极地投入到以预防为主的项目中。"基础预防,因其"前瞻性"而被定义:具有意图性,且为团体导向而非个人导向(Baker & Shaw, 1987, p. 2)。基础预防可能是直接地或间接地被执行,但都是建立在坚实的理论基础上的(Cowen, 1982)。如果成功的话,基础/初级预防将会最终带来更健康、适应能力更好的个体和团体/社区。

霍尔和托里斯(Hall & Torres, 2002)推荐了适合社区范围内青少年应用的两种基础预防模型,即布卢姆(Bloom, 1996)的"预防结构模型"和奥尔比(Albee)的"突发事件处理模式"(Albee & Gullotta, 1997)。布卢姆的模型有三个维度:第一维度,咨询员需要工作来增加个人能力、减少个人不足;第二维度,他们必须增加社会支持(如家长和同伴的支持),并缓解社会压力;最后,环境变量必须予以涉及,如贫穷、自然灾害和针对青少年的社区活动。奥尔比的模型在应用范围上是适合全球的,它强调心理咨询师必须减少生理的负面影响和压力,同时通过改变青少年的应对技巧、自尊水平和支持系统来增加积极影响。两种模型都需要心理咨询师愿意与其他机构或个体通力合作。他们必须投入大量的时间和精力用于指定项目,虽然这些项目可能短期内并没有经济回报。

基础预防需要强调的一个领域是自杀。在美国,自杀位于成人死亡原因第九位,17 岁及 17 岁以下青少年死亡原因的第三位(Carney & Hazler, 1998, p. 28)。自杀也是加拿大人的第五大主要死亡原因。

评估来访者是否有自杀倾向时,心理健康咨询师可以使用 SAD PERSONS 量表评估成年人(Patterson, Dohn, Bird, & Patterson, 1983),用 Adapted-SAD PERSONS 量表评估青少年(Juhnke, 1996),从而判断那些个体是否处于自杀高风险中。量表的内容如下:

- 性别(男)
- 年龄(老年来访者)
- 抑郁
- 自杀的既往尝试
- 乙醇(酒精)滥用
- 理性思维丧失
- 缺乏社会支持系统(孤独、与世隔绝)
- 有组织的自杀计划
- 没有配偶
- 患病(特别是慢性疾病或绝症)

这些因素相互结合在一起有可能提供相关信息,以供心理健康咨询师在干预中运用。

基础预防的另一种形式是强调健康的发展,即积极应对以便个体有能力有效地处理他们可能面临的各种危机(Hershenson, 1982, 1992)。"由于咨询是从基于健康发展的模型中衍生出来,可以合理地希望通过咨询能够实现促进来访者健康发展的目的(Hershenson, 1982, p. 409)。"埃里克·埃里克森和亚伯拉罕·马斯洛(Eric Ericson, 1963; Abraham Maslow, 1962)提供了心理健康工作者可以工作的基本前提。这些理论家的文章是建立在观察人类发展的基础上的,他们强调促进健康的成长和发展。这两种思想系统的融会衍生出六种个体发展的趋势:生存、成长、交流、认同、控制和理解。前两个着重关注自我,中间两个关注人际交往的功能,最后两个关注任务完成。心理健康咨询调整个体使其改善人际关系和任务成绩。

在一篇关于健康的个体发展的重要文章中,希思(Heath, 1980)勾勒出健康的发育成熟的容易理解的模型。她指出,研究证实一个青少年的心理成熟度是成年期心理健康和职业适应的主要的预测因素,而且成年人的成熟度与婚姻中性的调节和职业适应有关。此后,希思提出了心理咨询师可以应用于促进来访者发展的具有实用性的一般性原则。下面列举四条(Heath, 1980, p. 395):

1. 鼓励期待中可能发生的新的适应性行为的演练。比如在工作中和亲密关系中可能发生的适应行为。

2. 要求对学到的知识和行动修正后的知识不断地具体化。从本质上说,希思相信不断练习可以使人更好地完成所有的任务。学习也是通过反馈完成的。

3. 允许个体体验由他的决定和行为而带来的结果。在这点上,希思与艾尔弗雷德·阿德勒(Alfred Adler)的观点一致。后者特别提到不恰当或过多的酬劳可能对个体发展有不利的影响。

4. 欣赏和肯定个体的能力。根据行为主义原理,强化对新的学习内容有决定性作用。希思同意这一观点,并表示认可和接受人们的能力可以培养信心,而且可以帮助他们接受学习新内容所必然伴随的风险。

关注个体的周围环境，是心理健康咨询师的另一个预防重点，不论是总体性的关注或是更个人化的关注。哈伯(Huber, 1983)总结了关注程度日益增高的研究领域，指出环境也如人一般是有个性的。某些环境是支配性的、呆板的，而另一些则是更灵活的和具有支持性的。为了更有效地利用"社会-生态学观点"，心理健康咨询需要做到以下几个方面：

- 在个体与特殊机构有实质性联系时，正确识别个体的问题。有些环境诱发或助长了一些可能不健康的特定行为。
- 获得来访者和重要他人的认可，将环境也视为来访者。将一个困难仅仅看做与个体有关的单纯的事情，这对大多数人来说要容易得多。
- 评估一个环境中的动态变量。穆斯(Moos, 1973)发展出一些评价环境的方法。心理咨询师可以与来访者共同确定环境是如何满足或抵制来访者需要的。
- 引发社会的改变。心理咨询师帮助来访者采用特殊的方法去改善现有环境。
- 评价结果。没有单一的评价方法，但是来访者对理想环境标准界定得越清楚，评价的可能性越大。

与社会-生态学观点有关的是生态系统性思想：思想承认个体、家庭、社会文化情况不可分割的相互依存的关系(Sherrard & Amatea, 1994, p. 5)。从这种观点出发，心理健康咨询被扩大到要考虑与人们有关的和交流中的文化内容。

婚姻是一种状态，它阐释了个体因素和环境因素对个体幸福的重要性。威金斯、穆迪和莱德勒(Wiggins, Moody, & Lederer, 1983)进行了一项对婚姻满意度的研究，发现最有意义的预测因素是配偶双方测验得出的个性特征的相容性。如同霍兰德(Holland, 1997)一样，他们总结到个体"对满足他们心理需要的环境表示满意，并寻求与环境之间的交互作用"(Wiggins et al., 1983, p. 177)。在不断增多的异族通婚情况中，心理健康咨询师可以帮助夫妻认识并将注意力集中到他们生活中可预见的压力源上，例如种族偏见或混血儿身份问题，并帮助他们寻找社会支持或婚姻充实团体(Solsberry,1994)。

心理健康咨询预防的整体重心是放在积极疗法(既是预防又是治疗的与健康有关的活动，对持续练习的个体有治疗价值)上的。这样的活动包括进食自然食物、摄入维生素、健康的温泉浴、沉思冥想、参与规律的锻炼、寻找多种人性的和人际间亲近的援助(O'Donnell, 1988)。"为了成为完整的、健康的、有能力的生物体，个体必须对生理、心理、智力、社会、情绪和环境的过程进行评价"(Carlson & Ardell, 1988, p. 383)。当不同年龄段的美国人都开始对好习惯和坏习惯有更清醒的意识，健康和完美的整体运动迹象才会随处可见。

研究结果为这项运动奠定了基础，并在某种意义上引导了这项运动。在广泛地回顾这种文化在生理健康方面对个性特征测量中的有效性时，多恩和舍尔曼(Doan &

Scherman，1987)发现对有规律的锻炼对人们生理和心理健康有积极影响这一观点的强有力的支持。他们的论述支持了建议良好习惯伴随规律咨询的心理咨询师。积极观点咨询中的其他策略包括使心理咨询师强调积极的、改善生活的、个体力所能及的事情；改变传统的印象，强调整体的健康；进行更多的研究；重点突出生理特征维度，如拉扎勒斯(Lazarus，1989)所称的多模型治疗中的一个方面(BASIC I. D.：行为、情感、感觉、意象、认知、人际关系和药物/生物学)。

二级预防和三级预防

除基础预防外，心理健康咨询师全神贯注于二级预防(控制已经表面化但不严重的心理健康问题)和三级预防(控制严重的心理健康问题以避免其发展成慢性病或威胁生命)。在这种情况下(与基础预防相比而言)，心理健康咨询师评估来访者的功能，倘若合适，则运用由罗杰斯、埃利斯、斯金纳和格拉瑟(Rogers，Ellis，Skinner，& Glasser)等的主要理论衍生出的理论与技术治疗症状和核心问题(Weikel & Palmo，1989)。

在治疗中心工作的心理健康咨询师面临着大量挑战。他们要对大量需要并寻求心理健康服务的人做出充分的回应。国家的心理健康服务提供者，如心理咨询师、精神病学家、心理专家和社会工作者，不可能充分地处理每位有轻微或严重疾病而需要治疗的人。即使将治疗来访者作为这些专业人员惟一的活动，他们仍然无法承担那些需要服务的人的所有治疗责任(Lichtenberg，1986；Meehl，1973)。例如，估计有 7.5 万儿童，或者说美国 12%的居民，“在 18 岁以下，患有可诊断为心理疾病的人，有接近一半由于心理受损而严重阻碍了自身发展。随着社会问题的增多，如贫穷、无家可归、物质滥用等，具有严重的情绪和行为疾病的儿童数量的增长速度惊人”(Collins & Collins，1994，p. 239)。心理健康咨询的临床医生面对的另一个挑战是严重心理疾患病人在精神病院的住院时间不断缩短的趋势。这些时间的缩短意味着有更多心理障碍个体会出现在心理健康咨询者工作的非住院机构(Hansen，1998)。

20 世纪 90 年代，《心理健康咨询杂志》(*Journal of Mental Health Counseling*)的一系列调查报告揭示，心理健康咨询师越来越趋向于把治疗作为心理健康咨询的重点内容(Kiselica & Look，1993)。从那之后，这种情况几乎没有改变。在这个方面，心理健康咨询与其他的助人学科更加相似，如心理学、社会工作和精神科护理工作(Hansen，1998；Hershenson & Berger，2001；Waldo，Horswill，& Brotherton，1993)。心理健康咨询师在治疗上关注的一些领域是普通的和生命过程中特殊的心理疾患，如轻度抑郁(Kolenc，Hartley，& Murdock，1990)、戒烟(Pinto & Morrell，1988)、强迫行为(Dattilio，1993)和进食障碍，如贪食症(Gerstein & Hotelling，1987)。

心理健康咨询师依据 DSM-Ⅳ-TR 评估和治疗心理疾病。一些心理咨询师治疗严重的心理疾病，而另一些人则专门治疗症状较轻的患者或是特殊人群的。为了感受困难的心理疾病的治疗情况，例如精神分裂症，心理咨询新手和其他领域的工作人员可以看一些像《心魔劫》(*Sybil*)、《三面夏娃》(*Three Faces of Eve*)和《美丽心灵》(*A beautiful Mind*)之类的电影。

不管最终的诊断如何，抑郁和焦虑是"心理咨询服务所遇到的最常见的临床症状"(Hinkle, 1999, p. 475)。这两种症状在社会上如此常见，是有很多原因的，其中一些原因会在每晚的新闻节目中播放。像焦虑一样，抑郁也有多种形式。同样也有多种治疗方法，如问题解决治疗和认知行为咨询，它们在抑郁的治疗、康复和预防中似乎效果良好。

除治疗抑郁障碍之外，心理健康咨询师，像其他机构的许多心理咨询师一样，呼吁治疗那些承受并反抗由抑郁产生的绝望感的人，其中包括有自杀意识的人。有一些对自杀患者的治疗模型，其中最主要的有两种，即危机干预模型和持续治疗模型(Paulson & Worth, 2002)。"这两种模型都强调积极的治疗关系和理解并确认患者感受的重要性"(p. 87)。他们也强调帮助来访者发展自我意识和构建新身份的重要性。所有的研究都发现，以上这些对于克服自杀思维和行为而言是必不可少的因素。尽管两种方法都有效，但持续治疗模型更有利一些，这是因为它为来访者和心理咨询师之间的交互行为提供了更长的时间设计。

除这两种模型外，心理咨询师可应用存在主义-建构疗法帮助企图自杀的来访者探索生命的意义。为大量有自杀想法的来访者提供咨询时，与注意时效和技术性的特征相反，这种理论方法深入地研究"从现象学意义的观点对自杀患者增强理解"(p. 16)。它需要心理咨询师和来访者致力于长期治疗工作，并处理与社区和他人的关系，也包括个人内心的思想和感受。

社区咨询的专业特点

如此章总论部分所述，社区咨询更多是根据机构来定义的，其中是心理咨询师而非其他人在工作。作为一个群体，社区心理咨询师是多面手，他们是作为咨询专业人员这个整体而不是其他咨询特征、过程或取向来被界定的。此外，社区咨询人员的课程如此繁多，特别是 CACREP 规定的课程和实践所必须完成的总小时数，对许多要在咨询领域获得学位的人而言，是非常有意义，而且关系密切的。

社区咨询人员的工作地点和内容是非常多样化的。社区咨询人员几乎都在非学校机构工作(Hershenson & Berger, 2001)。作为多面手的咨询员，如社区心理咨询师，与机构和雇主之间有着良好的匹配。

一个雇用社区心理咨询师而且其数量正逐渐增加的机构是员工扶助计划(EAPs)(Gladding & Newsome, 2004)。这类计划在美国许多企业和机构中都有，其目的是对雇员做预防性和治疗性咨询，从而帮助他们避免或克服可能对工作行为有不利影响的问题。为了行之有效，EAP 咨询员制订计划来处理一系列雇员感兴趣的主题，例如健康和退休。他们邀请专家在合适的时候做报告并准备后续资料或可能需要的数据。EAP 咨询员也为可能正经受困难的雇员提供短期咨询服务。这样的服务通常都是有时间限制的，如三次会面。然而，作为社区的专家，EAP 咨询员可以将雇员介绍给能够提供更多专业知识的心理健康专家。通常而言，大型企业在他们的经营场所提供 EAP 服务(内部)，而小型组织则经常依赖 EAP 咨询员，这些咨询员也同时为许多公司和机构提供服务(外部)。

另一个社区心理咨询师被雇用的地方是危机干预组织，如红十字会或地方紧急求助电话中心以及未预约即可进入的咨询中心。在存在危机状况时，应对者必须考虑到从生理健康到心理健康的大量需要。因此，地方社区，甚至国际化的团体，都需要雇用心理咨询师和其他心理健康专业人士，以便能够为自然灾难或人为灾害的受害者提供所需的咨询和支持性服务(Gladding，2002)。在这些机构工作的个体，其工作性质不同于以小时或活动为标准的工作。他们在工作中也会遇到超过平均应激水平的兴奋和挑战。

最后，社区心理咨询师也在许多其他助人者工作的机构中被发现。例如，有社区咨询背景的心理咨询师可能被雇用到物质滥用、儿童指导中心、收容所、卫生中心、大学、医院和私人开业机构。他们被雇用且工作在如此之多的机构中，其原因在于 CACREP 要求的咨询领域的过硬的训练和在帮助人们处理多种困扰、忧虑时的应变自如。社区心理咨询师可以在理论和治疗模型中获得特殊的培训并拥有更多的经验。他们还可以成为有多方面才能的人。这就是说，虽然社区心理咨询师最初的定位是低层次的，只需针对具体的人群执行特殊任务即可，但是这种定位对那些通过上述课程学习来界定自己的心理咨询师来说虽然有所限制但也是有利的。

私人开业的专业特点

私人开业心理咨询师，不管与心理健康咨询还是社区咨询相比，都几乎没有正式的历史。咨询兴起之时，一些有志于从事咨询并愿为自己工作的心理咨询师，属意于个体或团体私人开业而并不附属于某个机构。在保险制度、第三方支持及医疗照护付费制度出现之前，这些人士的专业生活相对简单。他们像医生一样，在获取费用-提供服务的基础上工作。20 世纪 80 年代，当医疗照护付费制度开始取代获取费用-提供服务的两方设置时，这种状况发生了巨大的变化。

尽管现在临床从业者在医疗费用偿还式服务方面发生改变，私人开业仍然很流行。当学生第一次加入咨询项目时，他们渴望建立一个私人机构。实际上，咨询专业的博士毕业生暗示私人机构是他们优先考虑的提供服务的机构(Zimpfer，1996；Zimpfer & DeTrude，1990)。心理咨询师经常形成这样的概念，即一家私人开业机构能够给予他们对自己生活的更多的控制，而且财务上有更多的回报。确实如此，私人开业将会是一种奇妙的体验。然而，它通常要付出大量的工作才能得到这样一种状况，除非是一次专业性的购置，或是被邀请加入一个已经成立的机构。

建立私人机构的困难

私人开业者要想成功，就要具备除临床专业知识外的许多技能，其中最突出的技能包括：

● 必须有能力平衡商业技巧和咨询技巧，或者找一位能干的经营管理者。

● 必须建立一种支持系统，它并非一定要以机构的形式存在，在此系统中，个体身边有很多同事，他们能提供治疗所需的信息或介绍给适合的专业人士。

● 必须克服或避免使用限制性的契约或非竞争性的合同，这是一些机关与心理咨询师合作的合同里规定的，以禁止他们在离开机关后在一定的地理区域内或时间范围内设立私人机构。

● 必须投入时间和艰苦的工作构建"市场营销"关系网（如让自己有魅力，通过被介绍并提供服务给组织中的其他人），与其他社区专业人士有规律地会面以便了解他们并向他们介绍自己。

● 必须愿意贡献服务，努力参与到公共事业中，从而建立声誉，正如艾伦·艾维（Allen Ivey）所说："对私人从业者而言，只有一扇很小的窗户来赚大钱（Littrell, 2001, p. 117）。"

建立私人机构的优势

有些机会可以让心理咨询师进入私人机构并取得成功。确实，心理健康机构的管理者认为"私人开业者是在享有保险的来访者群体中的最大竞争者"（Wyatt et al., 2000, p. 19）。私人机构的优势如下：

● 消费者对心理健康医疗照护付费制度的不满意程度不断增长。在这种环境下，消费者在他们可以承受时更有可能开始直接支付服务费用，而不用接受一种被控制的照顾。这种变化使得私人开业者受益并分得了部分公共财产。

● 私人开业者在他们的社区充分利用这一广为人知的机会，提供高质量的服务，从而获得良好的声誉。

● 心理咨询师有设立对他们来说最方便的工作时间的机会。

● 具有在治疗上成为专业人士的机会，尤其是如果他们生活在大的城市区域中，因为在那里有大批存在特殊问题的来访者。

综上所述，私人机构尽管有些不足，但它们将会继续成为心理咨询师选择工作的地方。

总结与结论

心理健康咨询开始于上世纪70年代，它的出现最初是由立法驱动的结果，尤其是1963年颁布的《社区心理健康法案》，之后在全国范围内成立了很多心理健康中心。在这些中心工作的硕士水平的心理咨询师由于缺少一个组织代表他们而被剥夺了选举权，从而成为美国心理健康咨询师协会（AMHCA）的主要创始人。目前，心理健康咨询师在工作中治疗大量的心理疾病，同时也承担基础预防工作。他们通过加入美国心理健康咨询师协会，也同样隶属于美国心理咨询协会（ACA）。心理健康咨询的专业资格是由CACREP在硕士水平上认证的。

社区咨询同样年轻。它是在20世纪70年代，心理咨询师在非教育性机构被雇用时出现的。社区心理咨询师的教育项目在全国设立，但没有明确规定社区咨询的重点内容。因此，没有一个社区咨询的组织，而且也很可能不会有。

那些在此领域研究的人员是天生的通才，而且多根据他们工作的机构而不是由他们服务的人群或提供的治疗进行界定。由于他们是通才，所以社区心理咨询师工作的机构是多样化的。作为一个团体，社区心理咨询师坚定地认为自己是咨询人员，尽管一些人随着时间的推移可能会变成培训的专业人士。

最后，在私人开业的王国里，有机遇也有陷阱。既是专业人员又是多面手的心理咨询师成立了私人机构或团体机构。他们必须同时具有商业技能和咨询技能以取得成功，或者雇用职业经营管理人。私人开业有诸多困难，如为自己寻找支持和督导团体，但也有许多回报，如设定自己的工作时间，若愿意还可沿医疗照护付费制度的边缘而行。总之，私人开业将依然是心理咨询师非常受欢迎的选择。

课堂活动

1. 在一个小组里与其他四位同学一起，为你们社区的弱势群体，如贫民、老年人、被虐待者制订基础预防计划。指出让你的计划成功所必须合作的资源数量，并在全班展示你的计划。

2. 对过去五年的健康发展做文献综述。最新的趋势是什么？这些趋势与心理健康或社区咨询者关系如何？

3. 访问一个EAP项目。这个项目中的什么服务让你感到惊讶？请你访谈的EAP心理咨询师评估他工作的EAP项目的有效性。

4. 你是如何看待社区心理咨询师的优势和局限的？列出来，并与你的同学讨论你的观点。

5. 邀请私人开业的心理咨询师到你的班上讲述他的工作是什么样子的。同时邀请私人开业的商业方面的人员和临床咨询方面的咨询员。

附录 美国心理咨询协会伦理规范(2005 年版)

ACA 伦理规范导言

美国心理咨询协会是一个具有教育、科学和专业性质的组织,其会员供职于各种不同的环境并承担多重的职责。本协会会员致力于促进和提高人类持续终身的发展。本协会会员认识到多样性的存在,并采用跨文化的取向来支持人们在自己的社会和文化背景中实现他们的价值、尊严、潜能和独特性。

持有专业价值观是践行伦理承诺的一种重要方式。原则中处处渗透着价值观。那些指导我们的行为或鼓励我们超越既有行为的固有价值观并非出于一个外在组织的强制要求,它们已深深地植根于心理咨询师的内心,是个人献身精神的产物。

ACA 伦理规范的目的

ACA 伦理规范有五个主要的目的:

1.《规范》让协会得以向现在和将来的成员,以及成员所服务的对象澄清协会成员所共同持有的伦理责任的本质。

2.《规范》有助于支持协会完成其使命。

3.《规范》确立了界定协会成员所具有的伦理行为及最佳实践工作的原则。

4.《规范》作为一个伦理指导原则,目的在于帮助其成员构建一条专业化的道路,从而为那些使用咨询服务的人提供最好的服务,并最大限度地发扬咨询行业的价值观。

5.《规范》作为处理针对协会成员的伦理投诉及质询的基本原则。

ACA 伦理规范包括了八条主要条款,其涵盖的领域如下:

条款 A:咨询关系
条款 B 保密性、享有特权的沟通和隐私
条款 C 专业责任
条款 D 和其他专业人士的关系
条款 E 鉴定、测评和解释
条款 F 督导、培训和教学
条款 G 研究和出版
条款 H 伦理问题的解决

ACA伦理条款的每一条款皆以一篇导言为开篇。每一条款的导言讨论了期望心理咨询师实现的伦理行为和责任。导言有助于确立特定条款的基调,并为心理咨询师对ACA伦理规范的每一条款中所包含伦理要求做出反思提供了起点。

当心理咨询师面对难以解决的伦理困境时,希望心理咨询师能够抱着审慎的态度完成伦理决策过程。当心理咨询师面对冲突时,在用于解决冲突的价值观、伦理原则和伦理标准方面容许存在合理的意见差异,且这种合理的意见差异也的确存在。在有关伦理决策的特定模型上,尽管并不存在某个最有效的模型,但是期望心理咨询师能够熟悉某一个能经受公众监督审查及实践考验的可靠的决策模型。

通过选择某个伦理决策过程以及对特定情境背景的评估,心理咨询师有权力做出那些有助于扩展人们成长和发展空间的决策。

条款A:咨询关系

导言

心理咨询师鼓励来访者的成长和发展,以增进来访者的利益和福祉,并促进健康咨询关系的建立。心理咨询师应主动尝试去理解他们所服务的来访者的文化背景的多样性。心理咨询师同样应探索自我的文化认同,探索这些认同将会怎样影响他们对咨询过程所持有的价值观和信念。

提倡心理咨询师对社会有所贡献,将其一部分专业活动用于那些少有经济回报或无偿的服务项目(社会公益服务)。

A.1. 来访者的福祉

A.1.a. 主要职责

心理咨询师的主要职责是尊重来访者的尊严和提升来访者的福祉。

A.1.b. 记录

为了体现其向来访者所提供的专业服务,以及出于法律、规则或机构程序的规定,心理咨询师应保持必要的记录。心理咨询师在来访者的记录中应包括数量足够且适时的文件材料,以便于促进心理咨询师提供所需服务的质量和连续性。心理咨询师应采取合理的措施来保证记录中的文件材料准确地反映出了来访者的进展及所提供的服务的面貌。如果在来访者的记录中出现了错误,心理咨询师应根据所在机构的方针政策,采取必要的措施予以更正并对更正予以注明。

A. 1. c. 咨询计划

心理咨询师与他们的来访者共同合作制订综合的咨询计划,治疗计划应保证其具有合理的成功可能性,并和来访者的能力及处境相符。心理咨询师和来访者应定期回顾咨询计划以评估计划是否仍具有生命力和效力,并且应尊重来访者自由选择的权利。

A. 1. d. 所涉及的支持网络

心理咨询师应认识到,来访者的支持网络对于来访者的生活具有多重意义,并且应考虑在时机恰当且来访者也同意的基础上,争取其他人(如宗教、精神、社区领导人,家庭成员及朋友)的支持、理解和参与,将他们作为积极的资源。

A. 1. e. 就业需要

当心理咨询师和他们的来访者工作时,在来访者就业这个问题上,应考虑那些和来访者的整体能力、职业局限、躯体条件的限制、总体气质、兴趣和才能模式、社会技能、受教育程度、整体条件、其他相关的特点及来访者自身需要相一致的职业。当时机适宜的时候,在职业发展这方面接受过适当培训的心理咨询师应协助来访者寻找那些和来访者、其雇主及公众的利益、文化及福祉相符的工作职位。

A. 2. 咨询关系中的知情同意

(参见 A. 12. g. /B. 5. /B. 6. b. /E. 3. /E. 13. B. /F. 1. c. /G. 2. a.)

A. 2. a. 知情同意

来访者有自由选择是否进入一段咨询关系或是否仍然继续留在一段咨询关系中,并且需要获知有关咨询过程和心理咨询师本人的足够信息。心理咨询师有义务用书面和口头的形式与来访者一同回顾心理咨询师和来访者双方具有的权利和责任。知情同意是咨询过程发展中的一部分,心理咨询师应在咨询过程中就知情同意所做的相关讨论予以恰当的记录。

A. 2. b. 所需信息的类型

心理咨询师应明确地向来访者解释所提供的所有服务的性质。他们应告知来访者诸如以下的信息(但不仅限于以下信息):所提供的服务的目的、目标、技术、程序、局限、可能的风险以及收益、当心理咨询师没有能力继续从事咨询或心理咨询师死亡时服务如何继续下去以及其他相关的信息。心理咨询师应采取措施以保证来访者理解诊断,拟使用的测验以及报告、费用和账单协议的意义。

来访者具有对其治疗保密的权利,并有权获知对保密性的例外情况的解释(包括参与的督导以及/或者治疗小组的专业人士的情况);有权获得关于他们的记录的清晰信息;有权参与现行咨询计划的制订;有权拒绝任何在服务或治疗取向上的变动,并且有权获知心理咨询师关于这种拒绝所可能带来的后果的建议。

A. 2. c. 在发展和文化问题上保持敏感

心理咨询师进行信息交流沟通的方式应符合来访者的发展水平和文化背景。当与来访者讨论有关知情同意的议题时,心理咨询师应使用清晰且来访者能够理解的语言。当来访者无法理解心理咨询师所用的语言时,心理咨询师应提供必要的服务(如安排一个合格的翻译人员)以保证来访者能够理解所谈论的内容。在和来访者共同合作的情况下,心理咨询师应考虑知情同意程序所具有的文化意义,并且在条件允许的情况下,心理咨询师应据此调整他们的实践工作。

A. 2. d. 没有能力给予知情同意

当咨询的对象是未成年人或无法自愿给予知情同意的来访者时,心理咨询师应寻求来访者对接受服务的默许,并适当地将他们包含在决策过程之中。心理咨询师应认识到自己需要在来访者具有做出选择的伦理权利以及来访者就接受服务问题上给予知情同意或赞同意见的能力,和父母或家人具有保护这些来访者以及为他们做出决策的法律权利和责任之间做出权衡。

A. 3. 接受其他人服务的来访者

当心理咨询师得知他们的来访者同时处于和其他心理健康专业人士的专业关系中时,心理咨询师应要求来访者给予许可让其能通知其他的专业人士,并努力和其他专业人士建立一种积极、合作的专业关系。

A. 4. 避免伤害和强加给来访者自己的价值观

A. 4. a. 避免伤害

心理咨询师致力于避免对他们的来访者、受训者和研究参与者造成伤害,并且应在不可避免的伤害或未曾预料到的伤害发生时,将其伤害程度降到最低或给予补偿。

A. 4. b. 个人价值观

心理咨询师应意识到他们自己的价值观、态度、信念和行为,并避免将与咨询目标不符的价值观强加给来访者。心理咨询师应注重来访者、受训者以及研究参与者的多样性。

A.5. 心理咨询师的角色及其与来访者的关系

(参见 F.3./F.10./G.3.)

A.5.a. 现在的来访者

禁止和现在的来访者、来访者的伴侣或其家庭成员之间发展出任何涉及性或浪漫关系的交往方式或关系。

A.5.b. 过去的来访者

禁止在与来访者结束专业关系之后的五年之内与来访者、来访者的伴侣及其家庭成员之间发展出任何涉及性或浪漫关系的交往或关系。在与来访者结束专业关系五年之后,当心理咨询师和来访者、来访者的伴侣及家庭成员发展出性关系或浪漫关系之前,心理咨询师应以书面形式递交其在这方面的考虑,在文件中澄清这种交往或关系是否可以在某种程度上被视为带有利用和剥削来访者的性质以及/或者是否有可能仍会对过去的来访者造成伤害,心理咨询师应避免进入这种交往或关系。

A.5.c. 非专业性质的交往或关系(不涉及性或浪漫关系的交往或关系)

心理咨询师应避免和现在的来访者、过去的来访者、来访者的伴侣或其家人发展出非专业的心理咨询师-来访者关系,除非来访者有可能会从这种交往中有所收益(参见 A.5.d.)。

A.5.d. 可能带来收益的交往

当心理咨询师和来访者之间非专业性质的交往可能会给来访者或过去的来访者带来收益的时候,心理咨询师必须在这种交往发生之前(如果可能的话),将这种交往、进行这种交往的理由、可能的收益,以及这种交往可能会给现在的来访者、过去的来访者、与来访者有关的重要他人带来的预期后果记载在案例记录中。这种交往应首先获得来访者恰当的同意。当由于进行非专业性质的交往而给现在或过去的来访者,以及和来访者有关的重要他人带来意外的伤害时,心理咨询师必须拿出证据表明心理咨询师试图弥补这种伤害。可能带来收益的交往例子包括(但并不限于下面所列出的内容):参加一个正式的仪式(如一场婚礼/信仰仪式或毕业典礼);购买一项由现在来访者或过去来访者提供的服务或产品(非限制性的服务交换除外);探望一位因病住院的家庭成员;同为一个专业协会、组织或社区团体的会员(参加 A.5.c.)。

A.5.e. 专业关系中的角色变化

当心理咨询师改变在原先约定的关系或在最近约定的关系中的角色时，心理咨询师应从来访者处获得知情同意，并且向来访者解释其具有拒绝接受和这一角色变化有关的服务的权利。角色变化的例子包括：

1. 从个体咨询变化为家庭咨询，或相反的角色变化；

2. 从不涉及司法问题的评估性角色变化为具有治疗性质的角色，或相反的角色变化；

3. 从心理咨询师变化为研究者的角色(也就是说将来访者招募为研究的参与者)，或相反的角色变化；

4. 从心理咨询师变化为调解者的角色，或相反的角色变化。

心理咨询师必须完全知晓心理咨询师角色变化所带来的所有预期的后果(如经济、法律、个人或治疗关系上的后果)。

A.6. 在个体、团体、机构和社会层面上的角色和关系

A.6.a. 倡议

当时机合适的时候，心理咨询师应在个体、团体、机构和社会层面倡议对那些限制了来访者获得资源以及/或者限制其成长和发展的潜在阻碍和障碍进行调查。

A.6.b. 保密与倡议

在心理咨询师为一个可以被识别出身份的来访者从事倡议活动，从而改善其所提供的服务质量，以及去除那些限制了来访者获取资源、成长和发展的系统阻碍或障碍之前，心理咨询师应获得来访者的同意。

A.7. 多个来访者

当一个心理咨询师同意为两个或多个彼此之间有关系的来访者提供咨询服务时，心理咨询师应在一开始就澄清哪一个人或哪些人是其来访者，以及心理咨询师和其中涉及的每一个人之间的关系的性质。如果已经有确凿的迹象表明心理咨询师将会扮演具有潜在冲突性质的角色，那么心理咨询师应做出适当的澄清、调整或从角色中撤出(参见 A.8.a./B.4.)。

A.8. 团体工作

(参见 B.4.a.)

A. 8. a. 筛选来访者

心理咨询师对于有希望参加团体咨询/治疗的来访者进行筛选。心理咨询师应尽可能选择那些其需求和目标与团体的目标相一致的成员、不会妨碍团体进程的成员,以及团体体验不会对其身心健康状况有所损害的成员。

A. 8. b. 保护来访者

在团体设置中,心理咨询师应采取合理的防范措施以保护来访者不遭受躯体、情感或心理创伤。

A. 9. 对于处于疾病晚期的来访者的临终关怀

A. 9. a. 临终关怀的质量

心理咨询师应努力采取措施保证来访者:

1. 获得满足他们的躯体、情感、社会及精神需要的高质量的临终关怀服务;
2. 尽可能最大限度地行使来访者的自主权;
3. 尽可能享有任何参与与其临终关怀服务相关的决策制定的机会;
4. 在来访者是否有能力代表自己做出有效而合理的决策的问题上,从一个有从事临终关怀实践工作经验的心理健康专业人士那里接受全面而充分的评估。

A. 9. b. 心理咨询师的能力、选择和转介

在认识到在个人层面、道德层面和能力层面与结束生命的决策相关的议题之后,心理咨询师可以选择是否和那些希望探索结束生命的可能性的来访者工作。心理咨询师应提供恰当的转介信息以保证来访者能获得必要的帮助。

A. 9. c. 保密

根据可适用的法规及特定的处境状况,并向合适的专业人士或法律团体寻求咨商或督导之后,向那些处于疾病晚期并考虑加快自己的死亡的来访者提供服务的心理咨询师可以选择打破保密原则,也可以选择不打破保密原则(参见 B. 5. c. /B. 7. c.)。

A. 10. 收费和服务交换

A. 10. a. 从机构来访者处收取费用

如果来访者通过心理咨询师受雇的机构有权获得咨询服务,那么心理咨询师应拒

绝再向来访者收取私人费用或其他形式的报酬。某个特定机构的政策中可以明确规定机构的来访者可以从这一机构下属的私人开业的雇员处获得咨询服务。在这种情况下,如果来访者寻求私人咨询服务时,来访者必须获悉其所享有的其他选择的可能性。

A.10.b. 确立收费标准

在确立专业咨询服务的收费标准时,心理咨询师应考虑来访者和其所在地的经济状况。如果现行的收费结构不适用于某个来访者,心理咨询师应协助来访者寻找以其可接受的价格提供的同等服务。

A.10.c. 不支付费用的情况

如果心理咨询师决定使用征收机构或采取法律行动来向那些不支付先前协定的费用的来访者收取服务费用,心理咨询师应首先告知来访者他们将采取的行动,并且提供来访者支付费用的机会。

A.10.d. 服务交换

只有当服务交换的关系不会剥削、利用或伤害来访者,且不会让心理咨询师处于不公平的优势地位的情况下,只有当来访者提出这种要求,并且只有当这种协定在该社区的专业人士中是一种可接受的行为时,心理咨询师才能进行服务交换。心理咨询师应考虑到服务交换所具有的文化意义,应和来访者讨论相关的利害关系及考虑,并且以清晰明了的书面形式证明这一协定的存在。

A.10.e. 接受礼物

心理咨询师应理解接受来访者的礼物所带来的挑战,并且应认识到,在某些文化中,小礼物是表示敬意和表达感谢的标志。当决定是否接受来访者的礼物时,心理咨询师应从治疗关系、礼物的金钱价值、来访者送礼的动机以及心理咨询师接受或拒绝礼物的动机这几方面来加以考虑。

A.11. 结束咨询和转介

A.11.a. 禁止抛弃来访者

心理咨询师不应抛弃或忽视咨询中的来访者。当处于诸如休假、疾病这类咨询中断的情况或在咨询结束之后,心理咨询师应在必要时协助来访者为继续治疗做出恰当的安排。

A.11.b. 没有能力帮助来访者

如果心理咨询师觉得自己没有能力向他们的来访者提供专业帮助,那么心理咨询师应避免进入或继续咨询关系。心理咨询师应知晓在文化上和临床实践中恰当的转介资源,并且向来访者建议这些可能性。如果来访者拒绝心理咨询师所建议的转介,心理咨询师可以中断咨询关系。

A.11.c. 恰当地结束咨询

当有足够理由表明来访者不再需要帮助,或不可能从咨询关系中获益,或因为继续咨询而受到伤害时,心理咨询师应结束一段咨询关系。当心理咨询师有受到来访者伤害的危险,或与来访者有关的其他人存在受到伤害的危险,或当来访者不支付事先商定的费用时,心理咨询师可以结束咨询关系。心理咨询师应提供结束前的咨询服务并在必要时推荐其他提供服务的专业人士。

A.11.d. 恰当的转介服务

当心理咨询师将来访者转介至另一专业人士处时,心理咨询师应保证在临床和行政层面完成恰当的转介过程,应保证和来访者及另一个专业人士保持公开的沟通交流。

A.12. 技术的应用

A.12.a. 收益和局限

心理咨询师应告知来访者在咨询过程及商业/开出账单的流程中使用信息技术的收益和局限所在。这些技术包括(但不限于)计算机硬件及软件、电话、互联网及其他网络、网上测评工具和其他通信设备。

A.12.b. 技术辅助服务

当提供技术辅助的远程咨询服务时,心理咨询师应确定来访者在智力上、情感上和躯体上有能力使用这一应用技术,且这一应用技术也应适合来访者的需要。

A.12.c. 不恰当的服务

当心理咨询师或来访者认为技术辅助的远程咨询服务并不恰当时,心理咨询师应考虑提供面对面的服务。

A.12.d. 资源访问

当心理咨询师提供技术辅助的远程咨询服务时，心理咨询师应保证来访者能合理地使用计算机应用软件。

A.12.e. 法规

心理咨询师应保证技术的使用并不违反任何地方、州、国家和国际实体设定的法规，并应保证其符合所有相关的法律条令所做的规定。

A.12.f. 协助

当心理咨询师使用技术应用软件时，特别是当使用这类软件会跨越州或国家边界时，心理咨询师应寻求商业、法律和技术层面的协助。

A.12.g. 技术和知情同意

作为确立知情同意过程的一部分，心理咨询师应做好下列事宜：

1. 提及与电子信号通讯难以确保保密性有关的议题；

2. 告知来访者所有的同事、督导、雇员，诸如信息技术管理员可能会在授权或没有授权的情况下获取那些电子传送信息；

3. 敦促来访者注意包括家人和同事在内的人能够在授权或不授权的情况下使用来访者可能在咨询过程中使用的技术；

4. 告知来访者与管理从事跨州或跨国专业服务事宜相关的法律权利和限制；

5. 在条件允许的情况下，使用加密的网址或电子邮件来帮助确保保密性；

6. 当无法使用加密技术时，心理咨询师应告知来访者这一事实，并将电子传送信息限定在并非特别针对来访者的一般通信范围之内；

7. 告知来访者通信交流的纪录是否会存档，或会保存多少时间；

8. 就技术出错的可能性和提供服务的其他方式进行讨论；

9. 告知来访者当他无法联络到心理咨询师时可使用的紧急程序，例如拨打911或当地危机干预中心的电话；

10. 讨论那些可能会对服务的提供造成影响的时区差异、当地习惯差异、文化差异和语言差异；

11. 当保险并不涵盖技术辅助的远程咨询服务时，心理咨询师应将这一点告知来访者(参见A.2.)。

A.12.h. 国际互联网上的网站

在国际互联网上持续开设网站的心理咨询师应做到下列事宜：

1. 定期检查电子链接是否能够正常工作并且是否在专业上是恰当的;

2. 确定在技术出现错误时来访者能够联系到心理咨询师的方法;

3. 提供与州立执照颁发机构或专业证书管理委员会的相关链接,以保证消费者权益并促进对伦理顾虑的处理;

4. 确立核查来访者身份的方法;

5. 如果来访者是一个未成年的儿童、一个法律上不具备行使自主权资格的成年人,或一个无法给予知情同意的成年人,那么在提供服务之前,心理咨询师应从法律监护人或其他授权的法律代表处获得书面的知情同意书;

6. 努力提供一个残疾来访者能够访问的网址;

7. 当来访者主要使用的语言和心理咨询师不相同时,努力提供翻译的可能性,并同时让来访者注意到这种翻译所具有的不完美的性质;

8. 协助来访者确定在国际互联网上和其他技术应用软件中寻找到的信息的有效性和可靠程度。

条款 B:保密性、享有特权的沟通和隐私

导言

心理咨询师应认识到信任是治疗关系的基石。通过创立一个持续存在的伙伴关系,建立和保持恰当的界限和对保密性的维护,心理咨询师应立志于赢得来访者的信任。心理咨询师应以一种可被特定文化所理解的方式和来访者就保密性的限制因素进行沟通。

B.1. 尊重来访者的权利

B.1.a. 对于多重文化/多样性的考虑

心理咨询师应对于保密和隐私的文化意义保持觉察和敏感。心理咨询师应尊重来访者对于透露信息所采取的不同态度。心理咨询师应就如何共享信息、何时共享信息以及与谁共享信息这些问题和来访者进行持续的讨论。

B.1.b. 尊重隐私

心理咨询师应尊重来访者保有隐私的权利。只有当获知来访者的私人信息有益于咨询过程的时候,心理咨询师才能向来访者征求其个人的信息。

B.1.c. 尊重保密原则

心理咨询师不应在未获得来访者同意,或在没有充分的法律或伦理理由的情况下

和他人共享保密的信息。

B.1.d. 对于局限性的解释

在咨询过程一开始和整个咨询过程中，心理咨询师应告知来访者保密性所具有的局限性，并试图指出那些保密原性必须被打破的可预见的情境(参见A.2.b.)。

B.2. 例外情况

B.2.a. 危险和法律要求

心理咨询师应对信息保密的一般要求不适用在必须透露信息以保护来访者和可以识别出的使其他人免受严重的及可以预见到的危险的情况，或者在当法律要求必须透露保密信息的情况。当心理咨询师并不明确某种例外情况是否有效时，心理咨询师应向其他专业人士咨商。当涉及终止生命的问题时，还应进行额外的考虑(参见A.9.c.)。

B.2.b. 具有传染性且危及生命的疾病

当来访者透露他们患有一种公认的具有传染性并会危及生命的疾病时，如果存在可以识别出身份的第三方是感染这种疾病的高危人群，且这种可能性是被公认为存在的，那么心理咨询师有理由将这一信息透露给第三方。在透露这一信息之前，心理咨询师应确证存在这样一种诊断，并且评估来访者是否有意图将他们的疾病告知第三方，或是否有意图做出那些可能对第三方有害的行为。

B.2.c. 法庭规定的信息暴露

当法庭传讯心理咨询师在没有获得来访者允许的情况下暴露保密的或特许的信息时，考虑到这一过程对于来访者或咨询关系可能造成伤害，心理咨询师应从来访者处获得一份书面的知情同意书，或应采取措施来阻止信息暴露，或应尽量将暴露信息的范围减至最小。

B.2.d. 最小限度的信息暴露

心理咨询师应尽可能在保密信息被暴露之前告知来访者，并应尽可能让来访者参与到暴露保密信息的决策制定过程之中。当客观条件要求暴露保密信息时，心理咨询师应仅仅透露那些必要的信息。

B.3. 与其他人共享的信息

B.3.a. 下属

心理咨询师应尽全力保证诸如雇员、被督导者、学生、办公室助手和志愿者在内的下属能够保守来访者的隐私并恪守保密原则(参见 F.1.c.)。

B.3.b. 治疗小组

当来访者的治疗涉及一个治疗小组需要不断回顾或参与治疗过程时,来访者应被告知这一治疗小组的存在和其组成情况,以及共享相关信息的目的。

B.3.c. 保密的设置

心理咨询师应仅在他们能够合理地确保来访者的隐私不受侵害的设置内谈论保密信息。

B.3.d. 第三方的费用支付者

仅当来访者授权心理咨询师可以透露保密信息的情况下,心理咨询师才能和第三方的费用支付者讨论这些信息。

B.3.e. 保密信息的传输

心理咨询师应采取防范措施以确保通过使用计算机、电子邮件、传真机、电话、语音信箱、电话答录机以及其他电子或计算机技术来进行传输的信息的保密性。

B.3.f. 已故的来访者

心理咨询师应根据与法律规定、机构政策或设置方针一致的原则来保护已故来访者的保密信息。

B.4. 团体和家庭

B.4.a. 团体工作

在团体工作中,心理咨询师应清晰地向参与工作的特定小组解释保密性的重要性和其要素。

B.4.b. 伴侣治疗和家庭治疗

在伴侣治疗和家庭治疗中,心理咨询师应清晰地界定谁是“来访者”,并且讨论对保密原则的预期和局限性。在所有参与治疗并有能力给予知情同意的个体当中,心理咨询师应就个体在保密性上的权利及对已知的信息保守秘密的义务的问题上寻求众人达成一致的协定,并以书面的形式记录这一协定。

B.5. 缺乏给予知情同意能力的来访者

B.5.a. 对来访者所承担的责任

当咨询对象为未成年人或缺乏给予自愿的知情同意能力的成年人时,心理咨询师应根据联邦法律或州一级的法律、成文的政策和可以适用上述情况的伦理标准来保护在上述咨询关系中获取的信息的保密性。

B.5.b. 对父母和法律监护人所承担的责任

心理咨询师应将心理咨询师的角色和咨询关系所具有的保密性质告知父母和法律监护人。心理咨询师应对于家庭所具有的文化多样性保持敏感,并且尊重父母/法律监护人根据法律规定对于他们的子女/监护人的福祉所具有的固有权利和所承担的固有责任。心理咨询师应致力于和父母/监护人建立恰当的合作关系以最大限度地服务于来访者。

B.5.c. 保密信息的暴露

当咨询对象为未成年人或缺乏给予自愿的知情同意能力的成年人时,心理咨询师应从恰当的第三方处获取暴露信息的许可。在这种情况下,心理咨询师应根据来访者的理解能力水平将此事告知来访者,并应采取文化上适宜的方式来维护来访者的保密性。

B.6. 记录

B.6.a. 记录的保密性

心理咨询师应确保记录存放在安全的场所,且仅有经过授权的人才能够接触到记录。

B.6.b. 记录的许可

心理咨询师在使用电子设备或其他手段对于治疗会谈进行记录时应首先获得来

访者的许可。

B.6.c. 观察的许可

在培训情境下，当心理咨询师和督导、教员、同僚或其他人士观察咨询会谈、回顾治疗会谈的誊录记录或观看会谈录像之前，心理咨询师应获得来访者的许可。

B.6.d. 来访者获取记录

当有能力的来访者提出获取会谈记录的要求时，心理咨询师应提供合理的途径让来访者获取记录或记录的副本。仅当存在强有力的证据表明来访者接触这些记录会对其造成伤害的时候，心理咨询师才应限制来访者获取他们的记录或限制来访者获取记录的某些部分。心理咨询师应记录来访者获取记录的要求，并记录扣留来访者的全部记录或部分记录的理由。在涉及多个来访者的情况下，心理咨询师应仅提供那些直接和这一个体来访者有关的记录，并且不应包括任何涉及其他来访者的保密信息。

B.6.e. 在记录问题上心理咨询师所提供的协助

当来访者要求获取他们的纪录时，心理咨询师应在解释咨询记录这一方面为来访者提供协助和咨询。

B.6.f. 信息的暴露或转移

除非存在保密原则的例外情况，否则心理咨询师在将记录暴露或转移给合法的第三方之前应从来访者处获取书面的许可。心理咨询师应采取措施确保获取咨询记录的人对于记录的保密性质十分敏感(参见A.3./E.4.)。

B.6.g. 在咨询结束后对记录的保存和处理

在咨询结束之后，心理咨询师对于记录进行保存以确保今后能够对记录进行合理的取用，应根据涉及记录管理的联邦法律和州一级法律的规定对于记录进行保存，并且应以一种保护来访者保密性的方式对来访者的记录和其他敏感的材料进行处理。当记录具有艺术品的特点时，在如何处理这类记录或文件的问题上，心理咨询师应获取来访者(或监护人)的同意(参见A.1.b.)。

B.6.h. 合理的防范措施

在心理咨询师终止实践工作、没有能力继续进行实践工作或死亡的情况下，心理咨询师应采取合理的防范措施以保护来访者的保密性(参见C.2.h.)。

B.7. 研究和培训

B.7.a. 机构的官方批准

当需要机构的官方批准时，心理咨询师应提供有关研究计划的准确信息，并在实行研究之前获得官方的批准。心理咨询师应根据获得批准的研究方案进行研究。

B.7.b. 恪守指导原则

心理咨询师有责任去理解并恪守州一级、联邦一级、机构或组织一级与研究实践中的保密性问题有关的政策或适用的指导原则。

B.7.c. 在研究中获得的信息的保密性

对于参与涉及人类参与者的研究而言，违背参与者的隐私和保密性是参与研究的风险。研究者应以一种安全的方式维护所有的研究记录。他们应向参与者解释所存在的违背隐私和保密性的风险，并且向参与者透露能够合理地预见到的有关保密性的任何局限性。无论研究者会维护何种程度的保密性，研究者都必须向来访者透露能够合理地预见到的有关保密性的任何局限性(参见 G.2.e.)。

B.7.d. 研究信息的暴露

心理咨询师不应该暴露任何在合理的情况下能够导致识别出研究参与者身份的保密信息，除非心理咨询师已经事先获得了本人的同意。将从咨询关系中获得的数据材料用于培训、研究或发表的行为应确保数据材料所涉及的个体的匿名性(参见 G.2.a./G.2.d.)。

B.7.e. 就暴露身份问题所达成的协定

仅当当事人已经审阅过相关的材料并且同意将其呈现在公开发言或出版物中时，心理咨询师才能在公开发言或出版物中暴露来访者、学生或督导者的身份(参见 G.4.d.)。

B.8. 咨商

B.8.a. 协定

当心理咨询师作为咨商顾问时，心理咨询师应寻求就所涉及的每个个体所具有的保密权利、每个个体对保护保密信息所负有的义务，以及由其他人共享的信息在保密原则上所存在的局限性的问题在众人中达成一致。

B. 8. b. 尊重隐私

讨论在咨商关系中所获得的信息应仅仅出于专业的目的,并应仅和这一案例直接相关的当事人讨论。书面和口头的报告应仅仅包括和咨商的目的具有密切关系的数据材料,并且应不遗余力地保护来访者的身份以及避免对于隐私的不适当的侵犯。

B. 8. c. 保密信息的暴露

当咨商对象为同事时,心理咨询师不应暴露那些能够在合理的情况下导致和心理咨询师存在保密关系的来访者、他人或组织的身份暴露的相关信息,除非心理咨询师已经事先从当事人或组织处获得了同意,或者身份的暴露是无法避免的。心理咨询师应仅仅透露那些为了实现咨商目的所必须暴露的信息(参见 D. 2. d.)。

条款 C: 专业责任

导言

在面对公众和其他专业人士时,心理咨询师应追求一种开放、诚实和准确的沟通方式。在专业界限和个人能力的范围之内,他们应以一种不带歧视的态度执业,并有责任遵守 ACA 伦理规范。心理咨询师应积极参与那些促进咨询的发展和进步的地方、州立和国家性机构的工作。心理咨询师应倡导在个体、团体、机构和社会层面推动那些能改善个体和团体生活质量,能使得个体和团体获得物资供应以及恰当服务的改变。心理咨询师所从事的咨询应基于严格的研究方法学之上,这是心理咨询师对公众所承担的责任。另外,心理咨询师应参与自我保健的活动,保持和促进他们在情感上、生理上、心理上和精神上的健康,以便更好地满足他们职业责任的需要。

C. 1. 知晓有关的规范

心理咨询师有责任阅读、理解和遵守 ACA 伦理规范并恪守其他相关的法律及规范。

C. 2. 专业能力

C. 2. a. 能力的界限

心理咨询师应仅仅在他们的能力范围之内执业,心理咨询师的能力则基于他们所接受的教育、培训、被督导的经历、州立或国家一级的专业资格认证及恰当的专业经验。心理咨询师应获取与多样的来访者群体工作相关的知识、个人觉察能力、敏感性及技能(参见 A. 9. b. /C. 4. a. /E. 2. /F. 2. /F. 11. b.)。

C. 2. b. 执业中新的专业领域

心理咨询师应在接受恰当的教育、培训及督导经历之后才能在对自己而言新的专业领域中开展实践工作。当在新的专业领域中发展其技能时,心理咨询师应采取恰当的措施确保其工作的能力,并且保护他人免受可能的伤害(参见 F. 6. f.)。

C. 2. c. 就业的资格

心理咨询师应只接受那些和他们所接受的教育、培训、被督导的经历、州立或国家一级的专业资格认证及恰当的专业经验职业相称的职业机会。心理咨询师应仅雇佣那些有资格和能力担任特定职务的个体来从事专业的咨询工作。

C. 2. d. 监控有效性

心理咨询师应不断对自己作为专业人士工作的有效性进行监控,并且在必要的时候采取行动来改善自己的有效性。执业中的心理咨询师应采取合理的行动来寻求必要的同僚督导以评估他们作为心理咨询师的有效性。

C. 2. e. 就伦理义务进行咨商

当心理咨询师在他们的伦理义务或专业工作方面产生疑问时,应采取合理的行动向其他的心理咨询师或相关的专业人士进行咨商。

C. 2. f. 继续教育

心理咨询师应意识到,他们有必要通过继续教育来获取和保持对于他们所活动的领域当前的科学和专业知识具有合理的觉察水平。他们应采取行动保持自己使用技能的能力,对新的程序保持开放的态度,并和他们所服务的多样化的人群和特定的人群的动向及进展保持一致。

C. 2. g. 损害

心理咨询师应对自身的躯体、心理和情感可能出现问题的迹象保持警惕,并且当这种损伤有可能伤害到来访者或其他人时避免自己继续向他人提供专业服务。心理咨询师应就那些达到职业损害水平的问题寻求帮助,并在必要的时候限制、暂时停止或终止自己继续履行职业责任,直至他们已被确定可以安全地重新开始自己的工作。心理咨询师应帮助同事或督导来识别出他们自身所存在的职业损害问题,并应在有正当理由确信其同事或督导表现出损害的迹象时提供帮助和咨商,并采取恰当的干预措施以保护来访者免受伤害(参见 A. 11. b. /F. 8. b.)。

C. 2. h. 心理咨询师没有能力继续实践工作或中止实践工作

当心理咨询师结束执业时,他们应遵从事先准备好的计划对来访者进行转介,并对档案进行交接。心理咨询师应就当自己失去执业资格、死亡或终止执业的情况下如何转介来访者和转交档案的问题上提前做好计划,并将这一计划告知一个可以识别其身份的同事或"档案管理人"。

C. 3. 广告宣传和劝说来访者

C. 3. a. 准确的广告宣传

当做广告宣传或以其他方式向公众陈述自己的服务时,心理咨询师应以一种非虚假、非误导、不具有欺骗和欺诈性质的方式准确地表明他们的资历。

C. 3. b. 推荐书

那些使用推荐书的心理咨询师不应从现在的来访者、过去的来访者或其他任何容易受到自己不正当影响的个体那里征求推荐书。

C. 3. c. 其他人的声明

心理咨询师应做出合理的努力以确保他人所做的有关于自己和咨询行业的声明是准确无误的。

C. 3. d. 通过雇佣关系的招募

心理咨询师不应通过他们受雇的职务或和机构的附属关系为自己私人的执业招募或获得来访者以及那些寻求督导或咨商的人。

C. 3. e. 产品和有关培训的广告宣传

那些发展出和自己的职业相关的产品,或开设工作坊和培训活动的心理咨询师应确保和这些产品及活动相关的广告宣传是准确无误的,并已向消费者提供了足够的信息以供他们做出选择(参见 C. 6. d.)。

C. 3. f. 对服务对象进行推销

心理咨询师不应借用咨询、教学、培训或督导关系以一种带有欺骗性质,或可能对那些容易受到影响的个体施加不正当的影响的方式来推销他们自己的产品或培训活动。不过,开展心理咨询教学的教师可以出于教学目的采用他们自己编著的教科书。

C.4. 专业资格

C.4.a. 准确的陈述

心理咨询师向他人声明或暗示其所具有的专业资格应是心理咨询师已经切实获得的专业资格,且应更正他人对自己所具资格的任何已知的错误陈述。心理咨询师应真实地陈述其同事所具有的专业资格。心理咨询师应在获取报酬的工作经历和志愿服务的工作经历之间做出清晰的区别,并且应对自己所接受的继续教育和特定的培训进行准确的描述。

C.4.b. 资格证书

心理咨询师声明其所具有的资格证书应仅包括那些当前有效的和具有良好信誉的执照或资格证书。

C.4.c. 受教育程度

心理咨询师应在其所获得的学位和被授予的荣誉学位之间做出清晰的区别。

C.4.d. 暗示具有博士水平的能力

心理咨询师应对其在咨询或与咨询紧密相关的领域获得的最高学历做出清晰的陈述。当心理咨询师在咨询领域或其他相关领域仅获得硕士学位,而在其他领域获得博士学位时,心理咨询师不应通过指称自己为“博士”的方式来暗示自己具有博士水平的能力。

C.4.e. 学历教育项目所认证的资格

心理咨询师应清晰地陈述在完成学历教育项目时自己所获得的认证资格。

C.4.f. 专业协会的成员资格

心理咨询师应在当前有效的专业协会成员资格和过去的成员资格之间做出清晰的区别。美国心理咨询协会(ACA)的成员必须在专业会员(即意味着成员在咨询领域至少具有硕士学位)和一般会员(即任何其感兴趣的和所从事的活动与 ACA 的兴趣与活动相一致,但不满足成为专业会员资格的个体开放的会员资格)之间做出清晰的区别。

C.5. 非歧视性

心理咨询师不应容忍或参与任何基于年龄、文化、残疾、民族、种族、性别、性别认同、性取向、婚姻状况/伴侣关系、偏好的语言、社会经济地位或任何为法律所禁止的歧视行为。心理咨询师不应用一种会对当事人产生消极影响的方式表现出对于来访者、学生、雇员、被督导者或研究参与者的歧视。

C.6. 对公众承担的责任

C.6.a. 性骚扰

心理咨询师不应参与或容忍性骚扰行为。性骚扰行为被定义为发生在与专业活动或角色有关的关系中的性诱惑、躯体上主动接近的要求和那些其本质具有性意味的言语或非言语的行为,或者

1. 是不受欢迎的,令人不快的、无礼的,或者创造了一个具有敌意的工作环境或学习环境,并且心理咨询师对此有所知晓或被告知存在这样的行为;

2. 其行为的严重程度足以让一个能做出理智判断的当事人在行为发生的背景下将其知觉为骚扰。

性骚扰行为可以是程度严重的单次行为,也可以是持续存在或普遍存在的多次行为。

C.6.b. 向第三方的报告

心理咨询师在向包括法庭、健康保险公司、评估报告的接受者以及其他人在内的第三方报告他们的专业活动和其所做出的判断时应做到准确、诚实和客观(参见B.3./E.4.)。

C.6.c. 在媒体中的表述

当心理咨询师通过公开讲座、公开演示、电台或电视节目、事先录制的磁带、以技术为基础的应用软件、印刷的文章、邮寄的材料或其他媒介提供建议或做出评论时,应采取合理的预防措施来确保:

1. 所做出的陈述是建立在适当的专业咨询文献和实践之上的;

2. 所做出的陈述是和ACA伦理规范相一致的;

3. 没有鼓励信息的接受者推断出已经和心理咨询师建立起了一种专业的咨询关系。

C.6.d. 对其他人的剥削利用

心理咨询师不应在其专业关系中对其他人进行剥削利用(参见C.3.e.)。

C.6.e. 治疗取向的科学依据

心理咨询师应使用那些具有理论依据以及/或者具有实证或科学基础的技术、程序、治疗取向。没有做到上述要求的心理咨询师必须将技术、程序界定为“未经验证的”或“尚处于发展阶段”的技术、程序,并向来访者解释使用这种技术、程序所存在的可能风险和伦理上的考虑,且应采取措施来保护来访者免受可能的伤害(参见 A.4.a./E.5.c./E.5.d.)。

C.7. 对其他人承担的责任

C.7.a. 个人性质的公开声明

当在公共背景下做出个人声明时,心理咨询师应澄清其所发表的是个人言论,而非代表所有的心理咨询师或整个咨询行业发言。

条款 D: 和其他专业人士的关系

导言

专业心理咨询师应认识到,他们和同事之间交往的质量可以影响到他们向来访者所提供服务的质量。他们应对咨询行业内和行业外的同事都有所了解。心理咨询师应和同事发展出一种积极的工作关系和沟通体系以提高他们对来访者所提供的服务的质量。

D.1. 和同事、雇主及雇员的关系

D.1.a. 不同的治疗取向

心理咨询师应尊重与自己在咨询服务中采用的咨询治疗取向不同的咨询治疗取向。心理咨询师应尊重和自己共事的其他专业团体的传统及实践工作。

D.1.b. 建立关系

心理咨询师应致力于和其他领域的同事发展并巩固跨领域的关系从而最好地服务于来访者。

D.1.c. 跨领域的小组协作

如果心理咨询师是向来访者提供多方面服务的跨领域小组的小组成员,那么心理

咨询师应始终关注如何为来访者提供最好的服务。他们应通过利用咨询行业及来自其他领域的同事所具有的视野、价值观和经验参与到影响来访者福祉的决策当中,并对此做出自己的贡献(参见 A. 1. a.)。

D. 1. d. 保密性

当心理咨询师因出于法律、机构政策的要求或出于其他不同寻常的境况而在司法或行政活动中扮演多种角色时,他们应和同事澄清对角色的预期及涉及保密性的要素(参见 B. 1. c. /B. 1. d. /B. 2. c. /B. 2. d. /B. 3. b.)。

D. 1. e. 确立专业义务和伦理义务

作为跨领域小组成员的心理咨询师应澄清作为整个小组和其个体成员所具有的专业义务和伦理义务。当小组的一个决策引发伦理方面的顾虑时,心理咨询师应首先在小组成员内部寻求问题的解决。如果小组成员之间无法达成解决方案,心理咨询师应本着和来访者福祉一致的原则寻求其他途径来处理他们的顾虑。

D. 1. f. 人员的任用和任务分配

心理咨询师应任用有能力的雇员,并且分配给他们与其所具有的技能和经验相适应的责任。

D. 1. g. 雇主政策

心理咨询师接受某个机构的职位意味着心理咨询师同意这一机构的总体政策和原则。心理咨询师应努力和雇主就那些允许机构政策朝着有益于来访者的成长和发展的方向变化的且可接受的行为规范上达成一致。

D. 1. h. 消极条件

心理咨询师应提醒雇主那些不恰当的政策和实践工作的存在。他们应尝试通过在机构内部的建设性的行动让这种政策或程序发生变化。当这种政策对于来访者存在潜在的危害和伤害时,或者限制了所提供的服务的有效性且无法改变这种状况时,心理咨询师应进一步采取恰当的行动。这种行动可能包括向合适的鉴定机构、认证机构或州立执照颁发组织举报,或者自动终止雇佣关系。

D. 1. i. 保护他人受到惩罚行为的伤害

心理咨询师应注意不要去骚扰或解雇那些以一种负责的和符合伦理的行为对雇主不恰当的政策或行为进行揭露的雇员。

D.2. 咨商

D.2.a. 咨商能力

当提供咨商服务时,心理咨询师应采用合理的手段来确保自己具有恰当的资源和能力。当面对相应的要求或有这方面需要时,心理咨询师应提供恰当的转介资源(参见C.2.a.)。

D.2.b. 理解寻求咨商者

当提供咨商时,心理咨询师应试图和被咨商者就问题的界定、改变的目标和所选择的干预具有的预期后果达成清晰的理解。

D.2.c. 咨商目标

咨商关系是一种咨商者的适应性和自主的成长在其中会得到不断鼓励和培养的关系。

D.2.d. 咨商关系中的知情同意

当提供咨商时,心理咨询师有义务以书面和口头的形式回顾心理咨询师和被咨商者双方所具有的权利和责任。心理咨询师应使用清晰和可理解的语言告知参与的所有人员其所提供的服务的目的、相关的价格、潜在的风险和收益以及保密的限制性。在和被资商者的共同工作中,心理咨询师应尝试对于问题、改变的目标以及那些具有文化适应性且和来访者的需要相适应的干预所具有的预期后果发展出清晰的界定。

条款 E: 鉴定、测评和解释

导言

心理咨询师应将测评手段作为咨询过程的一个组成部分,并要考虑到来访者的个人背景和文化背景。心理咨询师应通过发展和使用恰当的教育、心理和职业测评工具来促进来访者和团体的福祉。

E.1. 总体规范

E.1.a. 测评

教育、心理和职业测评的主要目的在于提供相对或绝对有效和可信的测量。这些测评包括(但不限于)下列的测量:能力测量、人格测量、兴趣测量、智力测量、成就测量和绩效测量。心理咨询师应意识到,当使用质性和量化的测评时有必要对在这一条款中所做出的声明进行解释。

E.1.b. 来访者的福祉

心理咨询师不应误用测评的结果和解释,并且应采取合理的措施来防止其他人误用这些技术所提供的信息。他们应尊重来访者知晓结果的权利,解释结果以及基于何种基础做出结论及建议。

E.2. 使用和解释测评工具的能力

E.2.a. 能力的限制

心理咨询师应仅使用那些他们受过培训和有能力使用的测验和测评服务。使用技术辅助的测验解释的心理咨询师应在使用之前接受所使用的特定测量工具的培训。心理咨询师应采取合理的手段来确保他们所督导的个体正确地使用心理测评和职业测评技术。

E.2.b. 恰当地使用

心理咨询师有责任恰当地应用、计分、解释及使用和来访者的需求相关的测评工具,无论是由他们自己对这类测评进行计分或解释,还是使用其他技术手段或其他服务对测评进行计分或解释。

E.2.c. 基于结果的决策

负责对基于测评的结果而做出的关涉个体或政策决策的心理咨询师应对教育、心理和职业测量有彻底全面的理解,包括其有效性的标准、关于测评的研究和发展及使用测评的指导原则。

E.3. 测评中的知情同意

E.3.a. 对来访者的解释

在测评之前,心理咨询师应对来访者解释测评的性质和目的,以及测评结果的接受者会如何使用这一结果。除非之前已就明确的例外情况达成一致,否则解释应以来访者(或代表来访者的、在法律上授权的其他个体)的语言给出。心理咨询师应考虑来访者的个人背景或文化背景,来访者对结果的理解能力和结果对来访者的影响(参见

A. 2. /A. 12. g. /F. 1. c.)。

E. 3. b. 结果的接收者

在决定谁将收到测评结果时，心理咨询师应考虑到应试者的福祉、外在的理解力和先前的协定。心理咨询师在公布任何个体或团体测评结果时都应包括准确和适当的解释(参见 B. 2. c. /B. 5.)。

E. 4. 向合格的专业人士公布数据

仅当获得来访者或来访者的法律代表同意的情况下，心理咨询师才能公布可以识别来访者身份的测评数据。心理咨询师仅应将这类数据公布给心理咨询师所认可的、具有解释数据的资格的其他个体(参见 B. 1. /B. 3. /B. 6. b.)。

E. 5. 心理障碍的诊断

E. 5. a. 正确的诊断

心理咨询师应尤其注意要对心理障碍给出正确的诊断。应仔细选择并恰当地使用用以决定如何对来访者进行治疗(如治疗的关键点、治疗的类型或推荐使用的随访)的测评技术(包括个体访谈在内)。

E. 5. b. 文化敏感性

心理咨询师应意识到文化会影响对来访者的问题进行界定的方式。当做出心理障碍的诊断时，应考虑来访者的社会经济背景和文化方面的经历(参见 A. 2. c.)。

E. 5. c. 在病理诊断中的历史偏见和社会偏见

心理咨询师应意识到在对特定个体和群体做出错误的诊断和将其病态化的过程中存在的历史和社会偏见，应意识到心理健康专业人士在以通过诊断和治疗的方式来让这类偏见继续存在中扮演的角色。

E. 5. d. 避免做出诊断

如果心理咨询师相信诊断会对来访者或其他人造成危害时，他们可以避免做出诊断或报告诊断结果。

E. 6. 工具的选择

E. 6. a. 工具的适用性

当选择测评工具时,心理咨询师应仔细地考虑工具的效度、信度、心理测量学上的局限性和适用程度。

E. 6. b. 转介信息

如果一个来访者被转介给第三方进行测评时,心理咨询师应提供有关来访者的特定的转介问题和足够的客观数据,从而保证第三方能够采用适宜的测评工具(参见A. 9. b. /B. 3.)。

E. 6. c. 具有文化多样性的团体

当为具有文化多样性的团体选择测评工具时,心理咨询师应保持谨慎的态度以避免使用对来访者群体而言缺乏恰当的心理测量学特征的测评工具(参见 A. 2. c. /E. 5. b.)。

E. 7. 实施测评的条件

(参见 A. 12. b. /A. 12. d.)

E. 7. a. 施测条件

心理咨询师应在与测评工具确立其标准化的施测条件相同的条件下施测。当测评没有在标准条件下施测时,例如为了适应有残疾的来访者而做出必要的调整,或是在施测过程中出现异常的行为或不合常规的事件时,心理咨询师应在解释结果中注明这些条件,并且可以将测评的结果认为是无效的,或其有效性值得商榷。

E. 7. b. 运用科技手段施测

心理咨询师应确保施测程序能够正确运行,并且当运用科技手段或其他电子手段施测时,应确保能给来访者提供准确的测评结果。

E. 7. c. 未经监督的施测

除非测评工具的设计和目的是自我施测以及/或者自我计分,且在上述条件下有效,否则心理咨询师不应许可在没有充分监督的情况下使用测评工具。

E.7.d. 向来访者透露最理想测评的条件

在施测之前,应试者应被告知哪些施测条件会产生最为理想的测评结果。

E.8. 测评中的多重文化/多样性的问题

心理咨询师在使用那些没有在来访者所在的那个群体中取得常模的测评技术时应抱有谨慎的态度。心理咨询师应认识到年龄、肤色、文化、残疾、民族、性别、种族、语言偏好、宗教信仰、精神性、性取向和社会经济地位对于测验施测和解释的影响,并应恰当地将测验结果置于其他相关因素的背景下来考虑(参见 A.2.c./E.5.b.)。

E.9. 测评的计分和解释

E.9.a. 报告

在报告测评结果时,心理咨询师应指出测评结果所存在的限制,即由于测评本身的特点或测评工具的常模并不适用于应试者从而造成测评工具在信度和效度上所存在的限制。

E.9.b. 研究工具

当解释那些答题结果没有得到充分的技术数据支持的研究测评工具的结果时,心理咨询师应持谨慎的态度。心理咨询师应明确地告知应试者使用这类工具的特定目的。

E.9.c. 测评服务

那些提供测评计分和解释服务从而对测评过程提供支持的心理咨询师应核实这类解释的效度。他们应准确地描述这些程序的目的、常模、效度、信度、应用情况以及任何适用于这些程序的特定条件。公开地提供一种自动化的测验解释服务应被认为是一种专业人员面对专业人员的咨商活动。咨商顾问应对被咨商者承担正式的责任,但咨商顾问对于来访者所承担的责任则是最为根本、最为重要的。

E.10. 测评的安全

心理咨询师应根据法律和其他契约所规定的义务保证测验和其他测评技术是完整和安全的。心理咨询师不应在未经测验发行者许可的情况下盗用、复制或修改已经发表的测评工具或测评工具的某些部分。

E.11. 过时的测评和过期的结果

心理咨询师不应使用那些对目前的测评目的而言过时或过期的测评的数据或结果。心理咨询师应尽力避免自己或其他人误用那些已经过时的测验和测评数据。

E.12. 测评的设定

在开发、发表和使用教育及心理测评技术时,心理咨询师应使用既定的科学程序、相关的标准规范和当前的专业知识来对测评进行设定。

E.13. 司法鉴定:出于法律程序的鉴定

E.13.a. 主要义务

当提供司法鉴定时,心理咨询师的主要义务是出示基于恰当的鉴定信息和技术得到的、可被证实的客观的发现,这些信息和技术可以包括个体诊察以及/或者对于记录的回顾。心理咨询师有资格根据那些可得到鉴定过程中所收集到的数据的支持的专业知识和技术经验来形成专业意见。心理咨询师应界定他们的报告或证词所存在的限制,尤其是在并没有进行个体诊察的情况。

E.13.b. 鉴定中的知情同意

受到鉴定的个体应通过书面的形式被告知其与心理咨询师的关系是出于鉴定的目的,并不具有咨询的性质,并且应告知个体哪些组织机构或个体将会收到其鉴定报告。除非是法庭要求在没有被鉴定者书面许可的情况下进行鉴定,否则应从被鉴定者处获得书面的鉴定许可。当鉴定对象是儿童或是易受影响的成年人时,应从父母或监护人处获得对于鉴定的知情同意书。

E.13.c. 禁止鉴定来访者

心理咨询师不应对其目前咨询的来访者或过去咨询过的来访者进行出于司法目的的鉴定。心理咨询师不应接受那些他们在目前或在过去出于司法目的而给予鉴定的个体作为其咨询的来访者。

E.13.d. 避免具有潜在危害性的关系

那些提供司法鉴定服务的心理咨询师应避免和他们在目前或在过去鉴定过的个体的家人、浪漫关系中的伴侣和亲密朋友发展出具有潜在危害性的职业关系或个人关系。

条款 F: 督导、培训和教学

导言

心理咨询师应追求发展出有意义和值得尊重的职业关系,并且和被督导者及学生保持恰当的界限。心理咨询师的工作应有理论和教育学的基础,并且在他们对受训中的心理咨询师进行测评的时候应努力做到公平、准确和诚实。

F.1. 心理咨询师的督导和来访者的福祉

F.1.a. 来访者的福祉

咨询督导者的首要义务是监控其他心理咨询师或正在受训中的心理咨询师所提供的服务。咨询督导者对来访者的福祉和被督导者的临床表现及职业发展进行监控。为了履行这些义务,督导者应和被督导者定期见面来回顾案例记录、临床工作实例或进行现场的观察。被督导者有责任理解和遵守ACA伦理规范。

F.1.b. 心理咨询师的资格

咨询督导者应致力于确保来访者能够觉察到为自己提供服务的被督导者所具有的资格条件。

F.1.c. 知情同意和来访者的权利

督导者应让被督导者察觉到来访者的权利,包括保护来访者的隐私和在咨询关系中的保密性。被督导者提供给来访者有关保密性的例外情况的专业信息,并且告知来访者督导过程将如何影响到保密性所具有的局限性。被督导者应让来访者察觉到谁将有可能接触到有关咨询关系的记录以及将如何使用这些记录(参见A.2.b./B.1.d.)。

F.2. 心理咨询师督导者的能力

F.2.a. 督导者所做的准备

在提供临床督导服务之前,心理咨询师应接受有关督导方法和技术的培训。提供临床督导服务的心理咨询师应定期进行同时包括咨询和督导问题及技能的继续教育活动(参见C.2.a./C.2.f.)。

F. 2. b. 督导中的多重文化和多样性的议题

咨询督导者应察觉到多重文化和多样性在督导关系中所扮演的角色,并对此予以处理。

F. 3. 督导关系

F. 3. a. 和被督导者的关系界限

咨询督导者应清晰地界定和保持和他们的被督导者之间建立起的一种符合伦理的专业、个人和社会关系。咨询督导者应避免和当前的被督导者产生非专业性质的关系。如果督导者必须继续承担和被督导者有关的其他的职业角色(如临床督导和行政主管、教师),那么他们应致力于将其间的冲突减低至最小,并向被督导者解释和每个角色相关的预期及责任。他们不应参与任何可能让督导关系受到损害的非专业性质的交往。

F. 3. b. 性关系

禁止和当前被督导者之间发展出任何有关性的或浪漫关系的交往或关系。

F. 3. c. 性骚扰

咨询督导者不应容忍或让被督导者遭受性骚扰的行为(参见 C. 6. a.)。

F. 3. d. 近亲和朋友

咨询督导者应避免接受其近亲、浪漫关系的伴侣或朋友作为自己的被督导者。

F. 3. e. 具有潜在收益的关系

咨询督导者应觉察到他们和被督导者关系中的权力差异。如果他们相信和某位被督导者之间的非专业性质的关系可能会让被督导者有所收益,那么他们应采用那些类似心理咨询师和来访者工作时所采用的防范措施。具有潜在收益的交往或关系的例子包括:参见一个正式的仪式典礼,医院探视,在应激事件下提供支持,或在一个专业协会、机构或社区团体中同为成员。当他们考虑和被督导者建立作为临床以及/或者行政督导角色之外的关系时,咨询督导者应与被督导者进行坦诚的讨论。在进入非专业性质的关系之前,督导者应与被督导者进行讨论,并且记录进行这类交往的理由,潜在的收益或障碍,以及预期这种交往对被督导者会带来怎样的后果。督导者应澄清他们将和被督导者之间产生的额外角色所具有的特定性质和局限性。

F.4. 督导者的责任

F.4.a. 督导的知情同意

督导者有责任将知情同意和分享的原则结合到他们的督导之中。督导者应告知被督导者他们应遵守的政策和程序,以及有关个体督导行为的正当过程所要求的机制。

F.4.b. 紧急情况和缺席

督导者应和被督导者确定当需要督导协助处理危机时,如何联系到督导者,或当督导者缺席时,如何联系到其他待命的督导者,并就此项事宜和被督导者沟通。

F.4.c. 被督导者的规范

督导者应让被督导者觉察到他们所应遵守的专业规范、伦理规范及法律责任。从事博士后工作的心理咨询师的督导者应鼓励这些心理咨询师遵守实践工作的专业规范(参见 C.1.)。

F.4.d. 督导关系的终止

督导者或被督导者有权利在给予对方适当通知的情况下终止督导关系。应将终止关系的理由告知对方。当文化、临床或专业层面的问题对督导关系能否维持十分重要时,双方应努力解决之间存在的差异。当有正当的理由终止关系时,督导者应将被督导者恰当地转介给其他可能的督导者。

F.5. 咨询督导中的评估、补救工作和核准

F.5.a. 评估

督导者在整个督导关系中应给予被督导者对其当下表现的评价和评估反馈,应设定定期的正式评估会谈,并对上述内容予以记录。

F.5.b. 局限性

在当下进行的评估和评价过程中,督导者应觉察到可能影响临床表现的被督导者所具有的局限。督导者应帮助被督导者在有需要的时候保障其会受到带有补救性质的协助。当被督导者无法提供合格的专业服务时,督导者应建议其退出培训项目、当下工作的咨询环境,或是州一级或非官方的职业认证过程。督导者应为免除被督导者

的资格或介绍督导者寻求协助的决策寻求咨商,并对上述决策予以记录。他们应保证被督导者能够察觉到其在应对这些决策时所具有的选择权(参见 C. 2. g.)。

F. 5. c. 为被督导者提供咨询

如果被督导者要求进行咨询,督导者应给他们提供其可以接受的转介。心理咨询师不应向被督导者提供咨询服务。督导者应依照这些问题对于来访者、督导关系和行使职业功能所能造成的影响来处理这些人际能力的问题(参见 F. 3. a.)。

F. 5. d. 核准

仅当督导者相信被督导者有资格获得认证证书、执照、就业机会或完成一项教学项目或培训项目时,督导者才予以核准。无论资格认证的种类是什么,如果他们相信被督导者存在某种缺陷,从而会干扰到与核准的资格相关的任务表现时,他们都不应对被督导者予以核准。

F. 6. 开展咨询教学的教师的责任

F. 6. a. 开展咨询教学的教师

那些负责开发、实行和监督教学项目的开展心理咨询教学工作的教师应同时具有从教和从业的技能。他们应知晓与这一职业有关的伦理、法律和条例规范方面的知识,能够熟练地应用这些知识,并能让学生和被督导者觉察到他们自己的责任。从事心理咨询教学的教师应以一种符合伦理规范的方式开展咨询教育和培训项目,并且在专业行为方面充当典范(参见 C. 1. /C. 2. a. /C. 2. c.)。

F. 6. b. 融入多重文化/多样性的议题

开展咨询教学的教师应在培养专业心理咨询师的课程和工作坊中融入与多重文化/多样性议题相关的材料。

F. 6. c. 研究和实践的整合

开展咨询教学的教师应确立那些对教学研究和督导下的实践进行整合的教育和培训项目。

F. 6. d. 教学伦理

开展咨询教学的教师应让学生和被督导者觉察到这一职业所具有的伦理责任和职业规范,以及学生对这一职业所负有的伦理责任。开展咨询教学的教师应将伦理方面的考虑融入整个教学大纲中(参见C.1.)。

F.6.e. 同伴关系

当学生或被督导者带领咨询小组或提供临床督导时,开展咨询教学的教师应尽全力确保其同伴的权利不受到损害。开展咨询教学的教师应采取措施确保学生和被督导者能够理解他们和教师、培训者及督导者具有同样的伦理义务。

F.6.f. 创新的理论和技术

当开展咨询教学的教师教授那些缺乏实证基础,或者缺乏良好的理论依据的创新的咨询技术、程序时,他们应将这一咨询技术、程序界定为“未经证明的”或“发展中的”技术、程序,并向学生解释使用这类技术、程序所具有的潜在风险和伦理上的考虑。

F.6.g. 现场实习

开展咨询教学的教师应在培训项目中就现场实习和其他临床体验发展出清晰的政策方针。教师应给予学生、被督导者、现场督导和项目督导明确规定的角色和责任。他们应确认现场督导具有提供督导的能力,并且告知现场督导他们在这一角色上所具有专业责任和伦理责任。

F.6.h. 公布专业身份

在开始咨询服务之前,正在接受培训的心理咨询师应向来访者公布他们作为学生的身份,并解释这一身份将会如何影响到保密性所具有的局限性。开展咨询教学的教师应确保现场实习中的来访者能够觉察到所提供的服务的性质以及提供这些服务的学生和被督导者的资历。在培训项目中,当学生和被督导者使用任何有关咨询关系的信息时,他们应事先获得来访者的许可(参见A.2.b.)。

F.7. 学生的福祉

F.7.a. 治疗取向

开展咨询教学的教师应认识到治疗取向的确立是一个发展的过程,这一过程将会贯穿对学生的教育和临床培训始终。开展咨询教学的教员应向可能成为项目学员的学生提供有关对咨询教学项目的预期的相关信息:

1. 顺利完成培训所要求掌握的技能和知识的种类及程度;
2. 项目培训的目标、目的、任务和所涵盖的科目;
3. 评荐所基于的标准;

4. 在培训中鼓励个人成长或自我暴露的那些内容的部分；
5. 督导的类型和为了获得临床经验所需的现场实习的类型；
6. 对学生和被督导者进行评荐和予以开除的政策及程序；
7. 毕业生最新的就业前景。

F.7.b. 自我成长体验

开展咨询教学的项目应在他们的录取通知和项目材料中详细说明他们对于自我成长体验或自我暴露的要求。教师应根据他们自己的专业判断来设计需要学生或被督导者进行自我成长或自我暴露的那些培训经历。应让学生和被督导者意识到，当那些主要承担教师、培训者或督导者角色的心理咨询师被要求行使他们的职业伦理义务时，也会影响到学生和被督导者的自我暴露的信息。应在预先确定的学业标准中对有关体验式的培训经历的组成部分做出清晰说明，应将对这部分学生表现的评估和其他学业标准区分开来，不应将这部分的表现和自我暴露的程度挂钩。开展咨询教学的教师可以要求受训者寻求专业帮助来处理那些影响到他们能力的个人顾虑。

F.8. 学生的责任

F.8.a. 学生的规范

受训中的心理咨询师有责任理解和遵守 ACA 伦理规范，并且有责任恪守其他相关的法律、规范政策及在机构或实习设置下用以管理专业员工的相关条例和政策方针。学生对来访者负有与专业心理咨询师相同的义务(参见 C.1./H.1.)。

F.8.b. 损害

当受训中的心理咨询师出现可能伤害到来访者或其他人的躯体、心理或情感问题时，他们应该停止提供咨询服务。他们应警惕出现功能损害的迹象，应在出现问题时寻求帮助，并且当他们意识到自己无法富有成效地提供服务时，他们应告知自己的项目督导。此外，他们应寻求恰当的专业服务来矫正那些干扰他们向他人提供服务的能力的问题(参见 A.1./C.2.d./C.2.g.)。

F.9. 对于学生的评估和补救工作

F.9.a. 评估

在培训项目开始之前和整个培训过程中，心理咨询师应清楚地向学生声明在一般教学能力和临床实践能力上学生被要求达到的水平、进行测评的方法和进行评估的时间。开展咨询教学的教师在整个培训项目中应不断地就学生当下的表现给予测评和评估方面的反馈。

F.9.b. 局限性

开展咨询教学的教师在整个实时的测评和评估过程中应觉察到某些学生无法获得咨询的能力且可能会对于他们的表现造成损害,并应对这种情况进行处理。教师应:

1. 在必要的时候帮助学生确保其能得到某些补偿性的帮助;
2. 寻求专业咨商,并记录他们开除学生或转介学生的决定;
3. 确保学生在面对要求他们寻求帮助或者开除他们的决策时具有进行及时求助的机会。并且应根据机构政策和程序让学生通过应有的步骤程序来处理问题(参见C.2.g.)。

F.9.c. 对于学生的咨询

如果学生要求咨询或者作为弥补工作的一部分要求学生进入咨询,教师应向学生提供其可接受的转介。

F.10. 开展咨询教学的教师和学生之间的角色及关系

F.10.a. 性关系或浪漫关系

禁止和现在的学生发生任何有关性或浪漫关系的交往和关系。

F.10.b. 性骚扰

开展咨询教学的教师不应容忍或让学生遭受性骚扰行为。

F.10.c. 和过去学生的关系

开展咨询教学的教师应察觉到教员和学生之间的关系中的权力差距。当考虑和过去的学生发展出社会交往、性关系或其他亲密关系时,教员应鼓励和过去的学生进行开诚布公的讨论。教员应和过去的学生就他们过去的关系将如何对关系的变化产生影响这一问题进行讨论。

F.10.d. 非专业性质的关系

开展心理咨询教学的教师应避免和学生发展一种可能会对学生造成潜在伤害,或者是有损于培训经历或已设定的成绩的非专业性质的关系或专业性质的关系。此外，教师不应从学生或被督导者现场实习处接受任何形式的专业服务、诊费、佣金、回扣或报酬。

F.10.e. 咨询服务

开展咨询教学的教师不应作为当前学生的心理咨询师，除非其只是在很短的时间内承担了和培训经历相关的教师身份。

F.10.f. 具有潜在收益的关系

开展咨询教学的教师应觉察到他们和学生的关系中的权力差异。如果他们相信和某位学生之间的非专业性质的关系可能会让学生有所收益，那么他们应采用那些类似心理咨询师和来访者工作时所采用的防范措施。具有潜在收益的交往或关系的例子包括：参见一个正式的仪式典礼，医院探视，在应激事件下提供支持，或在一个专业协会、机构或社区团体中同为成员。当他们考虑和学生建立作为教师和督导者角色之外的关系时，教师应与学生进行坦诚的讨论。在进入非专业性的关系之前，教师应与学生进行讨论，并且记录进行这类交往的理由、潜在的收益或障碍，以及预期这种交往会给学生带来怎样的后果。教师应澄清他们将和学生之间产生的额外角色所具有的特定性质和局限性。

F.11. 在咨询教学和培训项目中的应对多重文化/多样性的能力

F.11.a. 教员的多样性

开展咨询教学的教师应致力于招募和保持一个多样的教员群体。

F.11.b. 学生的多样性

开展咨询教学的教师应主动地尝试招募并保持一个多样的学生群体。教师应通过认可和重视学生带入培训经历中的文化多样性和多样的能力来体现出他们对多重文化和多样的能力的赞同及重视。

F.11.c. 多重文化/多样性能力

开展咨询教学的教师应主动将多重文化和多样性能力融入他们的培训和督导实践之中。他们应积极培训学生获得在多重文化下开展咨询实践所需的觉察力、知识和技能。教师应在培训中包含能够促进学生以不同文化视角看待问题和体现多重文化视角的案例、角色扮演、问题讨论和其他课堂活动。

条款 G:研究和出版

导言

提倡进行研究的心理咨询师对专业知识领域有所贡献,并促进对如何建立一个健康且更为公正的社会有更清楚的理解和认识。心理咨询师应支持研究者的工作,当条件允许时能够乐意参与全部的研究。心理咨询师在设计和实施研究项目时应尊重多样性,把偏见减低到最小限度。

G.1. 研究的责任

G.1.a. 人类研究参与者的使用

心理咨询师应以一种符合相关伦理原则、联邦和州立法律、所在机构规定及符合对使用人类作为研究参与者的研究进行管理的科学标准的方式来设计、实行和报告研究。

G.1.b. 对标准实践操作的偏离

当某个研究问题提示出现了偏离规范的操作或可接受的实践操作时,心理咨询师应寻求咨商,并遵守严格的安全措施以保护实验参与者的权利。

G.1.c. 独立研究者

当独立研究者无法通过特定的机构核实委员会对研究进行核查时,他们应该向那些熟悉核查委员会程序的研究者寻求咨商从而提供恰当的保护措施。

G.1.d. 避免伤害的防范措施

那些实行使用人类作为实验参与者研究的心理咨询师有责任在整个研究过程中保护来访者的福祉,并应采取合理的防范措施以避免给参与者带来心理、情感、躯体和社会方面的不良后果。

G.1.e. 主要研究者的责任

主要研究者应对在研究操作中遵守伦理规范负有最终的责任。所有参与研究活动的其他人应共同分担伦理义务,并为他们自己的行为负责。

G.1.f. 最小干扰

心理咨询师应采取合理的防范措施以避免由于参与者参与研究而给他们的生活

带来干扰。

G. 1. g. 研究中对于多重文化/多样性问题的考虑

心理咨询师应在和研究目标相称的情况下敏感地将那些考虑到文化差异的研究步骤包括到研究之内。当时机恰当的时候,他们应就此问题寻求咨商。

G. 2. 研究参与者的权利

(参见 A. 2. /A. 7.)

G. 2. a. 研究中的知情同意

个体有同意成为研究参与者的权利。在寻求参与者同意的过程中,心理咨询师应使用这样的语言:

1. 能准确地解释研究的目的及执行研究的程序;
2. 鉴别出任何带有试验性质或相对来说未曾尝试过的程序;
3. 对参与者所能体验到的任何不适和所承担的任何风险加以描述;
4. 对个体或组织机构能合理预期到的任何收益或改变加以描述;
5. 对有可能会对参与者来说更为有利的任何其他恰当的、可选择的程序加以描述;
6. 对涉及程序的任何疑问予以解答;
7. 对涉及保密性的局限性加以描述;
8. 对研究结果的传播形式和其可能的受众群体加以描述;
9. 告知参与者他们在参与研究过程中随时都有撤回同意和不再继续参与研究的自由,并且不会因此而受到任何惩罚。

G. 2. b. 欺骗

心理咨询师不应实施涉及欺骗行为的研究,除非不存在其他可能的研究形式,且研究所具有的前景价值能够证明欺骗是有理由的。如果这种欺骗可能造成研究参与者在躯体或情感上的伤害,那么无论这类研究的前景价值如何,都不应进行这类研究。当某个研究出于方法学上的考虑必须涉及对参与者有所保留和欺骗,那么在研究之后向参与者通报研究情况的过程中,研究者应尽快向参与者解释他们做出这种行为的理由。

G. 2. c. 学生/被督导者的参与

让学生或被督导者参与到研究之中的研究者应明确告知学生或被督导者,他们是否参与研究活动不会影响到他们的学业成绩或督导关系。选择不参与教学性研究的学生和被督导者应被给予恰当的其他选择方式来完成对他们在学业或临床上的要求。

G.2.d. 来访者的参与

让来访者参与研究的心理咨询师应明确地在取得知情同意的过程中告知来访者,他们有选择是否参加研究活动的自由。心理咨询师应采取必要的防范措施以确保来访者不会因为拒绝参加或终止参加研究而招致不良的后果。

G.2.e. 信息的保密性

在研究过程中所收集到的有关参与者的信息是保密的。当存在其他人可能会接触到这些信息的可能性时,符合伦理规范的操作是这种可能性以及保护保密性的计划都应同时作为获取参与者知情同意的过程中的一部分向来访者进行解释。

G.2.f. 没有能力给予知情同意的个体

当某个个体没有能力给予知情同意,心理咨询师应向某个为法律所授权的个体提供恰当的解释,与此人就当事人参与研究达成一致,并获得此人的知情同意。

G.2.g. 对参与者的承诺

心理咨询师应采取合理的方式来兑现对于参与者的所有承诺(参见A.2.c.)。

G.2.h. 在数据搜集之后的解释

在数据收集完之后,心理咨询师应向参与者全面澄清研究的性质从而消除参与者对于研究所产生的任何可能的误解。如果出于科学或人性价值观的考虑有理由延迟告知参与者相关信息,或不告知来访者相关信息,那么心理咨询师应采取恰当的方法来避免给参与者带来伤害。

G.2.i. 告知资助者

心理咨询师应将相关的研究程序和结果告知资助者、机构及出版渠道。心理咨询师应确保将相关的信息和感谢传达给合适的团体组织及机构。

G.2.j. 研究文档和记录的处理

从完成一项研究之后开始的一段适当长度的时间之内,心理咨询师应设法销毁包含可以鉴别出研究参与者身份的机密数据或信息的记录或文档(录音、录像、数码和书面记录文档)。当记录具有艺术品性质时,研究者应就如何处理这些记录和文档的问题获得参与者的知情同意。

G.3. 与研究参与者的关系(当研究涉及和参与者发生密集的交往或长期的交往时)

G.3.a. 非专业性质的关系

应该避免和研究参与者发展非专业性质的关系。

G.3.b. 与研究参与者的关系

禁止和当前的研究参与者发展出有关性的或浪漫关系的关系。

G.3.c. 性骚扰和研究参与者

研究者不应容忍或让研究参与者遭受性骚扰行为。

G.3.d. 具有潜在收益的交往

当在研究者和研究参与者之间发展非专业性的关系可能给参与者带来潜在收益时,研究者必须在这种交往发生之前(如果可能的话)记录进行这类交往的理由、潜在的收益以及对参与者而言可预见的后果。这类交往应在一开始就从研究参与者处获得恰当的同意。当由于非专业性的交往而给来访者造成意外的伤害时,研究者必须拿出证据表明其尝试弥补这一伤害。

G.4. 报告结果

G.4.a. 准确的结果

心理咨询师应准确地制订研究计划、实施研究和报告研究结果。他们应提供其数据的局限性和其他可能的假设。心理咨询师不应参与那些会造成误解或带有欺诈性质的研究,不应篡改、谎报数据,或有意使其结果具有偏向性。他们应向明确地提及已知会影响研究的结果或影响对数据的解释的所有变量及条件。他们应对结果适用的人群的多样性程度予以描述。

G.4.b. 有义务报告不利的结果

心理咨询师应报告任何具有专业价值的研究结果。不应隐瞒任何有损机构、项目、服务、主流意见或既定利益的结果。

G. 4. c. 报告错误

如果心理咨询师发现他们已发表的研究中存在显著的错误,他们应采取合理的措施在一篇勘误声明中或通过其他恰当的发行出版途径对错误之处予以更改。

G. 4. d. 研究参加者的身份

在没有得到参与者授权可以无需隐藏其身份的情况下,那些提供数据、为他人的研究提供帮助、报告研究结果,或采集原始数据的心理咨询师都应审慎地隐藏各自的研究参与者的身份。如果参与者自己提及他们参与了研究,那么研究者也应采取积极的措施对数据进行相应的调整/修改,以确保能保护所有参与者的身份和利益,并且保证对研究结果的讨论不会给参与者造成伤害。

G. 4. e. 重复研究

心理咨询师有义务让有志于重复研究的合格专业人士能够接触到足够多的原始研究数据。

G. 5. 发表出版

G. 5. a. 承认他人的贡献

在实施研究和报告结果时,心理咨询师应熟悉前人在研究主题上所做的工作,并对前人的工作予以承认,应遵守版权法,并应将他人应得的荣誉和声望归于他人。

G. 5. b. 剽窃

心理咨询师不应有剽窃的行为,即他们不应将其他人的工作作为自己的工作而公之于众。

G. 5. c. 对于数据或观点的回顾/重新发表

心理咨询师将已经发表过的观点或数据送审时,应让主要审稿人意识到之前已经发表过这类观点或数据的事实。

G. 5. d. 做出贡献者

心理咨询师应根据那些对研究或概念的发展做出显著贡献的人所做的贡献大小,通过联合作者、致谢、脚注声明或其他恰当的方式给予当事人与其所做的贡献大小相适应的荣誉和声望。最主要的贡献者应列在署名的首位,而在技术上或专业上做出微小贡献的人可以在注解或开篇声明中予以感谢。

G.5.e. 在做出贡献者之间达成一致

那些和同事或学生/被督导者共同进行研究的心理咨询师应事先就任务的分工、发表后所获荣誉的分配和致谢的种类达成一致。

G.5.f. 学生的研究

对于那些其实质内容乃根据学生的课程论文、项目、学位论文写就的文章,以及学生是文章的主要贡献者的文章而言,学生应被列为首要作者。

G.5.g. 重复投稿

心理咨询师一次只应考虑向一本期刊投稿。对曾以全文或文章中的重要部分已登载于其他期刊的手稿,或者已经发表的手稿而言,不应在未获得之前出版者的确认和许可的情况下再次投稿。

G.5.h. 专业审稿

那些审阅出于发表、研究或其他学术目的而送审的材料的心理咨询师应尊重投稿人的保密性和所有权。心理咨询师应保持审慎的态度从而保证其是基于有效而正当的标准来做出是否予以发表的决策。心理咨询师应及时审阅送交的稿件,并应将自己的审阅意见建立在稿件的研究方法学领域和其优劣之上。应编辑或出版商之邀充当审稿人的心理咨询师应保证只审阅在他们的能力范围之内的稿件作品,并尽力避免审稿受个人偏见的影响。

条款 H: 伦理问题的解决

导言

心理咨询师在从事专业工作中应符合法律、伦理和道德。他们应意识到,对来访者的保护和职业中的信任取决于高水准地完成专业工作。他们对其他心理咨询师也持有同样的标准,并乐意采取恰当的行动来保证对这些标准的遵守。

心理咨询师应努力解决伦理困境,应和所有相关人员进行直接而开放的沟通,在必要时向同事及督导者寻求咨询。心理咨询师应将伦理行为整合到他们的日常专业工作中去。心理咨询师应参与针对咨询的伦理和法律问题的现有议题的专业发展活动。

H.1. 规范和法律

(参见 F.9.a.)

H.1.a. 知识

心理咨询师应了解ACA伦理规范,如果他们同时也是其他专业机构、认证系统或执照颁发机构组织的会员,那么他们也应了解这些专业机构和组织中适用的伦理规范。对伦理责任缺乏了解或存在误解不应作为对任何违反伦理的行为的辩护。

H.1.b. 伦理和法律之间的冲突

如果伦理责任与法律、规范或其他具有管理权限的法律权力机构发生冲突时,心理咨询师应让他人知道他们对于ACA伦理规范所承担的义务,并采取措施解决冲突。如果冲突无法以这种方式解决,心理咨询师可以遵循法律、规范或其他具有管理权限的法律权力机构的要求。

H.2. 怀疑存在违反伦理规范的情况

H.2.a. 期望表现出符合伦理的行为

心理咨询师应期望其同事恪守ACA伦理规范。当心理咨询师所了解到的情况让其对另一个心理咨询师是否存在有违伦理的行为产生怀疑时,他们应采取恰当的行动(参见H.2.b./H.2.c.)。

H.2.b. 非正式的解决途径

当心理咨询师有理由相信另一个心理咨询师正在违反伦理规范或已经违反了伦理规范时,他们应首先尝试在可行的情况下和其他心理咨询师以非正式的方式解决这一问题,前提条件是这种行为不会违反有可能涉及的保密性。

H.2.c. 举报违反伦理的行为

如果出现明显违反伦理的行为且这一行为已经极大危害到了,或很有可能将危害到某个个体或机构,且不存在恰当的非正式的解决途径,或问题通过非正式的途径并没有得到恰当地解决,那么心理咨询师应采取和当前情境相适应的、进一步的行动。这种行动可能包括将此行为通告州一级或联邦一级的专业伦理委员会、非官方的全国资格认证机构、州一级的执照颁发委员会或是其他恰当的权力机构。以上规范不适用于当干预措施可能会违反保密权,或当心理咨询师受雇对其他心理咨询师的工作进行审查的情况。

H. 2. d. 咨商

当心理咨询师无法确定某个特定的情境或行动是否会违反 ACA 伦理规范时,心理咨询师应向那些熟知伦理法则和 ACA 伦理规范的心理咨询师、同事或恰当的权威人士寻求咨商。

H. 2. e. 机构冲突

如果心理咨询师所属的某个组织机构的需求和 ACA 伦理规范有所冲突,心理咨询师应向他们的督导者或其他负责的官员详细说明这一冲突的性质,并表达他们对 ACA 伦理规范所承担的义务。如果可能的话,心理咨询师应努力在组织机构内部促进改变,从而允许心理咨询师能够完全遵守 ACA 的伦理规范。在做出上述努力时,心理咨询师应对任何有关保密性的问题进行处理。

H. 2. f. 没有根据的投诉

心理咨询师不应发起、参与或鼓励提起那些草率地漠视或故意忽视了某些将会推翻指控的事实的投诉。

H. 2. g. 针对投诉人和被告的不公平的歧视行为

心理咨询师不应仅仅基于个体曾遭到伦理投诉或正遭到伦理投诉这一理由而拒绝雇用当事人、拒绝给予当事人晋职、拒绝招收当事人进入某个教学或其他种类的项目、拒绝给予当事人终身教职或晋升。这并不排除基于投诉结果或其他恰当的信息之上而采取的行动。

H. 3. 和伦理委员会的合作

心理咨询师应协助执行 ACA 伦理规范。心理咨询师应以合作的态度面对 ACA 伦理委员会或其他有权限处理被指控违反伦理规范的个体的协会或委员会的调查、程序和要求。心理咨询师应熟悉《美国心理咨询协会关于如何处理违反伦理规范的投诉的政策及程序》,并将其作为辅助执行 ACA 伦理规范的参考。

词汇表

A

A-B-C-D-E model of REBT	理性情绪行为疗法的 A-B-C-D-E 模型
ACA code of ethics	ACA 道德条例
ACA Standards of Practice	美国心理咨询学会的实践标准
Accredited counselor education program	职业心理咨询师教育计划
Acculturation continuum	文化适应连续体
Accurate empathy	准确同感
Acquired cultures	习得文化
Actionresearch	动作研究
Acute stress disorder(ASD)	严重应激障碍
Addiction	成瘾
Adlerian	阿德勒学派
Advanced empathy	深入同感
Affective responses	情绪反应
Ageism	年龄偏见
AIDS	艾滋病
Aptitude tests	能力倾向测验
Assertiveness training	果敢训练
Asynchronous interaction	非同步互动
Attention deficit disorders	注意力失调障碍
At-risk children	风险儿童/问题儿童

B

Bartering	交换
Battle for initiative	主动性争斗
Battle for structure	结构性争斗
Behavioral	行为主义
Bingedrinking	狂饮
Bisexuals, career counseling with	双性恋者咨询
Bowenian systems theory	鲍尔温系统理论
Brief counseling	短程咨询

C

C group	C 小组
Career counseling	职业咨询

Career-development assessment and counseling(C-DAC) model	职业发展评估与咨询(C-DAC)模型
Civil liability	职业倾向
Client waiver	来访者弃权
Client welfare	来访者福利
Closed question	封闭式问题
Closed-ended groups	封闭式小组
Code of ethics(ACA)	道德条例
Codependent	共同依赖
Cognitions	认知
Cognitive-structural theories	认知结构理论
College students, career counseling with	大学生的职业咨询
Comprehensive career counseling	综合职业咨询
Concept mapping	概念测定
Confidentiality	保密
Construct validity	结构效度
Constructivism	结构主义
Consultation	会商
Content validity	内容效度
Context evaluation	情境评估
Counseling model	咨询模型
Counseling process factors affecting	咨询过程影响因素
Counseling psychology	咨询心理学
Counseling relationship	咨询关系
Counseling theories	咨询理论
Countertransference	反向移情
Co-leaders	共同领导者
Crisis counseling approaches	危机咨询方法

D

Defense mechanisms	防御机制
Denial	拒斥、否认
Developmental crises	发展危机
Developmental model	发展模式
Developmental theories	发展原理
Diagnostic and statistical mannal of mental disorders(DSM)	精神疾病的诊断和统计手册

词 汇 表

Differential approach	差异法
Disability counseling	残疾人咨询
Double bind	双重束缚
Dream analysis	梦的解析
Dual relationships	双重关系

E

Eligibility determination	合格主义
Emic perspective	文化特殊性观点
Emotional anatomy	情绪结构分析
Emotional insightfulness	情绪洞察力
Empathy	同感
Enlightenment model	启蒙模型
Environmental crises	环境危机
Ethical decision making	道德决策
Existential crises	存在危机
Explicit rights	外显权力/外在权利
Exploitive relationships	监管关系
Extinction	消退
Extroversion or introversion(EI)	外向与内向

F

Face validity	表面效应
Face-to-face counseling	面对面咨询
Factitious disorders	人为障碍
Family adaptability	家庭适应
Family cohesion	家庭凝聚力
Family homeostasis	家庭平衡
Family life cycle	家庭生活周期
Family rules	家庭规则
Field research	现场研究
First-generation college students	第一代大学生
Flooding	灌注/满灌
"Foot in the door"	"一步入门"法
Functional fixity	功能固着

G

Gays, career counseling with 同性恋职业咨询
Gender identity disorders 性别认同障碍
Gender-based counseling 性别咨询
Genogram 家谱图
Gestalt therapy 格式塔疗法
Glass ceiling 玻璃天花板
Group casualties 团体损伤
Group cohesiveness 团体凝聚力
Group consultation 团体会商
Group dynamics 团体动力
Group marathons 团体耐力
Group size 团体规模
Group tests 团体测验
Group think 团体思维

H

Habilitation 恢复自主
Hypnotic-related disorders 催眠障碍

I

Ideal self 超我/理想自我
Identified patient (IP) 病人认同
Identity disorders 认同障碍
Id 本我
Imaginal disputation 想象辩论
Imitative behavior 模仿行为
Implied rights 默许权利
Institutional orientation 规范指导
Intellectual competence 智力能力
Intelligence tests 智力测验
Interest inventories 兴趣量表
Internal consistency analysis 内部一致性分析
Interviews 面谈

J

Johari window	乔哈里之窗

L

Learning disorders	学习障碍
Longitudinal surveys	纵向调查
Long-term goals	长期目标
Long-term relationship	长期关系

M

Marriage and family counseling	婚姻与家庭咨询
Meaning attribution	意义归因
Mediation model	调解模型
Medical model	医学模型
Medical/pathology model	医学/病理学模型
Mental health counselor	心理健康咨询师
Mental retardation	智力落后
Meta-analysis	荟萃分析
Middle phase of family counseling	家庭咨询中级阶段
Minnesota Multiphasic Personality Inventory(MMPI)	明尼苏达多项人格量表
Minnesota point of view	明尼苏达观点
Miracle question	奇迹问题
Multicultural counseling definition	多元文化咨询
MUM effect	沉默效应

N

Narrative counseling	叙事咨询
Native Americans	土著美国人
Negative transference	负性移情

O

Occupational counseling	职业咨询
Open question	开放式问题
Open-ended groups	开放团体

Oral stage	口唇阶段
Orgasmic disorders	器质性障碍
Overcorrection	过度纠正/矫正
Overculturalizing	过度文化化
Overidentification	过度认同

P

Paper-and-pencil tests	纸笔测验
Paradox	自相矛盾
Parassomnias	类睡眠
Peer mentoring	朋辈指导
Peer supervision	朋辈督导
Performance tests	绩效评估
Personality tests	人格测试
Person-centered counseling	人本的咨询
Polysubstance abuse	多种物质滥用
Positive regard	积极关注
Positive transference	积极的移情，正性移情
Posttraumatic stress disorder(PTSD)	创伤后应激障碍
Preconscious mind	前意识
Premature termination	过早终止
Pression planning	领先计划
Primary empathy	基本同感
Primary prevention	初步预防
Principle ethics	伦理道德
Principle orientation	原则定位
Privacy	隐私
Privileged communication	特许沟通
Process consultation model	会商程序模型
Provision model	预备模型
Psychoanalysis	心理分析
Psychodrama	心理剧
Psychodynamic theory	精神动力学原理
Psychologists	心理学家
Psychometrics	心理测验学
Public relations	公共关系
Public responsibility	公共责任

词 汇 表

Punishment orientation	惩罚导向
Push button	推动按钮

Q

Qualitative research	质化研究，定性研究

R

Rational emotive behavior therapy(REBT)	理性情绪行为疗法
Real relationship	真实关系
Real self	真实自我
Reality therapy	现实疗法
Records	档案记录
Referral	治疗
Reflection of feeling	情感反应
Replication studies	复制学习
Resistance analysis	阻抗分析
Response content resistance	内容阻抗反应
Response quantity resistance	数量阻抗反应
Response style resistance	风格阻抗反应
Reversal design	反转设计
Role-reversal process	角色换位过程
Ruminative coping	沉默应对

S

School consultation	学校会商
Secondary prevention	二级防御
Self theory	自我理论
Self-awareness	自我意识
Self-concept	自我概念
Self-counseling	自我咨询
Self-disclosure	自我批判，自我揭露
Self-esteem	自尊
Self-growth experiences	自我成长经验
Self-help groups	自助小组
Self-medidation	自我反思
Self-monitoring	自我监控

Self-observation	自我观察
Self-recording	自我记录
Service coordination	维持平衡
Sexual harassment	性虐待
Situational crises	情景危机
Slippery slope effect	光滑斜面效果
Social interest	社会兴趣
Social-cognitive theories	社会认知理论
Solution-focused counseling	问题解决焦点咨询
Spillover effect	满灌效应
Spirituality	灵性
Standardization	标准化
Strategic counseling	策略咨询
Structural family counseling	结构式家庭咨询
Student-life services	学生生活服务
Style-shift counseling	风格转变咨询
Subcontractor arrangements	转诊安排
Substance abuse counseling	物质滥用咨询
Superiority complex	优越情结
Supervisees	被督导者
Supervision	督导
Surveys	调查

T

Technical eclecticism	技术折中主义
Termination resistance	终止阻抗
Termination summary	终止的概述
Test battery	成套测验
Theoretical integrationism	理论综合主义
Termination	终止
Top dog	权威人士
Transference pull	移情引力
Transference	移情
T-groups	T 小组

词 汇 表

U

Unethical counselors 缺乏职业道德的心理咨询师

V

Violations 强奸

Violence 暴力

Virtue ethics 贞操伦理

Vision quest 视野征服

参考文献

第一章

American Psychiatric Association. (2000). *Diagnostic and statistical manual of mental disorders* (4th ed.). Text revised. Washington, DC: Author.

Bass, D. D., & Yep, R. (Eds.). (2002). *Terrorism, trauma, and tragedies: A counselor's guide to preparing and responding*. Alexandria, VA: American Counseling Association.

Beers, C. (1908). *A mind that found itself*. New York: Longman Green.

Bradley, R. W., & Cox, J. A. (2001). Counseling: Evolution of the profession. In D. C. Locke, J. E. Myers, & E. L. Herr (Eds.), *The handbook of counseling* (pp. 27-41). Thousand Oaks, CA: Sage.

Brewer, J. M. (1932). *Education as guidance*. New York: Macmillan.

Brewer, J. M. (1942). *History of vocational guidance*. New York: Harper.

Gummere, R. M., Jr. (1988). The counselor as prophet: Frank Parsons, 1854-1908. *Journal of Counseling and Development*, *66*, 402-405.

Hackney, H., & Wrenn, C. G. (1990). The contemporary counselor in a changed world. In H. Hackney (Ed.), *Changing contexts for counselor preparation in the 1990s* (pp. 1-20). Alexandria, VA: Association for Counselor Education and Supervision.

Kormanski, C. (1994). Personal interview.

Krumboltz, J. D. (Ed.). (1966). *Revolution in counseling*. Boston: Houghton Mifflin.

Ohlsen, M. M. (1983). *Introduction to counseling*. Itasca, IL: Peacock.

O'Neil, J. M., & Carroll, M. R. (1988). A gender role workshop focused on sexism, gender role conflict, and the gender role journey. *Journal of Counseling and Development*, *67*, 193-197.

第二章

American Psychiatric Association. (2000). *Diagnostic and statistical manual of mental disorders* (4th ed., text revision), *DSM-IV-TR*. Washington, DC: Author.

参考文献

Bernard, J. M., & Goodyear, R. K. (1998). *Fundamentals of clinical supervision* (2nd ed.). Boston: Allyn & Bacon.

Borders, L. D., & Leddick, G. R. (1987). *Handbook of counseling supervision*. Alexandria, VA: Association for Counselor Education and Supervision.

Borders, L. D., & Leddick, G. R. (1988). A nationwide survey of supervision training. *Counselor Education and Supervision*, *27*, 271-283.

Brammer, L. M., & MacDonald, G. (1999) *The helping relationship: Process and skills* (7th ed.). Boston: Allyn & Bacon.

Romano, G. (1992). The power and pain of professionalization. *American Counselor*, *1*, 17-23.

Wilcox-Matthew, L., Ottens, A., & Minor, C. W. (1997). An analysis of significant events in counseling. *Journal of Counseling and Development*, *75*, 282-291.

Witmer, J. M., & Young, M. E. (1996). Preventing counselor impairment: A wellness model. *Journal of Humanistic Education and Development*, *34*, 141-155.

第三章

Allen, V. B. (1986). A historical perspective of the AACD ethics committee. *Journal of Counseling and Development*, *64*, 293.

Allen, V. B., Sampson, j. p., Jr., & Herlihy, B. (1988). Details of the 1988 AACD ethical standards. *Journal of Counseling and Development*, *67*, 157-158.

American Counseling Association (ACA) (1995). *Ethical standards of the American Counseling Association*. Alexandria, VA: Author.

Burgum, T., & Anderson, S. (1975). *The counselor and the law*. Washington, DC: APGA Press.

Harding, A. K., Gray, L. A., & Neal, M. (1993). Confidentiality limits with clients who have HIV: A review of ethical and legal guidelines and professional policies. *Journal of Counseling and Development*, *71*, 297-304.

Hayman, p. M., & Covert, J. A. (1986). Ethical dilemmas in college counseling centers. *Journal of Counseling and Development*, *64*, 318-320.

Wilcoxon, S. A. (1993, March/April). Ethical issues in marital and family counseling: A framework for examining unique ethical concerns. *Family Counseling and Therapy*, *1*, 1-15.

Williams, C. B., & Freeman, L. T. (2002). Report of the ACA Ethics Committee: 2000-2001. *Journal of Counseling and Development*, *80*, 251-254.

第四章

Hetherington, C., Hillerbrand, E., & Etringer, B. D. (1989). Career counseling with gay men: Issues and recommendations for research. *Journal of Counseling and Development*, *67*, 452-453.

Hodgkinson, H. L. (1992). *A demographic look at tomorrow*. Washington, DC: Institute for Educational Leadership.

Holiday, M., Leach, M. M., & Davidson, M. (1994). Multicultural counseling and intrapersonal value conflict: A case study. *Counseling and Values*, *38*, 136-142.

House, R. M., & Miller, J. L. (1997). Counseling gay, lesbian, and bisexual clients. In D. Capuzzi & D. R. Gross (Eds.), *Introduction to the counseling profession* (2nd ed., pp. 397-432). Boston: Allyn & Bacon.

Huffman, S. B., & Myers, J. E. (1999). Counseling women in midlife: An integrative approach to menopause. *Journal of Counseling and Development*, *77*, 258-266.

Miller, J. B., & Stiver, I. R. (1997). The healing connection: How women form relationships in therapy and in life. Northvale, NJ: Jason Aronson.

Morrissey, M. (1998, January). The growing problem of elder abuse. *Counseling Today*, 14.

Moursund, J., & Kenny, M. C. (2002). *The process of counseling and therapy* (4th ed.). Upper Saddle River, NJ: Prentice Hall.

Westgate, C. E. (1996). Spiritual wellness and depression. *Journal of Counseling and Development*, *75*, 26-35.

Worth, M. R. (1983). Adults. In J. A. Brown & R. H. Pate, Jr., (Eds.), *Being a counselor* (pp. 230-252). Pacific Grove, CA: Brooks/Cole.

Zinnbauer, B. J., & Pargament, K. I. (2000). Working with the sacred: Four approaches to religious and spiritual issues in counseling. *Journal of Counseling and Development*, *78*, 162-171.

第五章

Allen, G. (1977). *Understanding psychotherapy: Comparative perspectives*. Champaign, IL: Research Press.

Alyn, J. H. (1988). The politics of touch in therapy: A response to Willison and Masson. *Journal of Counseling and Development*, *66*, 432-433.

Gill, S. J. (1982). Professional disclosure and consumer protection in counseling. *Personnel and Guidance Journal*, *60*, 443-446.

Goldstein, A. P. (1973). *Structural learning therapy: Toward a psychotherapy for the poor*. New York: Academic Press.

Haase, R. F., & DiMattia, D, J. (1976). Spatial environments and verbal conditioning in a quasi-counseling interview. *Journal of Counseling Psychology*, *23*, 414-421.

Harris, S. M., & Busby, D. M. (1998). Therapist physical attractiveness: An unexplored influence on client disclosure. *Journal of Marital and Family Therapy*, *24*, 251-257.

参考文献

第六章

Amundson, N. E. (1996). Supporting clients through a change in perspective. *Journal of Employment Counseling*, *33*, 155-162.

Bergman, J. S. (1985). *Fishing for barracuda*. New York: Norton.

Bernard, J. M., & Goodyear, R. K. (1998). *Fundamentals of clinical supervision* (2nd ed.). Boston: Allyn & Bacon.

Brammer, L. M., & MacDonald, G. (2003). *The helping relationship* (8th ed.). Boston: Allyn & Bacon.

Carkhuff, R. R. (1969). *Helping and human relations: Selection and training* (Vol. 1). New York: Holt, Rinehart, & Winston.

Cavanagh, M. E. (1990). *The counseling experience*. Prospect Heights, IL: Waveland.

Cormier, L. S., & Hackney, H. (1999). *Counseling strategies and objectives* (5th ed.). Boston: Allyn & Bacon.

Hutchins, D. E., & Vaught, C. G. (1997). *Helping relationships and strategies* (3rd ed.). Pacific Grove, CA: Brooks/Cole.

Jourard, S. M. (1968). *Disclosing man to himself*. Princeton, NJ: Van Nostrand.

Kendall, P. C. (1990). *Coping cat workbook*. Philadelphia: Temple University.

Kottler, J. A., Sexton, T. L., & Whiston, S. C. (1994). *The heart of healing*. San Francisco: Jossey-Bass.

Lazarus, A. A. (2000). *Multimodal therapy*. In R. J. Corsini & D. Wedding (Eds.), *Current psychotherapies* (5th ed., pp. 340-374). Itasca, IL: Peacock.

Lyddon, W. J., Clay, A. L., & Sparks, C. L. (2001). Metaphor and change in counseling. *Journal of Counseling and Development*, *79*, 269-274.

第七章

Anderson, C. M., & Stewart, S. (1983). *Mastering resistance: A practical guide to family therapy*. New York: Guilford.

Benjamin, A. (1987). *The helping interview* (4th ed.). Boston: Houghton Mifflin.

Cormier, W. H., & Cormier, L. S. (1998). *Interviewing strategies for helpers* (4th ed.). Pacific Grove, CA: Brooks/Cole.

Cowger, E. (1994, November). *Dealing with grief and loss*. Presentation at the Southern Association for Counselor Education and Supervision conference, Charlotte, NC.

Gladding, S. T. (2002). *Family therapy: History, theory, and practice* (3rd ed.). Upper Saddle River, NJ: Merrill/Prentice Hall.

Goodyear, R. K. (1981). Termination as a loss experience for the counselor. *Personnel and Guidance Journal 59*, 349-350.

Nystul, M. S. (1993). *The art and science of counseling and psychotherapy*. Upper Saddle River, NJ: Merrill/Prentice Hall.

Pearson, Q. M. (1998). Terminating before counseling has ended: Counseling implications and strategies for counselor relocation. *Journal of Mental Health Counseling*, *20*, 55-63.

Perls, F. S. (1969). *Gestalt therapy verbation*. Lafayette, CA: Real People Press.

Seligman, L. (1984). Temporary termination. *Journal of Counseling and Development*, *63*, 43-44.

Sheehy, G. (1976). *Passages: Predictable crises of adult life*. New York: Bantam.

Shulman, L. (1999). *The skills of helping individuals, families, groups, and communities* (4th ed.). Itasca, IL: Peacock.

Vickio, C. J. (1990). The goodbye brochure: Helping students to cope with transition and loss. *Journal of Counseling and Development*, *68*, 575-577.

Ward, D. E. (1984). Termination of individual counseling: Concepts and strategies. *Journal of Counseling and Development*, *63*, 21-25.

第八章

Adler, A. (1927). *Understanding human nature*. Greenwich, CT: Fawcett.

Adler, A. (1964). *Social interest: A challenge to mankind*. New York: Capricorn.

Arlow, J. A. (2000). Psychoanalysis. In R. J. Corsini & D. Wedding (Eds.), *Current psychotherapies* (6th ed., pp. 16-53). Itasca, IL: Peacock.

Corey, G. (2001). *Theory and practice of counseling and psychotherapy* (6th ed.). Pacific Grove, CA: Brooks/Cole.

Cormier, W. H., & Cormier, L. S. (1998), *Interviewing strategies for helpers* (4th ed.). Pacific Grove, CA: Brooks/Cole.

Corsini, R. J. (2000). Introduction. In R. J. Corsini & D. Wedding (Eds.), *Current psychotherapies* (6th ed., pp. 1-15). Itasca, IL: Peacock.

Dreikurs, R. R. (1950). *Fundamentals of Adlerian psychology*. Chicago: Alfred Adler Institute.

Dreikurs, R. R. (1967). *Psychodynamics, psychotherapy, and counseling*. Chicago: Alfred Adler Institute.

Dreikurs, R. R., & Mosak, H. H. (1966). The tasks of life. I: Adler's three tests. *Individual Psychologist*, *4*, 18-22.

Hatcher, C., & Himelsteint, P. (Eds.). (1997). *The handbook of Gestalt therapy*. Northvale, NJ: Aronson.

Ivey, A. E., & Goncalves, O. F. (1988). Developmental therapy: Integrating developmental processes into the clinical practice. *Journal of Counseling and Development*, *66*, 406-413.

Kempler, W. (1973). Gestalt therapy. In R. Corsini (Ed.), *Current psychotherapies* (pp. 251–286). Itasca, IL: Peacock.

第九章

Alberti, R. E., & Emmons, M. L. (1996). *Your perfect right: A guide to assertive behavior* (7th ed.). San Luis Obispo, CA: Impact.

Beck, A. T., & Weishaar, M. (2000). Cognitive therapy. In R. J. Corsini & D. Wedding (Eds.), current psychotherapies (6th ed.) (pp. 241–272). Itascar, IL: Peacock.

Bertalanffy, L. von (1968). *General systems theory: Foundations, development, application.* New York: Brazillier.

Cheston, S. E. (2000). A new paradigm for teaching counseling theory and practice. *Counselor Education and Supervision*, *39*, 254–269.

Cleveland, P. H., & Lindsey, E. W. (1995). Solution-focused family interventions. In A. C. Kilpatrick & T. P. Holland (Eds.), *Working with families* (pp. 145–160). Boston: Allyn & Bacon.

Cormier, L. S., & Hackney, H. (1999). *Counseling strategies and interventions* (5th ed.). Boston: Allyn & Bacon.

Ellis, A. (1962). *Reason and emotion in psychotherapy*. New York: Stuart.

第十章

Pietrofesa, J. J., Hoffman, A., & Splete, H. H. (1984). *Counseling: An introduction* (2nd ed.). Boston: Houghton Mifflin.

Pistole, M. C. (1997). Attachment theory: Contributions to group work. *Journal for Specialists in Group Work*, *22*, 7–21.

Posthuma, B. W. (1999). *Small groups in counseling and therapy: Process and leadership* (3rd ed.). Boston: Allyn & Bacon.

Pyle, K. R. (2000). A group approach to career decision making. In N. Peterson & R. C. Gonzalez (Eds.), *Career counseling models for diverse populations* (pp. 121–136).

Tuckman, B. W., & Jensen, M. A. (1977). Stages of small group development revisited. *Group and Organizational Studies*, *2*, 419–427.

Viney, L. L., Henry, R. M., & Campbell, J. (2001). The impact of group work on offender adolescents. *Journal of Counseling and Development*, *79*, 373–381.

Waldo, M, (1985). Curative factor framework for conceptualizing group counseling. *Journal for Counseling and Development*, *64*, 52–58.

Yalom, I. D. (1995). *The theory and practice of group psychotherapy* (4th ed.). New York: Basic Books.

Zimpfer, D. G. (1990). Publications in group work, 1989. *Journal for Specialists in Group*

Work, *15*, 179－189.

第十一章

Aplin, J. C. (1985). Business realities and organizational consultation. *Counseling Psychologist*, *13*, 396－402.

Baker, S. B. (2000). *School counseling for the twenty-first century* (3rd ed.). Upper Saddle River, NJ: Prentice Hall.

Barrow, J. C., & Prosen, S. S. (1981). A model of stress and counseling interventions. *Personnel and Guidance Journal*, *60*, 5－10.

Brown, D., Pryzwansky, W. B., & Schulte, A. C. (2001). *Psychological consultation* (5th ed.). Boston: Allyn & Bacon.

Brown, J. A. (1983). Consultation. In J. A. Brown & R. H. Pate, Jr. (Eds.), *Being a counselor: Directions and challenges* (pp. 124－146). Pacific Grove, CA: Brooks/Cole.

Caplan, G. (1964). *Principles of preventive psychiatry*. New York: Basic Books.

Caplan, G. (1970). *The theory and practice of mental health consultation*. New York: Basic Books.

Fogle, D. O. (1979). Preparing students for the worst: The power of negative thinking. *Personnel and Guidance Journal*, *57*, 364－367.

第十二章

Aldridge, D. (1994). Single-case research designs for the creative art therapist. *Arts in Psychotherapy*, *21*, 333－342.

Altmaier, E. M., Greiner, M., & GriffinPierson, S. (1988). The new scholarship on women. *Journal of Counseling and Development*, *66*, 345－346.

Anton, J. L (1978). Intensive experimental designs: A model for the counselor/researcher. *Personnel and Guidance Journal*, *56*, 273－278.

Burck, H. D., & Peterson, G. W. (1975). Needed: More evaluation, not research. *Personnel and Guidance Journal*, *53*, 563－569.

Campbell, A., & Katona, G. (1953). The sample survey: A technique for social science research. In L. Festinger & D. Katz (Eds.), *Research methods in the behavioral sciences* (pp. 15－55). New York: Dryden.

Campbell, D. T., & Stanley, J. C. (1963). *Experimental and quasiexperimental designs for research*. Chicago: Rand McNally.

Cohen, J. (1990). Things I have learned (so far). *American Psychologist*, *45*, 1304－1312.

Collison, B. B. (1982). Needs assessment for guidance program planning: A procedure. *School Counselor*, *30*, 115－121.

Denzin, N. K., & Lincoln, Y. S. E. (2000). *Handbook of qualitative research* (2nd ed.). Thousand Oaks, CA: Sage.

Dobson, J. E., & Campbell, N. J. (1986). Laboratory outcomes of personal growth groups. *Journal for Specialists in Group Work*, *11*, 9-15.

第十三章

Spokane, A. R., & Catalano, M. (2000). The Self-Directed Search: A theory-driven array of selfguided career interventions. In C. E. Watkins, Jr., & V. I. Campbell (Eds.), *Testing and assessment in counseling practice* (2nd ed., pp. 339-370). Mahwah, NJ: Erlbaum.

Strahan, R. F., & Kelly, A. E. (1994). Showing clients what their profiles mean. *Journal of Counseling and Development*, *72*, 329-331.

Suzuki, L. A., & Kugler, J. F. (1995). Intelligence and personality assessment. In J. G. Ponterotto, J. M. Casas, L. A. Suzuki, & C. M. Alexander (Eds.), *Handbook of multicultural counseling* (pp. 493-515). Thousand Oaks, CA: Sage.

Thorndike, R. M. (1997). *Measurement and evaluation in psychology and education* (6th ed.). Upper Saddle River, NJ: Merrill/Prentice Hall.

Wechsler, D. (1997). *Wechsler Adult Intelligence Scale—Third Edition*. San Antonio, TX: Psychological Corporation.

Westbrook, B. W. (1988). Suggestions for selecting appropriate career assessment instruments. *Measurement and Evaluation in Counseling and Development*, *20*, 181-186.

Zytowski, D. G., & Holmberg, K. S. (1988). Preferences: Frederic Kuder's contributions to the counseling profession. *Journal of Counseling and Development*, *67*, 150-156.

第十四章

Albert, K. A., & Luzzo, D. A. (1999). The role of perceived barriers in career development: A social cognitive perspective. *Journal of Counseling and Development*, *77*, 431-436.

American College Testing Program. (1987). *DISCOVER*. Iowa City, IA: Author.

American School Counselor Association (ASCA). (1985). The role of the school counselor in career guidance: Expectations and responsibilities. *School Counselor*, *32*, 164-168.

Beale, A. V. (1998). Facilitating the learning of career development theories. *Career Development Quarterly*, *46*, 294-300.

Beale, A. V., & Nugent, D. G. (1996). The pizza connection: Enhancing career awareness. *Elementary School Guidance and Counseling*, *30*, 294-303.

Betz, N., & Fitzgerald, L. (1987). *The career psychology of women*. New York: Academic Press.

Bloch, D. P. (1988). *Reducing the risk: Using career information with at-risk youth*.

Eugene, OR: Career Information Systems.

Campbell, A. (1981). *The sense of well-being in America: Recent patterns and trends*. New York: McGraw-Hill.

Dollarhide, C. T. (1997). Counseling for meaning in work and life: An integrated approach. *Journal of Humanistic Education and Development*, *35*, 178 - 187.

Drummond, R. J., & Ryan, C. W. (1995). *Career counseling: A development approach*. Upper Saddle River, NJ: Merrill/Prentice Hall.

第十五章

Ackerman, N. W. (1958). *The psychodynamics of family life*. New York: Basic Books.

Ackerman, N. W. (1966). *Treating the troubled family*. New York: Basic Books.

Becvar, D. S. (1982). The family is not a group: Or is it? *Journal for Specialists in Group Work*, *7*, 88 - 95.

Becvar, D. S., & Becvar, R. J. (2000). *Family therapy: A systematic integration* (4th ed.). Boston: Allyn & Bacon.

Bell, J. E. (1975). *Family therapy*. New York: Aronson.

Bowen, M. (1978). *Family therapy in clinical practice*. New York: Aronson.

Bratcher, W. E. (1982). The influence of the family on career selection: A family systems perspective. *Personnel and Guidance Journal*, *61*, 87 - 91.

Ellis, A. (1988). *How to stubbornly refuse to make yourself miserable about anything: Yes, anything!* Secaucus, NJ: Stuart.

Ellis, A., Sichel, J. L., Yeager, R. J., DiMattia, D. G., & DiGuiseppe, R. (1989). *Rational-emotive couples therapy*. New York: Pergamon.

Erikson, E. H. (1959). *Identity and the life cycle: Psychological issues*. New York: International Universities Press.

Framo, J. L. (1996). A personal retrospective of the family therapy field: Then and now. *Journal of Marital and Family Therapy*, *22*, 289 - 316.

第十六章

ACES-ASCA Joint Committee on the Elementary School Counselor. (1966). The elementary school counselor: Preliminary statement. *Personnel and Guidance fournal*, *44*, 658 - 661.

Adelman, H. S., & Taylor, L. (2002). School counselors and school reform: New directions. *Professional School Counseling*, *5*, 235 - 248.

Allan, J., & Brown, K. (1993). Jungian play therapy in elementary schools. *Elementary School Guidance and Counseling*, *28*, 30 - 41.

Baker, S. B. (2000). *School counseling for the twenty-first century* (3rd ed.). Upper Saddle

River, NJ: Merrill/ Prentice Hall.

Baker, S. B. (2001). Reflections on forty years in the school counseling profession: Is the glass half full or half empty? *Professional School Counseling*, *5*, 75-83.

Bemak, F., & Keys, S. (2000). *Violence and aggressive youth: Intervention and prevention strategies for changing time*. Thousand Oaks, CA: Sage.

Berg, B. (1989). *The anger control game*. Dayton, OH: Cognitive Counseling Resources.

Carson, R. C., Butcher, J. N., & Mineka, S. (2000). Mood disorder and suicide. *Abnormal psychology and modern life* (llth ed.), 209-267.

In H. Hackney (Ed.), *Changing contexts for counselor preparation in the 1990s* (pp. 21-36). Alexandria, VA: Association for Counselor Education and Supervision.

Christenbury, L. (Ed.). (1995). *Books for you*. Chicago: National Council of Teachers of English.

第十七章

Ambler, D. A. (1989). Designing and managing programs: The administrator role. In U. Delworth, G. R. Hanson, & Associates (Eds.), *Student services: A handbook for the profession* (2nd ed., pp. 247-264). San Francisco: Jossey-Bass.

Ancis, J. R., Sedlacek, W. E., & Mohr, J. J. (2000). Student perceptions of campus cultural climate by race. *Journal of Counseling and Development*, *78*, 180-185.

Anton, W. D., & Reed, J. R. (1991). *College adjustment scales professional manual*. Odessa, FL: Psychological Assessment Resources.

Berdie, R. F. (1966). Student personnel work: Definition and redefinition. *Journal of College Student Personnel*, *7*, 131-136.

Bishop, J. B. (1990). The university counseling center: An agenda for the 1990s. *Journal of Counseling and Development*, *68*, 408-413.

Bloland, P. A. (1986). Student development: The new orthodoxy? Part 1. *ACPA Developments*, *13*, 1, 13.

Bloland, P. A. (1992). The professionalization of student affairs staff. *CAPS Digest* (EDOCG-92-25).

Brown, R. D. (1986). Editorial. *Journal of College Student Personnel*, *27*, 99.

第十八章

AA World Services, Inc. (2002). *Alcoholics Anonymous: The story of how many thousands of men and women have recovered from alcoholism* (4th ed.). New York: Author.

All, A. C., & Fried, J. H. (1994). Psychosocial issues surrounding HIV infection that affect rehabilitation. *Journal of Rehabilitation*, *60*, 8-11.

Alter, G. (1995, May 29). What works. *Newsweek*, 18-24.

Americans with Disabilities Act. (1990, July 26). Public Law 101-336. Washington, DC: Government Printing Office.

Bateson, G. H. (1971). The cybernetics of "self": A theory of alcoholism. *Psychiatry*, *34*, 1-18.

Berenson, D. (1992). The therapist's relationship with couples with an alcoholic member. In E. Kaufman & P. Kaufman (Eds.), *Family therapy of drug and alcohol abuse* (pp. 224-235). Boston: Allyn & Bacon.

Bolton, B. (2001). Measuring rehabilitation outcomes. *Rehabilitation Counseling Bulletin*, *44*, 67-75.

Bolton, B., & Jaques, M. E. (1978). Rehabilitation counseling research: Editorial introduction. In B. Bolton & M. E. Jaques (Eds.), *Rehabilitation counseling: Theory and practice* (pp. 163-165). Baltimore: University Park Press.

Boyle, P. S. (1994). Rehabilitation counselors as providers: The issue of sexuality. *Journal of Applied Rehabililation Counseling*, *25*, 6-10.

Center on Addiction and Substance Abuse. (1995). *American adolescence*. New York: Columbia University Press.

Clarke, N. E. (2000). Stakeholder attitude toward ADA Title I: Development of an indirect measurement method. Rehabilitation *Counseling Bulletin*, *43*, 58-65.

第十九章

Albee, G. W., & Gullotta, T. P. (1997). *Primary prevention works*. Thousand Oaks, CA: Sage.

Amos, W. E., & Williams, D. E. (1972). *Community counseling: A comprehensive team model for developmental services*. St. Louis, MO: Warren H. Green.

Baker, S. B., & Shaw, M. C. (1987). *Improving Counseling through Prevention*. Upper Saddle River, NJ: Prentice Hall.

Bauman, S., & Waldo, M. (1998). Existential theory and mental health counseling: If it were a snake it would have bitten! *Journal of Mental Health Counseling*, *20*, 13-27.

Gladding, S. T. (2002). Reflections on counseling after the crisis. In G. R. Walz and C. J. Kinkman (Eds.). *Helping People cope with tragedy and grief*. (pp. 9-12), Greensboro, NC: ERIC/CASS and NBCC.

Gladding, S. T., & Newsome, D. (2004). *Community and agency counseling*. (2nd ed.). Upper Saddle River, NJ: Merrill/Prentice Hall.

Hall, A. S., & Torres, I. (2002). Partnerships in preventing adolescent stress: Increasing self-esteem, coping, and support through effective counseling. *Journal of Mental Health Counseling*, *24*, 97-109.

Hansen, J. T. (1998). Do mental health counselors require training in the treatment of mentally disordered clients? A challenge to the conclusions of Vacc, Loesch, and Guilbert. *Journal of Mental Health Counseling*, *20*, 183 - 188.

Pistole, M. C., & Roberts, A. (2002). Mental health counseling: Toward resolving identity confusion. *Journal of Mental Health Counseling*, *24*, 1 - 19.

Rogers, J. R. (2001). Theoretical grounding: The "missing link" in suicide research. *Journal of Counseling and Development*, *79*, 16 - 25.

Seiler, G., & Messina, J. J. (1979). Toward professional identity: The dimensions of mental health counseling in perspective. *AMHCA Journal*, *1*, 3 - 8.

Sherrard, P. A. D., & Amatea, E. S. (1994). Through the looking glass: A preview. *Journal of Mental Health Counseling*, *16*, 3 - 5.

译后记

本人在大学从事心理咨询已经有十多年的历史，亲身经历了中国大陆心理咨询行业由冷清到热闹的发展过程，深深体验到行业成长之艰难和学习心理咨询之不易。这次幸运地担任《心理咨询——一个综合的职业》一书的主译工作，能够为本行业的发展做些有意义的事，我深感光荣和责任重大。

心理咨询是我喜欢并准备为之终身努力的事业，这不仅在于它能够助人，被誉为本世纪中国大陆的朝阳职业，受人尊敬；更在于它能够助己，在于从事该工作越久，越能净化自己的灵魂，使自己人格更加健康、更有活力，能够焕发出生命的魅力，这也是它能够如此吸引人的地方。中国大陆最近几年心理咨询行业蒸蒸日上，参与学习和考国家心理咨询师资格证书者人数众多。但是要做好这项工作并不容易，要全面系统地了解和掌握它就更难。准备献身于此项事业的人，必须系统地、不断地进行学习和研究。

目前国内心理咨询教材还不多见，资深同行、专家或前辈编写的教材虽然表达全面，阐述精辟，但是，与国外的教材相比还是有一些差距，这主要是由于心理咨询行业在中国大陆起步较晚，至今还比较年轻。而此译本翻译自美国最成熟的心理咨询教材第五版，可以成为系统学习和研究心理咨询的青年、同行的一本优秀教材，由此入门会对心理咨询理论、技能及其发展有比较全面、系统、概括的了解，对于打好扎实的基础和提升心理咨询技能大有裨益。

本书具有以下几大特点：

第一，概述了心理咨询发展史，并指出这是一个在不断发展和完善的职业，这个过程在继续。同时强调了心理咨询已经达成的基本共识、心理咨询伦理、建立咨询关系，以及在关系中工作等。

第二，系统详实地介绍了从事心理咨询工作所必需的理论和专业技术：从基本的咨询理论到最新的咨询理论；从个别咨询到团体、特殊群体的心理咨询。特别是它强调了在心理咨询中如何共同工作和进行研究以促进心理咨询工作更好地开展。

第三，本书在心理咨询课程设计上具有很好的互动性，能够很好地拓展读者的视野，增加学习容量。

本书可以作为入门者的专业必读书，或者心理咨询专业大学生、研究生的专业教科书。同时此书给我们一个很好的启示，我们在编写教材的时候值得借鉴。

我们在翻译此书时非常慎重，再三斟酌其中的专业辞句，也参照同行，特别是台湾同行翻译的相关概念，如 Guidance 翻译成“辅导”、Consultation 翻译成“会商”等。

特别感谢北京大学钱铭怡教授和她的博士徐凯文医师担任本书的审校，他们为译著审校纠错付出了大量的时间和精力。同时苏州大学英语系和心理学系教师及北京大学心理学博士研究生也参加了此书的翻译和审校工作，感谢他们付出的辛勤劳动。此外还要感谢我妻纪忠红，儿陶元君，他们为我能全身心投入工作提供了很好的支持和帮助。

本书的主要译者为：陶新华、徐凯文、李瑾、顾梅、束慧娟、杨志红、王平、王国平、叶红萍、梁彦蕊、周丽芳、贾晓燕、高隽和王雨吟。

参加本书审校的人员有：徐凯文、殷书谊、陶新华、沈淼、史晓白、邓晶、聂晶、王雨吟和高隽。

虽然我们在翻译的时候再三思索，努力寻求最恰当的辞句，但是由于水平所限、时间紧张，错误在所难免，请读者和同行批评指正，以便我们再次翻译下一版的时候能够做得更好。

联系邮件地址：James. Tao@163. net

译者：陶新华

2007 年 3 月 7 日